弘明集

弘明集

계환 스님 역주

동국역경원

차 례

해 제

1. 편찬 배경

종교의 발생을 인류의 문화적인 한 현상으로 볼 때 중국 문명이 최초로 받아들인 가장 이질적인 문화는 바로 불교였다고 할 수 있다.

불교가 중국에 전래된 것은 후한後漢 명제明帝(57~75) 때이지만 종교로서의 모든 본분을 찾아 발전하고 성행하게 된 것은 약 3백 년이 지난 동진東晋・남북조南北朝 시대에 접어들고부터이다.

즉 후한 시대의 사람들은 불교를 이질적인 문화로 받아들이지 않고, 다만 황로(黃老 : 黃帝와 老子) 신앙과 유사한 것으로만 인식하였던 것이다. 또한 전법의 땅으로 중국을 찾아온 불교의 입장에서도 되도록이면 마찰을 피하고 중국의 고유신앙과 별로 다르지 않다는 태도를 취해 왔었다.

그러다 불교 교단이 점차 발전하면서 사회적으로나 경제적으로 일정한 세력을 갖추게 되자 문제는 달라지게 되었다. 불교는 그

동안 중국인들의 사상에 영향을 주었음은 물론이고, 나아가서는 생활과 풍속 등 여러 영역에까지 깊숙이 침투함으로써 고유 전통과의 사이에서 융합을 도모하게 되었다. 한편으로는 배불론排佛論이 대두되어 첨예하게 대립하기도 하였다.

따라서 중국불교는 전체적으로 보면 국가불교적인 색채가 강하고, 남북조 그 어느 쪽도 정도의 차이는 있었지만 불교 교단이 국가의 지배하에서 통제를 받으면서 활동하였던 것만은 분명하다. 이러한 상황 속에서 위정자들과 불교 교단과의 알력이 표면화되기 시작한 것은 4세기 중엽, 즉 동진 초기부터이다. 그렇게 된 최초의 발단은 왕법王法과 불법佛法의 대립으로 상징되는 예교禮教 문제였다.

그러다 마침내는 불교 교단이 국가 지배에 불이익이 된다고 판단하고서 가차 없이 폐불廢佛을 단행했던 것도 이 무렵부터였다. 그러나 실지로 그 이면에는 두 가지의 공통된 원인이 있다. 하나는 고유사상으로서의 유儒·도道 이교二教와의 알력이고, 또 하나는 불교 교단의 부단한 발전으로 인하여 사회·경제적 팽창에 따른 견제수단이 그 이유였다.

아무튼 유·불·도 삼교가 공존과 대립을 거듭하게 됨으로써 무엇보다 유교는 더 이상 옛날과 같은 독보적인 지위를 누릴 수 없게 되었다. 이 점은 불교를 내교內教라고 하고, 유교를 외교外教라고 하는 데서도 알 수 있듯이, 불교가 유교보다 본질적으로 더욱 뛰어난 가르침이라는 가치 인식이 저변에 깔려 있었음을 의미한다고 하겠다.

이러한 추세는 과거·현재·미래의 3세世를 설명하는 불교와는 달리 오직 현세만을 추구하는 유교에 대한 불평과 불만을 야기하게 되었으나, 예기치 않았던 방향으로 진전되어 드디어는 유교 경서經書에 대한 새로운 해석을 낳게 하였다. 그것이 바로 성리학性理學과 양명학陽明學이라는 종래에는 볼 수 없던 새로운 학문의 탄생이었고, 그 촉진제로 작용한 요인이 불교였던 것이다.

이와 같이 불교 전래 이래로 육조六朝 시대까지의 불교문화와 고유사상과의 사이에서 빚어지는 융합, 또는 대립하는 모습들, 이른바 이문화異文化를 접촉함으로써 제기되는 문제점들과 그러한 문제에 대한 대처 방안들을 생생하게 전해 주고 있는 것이 바로 이 『홍명집』이다.

즉, 『홍명집』에는 중국인들이 처음 불교의 어떤 점에 의문을 가지게 되었고, 무엇 때문에 반발하였으며, 또한 불교 측은 그러한 문제에 대해 어떠한 해답을 제시하였는가 하는 것들이 담겨 있다.

이러한 측면으로 인해 비록 편찬자인 승우僧祐는 서문에서 호법護法의 입장에서 쓴 글들만을 모아 정리하고자 한다고 밝혔으나 결과적으로는 호법에 대한 반론까지도 모두 수록하게 되었다.

즉 불교의 전래 이래로 역사가 다르고 문화가 다른 이질적 가치관이 서로 접촉하여 논쟁하고 융합하여 가는 모습을 전하고 있다. 배척을 하든 수용을 하든 전통사상과 외래사상의 양자 사이에는 상호교류와 변용이 이루어졌음을 짐작할 수 있다.

따라서 양자 간 교섭의 실태를 알기 위해서는 불교를 배척하고자 하는 논리와 반대로 수용하고자 하는 논리를 검토할 필요가 있을 것이다.

원래 도道는 사람으로 인하여 넓혀지고〔弘〕 가르침은 글에 의해 밝혀지는〔明〕 것이기 때문에 이를 홍명집弘明集이라 한다고 밝혔듯이, 승우는 고금古今의 훌륭한 문장이라면 출가자나 재가자를 막론하고 그들의 뛰어난 글들을 모았으며, 특히 삿됨을 파하는 뜻의 글이나 불법을 옹호하는 내용이면 작품의 대소를 가리지 않고 모두 수록하였다.

2. 문화사적文化史的 의의

중국에 불교가 전래된 지 4, 5백 년, 그 동안 불교는 불교도들의 예찬과 아울러 배불론자들의 비방도 함께 받아 왔다. 거기에서 빚어진 문제점은 불교를 옹호하는 입장과 이단들의 비판으로 대별할 수 있는데, 그 양쪽에 관련된 논문·서표書表·주상서奏上書·조칙詔勅 등을 모은 문집이 바로 『홍명집』이다.

『홍명집』의 내용을 살펴보면, 유송劉宋 이전의 자료는 육징六澄의 「법론法論」에서 발췌한 것이고, 그 이후의 자료들은 승우 자신이 직접 찾아서 정리한 것이다. 이렇게 모아진 글 가운데 동진 시대 이후로부터 양나라까지 주로 남조南朝 사람들의 자료가 많이 들어 있는 것은, 그 자신이 양나라 출신이었던 점을 감안하면 충분히 납득할 만한 일이다.

『홍명집』의 의의는 서문과 후서後序에 잘 요약되어 있다. 특히 후서는 「홍명론」이라고도 하듯이, 실로 승우의 『홍명집』에 대한 식견이자 또한 14권 전체를 집대성한 것이다. 여기에서 다루고 있는 내용들을 통하여 육조 시대까지의 유·불·도 삼교三教의 교단 사정과 신앙 형태, 그리고 상호간의 사상적 교류와 일반 사상계의 동향까지도 엿볼 수 있다.

『홍명집』의 내용이 새삼 평가를 받고 있는 이유는, 한 편의 논문이 한 가지 물음에 대한 답변으로 끝나지 않고 풍부한 자료를 제공해 주고 있기 때문이다. 가령 유교의 경서經書와 사서史書의 인용이 많음은 물론 여러 고사故事와 노장老莊의 전적典籍 등을 이용한 2천여 개의 문장이 있다. 그러나 그 중 불교와 직접 관련이 있는 것은 5분의 1에 불과하며, 또 자료에 나오는 인명人名의 비율도 거의 같다. 이것은 바꾸어 말하면 불교는 유교나 도교의 용어를 빌려서 설명하고 있고, 공자나 노자의 말은 불교적 입장에서 조명되고 있다는 의미이다.

이와 같이 삼교三教의 상호교류가 심화되면서 불교는 보다 더 중국화의 길을 걷게 되었고, 유교와 도교는 더욱 불교에 접근하여 마침내는 수·당 불교 내지 송학·양명학을 성립케 한 요인으로 작용하게 되었다.

『홍명집』은 불교 전래로부터 위魏·진晋·남북조南北朝 시대까지의 불교와 사회·문화·풍습·신앙·사상을 연구하는 데 있어서 더할 수 없는 귀중한 자료를 제공해 주고 있다. 특히 이 시대의 불교 관계 자료는 폐불로 인하여 전반적으로 산실되었고, 그나마 『출삼장기집出三藏記集』에 기록되어 있는 자료는 불전의 목록과 서문 그리고 약전略傳에 불과하다.

이에 비해서 『홍명집』은 다루고 있는 범위가 폭넓을 뿐만 아니라 문제도 집중적이면서 사상적인 것이기 때문에 깊이가 있으며, 다방면에 걸쳐서 학술적인 가치를 지니고 있다고 하겠다. 특히 당시 지식인들의 원초적인 불교 이해의 양상을 알게 해 주는 불가결의 자료집이라고 할 수 있다.

3. 편찬자 승우僧祐의 약전略傳

본서를 편찬한 이는 양나라 승우(445~518)이다. 그의 속성은 유兪 씨이고, 선조는 팽성의 하비, 즉 지금의 강소성江蘇省 사람이었으나 부친 대에 건강建康, 지금의 남경南京으로 옮겨와 살았다고 한다. 그는 태평성세를 누리던 원가元嘉 20년(445)에 건강에서 태어났다. 승우는 어렸을 때부터 부모를 따라 건초사建初寺에 가서 절을 하며 놀곤 하였다. 그러던 어느 날 참배를 마친 승우가 집으로 돌아가지 않겠다고 하자 부모들은 그 뜻을 가상히 여기고 출가를 허락하여 승범僧範에게 사사하게 되었다. 그 후 14세가 되던 해에 집안에서 부모들이 비밀히 혼사를 추진하고 있다는 소문을 듣고 정림사定林寺로 피하여 그곳에서 법달法達 법사의 지도를 받았다. 법달은 계행이 청정하고 또한 법행이 엄격하여 문중에서 동량의 역할을 하였던 인물이다. 승우는 20세에 구족계를 받은 후, 당시 율학으로 이름을 드날리던 법영法穎 율사를 참예하고, 『십송률十誦律』을 배운 후에 율부律部의 깊은 이치〔奧義〕를 터득하여 율학의 대가가 되었다.

그가 제齊나라 문선왕의 초청으로 율을 강설할 때는 언제나 7, 8백 명이 넘는 청중이 모였다고 한다. 또한 영명永明 연간(483~493) 칙령에 의해 오吳라는 지방, 지금의 소주蘇州에 가서 그곳 승려들의 득도得度 시험을 감독하고, 『십송률』의 강의와 수계법을 설하기도 하였다. 이때 그를 흠모하고 존경하는 이들이 거출한 보시금은 건초사와 정림사의 보수비로 사용하고, 나머지는 무차대회無遮大會를 베풀거나 경장經藏의 수리비에 충당하였다고 한다.

그는 또한 사찰 건립과 불상佛像의 조각에도 조예가 깊어서 광택사光宅寺와 서하사棲霞寺의 불상을 조성하였다. 섭산대불攝山大佛과 염현석불剡縣石佛 등은 모두 그가 중심이 되어서 조영造營한 불상들이다.

양무제로부터도 깊은 존경을 받아 당시 승단에서 일어난 일이나 미심쩍은 것이 있으면 양무제는 언제나 승우에게 자문을 구하였다. 그러던 중에 만년이 되어 다리가 아파 보행이 불편하게 되자 양무제는 칙령을 내려 승우로 하여금 가마를 타고 내전에까지 들어올 수 있도록 배려해 주었다. 특히 양나라의 삼대법사三大法師 가운데 한 사람인 개선사開善寺의 지장智藏 법사는 그의 덕과 계범戒範을 사모하여 깊이 존경했다고 한다.

임종시 그를 따르는 승僧·속俗의 제자 1만 1천여 명이 지켜보는 가운데 천감天監 17년(518) 5월 26일 춘추 74세로 건초사에서 입적하였다. 그의 비碑는 제자 정도正度가 정림사에 세웠고, 비문은 유협劉勰이 지었다. 학승으로서 그가 남긴 많은 저서로는 현존하는 최고最高의 경록인 『출삼장기집』 15권, 중국에서 만들어진 불전으로서는 현존하는 가장 오래된 『석가보釋迦譜』 5권, 그리고 『홍명집』 14권이 특히 유명하다.

4. 판본의 종류

승우가 찬술한 『출삼장기집』에 실려 있는 「홍명집목록」에 의하면 『홍명집』은 원래 10권 33편으로 되어 있었던 것 같다. 그러나 현재 고려대장경 및 대정신수대장장大正新修大藏藏에 실려 있는 것은 14권 57편이다. 즉 10권본의 제일 뒤에 있는 「홍명론弘明論」이 14권본에서는 「후서後序」로 되어 있고, 더구나 수록된 순서에도 상당한 이동移動이 있었음을 알 수 있다.

그리고 수나라 법경法經 등의 『중경목록衆經目錄』에는 10권본으로 되어 있으나 승우의 환생이라고 자처한 당나라 도선道宣은 『광홍명집廣弘明集』에서 14권본이라고 밝히고 있다. 이러한 점으로 미루어 볼 때 당나라 초기까지는 점차로 증보되면서 편차編次에도 변화가 가해져 결국 현존하는 14권본이 성립된 것으로 추정된다.

승우가 『홍명집』을 편찬하면서 참고한 것은 『송명제칙중서시랑육징법론목록宋明帝勅中書侍郎陸澄法論目錄』이다. 이 책은 산실되어 현존하지는 않지만 다행히 서문이 『출삼장기집』에 실려 있기 때문에 그 내용의 일단을 살펴 짐작할 수 있다. 즉, 유송劉宋의 명제가 만년에 당시 중서시랑中書侍郎이었던 육징陸澄에게 칙령을 내려 그 당시의 법론法論에 관한 문헌을 모아 편찬케 한 것이다. 따라서 이 책은 『홍명집』보다 약 30~40년 앞선 것으로 16질 103권으로 구성되어 있다. 그 내용에는 불교를 중심으로 제기되는 여러 가지 문제점을 둘러싸고 당시의 중국인들이 얼마나 많은 논쟁과 논의를 거듭하였는가 하는 면이 잘 드러나 있다. 따라서 여기에 실려 있는 내용의 상당 부분, 그러니까 『법론목록』이 찬술되기 이전의 자료는 대부분 여기에서 발췌한 것이라고 보인다. 다만 『홍명집』의 첫 부분에 실려 있는 「모자이혹론牟子理惑論」은, 비록 『법론목록』에는 보이지 않으나, 모자에 대한 언급이 있다는 점에서 『법론목록』과 『홍명집』의 상관성에 대하여 시사하는 바가 크다고 하겠다.

5. 구성

『출삼장기집』에 실려 있는 「홍명집목록」에 보이는 10권본이 33편인 반면에, 고려대장경의 14권본은 57편으로 구성되어 있다. 편집상으로는 양쪽 다 서문이 있고 그 내용도 같은데, 다만 10권본 서문에는 "열위십권列爲十卷"이라 되어 있고, 14권본에는 "열위십사권列爲十四卷"이라 되어 있는 등 권수만 다르게 적혀 있다. 그렇다면 언제쯤 10권본에다 24편을 보태어서 14권본이 되었는가? 승우의 자서自序에 따르면 편찬 당시 그는 병상에 있었음을 알 수 있고, 앞서 그의 전기에도 나타나 있듯이 다리가 아팠던 모양이다. 또한 그가 양무제 때의 첫 번째 연호인 천감 17년(518)에 입적한 것으로 미루어서 10권본도, 14권본의 보완도 결국 천감 연중(502~519)에 모두 성립된 것으로 보인다.

따라서 자신이 편찬한 『출삼장기집』에다 10권본의 완성을 기록하고, 그 후에 다시 보완하여 14권본이 되었지만 『출삼장기집』을 다시 정정할 시간도 없이 바로 입적한 것으로 추측된다. 그러나 그렇다 하더라도 수나라 법경法經 등이 편찬한 『중경목록』에는 왜 '홍명집십권弘明集十卷 석승우찬 釋僧祐撰'이라고 적혀 있는가 하는 문제가 제기된다. 이러한 문제는 법경이 10권본만을 알고 있었든지, 아니면 단순히 『출삼장기집』의 기사만을 보고 그대로 답습한 것이든지, 그도 아니면 실제로 10권본이 당시에 현존하고 있었고, 저자 자신이 10권본이라고 밝혔기 때문에 그것을 그대로 따른 것인지 쉽게 단정 지을 수는 없는 문제로서 여러 방면에서의 고찰이 필요하다고 하겠다.

그런데 그 후 오대십국五代十國 시대 후주後周의 의초義楚가 편찬한 『석씨육첩釋氏六帖』 권7에서는 양무제 대동大同 7년(541)에 승우가 『홍명집』 14권을 편집하였다고 전하고 있다. 이 기록 자체가 잘못된 것인지, 도대체 무엇을 근거로 이런 주장을 하였는가는 분명하지가 않다. 다만 대동 7년(541)은 천감 17년(518), 즉 승우의 입적으로부터 23년이 지나고 나서이므로 그 해에 누군가에 의해 14권본으로 새롭게 편집되었을지도 모른다는 추측을 해 볼 뿐이다. 그런 의미에서 10권본의 목차와 14권본의 목차를 비교해 보지 않을 수 없다.

양본兩本을 비교해 보면 우선 눈에 띄는 것은 14권본에는 단순히 자료의 추가만 행해진 것이 아니라 편집 순서에도 이동이 있는 것을 알 수 있다. 현존하는 14권본은 서문까지 넣어서 120편의 논문이 수록되어 있는데, 여기에다 왕복 서한까지 별도로 계산한다면 그 수는 더욱 늘어날 것이다. 집필자만도 백여 명에 이르고, 특히 제10권에는 무려 63인의 글이 수록되어 있다. 이와 같이 10권본과 14권본 모두 서로 연관성 있는 논문별로 선별하여 수록하고 있으나, 다만 기본적인 입장과 식견에는 차이점이 두드러지게 나타나고 있다고 하겠다. 예를 들면 손작孫綽의 「유도론喩道論」은 그 내용이 명백하게 삼교조화론인데도 불구하고 10권본에서는 똑같이 조화론을 역설하는 「모자이혹론」 뒤에다가 수록하고 있는 데 비하여 14권본에서는 「명불론明佛論」 뒤에다 싣고 있다. 물론 「명불론」도 철저하게 삼교조화론을 설하는 것이므로 「모자이혹론」 뒤에 삽입하더라도 상관은 없다. 그러나 문제는 종병宗炳의 「명불론」은 혜림慧琳의 「백흑론白黑論」에 격분하여 지은 것이므로, 이에 반박을 제기한 하승천何承天의 「난백흑론難白黑論」과 서로 떨어지게 하고, 그 사이에 「유도론」을 삽입하여 놓은 것은 연결 면에서 합리성이 결여되었다는 데 있다. 그런 의미에서 명본明本이 「유도론」을 「난백흑론」 뒤에 배치시킨 이유도 바로 거기에 있을 것이다.

그리고 하승천과 안연지顔延之와의 논란인 「달성론達性論」도 실은 「백흑론」에서 나온 것이므로 「명불론」과 떨어지지 않게 배치시키는 것이 타당하게 여겨진다. 그 의미에서는 10권본이 보다 더 편찬상의 치밀함이 돋보이고 있다.

반대로 10권본에서 제4권에 실려 있는 승소僧紹의 「정이교론正二教論」은 고환顧歡의 「이하론夷夏論」에 대한 반박론인데도 불구하고, 이와 유사한 내용의 반박론인 혜통慧通의 「절이하론折夷夏論」을 제5권에다 수록함으로써 서로 동떨어지게 하여 놓고, 그 사이에 「문율門律」이나 「석박론釋駁論」을 수록한 것은 부적당하다. 왜냐하면 장융張融의 「문율」은 노老·불佛을 다루고 있는 점에서는 「이하론」과 그 취지를 같이하는 것인데, 오히려 반박론을 「정이교론」 뒤에다 배열시킨 것은 아무래도 어색하다. 또 한편으로는 「이하론」과의 관련 논문을 일괄적으로 다룬다는 의미에서 그렇게 편집할 수도 있었겠지만, 그렇다면 도항道恒의 「석박론」은 「이하론」과 전혀 무관한 관계로 더욱 타당하지가 않기 때문이다. 여기서는 14권본에서 「정이교론」을 「문율」 앞에 배열한 것이 더욱 합리적으로 보인다 하겠다.

그러나 14권본에서 「난백흑론」이 나오게 된 상대적 논문인 「백흑론」과 「정이교론」의 상대적 논문이라 할 수 있는 「이하론」을 싣고 있지 않은 것은 납득이 가지 않는 일이다. 왜냐하면 「백흑론」과 「달성론」은 당시 육징의 『법론』에는 물론이거니와, 정사正史인 『남제서南齊書』 제54권 「고환전」에서도 수록하고 있을 정도로 비중 있는 것이었기 때문에 더욱 그렇게 느껴진다.

신멸불멸神滅不滅에 대한 논쟁은 당시 불교계뿐만 아니라, 사회적으로도 중대한 관심사였음을 알 수 있다. 신멸은 영혼의 멸함, 즉 무불無佛을, 신불멸은 영혼의 불멸, 즉 불성의 실유實有와 보응報應의 실존으로 이어지기 때문에 당시 학자들간에도 논쟁이 거듭되었고, 그 중에서도 특히 교계에까지 파문을 불러일으킨 이는 양나라 범진范縝이었다. 이렇게 하여 논쟁이 계속 이어지자 양무제는 「입신명성불의기立神明成佛義記」를 짓고, 또한 조정 백관들로 하여금 신멸불멸에 대한 의견을 묻게 하였다. 그때 총책임자는 양나라 삼대법사 가운데 한 사람인 법운法雲 법사였고, 당시 62인의 답서答書 내용은 제10권에 수록되어 있다. 이러한 내용은 14권본에서 보완한 것이다.

6. 연구서

위에서 살펴본 바와 같이 『홍명집』이 귀중한 자료임에도 불구하고 직접 『홍명집』을 다루고 있는 연구서는 아래와 같이 겨우 세 가지에 지나지 않는다.

첫째, 국역일체경國譯一切經, 호교부護教部 1, 태전제장太田悌藏 역譯, 대동출판사大東出版社, 1936.

둘째, 『홍명집연구弘明集硏究』 유문편遺文篇·역주편譯註篇 상하, 목전제량牧田諦亮, 경도대학京都大學 인문과학연구소人文科學硏究所, 1974.

셋째, 『대승불전大乘佛典』 4, 「홍명집弘明集」·「광홍명집廣弘明集」,

길천충부吉川忠夫, 중앙공륜사中央公論社, 1988.

첫 번째의 내용은 한문을 분명하게 읽기 위하여 일본식으로 훈독하면서 간단한 주注를 붙인 일본어역 판이다.

두 번째는 일본 경도대학 인문과학연구소에서 목전牧田 선생님을 중심으로 20여 년에 걸쳐 펴낸 공동연구의 성과서이다. 이것은 대정신수대장경大正新修大藏經을 저본底本으로 삼고, 의역意譯을 하면서 상세한 주를 붙인 유일한 번역서이다.

세 번째는 온전한 번역본이 아니고, 초역抄譯, 즉 부분 번역이다. 그 내용은 『홍명집弘明集』과 『광홍명집廣弘明集』 가운데서 몇 가지 부분만을 뽑아서 현대 일본어로 번역한 것이다.

위와 같이 『홍명집』의 효용성은 중국의 전래 초기의 불교를 이해하는 데 있어 필수불가결한 자료이다. 그럼에도 불구하고 그 동안 우리나라에서 번역서가 없었던 것은 원문에서 서술하고 있는 문장 자체가 너무나 난해하기 때문이다. 따라서 이번의 한글 국역본에서도 때때로 이해하기 어려운 문장들이 나타날 것으로 생각된다. 그것은 원문의 문장이 구체적인 표현으로 정착되기 이전의 육조체六朝體이기 때문이기도 하지만, 또한 중국 고전의 고사성어故事成語가 종횡무진으로 구사되어 있기 때문일 것이다. 그러나 최종적으로는 역자의 실력 부족으로 돌릴 수밖에 없을 것이다. 함축된 문장이나 고사 등은 되도록 주를 달아 그 전거를 밝히고자 하였으나 그럼에도 불구하고 많을 수밖에 없는 오역誤譯에 대해서는 앞으로 학계 제현諸賢들로부터 많은 질책을 받아 계속 수정하고 보완해 나갈 생각임을 밝혀 둔다.

장 계 환

홍명집 서문[1]

깨달음의 바다는 한없이 넓고, 지혜의 거울[2]은 걸림 없이 원만하게 비춘다. 불타의 신비한 교화는 전 세계에 두루 미치어서 도자기와 주조물을 만들 듯이 요임금과 순임금을 만들어 내고,[3] 그 가르침은 언어를 초월하여 전 세계에 널리 펼쳐져서 점토를 만들

---

1 이 경우와 마찬가지로 대장경大藏經의 모든 본本은 서문이 모두 권 앞에 붙어 있다. 만력萬曆 14년(1586)의 오유명吳惟明 각본刻本(四部叢刊本, 四部備要本)에서 승우僧祐의 서문이 아닌 왕도곤汪道昆의 서문을 붙인 것은 후세들의 오류 때문이다.(진단陳垣, 『중국불교사적개론中國佛教史籍概論』, pp. 44~45 참조) 승우가 편집한 『출삼장기집出三藏記集』 12 「홍명집목록서弘明集目錄序」(대정장大正藏 55, 93 중~하)에는 "類聚區分 列爲十卷"이라고 되어 있다.

2 '깨달음의 바다'는 깨달음의 깊이를 바다에 비유한 것이고, '지혜의 거울'은 부처님 지혜의 밝음을 거울에 비유한 것이다. 이것은 당대唐代 이후에는 선禪 관계의 경전에도 자주 보이고 있지만 여기에서는 상당히 오래된 용례이다. 「홍명론후서弘明論後序」(대정장 52, 95 상) 참조.

3 이것은 『장자莊子』 「소요유逍遙遊」의 "是其塵垢粃糠 將猶陶鑄於堯舜者也"에 기초한 것이다. 즉 신인神人은 그 몸의 먼지나 때, 쭉정이와 겨로도 세상 사람들이 성인이라 하는 요임금과 순임금을 만들 수가 있는데, 무엇 때문에 천하 따위를 위해 애써 수고하려 하겠는가 하는 것이다. 즉 부처님의 덕화의 위대함을 나타내는 데 장자의 말을 빌려서 설명한 것이다.

듯이 주공과 공자를 만들어 내었다.

그러나 도는 위대할수록 믿기 어렵고, 명성이 높을수록 화합하는 경우가 적다. 수미산은 높이 솟아 있으므로 비람풍(藍風)[4]이 불어오고, 보물 창고에 보물이 가득 쌓여 있으므로 원망하는 도둑이 생겨난다. 옛날 여래께서 세상에 계실 때 그 교화가 삼천대천세계[5]를 진동시켰지만, 그 가운데에도 네 마군은 분노의 마음을 가슴에 쌓아 두었고, 육사외도六師外道들은 독한 마음을 품었다고 한다.[6] 하물며 상법像法의 말기[7]인 오늘날에 그러한 일을 다 헤아릴

---

4 『대지도론大智度論』 11. 예를 들면 수미산의 사방에서 바람이 일어나도 움직이게 할 수 없는 것과 같다. 대겁大劫이 다할 때 비람풍이 일어나도 난초에게 부는 바람과 같은 정도이다.(대정장 25, 139 중~하) 비람풍은 세계가 생성되는 겁의 초기와 파괴되는 겁의 말기에 부는 대단히 거센 바람을 말한다.

5 수미산을 중심으로 주위에 사대주四大洲, 구산팔해九山八海가 있는데, 이것이 우리들이 사는 세계인 소세계小世界이다. 소세계×천千=소천세계小千世界, 소천세계×천=중천세계中千世界, 중천세계×천=대천세계大千世界, 대천세계×3=삼천대천세계三千大千世界이다. 삼천대천세계는 부처님의 교화가 미치는 범위이다.

6 네 마군은 온마蘊魔・번뇌마煩惱魔・사마死魔・천자마天子魔이다. 여래는 사람의 신명・혜명을 빼앗는 네 마군을 굴복시켰기 때문에 삼계의 존尊으로 명명되는 것이다. 중생은 이들 네 마군으로 인해 번뇌를 겪게 되는 것이다. 또한 육사六師는 스스로를 일체지一切智라고 칭한 외도外道의 육사, 혹은 육군비구六群比丘(六衆比丘・六衆苾芻)를 지칭한 듯하다. 『주유마힐경注維摩詰經』(대정장 38, 351 상)에서는, "이 육사는 모두 사견邪見을 일으켜 나체로 고행하고 스스로 일체지라 칭한다. 대동소이할 뿐이다"라고 하였다.

7 불법佛法의 유통流通에 정법正法・상법像法・말법末法 등 3시時의 변천이 있다. 승우의 서문에서 '況乎像季其可勝哉'라고 하는 것은 양梁나라 초기에 이미 상법에 대한 의식이 일반에게 있었음을 나타내는 하나의 일례로서 흥미로운 것이다. 남악南岳 혜사慧思(515~577)의 『입서원문立誓願文』 중에서 이미 말법의 세상에 들어가고 있음을 확인하고 있지만, 이 혜사의 출생 전후에 『홍명집』이 완성되었다고 생각된다. 규기窺基의 『의림장義林章』 제6권에서, "정법(教・行・證)이 있고, 상법(教・行)이 있으며, 말법(教)뿐이다"라고 지적한 것은 많은 시사를 주고 있다 하겠다.

수 있겠는가?

위대한 불법이 동쪽으로 전파된 지 5백 년 가까이 되었지만, 인연에 따라 각자 믿기도 하고 믿지 않기도 하였고, 교화의 추세에도 성쇠가 있었다. 올바른 견해를 가진 사람은 불교를 찬탄하였고, 사악하고 미혹한 사람은 비방하고 헐뜯었다. 문자에만 얽매인 유학자들은 불교를 다른 나라의 가르침이라고 거부하였고, 교묘한 말을 일삼는 도교의 무리들은 불교를 자신들과 동일한 가르침이라고 하여 끌어들이려 하였다. 불교를 거부하는 것에는 근본부터 뿌리 뽑아야 할 미망迷妄이 있고, 동일한 가르침이라고 끌어들이는 것에는 붉은색과 보라색을 분별하지 못하는 혼란이 있다.[8] 그리하여 마침내 교묘한 궤변이 점점 복잡해졌고, 속임수 같은 말재주만 더욱 성행하게 되었다.

박쥐[9]가 밤중에 울부짖는다고 해도 태양의 빛을 돌려놓을 수 없으며, 정위精衛[10]가 바다를 메우려고 돌을 날라오더라도 저 푸른 바다의 형세를 조금도 막을 수 없다. 그러나 어두움이 빛을 어지럽히고 작은 것이 위대한 것을 혼란스럽게 하면, 털끝만한 미동도 없기는 하지만 백성들의 눈과 귀를 가리는 것이 된다. 그리하여 의지가 약한 사람들은 거짓된 말에 휘말려서 언제까지나 헤매게 되고, 본말을 전도한 이들은 미혹된 말만 쫓아서 영원히 빠져 나오지 못하게 될 것이다. 이것이 더러운 진흙길에는 떨어지기 쉽고

8 『논어』 「양화陽和」. 붉은색은 정색正色인 반면에, 보라색은 간색間色이다.

9 『예기』 「월령月令」.

10 해변에 살고 있는 작은 새. 옛날 염제炎帝의 딸이 동해에서 빠져 죽은 후 새로 태어나서 언제나 서산西山의 나무와 돌을 물고 와서 동해를 메우고자 하였다는 고사에 근거한 것이다. 『산해경山海經』 북산경北山經 참조.

정토淨土에는 올라와 걷기 어려운 이유이다.

나는 학문이 깊지 못하지만 불법을 널리 알리고 호교護敎하는 일에 깊이 뜻을 두었고, 헛된 말[11]과 부박한 세상사에 대해 마음으로부터 분개하고 있다. 그래서 병을 치유하려고 산 속에 들어와 있는 중에 여가를 내어 고금의 훌륭한 작품을 고르고, 출가자나 재가자의 뛰어난 글들을 모았다. 그 중 삿된 것을 논파하려는 의도가 강한 문장이나 불법을 옹호하는 논의가 있으면, 작품의 대소를 가리지 않고 모두 수록하여 제작하였다. 또 이전 세대의 뛰어난 인사들의 문학상의 저술에서도 삼보三寶에 유익한 것은 모두 편집해서 수록하고, 그것들을 종류별로 구분하여 14권으로 만들었다.

도는 원래 사람에 의해 넓혀지고[弘], 가르침은 문장에 의해 밝혀지는 것[明]이다. 도를 넓히고 가르침을 밝힌다는 의미에서 이 책을 『홍명집弘明集』이라고 이름 붙이고, 아울러 나의 보잘것없는 소신도 권말에 덧붙여 두었다. 이 한 방울의 물과 티끌 하나는 비록 적은 것이지만, 대해大海와 태산을 이루는 데 보탬이 되기 바란다. 다만 나의 학문이 깊지 못하고 시야가 좁은 것을 부끄러워할 뿐이다. 박학하고 숙련된 군자가 이 책의 내용을 넓혀 주기 바란다.

11 소인배의 교묘한 말을 일컫는다.(『서경書經』「요전堯典」)

홍명집弘明集 제 1 권

1. 모자이혹론牟子理惑論[1] 〔창오蒼梧 태수太守 모자박牟子博이 전했다고도 함〕

서문

모자牟子는 유학儒學의 경전과 제자諸子들의 서적을 다 섭렵하였고, 책은 대소를 가리지 않고 모두 좋아하였다. 병법의 책은 그다지 좋아하지 않았지만, 그것들도 읽었다. 불사不死를 말하는 신선도의 책들은 읽기는 하였지만 우습게 보고 믿지 않았고, 허황하고 거짓된 것이라고 여겼다.

---

1 진탄陳坦에 의하면 원래는 「치혹론治惑論」이었으나 당 고종의 휘〔李治〕를 피하여 「이혹론理惑論」으로 하였다고 한다.(『중국불교사적개론中國佛教史籍概論』, 47) 이 「이혹론」에 대해서는 찬자撰者·편찬 연대 등에 대해 예전부터 많은 문제가 제기되고 있다. 『도교의 기초적 연구(道教の基礎的研究)』(福井康順)에 수록된 「모자의 연구(牟子の研究)」에서는 중국·일본·프랑스 등의 선학들의 모자에 대한 연구를 논하고 종래 후한後漢 말 성립설을 부정하여 삼국 시대 오吳나라 중엽에 이루어진 것으로 보고 있다. 찬자인 모자에 대해서도 한漢의 태위太尉 모융牟

이때 후한의 영제(靈帝, 168~189)[2]가 승하한 뒤 천하가 혼란에 빠졌는데, 오직 교주交州[3] 지방만 다소 평안하였으므로 북방의 도사들이 모두 이리로 모여들었다. 그들 대부분은 신선의 벽곡辟穀과 장생술長生術을 행하였기 때문에 당시 사람들 중 그것을 배우는 이가 많았다. 모자는 언제나 5경經의 입장에서 그들을 비난하였지만, 도가의 방술사들은 감히 반론을 제기하지 못하였다. 세간에서는 이를 맹자가 양주楊朱와 묵적墨翟[4]을 물리친 것에 비유하기도 하였다. 이보다 앞서 모자는 모친을 따라 어지러운 세상을 피해

融, 창오蒼梧의 태수太守 모자牟子, 모자박牟子博 등의 이름이 거론되지만 모융은 후한 초의 사람이다.(『후한서後漢書』 65) 이미 『불조통기佛祖統紀』 35(대정장 49, 331 중) 등에도 "모자부득기명牟子不得其名"으로 기록하면서도 모융 찬撰이라고 하는 등 많은 모순이 보이고 있다. 모자와 「이혹론」에 대한 연구는 매우 많지만 참고할 만한 책은 다음과 같다.

梁啓超, 「牟子理惑論辨疑」(『梁任公近著』 제1집 所收).
胡適, 『與周叔迦論牟子書』, 北平圖書館刊 5~4.
余嘉錫, 『牟子理惑論檢討』, 燕京學報 10주년기념호.
山內晉卿, 「牟子について」, 『支那佛教史之研究』.
常盤大定, 「牟子の理惑論」, 『支那に於ける佛教と儒教道教』.
神尾一春 편, 『道家論辨牟子理惑論附解說』, 1931.
福井康順, 「牟子の研究」, 『道教の基礎的研究』, 1952.

2 환제桓帝가 후사가 없이 죽자 명제가 제12대 황제에 옹립되었다. 안으로 환관과 당인黨人의 격렬한 투쟁이 있었고, 황건적과 강호羌胡와 흉노의 반란 등 다사다난한 와중 속에서 34세를 일기로 생을 마쳤다.

3 전한前漢의 무제武帝가 남월南越을 평정한 후, 광동廣東에서부터 지금의 베트남 지역에 걸쳐 교주交州를 설치하였다. 『후한서』 33 「군국지郡國志」 5에서는 남해南海·창오蒼梧·울림鬱林·합포合浦·교지交趾·구진九眞·일남日南 등 7군 56현을 교주에 속하게 하였다는 기록이 보인다.

4 양주는 위아주의爲我主義, 묵적〔墨子〕은 겸애주의兼愛主義였는데, 맹자는 이를 이단異端의 사상이라고 배척하였다. 『맹자孟子』 「승문공勝文公」 하에서 "나는 이 때문에 우려하여 선성先聖의 도를 지키고, 양주와 묵자를 저지하여 문란한 말을 지껄이거나 삿된 말을 하는 자가 생기지 않게 하는 것이다"라고 하였다.

교주로 갔을 때인 26세 때, 창오蒼梧로 돌아가 결혼하였다. 창오의 태수는 모자가 학식있는 사람이라는 말을 듣고 그를 만나서 관리로 기용할 것을 청하였다. 그때 모자는 나이도 젊고 오로지 학문에만 뜻을 두었고, 더구나 세상의 혼란을 목격하고는 관리가 되고자 하는 마음이 없었기 때문에 결국 나아가지 않았다.

이때는 각 주州와 군郡이 서로 의심하여 왕래도 두절되어 있었다. 태수는 모자가 박학다식하므로 형주荊州에 사절로 보내고자 하였다. 모자는 명예로운 직위를 사퇴하는 것은 쉽지만 사신으로서의 명령은 거절하기 어렵다고 생각하여 행장을 차리고 출발하고자 하였다. 그때 마침 주목州牧으로부터 문장에 뛰어난 처사로 기용하고 싶다는 부름이 있었으나 병을 핑계로 응하지 않았다. 주목의 동생은 예장豫章의 태수였는데 중랑장中郎將인 책융笮融[5]에게 살해당했다. 그러자 주목은 기도위騎都尉인 유언劉彦을 보내어 군대를 인솔해 나아가게 하였다. 그러나 도중에 다른 주와 군이 의심할 것을 걱정하여 군대를 진전시키지 못하였다. 그 때문에 주목은 모자에게 다음과 같이 부탁하였다.

"동생이 역적에게 살해되니 피를 나눈 형제로서 오장이 녹는 듯이 마음이 아프다. 유도위劉都尉를 보내고 싶지만, 다른 지방에서 그를 의심하여 병사들이 순조롭게 통과하지 못할 것이다. 그대는 문무를 겸비하고 사신으로서 대처할 수 있는 재능도 갖추고 있으

5 『후한서』 103 「도겸전陶謙傳」에 보이는 실재 인물이다.(『삼국지』 「유요전劉繇傳」 참조) 광릉廣陵·하비下邳·팽성彭城 3군의 양식을 마음껏 불사에 투자하고, 성대한 욕불浴佛의 법회를 여는 등 중국불교 초기의 봉불자 중의 한 사람이다. 예장豫章의 태수 주호朱皓를 죽이고 대신하여 군사郡事를 관장하였다고 한다. 이에 의하면 교주交州의 목모牧某의 동생이 주호가 된다. 『후한서』 101 「주준전朱儁傳」에는 "子皓亦有才行 官至豫章太守"라는 기록이 있다.

니, 이번에 나를 위해 생각을 바꾸어 영릉零陵과 계양桂陽으로 가서 그 지방을 통과하도록 허가를 받았으면 한다. 그대의 생각은 어떠한가?"

모자는 말하였다.

"여물을 받은 말이 마구간에서 먹고 쉬듯이, 저는 당신의 은혜를 받은 지 오래되었습니다. 열사烈士는 자신을 잊고 반드시 이길 것을 생각합니다. 마땅히 곧 출발하겠습니다."

그런데 때마침 어머니가 갑자기 돌아가셔서 길을 떠날 수 없었다. 한참 지난 후 혼자 조용히 생각해 보니, 말솜씨가 좋다는 이유로 사신의 중책을 맡게 되었으나 지금같이 어지러운 세상에서는 자기를 드러낼 때가 아니라는 생각이 들었다. 그래서 다음과 같이 탄식하였다.

"노자老子는 성인의 지위를 끊고 지혜를 버리고, 자신을 수양하여 진리를 보존하였다. 만물도 뜻을 거스르지 못하였고 천하도 즐거움을 바꾸지 못하였다. 천자도 그를 신하로 삼지 못하였고, 제후도 그를 친구로 삼지 못하였다. 그러므로 귀하다고 할 만하다."

이에 모자는 불교의 이치에 깊은 뜻을 두었고, 아울러 『노자』 5천 문文도 연구하였다. 현묘한 진리를 술과 장국을 마시듯이 함축하고, 5경經을 거문고나 피리처럼 마음대로 다루었다. 그 때문에 세속의 무리들 중에는 모자를 가리켜서 5경을 배반하고 다른 도로 향했다고 비난하는 사람들이 많았다. 그러나 그들과 맞서 싸우고자 하면 벌써 진리가 아니고, 침묵을 지키고자 해도 그렇게 할 수 없었다. 그리하여 마침내 붓을 들어 글을 쓰게 되었는데, 성현의 말씀을 이곳저곳에서 인용하여 논증하고 해설하였다. 그리고 그 글을 「모자이혹론」이라고 불렀다.

1) 부처님의 생애

(문) 부처님은 어디에서 출생하였고, 그 선조와 나라는 어디에 있는가? 모두 무엇을 수행하였고, 어떤 모습을 하고 있었는가?[6]

(牟子) 참으로 훌륭한 질문이다. 나는 똑똑하지 못한 사람이지만, 그 요점을 대략 말하겠다. 들은 바에 의하면, 부처님 화현의 모습은 도와 덕을 쌓아서 이루어졌고, 수천억 년 걸려도 다 기록할 수 없을 정도의 긴 시간이 걸렸다고 한다. 그러나 부처님이 될 때는 인도에서 태어났고, 형상은 백정왕白淨王 부인에게서 빌렸다. 부인이 낮잠을 자고 있을 때 여섯 개의 치아를 가진 흰 코끼리에 타는 꿈을 꾸고 아주 즐거워하고 기뻐하였는데, 그런 뒤에 잉태하게 되었다. 이듬해 4월 8일에 어머니의 오른쪽 옆구리에서 태어났다. 땅을 딛고 일곱 걸음을 걸은 뒤, 오른손을 들고 "천상천하에서 나보다 뛰어난 이는 없다"고 말하였다. 그때 천지는 크게 진동하였고, 궁중은 일제히 밝아졌다. 그날 왕가의 하녀도 어린애를 낳았고, 마구간의 흰 말도 하얀 새끼말을 낳았다. 하녀의 어린애는 차닉車匿이라고 불렸고, 말은 건척犍陟이라고 불렸는데,[7] 백정왕은

---

6 「모자이혹론」 37편 제1에 불전을 실었다는 것은 극히 당연한 것이다. 이 불전의 자료가 된 것은 「이혹론」 찬술 당시의 불교계에서 유통되던 불전류佛傳類에 기초하고 있다는 것은 분명한 사실이다. 후한의 축대력竺大力·강맹상康孟詳의 번역으로 전해지고 있는 『수행본기경修行本起經』과 오나라 지겸支謙의 번역이라는 『태자서응본기경太子瑞應本起經』 등에 의해 알려진 것과 같은 불전을 배경으로 했을 것이다. 육아六牙의 백상白象은 서진西晉의 축법호竺法護 번역의 『보요경普曜經』 권2에 "垂降威靈 化作白象 口有六牙 諸根寂定"(대정장 3, 491 상)이라고 되어 있다.

7 차닉(車匿, Chaṇḍaka)은 출가하여 비구가 되었지만 악구惡口의 성격을 고치지 못하고 결국에는 육군비구六群比丘의 한 사람이 되었다. 부처님 열반 후 증과證果하였다고 한다. 건척(犍陟, Kanthaka)은 『과거현재인과경過去現在因果經』에 나오며, 『수행본기경修行本起經』에서는 건특騫特이라고 하였다.

이들이 언제나 태자의 뒤를 따르게 하였다. 태자에게는 32상相과 80종호種好가 갖추어져 있었다.[8] 신장은 1길 6자〔丈六〕이고, 몸 전체는 금색이며, 머리 위에는 육계肉髻가 있었다. 턱은 사자와 같이 단단하였고, 혀는 얼굴을 덮을 만큼 길었으며, 손바닥에는 천 개의 법륜의 무늬가 새겨져 있었다. 이마에서 발하는 빛은 만 리를 비출 정도로 환하였다. 이것이 부처님의 모습을 대략 설명한 것이다.

태자가 17세가 되자 왕은 그를 위해 태자비를 맞이하였는데, 이웃 나라 왕녀였다. 태자는 앉을 때는 자리를 띄워서 옮겨 앉았고, 잘 때는 다른 침대에서 잤다. 그러나 천도天道는 분명하여 음陰과 양陽이 서로 통하여 마침내 한 남자아이를 임신하였고, 6년[9]이 지나 출산하였다. 부왕은 태자를 보기 드물게 위대하다고 생각하여 그를 위해 훌륭한 궁전을 지어 주었고, 기녀와 진기한 물건들을 그 앞에 늘어놓아 주었다. 그러나 태자는 세속적인 즐거움을 탐하지 않고, 도와 덕에만 마음을 두었다.

19세가 되던 해 4월[10] 8일, 한밤중에 태자는 차닉을 불러서 백마 건척에게 재갈을 물리고 올라탔다. 그러자 귀신이 들어 올려 날아서 궁전을 빠져 나왔다. 다음날 궁중은 텅 비어서 그가 어디에 있는지 아무도 알지 못하였다. 부왕과 신하, 백성들 중 울지 않는 사

---

8 32상相은 32대인상大人相이라고도 하고, 이 상을 갖춘 사람은 재가시에는 전륜성왕轉輪聖王, 출가시에는 무상각無上覺을 얻는다. 또한 80종호種好는 32상을 더욱 세별한 것으로, 상호를 구비하는 사람이 무상각을 얻는데, 이때 보아서 금방 알 수 있는 신체적 특징을 상相이라 하고, 미묘하여 알기 어려운 것을 호好라고 설명하기도 한다.

9 『보요경』 2(대정장 3, 492).

10 송·원·명 세 본에는 2월로 되어 있다.

람이 없었다. 뒤를 쫓아서 교외에서 만나자, 부왕은 "네가 아직 태어나기 전에 나는 너를 얻게 해 달라고 귀신과 신들에게 기도하였다. 네가 태어난 뒤에는 금이야 옥이야 하고 소중히 키웠다. 너는 마땅히 왕위를 물려받아야 하는데, 떠나면 어찌 하느냐?" 하고 물었다. 태자는 "만물은 무상하니, 존재하는 것은 반드시 없어집니다. 지금 도를 배워서 시방세계의 중생들을 제도하여 해탈하게 하고 싶습니다"라고 대답하였다. 왕은 그 의지가 매우 굳센 것을 알고 일어나서 그대로 돌아갔고, 태자는 바로 그 자리를 떠났다. 태자는 도를 생각한 지 6년 만에 마침내 성불하였다.

부처님께서 초여름의 달에 태어나신 것은 춥지도 덥지도 않은 때여서, 초목이 화려하게 꽃을 피우고 겨울 가죽옷을 벗고 여름 갈옷을 입는 중려中呂[11]의 좋은 계절이었다. 인도에서 태어나신 것은 그곳이 천지의 중앙으로서 중화中和를 얻은 곳이기 때문이다. 저술한 경전은 모두 12부로 분류되는데, 모두 합하여 8억 4천만 권이다.[12] 그 가운데 장편은 만 글자 이하이고, 단편이라도 천 글자 이상이다. 부처님께서는 천하 사람들에게 가르침을 베푸셨고, 백성

---

11 중국 고대 음악의 12음률은 각기 12개월에 해당한다. 그 가운데 4월은 바로 중려仲呂의 음률에 해당하므로 음력 4월의 별명인 셈이다.

12 아육왕阿育王의 8만 4천의 보탑寶塔 설화에서도 알 수 있듯이, 인도에서는 8만 4천이 많은 수를 나타내는 말로서 사용되고 있다. 『대지도론』 22(대정장 25, 222 하) "法有二種 一者佛所演說三藏十二部八萬四千法聚 二者佛所說法義 所謂持戒禪定智慧八聖道及解脫果涅槃等"에서 알 수 있듯이 '8만 4천의 법문法門'은 통상 설명되어 있지만, 여기서 '8억 4천만 권'이라는 것은, 『정도보살경淨度菩薩經』에서 "人生世間 凡經一日一夜 有八億四千萬念 一念起惡 受一惡身 十念念惡 得十生惡身"이라고 말하고 있는 것과 같은 발상에서 나온 것인 듯하다. 『정도보살경』은 『정도삼매경淨度三昧經』과 관련있는 육조六朝 시대의 의경疑經이다.

들을 제도하고 해탈하게 하셨다. 그러다가 2월 15일에 열반에 드시고 돌아가셨다.

부처님의 경전과 계율은 계속 전승되어 왔다. 그것을 실천할 수 있으면 또한 무위無爲[13]를 얻어 복이 후세에까지 미칠 수 있을 것이다.

5계戒를 지니는 재가자는 한 달에 6재일齋日[14]을 지키고, 재를 올리는 날은 마음을 한 곳에 집중하여 잘못을 반성하고 스스로 새로워져야 한다. 사문은 250계를 지키고 매일 재齋를 행하는데, 그 계율은 일반 신도가 섣불리 들을 수 없는 것이다. 사문의 위의威儀와 행동거지는 중국의 옛 의례와 다름이 없다.[15] 밤낮으로 하루 종일 설법하고 경을 읽으며, 세속의 일에는 관여하지 않는다. 노자가 "위대한 덕이 있는 사람의 모습은 오직 도만을 좇는다"고 한 것은 바로 이를 두고 한 말일 것이다.

2) 부처〔佛〕는 무슨 의미인가?

㉮ 무슨 이유로 부처님〔佛〕이라고 하는가? 부처님이란 어떤 의

---

13 불교에서 설하는 '비전변非轉變의 세계'를 도가의 '무위'라는 말을 빌려 번역한 것은, 역경자의 의도와는 관계없이 후세 사람들에 의해 약간의 오해를 초래한 것으로 보인다. 번역어의 유사성을 바로 사상 내용의 동의어로 속단하기는 어렵다고 할 것이다.

14 재齋는 청정의 의미로서 죄를 참회하고 스스로를 맑고 새롭게 한다는 것이다. (『대지도론』 13 참조) 「이혹론」에서 설하는 6재齋는 아직 중국적 발상 이전의 재를 말하는 것이다. 그리고 6재일에 해당하는 날짜는 8, 14, 15, 23, 29, 30일을 말한다.

15 사문이 250계를 엄수하여 자신의 매일의 행동, 진퇴를 규정하는 것은 유교에서 말하는 '예의삼백禮儀三百'과 거의 동일하다. 「이혹론」이 중국의 예禮와 인도의 계戒를 비교한 최초의 문헌이라 할 것이다.

미인가?

(牟子) 부처님은 시호[16]이니, 삼황三皇을 신神이라고 하고, 오제五帝를 성聖이라고 하는 것과 같다.[17] 부처님은 도와 덕의 원조이며 신명의 근원이다. 부처님이라는 말은 '깨달았다[覺]'는 뜻이다. 황홀하게 변화하여 자유롭게 여러 형태로 자신을 나누어 나타낸다. 그것은 있기도 하고 없기도 하고, 작을 수도 있고 클 수도 있고, 둥글기도 하고 네모나기도 하고, 노인도 될 수 있고 젊은이도 될 수 있고, 숨을 수도 있고 밖으로 잘 드러나기도 한다. 불을 밟아도 타지 않고, 칼 위를 걸어도 다치지 않으며, 더러움 속에 있어도 물들지 않고, 재난을 만나도 재액을 당하지 않는다. 가려고 하면 공중을 날아가고, 앉아서는 광명을 놓는다. 따라서 부처님이라고 부르는 것이다.[18]

3) 도道는 무엇인가?

(문) 무엇을 도라고 하는가? 도는 어떤 종류에 속하는가?

(牟子) 도라는 말은 인도한다[導]는 뜻이다. 사람을 인도하여[19] 무위無爲의 경지에 이르게 하는 것이다. 앞에서 끌어도 나아가지 않

---

16 『일주서逸周書』 시법해諡法解에서 "시諡란 행위의 자취이고, 호號란 공적의 표시이다"라고 하였다. 그리고 시諡는 사후에 붙이는 이름이다.

17 『서경』 「대우모大禹謨」와 『맹자』 「진심장」에 보인다. 『한서漢書』 49 「조착전鼂錯傳」에는 "五帝神聖 其臣莫能及 故自親事"라고 되어 있다. 중국의 전설적 제왕을 부처님에 비유한 것은 이것이 아마도 최초라 할 것이다.

18 부처님의 불가사의한 신통력의 진상을 파악하기 어려움을 설명한 것으로는 『열자列子』 「천서天瑞」 "能浮能沈能甘能苦能短能長能圓能方" 등의 말에 의해 보이는 것과 같은, 도道는 허무하여 형상이 없고, 무시無始 · 무종無終 · 무위無爲로 변화자재함을 서술한 점에서 통하는 것이라 할 것이다.

19 『논어』 「위정爲政」.

고, 뒤에서 당겨도 물러나지 않으며, 위에서 들어 올려도 올라가지 않고, 아래로 눌러도 내려가지 않는다. 쳐다보아도 형태가 없고, 귀를 기울여도 소리가 없다. 세계의 사방〔四表〕[20]은 거대하지만 도는 그 바깥까지 감싸고, 털끝은 지극히 미세하지만 도는 그 속까지 들어갈 수 있다. 따라서 도라고 부르는 것이다.

4) 도의 실체

[문] 공자는 5경經을 도의 가르침으로 삼으니, 그것을 받들어 독송하고 실천할 수 있다. 그러나 지금 당신이 설명하는 도는 허무하고 황홀하여 그 의미를 모르겠고 무엇을 가리키는 것인지 모르겠다. 성인의 말씀과 어찌 그리 다른가?

[牟子] 평소에 익히 알고 있는 것을 중시하고 드물게 보는 일을 경시하는 것은 좋지 않다. 그러다 보면 겉치레에 현혹되어 중요한 감정을 잃어버리게 될 수 있다. 일을 이루는 데 도덕에 어긋나지 않게 하는 것은 현악기의 현을 조율할 때 5음의 음계〔宮商〕에 어긋나지 않게 하는 것과 같다. 천도는 사계절〔四時〕의 운행을 법칙으로 삼고, 인도人道는 5상常의 가르침을 법칙으로 삼는다. 그러므로 노자는 다음과 같이 말한다.

"천지가 생겨나기 이전에 이미 어떤 사물이 혼재해 있었으니, 천하의 어머니라고 할 수 있다. 그러나 나는 그 이름을 모르겠다. 억지로 이름 붙이자면 도라고 할 수 있다."

그러므로 '도'라는 사물은 집안에 머물 때는 그것으로 부모를 섬길 수 있고, 나라를 다스릴 때는 그것으로 백성을 다스릴 수 있으

20 『서경』「요전堯傳」.

며, 홀로 자립할 때는 그것으로 자신을 수양할 수 있다. 이 도를 실천해 가면 천지에 가득 차고, 가령 버리고 쓰지 않는다고 하더라도 소멸해서 그것과 분리될 수는 없다. 당신이 이해하지 못하는 것이지, 어찌 5경과 다른 점이 있겠는가?

5) 불교 경전의 광대함

문 지극한 진실은 화려하지 않고, 지극한 말은 수식이 없다. 말은 간략하지만 지극한 경우는 아름답고, 일이 적어도 통달한 경우는 명석하다. 따라서 주옥은 수가 적어서 귀중하고, 기와와 자갈은 수가 많기 때문에 가치가 없다. 성인은 근본 경전으로 7경經[21]을 제작하였는데, 그 어휘는 3만 글자〔言〕에 불과하지만 그 속에 여러 가지 일들이 다 갖추어져 있다. 그런데 불교 경전은 권수가 만 권을 헤아리고, 글자 수는 억 개를 헤아려서 한 사람의 힘으로는 이를 다 감당할 수 없다.[22] 나는 불경이 너무 번쇄하여 핵심을 얻기 어렵다고 생각한다.

牟子 강과 바다가 길가의 웅덩이와 다른 것은 깊고도 넓기 때문이다. 5악岳[23]이 언덕과 구별되는 것은 높고 크기 때문이다. 만약 높이가 산이나 언덕보다 탁월하게 높지 않다면, 절름발이 양도 그 정상까지 오를 수 있을 것이다. 만약 깊이가 여울보다 현격히 깊지 않다면, 어린아이도 그 물에서 목욕할 수 있을 것이다. 기린은

21 『후한서』 65 「장순전張純傳」의 주에서는 『시경詩經』·『서경書經』·『예기禮記』·『악기樂記』·『역경易經』·『춘추春秋』·『논어論語』를 들고 있다.

22 이와 같은 표현으로는 사마괘司馬詿의 「논육가요지論六家要旨」에 "儒者博而寡要……六藝經傳以千萬數 累世不能通其學 當年不能究其禮"라는 구절이 있다.

23 중국의 대표적인 다섯 개의 산이다. 동태산東泰山·서화산西華山·남형산南衡山·북항산北恒山·중악숭산中岳嵩山.

동물원에서는 살지 않고, 배를 삼킬 정도의 큰 물고기는 몇 자밖에 되지 않는 냇물에서는 놀지 않는다. 크기가 세 치밖에 안 되는 대합을 쪼개서 보름달같이 큰 구슬을 구하고, 탱자나무나 가시나무 둥우리에서 봉황의 알을 찾는다면, 반드시 얻기가 어려울 것이다. 그 이유는 작은 것이 큰 것을 수용할 수 없기 때문이다. 불교 경전은 수억 년 전의 일을 말할 뿐만 아니라 만 세대 뒤의 중요한 도까지 설명하고 있다. 태소太素가 아직 일어나지 않고 태시太始도 아직 생성되지 않았을 때[24] 하늘과 땅이 처음 생겨났지만, 그 미묘함은 파악할 수 없고, 그 섬세함은 파고 들어갈 여지가 없다. 부처님께서는 그 광대한 우주의 밖까지 다 감싸고, 그 미묘한 속까지 다 분석하여 서술하지 않으신 것이 없다. 따라서 불교 경전의 권수가 만 권을 헤아리고 글자 수도 억을 헤아리는 것이다. 경전이 많을수록 내용이 더 잘 갖추어지고, 글자 수가 많을수록 그 내용이 더 풍부하기 마련이다. 어찌 핵심이 없다고 하겠는가? 비록 한 사람이 다 감당할 수 없다고 하더라도 이는 마치 강물에서 물을 마실 때 한 모금이면 충분한 것에 비유[25]할 수 있다. 그 외의 것이 어찌 문제가 되겠는가?

6) 불경의 요점

문 불교 경전은 방대하고 수가 많으므로 요점만 취하고 나머지 것은 버리고 싶다. 그 본질만 직접 설명하고 그 나머지는 없애면 좋겠다.

---

24 『열자列子』「천서天瑞」.
25 『장자』「소요유」.

(牟子) 그렇지 않다. 저 태양과 달은 모두 밝게 빛나지만 각기 비추는 대상이 있고, 하늘의 28수宿[26]도 각각 주로 여기는 대상이 있다. 온갖 약초가 생겨나지만, 각각 치료하는 대상이 다르다. 여우털로 만든 모피는 추위를 대비한 것이고, 여름 갈옷은 더위를 막기 위한 것이다. 배와 수레는 가는 길이 다르지만 모두 다 여행자를 목적지까지 데려다 준다. 공자가 5경에 다 갖추어져 있다고 생각하지 않고, 다시 『춘추春秋』와 『효경孝經』을 제작한 것[27]도 도덕학술의 영역을 넓혀서 사람들의 기대에 자의대로 부응하기 위한 것이다. 불교 경전은 수가 많지만 귀착하는 점은 하나이다. 이것은 7경經이 다 다르지만 도와 덕, 인仁과 의義를 똑같이 중요시하는 것과 같다. 공자가 효孝를 여러 가지로 말한 것은 사람들의 행위에 맞추어서 가르치고자 하였기 때문이다. 예를 들면 자장子張과 자유子游가 똑같이 효에 대한 질문을 했지만 공자가 각기 다르게 대답한 것은 그들의 단점을 고치기 위한 것이었다. 어찌 나머지를 버리는 일이 있겠는가?

7) 불도佛道를 배우는 까닭

(문) 불도가 지극히 존귀하고 지극히 위대한 것이라면, 요임금・순임금・주공・공자는 왜 불도를 닦지 않았는가? 또한 7경 속에

---

26 중국 고대의 천문학상의 태양을 중심으로 한 성좌. 인도의 천문학의 영향을 받았다 할 것이다.

27 「이혹론」에 5경經 외에 『춘추』와 『효경』을 명기한 것은 『후한서』 주에서 말하는 7경에는 『효경』이 들어가 있지 않고, 5경과 7경을 말하는 데도 이설異說이 있음을 나타내고 있다. 그러나 공자는 이 2서書를 중시했다고 한다. 하휴何休의 『공양전公羊傳』 주注의 서序에서 공자의 말을 인용하여 "나의 뜻은 『춘추』에 있고, 행위는 『효경』에 있다"고 하였다.

도. 불도와 관련된 말은 보이지 않는다. 당신은 이미 『시경詩經』·『서경書經』을 즐겨 읽고 예禮와 악樂도 기쁘게 행하면서, 무엇 때문에 또 불도를 좋아하고 다른 이치를 기뻐하며 따르는가? 불도가 어떻게 유학의 경전에 나오는 훌륭한 성현의 업적보다 더 낫다고 할 수 있는가? 나는 당신의 입장을 따르지 않겠다.

牟子 책이 반드시 공자의 말에 국한될 필요는 없고, 약이 반드시 편작扁鵲[28]의 처방만 최고인 것은 아니다. 이치에 합당하면 따르고, 병을 낫게 하는 것이면 좋은 약이다. 군자는 널리 착한 일들을 찾아서 자신의 수양을 돕는다. 따라서 자공子貢이 "우리 선생님에게 어찌 일정한 스승이 있었겠는가?"라고 말한 것이다. 요임금은 윤수尹壽에게 사사하였고, 순임금은 무성務成을 섬겼고, 또 주공〔旦〕은 여망(呂望 : 太公)에게 배웠고, 공자는 노자에게 배웠다고 한다. 그러나 이러한 사실들은 모두 7경에 보이지 않는다.[29] 네 사람의 스승이 모두 성인이기는 하지만, 부처님에게 비교하면 흰 사슴과 기린, 또는 제비와 봉황 같은 차이가 있다. 요임금·순임금·주공·공자는 오히려 그에게 배울 수 있다. 하물며 부처님은 신체의 상호가 변화무쌍하고 신통력은 비교할 대상이 없을 정도인데 있어서이겠는가? 어찌 이를 버리고 불도를 배우지 않을 수 있

28 전국 시대의 명의名醫. 『사기史記』「편작창공열전扁鵲倉公列傳」이 있다.

29 『신서新序』「잡사편雜事篇」. 요堯가 윤수尹壽에게, 순舜이 성무成務에게, 주공周公 단旦이 태공망太公望 여상呂尙에게 사사한 것은 문왕과 형인 무왕이 사사한 점에서 유추가 되고, 공자가 노자에게 사사한 것 등은 7경에 기록되어 있지 않음을 강조한 것이고, 오로지 7경에 불경을 기록하지 않음을 지적한 질문자에 대한 반론으로 행한 것이다. 『예기』「증자문曾子問」에는 장사를 치르는 중에 일식이 생겼으니, 어떻게 하면 좋겠는가라는 증자의 질문에 대해 공자는 옛날 노자가 장례의 행렬에 있을 때 일식이 시작되자 노자는 장례의 행렬을 멈추고 길 옆에서 일식이 마치기를 기다렸다는 말로써 답변하였다고 한다.

겠는가? 5경에 나오는 일의 도리는 혹 빠져 있는 경우도 있다. 불도에 대한 기술이 보이지 않는다고 해도, 어찌 이상하게 여기고 의심하기에 충분하겠는가?

8) 부처님의 상호

(문) 부처님에게는 32상相 80종호種好가 있었다고 하지만, 어찌 보통 사람과 심하게 다른 모습이겠는가? 그것은 아마도 지어낸 이야기일 뿐 실제를 말하는 것은 아닐 것이다.

(牟子) 전해 오는 말에 "식견이 좁은 사람은 의심하는 일이 많아, 낙타를 보고도 말 등에 혹이 생겼다고 한다"는 말이 있다. 요임금의 눈썹은 여덟 가지 색이었고, 순임금의 눈은 눈동자가 둘이었고, 고요皐陶의 입은 까마귀 부리와 같았고, 주나라 문왕은 젖꼭지가 네 개였고, 우왕의 귀는 귓구멍이 세 개였고, 주공은 꼽추였고, 복희伏羲는 용 같은 코를 가졌고, 공자는 절구통 같은 머리를 가졌고, 노자는 이마가 해처럼 튀어나왔고, 눈이 현묘하며 콧날이 두 개였고, 손바닥에는 열 개의 문양이 있었고, 발바닥의 문양은 두 개와 다섯 개였다고 한다. 이것들이 보통 사람과 다른 것이 아니고 무엇인가? 어찌 부처님의 상호만 이상하다고 말하기에 충분한가?

9) 사문의 삭발과 효도

(문) 『효경孝經』에는 "신체와 머리카락, 피부는 부모에게 받은 것이니, 감히 훼손하거나 다치게 하지 않아야 한다"는 구절이 있다. 또 증자曾子는 임종시에 "내 손을 펴 보아라. 내 발을 펴 보아라"라고 하였다. 그런데 지금 사문은 머리를 깎는데, 어찌 그리 성인의

말을 거스르고 효자의 도리에 합치하지 않는가? 당신은 항상 옳고 그름을 논하고, 바르고 바르지 못한 것을 가리기 좋아하면서 오히려 이런 일을 좋다고 여기는가?

牟子 성인과 현인을 비방하는 것은 어질지 못하고, 부당한 것을 옳다고 판정하는 것은 지혜롭지 못하다. 어질지 못하고 지혜롭지 못하면서 어떻게 덕을 세울 수 있는가? 덕이 확립되지 못한다면 완고하고 비뚤어진 인물인데 어찌 쉽게 논의할 수가 있겠는가? 옛날 제齊나라 사람이 배를 타고 강을 건너가다가 아버지가 물에 빠졌다.[30] 아들은 팔을 걷고 아버지 머리를 붙잡아 거꾸로 세워서 물을 입에서 토하게 하였고, 그리하여 아버지의 목숨을 살리게 되었다. 부모의 머리를 붙잡아 거꾸로 세우는 것보다 더 심한 불효는 없다. 그러나 그렇게 함으로써 아버지의 목숨을 온전히 살릴 수 있었다. 만약 두 손을 모으고 평상시 효자의 도리를 다하는 자세로 있었다면, 아버지는 물에서 목숨을 잃고 말았을 것이다. 공자도 "함께 바른 길로 나아갈 수는 있어도, 함께 비상수단을 쓸 수는 없다"고 하였다. 이것은 시의적절하게 행동하는 것을 가리킨 말이다. 또 『효경』에는 "선왕은 지극한 덕과 중요한 도리를 갖추고 있다"는 구절이 있다. 그러나 태백泰伯은 머리를 자르고 문신을 새겼을 뿐 아니라 스스로 오나라와 월나라의 풍속을 좇아서 신체와 머리카락, 피부에 상처내지 말라는 가르침을 거슬렀다.[31] 그런

30 『회남자淮南子』 「범론훈范論訓」.

31 태백泰伯의 '단발문신斷髮文身'은 「사기」 권4 「주본기周本紀」와 권31의 「오태백세가吳泰伯世家」에 보인다. 주周의 고공古公이 장자인 태백을 제쳐 놓고 셋째인 계력季歷에게 양위하려고 하자, 그러한 아버지의 뜻을 알고 태백과 중옹은 주에서 형만荊蠻으로 도망가 오랑캐의 풍속으로 살며 양위하였다는 고사를 말한다.

데도 공자는 그를 지극한 덕을 갖추었다고 칭찬하였다. 즉 공자는 그가 머리를 잘랐다고 비난하지 않은 것이다. 이로써 보건대 큰 덕을 갖추기만 하면 작은 것에 구애받지 않는다는 것을 알 수 있다. 사문이 재산을 포기하고 처자를 버리고 음악을 듣지 않고 여색에 눈길을 주지 않는 것은 지극한 최대의 겸양이라고 할 수 있다. 어찌 성인의 말씀을 거스르고 효자의 도리에 어긋난다고 하겠는가? 예양豫讓[32]은 재를 삼키고 몸에 옻을 발라서 모습을 바꾸었고, 섭정聶政[33]은 자기 얼굴 가죽을 벗겨서 자해하였으며, 백희伯姬[34]는 불에 타 죽었고, 고행高行[35]은 얼굴을 베어서 정조를 지켰다. 군자들은 모두 이들이 용기 있고 정의를 위해 죽은 사람들이라고 여겼지, 자기 몸에 상처를 내고 죽었다고 비난하는 말을 들어본 적이 없다. 더욱이 사문이 삭발하는 것을 이들 네 사람에 비교할 수 있겠는가? 그와는 아주 먼 경우가 아닌가?

10) 처자와 재산을 버리는 행위

㉮문 후계자를 얻는 것보다 더 큰 복은 없고, 자손이 없는 것보다 더 큰 불효는 없다. 그런데 사문이 처자를 버리고 재산을 포기하

32 『사기』「자객열전」. 춘추전국 시대의 진晋나라 자객. 자신을 후대해 준 지백知伯이 조양자趙襄子에게 죽음을 당하자 복수를 위해 이처럼 하여 몸을 숨겼다고 한다.

33 전국 시대의 자객. 엄수嚴遂의 의뢰를 받고 대신인 협루俠累를 죽이고 자살했다고 한다.

34 노나라 선공宣公의 딸로서 송나라 공공恭公에게 시집을 갔다. 어느 날 밤에 불이 났는데 피난을 권유받고도 여인이 밤에 나다닐 수 없다고 하여 그대로 죽었다고 한다.

35 『고열녀전古烈女傳』. 젊어서 과부가 되었는데, 양왕梁王이 왕비로 맞이하려 하자 칼로 코를 베어서 정조를 지켰다고 한다.

거나 평생 결혼하지 않는 것은 그야말로 복과 효도에 어긋나는 행위가 아니겠는가? 스스로 자신을 괴롭히는 일이지 기특한 일이 아니고, 자신을 궁지에 빠뜨리는 것이지 남다른 것이 아니다.[36]

(牟子) 원래 왼쪽이 길면 오른쪽은 반드시 짧기 마련이고, 앞이 크면 뒤는 반드시 좁기 마련이다. 맹공작孟公綽은 조趙나라나 위魏나라 같은 대국의 재상으로는 훌륭하지만, 승勝나라나 설薛나라 같은 소국의 대부로 삼을 수는 없다.[37] 처자와 재산은 세속의 중요하지 않은 부분이다. 자신을 깨끗이 하고 무위無爲한 것이 미묘한 도이다. 따라서 노자는 "명예와 몸은 어느 쪽이 더 중요한가? 몸과 재화는 어느 편이 더 많은가?"[38]라고 물었다.

모자는 계속해서 다음과 같이 말하였다. 하·은·주 3대의 유풍을 잘 관찰하고, 유학과 묵가의 도덕, 학술을 잘 살피고, 『시경』과 『서경』을 외우고 예절의 수양에 힘쓰며, 인의를 존중하고 청결함을 중시하는 것은 이 땅의 사람들이 모두 실행하는 것이다. 마음이 편안하여 욕심이 없는 사람은 그러한 일에 마음을 쓰지 않는다. 눈앞에 수나라의 진주가 놓여 있고 뒤에서 울부짖는 호랑이가 쫓아온다면, 그것을 본 사람이 진주를 줍지 않고 도망치는 것은 무엇 때문인가? 생명을 우선으로 여기고 이익을 나중으로 보기 때문이다. 허유許由[39]는 나무 위에 집을 지어 살았고, 백이와 숙제는 수양

36 『맹자』「이루離婁」상, 『세설신어世說新語』「언어言語」.

37 『논어』「헌문憲問」에서 "공자가 말하기를 맹공작은 체통을 지키고 덕망이 있는 사람이기 때문에 대국에서 어른 노릇하기는 쉽지만, 소국에서 큰 나라의 공격을 막아가며 실무책임자가 되기는 어렵다"고 한 뜻이다.

38 『노자』44.

39 『장자』「양왕讓王」. 요임금이 천하를 양위하려 하자, 허유는 산중에 은거해 버리고, 그후 9주의 장관으로 발탁하려 하자 영수潁水에서 귀를 씻었다고 한

산에서 굶어 죽었지만, 성인인 공자는 그들의 현명함을 "인仁을 구하여 인을 얻었다"고 칭찬하였다. 그들이 후손이 없고 재산이 없다고 비난하였다는 소리는 들어본 적이 없다. 사문은 도와 덕을 닦는 일로 세속의 즐거움을 대신하고, 훌륭한 현자의 입장으로 되돌아가기 위해[40] 처자와 함께 사는 기쁨에 등을 돌린다. 이 사람들을 기특하다고 하지 않는다면, 누구를 보고 기특하다고 하겠는가? 이 사람들을 보고 남다르다고 하지 않는다면, 누구를 보고 남다르다고 하겠는가?

11) 복식의 예의

㉮문 황제黃帝는 의상을 아래로 내려뜨려서 복식의 제도를 정하였고, 기자箕子는 홍범洪範을 제시하여 행동거지를 5사事[41]의 제일로 삼았다. 공자는 『효경』을 지을 때 복장을 세 가지 덕[42] 가운데 첫번째라고 생각하여 "의복과 관을 바르게 하고, 보이는 외관을 중요시한다"고 하였다. 원헌原憲은 가난하였지만 화려한 관을 벗은 적이 없고,[43] 자로子路는 조난을 당하였을 때도 갓끈 묶는 것을 잊지 않았다. 그런데 지금 사문은 머리를 깎고 붉은색 천으로 몸을 감고,[44] 사람을 만나도 무릎을 꿇거나 일어서는 예의가 없으며, 올

다.

40 불보살과 같은 출세간의 성현에 귀의하는 것을 말하는 것이다.

41 주나라 무왕은 은殷을 멸망시키고, 기자를 데려와 홍범상제가 우왕에게 내렸다는 9장의 대법에 대해 물었다. 바로 그 9장의 제2에, 5사事(용모·말·눈의 작용·귀의 작용·사려분별)를 바르게 운용할 것이라고 되어 있다.

42 『효경』 「경대부장卿大夫章」. 선왕의 법복法服이 아니면 입지 않고, 법언法言이 아니면 말하지 않고, 덕행이 아니면 구태여 행하지 않는다고 한다.

43 『장자』 「잡편雜篇」 양왕襄王. 화려한 관은 나무의 껍질로 만든 관을 말한다.

44 『위서魏書』 114 「석로지釋老志」. 여기 「이혹론」에서 붉은 옷 가사를 입었다는

바로 대응하는 행동거지가 부족하다. 어찌 그리 용모나 복장의 제도에 어긋나고, 허리띠를 매는 선비의 복식에서 벗어나 있는가?[45]

牟子 노자는 "최상의 덕은 덕스럽지 않다. 그러므로 덕이 있다. 저속한 덕은 자신의 덕을 잃지 않는다. 그러므로 덕이 없다"[46]고 말하였다. 삼황三皇 시대에는 고기를 먹고 가죽옷을 입으며 나무 위에 집을 짓고 굴을 파서 사는 등 소박한 생활을 존중하였다. 어찌 장보章甫의 관[47]과 곡구曲裘의 수식 등을 필요로 하였겠는가? 그러나 그 시대 사람들은 덕이 있고 인정이 많으며 신실하고 꾸밈이 없었다고 한다. 사문의 행위에도 이와 비슷한 점이 있다.

문 당신의 말대로라면 황제黃帝와 요임금·순임금·주공·공자 등은 무시하는 일이 있고, 모범이 되기에 충분치 못한 인물이다.

牟子 보는 바가 넓으면 헤매지 않고, 귀가 밝으면 미혹되지 않는다. 요임금·순임금·주공·공자는 세속의 일을 하였지만, 부처님과 노자는 무위에 뜻을 두었다. 공자는 70여 나라를 떠돌아다녔지만, 허유는 천하를 선양해 주겠다는 말을 듣고 냇물에 귀를 씻었다. 군자의 도는 벼슬을 하는 경우도 있고 물러나 은둔하는 경우도 있고 침묵하는 경우도 있고 말하는 경우도 있다. 그 행위가 자신의 감정을 넘어 이루어지지 않고 자신의 본성을 지나치지

것은 「이혹론」의 찬술 연대를 추정하는 하나의 증거가 된다.

45 『진서晉書』「여복지輿服志」.

46 『노자』 38.

47 은대殷代의 관으로서 공자가 이것을 사용함으로써 유자儒者의 관으로 되었다고 한다. 또한 『장자』「소요유」에는, 장보라는 관을 팔려고 전혀 관을 사용하지 않는 곳으로 갔는데, 아무런 소용이 없었다고 한다. 이를 예로 들어 융통성이 없는 것에 비유한다. 즉 하고자 하는 것과 목적으로 삼는 것 사이에 차이가 있음을 비유할 때 사용한다.

않는다. 그 도가 귀하게 여겨지는 것은 어디에 활용하는가에 관련되어 있을 뿐이니, 어찌 무시하는 일이 있겠는가?

12) 정신〔神〕은 다시 태어나는가?

문 불도에서는 "사람이 죽으면 반드시 다시 태어난다"[48]고 하는데, 나는 이 말이 사실이라고 믿을 수 없다.

牟子 사람이 임종할 때 가족들이 지붕 위에 올라가 그 사람의 이름을 부른다.[49] 이미 죽었는데 또 누구를 부르는 것인가?

문 혼백魂魄을 부르는 것이다.

牟子 정신이 돌아오면 소생하지만, 돌아오지 않으면 영혼은 어디로 가는가?

문 귀신이 된다.

牟子 그렇다. 정신은 본래 불멸하고, 신체만 썩을 뿐이다. 비유하자면 신체는 오곡의 뿌리, 잎과 같고 영혼〔魂神〕은 오곡의 씨앗과 같은 것이다. 뿌리와 잎은 나오면 반드시 시들지만, 씨앗에 어찌 끝이 있겠는가? 도를 체득한 사람도 신체는 소멸해 버릴 뿐이다. 노자도 "나에게 큰 근심이 있는 것은 나에게 신체가 있기 때문이다. 만약 나에게 신체가 없다면 무슨 고통이 있겠는가?"[50]라고 말하였고, 또 "일을 완수한 후에 자신이 물러나는 것이 천도이다"[51]라고 말하였다.

---

48 '윤회전생輪廻轉生'이라는 것을 '갱생更生'이라고 부르는 것은 『홍명집』 5 유송劉宋의 나군장羅君章의 「갱생론」에서도 알 수 있다.

49 『예기』 「예운禮運」.

50 『노자』 13.

51 『노자』 9.

[문] 도를 닦아도 죽고 닦지 않아도 죽는다면 무슨 차이가 있는가?

[牟子] 그것이야말로 하루도 선행하지 않으면서 일생의 명예를 문제삼는 것과 같다. 도를 얻었다면 신체는 죽더라도 영혼은 천당(福堂)[52]으로 가지만, 악한 일을 행하였다면 죽은 뒤에 영혼은 그 재앙을 받게 된다. 어리석은 사람은 이미 이루어진 일에 대해서도 어둡지만, 현인과 지혜로운 자는 일이 시작되기 전에 먼저 예견한다.[53] 도를 체득한 것과 체득하지 못한 것은 마치 금을 잡초에 비교하는 것과 같다. 선행과 복의 관계는 마치 흰색을 검은색에 비교하는 것과 같다. 어찌 차이가 없다고 하겠는가? 그런데 무슨 차이가 있는가라고 물을 수 있는가?

13) 생사와 귀신

[문] 공자는 "살아 있는 사람도 잘 섬기지 못하는데, 어찌 귀신을 섬길 수 있는가? 아직 삶도 모르는데 어찌 죽음을 알겠는가?"[54]라고 말하였다. 이것은 성인이 단념한 문제이다. 지금 불교도들은 생사에 관한 일이나 귀신에 대한 제사를 수시로 말한다. 이것은 성인이나 철인도 할 수 없는 말이다. 원래 도를 실천하는 자는 허무虛無하고 소박한 마음을 가져야 할 것이다. 그런데 무엇 때문에 생사를 말하여 뜻을 혼란스럽게 하고 귀신의 쓸데없는 일까지 논

---

52 도가에서는 신선이 사는 곳으로 72복지福地가 있지만, 유가에서는 복당福堂이 천상계天上界로 기록되어 있다. 중국 불교에서는 천당이 극락이라는 명칭이 보급되기까지 특별히 행해지게 되었다.

53 『사기』 68 「공손앙전公孫鞅傳」.

54 『논어』 「선진先進」.

하는가?

牟子 당신의 말은 사물의 외양만 보고 내면을 인식하지 못한다고 하는 말과 같다. 공자는 자로가 근본과 지엽적인 것을 구분하지 못하는 것을 나무라서 이렇게 누른 것이다. 『효경』에는 "종묘를 세워서 귀신이 흠향을 받게 하고, 봄가을로 제사를 지내서 때마다 부모를 추모한다"는 구절이 있다. 또한 "살아 계실 때는 애정과 존경으로 섬기고, 돌아가신 뒤에는 애도와 슬픔으로 섬긴다"는 구절도 있다.[55] 이것은 귀신을 섬기며 생사에 대해 알 것을 사람들에게 가르친 것이 아니겠는가? 주공이 무왕을 위하여 생명을 달라고 부탁하며 "저는 다재다능하여 귀신을 잘 섬길 수 있다"[56]고 말한 것은 도대체 무슨 뜻인가? 불경에서 말하는 생사에 대한 취지도 이와 같은 종류의 것이 아니겠는가. 노자는 "그 자식을 알고 그 어머니를 지키면, 목숨이 다할 때까지 위태롭지 않다"고 하였다.[57] 또한 "그 빛을 활용하고 그 밝음을 회복하면, 자신에게 재앙을 남기지 않게 된다"고 하였다. 이것은 생사의 귀추와 길흉이 머무는 곳에 대하여 말한 것이다. 지극한 도의 요체는 실제로 적막한 경지를 중요하게 여길 뿐, 불교도가 논쟁을 좋아하는 것이 아니다. 상대방의 질문에 대답하지 않을 수 없었을 뿐이다. 종과 북이 어찌 저절로 소리가 나겠는가? 북채로 쳐야 비로소 소리가 나는 것이다.

55 『효경』「상친장喪親章」.

56 『상서尙書』「주서周書」'금등金縢.' 주공이, 형인 무왕이 병이 들어 죽게 되자, 자신을 대신 죽게 해 달라고 귀신에게 빌었다고 한다.

57 자식은 현상계이고, 그 어머니는 현상계의 배후에 있는 존재의 근원인 도道라는 실재에 해당한다고 볼 수 있다.

14) 오랑캐와 중국

문 공자는 "오랑캐에게 군주가 있더라도 중국에 군주가 없는 것보다 못하다"[58]고 하였고, 맹자는 진상陳相이 다시 허행許行의 가르침을 배우려 하는 것을 보고, "나는 중국의 문화로 오랑캐를 변화시켰다는 말은 들었지만, 오랑캐의 문화로 중국을 변화시켰다는 말은 들은 적이 없다"[59]고 비난하고 있다. 당신은 젊었을 때 요임금・순임금・주공・공자의 가르침을 배웠는데, 지금 와서 그것을 버리고 다시 오랑캐의 가르침을 배우려고 하니, 너무 미혹하지 않은가?

牟子 이는 내가 아직 위대한 도를 잘 몰랐을 때 한 쓸데없는 말에 지나지 않는다. 그대와 같은 사람은 예제禮制의 화려함만 보고 도덕의 실질에는 어둡다고 할 수 있다. 이것은 마치 횃불과 등불 같은 약한 빛만 보고 하늘의 햇빛은 보지 못하는 경우와 같다. 공자의 말은 세상의 법도를 바로잡기 위한 것이고, 맹자가 한 말도 한 가지에만 전념하는 것을 싫어한 것뿐이다. 옛날 공자는 오랑캐 땅에 살고자 하여 "군자가 사는 데에 어찌 누추함이 있겠는가?"[60]라고 말하였다. 그때 공자는 노나라와 위나라에서 받아들여지지 않았고, 맹자는 제나라와 양나라에서 등용되지 않았던 것이지, 어찌 오랑캐를 섬긴 것이겠는가? 우禹임금은 서쪽의 강족羌族 출신이었지만 지혜로운 성인이었고, 고수瞽叟는 순임금 같은 성인을

58 『논어』「팔일八佾」.

59 『맹자』「승문공滕文公」 상. 허행은 농가農家학파의 사상가이자 실천가인데, 유가의 학문을 하고 있던 진상이 허행에게 사사하여 공감하는 것을 비난한 말이다.

60 『논어』「자한子罕」.

낳았지만 고집 센 바보였다. 유여由余는 적狄 땅에서 태어났지만 진秦나라를 도와 패자覇者가 되게 하였고, 관중管仲과 채숙蔡叔은 황하와 낙수 지역 출신이라고 하였지만 헛소문이었다. 전하는 말에 의하면, "북두칠성은 하늘의 중앙에 있고, 인간 세상의 북쪽에 있다"고 한다. 이것으로 미루어 볼 때, 중국〔漢〕이 반드시 세상의 중심에 있는 것은 아니다. 불교 경전에서는 상하 사방의 구석구석 살아 있는 모든 것들이 전부 부처님에게 속한다고 하였다. 그러므로 나는 불교를 존경하고 배우는 것일 뿐이다. 어찌 요임금・순임금・주공・공자의 도를 버리려는 것이겠는가? 황금과 옥은 서로 상처를 주지 않으며, 수주隨珠와 벽옥碧玉은 서로 방해하지 않는다. 다른 사람을 가리켜서 미혹하다고 할 때 자기 자신이야말로 미혹한 것이 아닌가?

15) 보시

문 아버지의 재산을 가져다 길 가는 사람에게 베푸는 것을 은혜〔惠〕라고 할 수 없고, 양친이 아직 살아 계신데도 다른 사람을 위하여 스스로 죽는 것을 인仁이라고 볼 수 없다. 그런데 지금 불교 경전에는 "수대나須大拏 태자[61]는 아버지의 재산을 가져다 모르는 사람들에게 베풀고, 국보인 코끼리를 적에게 주었으며, 또한 아내와 자식을 스스로 다른 사람에게 주었다"는 구절이 실려 있다. 이와 같은 경우는 예에 어긋난다고 할 수 있다. 자기 부모를 공경하지

61 『본생담本生譚』에 나오는 태자 수대나須大拏는 선시善施・일체시一切施의 역譯이기도 하다. 오나라 강승회康僧會 역譯이라는 『육도집경六度集經』 권2 「수대나경」(대정장 3, 6)과 서진西晉의 성견聖堅 역이라는 『태자수대나경』(대정장 3, 418)에 보이는 구절이 생략된 것이라 할 것이다.

않고 남을 공경하는 것을 예에 어긋난다고 하고, 자기 부모를 사랑하지 않고 남을 사랑하는 것을 덕에 위배된다고 한다.[62] 그렇게 볼 때 수대나 태자는 불효자이며 어질지 못한데도 불구하고, 불교도들은 그를 존경한다. 참으로 이상한 일이 아닌가?

(牟子) 5경經의 논의로는 후계자를 장남으로 세운다. 그런데 주나라 대왕은 창昌의 마음씨를 보고 맏아들 대신 막내를 후계자로 삼아서 주 왕조의 창업을 성취하고 태평성세를 실현하였다.[63] 아내를 맞아들이는 예의로는 반드시 부모에게 먼저 말씀드려야 하는데, 순임금은 부모에게 먼저 말씀드리지 않고 장가를 들어 위대한 인륜을 성취하였다. 바른 선비는 반드시 초빙하기를 기다리고 나서야 벼슬을 하고, 현명한 신하는 부르는 명령을 받고서야 비로소 임금에게 나아간다. 그러나 이윤伊尹은 먼저 솥을 짊어지고 탕왕湯王에게 가서 벼슬을 하였고, 영척寧戚은 소뿔을 두드리며 제나라 환공桓公에게 벼슬을 구하였다. 이렇게 해서 탕왕은 왕이 되었고, 환공은 천하의 패자가 되었다. 또 예禮에서는 남녀가 물건을 직접 주고받는 것도 금하고 있는데, 형수가 강물에 빠졌을 때 손으로 끌어올리는 것은 위급할 때의 임시 조치이다.[64] 무엇이 중요한 것인가를 파악하면 작은 일에 구애받지 않는다. 위대한 인물이 어찌 상식적인 것에 구애받겠는가? 수대나 태자는 세상의 무상함을 보고 재화를 자신의 보물이 아니라고 생각하였기 때문에 마음대로 보시하여 대도를 성취하였다. 아버지와 국가는 그 보답을 받아 적이 침입할 수 없었다. 그가 성불하자 부모 형제들이 다 제도받았

62 『효경』「성치장聖治章」.

63 『맹자』「만장萬章」.

64 『맹자』「이루離婁」 상.

다. 이것이 효도가 아니고 이것이 인仁이 아니라면, 무엇을 가리켜서 인과 효라고 하겠는가?

16) 술을 마시고 아내를 두는 것

(문) 불교의 도리는 무위를 중시하고, 보시를 즐거워하며, 계율을 지키는 일에 마치 깊은 못에 임하듯이 전전긍긍 매우 조심한다고 한다.[65] 그런데 오늘날 사문들은 술 마시는 일에 탐닉하거나 처자식을 두고 물건을 싸게 사서 비싸게 파는 등 오로지 속임수를 일삼고 있다. 이들이야말로 세상의 위선자들인데, 불교에서 이들을 무위하다고 할 수 있는가?

(牟子) 목수인 공수반公輸般은 사람들에게 큰 도끼, 작은 도끼, 먹줄은 줄 수 있어도 기술은 나누어 주지 못하였다.[66] 성인은 사람들에게 도를 가르쳐 줄 수는 있어도 실천하게 만들 수는 없다. 고요皐陶는 도둑을 처벌할 수 있어도, 욕심 많은 사람을 백이伯夷, 숙제叔齊처럼 청렴하게 만들지는 못한다. 5형刑으로는 패륜아를 주살할 수 있어도, 악한 사람을 증삼曾參이나 민자건閔子騫처럼 덕있는 이로 만들지는 못한다. 요임금도 단주丹朱[67]를 교화하지 못하였고, 주공도 관숙과 채숙을 교육할 수 없었다. 이것이 어찌 요나라의 교화가 밝지 못하고 주나라의 도덕이 갖추어지지 않았기 때문이겠는가? 그만큼 악인들을 어찌할 수 없었던 것이다. 비유하자면

---

65 『시경』 「소아小雅」.

66 춘추 시대 노나라의 공인工人으로 현재 '대공大工'의 신으로 추앙받고 있다. 초나라를 위해 운제雲梯를 만들었다는 이야기는 『묵자』 50 「공수公輸」에 보인다.

67 요임금의 불효 아들.

세상 사람들이 7경經에 통달했으면서도 재물과 여색에 빠졌다고 하여 6예藝를 사악하고 잘못된 것이라고 할 수 없는 것과 같다. 하백河伯이 물의 신이더라도 육지의 인간을 물속에 빠뜨릴 수 없고, 회오리바람이 아무리 세차게 불어도 깊은 물속의 티끌까지 집어 올리지는 못한다. 사람들이 실천하지 못하는 것을 걱정해야지, 어찌 불교의 도리를 나쁘다고 할 수 있는가?

17) 보시와 복

(문) 공자는 "너무 사치하면 불손하고, 너무 검약하면 고루하다. 그래도 불손한 것보다는 고루한 편이 낫다"[68]고 하였다. 숙손叔孫도 "검약은 덕을 공경하는 것이고, 사치는 큰 악이다"[69]라고 말하였다. 그런데 지금 불교도는 재산을 통틀어 보시하는 것을 명예로 여기고, 재산을 모두 남에게 주는 것을 고귀하게 생각한다. 이러한 일에 어찌 복이 있겠는가?

(牟子) 그때는 그때이고 지금은 지금이다.[70] 공자의 말은, 당시 사람들이 사치하고 무례한 것을 나무란 말이고, 숙손의 말도 노나라 장공莊公이 기둥에 조각을 새긴 것을 비난한 것이지, 보시를 금한 것은 아니다. 순임금이 처음 역산歷山에서 농사를 지을 때 그의 은혜는 근방 마을에도 미치지 못하였고, 태공太公이 소를 도살하는 일을 할 때 처자도 먹여 살리기 힘들었다. 그러나 그들이 국가에 등용되자 은혜가 팔방의 황폐한 곳에 퍼지고 혜택이 온 천하에 두루 미쳤다. 재산이 넉넉하고 돈이 많아도 가난한 사람에게 줄

68 『논어』「술이述而」.
69 『좌전』「장공莊公」 24년.
70 『맹자』「공손추公孫丑」 하.

수 있는 능력이 중요하고, 생활이 가난하여 자주 쌀통이 비어도[71] 도를 실천하는 것이 중요한 것이다. 허유는 천하를 욕심내지 않았고, 백이는 자기 나라를 편안히 여기지 않았으며, 우경虞卿은 만호戶의 봉토를 포기하면서까지 어려움에 처한 사람의 위급함을 구하였다. 이것은 그들 각자의 뜻이다. 희부기僖負羈는 한 항아리의 밥을 베푼 덕택으로 살고 있던 마을이 온전하게 되었고,[72] 선맹宣孟은 밥 한 끼의 은혜로 둘도 없는 목숨을 건질 수 있었다.[73] 사람들의 눈에 띄지 않는 보시는 어떤 의도 없이 행해지지만, 그 과보는 한낮의 태양보다 분명하게 밖으로 드러난다.[74] 하물며 자기 재산을 다 기울여서 선한 마음을 일으키면, 그 공덕은 숭산이나 태산처럼 높아지고 강이나 바다처럼 유유히 흐르게 될 것이다. 선한 마음을 품은 사람에게는 복이 돌아오고, 악한 마음을 가진 사람에게는 재앙으로 보답된다. 볍씨를 뿌려서 보리가 수확되는 경우는 있어 본 적이 없다. 마찬가지로 재앙의 종자를 뿌리고 복을 얻을 수 있겠는가?

18) 비유는 도의 요체

問 성실보다 더 큰 일은 없고, 진실보다 더한 말은 없다. 노자는 화려한 수식어를 없애고, 질박한 말을 높이 평가하였다. 그런데 불교 경전에서는 사실을 직접 지적하지 않고 널리 비유만 든다. 비유는 진리의 요체가 아니다. 또 서로 다른 것을 맞추어서 같다

71 『논어』「선진先進」.
72 『좌전』「희공僖公」 23년~24년조 구절 참조.
73 『좌전』「선공宣公」 2년조 기사 참조.
74 『회남자』「인한人閒」.

고 하는 것은 사물에 대한 훌륭한 설명이 아니다. 아무리 말이 많고 설명의 폭이 넓다 해도, 옥 부스러기가 한 수레 있어도 보석으로 여길 수 없는 경우와 같다.

(牟子) 어떤 사실을 함께 본 적이 있다면 그 실제에 대해서 말할 수 있다. 그러나 한 사람은 본 적이 있고 다른 한 사람은 본 적이 없다면, 그 사람에게 사실을 말하기 어렵다. 옛날 기린을 본 적이 없는 사람이 기린을 본 적이 있는 사람에게 그것이 어떤 종류의 동물인가를 물었다. 기린을 본 적이 있는 사람은 "기린은 기린과 같다"고 답하였다. 질문하는 사람은 "만약 내가 기린을 본 적이 있다면, 자네에게 묻지 않네. 그런데도 기린을 기린과 같다고 말하면 어떻게 알 수가 있는가?"라고 물었다. 기린을 본 적이 있는 사람이 "기린은 큰 사슴의 몸에 소의 꼬리를 하고 사슴의 발굽에 말의 등을 하고 있네"라고 대답하자, 질문한 사람은 알 듯한 생각이 들었다. 공자는 "다른 사람에게 인정받지 못하더라도 가슴속에 쌓아 두지 않는다면, 참으로 군자답지 않은가?"[75]라고 말하였다. 노자는 "천지의 자연은 마치 풀무와 같다"[76]고 하였고, 또 "세상에서 도를 비유하면 마치 강이나 계곡의 물이 큰 강과 바다로 흘러 들어가는 것과 같다"[77]고 하였다. 이들 말은 화려한 수식이 아닌가? 『논어』에서는 "덕에 근거하여 정치를 행하는 것은 북극성에 비유할 수 있다"[78]고 하여 하늘을 끌어들여 사람에 비유하고 있다. 자하子夏는 "비유하면 초목을 구별하여 심는 것과 같다"[79]고 하였고,

---

75 『논어』「학이」.
76 『노자』 5.
77 『노자』 32.
78 『논어』「위정爲政」.

『시경』 3백 편은 여러 사물들을 끌어들여 한 종류로 합한 것이다. 제자諸子들의 사상과 참위설讖緯說 및 성인의 비언秘言・요어要語는 비유를 쓰지 않는 경우가 없다. 자네는 어찌 유독 불교 경전에서 비유를 쓰는 일만 싫어하는가?

19) 부귀와 빈천

(문) 사람이 살아가는 데 있어 부귀는 누구나 좋아하지만 빈천은 싫어하며, 유유자적하게 마음껏 노는 것은 즐기고 수고로운 것은 싫어한다. 황제黃帝는 본성을 키우는 방법으로 다섯 가지 부식물〔五肴〕[80]을 최상으로 여겼고, 공자도 "밥은 흴수록 좋고, 생선회는 얇을수록 좋다"[81]고 말하였다. 그런데 오늘날 사문들은 붉은 천을 몸에 두르고 하루 한 끼의 식사[82]를 하고 사람의 여섯 가지 감정을 닫아 버린 채 일생을 마치고 있다. 이와 같다면 도대체 무슨 즐거움이 있는가?

(牟子) 부귀는 누구나 다 원하는 것이지만 정당한 방법으로 얻은 것이 아니면 그곳에 머무르지 않는다. 빈천은 누구나 다 싫어하는 것이지만 올바른 방법으로 벗어날 수 있는 것이 아니면 그곳에서 벗어나지 않는다.[83] 노자는 또 이렇게 말하고 있다.

"다섯 가지 다양한 색채는 사람의 눈을 어둡게 하고, 다섯 가지

---

79 『논어』「자장子張」.

80 소・양・돼지・생선・사슴 등으로 곡물 이외의 부식물을 말한다.

81 『논어』「향당鄕黨」.

82 『대승의장大乘義章』 15(대정장 44, 765 상)에서 12두타행 가운데 제5에 해당하는 오후불식午後不食을 말한다. 즉 하루에 정오까지 한 번 식사하는 것을 말한다.

83 『논어』「이인里仁」.

다양한 음의 음악은 사람의 귀를 멀게 하며, 다섯 가지 다양한 맛의 음식은 사람의 입맛을 마비시킨다. 말 달리며 사냥하는 일은 사람의 마음을 미치게 하고, 구하기 어려운 재화는 사람의 행동을 방자하게 만든다. 그러므로 성인은 배〔腹〕를 위하지 눈〔目〕을 위하지 않는다."

이 말이 어찌 빈말이겠는가? 유하혜柳下惠[84]는 3공公의 지위 때문에 자신의 행동을 바꾸지 않았고, 단간목段干木은 자신의 몸을 위나라 문공文公의 부와도 바꾸지 않았다. 허유許由와 소보巢父는 나무 위에서 살았지만 스스로 그곳을 제왕의 궁전보다 더 안락하게 생각하였고, 백이나 숙제는 수양산에서 굶어 죽었지만 스스로 주나라 문왕과 무왕보다 더 만족하다고 말하였다. 결국 각자가 자기 생각대로 할 뿐인데, 어찌 아무런 즐거움도 없겠는가?

20) 경서를 배우다

문 만약 불교 경전이 그렇게 심원하고 화려한 것이라면, 당신은 무엇 때문에 그것을 조정에서 논하거나 주군과 부모에게 설명하고 가정에서 실천하고 친구에게 권하지 않는가? 어찌 또 유학의 경서를 배우고 제자백가의 책들을 읽는가?

牟子 그대는 근원은 궁구하지 않고 지엽적인 것을 묻고 있다. 도마나 그릇 등의 제기를 보루의 문 앞에 벌여 놓고, 전시에 쓰는 깃발을 조정에 세우고, 한여름에 여우 가죽의 모피 옷을 입고, 동짓달을 베옷을 입고 맞이하는 것은 그 자체가 나쁜 것은 아니지

84 춘추 시대 노나라 현인으로 벼슬길에서 세 번이나 버림을 받아도 원망하지 않았다고 한다.

만, 장소에 어긋나고 올바른 계절을 분별하지 못한 것이다. 그러므로 이러한 사람들은 공자의 학문을 익혀서 법가法家인 상앙商鞅의 문하에 들어가고, 맹자의 가르침을 받아서 패도霸道를 설하는 소진蘇秦과 장의張儀를 찾아가도, 조그마한 공훈도 없고 큰 잘못만 저지르게 될 것이다. 노자는 "최고의 선비는 진리를 들으면 열심히 실천하고, 중급의 선비는 진리를 들으면 반신반의하며, 하급의 선비는 진리를 들으면 크게 웃는다"고 하였다. 나는 그들이 크게 웃을 것을 염려하여 말하지 않는 것뿐이다. 목마르다고 꼭 큰 강의 물만 마실 필요는 없다. 우물이나 샘물을 마시더라도 배불리 마실 수 없겠는가? 이와 같은 이치로 불교 이외의 경서도 배우는 것이다.

21) 불교의 전래

문 한나라 땅(중국)에 처음 불교가 들어온 것은 언제부터인가?

牟子 옛날 후한의 효명孝明 황제는 꿈에 신인神人을 보았다. 그는 신인의 몸에서 빛이 나고 궁전으로 날아오는 것을 보고 매우 기뻐하였다. 이튿날 황제는 "이것은 어떠한 신인가?"라고 신하들에게 널리 의견을 구하였다. 이에 박식한 학자인 부의傅毅가 "제가 들은 바에 의하면, 도를 깨달은 부처라는 사람이 인도에 있는데, 허공을 날아다니고 몸에서 빛이 난다고 합니다. 아마도 그 신일 듯합니다"라고 대답하였다. 이에 황제는 감동을 받고, 중랑中郎인 채음蔡愔과 우림랑중羽林郎中인 진경秦景, 그리고 박사 제자博士弟子인 왕준王遵 등 18인을 사절로 삼아서 파견하였다. 대월지국大月支國에서 불교 경전인 『사십이장경四十二章經』을 사경하였는데, 그것을 수도인 낙양洛陽의 난대 석실 제14실에 옮겨 소장하였다. 그때

낙양성 서쪽 옹문 밖에 불교 사원이 건립되었고, 그 벽에는 수많은 사람들이 탑을 오른쪽으로 세 번 돌고 있는 모습이 그려졌다. 또한 남궁 청량대와 개양성문 위에도 불상이 모셔졌다. 명제는 미리 수릉을 짓고 있었는데 현절릉顯節陵이라 불렀고, 그곳에도 부처님 도상을 그렸다. 이 당시 나라가 풍요롭고 백성들이 편안하였기 때문에 먼 곳의 이민족들도 중국의 도의를 경모하였다. 불교를 배우는 이들이 이때부터 많아졌다.

22) 말도 하고 실행할 수도 있는 사람은 보배이다

문 노자는 "아는 자는 말하지 않고, 말하는 자는 알지 못한다"[85]고 하였다. 또한 "위대한 논변은 눌변과 같고, 위대한 기술은 졸렬한 것같이 보인다"[86]고도 하였다. 군자는 말이 행동에 앞서는 것을 부끄러워한다.[87] 사문이 최고의 진리를 체득한 사람이라면 어째서 앉아만 있고 실행하지 않는가? 또 어째서 일의 시비를 말하고, 옳고 그름을 논하는가? 나는 사문의 이 같은 행동이 덕을 해치는 행위라고 생각한다.[88]

牟子 내년 봄에 대기근이 든다고 올 가을부터 아무것도 먹지 않거나 겨울에 한파가 온다고 여름부터 가죽옷을 걸쳐 입는 것은 준비가 아무리 빠르다고 하더라도 바보 같은 행위에서 벗어나지 못한다. 노자가 말한 것은 도를 얻은 사람을 두고 한 말이다. 아직 도를 얻지 못한 사람이 어찌 그 말뜻을 알겠는가? 위대한 진리는

85 『노자』 56.
86 『노자』 45.
87 『논어』 「헌문憲問」.
88 『논어』 「양화陽貨」.

한마디의 설명만으로도 천하 사람들이 모두 기뻐한다. 이것이 어찌 위대한 논변이 아니겠는가? 노자도 "공을 이루고 자신이 물러나는 것이 하늘의 도이다"라고 말하지 않는가? 이미 물러났는데, 또 무슨 말이 필요하겠는가? 오늘날의 사문들은 아직 도를 얻은 단계에 이르지 못하였는데, 어찌 말하지 않을 수 있겠는가? 노자도 말을 하였다. 만약 말하지 않았다면, 어찌 『도덕경』 5천 어語를 기술하였겠는가? 도를 알고 있으면서 말하지 않는 것은 괜찮지만, 알지 못하면서 말까지 못하는 것은 어리석은 사람이다. 따라서 할 말은 하지만 실행하지 않는 사람은 나라의 스승이고, 실행하지만 할 말을 하지 않는 사람은 나라의 기둥이며, 실행할 수도 있고 할 말도 하는 사람은 나라의 보배이다.[89] 세 사람은 각각의 수완이 다를 뿐이지 어찌 도를 해치는 사람〔賊〕일 수 있겠는가? 오직 할 말도 못하고 실행도 못하는 사람이 덕을 해치는 사람이다.

23) 담론

(문) 그대의 말대로라면 논변하는 것만 배우고 담론의 기술만 연마해야 할 것이다.[90] 어째서 또한 마음을 수양하고 도덕을 실천할 필요가 있겠는가?

(牟子) 어찌 그리 깨닫지 못하는가. 원래 말이나 담론에는 각각 때를 맞춘다는 것이 있다. 거원蘧瑗은 나라에 도가 행해지고 있을 때에는 직언하고, 나라에 도가 행해지지 않을 때에는 마음을 가슴 속에 품고 침묵을 지킨다고 하였다.[91] 영무자甯武子는 나라에 도가

89 『순자』「대략大略」.
90 『논어』「위령공衛靈公」.
91 『논어』「위령공」.

행해지고 있을 때에는 지혜로운 자로 행동하고, 나라에 도가 행해지지 않을 때에는 어리석은 자로 행동하였다.[92] 공자는 "더불어 말할 만한 사람과 함께 말하지 않으면 인재를 잃게 되고, 더불어 말할 만하지 못한 사람과 함께 말하면 말을 잃게 된다"[93]고 말하였다. 따라서 지혜와 어리석음은 각자 그 올바른 때가 있고, 담론에는 각각 그때마다의 의도가 있다. 어째서 말만 하고 실천하지 않는다고 할 수 있겠는가?

24) 위대한 도는 무위이다

(문) 어째서 불교의 도를 지극히 존귀하고 지극히 즐거우며 무위담백하다고 말하는가? 세상 사람들과 학자들은 불도를 비방하고 비난하는 경우가 많다. 그 학설이 텅 비어서 활용하기 어렵고, 허무하여 믿기 어렵다고 한다. 무엇 때문인가?

(牟子) 최고급 요리는 일반인의 입맛에 맞지 않고, 위대한 음악은 대중의 귀에는 친근하지 않다. 함지咸池의 곡을 연주하고 대장大章의 악곡을 베풀고[94] 소소簫韶의 조율을 연주하여 아홉 번 반복하더라도, 사람들은 이 음악을 따라 부르지 못한다. 정나라와 위나라의 현弦을 연주하고 세속적 노래를 부르면 바라지 않아도 반드시 박수를 받을 것이다.[95] 따라서 송옥宋玉은 다음과 같이 말하

92 『논어』 「공야장公冶長」.

93 『논어』 「위령공」.

94 『예기』 「악기」. 요堯의 악樂인 대장大章, 황제黃帝의 악樂인 함지咸池, 순舜의 악樂인 소韶, 우禹의 악樂인 하夏는, 모두 예禮로써 그 뜻을 펼쳤고, 악樂으로써 그 소리를 조율하였고, 정政으로써 그 행동을 하나로 하고, 형刑으로써 그 간함을 미연에 방지하여 예악정형禮樂政刑을 이룰 수 있게 하는 음악이다.

95 『예기』 「악기」.

였다.

"어떤 나그네가 정郢[96]에서 노래 부르고 시골의 속된 곡을 연주하면 천 명의 사람들이 따라 부르지만, 상商과 각角은 아무리 연주해도 응하는 사람이 한 사람도 없다. 이들은 모두 저속한 음악을 좋아하고 고상한 음률을 이해할 수 없기 때문이다. 한비자韓非子가 대롱으로 하늘을 보는 것과 같은 얕은 생각으로 요임금·순임금을 비난하고,[97] 접여接輿가 좁은 소견으로 공자를 비난한 것[98]은 모두 보잘것없는 자신의 견해에 집착하여 위대한 성인을 소홀히 여긴 것이다. 원래 맑은 상의 소리를 듣고 각이라고 말하는 것은 현을 타는 사람의 잘못이 아니라 듣는 사람이 제대로 듣지 못하였기 때문이다. 변화卞和의 벽옥을 보고 돌이라고 부르는 것도 벽옥의 가치가 없어서가 아니라 보는 사람이 제대로 보지 못하였기 때문이다. 신기한 뱀은 몸이 절단되더라도 다시 이어질 수 있지만, 사람들이 절단하지 못하도록 할 수는 없다. 영묘한 거북은 송원군宋元君의 꿈속에 나타날 수는 있지만 여차余且의 그물을 피할 수는 없다.[99] 위대한 도는 무위로서, 세속의 견해로는 이해할 수 없다. 칭찬한다고 가치가 더 높아지는 것이 아니고, 비난한다고 가치가 더 줄어드는 것도 아니다. 쓰이고 쓰이지 않는 것은 하늘에 달려 있고, 실행하고 실행하지 않는 것은 시운에 달려 있다. 믿든 믿지 않든 그것이 운명이다.

---

96 춘추 시대 초나라의 수도.

97 『한비자』「충효忠孝」에서, 유가에서 말하는 충효에는 요순 등의 예를 들어 불철저한 점이 있음을 지적하고, 치국에는 법술法術과 상벌이 있어야 함을 지적하고 있다.

98 『논어』「미자微子」.

99 『장자』「외물外物」.

25) 오경과 불교의 도

문 당신은 경서를 통해 불교 학설을 해석하고 있다. 그 표현이 풍부하고 의미가 분명히 드러나며, 문장이 뛰어나고 학설이 훌륭하다. 이것은 당신의 변론에 의해 그런 것이 아닌가?

牟子 내 변론 때문이 아니다. 시야가 넓기 때문에 미혹되지 않은 것뿐이다.

문 시야의 폭을 넓히기 위해서는 어떤 방법이 있는가?

牟子 불경 덕분이다. 내가 아직 불경을 이해하지 못하였을 때, 자네보다 심하게 미혹되었다. 5경을 독송하면서도 화려하다고만 생각하였고, 실질을 파악하지 못하였다. 불경의 가르침과 노자 학설의 요체를 살펴보고 고요히 담담한 본성을 지키고 무위의 행을 파악하고 나서 세속의 일을 다시 보니, 마치 천정天井에서 계곡을 살펴보고 숭악과 대산의 높은 봉우리에 올라 낮은 구릉을 내려다보는 듯하였다. 5경은 다섯 가지 맛이고, 불교의 이치는 다섯 가지 곡식이다.[100] 나는 도를 깨달은 이래 구름을 걷고 태양을 보고, 횃불을 밝히고 어두운 방에 들어가는 것과 같이 되었다.

26) 시서詩書를 인용하는 이유

문 그대는 불경이 강과 바다와 같이 광대하고, 그 문장이 수놓은 비단처럼 아름답다고 말하였다. 그렇다면 어째서 나의 질문에 불경을 가지고 대답하지 않고, 다시 『시경』과 『서경』을 인용하면서 서로 다른 것을 합쳐서 같은 것이라고 하는가?

---

100 '5경經'을 '5미味'라 하고, 불경을 주식으로 오곡과 비유한 것은 저자의 불교 신앙의 깊이를 나타내는 것으로 「이혹론」의 자서自序에 5경을 금황琴簧에 비교하는 것과 동시에 주목받는 것이다.

牟子 목마른 사람은 꼭 강과 바다의 물이 아니더라도 마시고, 배고픈 사람은 꼭 오창敖倉에 있는 많은 곡물이 아니더라도 먹는다. 도는 지혜로운 자를 위해 설명된 것이고, 변론은 통달한 사람에 의해 넓혀진다. 글은 깨달은 사람에 의해 전해지고, 일은 견식이 있는 사람에 의해 명백해진다. 나는 그대가 그 뜻 『시경』과 『서경』의 뜻을 알고 있다고 여겼기 때문에 그 일을 인용한 것이다. 만약 불경의 말로 설명하고 무위의 요체를 말한다면, 이것은 맹인에게 다양한 색을 설명하고, 귀머거리에게 다양한 음악을 연주하는 것에 비유할 수 있다. 사광師曠은 음악 실력이 뛰어나지만 현이 없는 거문고를 연주할 수 없고, 여우와 너구리의 가죽은 따뜻하지만 죽은 이를 따뜻하게 할 수 없다. 공명의公明儀는 소를 위하여 맑은 각角의 음악을 연주하였지만, 소는 고개를 숙인 채 먹이를 먹을 뿐이었다. 소가 듣지 못한 것이 아니라 그 음악이 소의 귀에 어울리지 않았기 때문이다. 그 음악을 바꾸어서 모기와 등에의 울음소리나 어미와 헤어진 송아지 울음소리를 내면, 소는 바로 꼬리를 흔들고 귀를 쫑긋하게 하여 열심히 들을 것이다. 따라서 『시경』과 『서경』을 인용하여 그대에게 설명하였을 뿐이다.

27) 하나를 지킨다는 것

문 내가 옛날에 도읍에 있을 때 동관東觀[101]에 들어가 태학에서 배우면서 우수한 선비들이 법도로 삼는 내용을 살펴보고 유림의 많은 논의를 들었지만, 불도를 수행하는 것을 중히 여기고 스스로 삭발하는 것을 최상의 것으로 삼는 사람은 없었다. 그대는 어찌

101 『후한서』「안제본기安帝本紀」.

불교에 심취하는가? 여행 중에 방향을 잃으면 길을 바꾸고, 막다른 길에서 막히면 원래의 길로 되돌아간다. 반성해야 하지 않을까?

(牟子) 변화에 뛰어난 사람은 사기술로 속일 수 없고, 도에 통달한 사람은 괴상한 것을 가지고 놀라게 할 수 없다. 말을 잘 살피는 사람은 말로 현혹할 수 없고, 도의를 잘 분별하는 사람은 이익을 가지고 움직이게 할 수 없다. 노자는 "명예는 몸을 상하게 하고, 이익은 행동을 더럽힌다"[102]고 하였고, 또한 "사기술을 가지고 임시방편으로 삼으면, 허무虛無는 저절로 귀하게 된다"고 말하였다. 가정 내의 예의범절을 익혀 세속에 잘 영합하기 위해 애쓰고 빈틈을 타서 출세하고자 노력하는 것은 하급 선비의 행동이어서 중급 선비조차 버리는 내용이다. 하물며 무한히 펼쳐지는 최고의 진리와 위대한 성인의 행동에 있어서이겠는가. 아득함이 하늘과 같고, 심연함이 바다와 같다. 울타리에서 엿보는 정도의 좁은 소견의 인간이나 수 척의 담장을 높다고 보는 이에게 합당하지 않은 것은 당연하다. 그들은 그 문만 볼 뿐이지만 나는 방 안까지 들여다보는 것이고, 그들은 문장의 화려함을 찾지만 나는 그 본질을 파악하는 것이며, 그들은 모두 갖추어진 것을 바라지만 나는 한 가지 도만을 지키는 것이다.[103] 그대야말로 신속히 길을 바꾸어 불도佛道로 들어오기를 나는 바란다. 그대는 화복이 생겨나는 근원이 무

102 『노자』 44.

103 천문음양天文陰陽의 학學을 신봉하는 양해襄楷가 후한 환제 연희延熹 9년(166)에 낙양에 가서 상주上奏한 글에서 위와 같은 뜻을 말하고 있다.(『후한서』 60, 하) 또한 당시의 도교와 외래 불교와의 교류, 도교와 마찬가지로 신선神仙의 종교로서의 불교가 중국에 전래되는 모습을 살펴볼 수 있는 것이다.

엇인지 모르는 것 같다.[104]

28) 부처님 덕의 위대함

㉮ 당신은 경서의 문장과 화려한 말로 부처님의 행위를 찬양하고 그 덕을 칭찬한다. 부처님의 위대함은, 푸른 하늘의 구름보다 더 높고, 대지의 넓이를 뛰어넘을 정도로 넓다고 한다. 이것은 본질을 벗어나 사실을 너무 과장한 것이 아닌가? 그리고 나의 비판은 불교의 결점의 본질을 꿰뚫고, 그 약점을 찌른 것이다.

(牟子) 아아, 불덕에 대한 나의 찬사는 마치 티끌을 숭산과 태산에 보태고, 아침 이슬을 모아 강과 바다에 던지는 일과 같다. 그대가 불교를 비방하는 것도 표주박으로 강과 바닷물의 양을 줄이려 하고, 쟁기를 갈아서 곤륜산을 낮추려 하고, 손바닥 하나를 기울여서 태양빛을 가리려 하고, 흙덩이를 들어 올려 황하의 흐름을 막으려고 하는 것과 같다. 내가 찬양한다고 해서 불교를 높일 수 없고, 그대가 비난한다고 해서 불교가 낮아질 수 없다.

29) 불경과 선서仙書

㉮ 왕교王喬나 적송자赤松子 등 8선仙의 부록과 신서神書 170권은 모두 장생長生에 대해 기록하고 있다. 어찌 불경과 같은 종류이겠는가?

(牟子) 이 신선의 책과 불경을 비교해 보면, 5패覇와 5제帝의 관계와 같고, 양화陽貨와 공자의 관계와 같다. 그 형태를 비교해 보면, 구릉과 화산華山과 항산恒山의 관계와 같고, 못과 강과 바다의 관

104 『노자』 58과 「삼보론三報論」 참조.

계와 같다. 그 문장을 비교해 보면, 호랑이 가죽과 양 가죽의 관계와 같고, 모시와 수놓은 비단의 관계와 같다. 도에는 아흔여섯 종류[105]가 있지만, 가장 위대한 것이라도 불교의 도보다 나은 것이 없다. 신선의 책은 들어보면 귀에 한가득 차지만, 실효를 살펴보면 마치 바람을 붙들고 그림자를 잡으려고 하는 것과 같다.[106] 따라서 위대한 도는 신선의 책을 상대하지 않고, 무위를 중시하는 입장에서는 신선의 책에 가치를 인정하지 않는다. 그러니 어떻게 동일할 수 있겠는가?

30) 성전聖典에서 벽곡辟穀을 말하지 않음

(문) 도를 닦는 사람 중에는 곡식을 피하여 먹지 않으면서도 술을 마시고 고기를 구워 먹는 사람이 있다. 그리고 이것도 노자의 방술이라고 말한다. 그러나 불도에서는 술과 고기를 가장 금기로 여기고 도리어 곡식을 먹고 있다. 어찌 그렇게 다른가?

(牟子) 도에 관한 여러 가지 학설을 종합해 보면 모두 아흔여섯 종류에 이르지만, 담백하고 무위하다는 점에서 불교보다 나은 것이 없다. 내가 노자의 『도덕경』 상권과 하권을 읽어 보니, 다섯 가지 다양한 맛을 금지하는 계戒[107]는 있지만 곡식을 끊으라는 말은

---

105 본래 아흔여섯 종류는 인도불교에서 볼 때, 불교 이외 외도의 총칭으로서 불교가 여기에 포함된다는 생각은 적당하지 않은 것이다. 그런데 북본 『열반경』에는 "일체의 외학外學에 아흔다섯 종류가 있으니 다 악도惡道에 나아간다"고 설하고 있다. 그렇다면 이 아흔다섯 종류에 불교를 더하여 아흔여섯 종류라고 하였을 것이다.

106 『한서』 「교사지郊祀志」 상. 『홍명집』 6 「석박론釋駁論」 "계영포풍繫影捕風"에서도 비슷한 내용이 나온다.

107 『노자』 12.

보이지 않는다. 유학의 성인들은 일곱 가지 경전〔七典〕의 문장을 썼지만, 곡식을 먹지 않는 방술에 대한 것은 없다. 노자는 『도덕경』 5천 자를 지었지만, 오곡을 끊으라는 말은 기록되어 있지 않다. 성인은 "곡식을 먹는 사람은 지혜롭고, 풀을 먹는 사람은 어리석으며, 고기를 먹는 사람은 무섭고, 기氣를 먹는 사람은 장수한다"고 말하였다. 세상 사람들은 이 본뜻을 제대로 깨닫지 못하고 있다. 여섯 가지 짐승〔六禽〕이 기를 막아 숨쉬지 않고[108] 가을과 겨울의 계절에 먹지 않는 것을 보고 본받아 그렇게 하려고 한다. 그러나 이는 사물에는 각각의 본성이 있어서, 예를 들면 자석은 무거운 철을 끌어당기지만 가벼운 털끝은 움직이지 못한다는 사실을 모르는 것과 같다.

31) 벽곡辟穀과 장생長生

(문) 곡식을 어떻게 끊을 수 있는가?

(牟子) 내가 아직 위대한 도를 이해하기 전에 배운 적이 있다. 벽곡의 방법에는 수천 수백 가지가 있는데, 아무리 실행해 보아도 효과가 없고 결과가 없기 때문에 그만두었을 뿐이다. 내가 스승으로 삼아서 배운 세 사람을 보아도 어떤 사람은 자신이 7백 세, 5백 세, 또는 3백 세라고 말하였다. 그러나 내가 그 학문을 배운 지 3년이 지나기 전에 모두 죽어 버렸다. 그 이유는 곡식을 완전히 끊고 먹지 않으면서도 온갖 과일들은 다 맛보고, 고기는 먹었다 하면 여러 접시를 먹고, 술은 마셨다 하면 술통을 바닥낼 정도로 마셔서 정신이 혼란스럽고, 곡기가 충분하지 못하여 눈과 귀가 어

---

108 『후한서』 112 하 「화타전華陀傳」.

지럽게 되고, 미혹하고 음란한 일들을 금지하지 않았기 때문이다. 내가 그 까닭을 질문하면, 그들은 "노자는 '줄이고 또 줄여서 무위까지 이른다'[109]고 하였으니, 다만 체력을 날마다 줄여 가야만 한다"고 대답하였다. 그러나 그들은 날마다 더할 뿐이고 줄이지 않았다. 그리하여 모두 지천명〔知命〕의 나이에 이르기 전에 죽었다. 또한 요임금・순임금・주공・공자도 모두 백 세까지 살지 못하였다. 하물며 말세의 어리석고 미혹한 사람들이 벽곡하는 방법으로 무한한 수명을 구하려고 하는 것[110]은 애석한 일이 아닌가.

32) 불교도와 병

(문) 도를 행하는 사람은 질병을 물리치고 병에 걸리지 않으며, 침술과 약도 복용하지 않고 치유한다고 말한다. 그런데 어째서 불교는 병에 걸리면 침술과 약을 사용하는가?

(牟子) 노자는 "사물이 장성하면 노쇠해지는 것은 도가 아니다. 도가 아니면 일찍 죽는다"[111]고 하였다. 오직 도를 얻은 사람만이 태어나지 않는다. 태어나지 않으므로 장성하지 않고, 장성하지 않으므로 노쇠하지도 않는다. 노쇠하지 않으므로 병들지 않고, 병들지 않으므로 죽지도 않는다. 그러므로 노자는 "몸이 있다는 것을 큰 근심거리로 여긴다"[112]고 말한 것이다. 무왕이 병에 걸리자 주공은 목숨을 살려 주기를 기도하였고, 공자가 병에 걸리자 자로는 기도를 청하였다.[113] 나는 성인들이 모두 병에 걸린 것을 보았고,

---

109 『노자』 48.
110 『장자』 「소요유」.
111 『노자』 30.
112 『노자』 13.

병에 걸리지 않은 것을 본 적이 없다. 신농神農은 약초를 맛보다가 죽을 뻔한 적이 수십 번이었고,[114] 황제黃帝는 머리를 조아리고 기백岐伯에게 침을 맞았다.[115] 이 세 명의 성인이 어찌 오늘날의 도사보다 못하겠는가? 이 말을 잘 성찰해 보면 더 말할 여지가 없을 것이다.

33) 도는 종류가 같지만 성질은 달리한다

(문) 도는 모두 무위라는 점에서 동일하다. 그런데 그대는 왜 그 도를 구분하고 열거하여 다른 점을 말하는가? 그러한 것은 배우는 이들을 의심하게 한다. 나는 그것이 말을 낭비하는 것으로 무익하다고 생각한다.[116]

(牟子) 모두가 풀이라고 해도, 그 많은 풀들의 성질을 이루 다 설명할 수 없다. 모두가 금이라고 해도 그 많은 금의 성질을 이루 다 설명할 수 없다. 같은 종류의 것이라도 성질이 각각 다른 것은 만물 전체가 모두 그렇다. 어찌 도의 경우만 그렇겠는가? 옛날 양주楊朱와 묵적墨翟은 이단의 학설을 말함으로써 많은 유학도의 길을 막아서 수레도 나아갈 수 없었고, 사람도 정도를 향해 나아갈 수 없었는데, 맹자가 막힌 길을 열어서 비로소 갈 길을 알게 되었다.[117] 사광師曠은 거문고를 타서 자신의 음악을 이해하는 사람이 후세에 나타나기를 기대하였고, 성인은 예법을 제정하여 후대에

113 『논어』「술이」.
114 『회남자』「수무훈修務訓」.
115 『황제내경黃帝內經』「소문침해素問鍼解」.
116 『예기』「치의緇衣」.
117 『맹자』「등문공」 하.

군자가 이를 법칙으로 삼을 것을 바랐다. 옥과 돌이 같은 광주리에 넣어져 있음을 보고 기돈倚頓은 안색이 바뀌었고, 붉은색과 자주색이 서로의 위치를 빼앗기 쉬움을 보고 공자도 탄식하였다.[118] 해와 달이 밝지 않은 것은 아니지만 많은 구름이 그 빛을 가리고, 불교의 이치가 바르지 않은 것은 아니지만 많은 사사로운 도가 그 공정함을 덮어 버린다. 그 때문에 내가 이를 구별하는 것이다. 장문중臧文仲의 지혜와 미생고微生高의 정직을 공자가 받아들이지 않은 것[119]은 모두 세속의 폐해를 바르게 하기 위한 말이다. 어찌 말을 낭비하는 것으로 무익하다고 할 수 있는가?

34) 화려함을 보고 실질을 안다

(문) 그대가 신선을 비판하고 기이한 것을 억누르며 불사의 도가 있음을 믿지 않는 것은 괜찮다. 그러나 무엇 때문에 유독 불교만을 믿어서 세상을 구제하고자[120] 하는가? 부처는 외국 사람이다. 그대는 그 땅에 가 본 적도 없고 눈으로 그곳을 직접 본 적도 없다. 다만 그 글만 보고 그의 행동을 믿는 데 지나지 않는다. 표면의 화려함을 보아서는 그 실질을 알 수 없고, 그림자를 보아서는 그 형태를 상세히 알 수 없다. 그대가 믿고 있는 것은 아마도 참된 것이 아닐 것이다.

(牟子) 공자는 "그가 행동하는 이유를 보고 그가 따르는 길을 관

118 『논어』「양화」.

119 『논어』「공야장」에서 노나라 대부 장손진이 가묘家廟에 천자의 예에 해당하는 문양을 조각하고 있는 것을 보고, 공자가 이것은 예를 어기는 것이라고 비난하고, 그를 지자라 부를 수 없다고 하였다.

120 『관무량수경觀無量壽經』 권상(대정장 12, 266).

찰하며, 그가 편안히 여기는 것을 잘 살피면, 사람이 어찌 속일 수 있겠는가?"[121]라고 하였다. 옛날 태공망太公望 여상呂尙과 주공은 정치에 대해 서로 자문을 구했는데, 제나라와 노나라가 뒤에 어떠한 결말에 이를까를 알았다.[122] 안연顔淵은 말 네 마리가 끄는 수레에 타던 날, 동야필東野畢이 말 다루는 방법을 보고 그가 실패할 것을 예견하였다.[123] 또한 자공은 주邾나라 은공隱公과 노나라 정공定公 간의 회합을 보고 그들이 죽을 것을 미리 밝혔다.[124] 공자는 사광이 현을 조율하는 것을 듣고 문왕의 조율곡이라는 것을 알았고,[125] 계찰季札은 음악을 듣고 여러 나라의 풍속을 살펴보았다. 어째서 반드시 발로 직접 가 보고 눈으로 직접 보아야만 하는가?

35) 소나무와 오동나무는 잘 시들지 않는다

(문) 내가 옛날 우전국〔于塡之國〕으로 여행하였을 때 사문과 도인道人을 여러 차례 만나서 내 입장에서 불교를 논박하였다. 그런데 모두 대응하지 못하고 물러났으며, 대부분 자신의 뜻을 바꾸어 견해를 옮겨 갔다. 그대만 유독 자신의 견해를 바꾸기가 힘든가?

(牟子) 가벼운 새털은 높은 곳에서 바람을 만나면 휘날리고, 작은 돌은 골짜기에서 물의 흐름에 따라 움직인다. 그러나 태산만은 회오리바람에도 미동하지 않고, 반석은 급류라고 해서 휩쓸리지 않는다. 매화와 배나무는 서리를 맞으면 잎이 떨어지지만, 소나무와

121 『논어』「위정爲政」..
122 『회남자』「제속훈齊俗訓」.
123 『장자』「달생達生」.
124 『공자가어孔子家語』 4.
125 『사기』 4「공자세가孔子世家」.

오동나무만은 쉽게 시들지 않는다. 그대가 만난 도인은 학문이 미흡하고 식견이 넓지 못하기 때문에 굴복하여 후퇴한 것이 분명하다. 그대는 나와 같은 완고한 사람도 굴복시킬 수 없는데, 하물며 도를 밝힌 사람에 있어서이겠는가. 그대는 자기 생각을 고치지 않고 타인의 생각만 고치려고 한다. 나는 공자가 도척盜跖[126]을 추종하고, 탕왕湯王과 주 무왕武王이 하나라 걸왕桀王과 은殷나라 주왕紂王을 본받았다고 하는 말을 들은 적이 없다.

36) 신선술은 불교의 이치보다 못하다

問 신선술에서는 가을과 겨울 동안 먹지 않거나 두문불출하여 수십 일 동안 밖에 나가지 않는 것을 지극히 담백하다고 한다.[127] 나는 이러한 신선술은 존중해야 할 귀한 것이지만, 불교의 도리는 이보다 못하지 않은가라고 생각한다.

牟子 남쪽을 가리켜서 북쪽이라고 하면서도 스스로 미혹하지 않다고 생각하고, 서쪽을 가리켜서 동쪽이라고 하면서도 스스로 몽매하다고 여기지 않는다. 올빼미의 분수로 봉황을 비웃고, 땅강아지와 지렁이를 붙잡아 거북과 용을 조롱한다. 매미가 먹지 않아도 군자는 귀하게 여기지 않고, 개구리와 이무기가 동굴에서 동면을 하여도 성인은 중히 여기지 않는다. 공자는 "천지간에 성명性命을 가진 것들 중에서 인간이 가장 귀하다"[128]고 하였지, 매미와 이무기를 존귀하게 여긴다는 말은 들은 적이 없다. 그러나 세상 사람들 중에는 본래 창포를 먹고 계피와 생강을 버리고, 감로를 덮

126 『장자』「도척盜跖」.
127 『노자』 35.
128 『효경』「성치장聖治章」.

어 버리고 식초나 간장을 마시는 이도 있다. 짐승의 털이 가늘다고 하지만 잘 관찰할 수 있고, 태산과 같이 큰 산이라도 등지고 서면 볼 수 없다. 뜻을 둘 것인가 아닌가는 예리하게 보는가 여부에 달려 있다. 그러므로 노나라에서는 계씨季氏를 존중하고 공자를 우습게 알았으며, 오나라에서는 태제 비嚭를 현자라고 하고 오자서伍子胥를 어리석은 자라고 하였다. 그대가 의심하는 것도 당연한 일이 아니겠는가.

37) 사람은 당연히 죽는다

(문) 도가에서는 요임금·순임금·주공·공자와 공자의 72명의 제자들은 모두 불사不死의 도를 얻어 신선이 되었다고 말한다. 불교에서는 사람은 당연히 모두 죽게 되며 죽음을 피할 수 없다고 한다. 어떻게 생각하는가?

(牟子) 이것은 요망한 말로서 성인의 말이 아니다. 노자는 "천지도 오히려 오래갈 수 없는데, 하물며 사람은 어떠하겠는가?"[129]라고 하였다. 공자는 "현명한 사람은 세상을 피하지만, 효성스러운 사람은 항상 있다"[130]고 말하였다. 내가 6예藝의 책을 읽고 전해오는 기록을 살펴보니 다음과 같았다. 요堯임금은 죽은 것[131]으로 되어 있고, 순舜임금은 창오蒼梧의 산에 묻혀 있다고 하며,[132] 우임금은 회계 땅에 능이 있고,[133] 백이伯夷와 숙제叔齊는 수양산에 묘가

129 『노자』 23.
130 『논어』「헌문憲問」.
131 『상서』「요전堯典」.
132 『예기』「단궁檀弓」 상.
133 『사기』「하본기夏本紀」.

있으며, 문왕文王은 주왕紂王을 주살하기 전에 죽었고, 무왕武王은 성왕成王이 어른으로 되기를 기다리지 못한 채 죽었다. 주공周公에게는 장지를 옮겼다〔改葬〕는 편이 있고,[134] 공자에게는 두 기둥 사이에 안좌하는 꿈을 꾸었다는 기록이 있다.[135] 백어伯漁는 아버지보다 먼저 죽었다는 기록이 있고,[136] 자로子路는 소금절임을 당했다는 기록이 있으며,[137] 염백우冉伯牛에게는 공자가 운명이라고 탄식한 기록이 있다.[138] 증삼曾參에게는 죽음에 임박해서 내 발을 펴보라는 기사가 있고, 안연顔淵에게는 불행히 단명하였다고 답한 기사[139]와 모종에서 이삭을 맺지 못한 비유[140]가 기록되어 있다. 이것들은 모두 경전에 명기되어 있고, 성인의 지극한 말씀이다. 나는 경전을 증거로 삼지만, 세상 사람들이 영험이 있다고 보고 불사를 말하는 것은 어찌 미혹한 일이 아니겠는가?

후서後序

(문) 그대가 이해한 것은 참으로 더할 나위 없는 것으로, 원래부터 나의 지식이 미치지 못하는 바이다. 그러나 그대의 설명은 어떻게 37개 조항에 이르며, 또한 무엇에 근거한 것인가?

(牟子) 쑥이 바람에 휘몰아쳐 구르는 것을 보고 수레바퀴가 만들어졌고, 구멍 뚫린 나무가 강에 떠내려가는 것을 보고 노가 만들

---

134 『상서』「주관周官」.
135 『예기』「단궁」.
136 『논어』「선진」.
137 『예기』「단궁」 상.
138 『논어』「옹야」.
139 『논어』「선진」.
140 『논어』「자한」.

어졌으며, 거미가 거미줄을 치는 것을 보고 그물이 만들어졌고,[141] 새의 발자취를 보고 문자가 만들어졌다. 그러므로 모든 일은 기준으로 삼는 것이 있어야 성취하기 쉽고, 기준으로 삼을 것이 없으면 성취하기 어렵다. 내가 불경의 요체를 살펴보니, 37조항의 도품[142]이 있고, 노자 도경道經도 37편으로 되어 있으므로, 이를 본따 37개 조항으로 한 것이다.

이에 미혹한 사람은 나의 설명을 듣고 놀라서 얼굴색이 변해서 손을 모으고 자리에서 일어나 머뭇거리며 엎드려서 다음과 같이 말하였다.

"나는 어리석은 사람으로 벽지에서 태어났는데 감히 어리석은 말을 하고 화와 복은 생각지도 않았다. 지금 당신의 말씀을 들으니, 눈에 뜨거운 물을 부은 것같이 의심이 녹아 버린다. 이제 마음가짐을 새롭게 하고 마음을 깨끗이 하여 스스로 경계하고자 한다. 바라건대 5계戒를 받아 우바새優婆塞가 되고 싶다."

2. 정무론正誣論[143]〔작자 미상〕

1

誣 한 기인〔異人〕이 있었는데, 다음과 같이 부처님을 비방하였

141 『예기』「왕제」.

142 37도품道品은 4념처念處·4정근正勤·4여의족如意足·5근根·5력力·7보리분菩提分·8성도분聖道分으로서 열반에 이르는 37조목의 수행방법이다.

143 이 논은 불교에 대한 비난에 대해 정론을 전개하는 측면에서 저술된 것이고, 앞으로의 11개 항의 내용을 살펴보아도 『노자화호경老子化胡經』·『노

다.

"윤문자尹文子는 신통력을 지닌 사람이다. 그는 호족의 오랑캐가 예를 몰라 수사슴 부자가 어미 사슴을 공유하는 것[144]같이 행동하고, 탐욕스럽고 잔인하며 이익에 눈이 멀고, 부끄러운 줄도 모르고 다른 사람을 해치는 행위를 반복하고, 많은 사람들을 죽이는 것을 불쌍하게 생각하였다. 그러나 겸양으로 그들을 인도할 수 없고 말로 타이를 수도 없었기 때문에 다양한 방법을 동원하였다고 한다. 도를 체득한 제자를 시켜 변화시켰고, 또한 살생을 못하게 하고 혼인을 금지하여 자손이 없게 하였다. 호족 오랑캐를 없애는 방법으로서 무엇이 이 방법보다 뛰어나겠는가?"

㊣ 논박하는 이는 이미 "부처는 존재하지 않는다"고 하였고, 또 "윤문자는 신통력을 지닌 사람이다"라고 하였고, "도를 체득한 제자가 있어 자유자재로 변화시키고 불가사의한 도리를 다하였다"고도 하였다. 그러나 이것은 참으로 속없는 말이다. 저 윤문자는 노자의 제자이고, 노자는 바로 부처님의 제자이다. 따라서 경문에 "들은 바에 의하면 축건竺乾에 노스승이 계시는데, 그는 열반〔泥洹〕의 경지에 훌륭하게 들어가서 시종일관 영원히 그 속에 있다"[145]는 구절이 있다. 축건은 인도를 가리킨다. 열반은 호족의 언어로서,

---

자서승경老子西昇經』 등 도교 측에서의 불교에 대한 비난을 의식하여 찬술된 것이다. 송宋 명제(明帝, 466~472)가 중서시랑中書侍郎 육징陸澄에게 영을 내려 찬술하게 한 『법론목록法論目錄』 제6질에 찬자를 명기하지 않은 「정무론」이 기록되어 있다.(『출삼장기집』 12)

144 『곡례曲禮』 상.

145 어느 경인지는 분명하지 않다. 이러한 논論의 영향을 받은 것으로 당唐 법림法林의 『변정론辯正論』 6 「도교원황력道敎元皇曆」과 『변위록辯僞錄』 2 「모명참성위冒名僭聖僞」가 있다.

진나라 말로는 무위에 해당한다. 만약 부처님이 노자보다 먼저 태어나시지 않았다면, 어떻게 선생先生이라고 부를 수 있겠는가? 만약 노자가 윤문자보다 먼저 태어나지 않았다면, 어떻게 『도덕경』을 청하고 들을 수 있겠는가? 이렇게 보면 부처님은 원래 윤문자의 조상이고, 많은 성인들의 원조이다. 어떻게 제자가 신통력으로 변화하는데 스승이 불가능하겠는가?

또 성인이 세상을 다스릴 때에는 반드시 도로써 임한다. 만약 멀리 있는 사람들이 복종하지 않으면 학문과 도덕을 가지고 교화하고,[146] 단지 어쩔 수 없을 때에만 무기를 사용한다.[147] 폭력을 제거하고 분쟁을 그치게 하며 많은 사람들을 구제하려 할 때에는 적은 살생을 행하여 큰 살생을 방지한다. 따라서 춘추 시대에 제후가 다른 나라를 정벌할 때에는 올바르고 순순한 도리에 의해 행동하고, 적국에 잘못이 있으면 반드시 북을 쳐서 그 잘못을 사방에 밝히고[148] 정의의 병사를 모아서 죄인을 다스리지, 은밀히 주살하는 일은 하지 않는다. 그러므로 상대가 복종하면 유연하게 대하고 위로하지, 형벌을 사사로이 가하거나 극도의 무력을 행사하지 않는다. 승리하게 되면 상례喪禮를 실행하고, 죄인을 주살하게 되면 슬픈 마음으로 목놓아 운다.[149] 그러므로 유인하여 잡는 방법은 절대 금하고 절멸시키는 방식도 전적으로 취하지 않고 인정있게 대한다. 악한 자를 회유하여 불의한 자를 토벌하거나 길을 빌려서 폭정을 성취하는 것[150]은 모두 경전의 좋은 방법을 변질시킨 것으

146 『논어』「계씨季氏」.
147 『노자』 31.
148 『맹자』「이루離樓」 상.
149 『노자』 31.

로, 이에 대한 비난은 어디에나 자주 보인다. 그러므로 춘추 시대 조맹趙孟이 송나라 서문西門에서 제후와 모여 회맹의 약속을 하였을 때 초나라를 누르고 진나라를 앞세운 것은 초나라 사람이 옷 안에 갑옷을 입고 있는 거짓을 행한 것을 미워하고, 회맹의 신의를 잘 명심한다는 미덕을 중시한 것이다.[151] 적에 대한 원한과 은혜는 자손에까지 미치지 말고, 나쁜 일은 그 자신에서 그치게 하고,[152] 중한 벌을 함부로 가하지 않는다. 이것이 온갖 왕들이 실행하였던 밝은 제도이고, 나라를 다스리는 뛰어난 법제이다. 그런데 말세의 장군이나 호전적인 무리들은 도덕이 쇠퇴하는 것을 걱정하는 척하며 마침내 사기술에 맡겨서 힘써 경쟁하고, 거짓 책략을 이용하여 적을 죽이고 해치는 마음을 키웠다. 산야에서 전쟁할 때에는 무력으로 살육을 감행하고, 도성을 정복하면 항복한 병사들을 남김없이 구덩이에 생매장하여 제거하였다. 따라서 전국 시대 진秦나라의 백기白起는 두우杜郵에서 목이 베어졌고, 후한의 동탁董卓은 궁전의 궐문에서 도살되었다. 군자는 그와 같은 사람은 반드시 망한다는 것을 알았고, 세상 사람들은 그들이 주살되었음을 애통해 하였다. 무력의 폐해가 이런 지경에까지 이르렀으니, 참으로 마음 아프고 길게 탄식하지 않을 수 없는 일이다. 어찌 성인이면서 음모로 사람 죽이는 일을 마음 내키는 대로 하고 백성을 몰살하고자 하는 이가 있겠는가?

또한 10호밖에 안 되는 작은 마을에도 현인이 있는데,[153] 하물

150 『춘추공양전春秋公羊傳』「소공昭公」 11년.
151 『좌전』「희공僖公」 5년.
152 『춘추공양전』「소공」 20년.
153 『논어』「공야장」.

며 만 리나 되는 넓은 지역에서는 어떠하겠는가? 중화重華 순舜임금은 동쪽 오랑캐〔東夷〕 출신이고, 문명文命 우禹임금은 서강西羌 땅에서 태어났다.[154] 성인과 철인이 출현하는 곳이 어찌 정해져 있겠는가? 어떤 경우에는 여기에서 음악으로 교화를 행하고, 다른 경우에는 저기에서 무언의 교화를 행하는 등 형태로 드러나는 교화 방법은 다양해도, 가르침의 핵심은 다르지 않다. 부처님께서 중인도에 자취를 남기고 서역에서 기적을 밝게 드러낸 이유를 살펴보면 깊은 의미가 있지만, 하나하나 자세히 열거할 수는 없다. 어찌 성인이 적이 강한 것을 싫어하여 상대를 모두 죽여서 한 사람도 살아남지 못하게 하겠는가? 만약 그렇다면, 나쁜 병이 한번 유행하면 훌륭하고 깨끗한 사람이라도 피할 수 없고, 또한 들판에 불을 놓으면 난초와 누린내풀이 모두 타 버리는 것과 무슨 차이가 있겠는가? 걸왕·주왕의 폭정도 이와 같지 않은가? 예를 들면 호족 오랑캐 나라가 실로 악역무도한 일이 많더라도 폭력으로 폭력을 대신한다면,[155] 이것은 방편으로 세상을 인도하려는 취지가 아니다. 이러한 내용을 끌어들여 말하는 것은 함부로 비방하는 것으로서 어리석은 자와 어린이를 속이기에는 충분하지만, 어찌 인정에 맞고 도리에 합당한 사려 깊은 사람의 비난이라고 할 수 있겠는가?

2

誣 윤문자는 "하늘에 32겹의 단층이 있다"[156]고 속이고 있다. 또

154 『맹자』「이루」.
155 『사기』 61 「백이전伯夷傳」.
156 도가에서는 제1 욕계欲界에 6천天, 제2 욕계에 18천, 제3 무색천無色界에

한 함부로 『누탄경樓炭經』을 인용하여 "여러 천궁들은 너비가 사방 24만 리가 된다. 한 면마다 백 개의 문이 열리고, 문의 너비가 만 리나 된다"[157]고 한다.

㊣ 불교 경전에서 말하는 천지의 경계에는 높고 낮은 계층이 있고, 하나하나의 부분에 일관되게 질서가 있으며 훌륭하게 서술되어 있다. 그런데도 비방하는 자는 과장하여 없는 말을 덧붙이고 거짓을 조작하거나 뒤죽박죽으로 어지럽혀서 핵심을 얻지 못하게 한다. 어찌 24만 리의 땅에 4백만 리의 문을 받아들일 수 있는가? 이 한 가지 일로만 보더라도, 그 잘못을 충분히 나타낼 수 있다. 노비나 목동조차 그렇지 않다는 것을 알 것이다. 하물며 지식인은 어떠하겠는가? 그들은 박식함을 나타내려 하였지만, 오히려 자신의 어리석음만 드러냈을 뿐이다.

3

誣 부처님도 두루 5도道를 윤회하면서[158] 많은 잘못을 저지르고 흉악한 일들을 자행하였지만, 그래도 부처님이 되었다. 이것은 악한 사람을 두렵게 하는 가르침이 아니다. 또한 생각해 보면, 착한 사람은 적지만 나쁜 사람은 많다. 나쁜 사람이 죽으면 6축畜의 세계가 가득 찰 것이다. 천지개벽 이래 오늘날까지 충분히 오랜 기

4천, 여기에 4범천梵天을 합쳐 32천이라고 한다. 이것은 불교의 영향을 받은 것으로 불교에서 말하는 삼십삼천의 오역이 아닌가라는 설도 있다.

157 『대루탄경大樓炭經』 3 「사천왕품四天王品」(대정장 1, 393).

158 중생들이 여러 가지 업에 의하여 윤회하는 길이다. 지옥도地獄道·아귀도餓鬼道·축생도畜生道·인도人道·천도天道를 말하는데, 일반적으로 축생도와 인간도 사이에 수라도修羅道를 두어 6도 윤회라고 하는 경우가 많다.(『대지도론』 권30)

간이 흘렀으니, 지금은 축생이 10분의 9를 차지하고 인간의 종은 드물어야 할 것이다.

正 그대가 말한 것과 같이 부처님도 일찍이 나쁜 일을 하였다. 그러나 현재 부처님이 될 수 있었던 것은 악을 고쳐서 선을 좇았기 때문이다. 만약 악을 키우면서 개선하지 않고 미혹하게 그대로 갔다면, 긴긴 밤 동안[159] 고통의 수레바퀴를 받고 5도를 전전하며 해탈의 인연이 없었을 것이다. 현재 부처님은 많은 악들의 뿌리를 굴복시키고 3독毒의 찌꺼기를 없애며 5계의 선행을 닦고 10덕德의 아름다움[160]을 창출하였다. 이렇게 여러 겁 동안 행하면서 싫증이 나도 그만두지 않고, 본제本際를 분명히 이해하고 3세世가 공임을 밝혀내었다. 그리하여 생멸하는 허망한 세계를 해탈하여 무위의 입장으로 벗어날 수 있었다. 그런데 이 세상 곤충은 그 수를 이루 다 헤아릴 수 없이 많다. 인간이 이 세계의 중심에 있다는 것은 한 올의 터럭이 말 몸에 붙어 있는 것과 같은데, 어찌 10분의 9라고만 할 수 있겠는가? 따라서 천지의 본성은 사람을 귀하게 여긴다.[161] 영기榮期가 세 가지 즐거움을 얻고 있는 이유[162]는 귀한

---

159 범부가 생사 간을 유전하는 그 기간이 오래됨을 비유한 것.(『승만보굴勝鬘寶窟』)

160 『예기』「빙례聘禮」에서 말하는 인仁·의義·예禮·지智·낙樂·충忠·신信·천天·지地·덕德의 10덕을 나타낸다는 설도 있지만 전후의 문맥에서 살펴볼 때, 불교에서 말하는 10선善〔十善道·十善根本業道〕을 말한다. 몸〔身〕·입〔口〕·뜻〔意〕의 3업 중에서도 가장 뛰어난 것으로 불살생不殺生·불투도不偸盜·불사음不邪婬·불망어不妄語·불악구不惡口·불양설不兩舌·불기어不綺語·불탐욕不貪慾·부진에不瞋恚·불사견不邪見을 말한다.

161 『효경』「성치장」.

162 공자의 질문에 영기가 답한 것으로 사람으로 태어난 것, 남자인 것, 장수하는 것이 세 가지 즐거움이라고 하였다.(『열자』「천서天瑞」)

것과 천한 것을 확실히 구별할 수 있었기 때문이다. 지금 더욱이 스스로 인류라는 점에 구애받지 않고 축생을 추악하게 여기지 않으며, 여물과 물을 훌륭한 음식이라고 하고, 말의 굴레와 끈을 고통이라고 하지 않고 그 처지에 만족한다면, 행하여도 크게 비난할 것은 없다.

4

誣 「무령하경無靈下經」[163]이라는 도교 경전이 있다.

正 「무령하경」은 요괴한 책일 뿐이다. 삼황·오제의 책처럼 교훈적인 내용이 아니고, 재주있고 통달한 유학자가 아직 본 적이 없는 책이다. 이 삼대 조(三曾)·오대 조(五祖)의 말은 상주한 글과 매우 유사한데, 따져보지 않아도 허망한 점이 저절로 나타나고 있는 듯하다. 지금 잠깐 이에 대해 언급해 보자. 세속의 사람들은 사람이 죽으면 사라지고 영혼도 귀신도 없다고 항상 말한다. 그렇게 영혼이 없으면 천상의 재판관도 없고, 귀신이 없으면 거두어 갈 것도 없게 된다. 만약 자손이 불교를 신봉하고 선조를 찾아서 죄를 견책하게 되면, 가령 그 조상이 현인, 군자로 살아서 자손과 같이 한 적이 없다고 해도 천상의 재판관이 그를 붙잡아 거두어 갈 것이다. 그리하여 안회顔回와 염백우冉伯牛는 시신을 주륙하는 고통을 당하게 되고, 인자한 선조를 학대하여 귀한 신체에 해를 끼치게 된다. 이것이 어찌 총명하고 정직한 귀신이라고 할 수 있는가? 만약 그렇지 않다면 여우와 너구리, 요괴, 사나운 원귀일 것

163 현존하지 않는 도교의 책이다. 비난하는 자도 이 책의 이름만 거론할 뿐이며, 답변과 같이 자손봉불子孫奉佛의 화禍는 5조祖에까지 이른다고 쓰여 있고, 이에 대해 비난하는 자가 질문한 것이다.

인데, 어찌 어질고 현명한 사람의 혼령을 제약하고 계를 지킨 사람을 괴롭힐 수 있는가? 이 때문에 불교를 비난한다면 비천하고 더러운 책이라고 할 것이다.

5

㉤ 도인道人이 백성으로부터 돈을 빼앗아 탑과 사원을 크게 세우고 있다. 이렇게 화려하게 수식하고 사치하게 치장한 것은 낭비이고 무익한 일이 아닌가?

㉦ 교화에는 깊고 얕음의 차이가 있고, 때에 따라 사물에 적절히 대응한다는 것은 서론에서 이미 서술하였다. 다시 이 내용을 거론하고자 한다. 저 공손하고 조심하는 마음은 요임금·순임금보다 더한 이가 없으며, 그들을 구별하기 위하여 산룡山龍·화충華虫·보불黼黻·치수絺繡의 무늬가 있는 옷이 있었다.[164] 따라서 『좌전左傳』에는 "석란鍚鸞·화령和鈴은 소리로 그 덕행을 밝게 나타내는 것이고, 해·달·별을 깃발에 그리는 것은 그 명석함을 밝히는 것이며, 오색으로 비상比象을 칠하는 것은 그 사물을 밝히는 것이다"[165]라는 구절이 있다. 따라서 왕이 거처하는 곳에는 반드시 금으로 만든 문과 옥계단과 영대靈臺와 봉궐鳳闕이 있어서 평민과 다름을 나타내고, 귀천의 구별을 분명히 한다. 원래 사람의 마음이란 보는 것에 따라서 감정이 일어나고 사그라진다. 그러므로 군대의 큰북이나 작은북의 소리를 듣고 지휘하는 깃발의 형상을 보면 장수와 여섯 대신을 사모하게 되고, 거문고의 음악 소리를 듣고

---

164 『상서』「익직益稷」.
165 『좌전』「환공桓公」2년.

학교의 의례를 살펴보면 조정의 신하들을 사모하게 된다.[166] 입장을 바꾸어 살펴보면, 보는 이의 기분과 용모가 모두 변하게 된다. 지금 세속의 무리로서 형태만 보고 도에까지 이르지 못한 사람은 누구나 숭고한 것을 귀하게 여기고 천한 것을 소홀히 한다. 따라서 불교 신자들은 부처님의 유적을 숭배하고 마음속에 품고자 한다. 그리하여 그림과 불상을 진열하여 경건함을 다하고, 진귀한 보석을 희사하여 사찰에 대한 숭배를 더하는 것이다. 따라서 상급의 훌륭한 선비가 그곳에 가면 올가미와 통발[167] 같은 수단은 잊고 심원한 취향을 맛보게 되고, 하급의 덕이 낮은 선비가 그곳에 가면 그 화려한 조각을 아름답게 여기고 그 채색을 즐기게 된다. 먼저 그 이목을 즐겁게 해 주고, 점차 올바른 길로 따르게끔 하는 것이다. 3도塗의 중생들을 빠짐없이 이끌어 들이는 것은 마치 그릇이 물을 받아들이는 것과 같아서 그릇의 용량에 따라 다소 차이가 있다. 다만 구멍이 뚫려 바닥이 없는 것만 아무것도 수용할 수 없다.

6

또한 비난하는 자는 화복의 학설이 부처님께서 지으신 것이라고 전적으로 비난하고 있지만, 그 학설을 근본적으로 이해하고 있지 못하였다고 할 수 있다. 이를 다시 해석해 보고자 한다. 길흉과 선악의 관계는 그림자나 메아리가 형태와 소리를 타고 저절로 그렇게 나타나는 것과 마찬가지여서 서로의 관계에서 벗어날 수 없

166 『악기』.
167 『장자』「외물外物」.

다. 인간의 행위도 자기 자신에서 유래하는 것이고, 이치는 신비하게 그것에 응할 뿐이다. 부처님과 주공, 공자는 모두 충忠·효孝·신信·순順을 밝혔을 뿐이다. 그 가르침에 따르는 자는 길하고, 이에 반하는 자는 흉하다. 물을 건너는 방법으로 말하자면, 배와 노의 힘을 빌어야 물을 건너는 것이 가능하고 걸어서 물을 건너는 것은 불가능하다. 이와 같이 사람을 깨우쳐서 재액으로 죽는 데서 생명을 구하는 방법은 신농神農이 곡물을 씹어서 굶주림을 해소하고[168] 황제黃帝가 옷을 드리워서 추위와 더위를 막은 것과 같다.[169] 만약 입을 다물고 있으면서 배부를 것을 기대하거나 윗도리를 벗고서도 따뜻할 것을 바란다면, 억지로 베풀어 줄 필요가 없다. 과거에 편작扁鵲이 훌륭한 의사라고 칭찬받은 이유는 단지 병에 따라 약을 주며 그 마땅한 처방을 잃지 않았기 때문이다. 그가 죽지 않는 사람이 있는 것처럼 한 것에 대해서는 책망하지 않았다. 또한 편작은 "나는 살 사람은 죽지 않게 할 수 있지만, 죽을 사람은 살릴 수 없다"[170]고 말하였다. 비난하는 자의 입장은 자식으로서는 불효이고 신하로서는 불충이라고 하는 것과 같다. 이러한 입장은 고질병의 폐해를 고수하면서도 깨닫지 못하고 좋은 약을 권하여도 쓰려고 하지 않다가 재화를 입어 죽음에 직면한 날 의사를 나무라는 것과 같다. 성인은 이를 깊이 한탄한다. 훌륭한 의사는 단지 미친 사람과 똑같이 동쪽으로 달려가는 것이 아니다.[171] 비난하는 이의 형세는 함정에 빠지는 것과 같다.

168 『보사기補史記』「삼황본기三皇本紀」.
169 『주역』「계사繫辭」.
170 『사기』 105「편작扁鵲」.
171 『회남자』「설산훈說山訓」.

7

誣 사문들 가운데 도읍과 낙양에 있는 자들이 많지만, 지금까지 천자의 수명을 더 연장하였다는 말은 들어본 적이 없다. 불교는 위로는 음양을 조화롭게 하여 농사가 풍년이 들게 하고 백성이 부유해지고 재앙과 질병을 없애 화란을 종식시키는 일 등은 할 수 없고, 아래로는 곡식 먹는 일을 끊어 맑고 깨끗한 기를 호흡하고 생명을 소중히 하여 액난을 극복하고 영원히 살게 하는 일 등은 할 수 없다.[172]

正 그렇지 않다. 장주莊周도 "운명의 실정에 통달해 있는 사람은 운명에 의해 아무리 하고자 하여도 할 수 없는 것에는 힘쓰지 않는다"[173]고 하였다. 이것은 수명이라는 한계를 바꿀 수 없다는 것을 자세히 밝힌 것이다. 만약 성性과 명命이 지혜와 덕으로 구할 수 있는 것이라면 무왕과 주공 형제는 아버지인 문왕을 천 살까지 살게 하였을 것이다. 안연이 죽었을 때, 공자가 "하늘이 나를 버리는구나"[174]라고 말하면서 지극히 애석하게 여긴 것은 수명을 더 이상 연장할 수 없었기 때문이다. 또한 음양의 도수는 운명에 의해 정해지는 것이고, 106년의 재액은 때가 되면 이르는 것이다.[175] 그 때문에 요임금 때에는 하늘까지 물이 차오르는 대홍수가 있었고,[176] 탕임금 때에는 모든 초목이 말라죽는 한발의 재해가 있었으

172 『노자』 59.

173 『장자』 「달생達生」.

174 『논어』 「선진」.

175 『한서漢書』 21 「율력지律曆志」 상에 "百六陽九 三百十四陰九" 등의 숫자를 열거하여 음양가가 산출한 액운은 그 시기를 중심으로 하고 있음을 밝히고 있다.

176 『상서』 「요전」.

며, 황제는 치우蚩尤와 싸워 탁록涿鹿의 들에서 노가 표류할 정도의 유혈이 있었고,[177] 염제와 싸워서는 판천阪泉의 들판에 많은 시체가 즐비하였다.[178] 어찌 가만히 앉아서 그것을 없애서 미연에 방지하지 못하였는가? 또한 곰과 같이 나무에 오르고 새와 같이 발을 펴서 인도하고, 예전의 기운을 토하며 새로운 기운을 흡입하고,[179] 수수를 먹는 것을 그만두고 꽃이나 수술을 권하기도 하고, 바람과 이슬을 먹고 건량乾糧으로 대체하기도 한다. 이러한 것에 의해 장수하고자 하는 것도 아직 의지하는 바가 있는 부류이다. 이와 같이 해도 때가 오면 요절하는 경우가 있고, 무한히 살 수는 없다. 사문의 입장에서 적송자赤松子와 왕자교王子喬 같은 신선들을 보면 아직 아이라고도 할 수 없는 갓난아기와 같다. 뜻을 천지 밖에까지 펼치고, 나이를 불사의 영역까지 연장하려고 한다. 어째서 하찮은 것에 노심초사하고 비천한 방법으로 연자涓子나 팽조彭祖와 장수를 겨루려고 하는가? 불교를 비난하는 이는 자신의 잘못된 언변을 치장하여 다른 사람들의 충고를 거부하려 하지만, 그 말에는 음절의 리듬이 없고, 의미에는 궁宮·상商의 구별이 없다. 아, 북쪽 마을의 음란한 음악이 아악雅樂을 어지럽히는 것을 탄식하고, 간색인 초록색이 정색인 노란색의 위치를 빼앗는 것을 미워한다.[180] 그 나머지 하찮은 음악에는 기강이 없으니, 이에 대해서는 과거의 스승이 대답하지 않았던 것에 따르고자 한다.[181]

---

177 『장자』「도척盜跖」.
178 『사기』「오제본기五帝本紀」.
179 『장자』「각의刻意」.
180 『사기』「은본기殷本紀」.
181 『논어』「선진」.

8

[誣] 한나라 말에 책융笮融이라는 사람이 군사를 이끌고 서주徐州 자사刺史인 도겸陶謙 휘하에 자신을 의탁하였다. 도겸은 그에게 운수運輸를 감찰하게 하였다. 책융은 이전에 불교를 신봉하였으나, 관의 운수품을 횡령하여 자신의 이익을 차리고 큰 사찰을 세우는 불사에 들어갔다고 한다. 또한 길가는 사람들에게 모두 술과 음식을 베풀었다고 한다. 뒤에 유요劉繇에게 공격받아 죽임을 당하였다고 한다.

[正] 이 비난은 자승자박의 결과이다. 원래 불교에서는 인자〔慈仁〕·살생하지 않음〔不殺〕·충신忠信으로 사람들을 이끌고, 과시하지 않고 결백하며 도둑질하지 않는 것을 으뜸으로 삼는다. 노자는 "무기〔兵〕는 상서롭지 않은 도구이다"[182]라고 하였고, 이에 근접한 사람은 흉한 일이 생긴다고 하였다. 책융은 무력에만 의지하여 잔인한 짓을 태연하게[183] 행하고 도적과 결탁하였다. 이것은 살생을 범하여 첫 번째 계를 어긴 것이다. 다른 사람에게 사자로서의 명령을 받고도 자신의 이익을 취하고 주인에게 보답하지 않았다. 이것은 속이는 것으로 두 번째 계를 어긴 것이다. 관물을 횡령하여 자신의 이익을 취하였다. 이것은 도둑질하는 것으로 세 번째 계를 어긴 것이다. 불경에는 사람들에게 술을 주는 것을 보시로 여기지 않는다고 하였는데, 책융은 마음대로 그렇게 행하였다. 이것은 음주를 범하여 네 번째 계를 어긴 것이다. 이같이 계들을 모두 어기는 것은 노자도 지적하였듯이 자신을 죽을 곳으로 몰고 가는 것이다.[184] 이

182 『노자』 31.
183 『좌전』 「은공隱公」.
184 『노자』 50.

는 마치 관리가 인수를 풀고 관을 벗고 부정한 일을 저지르고 난폭한 일을 마음대로 행하면, 키 작은 어린아이조차 그를 제지할 수 있는 경우와 같다. 책융이 비참한 죽임을 당한 것도 나쁜 일을 행하게 되면 재앙을 맞게 되는 충분히 좋은 예라고 할 수 있다.

9

㊟ 석숭石崇도 부처를 지극히 받들었지만, 일족이 주살 당하지 않았는가?

㊣ 석숭의 사람됨은 내가 모두 알고 있다. 그는 교만하고 술에 빠지고 방탕하여 법도를 어기는 일이 많았다. 많은 재산을 축적하였음에도 더욱 가렴주구하여 고아와 홀로 된 사람을 불쌍히 여기지 않았다. 재능은 남 못지않게 갖추고 있었지만,[185] 덕으로는 전혀 취할 만한 것이 없었다. 명목상 불교를 신봉하였지만, 금계를 지킨 적은 한 번도 없었다. 즉 그는 세상 사람과 같이 얼굴은 아름답지만 마음이 깨끗하지 않고, 표면은 위엄을 갖추고 있지만[186] 내면은 유약하고, 입으로는 우왕・탕왕을 칭송하면서 행동은 걸왕・도척과 같은 무리이다. 그의 죽음은 자업자득인데, 누구를 탓하겠는가?

10

㊟ 주중지周仲智도 불교를 신봉하고 정진하였지만, 결국 복을 받지 못하지 않았는가?

185 『진서』 37 「민왕승전閔王承傳」.
186 『논어』 「양화」.

㊣ 이 말을 생각해 볼 때, 다른 사람의 재난을 기회로 삼아 논의하는 것이지 조리가 통하는 말은 아니다. 주중지는 불교의 이치를 좋아하였지만 아직 계를 받아 불제자가 되지는 않았다. 솔직한 성정에 훌륭한 선비가 될 정도의 식견을 갖추고 있었지만, 강하고 억센[187] 약점을 가지고 있었다. 도가에서 말하는 어린아이[188]의 단계에 아직 합치하고 있지 않다. 이처럼 고집 센 성격이 있었기 때문에 자기보다 뛰어난 인물을 싫어하는 사람을 만나면 상심하고 좌절하게 되는 것은 당연한 이치이다. 논박하는 자가 말한 것과 같이 정진하면서도 피해를 입는 사람도 있다. 그렇더라도 이러한 경우가 안연과 항고項橐가 일찍 죽었던 것과 백이·숙제가 굶어 죽었던 것, 비간比干이 주왕에게 충절을 다하면서도 심장을 도려내는 벌을 받았던 것, 신생申生이 어버이에게 간절하게 효성스러웠음에도 불구하고 스스로 목매달아 죽는 고통을 받았던 것 등과 어찌 차이가 없겠는가? 이와 같은 예들은 이루 다 거론할 수 없을 정도로 많다. 공자는 "어진 사람은 오래 살고, 정의로운 사람은 창성하게 된다"[189]고 하였지만, 그럼에도 불구하고 해를 면하지 못하는 사람도 있었다. 숙명이 존재한다는 증거가 지극하고 믿을 만하다는 것을 알게 된다.

11

㊟ 불교를 신봉하는 집에서는 죽음을 즐겁게 여기고 삶을 싫어하며, 솜을 입과 코에 대서 임종을 확인하는 날을 복록이 도래한

187 『노자』 42.
188 『노자』 10, 28.
189 『논어』 「옹야」.

것이라고 하여 슬퍼하고 애통해 하는 모습이 보이지 않는다.

㊣ 논박하는 그대는 마음을 숨기고 사물에 대하는 태도가 없을 수 있는가? 만약 그렇지 않다면, 어찌 그리도 말하는 것과 정반대인가? 불경에는 "도를 얻었다고 스스로 말하는 사람은 상대방과 자신을 현묘히 하나로 보고 장단점을 나란히 통제한다"는 구절이 있다. 이러한 경지에 들어가면, 생사의 변화를 거쳐도 완전히 개의치 않고 화복의 영역을 거쳐도 마음이 편안하여 놀라지 않는다. 하늘의 이치를 즐기며, 성명性命을 알고,[190] 오직 때에 따라 그대로 따른다.[191] 이와 같은 경지를 체득하지 못한 자가 참으로 슬퍼하고 임종을 애석히 여기는 마음을 가지는 것[192]은 부처님에 대한 신앙을 더욱 돈독히 하고자 하는 것이다. 그러므로 위대한 자비의 마음으로 널리 중생을 구제하려는 서원의 의미가 있는 것이다. 원수가 죽었을 때에도 오히려 슬퍼하고 불쌍히 여기는 감정을 보태고, 덕으로 원수에 보답하고[193] 옛날의 나쁜 일을 괘념하지 않는다.[194] 하물며 가까운 가족에 대해서는 고통스러운 감정이 자연히 일어나는 것인데, 슬퍼하고 애통해 하는 마음이 없을 수 있겠는가? 부모를 사랑하는 사람이 감히 다른 사람을 미워하지 않는 것[195]은 자기와 남을 경계 짓는 것을 매우 두려워하기 때문이다. 그대의 말이 자연스러운 감정을 거스르고 도리에 어긋나는 것을 여기에서 볼 수 있다.

190 『주역』 「계사」 상.
191 『장자』 「양생주養生主」.
192 『논어』 「학이」.
193 『논어』 「헌문」.
194 『논어』 「공야장」.
195 『효경』 「천자장」.

홍명집 제2권

3. 명불론明佛論〔진晉나라 종병宗炳[1]〕

지극히 오묘한 도는 진실로 그 교화를 존중해야만 하는데도 세상에서는 부처님의 가르침을 허탄하다고 여기는 사람들이 많아, 모두 내 몸도 돌아보지 못하는데 한가로이 먼 장래의 일을 근심하겠느냐고 한다. 또한 만 리 밖 일이나 사후의 일은 모두 염려할 바가 아니라고 생각한다. 하물며 수미산須彌山이 거대하고 불국토가 장엄하며, 정신〔神〕이 멸하지 않고 사람이 부처가 될 수 있으며, 마음이 모든 것을 짓고, 일체의 현상은 모두 공空한 것이며, 숙연宿緣은 끊임없이 이어져 아득히 억 겁이 지나도 반드시 보응이 있다는 불교의 가르침에 대해서랴. 그러나 이 모든 것은 뛰어나고

1 종병(375~443)은 남조 유송劉宋 시대의 은둔 선비로서, 호북성 열양涅陽 사람이며, 돈독한 불교 신봉자로 잘 알려져 있다. 동진東晉의 은중감殷仲堪·환현桓玄 등의 초빙에 응하지 않고 산수를 유람하였고, 여산廬山 혜원慧遠에게 사사하여 『명불론』을 비롯하여 불교에 관한 많은 논저가 있다.

기이하며 현실 세상을 넘어서 본질을 꿰뚫은 것으로, 그 이치는 믿을 만하며, 그 사실은 진실한 것이다. 천박한 귀로 어찌 운문곡雲門曲[2]을 들을 수 있겠는가?

세상 사람들은 또한 주공과 공자의 글을 귀하게 여겨 요임금부터 한漢나라까지 중국은 일찍이 다른 나라의 영향을 받지 않았다. 그런데 무엇이 한나라 명제明帝를 감화시켜 무슨 덕으로 홀로 영묘한 빛을 발하게 하였는가? 그러나 이와 같은 상황은 억지로 이끌려진 것이고, 이전의 습관이 현묘한 관점으로 넓혀지지는 못하였다. 따라서 지극한 이치는 멀리 있지 않지만 의심하여 스스로 몰락하니, 슬프다.

중국의 군자는 예의에 밝으나 사람 마음을 아는 데에는 어두우니,[3] 어찌 부처님의 마음을 알겠는가? 세상의 일은 가까운 일이라도 깊이 도모하지 않으면 오히려 성공과 실패가 뒤집히는데, 하물며 정미한 정신인 나의 일임에랴. 정미한 정신을 얻으면 밝은 데로 끝없이 올라가고, 잃으면 한없이 영원히 떨어지니, 깊은 물가에 있듯 얇은 얼음을 밟는 듯 염려하지 않을 수 있겠는가?

한 판의 바둑같이 형세 판단을 얕게 하는 것에서조차 혁추奕秋[4]의 마음을 읽을 수 없었다. 그런데 우물 안 개구리의 소견을 가지고 망령되이 큰 도리를 억측하여 정신을 함정에 빠뜨리는 데까지 이르니, 지나치지 않은가? 이제 몽매한 식견으로 근원적 진리를 밝히고자 하나, 스스로도 비추지 못하여 잘못한 점을 알지 못하는데 어찌 깨달음을 밝힐 수 있겠는가? 오직 정신을 밝혀 깊은 진리

2 황제黃帝의 고상한 음악. 『주례』「춘궁대사락春宮大司樂」 참조.
3 『장자』「전자방田子坊」. 온백설자溫伯雪子가 말한 내용이다.
4 『맹자』「고자告子」 상에 나오는 인물로 바둑 잘 두기로 유명한 사람이다.

를 향해 나아가 착한 길에 머물러야 하는 것이니, 그러기 위해서 불경을 지침으로 삼아 수행해야만 한다. 저 불경은 5경經의 덕을 포함하고 원대한 실상을 깊이 더하였으며, 노자와 장자의 허虛를 포함하고 공空의 궁극을 거듭 더하고 있으니, 높이 실상의 이치를 말하고 고요히 정신에 감응한 것이다. 해와 같이 밝고 바람과 같이 청량하니, 성인이 아니면 누가 말할 수 있겠는가?

삼가 세상의 소견을 미루어 부처님의 이치를 모아 밝히고자 한다.

論 지금 발뒤꿈치에서 정수리에 이르고 나아가 허공에 올라가도, 마음은 가도 가도 끝이 없어 사방과 상하 어디로 가도 무궁하다. 생명은 홀로 생긴 것이 아니고 반드시 그 근원에서 전해지는 것이니, 그 전해 온 근원을 거슬러 올라가면 시작이 없고, 여러 세대가 서로 끊이지 않고 생겨나니 다함이 없다. 이 몸은 이미 무한한 실상을 날마다 쓰고 있으니, 시작이 없는 무한에서 직접 왔고, 또한 끝없는 곳으로 전해져 갈 것이다. 그러므로 헤아릴 수 없이 넓고 시작도 끝도 없이 장구한 것이다. 그런데 사람들은 서로 이러한 사실을 망각하고 자기라는 생각을 만들어 내었다. 그리하여 자신들이 온 세상〔八極〕의 중심〔赤縣〕에 산다고 생각하고, 이를 한 번도 의심해 본 일이 없다. 지금 3천의 해와 달이 펼쳐져 있고, 1만 2천 천하가 늘어서 있으며, 갠지스 강의 모래알과 같이 많은 나라가 있고, 흩날리는 티끌과 같이 장구한 억 겁의 세월이 쌓였으나 모두 불교의 교화가 포용하는 것이다. 아무리 작은 것이라도 끝이 없이 무한한 것인데, 어찌 유독 내 입장의 유교만 인정하고 남의 입장의 불교를 의심하는가?

저 짐승의 털처럼 가느다란 것을 망망대해와 비교하면 그 차이는 크지만, 그래도 헤아림의 끝이 있다. 이제 유교의 윤리를 태허太虛[5]와 비교해 보면 그 차이를 어찌 말로 다할 수 있겠는가? 그러므로 세상에서 크게 여기는 것이 도에서는 작은 것이고, 사람이 멀리 여기는 것이 하늘에서는 가까이 여기는 것이 된다. "헌원軒轅 이전은 아득하다"[6]라고 하는 것도 천도를 체득하여 높은 데서 바라보면 대개 어제의 일일 뿐이다. 『서경』에서 "멀리 안다"고 한 것은 당唐・우虞를 벗어나지 않고, 『춘추』에서 말하는 "글을 짓는다"는 것도 왕의 작업에 국한된 것이다. 또 『예기』에서는 경敬을, 『악기樂記』에서는 양良을, 『시경』에서는 온溫을, 『역경』에서는 결潔을 말하지만, 이제 불교에서는 무궁한 가운데에서 3천의 해와 달을 비추어 아름답게 빛나게 하고, 1만 2천 천하를 나열하여 바르게 본다. 따라서 주공과 공자가 말한 것은 만蠻과 촉觸의 오랑캐 땅[7]에서 그 나라의 상황에 따라 다스리려고 한 현실적인 가르침일 뿐임을 알 수 있다. 이는 정녕 일생의 일로 국한될 뿐으로, 생을 뛰어넘는 일은 그대로 두고 논하지 않았던 것이다. 만약 그렇지 않다면 어찌 시초인 형상에 대해서는 그렇게 많은 이야기를 하면서도 종극인 정신에 대해서는 소략하게 말했던 것일까? "몽산蒙山에 오르면 노나라가 작게 보이고, 태산太山에 오르면 천하가 작게 보인다"[8]고 한 말이야말로 이 경우에 해당하는 것이다.

또 『삼분오전三墳五典』[9]은 이미 일실되었고, 세속의 유생이 편찬

---

5 크나큰 허공, 즉 하늘을 가리키는 도가道家의 용어이다.

6 『사기』 117 「사마상여전司馬相如傳」. 헌원은 황제黃帝의 이름이다.

7 『장자』 「칙양則陽」에 나오는 우화로, 달팽이의 좌우 촉수를 촉과 만이라는 나라로 상정하여 보잘것없음을 나타내었다.

8 『맹자』 「진심盡心」 상.

9 삼황・오제의 책을 말하며, 전하여 고대의 전적이라는 뜻으로도 쓰인다.

한 책은 오로지 현세의 치적에 대한 것이고, 세상을 벗어난 말이면 혹은 역사 서적들 속에 여기저기 묻혀 있거나 분서갱유焚書坑儒로 완전히 사라졌다. 노자・장자의 도와 적송자赤松子・왕자교王子喬 등 여러 진인眞人들의 방술은 진실로 마음을 닦고 몸을 기르는 것이지만, 모두 6경經에 포함되지 않았다. 그리하여 학문하는 자들은 오로지 현세적 이익만 구하고 다 남아 있지도 않은 글만을 고집하여 『서경』과 『예기』로 학문을 제한한다. 또한 정신을 궁극적으로 밝히는 영원하고 심오한 교화에 귀를 기울이지 않고 다만 목전의 일에만 빠져 영영 잊어버리니, 참으로 슬프지 아니한가? 아, 첩첩한 구름 아래를 거닐면서 해와 달이 있음을 믿지 않는 자와 같구나.

이제 일음일양一陰一陽을 칭하면서 "음양으로 측정할 수 없는 것을 신령이라고 한다"[10]고 말하는 것은, 지극한 무無를 도道라고 하고 음양 두 가지가 섞이므로 '일음일양'이라고 한다는 것이다. 도에서 내려가서 정신精神으로 들어가면 항상 음양의 밖으로 벗어나 있고, 두 음양으로 탐구할 수 있는 것이 아니므로, "음양으로 측정할 수 없다"고 하는 것일 뿐이다. 엄군평嚴君平이 "하나가 둘을 낳는 것을 신명神明이라고 한다"고 한 것이 바로 이러한 의미이다. 만약 이 두 구절이 모두 무無를 밝히는 것이 아니라면, 무엇을 가지고 정신을 밝히겠는가?

그러나 중생들의 정신〔神〕은 그 궁극은 비록 같지만 인연에 따라 변하고 흘러서 거칠거나 미묘한 식識을 이룬다. 그러나 근본적으로 소멸하지는 않는다. 지금 순임금은 비록 아버지인 고수瞽瞍가

10 『주역』「계사」 상.

낳았지만 순임금의 정신이 반드시 고수가 낳은 것은 아니고, 순임금의 아들인 상균商均의 정신 또한 순임금이 기른 것이 아니다. 낳고 기르기 전에 본디 거칠고 미묘함이 있는 것이다. 근본은 낳기 전에 있는 것이므로 죽은 이후에도 소멸되지 않음을 알 수 있다. 또 소멸되지 않는다면 같지 않을 것이니, 어리석은 자와 성인의 차이가 있어서 어리석은 자와 성인은 나고 죽음으로 바뀌거나 소멸되지 않는 분수〔分 : 천성〕임을 알 수 있다. 그리하여 "정신이 형체를 받으면 5도道를 두루 편력하니, 천지가 생기고 무너지며 지나온 세월은 이루 다 헤아릴 수 없다"[11]고 하는 것이다.

겹눈동자인 순임금은 완고한 고수에게서 태어났고, 어리석은 상균은 그 몸을 성인인 순임금에게서 받았다. 어리석은 자와 성인은 전적으로 다른데, 어떤 수로 합하여졌을까? 중화重華 순임금의 정신이 처음에는 거칠었지만, 오랜 세월 동안 인因을 지어 수많은 변화를 겪은 뒤 연緣을 만난 것이 어찌 아니겠는가? 지금은 순임금의 정신이 유독 누구보다 뛰어나지만, 옛날에 거칠었던 허물이 있었으나 이를 수양하여 다 없앤 것이라고 할 수 있다. 정신은 소멸되지 않는다는 것, 인을 만나면 연을 만나게 된다는 이치, 오래 습관을 쌓으면 성인이 된다는 것, 이 세 가지를 다 여기에서 볼 수 있다.

만약 형체가 생기면 정신이 생기고 형체가 사라지면 정신도 사라지는 것이라면, 마땅히 형체가 손상되면 정신이 훼손되고 형체가 아프면 정신이 곤고해질 것이다. 그러니 어찌 몸이 썩는다거나 죽음에 임하여 정신과 의시가 평온하고 온전하겠는가? 그런데 염

11 『태자서응본기경』 상.

백우는 "들창 바깥에서 그 손을 잡는"[12] 정도로 병이 지극히 심했는데도 덕행의 주체는 변화가 없었으니, 이것이야말로 정신 불멸의 증험일 것이다. 만일 정신이 형체에서 생겨난다면 본래 인연으로 화합한 것이 아닐 것이다. 그렇다면 이제 그 증거를 멀리 여러 사물들에서 취한 뒤에 가까이 자신에게서 구해 보기로 하자.[13]

저 5악岳·4독瀆[14]에는 영혼이 없다고 하지만 그렇게 단정할 수는 없다. 만약 정신〔神〕을 인정한다면, 산은 다만 흙이 많이 쌓인 것일 뿐이고, 큰 물은 물이 많은 것일 뿐이니, 하나를 얻은 영혼이 어찌 물이나 흙과 같은 거친 것에서 나왔겠는가? 그리고 영혼이 바위와 물에 감응하고 의탁하여 고요히 일체를 이루고 있으니, 설사 산이 무너지고 강이 말라도 반드시 물·흙과 함께 없어지는 것은 아니다. 정신은 형체와 합쳐져 만들어진 것이 아니며, 소멸하지 않는다. 사람 또한 그러하다. 정신이라는 것은 만물 가운데 신묘한 것을 하는 것이다.[15] 만약 형체에 의해 이루어지고 형체를 따라 소멸한다면 형체를 근본으로 하는 것인데, 어떻게 신묘하다고 하겠는가? 저 정신은 사방에 통달하고, 또한 끝없이〔無極〕 흐른다. 위로는 하늘에 이르고, 아래로는 땅에 두루 한다.[16] 성인은 기미를 궁구하고 현자는 조짐을 연구하니, 재아宰我·자공子貢·장자莊子·혜강嵇康·계찰季札·장량張良 등은, 정신의 작용은 꾸미거나 행하지 않으면서도 앉아서 우주를 꿰뚫는다. 그러나 형체를 가지고 썩는

---

12 『논어』「옹야」.

13 『주역』「계사」 하.

14 5악은 태산·화산·곽산·항산·숭산이고, 4독은 양자강·황하·회수·제수를 말한다.

15 『주역』「설괘說卦」.

16 『장자』「각의刻意」.

냄새를 맡고 맛있는 것을 즐기는 것은 성인과 하급의 어리석은 자가 같으니, 어찌 정신이 몸을 받아서 생겨나고 몸을 따라 소멸될 수 있겠는가? 깊이 생각해 보아야 한다.

주공이 교외에서 후직后稷을 제사하고 종묘에서 문왕文王을 제사하는 것을 두고 세상 사람들은 혹 헛되이 효를 행한다고 말하지만, 그런 의문을 갖는 사람들은 어찌 그것이 반드시 헛되다고 생각하는가? 그렇게 생각할 근거가 없다. 만약 그렇게 생각할 근거가 없다면, 문왕과 후직의 영혼은 소멸한다고 말할 수 없다. "삼일재를 지내면 반드시 재를 받는 대상이 나타난다"[17]고 했는데, 보통 사람이 보지 못한다고 하여 주공도 반드시 보지 못한다고 단정할 수 있겠는가? 그러나 영박嬴博 땅에서 아들을 제사지낼 때 계찰이 "뼈와 살은 땅으로 돌아가지만, 혼기魂氣는 가지 않는 곳이 없다"[18]고 말한 것은, 영혼이 소멸하지 않음을 말한 것이다.

"지극한 다스림은 하늘을 본받는 것이고, 큰 혼란은 하늘을 거스르는 것이다"라고 했으니, 이 말의 핵심은 이것들이 모두 정신의 작용이라는 것이다. 요임금은 모든 이치를 밝혔고 모든 욕망을 제거하였으니 그 정신이 밝고, 걸왕은 악이라는 악은 행하지 않은 것이 없으니 그 정신이 부패하였다. 걸왕이 요임금의 선을 모르는 것이 아니고 자신의 악도 모르는 것이 아니었지만, 악으로 멸망한 것이다. 신체의 욕망을 따라 그 정신을 부패하게 하였으나, 요임금이 선하다는 것과 악을 행하면 망한다는 것을 아는 인식이 걸왕의 정신에 항상 포함되어 있었다. 만약 걸왕을 임금 자리에 있지

17 『예기』「교특생郊特牲」.
18 『예기』「단궁檀弓」.

못하게 하고 천 년 동안 죽지 않게 하여 악을 행하면 고초가 연이어 이르고, 선을 조금이라도 행하면 조금씩 용서를 받게 한다면, 어찌 그가 점차 악을 없애고 선을 닦지 않겠는가? 따라서 이전에 말한 것처럼 그의 정신에 요임금을 아는 인식이 포함되어 있었으므로, 반드시 조금이라도 작용이 있는 것이다. 또한 천 년을 쉬지 않고 닦아 욕심을 모두 정화하면, 마침내 그 정신을 요임금같이 밝게 할 수 있을 것이다.

저 별과 달이 변화하면 천지의 가락이 바뀌고 달이 기울고 차면 조개가 이에 상응하며, 사계절이 바뀌면 제비와 기러기와 용과 뱀이 그에 따라 나타나고 사라지는 것은, 모두 먼저 미묘한 조화가 있고 나서 그 후에 사물의 유형으로 발현된 것이다. 모든 무리들은 똑같이 그윽한 조화를 입는 법이니, 어찌 몇몇 가지만 그러하겠는가? 수많은 조화가 모두 그렇지 않겠는가? 이제 살인한 자는 죽고 사람을 다치게 한 자는 형벌을 받으며, 또 죄를 지으면 포승줄에 묶인다. 지금 죄가 없는데도 죄가 있는 것과 동일하게 여겨지는 자는 모두 드러나지 않은 연을 이전에 지어 인간의 이치로 후에 나타난 것이다. 저 숨겨진 것과 드러난 것은 하나이다. 숨겨진 데서 피를 흘리는 일을 행하면 드러난 데서 나쁜 일이 일어나는 것이 이상한 일이 아니다. 드러난 데서 흉악한 일을 행하면 숨겨진 데서 재앙을 받게 되는 일 또한 어찌 괴이한 것이겠는가? 이제 불멸하는 정신이 요임금을 아는 인식을 내포하고 있어서 만 대 중에 숨겨지기도 하고 드러나기도 하므로, 악을 행하면 괴롭고 선을 유도하면 즐거운 것이다. 더욱이 일월과 같이 밝은 부처님의 가르침이 빛을 드리워 밝게 비추심에 있어서이겠는가. 어떤 인연이 있어 자기를 비우고 성인의 가르침을 따라 한 번 변하여 도에 이르지[19] 못하겠는가? 생각건대 아마도 옛날의 걸·주 같은 인물도 모두 장래에 서서히 탕왕·무왕 같은 인물이 될 수 있을 것이다. 하물며 이제 수는 적지만, 맑은 흐름에 마음을 맡기고 불법을 따르는 고아한 무리들에 있어서랴. 이로써 보면 사람이 누구나 부처가 될 수 있다는 것은 분명한 일이다.

무릇 생명이 일어나는 것은 모두 정情의 조짐에 말미암는 것이다. 지금 남녀가 정精을 합쳐서 만물을 생성하는데,[20] 정精이란 모두 정情으로 말미암아 이루어지는 것이다. 정情이 자기 자신에서 만나면 수많은 정신이 신체를 받게 된다. 이로써 정情이 생명의 근본임을 크게 알 듯하다. 5제帝·2후后와 같은 사람의 경우에는 비록 정情을 뛰어넘어 신神에 도달하였지만, 사람이 살아가는 도리를 따르지 않는 경우가 없었다. 이는 진실로 예전에 지은 인연이 모여서 이루어진 것이므로, 정을 초월한 자기를 굽혀 정에 동화되어 사람들과 맞추어 살면서 수많은 종족을 퍼뜨렸던 것이다. 하물며 지금 보통 사람들은 정情으로 신神을 관통하여 한 몸을 받아 살다가 다시 정으로 죽으니, 어찌 다시 한 몸을 받아 끝없이 생사를 반복하지 않을 수 있겠는가? 식識은 불멸의 근본을 맑게 할 수 있으니, 날마다 덜어내는 학문을 배워서 "덜어내고 또 덜어내면 반드시 무위와 무욕에 이른다"[21] 고 하였다. 욕정이 오직 정신만의 반영이 되게 되면, 더 이상 생명을 받지 않을 것이다. 생명이 없으면 신체가 없는데, 신체가 없으면서도 정신이 있는 것을 법신法身이라고 한다.

---

19 『논어』「옹야」.
20 『주역』「계사」.
21 『노자』48장.

지금 황제·우임금·순임금·주공·공자는 세상 사람들이 우러르고 믿는 사람들이다. 황제가 용을 타고 하늘로 날아오른 일,[22] 우임금이 용처럼 물에 잠기고 순임금이 새처럼 날아오른 일, 주공이 바람의 방향을 바꾸어 쓰러진 벼를 일으킨 일,[23] 공자가 음식도 먹을 수 없는 상태에서 피리를 불고 노래를 한 일 등을 보면, 모두 정신을 근본으로 체화했으므로 신통이 응하여 막힘없이 두루 작용한 것이다. 이제 현상과 이치는 비록 다르지만 그것들은 모두 감응에 따라 일어나고 사라지는 것이니, 반드시 사람의 힘으로 이루어진 일이 아니다.

황하에서 그림이 나오고, 낙수에서 글이 나오며,[24] 명래蓂萊는 심지도 않았는데 요임금의 궁정에서 자라났다. 우임금의 시대에는 쪼아서 만들지도 않았는데 현규玄珪가 나타났고,[25] 은나라 무정 시대에 뜰의 상곡桑穀이 갑자기 한 아름으로 커졌다가 불타 버렸으며,[26] 주나라 무왕이 은나라 주왕을 토벌하려 할 때 불구슬이 왕의 어전에 흘러 들어와서 까마귀가 되었고,[27] 큰 불이 가벼워지고 작은 솥이 무거워진 것[28]과 같은 변화는 모두 영에 감응하여 일어난 것이다. 이것은 실로 불가사의한 종류의 일들이다.

이것은 저 법신이 지극히 신령하여 만물에 감응하여 변화를 나타내고, 신통한 공력을 나투어 만상을 밝힌 것이다. 또 어떤 기이

22 『사기』「효무제기孝武帝紀」.
23 『상서』「금등金縢」.
24 『주역』「계사」 상. 이를 바탕으로 『주역』이 만들어졌다.
25 『상서』「우공禹貢」.
26 『사기』「은본기」.
27 『사기』「주본기周本紀」.
28 『좌전』「선공宣公」 3년.

한 일이 일어나지 않겠으며, 어떤 변화가 제한되겠는가? 어찌 단지 구천을 우러러 오르고 용처럼 깊은 물속에 잠기며, 바람을 마시고 음식을 먹지 않는 것뿐이겠는가?

무릇 법신의 빛나는 위용은 위대한 상서로움을 나타내니, 분신分身을 나투어 일으키고 세계를 옮기고 큰 바다를 털오라기에 집어넣는 종류의 일[29]은 황제・우임금・주공・공자가 한 일에 견주면 신묘한 변화가 무한한 것이다. 이렇듯 나타나고 사라지는 수많은 상서들은 이미 형체를 벗어나 정신에 들어간 것이니, 모두 황홀하고 현묘한 변화이다. 어찌 유독 유교의 신통만 믿고 저 법신의 위용은 내리누르는가? 깊이 깨달으신 법왕法王은 한없이 맑고 밝으셔서 믿으면 징표가 있어서 틀림없이 지척에서 대할 수 있다. 그러나 어리석은 자는 이를 알지 못하니, 슬프구나.

저 홍범구주洪範九疇에서 말하는 서징庶徵[30]의 좋고 나쁨은 모두 마음에서 오는 것이다. 흰 무지개가 해를 관통하고 태백성이 묘좌에 침입하며, 추운 계곡에 기장이 자라고 성벽이 무너지고 여름에 서리가 내리는 등의 일은 모두 사람의 정情에서 일어나서 멀리는 하늘의 일로 나타나는 것이다. 이는 참으로 서로 형체와 그림자의 관계이다.

저 형체란 원래 그림자가 없을 수 없고 소리는 원래 울림이 없을 수 없으며, 또한 정情은 원래 응보가 없을 수 없다. 어찌 단지 해를 관통하고 서리를 내리게 하는 종류의 일뿐이겠는가? 인정을 따라 빠짐없이 사물에 응하지 않는 경우가 없으니, 형체를 숨기는

29 『유마경』「부사의품不思議品」.

30 군주의 5사事가 천도의 5행行에 잘 합치하고 있는가의 여부에 의해 하늘이 내리는 좋은 징조와 나쁜 징조를 말한다.

일이 없다. 다만 어떤 경우에는 보응이 자기 몸에 나타나고 어떤 경우에는 자연 현상으로 나타나는데, 직접 나타나기도 하고 간접적으로 나타나기도 하며, 드러나게 나타나기도 하고 은근히 나타나기도 하여 한이 없으니 누가 그 끝을 알 수 있겠는가? 온갖 변화가 세상에 가득 차고 여러 형상이 눈에 가득하나, 모두 옛날부터 정情이 감응하여 모인 결과이다. 따라서 불경에서는 "일체 제법은 마음에서 형체를 만든다"고 하였고, 또 "마음이 법의 근본이니, 마음이 천당을 만들고 마음이 지옥을 만든다"고 하였다. 그것은 바로 이러한 의미를 말한 것이다. 따라서 마음을 맑게 하고 정을 깨끗하게 하면 반드시 훌륭하고 좋은 곳에 태어나고, 마음과 행실을 탁하게 하면 3악도惡道에 떨어져 영원히 고통 당하는 것이다. 이러한 주장은 깊은 진리를 드러내고 있으며 밝고 참된 이치를 담고 있어서, 곧 영혼을 정화시키고 생각이 함부로 되는 것을 씻어내며 진실로 뜻을 여미도록 하는 것이 아니겠는가?

그러나 수많은 정情은 모두 서로 연緣이 되어 식識을 이루고, 그 식이 감응하여 형체를 이루나, 그 본성은 실제로는 없는 것이다. 부처님께서 깨달으신 이래 홀로 활연히 깨달아 마음의 근심을 없애어 여기에 이른 이는 아무도 없다. 이를 다시 논하여 밝혀 보고자 한다.

저 성스러운 정신이 현묘하게 비추지만 생각으로 헤아리는 식이 없는 것은 마음과 사물이 절대적으로 오직 정신일 뿐이기 때문이다. 그러므로 텅 비어 밝은 근본은 언제나 상주하여 사라질 수 없는 것이다. 그러나 이제 마음이 사물과 접하면 정신 하나만이 아니게 된다. 불교의 입장에서 보면 비록 안회의 경지가 미미한 것이지만 항상 열심히 노력하여 공자의 가르침을 우러러 닦아 인

仁을 좋아하고 산을 즐겼으니, 공자께서는 "안회는 도에 가깝다. 자주 쌀통이 비어 있었다"[31]고 말씀하셨던 것이다. 이들은 모두 마음이 작용하여 인식하는 것이니, 반드시 그 작용과 작용이 계속하여 묘하게 접하고, 그 식과 식이 계속하여 묘하게 이어지는 것이다. 이는 마치 불꽃이 서로 이어져서 불길을 이루는 것과 같다. 이제 공空을 깨달아 마음을 쉬면 마음의 작용이 그치고, 정식情識 또한 다하게 되니, 정신의 밝음이 온전해진다. 그러므로 정식의 생성은 새로운 것과 옛것이 신묘하게 이어지는 것이므로 모두 근원의 하나가 아니니, 어찌 항상 존재하겠는가? 가령 "요리사가 소를 볼 때 반드시 소 전체를 보는 것은 아니다"[32]라고 하였고, 불경에서는 변화하여 흩어지는 법을 말하며 "법과 식의 본성은 공하여 꿈과 같고, 환영과 같고, 그림자와 같고, 메아리와 같고, 물거품과 같고, 물속의 달그림자와 같다"고 하였다. 이 말들이 어찌 옳지 않겠는가? 안회는 이와 같은 것을 알았으므로 있음에 처하기를 없음과 같이 했고, 가득 찬 것을 텅 빈 것처럼 대하였다. 현상으로 인해 괴로움을 당하지도 않고, 이를 바꾸려고도 하지 않았다. 안회의 쌀통이 자주 비어 있었던 것을 보면 그는 유有가 실제로는 무無임을 알았던 것을 알 수 있다. 하물며 그보다 못한 사람들은 진리를 잃어 갈수록 더욱 멀어지니, 비록 다시 큰 길을 따라간다 하더라도 마치 동쪽으로 달려가는 미친 자를 쫓아가면 똑같이 미친 자가 되는 것과 같이[33] 모두 이치에 어긋나고 그릇되이 감응하며, 천도를 저버리고 망령되이 행동하여 갈수록 더 진리가 존재하지 않게 된

31 『논어』「선진」.
32 『장자』「양생주」.
33 『회남자』「설산훈」.

다. 하물며 질과 맛과 소리와 모양은 또한 정情이 거짓으로 만든 그림자인 데 있어서이겠는가.

또한 골짜기에 둔 배도 모르는 사이에 없어진다고 하였으니,[34] 현상의 변화는 번개와 같이 빠르다. 미래는 아직 이르지 않았고, 과거는 이미 소멸하였으며, 이미 존재하는 것(현재)도 머물지 않으니, 순식간에 한 터럭도 의지할 것이 없다. 그런데 무엇을 고수하여 있다고 생각하려 하는가? 거짓으로 있는 것이 참으로 심하게 정신을 가리고 있구나. 이제 여기에 밝은 거울이 있는데, 먼지가 끼여 있지 않으면 밝게 비추고, 먼지가 쌓여 있으면 희미하게 비춘다. 먼지가 두텁게 쌓여 있으면 비추어 보기에 흐리지만, 거울의 본질은 본래 밝은 것이므로 먼지가 더하여도 여전히 비추는 것이다. 비록 밝은 것이 어두워지더라도 요컨대 거울이 소멸한 것이 아님을 알아야 한다. 단지 거울에 먼지가 가득 차 있으므로 사물이 잘 보이지 않게 되어 잘못 보는 과오를 범하게 되는 것이다. 사람의 정신의 이치도 이와 유사하다. 거짓 존재하는 것이 정신을 덮어 거칠거나 정미한 식을 이루게 된다. 식이 정신에 붙어 있으므로, 죽어서도 소멸하지 않고 오직 공으로만 이를 없앨 수 있다. 반드시 없애는 일이 습관이 되어서 식이 다 없어지면 본래의 정신에 도달하게 되는데, 이를 열반〔泥洹〕이라고 한다. 그러므로 훌륭한 말들이 구름처럼 많아도, 공으로 관통한다. 저 바위와 숲이 매우 아름답고 바람과 물이 시원하면 회한이 가득 차 걸어도 가슴에 시원한 느낌이 드는데, 하물며 성인의 아름다움에 있어서이겠는가. 공은 허하게 사람을 비우니, 마음이 맑아지고 지극히 기쁘지

34 『장자』「대종사大宗師」.

않겠는가? 그러므로 옛사람들은 허虛를 타고 도道에 들어갔으니, 모래알 하나하나가 모두 부처라고 해도 많다고 할 수는 없는 것이다.

문 정신은 본래 텅 빈 것인데 어떻게 만유를 받아들여 그와 함께 연緣을 지을 수 있는가? 또 본래 텅 비었다면 이미 균등한데 어떻게 어리석은 사람과 성인으로 나뉠 수 있는가? 또 마음이 만유를 짓는다고 하지만, 만유가 아직 없었을 때에는 또 어떻게 마음을 번거롭게 하여 감응하여 만유를 낳게 할 수 있었는가?

답 정신은 신묘하고 형체는 거친 것이지만, 서로 더불어 작용을 한다. 신묘한 것이 거친 것에 연緣하므로, 텅 빈 것이 만유에 연함을 알 수 있다. 지금 어리석은 자가 비록 미천하더라도 현재에 살면서 옛날을 기억할 수 있고, 이곳에 있으면서 저곳을 기억할 수 있다. 이들은 모두 정신의 공력이 있어서 수련을 하면 그 근본이 평등하게 허虛한 것임을 알 수 있다. 마음이 만유를 지음은 이미 앞에서 말하였다. 그러한 견해에 의해 실상을 살펴보면, 세 가지가 이미 분명하다. 그러나 그렇게 된 까닭은 시작이 없는 데서 온 것이다. 시작이 없는 시작인데, 어찌 시작이 있겠는가? 현묘하고 또 현묘하다. 장자는 염구冉求라는 인물에게 "아직 천지가 있기 전을 알 수 있습니까?"라고 물었다. 공자는 "옛날은 지금과 같다"[35]고 하였다. 사람들은 비록 무시無始 이전이 있다고 말하지만, 그 이전으로 거슬러 올라가 보면 시초는 막막하기만 하니, 여기에서 말하는 염구의 경우와 같다. 지금 신명의 시초와 중생의 최초의 조상은 모두 아득하기만 하니, 추측하고 생각하여 미칠 수 있는

35 『장자』「지북유知北遊」.

것이 아니다. 어찌 학자가 이렇다 저렇다 하고 예측할 수 있겠는가? 저 성인은 진실로 신명이 굳게 엉긴 분들이어서 상황에 감응할 뿐이지 생각으로 미칠 수 없으니, 세상을 벗어나 있다. 무無를 감응으로 여기고 그대로 두고 논하지 않는데, 성인도 논하지 않는 것을 보통 사람이 어찌 깨달을 수 있겠는가? 지금 보통 사람들은 성인과 함께 땅을 밟고 하늘을 이고 있지만, 단지 땅을 밟고 하늘을 이고 있다는 것 외에 어찌 종극을 알 수 있겠는가? 우임금이 5복服[36]을 다스렸어도 다스린 땅이 9주州[37]에 지나지 않으니, 이는 세상일이 미치는 범위를 말하는 것일 뿐이다. 대황大荒의 바깥, 즉 양곡暘谷과 몽사濛汜[38]의 경계에 이르면 사람의 이치로는 헤아릴 수 없으니, 신묘한 성인도 분명하게 드러내지 못한 것이다. 하물며 여기에서 더욱 나아가면 혼돈하고 아득할 뿐이니, 어찌 그 경계를 논할 수 있겠는가? 이제 하늘을 이고 땅을 밟고 있는 현실을 미루어서 마침내 논의할 수 없는 곳에 이르므로 일체일 뿐이다. 현재의 정신 작용을 미루어서 옛날의 시초를 구하면 마침내 성인이 "그대로 두어 둘 뿐 논하지 않는다"고 한 데 이르게 된다. 이 또한 하나의 이치가 서로 꿰뚫은 것일 뿐이니, 어찌 따로 논의할 수 있겠는가? 모두 그윽한 연은 우주를 따라서 무궁하고 사물

36 왕도王都가 있는 사방 천 리 이내의 땅을 왕기王畿라 하고, 여기서 점차 멀어지는 지역을 다섯으로 나눈 것으로, 가까운 곳부터 전복甸服·후복侯服·수복綏服·요복要服·황복荒服이라 부른다.

37 왕성을 중심으로 천자가 다스리는 전 지역을 아홉으로 나눈 것으로 기冀·연兗·청青·서徐·형荊·양揚·예豫·양梁·옹雍 지방을 가리킨다.(『상서』「우공禹貢」).

38 『초사礎辭』「천문天問」에 나오는 말로, 각각 해 뜨는 동방과 해 지는 서방을 말한다.

의 정情이 감응하는 대상은 유한하기 때문이다. 저 많은 사람들의 마음은 성인을 본받아 인식을 이루니, 그것은 많은 사람들의 눈이 해로 인하여 볼 수 있게 되는 경우와 같다. 이주離朱가 백 보 밖의 가는 털을 본 것[39]은 그 신묘한 눈이 해의 힘을 빌어서 볼 수 있었던 것일 뿐이다. 이제 천 보 밖에 가는 털을 두면 시력이 다해 해의 힘을 빌어도 볼 수 없지만, 미세한 것을 보고 위험을 피하는 데는 부족함이 없다. 어찌 천 보 밖의 것을 볼 수 없다고 하여, 백 보 밖의 가는 털을 볼 수 있다는 것을 의심하는가? 이제 연의 근본을 통달하지 못하고 정에 감응하는 것이 다 없어져서 성인이 될 방법이 없지만, 가르침을 받아 도에 도달하는 나루에 이르는 데는 부족함이 없다는 것을 안다. 어떻게 연의 시작을 모른다고 하여 이미 밝은 교화를 도리어 의심하겠는가?

문 요즘 사람들이 말하기를, "연緣의 시원을 이해하지 못하기 때문에 부처님을 믿을 수 없다"고 한다. 이는 올바른 앎〔感〕이 아닌가? 성인은 왜 이를 밝히지 않는가?

답 이른바 앎이란 것은 단순하게 사물에 접하여 움직이는 작용이고 이치에 도달한 것은 아니니, 요컨대 성인에게서 배워 통해야 하는 것이다. 이러한 이치가 진실한 앎이다. 그러므로 부처님께서는 사람들이 몸의 즐거움에 빠져 현상을 벗어나지 못하면 고苦와 공空의 이치를 밝혀 주셨고, 겸애兼愛가 널리 전파되지 않으면 자신의 몸을 던지는 자비를 보여 주셨다. 누구나 실상에 이르지는 못하므로 3승乘을 나누어 설법하셨다. 또한 사람들의 업과 수행이 다르므로 6바라밀을 밝히시어 열반으로 건너가는 다리가 되는 보

39 『맹자』「이루離樓」.

응을 하나도 빠짐없이 말씀하셨다. 이것들은 상황에 따라 대응한 것이라고 할 수 있다. 그러므로 영취산靈鷲山에서 도를 들은 하늘과 사람은 모두 통달하여 깨달음을 이룬 자가 무수히 많았던 것이다. 어찌 멀리 연緣의 시원을 의심하여 이치에 이르겠는가? 밝은 가르침이 충분하니 말씀하신 바와 같이 수행하면, 무엇이 부족하겠는가? 그런데도 반드시 믿지 않고 결국 생각으로 미칠 수 없는 것에 지나치게 의심을 품는 것은, 곧 죽을 병에 걸린 사람에게 약을 주어도 먹지 않고 날아오는 화살을 맞고도 고통을 견디면서 그 화살을 뽑지 않는 것과 같다. 요컨대 화살과 약이 만들어진 시원을 추구하느라고 죽음에 이르는 것과 도대체 무엇이 다른가? 모두 옛날부터 도를 쌓고도 아직 원래의 길한 깨달음에 이르지 못하고 오늘날 망령된 의심을 하기에 이르렀으니, 어찌 진실한 이치를 알았다고 할 수 있겠는가? 이치에 맞지 않는 망령된 의심으로는 진실로 성인을 따라 지극한 밝음에 이를 수 없다. "내가 몽매함을 없애지 않으면 몽매함이 나를 사로잡는다"[40]고 하였듯이, 진실로 자기를 비우고 몸이 현묘한 조화를 따라 순응하여 참된 믿음으로 나아가면 그 후에 깨달음이 따라오게 된다. 한 번 깨달음이 흔들고 지나가면, 마침내 그윽한 궁극의 경지에 이를 수 있다. 망령된 의심을 고집하면서 순일함으로 돌아가 옷깃을 여미지 못하는 자는 마침내 미혹이 굳어지는 재앙에 오랫동안 빠지게 될 것이니, 어찌 벗어날 때를 기약할 수 있겠는가? 조금이라도 이치에서 벗어나게 되면 천지 차이로 그 결과가 달라지게 되니, 삼가지 않을 수 있겠는가?

40 『주역』「몽괘蒙卦」.

문 공자의 가르침에 "생명을 구하여 인仁을 해치지 않고, 자신을 죽여서 인을 완성한다"[41]는 말이 있는데, 이는 인의 지극함이다. 또 불경에서도 보살의 행을 말하였다. 노자는 무위의 지극함을 밝혔으니, 이는 열반의 극치에 나아간 것인데도 일찍이 그를 신통하여 부처님이 된 자라고 칭한 일이 없다. 어찌 공자와 노자가 미진한 점이 있고 도를 밝히는 데 궁극에 이르지 못한 것이 있다고 하면서 그들이 도에 이르렀다는 실질을 은폐하고자 하는가? 그러니 불교의 주장은 실질이 없다는 의심이 어찌 생기지 않겠는가?

답 교화를 펴는 데는 각각 상응하는 상황이 있다. 공자는 세상의 어지러움을 다스리고자 수洙·사泗 지역에서 도를 펼쳐 치도治道에 응한 것이다. 노자는 순수한 풍조가 점점 시들자 『도덕경』 상·하 두 편을 짓고 세상에서 숨어 버렸다. 가령 안연顔淵·염백우冉伯牛·재아宰我·자공子貢·윤희尹喜·장주莊周가 밖으로는 유교와 도교의 가르침을 추앙하여 세상 사람들의 마음을 지극한 데로 이끌고, 안으로는 무생無生의 학문을 받들어 정신의 이치를 밝히고자 했더라도, 세상에서 누가 그것을 알겠는가? 염구冉求·계로季路·자유子游·자사子思·맹가孟軻·곽림종郭林宗·정강성鄭康成·개공蓋公·엄군평嚴君平·반사班嗣·양왕손楊王孫과 같은 사람들에 이르면, 어떤 사람들은 예교禮敎에 통달하였고, 어떤 사람은 스스로 무위에 맡기는 도교에 통달하였으나, 불법은 기뻐하지 않았다. 이들은 모두 나름대로 인연을 다한 것이고, 결국 불법을 무시한 일이 없다. 그러므로 공자와 노자가 가르침을 세워 이끌었으며, 이러한 사람들은 스스로 감명받은 바가 있어 방자한 행위나

41 『논어』「위령공衛靈公」.

지나친 반응을 하지 않았다. 유교에서는 인을 넓혔고, 도교에서는 인위적인 행위를 삼가게 하였으니, 이들 모두는 가르침을 터득하여 경지에 이른 것이므로 지극하지 않은 바가 없다. 비록 자애와 무위의 학설이 부처님 말씀과 통하기는 하지만 법신과 열반에 대하여 충분히 말하지 못하고 있으므로, 밝지 못한 것일 뿐이다. 또 "무위하지만 행하지 못하는 일이 없다"[42]고 한 말과 "저 법신은 형체가 없고 일체에 두루 들어간다"고 한 말이 어찌 같은 곳에 이르지 않겠는가? 그러므로 공자, 노자와 여래의 가르침은 비록 세 가지로 서로 길이 다르지만, 선을 익힌다는 점에서는 길을 함께했던 것이다.

(문) 삼황·오제부터 공자와 노자에 이르기까지 불법으로 마음을 닦은 사람은 있겠지만, 불법에 대해 서로 이야기를 나눈 행적은 이제껏 들어보지 못하였다. 무슨 까닭인가?

(답) 내가 앞에서 논한 내용은 이미 분명하다. 세속적인 유교에서는 오직 다스림에 관한 사적에 기울여서 편찬하였고, 세속적인 것을 뛰어넘는 것이 있었다고 해도 역사 기록에서 흩어져 사라지거나 분서갱유焚書坑儒로 없어져 버렸다. 지금 다시 생각해 보면, "저 삼황三皇의 책은 3분墳이라고 하고, 대도大道를 말하고 있다"[43]고 하였는데, 그때는 효와 자애가 자연히 충분한데 어찌 다시 인의를 가르쳤겠는가? 순일함과 질박함에서 벗어나지 않았는데, 노자와 장자가 또 무엇을 가르칠 필요가 있었겠는가? 또 정신의 근본은 태어남이 없는 것임을 밝히고 일체의 본성을 공하다고 함으로써

42 『노자』 37장, 48장 등.
43 공안국孔安國의 『상서』 서문.

궁극을 비추지 않는다면, 또 어찌 위대한 도라고 하겠는가? 이러한 글이 없어졌으니, 세상 사람들 중 누가 알겠는가? 사마천〔史遷〕은 오제五帝에 대한 글을 쓰면서 각각에 대해 말하기를, "태어나면서부터 신령스러웠다," "어려서부터 말을 잘 하였다," "스스로 자기 이름을 말했다," "깊이 생각하여 모든 것이 통하였다," "그 지혜가 신과 같았다"고 하였으니,[44] 이미 저 대승 보살이 화생한 것과 같은 종류의 일이다. 황제가 헌원의 언덕에서 살고 공동산崆峒山에 오르며 환산丸山과 대산岱山에 오른 것과, 고양제가 유릉幽陵과 반목蟠木을 유행하여 그 발자취가 먼 바다 저편까지 이른 것이 여래如來의 도에 말미암은 것이 아닌지 어떻게 알 수 있겠는가? 오제五帝의 치세는 대를 이어 오래 계속되었고, 요임금은 100년, 순임금은 70년이었다. 더욱이 광성廣成・대외大隗・홍애鴻崖・소보巢父・허유許由・지보支父・북인北人・고야姑射의 네 신선들의 부류[45]는 현묘한 기풍을 닦고 쌓아서 한 시대를 풍미하였지만, 5경에 남아 있는 것은 오직 「요전」・「순전」 두 편뿐이며, 그나마 줄어들고 빠진 기록이다. 또 사마천이 "백가百家가 황제에 대해 서술하고 있지만 그 글은 단아하지 못하며, 훌륭한 사람들에 대해서는 말하지 않았다"[46]고 기록하고 있듯이, 오직 살벌한 내용만을 수록하였다. 치적이 매우 많은데도 한 가지도 제대로 기록하지 않았으니, 어찌 남아 있는 글들에서 지극한 도가 융성하였음을 볼 수 없다고 이들

44 『사기』「오제본기五帝本紀」.

45 광성과 대외는 황제의 스승, 홍애는 황제의 명신이다. 지보와 북인 무택無擇은 『장자』「양왕襄王」에 나오는 숨은 현인이다. 묘고야산의 네 신선에 대한 고사는 『장자』「소요유逍遙遊」에 실려 있다.

46 『사기』「오제본기」 말미의 사마천의 말이다.

모두가 허망하다고 할 수 있겠는가? 이제 신령하고 명철한 임금이 넓은 세상을 다니고 구자具茨에 일곱 성인을 데리고 가며,[47] 묘고야산〔姑射〕에서 신선을 보았으니,[48] 그러한 조화의 삶을 어찌 말로 다할 수 있겠는가? 은미한 말이 분명히 드러나게 되면, 어찌 이러한 사람들이 정신을 궁극에 닿게 하여 억 겁을 벗어난 것이 아닌지 알겠는가? 광성廣成의 말에 "지극한 도의 요체는 그윽하여 말로 표현할 수 없다"[49]는 것이 있는데, 이것이 바로 수릉엄삼매首楞嚴三昧이다. "나의 도를 얻은 자는 위로는 황제가 되고, 아래로는 왕이 된다"[50]고 하였으니, 이는 조화를 따라 오르내리고 어디든 날아갈 수 있는 황제인 전륜성왕과 같은 무리가 된다는 것이다. 또 "나의 도를 잃은 자는 위로는 빛을 보고, 아래로는 땅이 된다"[51]고 하였으니, 이는 천인天人의 세계에서 나고 죽는 것을 말한 것이다. 또 황제가 대외의 풍모에 감격하여, "천사天師라 경칭하고 물러갔다"[52]고 하였으니, 이는 부처님에 대한 10호號의 칭호와 같다.

이들은 아마도 스스로 무생無生의 교화를 체득하였을 것이다. 모두가 젊어서부터 도가 깊어 그 업이 그윽한 진리에 통하였으나, 오래전에 사적이 없어져서 그들이 펼친 이치가 글 속에서 가려졌던 것이다. 그러므로 백가가 성인들에 대해 쓴 것은 분명한 듯하

47 『장자』 「서무귀徐無鬼」.
48 『장자』 「소요유」.
49 『장자』 「재유在宥」.
50 주 49와 상동.
51 주 49와 상동.
52 『장자』 「서무귀徐無鬼」에 나오는 이야기로, 황제가 현인 대외를 만나러 구자산具茨山에 가는 길에 목동을 만나 천하를 다스리는 간단한 이치를 듣고는 거듭 머리를 숙이고 '천사'라고 불렀다는 것이다.

지만 우매하고, 벼슬하는 유학자들은 훌륭한 가르침이라고 하지 않고 있다. 이제 세상에 가득한, 도에 깊지 못한 사람들은 역사 기록에 기대어 지극한 이치를 억누르고, 사사로운 이해에 따라 원대한 교화를 외면하여 영겁토록 정신을 곤고하게 하니, 어찌 애통하지 않은가? 백익伯益은 『산해경山海經』에 "천독(天毒 : 인도)이라는 나라는 사람을 두려워하고 사람을 사랑한다"고 기록하였고, 곽박郭璞은 그 주석에서 "옛날 천독이라는 나라는 천축이고, 부처가 출현한 곳이다. 두려워하고 사랑한다는 뜻은 여래如來의 큰 자비를 말하는 것이다"라고 하였다. 이와 같이 삼황・오제 때 불교에 대하여 이미 들었다고 하였으니, 국전國典에 전하지 않는다고 해서 의심하기에 충분하지 못하다. 3대代 이래로 공자와 노자의 시대까지 역사 기록 외에 있었던 일들 모두를 어찌 헤아릴 수 있겠는가? 『예기禮記』의 기록에 의하면, 공자가 예禮에 대해 묻자 노자가 대답하였고, 관령關令인 윤희尹喜가 노자에게 도를 구하자 다시 도를 밝혔다고 한다. 가령 이 『도덕경』 상・하 두 편이 없어지고 『예기』만 남아 있다면, 후세에 어찌 노자를 예나 아는 늙은 유학자라고 말하지 않을 수 있겠는가? 그러나 노자는 심오한 기풍을 체득한 사람이 아닌가? 이제 오랜 세대를 거치는 동안 수많은 서책들이 없어진 뒤에 모든 것이 갖추어져 있을 리가 없는데, 어찌 보이는 것으로만 단정하여 공자와 노자 사이에 교류가 없었다고 할 수 있겠는가?

동방삭이 한무제에게 겁소劫燒[53]에 대해 말한 것과 유향劉向이

---

53 『양고승전』「축법란전」. 한무제가 연못 바닥에서 검은 재를 얻어 이것이 무엇이냐고 동방삭에게 물으니, 그는 서역 사람에게 물어봐야 할 것이라고 답하였는데, 나중에 축법란이 와서 이 말을 듣고 "세계가 파괴될 때 큰 겁화가 세

『열선전列仙傳』에서 74인이 불경을 지니고 있다고 한 것은 학자의 좁은 식견일 뿐, 불교가 후한 명제 때 들어왔다는 것은 아니다. 다만 정신을 치달리게 하여 세상에서 뛰어나게 된 자는 많으며 눈에 띄지만, 정성을 기울여 그윽한 데 이른 자는 적고 드러나지 않는다. 따라서 깊이 깨달은 진실이 세상의 사물에서 드러나지 않고 있는 것일 뿐이다.

도인 불도징佛圖澄은 어질고 성스러웠는데, 석륵石勒·석호石虎 시대에 석호에게 말하기를, "임치성臨菑城에 옛날 아육왕사지[阿余王寺處]가 있는데, 거기에는 아직 불상과 승로반承露盤이 있다. 깊은 숲 속 큰 나무 아래에 땅 속으로 20길 되는 곳에 있다"고 하였다. 석호의 사자가 불도징의 말에 따라 땅을 파서 찾아보니 모두 불도징의 말과 같았다.

근래에 요흥의 숙부가 진晉나라 왕이 되었을 때, 하동 포판의 늙은이가 말한 아육왕사지에서 빛이 나오는 것을 보고 땅을 파서 부처님의 유골을 얻었다. 석함 속에 있는 은으로 된 상자에서 발하는 빛이 매우 특이하였다. 진왕이 마중나가 패수 가에서 함을 맞이하였는데, 비구들은 이제 새로 지은 절에서 그 석함을 볼 수 있다.

이로써 보면, 불교가 제나라와 진나라 땅에 있은 지 오래되었다. 그러나 3전傳[54]에서 말하고 있지 않은 것은 간보干寶와 손성孫盛의 역사책[55]에 불교에 대한 이야기가 없었기 때문이다. 그러나 신묘한 교화는 실로 드높았으며, 진나라 때에는 강남에서 융성하

계를 다 태우는데, 이것은 그때의 재이다"라고 답하였다는 고사를 말한다.

54 『춘추좌전』·『공양전』·『곡량전』.

55 간보는 『진기晉紀』 20권, 손성은 『진양추晉陽秋』를 지었다.

였다.

㉮ 만약 여러 부처님들이 나타나 일체를 깨닫고 위엄 있고 신묘한 능력이 일체 현상에 자재하다면, 어찌하여 지금 빛나는 위의를 발하여 근기가 높고 낮은 자들이 모두 함께 깨닫게 하지 않는가? 어찌하여 궁박한 상황에 신묘한 공적을 떨쳐서 인간들의 불행한 상태를 제거하지 않으며, 군자의 무리들에게 부처의 모습을 보이지 않아 모두 믿지 않게 하여 일천제一闡提[56]의 고통에 빠지게 하는가? 백기白起와 항우〔項籍〕는 하루 동안 진秦나라와 조趙나라 사람들 60만 명을 생매장하였는데, 옛날이나 지금이나 올바르면서도 생매장당한 사람들은 진실로 모두 큰 선을 쌓은 숙연宿緣이 없었던 것인가? 좋은 인연이 하나도 없고 모두 큰 악만 지었다고 볼 수는 없을 터인데, 부처님의 자비를 입지 못하고 하루 아침에 모두 생매장 당하는 고통을 당하였다. 그런데도 부처님은 억지로 모든 것이 궁극적으로 같다고 하며 참혹한 고통을 앉아서 바라보고 대응하지 않았으니, 어찌 자비롭다고 하겠는가? 인연으로도 운명〔天〕을 바꾸지 못하고 덕으로도 세상일을 벗어나게 하지 못하여 구할 수 없다면, 어찌 신통자재하고 불가사의하다고 하겠는가?

노나라 양후가 일몰을 지연시킨 것,[57] 후한의 경공耿恭이 우물에서 물이 솟아 나오게 한 것,[58] 후한의 송균이 구강九江에서 호랑이

56 성불할 성품이 없는 이, 혹은 보살이 일체 중생을 모두 제도시키기 위하여 성불할 틈이 없음을 가리키는 말이다.

57 『회남자』「남명훈覽冥訓」. 전국 시대 노나라의 양후陽侯가 한韓나라와 한참 교전할 때 태양이 지는 것을 보고 재주를 써서 태양을 서게 하였다는 고사이다.

58 『후한서』 49 「경엄전耿弇傳」. 경엄이 흉노를 공격할 때 물의 부족을 근심하여 우물을 파서 15길 깊이에 이르렀지만 물을 얻을 수가 없자 의복을 정제하고 우물을 향해 거듭 절을 하자 물이 나왔다는 고사이다.

가 강을 떠나게 하고 메뚜기를 국경에서 멈추게 한 것[59] 등은 모두 마음이 두루 통하여 자연의 법칙이 아닌 것을 현묘하게 통하게 할 수 있었던 것이다. 하물며 부처님의 신통력으로 백기의 기운을 누그러뜨리고 항우의 마음을 다스려 수많은 생명을 살리는 것이 저 수미산을 겨자씨에 넣는 것[60]보다 훨씬 쉽고, 호랑이와 비둘기에게 자신의 몸을 던지는 것[61]보다 더욱 어진 것이 아니겠는가? 그런데 지금 부처님의 신통력은 생각해도 보지 못하고 말을 해도 듣지 못하며 청하여도 얻지 못하니, 적막하기만 하고 허공과 다름이 없다. 그런 가운데에도 사문이 되어 소신공양하거나 인간의 도리를 끊고 여섯 가지 정을 끊어 버리거나 힘써 노력하고 재보를 기울여 절을 짓고 불상을 짓거나 하여 한순간에 현세의 일을 버리고도 얻는 바가 없으니, 참으로 애석한 일이 아닌가. 만약 보응이 장래에 있다고 한다면, 앞에서 나온 60만 명의 생명은 선악이 같지 않은데도 죽어 없어진 것은 같다. 지금 선악이 이미 다른데 어찌 현세의 보응은 같고 죽은 뒤 받게 되는 것만 다를 수 있는가? 선업·악업이 다른데도 현세에서는 하나도 구별되지 않고 장래는 막

59 『후한서』 71. 호랑이의 피해에 사람들이 고심하자 구강九江 태수인 송균宋均이 성심으로 정치를 행하고 간악한 관리를 물러나게 하고 훌륭한 사람들을 추천하니 그 공적 때문에 호랑이가 강을 건너 동쪽으로 갔으며, 또한 중원中元 원년(56)에 산양山陽의 초와 패에 메뚜기가 많아서 구강 지역까지 왔지만 오면서 동서로 나뉘어 이 지역을 피해 사라졌다는 고사이다.

60 『유마경』 「부사의품」.

61 『육도집경六度集經』 「보시도무극장布施度無極章」. 호랑이가 새끼에게 젖을 먹인 후 피곤하고 배가 고파 그 새끼를 잡아먹고자 한 것을 본 보살이 어미 호랑이의 입에 자신의 머리를 밀어넣으며 보시하였다는 고사와, 매에 쫓긴 비둘기를 구조하기 위해 살바달왕이 자신의 허벅지살을 베어서 매에게 주었다는 부처님 전생담 등이다.

막하니, 무엇을 바라고자 하는 것인가? 하물며 내세가 없다고 생각하는 사람들이야 또 어떻겠는가? 불경에서는 "부처님께서 발가락을 땅에 대자 삼천대천세계의 불국토가 모두 나타나고, 맹인·귀머거리·벙어리·뇌옥牢獄·독으로 인한 고통[毒痛]들이 모두 평안을 얻었다"고 한다. 무릇 부처님은 먼 자에게나 가까운 자에게나 산 자에게나 죽은 자에게나 계율이 있는 자에게나 없는 자에게나 똑같이 자비롭게 대하신다. 이러한 마음이 있으므로 중생의 고통을 살펴 저들을 한결같이 평안하게 할 수 있다고 한다. 불경에는 이러한 말들이 매우 많지만, 실제로는 조금도 이루어지지 않고 있다. 혹시 다른 나라 인도에 세상을 풍미한 뛰어난 사람이 있어 이 공법空法을 협박과 회유로 이끌어 말로는 미묘하고 심원한 내용을 설하고 행적에는 밝고 고요한 아름다움이 있어, 쉽게 믿은 자들이 스스로 불교에 몸을 던지고 서로 이어서 마침내 예상할 수 없던 결과에 이르게 되는 형세를 막을 수 없는 것이 아닌지 어찌 알겠는가?

답 이제 바른 길을 보지 못하여 쉬운 것을 험하다고 하지만, 진실로 길을 잘 보면 어려운 것이 없다. 항상 없는 것이 도이다. 부처님만이 정신으로 도를 본받으셨으니, 덕과 도는 하나이고 정신과 도는 둘이 된다. 둘이므로 비춤으로써 변화와 통하고, 하나이므로 항상 원인이 되면서도 인위적인 지음이 없다.

저 만 가지 변화라는 것은 진실로 각각의 인연을 따르는 것이니, 이는 대도大道 가운데에서 일어나는 일이다.

이제 부처님께서 제법자재諸法自在하고 불가사의하다고 하는 것은 부처님께서 인연에 의하지 않고 숙명을 초월하여 마음대로 구제할 수 있다는 말이 아니다. 대개 중생이 무량한데도 신묘한 공력으로 이끈다는 것은 모두 각각의 구체적인 상황에 따라 이루어지는 것이어서 그 비춤을 헤아릴 수 없다고 하는 것일 뿐이다. 비유하자면 요임금 때의 대홍수와 4흉凶, 순임금 때의 고瞽의 완고함과 상象의 오만함 등과 같은 경우이다. 이들은 모두 교화하기에 너무 굳어 버려서 요임금·순임금이라고 하더라도 변화시킬 수 없었을 것이다. 그러니 반드시 각각의 경우에 따라 홍수를 다스리고 4흉을 유배 보내지 않을 수 없었다. 이는 진실로 그 덕에 합치한 일이니, 어찌 위대하지 않는가? 저 부처란 다른 것이 아니다. 생각건대 성인의 도는 세속의 중생을 구제할 뿐 아니라 중생 이외의 세상도 교화하는 것일 뿐이다. 인연이 이르러서 아무것도 하지 않아도 공적이 저절로 이루어져 만물을 완성한 것이 바로 요임금이 남달리 감응한 것이다.

저 종種의 음률에 의해 다른 부류를 감화시킨 것[62]은 마음이 그윽히 합치했기 때문인데, 하물며 저 신령한 성인이 신묘한 이치로 다른 부류를 감화시키는 데 있어서이겠는가? 그 모습이 저 불국토에서 그윽하게 만나는 이들은 모두 간절한 뜻과 밝은 정신이 여러 겁 동안 쌓여 점점 밝아졌으므로 진리를 꿰뚫어 알 수 있게 된 것이다. 석가모니께서 빛을 발하여 시방세계를 남김없이 비추고 다보탑을 솟아나게 하시며,[63] 수미등왕불의 세계가 순식간에 유마힐의 방 속으로 들어갈 수 있게 했다고 해도,[64] 그것이 어찌 부처님 혼자만 나타낸 것이겠는가? 사람들도 이를 볼 수 있다.

62 『논형論衡』「정현定賢」. 추연의 뛰어난 연주에 추운 겨울에 기장이 자라났다는 이야기이다.

63 『법화경』「견보탑품」.

64 『유마경』「부사의품」.

그런데 지금의 군자들이 부처님〔應供〕의 세상에 태어나지 못하고 우적(禹績 : 중국)에 있게 된 것은 모두 옛날에 정성이 미치지 못하여 현재에 어긋나게 된 것이다. 비록 백이·숙제와 같이 청빈하고, 유하혜·계찰과 같이 바를지라도 뜻한 바가 진실로 다르다면, 또 어떤 감화를 받아서 부처님을 뵐 수 있겠는가? 하물며 그보다 못한 사람들이 비록 예의를 몸에 익히고 세상에 명성을 떨쳐도, 세상에 대한 집착이 깊고 뜻이 도에 합치하지 않은 사람들이 보기에는 다른 사람들의 군자이지만 실로 하늘이 보면 소인이다. 지극한 영이 또 어떻게 감응할 수 있겠는가? 어찌 부처님께서 이들에게만 자신을 숨기신 것이겠는가? 자신이 보지 못하는 것일 뿐이다.

만약 부처님께서 인연을 따라 나타나시고 6바라밀의 정성이 숙업宿業에서부터 일어난다면, 홀로 부처님의 광명을 알 수 있는 자 또한 많이 있을 것이다. 그렇다면 도와 세속이 나란히 있어도 무엇으로 서로를 구별하겠는가? 그러므로 거칠고 신묘하다는 것은 나에게 달려 있는 것이다. 부처님을 보고 못 보는 것은 감응이 다르기 때문인데, 어찌 자신이 부처님의 빛나는 위용을 보지 못한다고 하여 부처님께서 현존하시지 않는다고 의심할 수 있는가?

천지에 신령이 있고, 정신이 불멸하다는 것은 분명하다. 지금 진나라와 조나라에서 생매장 당한 사람들도 그 정신은 우주와 함께 계속되니, 천지가 이루어지고 무너져도 그것은 소멸하지 않는다. 백기白起·항우〔項籍〕 두 장군이 어찌 60만 명의 정신을 순식간에 소멸시킬 수 있겠는가? 정신은 소멸할 수 없으며 소멸하는 것은 육체뿐이니, 어찌 부처님의 말씀과 같지 않은가? 항상 소멸하는 것이 중생들의 육체이므로 그 육체가 소멸하게 될 때 마침

백기와 항적을 만난 것이다. 어떻게 이를 밝힐 것인가?

"건도乾道가 변화하여 각각 성명性命을 바르게 한다"[65]고 하였으니, 닭·돼지·개·양의 생명에 이르기까지 모두 건乾·곤坤 6자(子 : 爻)로 동일한 것이다. 사람들이 다른 생명을 죽여 자신의 육체를 유지하는 것은 거미가 거미줄을 치는 것과 똑같이 포악하다. 매와 호랑이는 다른 생명을 잡아먹지 않으면 살 수 없으나 사람은 채소를 먹어도 살 수 있으니, 다른 생명을 죽이는 것은 더욱 포악한 일이다. 천도는 지극히 공정하고 뭇 생명이 살기를 바라니, 생명을 학대하고 어찌 응보를 받지 않을 수 있겠는가? 이제 60만 명은 선악이 비록 다르지만, 그들 모두의 생명을 해쳤다는 점에서는 다르지 않다. 아름답고 악한 것이 다르므로 그들이 삶에서 누리는 바는 진실로 다를 수 있지만, 생명을 해친 것은 동일하므로 같은 날 죽임을 당하였던 것이다. 지금 도가의 말을 세상에서는 더 말할 나위가 없다고 평가한다. 우공于公[66]·병길邴吉[67]과 같은 사람들은 다른 이들을 편안하게 해 주어서 후에 응보를 받았고, 엄연년嚴延年[68]·전분田蚡[69]과 진晉의 선제宣帝[70] 등은 각각 살인에 대

65 『주역』「건괘乾卦」.

66 『한서』 71 「우정국전于定國傳」. 정국의 아버지인 우공은 옥리로서 일을 공명하게 처리하기로 유명하였는데, 그 음덕에 의해 아들이 승상이 되었다고 한다.

67 『한서』 74 「병길전邴吉傳」. 한무제 말년에 무고巫蠱의 일에 연좌되어 옥에 갇혀 있던 선제를 정위감廷尉監으로서 옥사를 보고 있던 병길이 구하였다. 이것을 계기로 선제가 그를 박양후博陽侯로 봉하였다는 고사이다.

68 『한서』 90 「혹리전酷吏傳」. 선제 때 시어사侍御史 겸 하남 태수였던 엄연년은 항시 호협豪俠을 개최하여 궁핍을 초래하였고, 범간犯姦한 이를 주살함이 극에 달해 도백屠伯이라고 불렸다. 나중에 참소에 의해 그의 죄명 10조가 상주되었으며, 이에 연년은 약을 마시고 자살하였고, 그의 시체는 저잣거리에 효수되었다.

한 응보를 받았다. 이것들은 모두 한漢·위魏의 사서에 기록되어 있어 세상 사람들이 믿는다.

사람을 살리면 복이 자손에까지 미치는 것을 볼 수 있는데, 하물며 정신은 생명을 죽이고 살리는 주체이니, 훗날의 자신에게 화복이 없을 수 있겠는가? 남의 몸을 죽이고 살리는 데 따라 반드시 자기 몸에 응보를 받는데, 하물며 다른 사람의 정신을 통하게 하고 막히게 하면 자기의 정신에 그에 따른 안락과 근심이 어찌 없겠는가? 엄연년이 죽인 사람들은 모두 소인들이었고, 전분이 죽인 두영竇嬰과 진의 선제가 죽인 왕릉王陵은 뛰어난 재목이었다. 그들의 어질고 어질지 않음과 귀천은 다르지만 죽인 자들이 받는 응보는 하나이다. 응보를 받는 것은 부호를 죽였는가, 천한 사람을 죽였는가에 따라 다르지 않고, 죽인 자의 신분이 장상將相인가 진왕晋王인가에 따라 다르지도 않다. 그러니 어찌 천도가 공평하지 않다고 하겠는가.

재주 있는 자와 그렇지 않은 자도 각각 그 자식이고, 하늘의 이치는 성명性命에 있는 것이지 귀천에 있는 것이 아니다. 그러므로 돼지와 물고기가 비록 천하지만 모두 건도乾道를 본받아 각기 성과 명이 바른 것이다. 허공을 나는 큰 새와 나무에서 먹이를 쪼아 먹는 작은 새, 갈로葛廬가 소리를 들었다는 소[牛],[71] 진晉의 서파西巴가 감동시켰다는 사슴[72]도 자기 무리에서는 각각 애정이 깊은 것이다.

---

69 『한서』 52 「전분전田蚡傳」.
70 『진서晉書』 「선제기宣帝紀」.
71 『좌전』 「희공僖公」 29년.
72 『한비자』 「설림說林」.

여기에 임산부와 어린아이가 있다고 하자. 임산부의 배를 갈라 태아를 꺼내고 어린아이를 불태운다면, 그는 남을 원통하게 한 재앙을 받는다고 한다. 이는 하늘이 응보하는 것이다. 이제 봄에 새끼 밴 짐승을 잡아 새끼를 태우거나 절인다면, 천도天道의 응보도 동일할 것이다. 어찌 이 일에만 유독 응보가 없을 수 있겠는가? 다만 짐승의 피를 마시던 때부터 지금의 모습과 이치가 이어져 내려와 짐승과 물고기 잡는 일은 갑자기 끊을 수 없게 되었다. 그러므로 성왕은 푸줏간과 부엌을 멀리하여 백성을 교화하였으니, 백성이 살생하는 풍습에 순응하면서 그 해를 줄이고자 한 것이다. 성인은 푸줏간에 가서 짐승이 죽는 소리를 들으면 차마 그 고기를 먹지 못하였고,[73] 가을에 승냥이로 제사지내고 봄에 수달 류로 제사지내서 수렵 기간을 삼는 것[74]은 수렵할 때가 아닌 때 새끼 밴 짐승을 해치는 것을 싫어하기 때문이며, 봄에 사냥할 새와 물고기를 잡는 그물을 치지 못하게 한 것[75]은 생명이 소중함을 밝히고자 한 것이다. 제나라 선왕이 종에 피를 칠하는 흔종의 예를 행하기 위해 소를 죽이는 일을 차마 못했다고 한 것을 맹자가 칭찬한 것[76]은 왕에게 살생을 싫어하는 덕이 있음을 안 것이다.

중국의 선왕은 백성을 교화하여 위급에서 구하였으니 비록 그 인仁이 깊지만, 백성이 살생하는 것을 갑자기 금할 수는 없었다. 그러나 여래는 정신을 궁구하고 궁극을 밝혔으므로, 5도道의 생명을 고르게 중히 여겨 살생을 금하는 것을 여러 계율의 으뜸으로

73 『맹자』「양혜왕梁惠王」.
74 『예기』「왕제王制」.
75 『예기』「월령月令」.
76 『맹자』「양혜왕」상.

삼았다. 평사(蓱沙 : 빈비사라왕)는 흰 토끼를 죽이고 그 응보를 받았고, 석씨는 황어黃魚를 죽여 멸망하였다.[77] 이것들은 응보의 형세를 보여 준 것이다. 인과응보는 심오하고 정미하며, 멀지만 어둡지 않다. 만약 전생에 도道를 들을 수 있어서 불법을 공경하고 계율을 닦았다면, 반드시 마복(馬福 : 趙括)의 군사들처럼 장평長平에서 땅 속에 묻히는 일이 없었을 것이다. 또 그러한 위험에 처하게 되었어도 불법을 철저히 믿었다면 반드시 당시의 환난을 극복할 수 있었을 것이다. 만약 흔종을 중하게 여겨 짐승을 죽였다면 전생의 선한 응보를 받기 어려웠을 것이고, 불살생의 계율을 지킨 공덕이 있으면 내생에 결코 땅 속에 묻히는 응보를 당하지 않았을 것이다. 위급한 상황에 처한 사람에게 신통력을 발휘하여 원한과 죄에 빠져 있는 생명을 구한다고 하는 이와 같은 도는 실로 지극한 자비인 것이다. 이제 세상에서 칭찬을 받아도 도심道心이 없어 여러 생명을 해치면 그 응보가 곧 닥치게 되는 것이 당연한 이치이다. 부처님은 이치에 따라 정당한 일을 행하여 법에 의해 만물을 구제하시는 것이니, 법에 의하지 않고는 구제할 도리가 없다. 어찌 부처님에게 진실함이 없겠는가? 비유하자면 편작이 병을 치료하기 위해 약을 준다 해도 믿지 않고 따르지 않으면 병이 치료되지 않는 것과 같다. 이것이 어찌 편작의 의술이 훌륭하지 않아서이겠는가?

노나라 양후와 후한의 경공耿恭, 원조遠祖인 송구강宋九江이 일몰을 지연시키고, 샘물을 솟아오르게 하고, 메뚜기와 호랑이의 어려움을 피하게 할 수 있었던 것은 모두 정성으로 감동시켰기 때문

---

77 『증일아함경』「육등견품六等見品」.

이 아닌가? 천도를 감동시킨 것이 곧 부처님을 감동시킨 것이다. 이 사람들은 진나라와 조나라에 있었더라도 반드시 어려움에 빠지지 않았을 것이다. 저 위험에 빠진 자들은 모두 정성이 없어서이니, 어떻게 부처님을 감동시켜 백기와 항적을 감화시키는 데 이르겠는가? 저 정신에 통달한 무리들은 지극한 조화의 자리에 함께하므로, 겨자씨 안에서도 수미산을 볼 수 있는 것이다. 또 설화에 나오는 매와 호랑이는 지금은 비록 호랑이와 매이지만 옛날에는 사람이었을 수 있다. 이들이 일찍이 인연이 있어 부처님의 좋은 운을 만나 부처님께서 몸을 던져 이들을 구제하시고 허벅지 살을 베이신 것이다. 이와 같이 진실로 부처님께서 감동하시어 목숨을 던져 구해 줄 만한 인연이었다면, 감화하는 기적이 어찌 아무렇게나 일어날 수 있겠는가? 수많은 죽음의 바람을 부르는 것은 모두 자기에 의한 것인데, 어찌 부처님을 의심할 수 있는가? 뜻이 간절하다면, 생각하면 볼 수 있고 알려 주면 들을 수 있다. 주공과 공자가 꿈에서 만났고,[78] 또 은나라 고종이 부열傅說을 꿈에서 초청하니 실제로 나타났다고 했다.[79] 주공과 공자는 세월이 현격하고, 부암傅巖은 멀리 떨어진 험준한 곳인데도 현묘히 대면하는 데 장애가 없었다. 이로 미루어 보면 마음을 깨끗이 하여 생각하고 느끼면 무량수불無量壽佛을 만나보고, 백억 개의 수많은 세계를 뛰어넘어 공적이 없음에 이를 수 있다. 이런데도 그대는 어찌 부처님의 신통이 허공과 다름이 없다고 하는가?

저 도道는 정신을 단련하는 것과 관련되고, 형체를 보존하는 데

---

78 『논어』「술이述而」.

79 『사기』「은본기」.

서 생기는 것이 아니다. 그러므로 사문은 머리를 깎고 소신공양을 하며, 정신을 갈고 닦아 마음의 작용을 끊는다. 정신은 소멸할 수 없으니, 세속을 떠난다고 어찌 도에 위배되겠는가? 인간의 이치를 따라 살고 6정情을 자극하는 세속의 생활이 어찌 나를 사로잡아 정신을 번거롭게 하기를 구할 수 있겠는가? 참으로 자기 스스로 마음의 작용을 끊어서 날마다 덜어내면, 정신이 맑아져 실제로 도에 점차 나아갈 수 있다. 화려한 건축물을 짓는 데 힘쓰고 재물을 기울여 화려한 집을 짓다가 얼마 되지 않아 갑자기 죽으면, 이름으로나 실제로나 도둑질에서 벗어나지 못하게 된다. 집을 지어 놓고 귀신과 코끼리나 사는 한없이 적막한 곳이 되게 하는 일인 것이다. 형체가 미미해지면 정신도 따라서 심원해지니, 미미하면 곧 청정해지고, 심원하면 신묘한 복을 받게 된다. 도둑질과 도 중에서 어느 것을 택할 것인가? 한순간에 현세를 버리면 높아지고 깊어져서 신명神明과 합하여 복덕이 후생에 빛나게 되는데, 그 복덕을 어찌 이루 다 헤아릴 수 있겠는가? 사람의 활동은 반드시 정신의 도에 통해 있고, 사물 또한 공연히 그러한 것이 아니라 마땅한 이유가 있어서 그렇게 있는 것이다. 만약 보이지 않는 응보가 앞에서 논한 내용과 같지 않다면, 60만 생명이 무슨 이유로 매장 당했겠는가? 매장 당할 응보가 이미 있었기 때문이고, 좋은 응보가 있었다면 반드시 매장 당하지 않았을 수도 있다. 이제까지 전국 시대 사람으로 묘연히 세상을 등지고 장수한 안기생安期生[80]과 은밀히 상산

80 진秦 낭야부현 사람으로, 하상대인河上大人에게 학문을 배우고 장수를 얻었다 하여 '천세옹千歲翁'으로 불렸다고 한다. 진시황을 만나 수십 년 후에 자신을 봉래산에서 찾으라 하여 진시황이 사람을 보내 찾고자 하였으나 실패하였다는 고사가 있다.

에 은거한 사호四皓,[81] 또는 용안을 지녀 임금이 되고 땅을 나누어 주어 군주가 된 한 고조 등 명성을 날리고 뛰어난 업적을 남긴 자들은 이루 다 셀 수 없을 정도로 많다. 이들은 모두 활의 명인인 예羿의 사정거리 안에 똑같이 있었는데,[82] 어찌 그들만 그럴 수 있었는가? 이런 일들이 어찌 전생의 응보가 각각 다른 때문이 아니겠는가? 현세의 복이 과거의 행동으로 이루어짐을 이미 보았다면, 지금의 행위가 내생에 영향을 미칠 것이 분명하다. 현세의 삶이 다름을 보면 이는 숙명이 나타난 것인데, 사후에 당하는 일만 어찌 업보에 무관하겠는가? 불경에 의하면, "부처님께서 교화하는 때를 만난 것은 모두 본디 좋은 인연이 있었기 때문이다. 따라서 부처님을 만나면 전생에 만난 것처럼 느껴지는 것이다"라는 구절이 있다. 지금 그대는 현세에서는 조금도 응보가 없고 어떤 허물도 관계가 없다고 하면서 지극한 법을 오히려 헛된 주장이라고 비난하고 있다. 아, 정신의 거울은 한없이 밝은데, 성인을 모욕하는 죄가 두렵지 않은가.

감히 묻노니, 헛된 주장을 하는 자는 성인인가, 현인인가, 아니면 소인인가? 저 성인은 항상된 마음이 없이[83] 사물의 본성에 나아가 변화를 일으킬 뿐이다. 만약 육체가 죽을 때 정신도 소멸한다면 한결같이 유교의 가르침으로 삶을 다하면 되는 것이지, 또 무슨 일이 필요하겠는가? 그런데 불멸한다고 속이고 성불한다고

81 섬서陝西의 상산商山에 은거하고 있는 동원공東園公·각리선생角里先生·기리계綺里季·하황공夏黃公 등 네 사람은 나이 80여 세로서 모두 머리와 눈썹이 하얗다 하여 '상산사호商山四皓'로 불렸다.

82 『장자』「덕충부德充符」. 예는 하나라 때의 제후로 궁술의 명인이니, 그의 사정거리 안에 있다는 것은 곧 그의 활을 피할 수 없다는 뜻이다.

83 『노자』 49장.

속여서 소신공양하고 머리깎게 하며 결혼하지 못하게 하여 자손을 끊은 일들이 수를 셀 수 없이 많다. 또한 뛰어난 성인은 가르칠 때 일정한 방식이 없으니, 어떤 경우에는 드러나지 않기도 하고, 어떤 경우에는 천하가 다 알게 할 수도 있다. 헛된 주장을 하는 것이 어떤 이로움이 있겠는가? 그 독은 매우 쓰니, 성현의 행위가 아님을 알 것이다. 어떤 사람인가? 소인인 번수樊須 같은 무리도 주공·공자 앞에서는 옷깃을 여미고 이단이 될까 두려워하였는데, 감히 망령된 주장을 하겠는가? 만약 그 이하의 사람이라면 불초不肖한 무리들이다. 어찌 9류流[84] 밖에 일가를 세워 노자·장자보다 더욱 빛나고, 천 년 뒤에까지 빛을 발할 수 있겠는가?

용수龍樹·제바提婆·마명馬鳴·가전연迦旃延·법승法勝·산현山賢·달마다라達摩多羅 등의 사람들은 널리 5백 년 동안 부처님의 가르침을 숭앙하여 『대지도론大智度論』·『중론中論』·『백론百論』·『아비담론』 등의 논서들을 썼으니, 이들 모두는 신통한 재사들이다. 근래에는 손작孫綽[85]이 칭송한 기역耆域·건타륵健陀勒 등 여덟 명의 현승과 지도림支道林이 초상을 그리고 찬을 붙인 축법호竺法護·우법란于法蘭·도수道邃·궐공칙闕公則 등은 모두 정신이 중화中華를 비춘 사람들이다. 서진 시대의 축법행竺法行은 상서령 악광樂廣[86]에 비유되었고, 동진의 시리밀尸梨蜜은 여러 사람들에게

---

84 한대漢代의 아홉 학파를 이름한다. 곧 유가儒家·도가道家·음양가陰陽家·법가法家·명가名家·묵가墨家·종횡가縱橫家·잡가雜家·농가農家 등이다.

85 동진東晉 중기의 사상가로, 『홍명집』「유도론喩道論」과 『문선文選』 11에 수록된 유천태산부遊天台山賦 등이 전해지고 있다. 또한 그가 『도현론道賢論』을 지어 인도의 일곱 승려를 죽림칠현竹林七賢과 비교한 것이 『양고승전』에 전하고 있다.

86 본명은 악광(樂光, ?~304), 자는 언보彦輔로 남양 청양淸陽 사람이다. 벼슬이

탁월한 경지를 높이 평가 받았으며, 곽문거郭文擧[87]는 확연히 깊고 진실하였는데, 그들은 오직 불교를 받들었다. 용수 이래로 위에 말한 모든 사람들이 어찌 불초한 사람의 속임에 빠진 것이라고 하겠는가? 그러니 부처님〔黃面夫子〕의 일이 어찌 밝고도 밝은 것이 아니겠는가?

이제 부처님의 뼈·이빨·머리털 등 남아 있는 유품과 발자취는 여전히 본국에서 빛을 발하고 있으니, 이 또한 불도를 증험하는 것이다. 저 인도 사람들은 대부분 성질이 자세히 관찰하고 머리가 좋으면서도 애착과 욕망이 유달리 깊지만, 그 조상들이 모두 부처님 앞에 나아가 누업을 친히 전하여 대대로 그 실질에 접하였으므로 부처님의 그림자와 발자취로 밝게 교화함이 두드러졌던 것이다. 그러므로 그 후대의 왕들이 국력을 기울여 계율을 받들었으며, 4중衆은 고행에 투철하여 죽어도 후회가 없었다. 만약 부처님의 이치가 거짓되고 애매하며 행적이 실제로 특이하지 않다면, 어찌 이를 받아들여 자신의 욕망을 타파하고 형체도 없는 이를 존경하였겠는가? 만약 부처님의 그림자와 유물이 사실이 아니고 근거 없는 헛소문이 나도는 것이라면, 예나 지금이나 불도를 배우러 오는 사람들이 어찌 몸을 괴롭게 하면서 욕망을 떠나려고 하겠는가? 또 수행에 진퇴가 있고 마땅히 장애와 어려움을 겪는데도, 어찌 모두 다시 불법을 독실하게 믿는가? 대략 살펴볼 수 있을 것이다.

상서령에 이르렀기 때문에 '악령樂令'이라고도 불린다. 서진西晉 시대의 청담가淸談家로 왕연王衍과 어깨를 나란히 하였다.

87 본명은 곽문郭文, 자가 문거이다. 낙양이 만족의 수중에 들어가자 강남으로 도망하여 저항하였고, 오흥五興의 여항대벽산餘杭大辟山에 은거하였다. 이후 왕도에게 초청받아 그 서원西園에 머문 7년 동안 일체의 출입을 삼갔다고 한다.

論 예부터 가르침의 도가 드러나지 않는 이유는 그 삶을 보존하려고 하기 때문이다. 괴로움〔苦〕은 삶에서 오는 것인데 어리석은 자는 이를 알지 못한다. 그러므로 여러 부처님들은 이를 깨달아 생을 괴로움이라고 함으로써 무생無生으로 이끄셨으나, 무생은 한 순간에 체득할 수 없으므로 생의 선악이 같다는 가르침으로 이끄신 것이다. 선한 응보가 가득 차면 곧 생이 완전히 다하는 단계에 오를 수 있다. 그러므로 그 도는 푸른 바다와 같이 넓어서 작아도 나루가 되지 않는 경우가 없고 커도 통하지 않는 경우가 없다. 비록 삶을 보존하기를 힘써 닦는 가르침과 멀게 보이지만 오히려 5경經을 닦고 예교를 익히도록 권고하는 것이다. 이제 세상 사람들이 천도에서 오는 화와 복을 가볍게 여기는 것은 사마천이 백이에게 감동하여 천도를 개탄한 것과 같다. 그러나 성인인 공자가 어찌 망령된 말씀을 하였겠는가? 공자는 "선을 쌓으면 경사가 있고, 악을 쌓으면 재앙이 있다"[88]고 하였다. 그러나 안회는 요절하였고, 염백우는 병이 들어 후손들의 소식을 들을 수가 없었다. 상신(商臣 : 초나라 목왕)은 아버지를 죽였는데도 편하게 죽었고, 그 아들인 장왕莊王은 현명한 패왕이 되었다.[89] 이러한 일들은 모두 이치에 맞지 않으며 통하지 않는다. 그러나 이치가 어찌 통하지 않을 수 있겠는가? 그런 사람들은 경사스러운 일이 있고 나서 죽은 후에 3악도의 재앙을 받는다고 하는 설을 믿지 않을 수 없다. 형체는 존망이 있지만 정신은 반드시 응보가 있으니, 현세에서 응보를 받는 것과 무엇이 다른가? 다만 인연에 앞뒤가 있으므로 응보가 늦거나

88 『주역』 「곤괘坤卦」 문언文言.
89 『사기』 「초세가楚世家」.

빠르게 나타나는 것이니, 이는 일생에 화복이 일찍 나타나고 늦게 나타나는 것과 같다. 따라서 공자의 가르침은 부처님과 통하는 것이니, 변치 않는 현묘한 극치의 도라고 하지 않을 수 있겠는가?

저 인생의 이치는 덧없는 것이어서 있고 없음이 환상과 같다. 백 년이라는 세월에 갇혀 어려서 죽을 수도 있고 늙어서 죽을 수도 있지만, 끝나지 않는 경우가 없다. 비록 흰머리의 등 굽은 노인이라도 지난 일을 생각하면 순식간인데, 하물며 오래 살지 못한 자는 어떠하겠는가?

또 시간은 그침이 없고 운은 다함이 없으니, 이미 지나온 무수한 억 겁의 세월은 모두 한순간들이 모여 지금에 이른 것일 뿐이다. 이제 순간이 쌓여 백 년이 되는 것이 어찌 어렵겠는가만, 그 절반을 사는 자도 드물다. 아침 이슬과 같은 몸에 애착하는 부류의 사람들은 대개 맑고 그윽한 진실을 지니지 못한다. 어찌 순식간에 썩을 몸을 달콤하게 여기면서 영원히 존재하는 정신을 왜곡하고 스스로 유구한 진리에 통하지 않으려고 하는가? 아무리 명가名家나 법가法家처럼 세상을 돕는 학문이라도 어찌 위대한 도에서 나온 것이 아니겠는가? 다만 인간 세상을 유전하면서 세상일만 왈가왈부하다 보니 오직 사람의 도만 대단하고 정신에 대한 생각은 쓸데없다고 멸시하게 된 것뿐이다. 만약 전 세계를 돌아다니며 높은 산에 올라 멀리 아름다운 경관을 보면, 하늘은 맑고 맑아 드넓고 해와 달은 밝게 비추어 특이하다. 어찌 성인들의 위업과 신령함이 그 가운데에서 존엄하지 않겠는가? 그러나 사람들만 소란스럽게 세상일에 매여 바쁜 것일 뿐이다. 그러니 진실로 심원하게 생각하여 도에 대한 정신의 생각을 트이게 하고, 고요한 실상을 느껴 밝은 영령의 감응을 밝혀야 할 것이다.

옛날에 공자는 노나라에서 5경을 저술하여 천하를 교화하였는데, 높은 태산과 몽산의 꼭대기에 오르면 천하와 노나라가 모두 작아 보였다고 한다. 어찌 정신이 우주와 합치하여 한 세상을 초월한 것이 아니겠는가? 그러므로 5경을 지은 것은 대개 한순간의 짧은 인생에서 작은 일에 응한 것일 뿐이다. 세상은 어찌 부처님의 법을 막고 믿지 않는가? 묻건대, 지금 사람들이 부처님의 법을 믿지 않는 것은 백성들 외에는 모두 신명神明이 없다고 하는 것인가, 아니면 신명은 있지만 오직 부처만 없다는 것인가? 만약 모두 신명이 없고 오직 사람만 있을 뿐이라면, 누가 제비를 보내어 은나라 시조인 설契을 낳게 하였으며, 누가 거인의 발자국을 남겨 후직의 어머니가 이에 감응하여 후직을 낳게 하였겠는가? 한漢・위魏・진晉・송宋 나라에는 모두 상서로운 명이 있었으므로, 보고 듣는 것을 넘어 정신의 진리가 빛남을 알았다. 정신의 진리가 있으면 반드시 신묘한 극치가 있는 법이니, "하나를 얻어 신령해진다"[90]는 것이 부처가 아니고 무엇이겠는가? 저 정신이라는 것은 경우에 따라 현묘하게 응하나, 그 응함이 미리 정해져 있는 것이 아니다. 진실을 따라 교화하면 무슨 근심인들 다하지 못하겠는가? 어찌 백성들을 속인 후에 가르칠 것인가? 그러므로 불법이 진실하고 그 가르침이 믿을 만한 것임에는 의심할 여지가 없다.

論 모든 생명은 정미한 정신을 주인으로 삼으니, 현묘하고 지극한 영은 모두 이치가 있다. 요임금에 감응하여 멀리 짐승들까지도 그 덕에 춤을 추었으니,[91] 이것이 어찌 감응이 아니겠는가? 그러

90 『노자』 39장.
91 『상서』「순전舜典」.

므로 부처님은 만 가지 감응의 마루[宗]인 것이다. 해와 달과 바다와 산도 오히려 아침저녁의 예가 있으니, 기울고 차는 것이 그것이다. 하물며 불도를 닦는 무리들은, 뛰어난 자는 삶을 초월하여 정신을 궁극까지 도달하게 하고, 중간의 무리는 좋은 몸을 받아 태어나며, 하층의 무리라도 저 3악도惡道는 면하지 않는가? 지금 세상의 가르침은 일생의 테두리 안에서만 가르침을 펴고 있으니, 저 현묘한 진리에 이른 자는 적고 세속을 그대로 따르는 자는 많다. 그러니 어찌 서로 세속의 사정만 익혀서 죽으면 정신이 소멸한다고 말하지 않겠는가? 따라서 뜻을 원대히 하여 밝고 심원하게 되는 데 힘쓰지 않고 하잘것없는 세속의 사정만 익히므로, 군자의 도는 드문 것이다. 부처님의 법으로 비추어 본다면, 그 육체는 내가 아니고 잠깐 쉬는 거처일 뿐이다. 정신이 바로 내 몸으로서, 영원히 존속하여 끝이 없는 것이다. 덕이 높은 자는 그 덕이 자기에게서 끝없이 펼쳐지고, 중간급의 사람은 미덕을 행하여 서서히 밝아져 완성에 이르며, 하급의 악한 자는 자신을 새롭게 하여 돌이키는 길이 있으니, 과오를 고치면 향상될 수 있다. 그러므로 옛날부터 그 업이 맑고 탁한 자들 중에 자기를 맑게 하고 심원한 것을 생각하며 행동을 삼가하여 지금에는 내세의 업을 헤아려 지극한 덕에 이른 자가 이루 다 헤아릴 수 없다. 이것이 불법의 효과이다. 이 모든 것은 세상이 북돋는 바이고 부처님께서 여신 바이니, 수많은 도 가운데 어찌 널리 융화하여 밝고 신묘하게 통하는 길이 아니겠는가? 그렇다면 어찌 소홀히 하여 받들지 않을 수 있겠는가?

저 바람은 불길을 지나가면 뜨거워지지만 숲 속을 지나가면 반드시 시원해지고, 물이 격랑하면 탁해지나 맑은 바위를 지나가면 반드시 맑아지는 법이다. 정신의 작용이 맑아지고 탁해지는 것 또한 무엇을 의탁하느냐에 달려 있다. 지금 불법을 믿지 않는 것은 필연적으로 타고난 분수가 아니고 마음이 그렇게 처하기 때문이다. 한번 마음을 세상사에서 벗어나게 하여 밝고 미묘하게 해 보면, 부처님의 진리는 분명해지고 모든 일을 믿을 수 있게 될 것이다. 그러니 그 마음을 신묘한 데 두지 않을 수 있겠는가? 이에 의거하여 나아가면 믿음이 마침내 정신의 도를 완성하여 백 세 이전 조상들의 업까지 모두 현묘하게 밝힐 수 있을 것이니, 효의 큰 뜻을 영원히 성취할 수 있다. 중생이 인仁의 혜택을 입는 것이 지극한 자비이고, 홀로 정신을 맑게 모으는 것이 지극한 도이며, 확연히 밝아 거리낌 없는 것이 밝음의 극치이다. 보통 사람의 마음에서 시작하여 길머리가 제 궤도에 오르면, 비록 억 겁의 많은 세월이 걸릴지라도 마침내 현묘한 진리를 깨닫게 될 것이다. 이와 같이 특이하다. 그런데 이러한 사람들이 제 궤도를 벗어나 길을 잃고 잘못된 길을 오래도록 가면 영원히 9지地[92]에 빠지게 되니, 슬프지 않은가? 만약 그렇지 않다면 세상에 어떻게 훌륭한 성인들이 나타나 어리석은 자들을 가르치겠는가? 위로는 여러 부처님께서 계시고 아래로는 벌레와 같은 하찮은 미물이 움직이지 않는가? 이것들은 모두 정신을 얻고 잃음에 따른 형세이다. 지금 사람들은 일곱 자의 육신을 가지고 몇 십 년 안에 늙어 죽기까지 그 반을 밤에 잠자느라 보내고, 또 나머지 반의 좋은 세월을 많은 슬픔과

92 범부가 생사왕래하는 세계를 삼계라 하고, 이것을 또 나누어 9지라고 한다. 욕계오취지(욕계) · 이생희락지 · 이희묘락지 · 사념청정지(이상은 색계) · 공무변처지 · 식무변처지 · 무소유처지 · 비상비비상처지(이상은 무색계)를 말한다.

질병으로 괴로워하며 보내니, 영화를 누리고 즐거워하며 자신의 뜻대로 사는 날이 얼마나 되는가? 젊은 날은 머무르지 않고 영화로우면 마음으로 굴욕을 두려워하게 되며 즐거움은 실제로 근심으로 이어지니, 완전한 평안은 없다. 그런데도 모두 다투어 세속의 험난한 길로 들어가 휩쓸리고 불법의 넓은 길로 가는 것을 꺼려 하니, 어찌 지혜롭다 하겠는가?

세상에는 인연의 근본을 알지 못하여 불교의 이치에 대해 번민하는 자가 참으로 많다. 저 인연으로 일어나는 것〔緣起〕은 넓고도 커서 생각이나 추측으로 알 수 있는 것이 아니고, 깨닫고 못 깨닫는 것은 이치로 알 수 있는 것이 아니다. 이는 세상 밖의 일이기 때문이니, 부처님께서도 그대로 놓아둘 뿐 논의하지 않으셨다. 이에 대해서는 앞에서 모두 설명하였다.

이제 다시 바꾸어 말해 보고자 한다. 성인이 『역易』을 지은 것은 하늘이 형상을 보여 주었기 때문이니, 길함과 흉함, 잘 다스려짐과 어지러움은 점을 치면 알 수 있다. 그러나 그렇게 되는 현상의 근원으로 거슬러 올라가면 성인도 밝히지 않으셨으므로 알 수 없다. 그러나 알 수 없는 것이 있다고 하여 알 수 있는 것조차 무시하고 점을 거스르고 천도를 어기며 움직인다면, 어찌 망하지 않는 자가 있겠는가? 연緣의 시초가 명확하지 않다고 하여 불법을 저버리는 것도 이와 같다. 또 태어나기 이전의 생각을 기억하지 못한다고 해서 정신이 본래 존재하지 않는다고 하는데, 사람이 태내에 있을 때부터 어린아이 때까지 정신이 없다고는 할 수 없다. 마찬가지로 한 생의 일만도 지금 생각해 보면 오히려 막막해서 기억할 수 없는데, 하물며 생사를 지나 다른 몸을 거쳤는데 옛날 기억이 어찌 사라지지 않겠는가? 기억한 것은 사라지지만 그렇다고 정신이 항상 존재한다는 것을 부정하지는 못하니, 인연의 시초를 알지 못한다고 하여 어찌 진리가 항상 밝다고 보는 데 방해가 되겠는가? 자로가 죽음에 대해 묻자, 공자는 "삶을 다 알지 못하는데 어찌 죽음을 알겠는가?"[93]라고 답하였고, 또 귀신을 섬기는 일에 대해 묻자 "사람 섬기는 일을 다 알지 못하는데 어찌 귀신 섬기는 일을 알겠는가?"라고 하였다. 이것이 어찌 자로가 용맹스러움을 지극히 좋아하고 임금을 섬기는 데 충성을 다하기 때문이 아니겠는가? 한 생의 일에 대해서는 참으로 느낀 바가 있었지만, 생사와 귀신의 근본에 대한 문제는 비록 질문이 있었어도 그 참된 이치를 느낀 것이 아니었다. 따라서 본성과 천도에 대해서는 대답을 들을 수 없었다. 불교 학설에서 중생이 유한한가, 무한한가 하는 종류의 열네 가지 질문에 대하여 일체지를 증득하신 부처님은 모두 그대로 놓아두고 대답하지 않았다. 이를 대답해 봐야 아무 이로움이 없고 사악함에 떨어질 것이기 때문이다. 그러므로 성인으로 품부받고 부처님을 봉양하는 도는 대답을 거절하신 것에 대해 감사하고 응답한 것을 받아들여야만 한다. 이는 목마른 자가 강물을 마실 때 큰 물을 끌어당겨 자기의 갈증을 채우는 것과 같다. 어찌 반드시 곤륜산에서 근원을 찾아야만 그 물을 마시겠는가? 저 불법이 하늘의 이치에 어긋나고 이치를 얻을 수 없을 것 같다면, 의심해도 좋다. 그러나 이제 얻을 수 없는 장애가 없고 하늘의 뜻에 맞고 정신을 맑게 하는 실질이 있으니, 어찌 그러하겠는가?

사람의 삶은 근심과 함께 사는 것이다. 근심과 불행은 수시로 일어나고, 재앙과 질병은 몽매함에서 일어난다. 비록 신분이 높고

93 『논어』「선진先進」.

고귀하여 백만의 무리를 거느리는 사람이라도 처음부터 혼자였던 형체와 정신으로 무상한 죽음을 앉아서 기다릴 수밖에 없고, 가족들이 피리를 불고 처자가 즐거워해도 순식간에 죽음에 떨어져 정신을 잃게 된다. 어디에 의지하기에 충분할 인생의 이치가 있는가? 이렇듯 모든 것은 빠르게 지나가며 다투어 덧없이 사라지는데, 진실한 가르침을 마음대로 비방하니 그 폐해가 크다. 정신은 소멸하지 않는다. 소멸하게 하려 해도 불가능할 뿐 아니라 죄에 의해 육체를 받으니, 지금의 패역한 사람들과 갖가지 미물들은 모두 거울삼아 경계해야 할 것이다. 장래를 도모하려면 오직 정성스럽게 부처님을 믿고 마음을 다해 계율을 따름으로써 정신을 구원해야 한다. 그러면 살아서는 영의 도움을 받고 죽어서는 맑아져서 올라가게 된다. 쉬지 않고 맑아져서 올라가면, 머지않아 부처가 될 것이다. 부처님께서 본래 이렇게 말씀하셨으나 사람들이 이를 무시하였는데, 어찌 사람이 부처님보다 뛰어나다고 단언하겠는가? 뛰어나지 못하다면 저 악도惡道에 떨어져 영원히 고통받지 않겠는가?

아, 6극極[94]의 고통 속에서 사는 자가 세상에 그치지 않는구나. 부처님의 말씀을 듣고 보고 정진하다가 죽는 사람은 임종시에 대부분 정신과 뜻이 안정되어 있다. 위험과 어려움에 처한 이는 한마음으로 관세음을 부르면 대개 구제받는다. 이것들은 모두 앞에서 말한 대로 살아서는 영의 도움을 입고 죽어서는 맑아져 올라간다는 증거이다.

94 『상서』「홍범洪範」에 나오는 것으로, 일찍 죽는 것〔凶短折〕·병환〔疾〕·근심〔憂〕·가난〔貧〕·추악함〔惡〕·쇠약함〔弱〕을 말한다.

저 황제와 왕이 해가 기울도록 밥먹을 틈도 없이 바빠 보이게 일해도 백성들은 현실 생활에서만 도움을 받을 뿐이니, 어떻게 그 정신을 자라게 하여 온갖 교화의 주인이 될 수 있겠는가? 이제 주공과 공자에 의지하여 백성을 기르고 불법을 맛보아 정신을 기르면, 살아서는 밝은 임금이 되고 죽어서는 밝은 정신이 되어 항상 주인이 될 것이다. 여래께서 어찌 속이겠는가? 나는 탑을 숭앙하고 불상을 꾸미며 자격 없는 승려들이 있다 하여 재산을 축내고 백성들에게 해를 입히는 것을 말하는 것이 아니다. 사람들은 심원한 진실을 보지 않고 가까이 있는 폐단만 보아 함부로 불법을 비난하려 한다. 그 도를 존경하고 그 가르침을 믿으며 무상하고 색色이 공空임을 깨달아 자비로운 마음을 바르게 닦는다. 신분이 높고 부유하더라도 다른 존재의 생명을 가벼이 끊지 않고 불초자로 하여금 행하지 말아야 할 것을 함부로 행하지 못하게 하면, 덕으로 이끌고 예로 나란하게 하여 천하가 성대히 인仁으로 돌아갈 것이 아니겠는가? 높은 지위에 있는 사람부터 신분이 낮은 사람까지 무엇이 아까워 스스로 자기 정신을 구제하지 않는 것인가?

옛날에 혜원慧遠 화상이 여산廬山에서 수행하였고, 내가 여산에 온 지도 50년이 되었다. 고결하게 정진하고 이치와 학문이 분명한 것이 진실로 혜원의 종풍이다. 그 스승인 도안道安 법사는 영묘한 덕이 뛰어났고 만나기 어려운 비구였으며, 아울러 맑은 진실을 품은 이였다. 이들은 모두 그 모습이 평소 도에 두루 통달하였고 후에는 산에서 홀로 살았다. 그러므로 신명神明의 교화가 멀리 바위와 숲에까지 미쳤다. 혜원 화상은 바위 위나 나무 아래, 냇가나 골짜기에서 나와 함께 이야기를 나누었는데, 그 말이 뛰어나서 사람을 숙연하게 하였다.

이와 같은 논의도 혜원 화상이 경전의 뜻에 의거하여 말한 것일 뿐이다. 저 깊이 통달한 이가 새의 발자국을 보고 문자를 만든 것은 여인輿人의 노래에 의해 정신을 궁구하였기 때문[95]이다. 제영提縈의 한마디 말에 한 문제文帝가 마침내 신체의 형벌을 영원히 폐지했던 일도 갑자기 일어난 미묘한 느낌으로 시작되지만, 마침내 하늘까지 닿게 되었다. 이제 거칠고 초라한 말로 느낀 바를 밝히니, 갑자기 죽더라도 이 때문에 현실을 뛰어넘어 올라가게 될지 어찌 알겠는가?

95 『좌전』「희공僖公」 28년조.

홍명집 제3권

4. 손작[1] 유도론[2]孫綽喩道論

1

지극한 도에 대해 의문을 갖고 있는 사람이 있다. 나는 다음과

---

1 태원太原 사람으로 진晉의 문인이다. '박학선문博學善文'으로 유명하며, 허순許詢 등과 회계會稽의 산중에서 10여 년을 보냈다고 한다. 왕희王羲 등의 추천에 의해 관리로서 영가대수永嘉大守·산기상시散騎常侍·저작랑著作郎 등을 역임하였다. 그의 『수초부遂初賦』·『천태산부天台山賦』는 문학적 명성을 얻게 하여 일세를 풍미하였다. 범영기范榮期·습착치習鑿齒 등과의 교우로 알려졌고, 또한 불가에서는 지둔支遁 등과도 친교가 있었고, 기록에는 아주 유명한 인물로 묘사되어 있다.(『고승전』 4, 「지둔전」) 유불儒佛의 일치를 정치 도덕의 측면에서 설명한 「유도론」 이외에 당시의 명승에 관해 논한 「도현론道賢論」도 저술하였다.(『진서』 56 참조)

2 「명불론明佛論」에서 언급하였듯이, 현행의 「유도론」에는 양梁 혜교慧皎의 『고승전』에 있는 「지둔전支遁傳」·「우도수전于道邃傳」 등에서 인용하는 「유도론」과 일치하고 있지 않아 검토할 필요가 있다. 또한 10권본인 「홍명집목록弘明集目錄」(『출삼장기집』 12, 대정장 55, 93)에는 제2권에 손작孫綽의 「유도론唯道論」, 종병宗炳의 「명불론」이 수록되어 있다.

같이 깨우쳐 말하고자 한다. 저 우주는 끝없이 광대하여 다양한 종류의 생명이 충만하고, 천만 번 변화하며 흔연히 일체가 되어 있다.[3] 그러므로 한정된 지식만 갖춘 사람은 각기 자신의 견해에 제한된다. 예컨대 바다에 사는 게와 조개들은 육지에서 일어나는 일을 모르고,[4] 육지에 사는 새와 짐승들은 하천이나 바다의 형세를 모른다. 또한 우물 속에서 만족하는 개구리[5]는 남명南溟에서 노니는 곤어〔鯤〕와 붕새〔鵬〕의 역량을 의심하고,[6] 수척밖에 날지 못하는 척안斥鷃은 하늘을 나는 대붕大鵬의 힘을 의심하게 된다.[7] 속세의 가르침에 속박되어 주공과 공자의 사적만 보는 사람은 지극한 덕을 지닌 최상의 존재가 요·순 임금이라고 보고, 가장 심원한 진리가 『노자』와 『역경』에 설명되어 있다고 본다. 저 초월적인 세계의 신비한 뜻과 심오한 세계를 비추는 현묘함을 어찌 알 수 있겠는가? 슬프다. 장보章甫의 관은 벌거벗고 사는 남쪽 오랑캐 땅에서는 사용되지 않고,[8] 소하韶夏의 음악은 비속한 마을에서는 무시된다. 지극한 진리가 일상적인 관습에서 끊어지고, 위대한 도가 견식이 좁은 무리에게[9] 부정된다.[10] 길이 막혀서 길을 잃어버리고도 마음을 바꾸지 않는 자들은 말로 감동시켜 깨우칠 수 없다. 그러나 나는 이 글에서 그 취지를 분명히 밝혀서 그 중 깨닫는 사람

3 『장자』「재유在宥」.
4 『장자』「지북유知北遊」.
5 『장자』「추수秋水」.
6 『장자』「소요유」.
7 앞의 주와 상동.
8 『장자』「소요유」.
9 주 5와 상동.
10 『노자』 18.

이 나올 것을 기대한다.

2

부처님은 도를 체득한 사람이고, 도는 중생[物]을 인도하는[導] 것이다.[11] 중생이 감득하는 그대로 응하여 따르고, 이를 통해 무위하면서도 하지 못하는 일이 없다.[12] 무위하므로 허적虛寂하고 저절로 그러한 모습이 된다. 하지 못하는 일이 없으므로, 만물을 신비하게 교화해 간다. 만물을 구제하는 방법은 높고 낮음에 따라 차이가 나기 때문에 교화 방법도 어느 때는 정묘하고 어느 때는 대범하게 된다. 뛰어난 이해력을 지닌 사람에게는 근원적인 방법을 제시하고, 그대로 순응하지 않는 사람에게는 재앙이 있음을 보여준다. 술을 방만하게 즐기는 사람은 형벌로 다스리고, 음란한 사람은 큰 벌을 받게 하고, 도적질한 사람은 죄를 주며, 삼벽오형三辟五刑[13]을 범하는 사람은 용서하지 않는다. 이것이 왕이 정한 제도이고 위정자의 일치된 견해이다. 성왕이 세상을 다스리고 관리들이 어질고 지혜롭다면, 앞에서 말한 죄인은 반드시 죄를 물어 바르게 하고 도망갈 여지가 없게 할 것이다. 간악한 인간이 사적인 욕망을 용납 받지 못하게 되면, 나라에는 법을 어기는 백성이 없게 되고 현명한 이들과 선한 이들은 반드시 표창 받게 될 것이다.

또 군주가 지혜롭고 신하가 공정하며 세상이 밝아지고 재판이

11 「이혹론」 3.

12 『노자』 48 , 혜강嵇康의 『성무애락론聲無哀樂論』, 『예기』 「악기」, 『혜강집嵇康集』 참조.

13 『좌전』 소공 6, 『상서』 「여형呂刑」.

훌륭히 행해진다는 것은 선악이 올바른 위치를 얻고 옳고 그름이 남용되지 않는다는 것이다. 하물며 신명이 감찰하는 경우에 멀거나 가깝거나 은미하거나 심원하거나에 관계없이 총명하고 정직하게 나쁜 사람을 벌하고 착한 사람을 돕는 경우는 어떠하겠는가? 따라서 털끝만큼 작은 공적이나 작은 죄악이라도 인과응보의 필연성은 어긋날 수 없다.

옛날부터 지금까지의 역사를 살펴보면 화복의 증거는 모두 유래하는 원인이 있고 기록에 분명히 남아 있는데, 어찌 숨길 수 있겠는가? 그 이유는 무엇인가? 음모를 행한 가문이 자손이 번성하지 않고[14] 3대에 걸쳐 장군이 되는 것을 도가에서 분명히 기피하는 것[15]은 병사가 흉기이고[16] 전쟁은 궤도詭道이며[17] 많은 사람을 살해한 데서 온 것이 아니겠는가? 저 위과魏顆는 아버지 병이 괜찮을 때의 유언에 따르니 그 후 노인이 풀을 묶어 적의 장수를 죽이는 보은을 받았고,[18] 자도子都는 신의를 지켜서 총기驄驥의 선물을 받았다.[19] 제齊나라 양공襄公은 다른 사람에게 자기 죄를 씌워

---

14 『사기』 56 「진승상세가陳丞相世家」.

15 『사기』 73 「왕전전王翦傳」, 『후한서』 49 「경엄전耿弇傳」의 논論.

16 『노자』 31.

17 『손자孫子』 「계편計篇」.

18 『좌전』 「선공宣公」 15년에 위과魏顆가 진秦의 군대를 물리치고 진의 역사力士인 두회杜回를 체포하였다는 문구가 수록되어 있다. 위과의 아버지 무자武子는 애첩이 있었고, 자신이 죽은 후에 다른 곳으로 시집보낼 것을 부탁하였으나 점차 자신의 병이 위독해지자 자신의 첩을 순장하도록 고쳤다. 그러나 위과는 아버지가 죽은 후에 그의 말을 따르지 않고 애첩을 다른 곳으로 시집보냈다. 나중에 진군秦軍과 전쟁을 할 때, 한 노인이 풀을 묶어서 진나라 장수인 두회를 넘어뜨려 그를 체포하게 되었다. 그날 밤 꿈에 어떤 노인이 나타나서 앞서 풀을 묶어 도와준 사람이 바로 첩의 부친이었다고 말한 고사이다.

19 『열이기列異記』에 자도子都가 길에서 죽으려는 사람을 보고 안마하였기 때문

서 수레에서 떨어지는 화를 입었고,[20] 진晉나라 혜공惠公은 예를 무시하여 한원韓原의 전쟁에서 패하여 죽을 고통을 받았다.[21] 이러한 예들은 모두 죽은 사람이 산 사람에게 응보를 행한 실증이다.

또한 선맹宣孟이 예상翳桑에서 굶어서 죽어 가는 사람들을 불쌍히 여겼고,[22] 표모漂母가 한신韓信의 배고픈 고통을 안타깝게 여겼다는 경우[23]는, 모두 약간의 음식으로 오랜 굶주림을 해소해 준 것이다. 그로써 조선맹趙宣孟은 창을 거꾸로 하여 방어해 주는 도움을 받았고, 표모는 황금 천 냥을 받았다. 이것은 하나로 만을 얻은 것이고, 보응이 한 세대를 넘지 않고 나타난 것이다. 그러므로 사람들이 모르게 덕을 행하면, 경사스러운 일이 점차 밖으로 나타나게 된다. 음으로 행하면 양에서 빛나는 것은 자연스러운 형세이다. 이것은 마치 곡물의 씨앗을 땅에 뿌리면 백 배의 수확을 거두는 것과 같아서 대지와 곡물은 인간에 대해서 무심하지만 이익이

에 이것에 감응하여 사후 총마驄馬가 되어 자도를 인도하여 경사京師를 거쳐 공부公府에 벽소辟召되게 하였다고 하는 고사이다.

20 『좌전』「환공桓公」 18년조에 제후(齊侯 : 襄王)가 환공을 연회에 초청하여 공자公子 팽생彭生에게 명하여 수레에 환공을 태웠지만 그 안에서 환공이 죽게 되자 그 죄를 팽생에게 뒤집어씌웠기 때문에 팽생은 제인齊人의 손에 의해 살해당했다. 또한 「장공莊公」 8년조에 팽생의 영혼이 양왕의 면전에 나타나자 이것을 두려워한 양왕이 수레에서 신발이 떨어져 잃어버렸고 나중에 살해되었다는 고사이다.

21 『좌전』「희공僖公」 13년에 진晉에 기아가 있자 진秦 무공繆公은 곡식을 주었다고 한다. 15년에 진秦에 기아가 발생하자 진晉 혜공惠公은 곡식을 보내지 않고 공격하였으나 도리어 한원韓原에서 진秦의 포로로 되었다는 것을 말한다.(『사기』 39 「진세가」 참조)

22 『좌전』「선공」 2년.

23 회음후淮陰侯 한신韓信이 유랑할 때, 굶주림에 지치자 표모가 한신에게 밥을 주었다. 나중에 한신이 출세하여 표모에게 천금千金을 하사하고 지난번의 예禮를 하였다는 고사이다.(『사기』 92 「회음후전」 참조)

저절로 찾아오는 것이다.

3

[문] 보응報應의 일이 참으로 증거가 있다면, 주공·공자의 가르침에서는 왜 살생을 금하지 않아서 소정묘少正卯는 처형되었고, 관숙管淑·채숙蔡叔 두 사람은 주살되었는가?

[답] 그대는 말로서의 가르침을 통달하고 있을 뿐 가르침의 정신은 체득하지 못하였다고 할 수 있다.[24] 그대는 성인에게 살생하겠다는 마음이 있다고 생각하는가, 아니면 없다고 생각하는가? 다시 한번 답하겠다. 그대도 성인에게 살생하겠다는 마음이 없다는 사실은 알고 있다. 살생하겠다는 것은 본래 백성의 마음이기 때문이다.[25]

시대가 변천하면, 사람들도 경박하고 순박함의 차이가 발생한다. 끈을 묶어 문자로 쓰던 상고 시대 이전은 고요한 평화의 시기였지만, 요순 시대가 되면 예법이 처음으로 일어나고, 하·은·주 3대가 되면 법 조문이 점차 확실하게 설치되었다. 그리하여 칼과 도끼가 엄격하여도 오히려 징벌을 가하지 못하고, 군신이 서로 망하게 하고 부자간에 서로 죽여서 약육강식의 격렬함이 승냥이와 호랑이보다 더 심하게 되었다. 성인은 사람의 감정이 죽이는 것을 하루아침에 그치게 할 수 없음을 알고 점차 이를 억제하여 적정함을 구하고자 하였다. 이것은 독사가 사람의 발을 물면 발을 잘라 육신을 보존하고, 악성의 종창이 몸에 생기면 잘라내어 생명을 구

24 『홍명집』 13 치초郗超의 「봉법요奉法要」에 "徇教聲而不達教情"이라는 말이 있다.

25 『장자』 「대종사」.

하는 것과 같다. 하나를 없애서 열을 보존하는 것은 일의 중요성을 헤아리는 것이다.

따라서 가을, 겨울에 형벌을 가하는 것은 만물이 조락하는 시절에 따라 죽이는 것이고,[26] 봄·여름에 사냥을 하는 것은 새끼를 밴 동물을 포획하지 않으려는 것이다. 또한 삼구의 예〔三驅之禮〕[27]에서는 짐승이 사냥꾼을 향해 오면 활을 쏘지 않고, 동물의 울음소리를 듣고 살아 있는 모습을 보면 그 고기가 있어도 먹지 않으며, 낚시는 해도 그물로 잡지 않고, 주살로 새를 쏘아도 보금자리에 있는 새는 쏘지 않으며,[28] 곤충에 대해서도 항상 측은한 마음을 갖는 것이다. 또한 죄상을 잘 따져 사형을 면하게 하고, 천재지변이 있을 때는 은사를 베풀고, 형벌의 적용에 의문이 있을 때는 죄라고 여겨지는 마음이 있어도 가벼운 쪽으로 적용하고, 눈물을 머금고 사형의 집행을 명령하고 슬퍼하면서 기뻐하지 않는 것이다. 이것은 양육하는 은혜의 정이 돈독한 것이고, 인애의 도를 다하는 것이다. 이것이 "어떤 일을 하고도 자랑하지 않고, 오래되었으면서도 주재하지 않는다"[29]고 하는 것이다. 덕을 끼치면서도 그 공을 자신의 것이라고 생각지 않고, 날마다 그 덕을 쓰면서도 만물은 이를 모른다.[30] 이러한 예들에서 구해 보면, 그 귀결점을 충분히 깨달을 수 있을 것이다.

---

26 『좌전』「양공襄公」 26년.
27 『주역』「비괘比卦」.
28 『논어』「술이述而」.
29 『노자』 10.
30 『주역』「계사」 상.

4

(문) 주공·공자는 시대에 맞추어 교화를 행하였고, 부처님은 일거에 살생을 없애고자 하였다. 어떻게 해야 포악한 사람을 징벌하고 간악한 행위를 억제하여 백성을 잘 다스릴 수 있는가?

(답) 그렇지 않다. 주공·공자가 바로 부처님이고, 부처님이 바로 주공·공자이다. 생각건대 밖과 안에 서로 다른 명칭을 부여한 것에 지나지 않는다.[31] 그러므로 초월적 세계〔皇〕에서는 종교적 깨달음을 얻은 자〔皇〕가 되고, 정치적 세계〔王〕에서는 정치적 통솔자〔王〕가 되는 것이다.[32]

부처〔佛〕는 범어이고, 한역하면 깨달음〔覺〕이다. 깨달음이란 깨달은 중생을 말한다. 이것은 맹자가 성인을 '앞서 깨우친 자〔先覺〕'[33]라고 한 것과 같다. 성인이 세상에 응대하여 만물에게 법도를 주는 것도 시대의 형편에 따라가는 것이다. 주공과 공자는 세상의 잘못된 폐단을 구하였고, 불교는 그 근본을 밝힌 것뿐이다. 둘 다 앞뒤로 맞아떨어지고, 그 취지는 다르지 않다. 그러므로 밖을 다스리는 성인의 경우에는 그 일처리에 깊고 얕은 자취가 있는 것이다.[34] 요·순 임금의 시대는 평화로웠으므로 두 임금은 선양禪讓이라는 평화적 수단을 높이 여겼다. 탕왕·무왕의 시대는 혼란스러웠으므로 두 임금은 무력을 행사하는 방법을 사용하였다. 묵묵히 평화적인 방법으로 일을 해결하는 것[35]과 노여움으로 무력에 의존

31 밖은 정치적 세계이고, 안은 종교적 세계라고 할 수 있다.

32 『장자』「재유在宥」.

33 『맹자』「만장萬章」 하.

34 『홍명집』 5「난단복론難袒服論」, 혜원慧遠의「답난단복론答難袒服論」.

35 『장자』「재유」.

하는 것[36]은 호胡나라와 월越나라만큼 큰 차이가 있다.[37] 그러나 이와 같은 일이 생긴 원인에 어떤 차이가 있겠는가?[38] 따라서 본말을 전도하여 생각하는 사람은 같은 것이라도 항상 두 가지로 보고, 도리에 순순히 따르는 사람은 무엇이든 하나가 아닌 경우가 없다.

5

문 주공·공자의 가르침은 효孝를 제일로 여긴다. 효는 덕의 극치[39]이고 온갖 행위의 근본이다. 근본이 확립되면 방법이 생겨나고[40] 신명神明에 통하게 된다.[41] 따라서 자식이 부모를 섬기는 경우에 살아 계실 때는 봉양을 다하고, 돌아가신 후에는 그 제사를 받든다.[42]

3천이나 되는 죄 중에서 후손이 없는 것이 가장 큰 죄이다.[43] 부모에게서 신체를 받으면 감히 손상시키거나 훼손하는 일을 하지 않는다.[44] 그러므로 악정자춘樂正子春은 다리를 다치고는 평생 부끄러운 마음을 품고 살았다.[45] 그런데 사문의 도는 나를 낳아 준 부모님 곁을 떠나 육친을 버리고 타인들이 사는 곳에 가서 머리를

36 『시경』「대아황의大雅皇矣」.
37 『장자』「덕충부德充符」.
38 『장자』「천운天運」.
39 『효경』「개종명의장開宗明義章」.
40 『논어』「학이」.
41 『효경』「감응장感應章」.
42 『예기』「제통祭統」.
43 『효경』「오형장五刑章」, 『맹자』「이루」상.
44 『효경』「개종명의장」.
45 『예기』「제의祭義」.

깎고 하늘로부터 받은 용모를 상하게 한다. 부모가 살아 계실 때에는 기쁜 얼굴빛으로 봉양하지 않고,[46] 돌아가신 후에는 제사도 지내지 않는다. 이는 골육의 부모를 길가는 사람과 같이 여기는 것이다. 도리를 어기고 인정을 상하게 하는 일 중 이보다 심한 일은 없다. 그런데도 도를 넓히고 인애를 널리 행하여 일체 중생을 제도한다는 것은 수목의 뿌리를 잘라 놓고 가지와 줄기를 손보아서 수목이 훌륭하게 성장할 수 있도록 한다는 것과 어찌 다르겠는가?[47] 피부가 없는데 털이 붙어 있다는 말은 들어본 적이 없다.[48] 이 사문의 도는 세상의 가르침과 크게 다른데, 그대는 어떻게 해명하고자 하는가?

답 이야말로 세속의 미혹한 견해이고 본말을 전도시킨 매우 잘못된 견해이다. 나는 개탄스러워서 이대로 침묵하고 있을 수는 없다. 저 부모와 자식이란 한 몸이고 운명을 같이한다. 따라서 어머니의손가락이 아프면 자식이 멀리 떨어져 있어도 마음이 아픈 것[49]은 같은 기氣가 서로 감응하여 그 일치함에 빈틈이 없기 때문이다. 따라서 자식은 오직 부모의 마음을 기쁘게 해 드리는 것이 최상의 효이다. 부모가 훌륭하게 되면 자식도 귀하게 되고, 자식이 귀하게 되면 부친도 존경을 받는다. 그러므로 효에서 중요한 것은 입신하여 도를 행하고 후세까지 이름을 떨쳐 그 부모를 빛나게 하는 것이다.[50] 공손히 행동하며 부모의 소맷자락을 품에 안고

46 『논어』「위정」.
47 『진서』「지우전摯虞傳」.
48 『좌전』「희공」 14년.
49 『수신기搜神記』.
50 『효경』「개종명의장」.

날마다 세 가지 짐승 고기[51]를 봉양하는 것만으로는 세상 사람들이 자기를 존경하게 할 수 없다. 세상 사람들이 나에게 의지하게 하는 것이 부모를 봉양하는 가장 영예로운 일에 가깝다.[52]

중도에 따르는 것을 법도로 삼고,[53] 유순한 도를 지키는 것을 일상으로 삼으며,[54] 육체와 명성을 다 초월하여 부모와 자신 모두를 잊어버리는 것이 부모를 봉양하는 도이다. 앞에서 이미 효의 근본을 다 밝혔지만, 다시 그대를 위해 다음과 같이 설명하겠다.

6

저 충忠과 효孝는 그 이름이 양립할 수 없다. 영고숙穎考叔은 정鄭나라 장공莊公에게 거역하였지만 순수한 효성으로 칭찬받았고,[55] 석작石碏은 자기 자식을 살해하여 무인으로서의 절조를 온전히 지켰다.[56] 전하는 글에는 자식이 벼슬할 수 있게 되면 부친은

---

51 소고기・양고기・돼지고기이다.

52 『장자』「제물론」.

53 『장자』「양생생養生生」. 중정中正에 몸을 둠으로써 몸과 삶을 보전하며 어버이에게 효양孝養을 다하며 천수를 보전할 수가 있는 것이다.

54 『노자』 52.

55 『좌전』「은공」 원년元年. 장공莊公은 출산 때, 거꾸로 들어 있었기 때문에 어머니와 중仲이 그를 싫어하여 그의 동생인 공숙단(共叔段 : 大叔)으로 계승시키고자 하였으나 실패하였고, 나중에 공숙단이 반란을 일으켰으나 실패하여 공共의 나라로 도망갔고, 장공은 그의 어머니를 성영城穎으로 이주시키고 황천黃泉에서 재회하고자 하였다고 한다. 하지만 어머니를 생각한 장공은 마음에 안 됐음을 알면서 효행자인 영고숙穎考叔의 배려로 모자간의 상봉이 이루어졌다. "君子曰 穎考叔 純孝也"라는 구절이 수록되어 있는 고사이다.

56 『좌전』「은공」 4년. 춘추위春秋衛의 대부였던 석작石碏은 위衛 환공桓公을 살해하여 자립한 주우州吁를 토벌하기 위해 방책을 써서 자신의 자식인 후厚와 주우를 진陳나라에 보내 은공에게 배알의 중개를 기도하였고, 별도로 사신을 보내 환공을 살해한 장본인으로 이 두 사람의 처벌을 진나라에 주청하였다. 이

자식에게 충忠을 가르친다고 하였다. 이름을 책策에 표기하고 신하가 되어서 두 마음을 갖는 것은 잘못이라고 하였다.[57] 그렇다면 조정에서 관의 갓끈을 매는 사람은 자식으로서의 도는 폐하게 된다.[58] 이유는 무엇인가? 군주의 위급함을 보면 목숨을 던지고 나아가서 부모를 돌아보지 않기 때문이다. 이들은 모두 그 이름이 역사가의 붓으로 쓰이고, 그 사적이 인륜의 가르침의 첫머리에 오게 되었다. 역사를 기록하는 사람이 어떻게 그들의 불효를 비난할 수 있겠는가? 따라서 속담에 "충신을 구하려면 반드시 효자 가문에서 찾는다"는 말이 있다.[59] 이는 한편으로는 작은 결점이 되지만, 다른 한편으로는 큰 도덕을 보전하고 있음을 밝히고 있다.

또한 우禹임금의 아버지 곤鯀은 죄를 지어 벽지로 추방되었지만, 우임금은 그 자리에서 물러나지 않았다. 만약 우임금이 요임금의 명령을 어기고 아버지를 찾아 나서고 개인적인 감정을 위해 공적인 것을 희생하였다면, 작은 선을 취한 것에 불과할 뿐 원대한 선이라고 할 수 없을 것이다. 주周나라 태백泰伯은 육친을 멀리 버리고 외국에서 생활하였고, 이국의 풍속인 단발과 문신을 하고 아버지의 임종에도 돌아오지 않았다. 그러나 『논어』에서는 그의 지극한 덕을 칭찬하였고, 사서에서는 '위대한 현인'이라고 기록하고 있다.[60] 그 까닭은 태백이 제왕의 존귀함을 무시하고 마음을 비우는 일을 중요하게 보전하여 세 차례나 천하를 양위한 공덕은 원

리하여 이 두 사람이 살해되었다는 내용이 전傳에 다음과 같이 수록되어 있다. "石碏純臣也 惡州吁而厚與焉 大義滅親 其是之謂乎."

57 『좌전』「희공」 23년.

58 『좌전』「애공」 15년.

59 『후한서』 56 「위표전韋彪傳」.

60 『논어』「태백泰伯」.

대하고, 몸을 훼손한 잘못은 미미하기 때문이다. 그러므로 그는 오랑캐의 풍속을 크게 변혁시킨 훌륭한 가르침을 전할 수 있었다.

백이・숙제는 모두 수양산 기슭에서 굶주려 죽고 고죽국孤竹國의 후사가 끊길 것을 염려하지 않았지만, 공자는 그들을 '어질고 현명한 사람'으로 간주하였다.[61] 세상을 평가하는 이들을 어찌 덕을 어겼다고 할 수 있겠는가?

양梁나라의 고행高行은 용모를 훼손하면서까지 절조를 지켰고, 송宋나라의 백희伯姬는 바른 도리에 따라 생명을 버렸다. 이들은 모두 열녀의 으뜸이라고 불렸고, 그 덕행이 부녀들의 귀감이 되었다. 고행과 백희 두 여인이 행한 도를 취하면 어리석은 패륜이라는 비난에서 벗어날 수 있을 것이다. 이로 보건대, 효도는 지켜야 할 행위의 중요성과 관계됨을 알 수 있다.

7

옛날 부처님은 태자였을 때 나라를 버리고 도를 배웠다. 신체를 그대로 보전하며 도로 향하고자 하였지만, 세속에 구속될 것을 우려하여 삭발하고 옷을 바꾸어 입었다. 이것은 다시 돌아가지 않으려는 뜻을 밖으로 나타내 보인 것이고, 안으로는 수양하여 간소한 생활을 하려 한 것이다. 그리하여 화려한 궁전을 버리고 한적한 산림에 들어갔고,[62] 왕의 곤룡포를 벗어버리고 짐승 가죽으로 옷을 만들어 입었다.[63] 나뭇가지가 늘어진 곳을 집으로 삼고[64] 풀을

---

61 『논어』「공야장」.

62 『혜강』「여산거원절교서與山巨源絶交書」.

63 『열자』「천서天瑞」.

64 매병枚秉의 「유부柳賦」와 사마상여司馬相如의 「상림부上林賦」 참조.

엮어서 자리로 삼았다. 머리를 빗는 수고를 하지 않았고, 목욕하는 번거로움도 그쳐 버렸다. 망상이 일어나는 것을 억제하고, 욕망이 움직이는 문을 닫아 걸었다. 눈으로는 붉고 노란 색을 보지 않고, 귀로는 음란한 소리를 끊었으며, 입으로는 달고 쓴 맛을 끊어 버리고, 뜻으로는 기쁨과 슬픔에 휩쓸리지 않았다. 마음이 번거로움에서 벗어났고, 가슴속에서는 오직 하나를 체득하여 혼백을 평정히 다스렸다.[65] 마음속으로 안반법安般法[66]을 생각하여 일一에는 수數, 이二에는 수隨, 삼三에는 지止, 사四에는 관觀, 오五에는 환還, 육六에는 정淨으로 하였다. 뜻을 세 번째와 네 번째에 두면서 12문門에 출입하였다.[67] 선정禪定의 경지에 들어가서 묵묵히 말하지 않았고, 산처럼 정지하고 연못처럼 맑으며, 정신은 차가운 재와 같고, 형체는 썩은 나무와 같았다.[68] 6년 동안 단좌하여 도를 성취하였고, 부처라고 불렸다.

3달達하고 6통通한[69] 경지에 서고 최상의 바른 깨달음〔正覺〕을

---

65 『노자』 10.

66 출식出息·입식入息을 헤아려 마음을 일경一境에 두어 어지러움을 물리치고 정관靜觀하여 정정正定으로 들어가는 관법觀法으로 '수식관數息觀'이라고도 한다. 이 관을 성취하기 위해 수數·수隨·지止·관觀·환還·정淨 등의 6묘문妙門이 있다. 『대비바사론大毗婆沙論』 26에 이와 관련된 설이 있지만 손작이 근거로 삼은 것은 아마도 오吳나라 지겸支謙이 번역한 『태자서응본기경太子瑞應本起經』 상(대정장 3, 476)인 듯하다.

67 12문門은 4선禪·4무량無量·4공정空定을 말한다. 관觀·연練·훈薰·수修의 4선, 자무량慈無量·비무량悲無量·희무량喜無量·사무량捨無量의 4무량심無量心, 공무변처空無邊處·식무변처識無邊處·무소유처無所有處·비상비비상처非想非非想處의 4공, 이상의 12문신門禪을 수득修得하여 앞의 근본정선根本淨禪으로서의 6묘문을 합쳐 불도의 성취로 나아가는 것이다.

68 『장자』 「제물론」과 「경상초庚桑楚」 참조.

69 3달達은 미래의 사생인과死生因果를 아는 천안天眼, 과거의 사생인과를 아는 숙명宿命, 현재의 번뇌를 알아 진단盡斷하는 누신漏神의 세 가지를 말하고, 6

얻었던 것이다. 한 길 여섯 자의 우아한 몸은 찬란한 금색으로 빛나서 그 빛이 해와 달을 가렸고, 그 소리가 8풍風[70]과 조화를 이루었다. 32상과 80종호를 갖추어서 신체는 여러 존재들이 될 만큼 충분히 신비하고 정신은 원만하였다.

그리하여 부처님은 삼계 밖을 노닐며, 무궁한 경지에서 자유자재로 변화하였고, 천지를 뒤집어 엎고 산과 강을 옮겼다. 있다가 한순간에 사라지고 신비하게 변화하였고, 마음으로 하고자 하는 일은 모두 못하는 경우가 없었다. 크나큰 법도로 사악한 사람들을 변화시켜 올바른 길로 나아가게 하고, 온갖 마군들과 저급한 가르침을 신봉하는 사람들도 모두 따르고 복종하게 하였다.

이때 하늘은 맑고 땅은 윤택하여 만물이 모두 올바른 도를 얻었다.[71] 살아 있는 것들은 모두 벌레까지도 영묘한 감로의 은혜를 받아 윤택해지고, 고목도 소생하여 꽃을 피웠다. 깨달음의 지혜에 빛나는 부처님은 태어난 본국으로 돌아가 널리 법을 폈고, 부왕도 감동하여 불법의 도량에 입문하게 되었다. 부처님은 이렇게 하여 부모님에게 영예를 안겨 드렸으니, 어떤 효행이 이와 같겠는가?

8

그리고 부처님의 뒤를 잇는 사람들은 부처님의 위대한 가르침을 신봉하고 그 뛰어난 도를 널리 펼 것을 생각하였다.[72] 이들은

통通은 신족神足·천안·천이天耳·타심지증他心智證·숙명지증宿命智證·누신 등의 6신통을 말한다. 작용이 자재自在하여 걸림이 없는 불·보살 등의 신통력, 그렇기 때문에 가는 것을 막을 수가 없는 것이다.

70 『여씨춘추呂氏春秋』「유시有始」.

71 『주역』「건괘乾卦」 상전象傳.

72 『시경』「대아문왕지십사제大雅文王之什思齊」.

모두 부모와 숭상하는 바가 다르지 않아서[73] 부모님의 기뻐하는 마음을 받들고 난 뒤 출가했던 것이다. 형제가 있는 경우에는 다른 형제가 부모님을 대신 봉양하여 봉양을 완전히 폐하지 않음으로써[74] 위대한 불도를 훌륭히 수행하면서도 육친의 애정을 그대로 보전할 수 있었다.[75] 또한 죽은 자가 복록을 얻어서 천상계에 태어나도록 하기 때문에 조상의 제사도 돌아보지 않았다. 이것이야말로 너와 나 모두를 착하게 하여 함께 잘 살 수 있는 도가 아니겠는가?[76]

저 동쪽 마을에서는 소를 잡아 훌륭한 공물로 제사지내고, 서쪽 마을에서는 약사禴祀의 질박한 공물로 지낸다.[77] 은나라는 공물로 서직의 곡물을 아름답게 여겼지만, 주나라는 밝은 덕을 중시하였다. 은나라가 망하고 주나라가 흥성할 시기에 이 점이 분명히 드러났다.

불교에는 12부경部經이 있는데, 그 중 4부部가 오직 효를 권장하는 데 중점을 두고 있다. 이로써 간절한 의도가 지극함을 알 수 있다. 그러나 세속의 사람들은 그 원류를 상세히 살펴보지 않고 강론에도 참여하지 않으면서 쓸모없는 말과 허망한 논의로 비난과 공격을 일삼고 있다. 반딧불 같은 미천한 식견으로 일월성신과 같은 빛나는 진리를 의심하고, 풀잎의 이슬과 같은 빈약한 생각으로 깊고 넓은 바다의 광대함을 의심한다. 그리고 왜곡하여 비난하

73 『유마경』「제자품弟子品」(대정장 14, 541).
74 『문선文選』14.
75 『촉지선생전蜀志先生傳』, 『남사괴은전南史蒯恩傳』, 『제민요술齊民要術』 참조.
76 『장자』「대종사」.
77 『주역』「기제旣濟」 구오九五.

는 말을 논변이라고 생각하고, 무리한 논의를 전개하는 것을 명예라고 생각한다. 이는 위대한 사람을 모멸하고 천명天命을 무시하는 것이라고 할 것이다.[78]

5. 난백흑론難白黑論

1) 하승천何承天이 종병宗炳에게 보내는 글[79]

지난번 현종중랑賢從中郎[80]의 편지를 잘 받았습니다. 그 글에서

---

78 『논어』 「계씨季氏」.

79 하승천何承天이 혜림慧琳의 「백흑론白黑論」을 첨가하여 종병宗炳에게 보낸 서한의 확실한 연월은 분명하지 않다. 『송서宋書』 64 「하승천전」에는 "不爲僕射殷景仁所平 出爲衡陽內史"라는 구절이 있고, 그 연대는 정확히는 알 수 없지만 은경인殷景仁이 복사라는 지위에 있을 때였고, 『송서』 등에 의하면 이 시기는 원가元嘉 9년(432) 7월부터 원가 12년까지의 일로 된다. 하승천이 형양내사로 좌천된 것도 이 사이의 일로 추정된다. 혜림은 송宋 문제文帝의 신임을 받은 팽성사彭城寺 도연道淵의 제자로 여러 경과 노장을 즐겨 읽고, 배해俳諧・어소語笑를 좋아하여 『집集』 10권을 지었다고 한다. 『고승전』 7 「도연전」에서는 송宋 세조 효무제孝武帝의 신임을 얻었다고는 하지만 이것은 태조 문제文帝의 잘못된 기록으로 보이고, 안연지顔延之가 황제에게 진언하였기 때문에 황제는 혜림을 좋아하지 않았다고 한다. 그가 저술한 「백흑론」이 영혼을 부정하고 신멸설을 서술하는 등 불교의 본뜻과 다른 점은 종병・안연지로부터 격렬한 비판을 받는 것이다. 현재 그 전문全文은 전하고 있지 않지만 대요를 기록한 것이 『송서』 「외국전外國傳」 천축가비려국전天竺迦毗黎國傳에 남아 있다. 종병이 하승천으로부터 「백흑론」을 얻어서 이에 대한 의견을 서술한 「종답하서宗答何書」 중에 「백흑론」의 일부가 보인다. 또한 『광홍명집廣弘明集』 23(대정장 52, 265)에 「무구법강법사뢰武丘法綱法師誄」(원가 10년 11월 마침), 「신광사축도생법사뢰新光寺竺道生法師誄」(원가 11년 10월 마침) 등이 있다. 혜림은 종병 등의 반론에서 자신의 주장을 철회한 듯하지만 나중에 교주交州로 추방되었다고 한다. 혜림과 친교가 있었다는 것은 『고승전』 「도연전」에 있는 "與琳比狎 雅相擊揚 著達性論"이라는 문구를 통해 알 수 있다. 여기서 「달성

귀하는 서방정토의 불사에 종사하게 되었다고 하더군요.[81] 현명한 분의 뜻은 높으니, 어찌 만겁의 수명을 지나치다고 생각하겠습니까? 다만 우리의 짧은 생애로는 명령冥靈이라는 나무[82]의 수명을 헤아릴 수 없는 것이 유감입니다. 치성사治城寺의 혜림慧琳 도인[83]이 「백흑론白黑論」을 지어 승려들에게 배척받았는데,[84] 총명한 군주[85]께서 구원해 주셔서 바라이죄波羅夷罪를 간신히 면하게 되었습니다.[86] 비구가 이를 분명히 밝히지 않았는데, 흰옷 입은 속세의 불교신자가 어찌 아무 말도 하지 않겠습니까? 귀하께서 한번 백과 흑, 두 파 중 어느 쪽이 올바른가를 살펴 주십시오. 이러한 일에 저는 상당히 어두우니, 좋은 깨우침이 있기를 기대합니다. 하승천 드림.

론」은 『홍명집』 4에 수록되어 있다. 인도의 역曆에 대해 혜엄과 문답을 나누고 있음이 『고승전』 7 「혜엄전」(대정장 50, 368)에 보이는데, 하승천의 역법曆法에 관한 연구는 수십 년에 걸친 심도 깊은 것이다. 『송서』 64 · 『남사南史』 33 등의 전傳 참조.

80 종병을 지칭하는 듯하다.

81 종병宗炳이 여산廬山에 가서 혜원慧遠 밑에서 50여 일을 보낸 것은 「명불론」에도 기록되어 있다. 의희義熙 12년(416) 혜원이 입적한 이후부터 지금까지 원가 10년(433)이라고 한다면 만 17세 이후가 되는 것이다. 혜원 밑에서 염불결사念佛結社의 일원으로 종병은 더욱이 정토의 업을 지속하고 있음을 알 수 있는 것이다.

82 『장자』 「소요유」.

83 치성사는 송宋의 도읍지인 강릉江陵에 있는 사찰.

84 『송서』 「외국전」 천축가비려국전.

85 송나라 문제文帝를 말한다.

86 송나라 문제가 혜림의 불교계 추방이라는 중벌을 구하였던 것은 『송서』 「외국전」 천축가비려국전의 문구로 알 수 있다. 바라이波羅夷는 불교 계율 중에서 가장 무거운 죄로서 그 계를 범하게 되면 영구히 교단으로부터 추방당하여 다시는 비구가 될 수 없다.

2) 종병의 답서

1

보내 주신 혜림 도인의 「백흑론」은 문장과 논지가 다 훌륭하였습니다. 다만 제가 밝은 이치에 어두워서 아직 그 의미를 다 깨닫지 못했습니다.

"죽음의 이치는 인간 세계의 일만으로는 다 나타낼 수 없다. 주공과 공자는 이 이치를 의심하였지만 논의하지 않았고, 석가모니는 논의하였지만 진실이 아니다"라고 하였습니다.[87]

그렇다면 인간 세계의 일을 초월한 세계와 죽음의 이치에 대해서 확연히 아무것도 없다는 입장을 취하는 것뿐입니까, 아니면 신명이 있다는 입장을 취하는 것입니까? 만약 확연히 아무것도 없을 뿐이라면, 많은 성인들과 노자・장자는 무슨 까닭에 신神이 있다고 말하였겠습니까?[88] 만약 신명이 있다면, 부처님의 말씀이 또 어떻게 진실이 아니라고 단정하겠습니까?

지금 서로 일상적인 인간의 영역에서 비근한 일을 헤아리는 것조차 착오가 많아서 재난에 빠지게 됩니다. 바둑과 장기 같은 잡기도 정신을 집중해서 연구해야 합니다. 살아 있다고 생각한 것이 다시 죽어 버리거나 죽었다고 여겼던 것이 실제로는 살아나는 경우도 있습니다. 비근한 일 가운데에도 언제나 생각한 대로 되어 기대에 어긋나지 않는 경우는 본 적이 없습니다. 그런데 어떻게 천지 밖과 억 겁의 시간을 넘은 아득한 세계에 관하여 부처님께서

---

87 『송서』「외국전」 천축가비려국전.

88 『노자』 6과 『장자』「소요유」 참조.

논의하신 것이 진실이 아니라고 단정할 수 있습니까? 만약 사실에 근거하여 실질을 얻지 못한 것이라면, 의심해도 좋을 것입니다. 그러나 인간의 형체는 지극히 누추하지만, 인간의 정신은 실로 신비스러운 것입니다. 형체가 정신을 따르는데, 어떻게 둘 다 나란히 소멸할 수 있겠습니까? 마음이 감응하면 성벽이 붕괴하고 서리가 내리며, 흰 무지개가 태양을 관통하고 태백성太白星이 묘昴를 침범하게 됩니다. 기금氣禁의 의사가 마음속에서 물과 불을 생각하면 환자의 신체에 차갑고 따뜻한 기운이 감응하게 됩니다.[89] 지금도 지극히 밝은 지혜와 정밀한 뜻을 가지고 오직 성심으로 신명을 다한다면 감응하여 신체를 받고, 또한 7보寶의 정토淨土에 태어나게 됩니다. 어찌 진실이 아니라고 하겠습니까?

2

또한 「백흑론」에서는, "나무를 미세하게 분석하여 텅 빈 것으로 보아도 울창하게 그늘을 드리우는 나무의 무성함을 손상시킬 수 없고, 건물의 구성 요소인 재목을 분석하여 집을 없다고 보아도 그 건축물의 장대한 아름다움을 덜어낼 수 없다.[90] 조개무늬의 아름다운 비단[91]은 알록달록한 색채로 아름다움을 표현하고, 맛있는 국은 소금과 식초의 조미료에 따라 맛을 나타낸다"고 하였습니다. 이러한 말로 '본래 아무것도 없다〔本來空無〕'는 가르침을 막고자 하였지만, 글뜻이 옳지 않습니다.

불경에서 말하는 '본무本無'는 여러 연緣들이 화합한 것들 모두

---

89 『포박자抱朴子』의 설이라고도 하지만 확인할 수는 없다.
90 『예기』 「단궁檀弓」 하.
91 『시경』 「소아小雅」.

가 공空이라고 말하는 것이 아닙니다. 그늘을 드리우거나 건축물의 아름다움이 존재하는 것은 사물 나름대로의 유有입니다. 따라서 이것을 '유의 진리〔有諦〕'라고 부릅니다. 그러나 본성은 본래 무이기 때문에 '무의 진리〔無諦〕'라고 합니다. 나는 불교 이치를 전부 알지는 못하지만, 이러한 학설은 지극히 타당한 것으로 생각됩니다. 옛날부터 천만 가지로 변화하며 존재했던 것들이 한순간에 모두 공이 되어 버립니다. 기운이 왕성할 때는 어찌 항상 존재〔常有〕하지 않았겠습니까? 그러나 실질이 필연적으로 공이므로 한순간에 공으로 되어 버리는 것이 아닙니까? 이 또한 혜자惠子가 "만물은 생성되자마자 소멸되고, 태양이 정남에 갔을 때가 기울어지는 때이고, 죽는 것과 기울어진다는 사실은 항상 태어나거나 태양이 정남에 가기 이전부터 분명하다"[92]고 말한 것과 같습니다. 어리석은 사람은 그 이치를 보지 못하고 오직 현재 있는 것만 보기 때문에, 제후齊侯는 상구씨爽鳩氏의 나머지 부분을 거두어들인다고 거짓으로 속여서 그 즐거움을 연모하고 있는 것입니다.[93] 현명한 사람은 마음이 이치와 일치하므로, 안회顔回는 자주 쌀통이 빌 정도로 가난하였지만 있어도 없는 것같이 하고 가득 차도 없는 것같이 하였습니다.[94] 그 이후의 사람들은 각각 기량의 깊고 얕은 차이에 따라 그 빈 것을 느꼈습니다. 후세로 갈수록 방종하여, 가령 지극한 가르침을 들어도 스스로 깨끗이 하지 못하고 애욕이나 경쟁의

92 『장자』「천하天下」.

93 『좌전』「소공昭公」 20년조 일로서 제공齊公이 옛날부터 죽은 것이 없으면 어떻게 즐거운 것이 있을 수 있겠는가라고 말한 것에 비해 안자晏子가 옛날부터 죽은 것이 없다면 오늘의 즐거움을 느낄 수 없고, 혹은 상구씨爽鳩氏의 즐거움만이 있다고 대응한 것을 말한다.

94 『논어』「선진」과 「태백」 참조.

미혹함에 기울게 되었습니다. 어찌 항상 조금이라도 비슷해질 수 없었겠습니까? 어찌 모닥불이 추위를 더하듯이, 좋아하고 즐기는 욕망을 더욱 깊게 변화시켰겠습니까? 또한 "무상의 이치를 밝히는 것이 도리어 갈망하는 감정을 증강시키고, 인생의 괴로움과 거짓을 서술하여 쾌락 추구에 진력하게 한다"고 말하였지만, 그 말은 잘못된 것입니다.

3

또한 "배를 골짜기에 감추어도 몰래 가져간다는 말[95]이나 사람의 자취가 없는 시장에서는 말을 구하려 해도 얻을 수 없다는 논의[96]가 중국에도 널리 유행하고 있지만, 심오한 이치가 아니므로 새삼스럽게 들춰내서 가르침의 근본으로 삼지 않는다. 그대는 이 이치를 손바닥 뒤집듯이 쉽게 분석할 수 있는가?"라고 말하고 있습니다.

배를 골짜기에 감추어도 몰래 가져간다고 하는 것은 불경에서 '현재는 머무르지 않는다'고 한 것에 해당됩니다. 참으로 진리를 밝히면, 다른 대상과 내가 항상 비어 있다는 것이 어찌 심오한 이치가 아니겠습니까? 생각건대 이를 깨달을 수 있는 사람이 적었기 때문에 가르침의 근본으로 삼지 않았을 뿐입니다. 지공支公[97]이 아직 부처님과 같지 않다는 말입니다. 원래 중국에 있었던 학설이라

---

95 『장자』「대종사大宗師」에 나와 있는 일로 배를 산골짜기에 감추어 두고 안심하고 있을 때, 밤중에 힘센 사람이 와서 배를 훔쳐 달아났다는 것이다. 이것은 자연 그대로 내버려 두었다면 훔쳐 달아날 일도 없다는 뜻으로, 『장자』의 많은 설화 중에서도 가장 잘 알려진 것이다.

96 『장자』「전자방田子方」.

97 지둔支遁을 말한다.

고 하여 어떻게 그 지극한 가르침을 경시하겠습니까?

4

또한 "신비한 빛을 살펴보아도 지름이 한 치인 구슬만큼 빛이 없고, 영묘한 변화를 경험하여도 티끌만한 실질이 없다. 수명이 무량하다고 되풀이 말해도 누가 백 살 늙은이를 본 적이 있는가? 이와 같은 것들은 모두 사실에 부합하지 않는 것이다"라고 말하였습니다. 그러나 신비한 빛이나 영묘한 변화, 무량한 수명은 모두 믿음이 지극한 데서 생겨나는 것입니다. 그리하여 장래 부처님의 정토淨土에 태어나서 직접 그 광명을 받고 수명이 무량으로 되는 것뿐입니다. 지금 삿된 견해에 빠지고 영명한 변화를 경시하는 자는 이치에서 천지만큼 떨어져 있는데, 무슨 까닭에 사실과 부합한다고 볼 수 있겠습니까?

저 마음은 탐욕스럽지 않은 것이 10선善[98]의 근본이 되므로, 밑으로는 지옥과 단절하고 위로는 천당에서 태어나게 됩니다. 이것이 "뜻에 따라 도를 실천하고, 이치에 따라 마음을 단정하게 한다"는 것입니다.

현재 마음속에 경건한 신앙을 품고 있으므로 예배하고 죄를 반성하게 되고, 무상을 깨닫게 되므로 감정에 끌림이 없이 처자를 버리고 보시하는 것입니다. 어찌 백 배의 보상을 구하려고 하겠습니까? 또 어째서 "공손한 뜻에 따르지 않고, 아낌없는 감정에 편승하지 않는가?"라고 말할 수 있겠습니까? 열반은 즐거움이 없는 상

98 불살생不殺生・불투도不偸盜・불사음不邪淫・불망어不妄語・불양설不兩舌・불악구不惡口・불기어不綺語・불탐욕不貪慾・부진에不瞋恚・불사견不邪見을 말한다.

태를 즐거움으로 삼고, 법신法身은 신체가 없는 상태를 신체로 봅니다. 만약 본래 바라는 것에 근접하지 못했다면, 즐거움을 탐하는 생각을 더하고, 신기한 것을 좋아하는 마음을 일으키게 될 것입니다. 만약 참으로 불교를 믿게 된다면, 즐거움을 탐하는 마음도 점차 없어지고 아무 이익이 없는 상태에서 이익을 얻게 될 것입니다. 이것이 어찌 '이익을 다투는 풍속'과 관계가 있겠습니까?

5

또한 "도는 무욕無欲에 있는데도 유욕有欲으로 구하려 하고, 일거수일투족을 이익만 추구하기 위하여 움직인다"고 말하고 있는데, 어찌 그리 심하게 부처님을 비방합니까? 불교의 근본적인 취지는 여덟 가지 괴로움[八苦]이 모두 욕망에서 유래한다고 보고 12인연因緣을 분명히 말하여서 고상한 사람들에게 무생無生을 향하여 정신을 밝히도록 하는 것입니다. 이러한 도를 희구하는 사람은 무욕에 대한 욕망이 있다고 할 수 있겠지요. 민중을 계도하는 데는 천당과 지옥이 모두 그림자와 메아리 같은 실질적인 영향이 있습니다. 우공于公이 인仁으로 백성들을 살리자 자손들이 제후에 봉해졌고, 엄연년嚴延年은 살생을 좋아하다가 주살되었습니다. 주살을 두려워하고 제후로 봉해지기를 원하는 사람은 반드시 살생을 버리고 인을 닦아야 합니다. 훌륭한 수행에 힘써서 천당을 희망하고, 5계戒를 조심스럽게 지켜서 지옥을 멀리하며, 하고 싶은 것에 대한 욕망이 있더라도 날마다 줄여서 무위에 이르는 깨끗한 길을 실천합니다. 이 또한 서쪽으로 나아가 영郢에 도착하기를 구하는 것으로, 어찌 이르지 못할 것을 걱정하겠습니까?

또한 "단청은 색채를 좋아하는 눈을 어지럽게 하고, 토목의 건축물은 장대함을 좋아하는 마음을 과시한다. 사적인 권력을 형성하고 당파의 세력을 결성하면서 마음을 엄격히 한다는 명예를 구하고, 경쟁의 뜻을 마음대로 하고 있다"고 혐오하고 있습니다. 이는 참으로 흑거머리같이 추한 일입니다. 법을 가볍게 정한다고 해도 그 폐해가 오히려 탐욕이 된다고 할 수 있습니다.[99] 그러나 어떻게 부처님께서 탐욕하는 법을 정했다고 부처님을 모멸할 수 있습니까? 왕망王莽은 6경經을 훔쳐 제위를 찬탈하였고, 진시황제는 제후의 조회를 빌미로 삼아 아방궁을 지었습니다. 그렇다고 어찌 선왕의 예교에 죄를 물을 수 있겠습니까?

6

또한 "없는 것을 가르치고 모르는 것을 확실히 하는 자취는 그 핵심 취지가 보존되어야 한다. 내세를 보여 주는 것은 도교와 불교 사이에서 가려지고 잘못되었다"[100]고 말하고 있습니다. 부득이 질문하고자 합니다. 그 본지는 무엇을 구하는 것입니까? 반드시 이익을 닦아서 선善으로 옮기고 이로써 그 본성을 완성시키는 것이라고 할 수 있을 것입니다. 저 성인은 항상된 마음이 있는 것이 아니라, 대상에 나아갔을 때 생기는 마음을 자기 마음으로 삼는 것뿐입니다.[101] 만약 신체가 죽으면 정신이 소멸하는 것이 사물의 참된 본성이라면, 당연히 소멸되는 본성에 대하여 주공·공자와 힘을 합쳐 가르침을 베풀었을 것입니다. 그러나 사람들이 그 학설을 받아들이지 않는다면, 선으로 옮기는 실질이 어찌 순수하지 않

99 『좌전』「소공」 4년.

100 「백흑론白黑論」.

101 『노자』 32.

겠습니까?

어떻게 정신이 불멸하다는 학설과 불교 교리를 가지고 사람들을 속이고, 머리를 깎고 살갗을 태우게 하고, 부부의 연을 끊어서 이루 헤아릴 수 없이 많은 자손들이 태어나지 않게 막을 수 있겠습니까? 그 해로움이 이와 같은데, 본성을 다하게 하는 미덕을 해치는 일을 석가모니가 어떻게 부득이라도 행하겠습니까? 신앙이 없는 무리들은 이익을 닦아서 선으로 옮기지도 못합니다. 불교를 믿는 사람들은 기역耆域·건타륵揵陀勒·이타밀夷陀密·축법승竺法乘·백법조帛法祖·축법호竺法護·우법란于法蘭·축법행竺法行·우도규于道邃·궐공측闕公則·불도징佛圖澄·시려밀尸黎蜜·곽문거郭文擧·석도안釋道安·지도림支道林·원화상(遠和上 : 慧遠) 같은 사람들입니다. 이들은 정신이나 풍조가 혜림 비구에 뒤지지 않을 듯싶습니다. 어떻게 사람의 도리를 함부로 훼손하고 '진실하지 못한 사람'의 교화로 인해 삭발할 수 있겠습니까? 모두 신령스러운 진실이 아득한 마음을 이끌어들여 신통하고 맑은 참된 업을 성취하였던 것입니다.

귀하는 자신이 믿지 않는 것을 적어서 멀리까지 이 논지를 보냈습니다. 또한 세간에서 의심하였던 사람들도 모두 이것을 뛰어난 논지라고 감복하고 있습니다. 그래서 나는 자력으로 대답하여 여러분에게 도움이 되었으면 하고 바랍니다. 세간에서 불법에 대해 시비하는 것은 모두 인류의 흥망에 관한 큰 문제인데, 어떻게 서로 이렇다 저렇다 말하는 데서 그칠 수 있겠습니까?[102] 그리하여 나는 어리석은 생각을 다 짜내어서 「명불론」을 찬술하고 내 생각

102 『논어』「미자微子」.

을 피력해 보았습니다. 이제 겨우 끝을 맺고 사람을 시켜 필사하게 하였는데, 이 편지를 다 마치지 못하고 날이 저물었습니다. 나머지는 다시 편지를 쓸 때 보내 드리겠습니다. 종병 드림.

3) 균선론均善論의 해석에 대한 논란〔하승천〕

1

먼저 「균선론」을 보내고 아울러 고견을 물어 보았는데, 주의깊은 답변을 잘 받았습니다. 그 논지는 인류의 흥망에 관한 문제를 천명하는 것이므로, 옳은 것도 아니고 옳지 않은 것도 아니라는 중간 태도를 취해서는 안 될 것입니다. 고견에 모두 동의할 수는 없지만, 편견에 지나치게 집착해서는 안 될 것입니다. 다만 넓은 바다에서 야광주를 구하였지만, 아직 얻지 못하였을 뿐입니다.

생각건대 불교 경전은 아홉 가지 학파[103]의 별파로서 도가道家·묵자墨子의 학설이 뒤섞여 있고, 자비로 보시한다는 점에서 중국과 다를 것이 없습니다. 대인 군자는 인仁을 자신의 임무로 삼고[104] 마음에 반드시 무엇을 해야겠다는 생각이 없으며, 형상과 수식으로 보통 사람들의 이목을 부드럽게 하려고 합니다. 불교가 나라에 손해를 끼치는 일은 미미하지만, 불교가 널리 이익을 주는 일은 잘 드러나는 경우가 있습니다. 그러므로 불교도 아홉 학파와 함께 존재하게 된 것입니다. 그러다 호사가들이 출현하면서 공자의 가르침을 뛰어넘고 노자의 학설을 초월하여 오직 자기 자신만

103 유가儒家·도가道家·음양가陰陽家·법가法家·명가名家·묵가墨家·종횡가縱橫家·잡가雜家·농가農家이다.

104 『논어』「태백」.

귀하게 되었습니다. 이것은 가르침의 근본을 구하지 않고 지엽적인 학설에 현혹된 것입니다. 참된 말을 아는 것[105]은 언어를 잊은 사람들을 기다려야 할 것입니다. 만약 천당과 지옥의 응보설과 인연이 소멸되지 않는다는 징험만 믿고 감정을 억누르고 변변하지 못한 음식을 먹으며 예배에 모든 힘을 다 쓰면서 수많은 보물이 가득한 7보寶의 천개〔蓋〕에 덮여서 공양되고[106] 수미등왕須彌燈王의 자리에 오르기[107]를 바란다면, 이것은 순우곤淳于髡[108]이 부리는 우스운 익살과 같은 것이라고 할 수 있습니다.

2

귀하의 논의에 "많은 성인들과 노자·장자는 무슨 까닭에 신神이 있다고 말하였겠습니까? 만약 신명이 있다면, 부처님의 말씀이 또 어떻게 진실이 아니라고 단정하겠습니까?"라는 질문이 있습니다. 여기에 답하겠습니다.

이승에는 예악禮樂이 있고, 저승에는 귀신이 있습니다. 성왕의 가르침이 되는 이유는 처음부터 그것이 있음을 몰랐기 때문이 아닙니다. 만약 내생에 보응이 있다면, 주공·공자가 어찌 침묵하고 한마디 말도 하지 않았겠습니까? 만약 어린 아기가 구덩이에 빠져

105 『좌전』「양공襄公」 14년.

106 『유마경』「불국품佛國品」(대정장 14, 537)에 비야리성毗耶離城 장자長者의 아들인 보적寶積이 5백 장자의 아들들과 함께 7보寶의 천개天蓋를 갖고 공양하였다는 내용이 있다.

107 『유마경』「부사의품不思議品」(대정장 14, 546)에 유마維摩의 장실丈室에 높이 8만 4천 유순由旬의 수미등왕불의 사자좌師子座를 모셨으며, 그 사자좌에는 새로 발심〔新發意〕한 보살과 대제자는 오를 수가 없었다고 한다.

108 『사기』「활계열전滑稽列傳」에 보이는 순우곤이 학문에 뜻을 두기보다는 술을 너무 좋아하고 제齊의 위왕威王을 풍자하였다는 것은 유명하다.

있다면 보통 사람도 놀라 당황할 텐데, 어찌 성인만 불쌍하게 여기지 않겠습니까?

또한 귀하의 논의에 "인간의 형체는 지극히 누추하지만, 인간의 정신은 실로 신비스러운 것입니다. 형체가 정신을 따르는데, 어떻게 둘 다 나란히 소멸할 수 있겠습니까?"라는 말이 있습니다. 이 문제에 답변해 드리겠습니다.

형체와 정신이 서로 의지한다는 것을 옛날 사람들은 장작과 불의 관계에 비유하였습니다.[109] 장작이 거의 다 타면 불이 약해지고, 장작이 다 타버리면 불도 꺼집니다. 아무리 정신이 신묘하다고 해도 어찌 홀로 전해질 수 있겠습니까?

또한 당신의 논의에 "마음이 감응하면 성벽이 붕괴하고 서리가 내리며, 흰 무지개가 태양을 관통하고 태백성太白星이 묘昴를 침범하게 됩니다. 기금氣禁의 의사가 마음속에서 물과 불을 생각하면 환자의 신체에 차갑고 따뜻한 기운이 감응하게 됩니다. 지금도 지극히 밝은 지혜와 정밀한 뜻을 가지고 오직 성심으로 신명을 다한다면 감응하여 신체를 받고, 또한 7보寶의 정토淨土에 태어나게 됩니다. 어찌 진실이 아니라고 하겠습니까?"라는 말이 있습니다. 이에 대해 답변하겠습니다.

성벽이 붕괴하고 서리가 내리며 태양을 관통하고 태백성이 묘를 침범한다는 말은 내생來生을 밝히는 비유가 아니므로, 여기에서 인용하기는 적당하지 않습니다. 또한 물과 불의 금기로 7보의 정토에 태어나기를 바라는 것[110]은 대장장이가 금을 녹이는 것을 보

109 『장자』「양생주養生主」.
110 『장자』「대종사」.

고 자기 스스로 주조할 수 있기를 바라는 것처럼 결국 불가능한 것입니다.

또한 귀하의 논의에 "'유의 진리'와 '무의 진리'의 학설은 지극히 타당한 것으로 생각됩니다. 옛날부터 천만 가지로 변화하며 존재했던 것들이 한순간에 모두 공이 되어 버립니다. 기운이 왕성할 때는 어찌 항상 존재〔常有〕하지 않았겠습니까? 그러나 실질이 필연적으로 공이므로 한순간에 공으로 되어 버리는 것이 아닙니까? 어리석은 사람은 그 이치를 보지 못하고 오직 현재 있는 것만 봅니다"라는 말이 있습니다. 여기에 답하겠습니다.

귀하가 논의하였듯이 기운이 왕성할 때에 이미 공이 되어 버리는 실질이 있다면, 사물은 항상 공이 될 것이고, 공과 사물이 하나가 될 것입니다. 공과 유가 다르지 않다면, 현명한 사람과 어리석은 사람이 호칭이 다른 것은 무슨 까닭입니까? 옛날에 도라고 하는 것은 형체가 없고〔無形〕 아무 사물이 없으며〔無事〕, 세상일과 떨어져서 고요히 지혜를 기르고 정신을 충족하게 한 것입니다. 어찌 유독 애욕을 제거하지 않고 전생의 인연만 두려워하는 것입니까? "오직 있는 것만 본다"는 입장이 어찌 잘못이겠습니까? 이러한 입장에서 제후를 비웃는 것은 바로 50보步 도망간 사람이 백 보 도망간 사람을 보고 비웃는 것과 같습니다.

3

또한 귀하의 논의에 "배를 골짜기에 감추어도 몰래 가져간다고 하는 것은 불경에서 '현재는 머무르지 않는다'고 한 것에 해당됩니다. 참으로 진리를 밝히면, 다른 대상과 내가 항상 비어 있다는 것이 어찌 심오한 이치가 아니겠습니까?"라는 것이 있습니다. 이에 대해 답변해 드리겠습니다.

몰래 가져가서 머물지 않는다는 것은 태어나서 죽을 때까지 유에서 무로 가는 것을 말하는 것이 아니겠습니까? 그러므로 "육신을 놀라게 할 수는 있지만 마음을 상하게 할 수는 없고, 집을 놀라게 할 수는 있지만 진실이 죽는 일은 없다"[111]고 합니다. 가의賈誼도 "변화하여 다른 것이 되는데, 어찌 걱정할 필요가 있는가?"[112]라고 하였습니다. 이것은 죽음과 삶의 변화에 통달한 말이라고 할 수 있을 것입니다. 그런데 구구하게 거취에 구애를 받고, 살아 있으면서 죽은 뒤의 일을 걱정하고, 마음은 무한한 수명에 얽매여서 천당에 다시 태어나기를 바랍니다. 우리 무리들이[113] 항상 마음을 비운다〔常虛〕고 한 것은 이와 다릅니다.

또한 귀하의 논의에 "신비한 빛이나 영묘한 변화, 무량한 수명은 모두 믿음이 지극한 데서 생겨나는 것입니다. 그리하여 그 광명을 받고 지금 삿된 견해에 빠지고 영명한 변화를 경시하는 자는 이치에서 천지만큼 떨어져 있는 것입니다"라는 내용이 있습니다. 이에 대해 답하겠습니다.

이 또한 귀하의 말을 따를 수 없습니다. 변화를 우습게 여기는 사람은 부처님의 광명을 구하지만 믿음에서 구할 뿐입니다. 석가의 가르침을 구하는 것은 좋은 방편으로 다른 중생을 구제하기 위해서입니다. 참으로 이와 같이 감응하는 징험이 있다면, 왜 이 영묘한 변화를 보여서 사견의 무리를 깨우치지 않습니까? 어째서 수천 수만의 방대한 교설은 아끼지 않으면서 잠깐 동안의 신비한 광

111 『장자』「대종사」.
112 『문선』 13「가의복조부賈誼鵩鳥賦」.
113 『논어』「자로」.

명만 아끼는 것입니까? 변화에 대한 변론만 소리로 펼치고 결국 참된 지혜를 밝히는 일이 없으므로, 중생들은 평생 지쳐서 돌아갈 곳을 모릅니다. 어찌 슬프지 않습니까?

또한 귀하의 논의에 "현재 마음속에 경건한 신앙을 품고 있으므로 예배하고 죄를 반성하게 되고, 무상을 깨닫게 되므로 감정에 끌림이 없이 처자를 버리고 보시하는 것입니다. 어찌 백 배의 보상을 구하려고 하겠습니까?"라는 말이 있습니다. 이에 대해 답하겠습니다.

기술을 정교히 하여 일을 잘하는 것보다 탐욕을 제거하고 경쟁을 그만두는 편이 낫고, 계를 준수하여 죄를 씻고 참회하는 것보다 영화로운 일을 잘라 버리고 소박함을 보전하는 편이 낫습니다. 하물며 숭상하는 대상을 끌어들여 이익을 기원하고, 하늘의 권속을 잃어버리고 영예를 구하는 일에 있어서이겠습니까? 이러한 일을 받아들이지 않겠다고 하지만, 나는 믿지 않습니다.

또한 귀하의 논의에 "열반은 즐거움이 없는 상태를 즐거움으로 삼고, 법신法身은 신체가 없는 상태를 신체로 봅니다. 만약 본래 바라는 것에 근접하지 못했다면, 즐거움을 탐하는 생각을 더하고, 신기한 것을 좋아하는 마음을 일으키게 될 것입니다. 만약 참으로 불교를 믿게 된다면, 즐거움을 탐하는 마음도 점차 없어지고 아무 이익이 없는 상태에서 이익을 얻게 될 것입니다"라는 말이 있습니다. 이에 대해 답하겠습니다.

열반은 고통에서 벗어나는 것을 즐거움으로 삼고, 법신은 선에 접하는 것을 자신으로 봅니다. 이것이 불교를 믿는 사람들이 스스로 끊을 수 없는 이유입니다. 과연 이익이 없는 상태로 귀착한다면, 수행에 힘쓰는 자는 무엇을 얻어서 아무 이익이 없는 상태를 획득할 수 있겠습니까? 이것이 육체와 정신이 다 함께 소멸된다는 증거일 것입니다. 이것은 귀하의 훌륭한 논의로도 명확히 해명될 수 없을 것입니다.

또한 귀하의 논의에 "불교의 도를 희구하는 사람은 무욕에 대한 욕망이 있다고 할 수 있겠지요. 민중을 계도하는 데는 천당과 지옥이 모두 그림자와 메아리 같은 실질적인 영향이 있습니다. 우공于公이 인仁으로 백성들을 살리자 자손들이 제후에 봉해졌고, 엄연년嚴延年은 살생을 좋아하다가 주살되었습니다. 주살을 두려워하고 제후로 봉해지기를 원하는 사람은 반드시 살생을 버리고 인을 닦아야 합니다. 훌륭한 수행에 힘써서 천당을 희망하고, 5계戒를 조심스럽게 지켜서 지옥을 멀리하며, 하고 싶은 것에 대한 욕망이 있더라도 날마다 줄여서 무위에 이르는 깨끗한 길을 실천합니다. 이 또한 서쪽으로 나아가 영郢에 도착하기를 구하는 것으로, 어찌 이르지 못할 것을 걱정하겠습니까?"라는 말이 있습니다. 이에 대해 대답해 보겠습니다.

민중을 계도하는 데 응보가 있다는 것을 그림자와 메아리에 비유한 것은 참으로 훌륭하지 않습니까? 다만 그림자와 메아리는 반드시 형체와 소리에 기인하는 것입니다. 8자나 1길 6자의 짧은[114] 형체에서 어떻게 8만 유순이나 되는 그림자가 생기겠습니까? 무욕을 욕망하여 막히는 것은 항상 욕망의 대상 때문에 막힌 것과 같습니다. 저 눈과 귀는 맡은 역할이 다르고, 기술과 예술은 작업이 다릅니다. 지엽적인 기술조차 실제의 믿음과 일치하지 않습니다. 그러므로 금속과 돌로 만든 악기가 잘 조화를 이루면 태산이

114 『국어國語』「주어周語」.

그 고상함을 표현할 수 없고, 기러기와 백조가 함께 모이면 깊은 가을이 그 뜻을 전할 수 없습니다. 그런데 욕망으로 무욕을 완성하고 날마다 이것을 줄이고 줄여서 무위에 이르기를 바란다는 것은 서쪽으로 가서 영 땅을 찾는 것이기는 하지만, 아주 먼 길입니다. 어떻게 하는 것이 좋겠습니까?

4

귀하의 논의에 "만약 신체가 죽으면 정신이 소멸하는 것이 사물의 참된 본성이라면, 당연히 소멸되는 본성에 대하여 주공·공자와 힘을 합쳐 가르침을 베풀었을 것입니다. 어떻게 정신이 불멸하다는 학설과 불교 교리를 가지고 사람들을 속이고, 머리를 깎고 살갗을 태우게 하고, 부부의 연을 끊어서 이루 헤아릴 수 없이 많은 자손들이 태어나지 않게 막을 수 있겠습니까? 그리하여 인간의 본성을 다하게 하는 미덕을 해칠 수 있습니까?"라는 말이 있습니다. 그에 대한 답은 다음과 같습니다.

중국 민족과 오랑캐는 본래 다른 점이 있습니다. 왜냐하면 중국인은 하늘에서 맑고 조화로운 기氣를 품부 받아 인仁을 함축하고 의義를 가지고 태어나기 때문입니다. 따라서 주공과 공자는 본성과 습관에 대한 가르침을 밝히고 있습니다. 외국의 이방인들은 억세고 탐욕스러우며 사나운 본성을 받았기 때문에 부처님께서 다섯 가지 계율〔五戒〕의 과목을 엄격히 정하신 것입니다. 이것이 귀하가 "성인은 항상된 마음이 있는 것이 아니라, 대상에 나아갔을 때 생기는 마음을 자기 마음으로 삼는 것뿐입니다"라고 한 말의 내용입니다. 포악함을 징계하는 계율에는 지옥만한 것이 없고, 선한 일로 유도하는 권고로는 천당보다 아름다운 것이 없습니다. 그렇지만 잔혹한 뿌리를 완전히 없애 버리는 것은 중용中庸이 아닙니다. 주공・공자도 그렇게 여기지 않았습니다. 그 천성天性에 따르면서 아주 심한 부분을 제거하는 것입니다. 5형刑[115]으로 간음과 도둑질을 명확히 막고, 「주고周誥」는 술의 폐악을 분명히 기록하고 있습니다.[116] 봄에 사냥할 때는 늪을 에워싸서 잡지 않고,[117] 살아 있는 것을 보고는 차마 죽이지 못하며,[118] 5범犯[119]과 3구驅[120]의 예를 제정하여 낚싯대는 사용하더라도 그물은 쓰지 않습니다.[121] 따라서 널리 인애仁愛가 전해지고, 돼지나 물고기에까지 은택이 미치고 있습니다. 가례嘉禮에는 항상 음식상이 있어서 노인이 고기를 먹을 수 있고,[122] 봄에는 밭을 갈고 가을에는 수확하여 양잠과 베 짜는 일이 그 적당한 시기를 잃지 않습니다. 그리하여 3령靈[123]이 이르고, 온갖 귀신들이 모두 질서가 잡힙니다. 이러한 행위들이 어찌 크다고 하지 않겠습니까? 또한 공관供灌의 상을 밝히고 의심스러운 법의 죄를 엄중히 하며 포재蒲宰[124]의 질문을 서술하는 것을, 덕을 권하고 교화하는 근본으로 삼고, 향기 어린 답변을 부

115 『상서』「요전堯傳」에 "五刑有服"이라는 구절이 있고, 전傳에 "五刑墨劓剕宮大辟"이라는 다섯 가지가 있다.

116 『상서』「주서주고周書酒誥」에 인민이 덕을 잃어버리게 된 것은 모두 술에 기인한 것이고, 또한 제국의 멸망도 술에 원인이 있으므로 금주령이 나왔다고 한다.

117 『예기』「곡례曲禮」 하.

118 『맹자』「양혜왕梁惠王」 상.

119 『예기』「왕제王制」.

120 『주역』「비괘比卦」와 『한서』「오행지五行志」 참조.

121 『논어』「술이」.

122 『맹자』「양혜왕」 상.

123 『문선』「반고班固」.

124 『사기』 67 「중니제자열전仲尼弟子列傳」과 『논어』「선진」 참조.

연하여 내생의 징험을 밝혔습니다. 그런데도 검은 옷을 입고 눈을 부릅뜨고 눈썹을 치켜 올리며[125] 이 설을 비난하는 자는 그 마음가짐이 잘못된 것입니다.

5

귀하의 논의에서는 “기역·건타륵·시려밀 등의 사람들입니다. 이들은 정신이나 풍조가 혜림 비구에 뒤지지 않을 듯싶습니다”라고 말하고 있습니다. 하지만 귀하는 이미 “보통 사람으로는 비근한 일조차 헤아릴 수 없다”고 말하였으면서, 어째서 백 년 전의 일과 수천 리 밖의 일들에 대해 우열을 가릴 수 있겠습니까? 혜림 비구와 같은 분은 스님의 모습을 하고 있지만, 하늘이 내린 영령(天靈)을 가지고 있어서 진위를 깊이 알고 계시는 듯합니다. 특히 경전을 공경하고 스승을 옹호하며 미혹한 학설을 숭배하는 일들은 하지 않습니다. 이 때문에 나는 그를 존경합니다.

손작孫綽이 일으킨 공론에서는, 축법호竺法護가 깊이 통달하였고, 우법란于法蘭이 순박하다고 말하고 있는데, 귀하는 중국의 어떤 인사에게 비교하려고 합니까?

초왕楚王 영英이 인사仁寺를 짓고 작융笮融이 굶주린 행인을 대접하는 것에 어찌 맑은 진리의 풍조가 따로 있겠습니까? 옛날 내가 동읍에 살고 있을 때, 도함道含이라는 사문[126]이 오중吳中에서 오셨는데, 깊이 불교를 권하시는 모습에 참으로 간절한 면이 있었습니다. 3일간 머무르면서 나를 위하여 몸을 수련하고 정신을 맑

125 『한서』 「왕망전王莽傳」.
126 『고승전』 7 「승함전僧含傳」(대정장 50, 370).

게 하는 인연, 죄와 복을 일으키고 사라지게 하는 징험을 설명하여 주었는데, 모두 사리에 맞는 말이었습니다. 나는 두 손을 모으고 아침이 올 때까지 잠자는 것도 잊은 채 그 올바른 말을 경청하였습니다.

나중에 물러나 생각해 보니, 선비가 입신양명하여[127] 신의를 드러내고 도를 행하는 이유는 실로 주공과 공자의 가르침에 의한 것입니다. 자로子路는 좋은 말을 듣고 아직 실천하지 못했을 때는 오직 좋은 말 듣는 것을 두려워했다고 합니다.[128] 내가 행할 일들도 많은데, 어떻게 갑자기 이것들을 버리고 저것(불교)에 힘쓰겠습니까? 또한 정의에 맞게 예문禮文[129]으로 세워진 제도를 살펴보면 미래의 생명이 분에 넘치는 것임을 알게 되고, 목숨이 다할 때까지 그치지 않는 슬픔을 궁구하면 이 육신을 다시 받아 태어나지 않기를 깨닫게 됩니다.

성인은 나의 스승이신데, 주공과 공자가 어찌 나를 속이겠습니까? 귀하의 간절한 청에 못 이겨 처음부터 끝까지 제 생각을 진술하였습니다. 큰 지혜를 가지신 덕망 높은 귀하는 사람을 가르치면서 싫증내지 않을 것[130]이라고 생각하여 이 글에서 다 말하였습니다. 이전에 「명불론」을 보내 주셨다는 말을 들었는데, 어서 도착하기만 기다리고 있습니다. 마음에 밝은 깨달음이 얻어지기를 바라마지 않습니다. 하승천이 삼가 씁니다.

127 『효경』「개종명의장」.
128 『논어』「공야장」.
129 『예기』「삼년문三年問」.
130 『논어』「술이」.

4) 하형양何衡陽에게 답하여 백흑론의 해석을 비판함〔종병〕

1

보내 주신 귀하의 견해는 삼가 잘 받았습니다. 그것은 불교의 교화를 억제하고 오직 유학의 가르침에만 뜻을 두고 있습니다. 의미는 명백히 드러나 있고, 뛰어난 문장으로 그동안의 사정을 밝혀 놓고 있습니다. 참으로 세상 사람들을 경계하고 채찍질하는 것으로,[131] 중국의 아름다운 논의라고 할 수 있습니다.

귀하의 뜻을 살펴보건대 불교의 법을 만든 사람이 성인이 아니라고 말하는 것은 아니지만, 그 법이 임시방편이고 실질이 없다고 보는 듯합니다. 잘 모르겠습니다만, 무슨 이유로 불교가 실질이 없다고 보시는지요? 지금 서로 일의 크기를 단정해 보는 것만으로도 득실은 대략 절반의 비율이 됩니다. 신령스러운 변화는 현묘한 극치를 뛰어넘어 일어나고, 그 근원은 어둡고 아득한 세계에 뒤엉켜 있습니다. 신인神人이 손바닥을 가리키듯 말하는 일은 없습니다. 단지 분서갱유焚書坑儒 이후 불완전한 역사 기록만을 믿고 갑자기 신비한 변화를 없애 버리고자 하는 것은 참으로 한심한 일입니다.

저 성인이란 사물의 이치를 궁구하고 본성을 다하여 천명에 도달한 사람[132]입니다. 올바른 위치를 얻지 못한 사람이 있으면, 자기가 그를 구덩이에 빠지게 한 것[133]같이 생각합니다. 그런데 지금

131 『문부文賦』.

132 『주역』「설괘說卦」.

133 백기白起・항적項籍이 항복한 군사 60만을 묻어 죽였다는 일에 비유한 것이다. 종병宗炳은 '납황納隍의 혹酷'이라고도 한다. 또한 「하승천답안영가何

불멸한다고 속이고 성불의 학설로 기만하여 삭발하고 붉은 옷을 걸치고[134] 자신의 몸을 불사르고 손가락을 지지게 합니다. 또 천분天分으로 당연한 부모를 봉양하지 않고 부부와 부자의 도를 쓰지 않습니다. 불법이 전래되어 온 이래 사하沙河[135] 서쪽의 36개국[136]이 아직 중화中華에 미치지 못하고 있으니, 이 단서를 끊어 버린 사람들의 수가 억과 조를 헤아릴 것입니다. 동이東夷나 서강西羌[137]에도 성인과 현인이 혹 있을 수 있습니다. 유여由余[138]와 김일제金日磾[139]와 같이 중국에 들어온 사람들은 장래에 살려고 해도 살 수 없었던 경우가 많습니다. 만약 불법에 실질이 없다면, 구덩이에 밀어 넣는 것 같은 잔혹한 경우를 말로는 다할 수 없을 것입니다.

또한 경전의 방편이 어떠한 도에 합치합니까? 잘못되고 굽은 것을 바르게 하고,[140] 외국의 강경하고 사나운 백성들을 바르게 다스렸다고 말하고자 합니까? 사나운 부류의 사람들은 3장章의 간결한 법[141]으로 상줄 사람은 상주고 벌할 사람은 눈앞에서 벌하여

承天答顔永嘉」에는 "橫成納隍之酷"이라는 구절이 있다.

134 『위서』「석로지釋老志」.

135 신강성新疆省의 토로번吐魯番에 있다. 천산남록天山南麓에 근원하고, 남류南流하여 현동縣東에 이르며, 나중에 황하로 들어간다.

136 『한서』「서역전西域傳」.

137 『맹자』「이루」.

138 『사기』「진본기秦本紀」. 유여由余의 조상은 진晉 사람으로 융戎으로 도망갔다가 후에 진秦 무공繆公에 항복하여 공을 세웠는데, 12국의 나라와 천여 리의 땅을 지배하여 나중에 서융의 패자가 되었다고 한다.

139 『한서』 68. 원래는 흉노인으로 한무제漢武帝에게 붙잡혀 보정輔政으로 되었다. 종병은, 김일제가 유여와 같이 중국에 있었던 것이 아니라 서융·동이로부터 온 성현이라고 주장한다.

140 『한서』「제후왕표서諸侯王表序」.

141 『한서』「고조기高祖紀」.

도[142] 오히려 믿고 두려워하지 않습니다. 그런데 어찌 즉색卽色이나 본무本無·열반涅槃·법신法身·12인연因緣·미진겁수微塵劫數의 말로 다스려지겠습니까? 이러한 가르침을 받은 사람들은 모두 귀하가 말한 대로 "맑고 조화로운 기를 받아 어질고 정의로운 마음을 품은 무리들"인 것입니다. 맑고 조화로운 기를 자질로 삼아서 미언微言을 소통시키고, 정의로운 성품을 북돋아서 신묘한 행위[143]를 닦게 합니다. 그리하여 마침내 맑게 비추고 법을 관하는 것〔觀法〕도 가능하게 됩니다. 법이 비추는 일도 모두 공하지만 도에 도달하는 것은 모두 불경에 기재되어 있고, 귀하께서도 믿고 있는 내용입니다. 근세近世의 신통력 있고 덕이 높은 사람들, 예컨대 손작孫綽이 찬가를 지은 8현賢[144]이나 지도림支道林이 칭송한 5철哲[145] 등은 모두 당시 높은 평가를 받은 사람들입니다. 손작·지도림 두 사람은 문필에 뛰어난 사람이라고 할 수 있는데, 어떻게 그것이 잘못된 말이라고 할 수 있습니까?

손작은, 축법호竺法護가 깊이 통달하였고, 우법란于法蘭이 순박하다고 칭송하고 있습니다. 나는 고상한 선비나 세속의 사람들과 관련이 없어서 이들을 누구에게 비유해야 할지 모르겠습니다. 그러나 우법란의 제자인 우도수于道邃는 그 스승에 미치지 못하지만,

---

142 『문선』 53 「양생론養生論」.

143 불행佛行을 말한다.

144 손작이 지은 「도현론道賢論」에서는 '7승僧'을 '죽림칠현竹林七賢'에 비유하고, 여기서 말하는 '8현賢'은 원래 다른 승려를 말한다고 하였다. 당시 고승의 찬贊을 쓴 「명덕사문론明德沙門論」에서 찬을 받은 것으로 추정되는 '8현' 승려는 도안道安·강승회康僧會·지효룡支孝龍·강법랑康法郎·원진元眞·우법위于法威·축법태竺法汰·축도일竺道壹이다.

145 누구를 5철哲이라고 하는지는 알 수 없고, 지둔支遁이 상찬像贊을 쓴 승려로는 축법호竺法護·우법란于法蘭·우도수于道邃 등이 있다.

손작은 "때때로 그들을 뛰어난 유파로 대한다"[146]고 말합니다. 때로는 유문병庾文秉과 같다고 말했습니다. 축법호와 우법란 두 사람은 당연히 이들보다 뛰어났을 것입니다. 나는 혜림 비구는 전혀 알지 못하고, 세상의 논의도 다 알지는 못합니다. 만약 귀하가 유문병과 대등하다고 말한다면, 스스로 우도수에게 뒤지지 않을 수는 있지만 축법호와 우법란보다는 뒤떨어질 것이 확실합니다. 앞의 내 비평을 실언이라고 할 수 없을 것입니다. 참으로 혜림 비구가 스님의 모습을 하고 있지만 하늘이 내린 영령을 가지고 있어서 진위眞僞를 깊이 알고 있다면, 어찌 제석천帝釋天이 변화하여 나타나 격려하여 성불시킨 것이 꼭 아니라고 하겠습니까? 「백흑론」은 성실하다고 볼 수 없습니다.

2

귀하가 보내 주신 글 중 "만약 내생에 보응이 있다면, 주공·공자가 어찌 침묵하고 한마디 말도 하지 않았겠습니까?"라는 내용이 있습니다. 이것은 항상 편견 때문에 갖게 되는 의심입니다. 참으로 함께 해명해야 할 점입니다.

저 성신聖神은 깊은 곳에서 발생하고 느낌이 있은 뒤에 응하는 것이지, 사물에 앞서서 먼저 나아가는 것이 아닙니다. 은·주 말엽에 백성은 도탄에 빠지고 임금을 시해하고 반역하는 일이 천하에 횡행하였습니다. 온 세상 사람들의 마음을 모아서 성인을 감응하게 한 것은 어지러움이었습니다. 따라서 6경經에 보이는 성인의 감응은 다스림뿐이었습니다.[147] 그러므로 부처님의 말씀이 그때에

146 『고승전』 4 「우도수전于道邃傳」(대정장 50, 350).

는 중국에 없었습니다.

유향劉向은 우공禹貢의 구주九州를 말하였는데, 모두 『산해경山海經』에 기재되어 있는 것을 서술하였습니다.[148] "신독(申毒 : 인도)의 백성은 사람을 두려워하고, 사람을 사랑한다"[149]고 하였고, 곽박郭璞은 이것이 인도를 가리키며 불교가 일어난 곳이라고 말하였습니다. 이곳을 오랑캐라고도 할 수 있지만 많은 나라가 태허太虛에 별처럼 나열되어 있는데, 어느 곳이 중화中華인지 어떻게 알 수 있겠습니까? 그 두려워하고 사랑하는 느낌을 미루어 갔기 때문에 부처님의 교화가 응한 것입니다. 인도의 거친 사람들은 잡다하게 어지러워서 포악한 군신이라도 다스릴 수 없습니다. 이쪽(중국)의 뛰어난 점은 때에 따라 도를 생각하는 것이고, 불사佛事도 존재합니다. 그러나 이수伊水와 낙수洛水[150] 부근에서 법성法性을 품부 받아 태어난 사람이 있고, 주수洙水와 사수泗水[151] 부근에서 진제眞際를 맛본 사람이 있다고 하여도, 사일史佚[152]은 정치의 법도가 아니라고 하여 기록하지 않았고, 복상卜商[153]은 유술儒術에 어긋난다고 하여 편찬하지 않았습니다. 가령 복벽複壁 중에 혹 외전外典[154]이

147 『장자』「소요유」.

148 유향에 관한 이 설은 출전 미상이지만 유수劉秀의 『산해경山海經』 서序에 의하면 우禹는 9주州로 나누고, 땅에 따라 공貢을 지어 백익伯益이 그 사물의 좋고 나쁨을 매겨 『산해경』을 지었다고 한다. 『논형論衡』 11 「담천談天」, 동同 13 「별통別通」에도 같은 내용이 보인다.

149 『산해경』 18.

150 『국어』「주어周語」.

151 『예기』「단궁」 상과 『사기』「화식전貨殖傳」 참조.

152 주周의 사관史官 윤일尹逸을 말한다.

153 자하子夏의 성명으로 『시경』과 『춘추공양전春秋公羊傳』과 『춘추곡량전春秋穀梁傳』을 전하였다고 한다.

154 『한서』「예문지藝文志」.

보존되어 있었다고 하여도 진시황제에 의해 불태워졌기 때문에 주공과 공자가 불교에 대하여 한마디 말도 안 했는지 여부는 자세히 알 수 없습니다. 대체로 현묘하고 텅 빈 도와 신령스러운 신선의 일들은 세간의 전적 중에 없었던 적이 없고, 도에 관한 공자의 말은 멀리 장자의 여러 편명에서도 보입니다. 요지瑤池의 연宴[155]이라는 것은 급군汲郡의 무덤 속에서 나온 것입니다. 그렇다면 정치의 기록인 5경經이 천지 밖의 기이한 변화를 가릴 수는 없습니다.

3

귀하는 논박에서 또한 "사물은 항상 공이 될 것이고, 공과 사물이 하나가 될 것입니다. 공과 유가 다르지 않다면, 현명한 사람과 어리석은 사람이 호칭이 다른 것은 무슨 까닭입니까?"라고 하셨습니다. 저 불경에서 말하듯, 현상이 공이고 별다른 공이 또 존재하는 것이 아닙니다. 이 말은 존재하는 것이 없다는 말이 아니라, 유有이면서 공이라는 것뿐입니다. 유이므로 현명함과 어리석음이 호칭이 다르고, 공이므로 온갖 다른 것들이 모두 공인 것입니다. 현상은 그 자체로 현상이 아니고, 현상이면서도 공인 것입니다.[156] 인연이 합하여 유가 된 것이지, 본래 그 자체로 유가 있었던 것이 아닙니다. 모든 것이 환영으로 만들어지고 꿈에서 본 것과 같지만, 유라고 하여도 유가 아닙니다. 미래는 아직 오지 않았고, 과거는 이미 사라져 버렸으며, 현재는 머무르지 않습니다. 또 정해진

155 『목천자전穆天子傳』.
156 『조론肇論』「부진공론不眞空論」.

유라는 것이 없습니다. 이러한 몇 가지 의미는 모두 현묘한 성인이 밝힌 지극한 이치이므로, 말로 비판하는 것이 어려울 것이라는 점은 분명합니다. 이러한 이치를 통해 사물을 관찰해 보면, 나도 실제로 그 밝음을 깨달아 마음의 때를 깨끗이 씻어 없애고 청결한 생각을 더하게 됩니다. 이러한 때 귀하는 어떻게 안주할 수 있습니까?

또한 "형체와 정신이 서로 의지한다는 것을 옛날 사람들은 장작과 불의 관계로 비유하였습니다. 장작이 거의 다 타면 불이 약해지고, 장작이 다 타 버리면 불도 꺼집니다. 아무리 정신이 신묘하다고 해도 어찌 홀로 전해질 수 있겠습니까?"라고 하셨습니다. 저 불은 장작에서 생겨났지만, 정신은 육체에서 생성된 것이 아닙니다. 사람의 뜻에는 정밀한 것과 거친 것이 있는데, 이것이 감응하면 육체가 그에 따르는 것입니다. 정신은 극단으로 가면 육체를 초월하여 독립적으로 존재하게 됩니다. 육체가 없이 정신이 존재하는 것을 '법신이 항상 머문다(法身常住)'고 합니다. 그러므로 범부에서 시작하여 여래에서 끝맺게 됩니다. 한평생 거친 것을 지향하더라도 의식은 만겁 동안 사라지는 일이 없으므로, 반드시 맑은 세계로 오르도록 습관이 되어야 합니다.

배추벌레의 새끼가 있으면 나나니벌이 업어 가기도 하는데,[157] 하물며 신명의 세계에서 제왕의 보배로운 덮개를 덮고 수미등왕須彌燈王의 권좌에 오르는 것을 어찌 기대하지 못하겠습니까?

157 『시경』「소아」.

4

또한 귀하께서는 "석가의 가르침을 구하는 것은 좋은 방편으로 다른 중생을 구제하기 위해서입니다. 참으로 이와 같이 감응하는 징험이 있다면, 왜 이 영묘한 변화를 보여서 사견邪見의 무리를 깨우치지 않습니까? 어째서 수천 수만의 방대한 교설은 아끼지 않으면서 잠깐 동안의 신비한 광명만 아끼는 것입니까?"라고 의심하였습니다. 좋은 방편이라고 하지만 감응에 확실한 것과 애매한 것이 있는 것은 각자의 죄와 복에 의한 것입니다. 옛날 부처님께서 중생을 위하여 설법하고 광명을 놓은 것은 모두 평소에 신묘한 정성을 쌓아서 신유神遊를 얻었기 때문입니다.[158]

그때는 부처님께서 확실하게 드러나도록 말씀하셨기 때문에 교만한 자도 볼 수 있었지만, 광명을 발하는 것은 광명이 비치는 것을 살펴보는 것이므로 사악한 견해를 가진 사람들은 이를 바라볼 수 있는 인연이 없었습니다. 지금 불경을 보면서도 그 자만심을 고치지 않는다면, 먼저 광명을 비추더라도 무슨 이익이 되겠습니까? 정성스럽고 신실한 현인의 경우에는 신비한 광명이 비추는 것을 홀로 분명히 감득할 수 있지만, 귀하는 또한 무슨 방법으로 이것을 알고 말하겠습니까? 이것을 삿된 말이라고 부를 뿐이겠지요. "별이 보이지 않아도, 밤이 밝았다"[159]는 기록이 있는데, 그 시점을 고증해 보면 부처님께서 태어나서 광명을 발한 밤입니다. 관유안管幼安[160]은 폭풍이 치는 밤에 바다에서 배를 탔습니다. 동료들은 모두 바다에 빠져 죽었는데, 관유안은 어둠 속에서 빛을 보고 그

158 『열자』「황제黃帝」와 『회남자』 참조.
159 『좌전』「장공莊公」 7년.
160 『삼국지』 11.

빛이 비추는 대로 섬에 도착했습니다. 오직 문을 닫은 이들〔闔門〕만 구제되었습니다. 그러나 부처님께서는 어느 것을 꼭 해야 한다거나 하지 말아야 한다는 것[161]이 없고, 오직 선善에만 응하여 감응합니다. 왕상王祥[162]이나 곽거郭巨[163]와 같이 부처님에게서 감응받은 경우는 이루 다 헤아릴 수 없지만, 이것도 광명을 보인 증거입니다. 어떻게 귀하가 부처님을 본 적이 없다고 부처님이 없다고 할 수 있습니까? 또한 주공과 공자의 업적이 성대함을 서술하고, 그것이 부처님에 비해 크다고만 합니다. 그러나 이 나라의 치세는 군주의 성대함에 지나지 않습니다. 정신만은 소멸하지 않고, 보이지 않는 가운데 운행해 가고 있습니다. 인간의 일생은 눈 깜짝할 사이에 지나가지만, 8고苦가 모두 갖추어져 있습니다. 유학儒學의 업적에 힘써 한순간의 인생을 정리해 보아도, 얼마 지나지 않아 모두 사라져 버립니다. 3감監의 난에는 아버지와 아들이 서로 의심하였고, 형제가 서로 살육하였습니다.[164] 공자의 72명 제자 중에 학문이 높은 경지에 오르거나 심오한 경지에 이른 이들은 있었지만, 나이 50까지 산 사람은 몇 사람 없었습니다.[165] 안회安回[166]

---

161 『논어』「이인里仁」.

162 『진서晉書』 33「왕상전王祥傳」.

163 한나라 융려隆慮 사람이다. 삼형제 중의 첫째로 어릴 적에 아버지가 돌아가시자 그 유산을 두 동생에게 전부 주었고, 더욱이 그는 한 푼의 재산도 없이 어머니를 모시고 살았다고 한다. 그 후 아들을 낳자 그 아들로 인해 어머니에게 드릴 양식이 줄어들 것을 우려하여 그 아들을 땅에 묻으려고 할 때, 땅 속에서 "孝子郭巨 黃金一釜 以賜汝用"이라는 글귀와 함께 황금을 얻었다는 고사이다. 천보千寶의 『수신기搜神記』에 보이는 '24효孝' 중의 한 사람이다.

164 『상서』「금등金縢」.

165 『논어』「선진」.

166 『공자가어』.

는 요절하였고, 염백우冉伯牛[167]는 병으로 죽었으며, 자로子路[168]는 형벌을 받아 죽었고, 재여宰予[169]는 족형族刑을 당했으며, 자공子貢은 수염을 깎였습니다. 공자가 광匡과 진陳 땅에서 당한 고난[170]을 어찌 말로 다 표현할 수 있겠습니까? 그는 굶주림을 참으며 도를 널리 폈고 여러 제후국들을 방랑하였지만, 결국 무엇을 구제하였습니까? 불법에서 보자면, 오직 비애감만 남습니다. 이것이 어찌 세상 사람들의 숙연宿緣이 모인 결과가 아니겠습니까? 그가 미친 실제 이치도 깊고 크다고 할 수는 없습니다. 밖으로는 예악에 따르고, 안으로는 무생無生의 이치를 수양하여 정신을 열반의 경지에 오르게 하고, 억 겁의 세월을 한 해로 여긴다면, 이것이 어찌 참으로 큰 것이 아니겠습니까? 사실은 후세까지 전해지지 않았고, 도리도 충분히 알 수 없습니다. 대체적인 사적을 근거로 하여 주공이나 공자는 그렇지 않았다고 말하지 마십시오. 사람들은 모두 부처님께서 허망한 말씀을 하신다고 하는데, 『산해경』에는 죽었다가 다시 태어나는 것을 언급한 곳이 대단히 많습니다. 곤륜昆崙의 산,[171] 광도廣都의 들판,[172] 헌원軒轅의 언덕[173]이라는 죽지 않는 나라에서는 기후가 덥지도 춥지도 않으며, 봉황의 알을 먹고 감로수甘露水를 마시며,[174] 간기玕琪의 나무 그늘 밑에 누워 주천수朱泉

167 『사기』 67 「중니제자열전仲尼弟子列傳」과 『논어』 「옹야」 참조.
168 『예기』 「단궁」 상.
169 『사기』 67 「중니제자열전」.
170 『논어』 「자한」과 「위령공衛靈公」 참조.
171 『산해경』 「해내서경海內西經」 11.
172 『산해경』 「해내경海內經」.
173 『산해경』 「해내서경」 17.
174 『산해경』 「해내서경」 7.

水를 마시고,[175] 사람들은 모두 수천 살이 되어도 죽지 않는다고 합니다. 우禹임금의 아버지인 곤鯀의 영혼은 황웅黃熊으로 변화하여 우산羽山 밑의 연못에 들어갔고,[176] 진晉나라 세자인 신생申生의 영혼은 종자인 호돌을 만나 대화를 나누었고,[177] 정鄭나라 백유伯有는 요괴가 되어서 복수하였다[178]고 합니다. 좌구명左丘明이 전하고 있는 예들도 적지 않습니다. 이것들은 모두 저쪽(중국)의 대략적인 사실을 이끌어다가 이쪽(부처님)의 정밀한 내용을 믿게 하는 내용입니다. 옛날에 도가 있는 사람은 불법을 듣고 옷깃을 바르게 여몄다는 말을 들었는데, 이것은 반드시 포성蒲城의 죽은 선비가 의관을 갖춘 것뿐이 아님[179]을 알 수 있습니다. 지금까지 들었던 도가 아직 높지 않았기 때문인지요? 귀하께서 들으신 도가 높다면, 지금 바로 뚜렷이 달라지실 것[180]으로 여겨집니다. 인간은 정신적인 존재이기 때문입니다. 영극靈極을 믿어 귀의하고 대략이나마 교계敎戒를 품부 받으면, 미진하더라도 충분히 감응할 수 있고, 감응하면 한층 더 상승할 것입니다. 이것이야말로 의혹을 벗어나는 영원한 좋은 계책이 아니겠습니까?

옛날 정신이 불멸한다는 실제 사실은 부처님 말씀과 같았는데도 정신은 등지고 마음은 상처를 입어 스스로 유사幽司[181]에게 거

175 『산해경』「해내서경」 7.
176 『좌전』「소공」 7년.
177 『좌전』「희공」 10년.
178 『좌전』「소공」 7년.
179 『사기』 67 「중니제자열전」.
180 『주역』「혁괘革卦」.
181 혜원慧遠의 「명보응론明報應論」에도 "冥科幽司 應若影響"이라는 구절이 있다. 지옥에 있는 관리로 사후의 죄를 재판하는 역할을 수행한다.

역하고 있습니다.

이번 생애의 괴로움이 과거 생 때문이 아니라는 것을 어떻게 알 수 있습니까? 경솔하게 자기 혼자 생각을 가지고 존귀한 부처님의 가르침에 대해 오만하다가 혹 스스로 환난을 초래하는 것[182]은 아닌지 두렵습니다. 불경에 "석가모니가 옛날 소승의 비구였을 때 대승 불교를 비난하였다. 이 때문에 여러 겁 동안 지옥의 고통을 맛보았다"는 구절이 있습니다. 하물며 전혀 믿지 않는 사람은 어떠하겠습니까? 또 어떻게 이 불경이 반드시 빈말이라고 단정할 수 있겠습니까?

귀하가 비판하신 앞의 편지 중의 말씀은 혜림 도인이 쓴 내용에 기초한 것일 뿐이라고 생각합니다. 제 견해는 거칠게나마 다 말하였습니다. 또한 낱낱이 답변하지는 않았지만 제가 지은 「명불론」에서 모든 사항마다 다 설명하고 있으므로, 지금 함께 보내 드립니다. 귀하께서는 애써 잘 살피셔서 충고해 주시지 않겠습니까? 늙어 죽을 때까지 이렇게 글 쓰는 일을 계속하고자 합니다. 이 편지가 도착하거든 빨리 답변해 주시기 바랍니다.

종병이 삼가 씁니다.

5) 하승천이 다시 종병에게 답하는 글〔하승천〕

두 번째 편지와 「명불론」도 함께 잘 받았습니다. 그 논지의 전개가 항적項籍과 같이 면밀하여 한漢나라 고조高祖를 충분히 물리칠 정도인데, 하물며 저같이 연약한 사람에게는 어떻겠습니까? 귀하의 증명과 비유는 견고하고 명쾌하며, 문장은 깊이 있고 풍부하

182 『시경』 「패풍邶風」 웅치雄雉.

였습니다. 참으로 그 이익을 넓히고자 하여 평범한 사람까지 은혜를 미치는 것이 군자의 마음씀임을 깊이 알게 되었습니다. 귀하께서는 그림자나 메아리와 같은 논의로 그 가르침을 신비롭게 하셨으므로, 저는 입을 다물고 귀하의 아름다움을 완성시키는 것이 마땅합니다.[183] 다만 평소에 외국의 일은 중국에서 힘써야 할 것과 다른 경우가 있다고 생각하기 때문에 앞에서처럼 말씀드린 것입니다. 지금 중국이나 외국이 똑같아야 한다면, 저의 견해는 천박한 것이 될 것입니다. 불민한 점을 용서해 주셨으면 합니다. 그러나 그래도 마음에 남는 생각이 있습니다. 저 천지의 본성에 밝은 사람은 비현실적인 괴이한 학설에 미혹되지 않고, 융성하고 쇠퇴하는 도를 아는 사람은 이치를 벗어나는 교설에 마음이 움직이지 않습니다. 만약 귀하의 논의가 좋은 방편에 의거하여 독실하게 가르치는 것이 아니라 감정에서 나온 것이라면, 어찌 박학한 사람[184]의 폐단이 아니라고 하겠습니까? 직접 찾아뵙고 말씀드리지 못하고, 서면상으로만 씁니다.

하승천이 올립니다.

183 『논어』 「안연顔淵」.

184 『장자』 「추수秋水」.

홍명집 제4권

6. 달성론達性論[1]〔하승천〕

저 천지의 양의兩儀[2]는 자리가 정해져 있고 제왕이 이를 구획하였으니, 우주에서 이보다 더 존귀한 것이 없습니다. 하늘에는 음

---

1 『주역』 「설괘說卦」에 "順性命之理"라는 말이 있고, 이 「달성론達性論」도 유교 성인의 성명性命을 달성시키는 현세중심주의를 설하는 것이다. 『고승전』 7 「혜엄전慧嚴傳」(대정장 50, 367)에는 "近見顏延之折達性論 宗炳難白黑論 明佛汪汪尤爲名理"라는 구절이 있다. 원가 12년(435) 말경, 아마도 원가 11, 12년에는 이 논이 나왔음을 알 수 있다. 또한 동同 「도연전道淵傳」(대정장 50, 369)에는 송宋 세조문제世祖文帝의 신임을 얻고 있는 혜림慧琳이 하승천과 야합하여 불리佛理를 비난하고 있음이 기록되어 있고, 하승천에 대해서는 "著達性論 竝拘滞一方 詆訶釋教 顏延之及宗炳檢駁二論 各萬餘言"이라는 구절이 있다.

2 『주역』 「계사」 상 "易有大極 是生兩儀," 또한 「계사」 하 "天地設位 聖人成能 人謀鬼謀 百姓與樂"이라는 구절에서 성인은 왕王으로도 해석할 수 있다. 두 번째로는 천지인天地人의 인人은 특히 제왕으로 되는 것은 아니다. 양梁 원제元帝 『찬요纂要』에 "天地曰二儀 以人參之曰三才," 또한 『효경』 「삼재장三才章」의 소疏에 "天地謂之二儀 兼人謂三才," 『효경』 본문에 "子曰 夫孝天之也 地之義也 民之行也"라는 구절이 있다. 여기서 하승천과 안연지 논쟁의 요점이 보이고 있는 것이다.

과 양의 구분이 있고, 땅에는 강건함과 부드러움의 작용이 있으며, 인간에게는 인仁과 의義의 규범이 있습니다.[3] 사람은 천지가 아니면 생겨나지 못하고, 천지는 사람이 아니면 영령하지 못합니다.[4] 천・지・인 3재才는 한 몸이어서 서로 만나야 완성됩니다. 따라서 천지에서 맑고 조화로운 기를 품부 받아 신명神明[5]이 특히 뛰어나고, 감정이 고금을 포괄하며, 지혜가 만물[6]에 두루 미치고, 뛰어난 사려가 현묘한 이치[7]에 닿고, 제작하는 것이 조물주[8]와 동등하고, 인과 능력에 귀착하는 사람, 이러한 사람이 재위자가 됩니다. 백성을 위로하고 보양하며 하늘을 도와 덕을 베풀면, 해와 달이 밝게 빛나고, 기린・봉황새・거북・용의 네 가지 신령스러운 동물[9]이 나타나며, 상서로운 바람이 음률에 맞고, 네 가지 기氣는 옥처럼 빛나게[10] 조화롭고, 아홉 가지 곡식[11]・고기[12]・육지의 생산물・해산물・초와 소금 등 온갖 음식[13]이 그 식탁[14]에 갖추어지게 됩니다. 집・수레・금그릇・토기・비단실과 모시로 짠 검고 누런 섬유[15]가 제기와 복식으로 제공됩니다. 예법에 따라 장식하

---

3 『주역』「설괘說卦」.
4 『상서』「태서泰誓」, 『예기』「예운禮運」.
5 『상서』「군진君陳」, 『삼국지三國志』「위지魏志」 28 '왕필전王弼傳'.
6 『주역』「계사」 상.
7 상동.
8 『주역』「건괘」 문언文言, 『예기』「예운禮運」, 『회남자』「남명覽冥」.
9 『예기』「예운」.
10 『이아爾雅』「석천釋天」.
11 『주례周禮』「천관몽재天官冢宰」.
12 『맹자』「고자」, 『예기』「월령月令」.
13 『예기』「예운」.
14 『주례』「천관선부天官膳夫」.
15 『주역』「곤괘」 상육上六.

고, 8음音[16]으로 즐거워합니다. 만물을 다스리고 생명을 증식하는 일이 모두 갖추어집니다. 저 백성은 쓰임새가 검소하면 쉽게 풍족해지고, 쉽게 풍족해지면 힘에 여유가 생깁니다. 힘에 여유가 생기면 인간의 마음의 뜻과 감정이 편안해지고, 치세를 즐기는 마음이 비로소 생겨납니다. 일이 간략하게 되면 흔들리지 않고, 흔들리지 않으면 신명이 영령해집니다. 신명이 영령해지면 사려가 면밀하게 되고, 세상을 구제하고 다스리는 일이 비로소 이루어집니다. 그러므로 천지는 검소함으로 백성을 가르치고, 건곤乾坤은 간단하고 쉽게[17] 사람을 계도합니다. 이리하여 가르침이 간절하고 은근합니다. 어찌 날아가는 새나 물고기·뱀·벌레 같은 중생과 같겠습니까?

이러한 중생은 수렵할 때도 적당한 시기가 있고, 이용하는 경우에도 바른 법도가 있습니다. 겨울에 불을 피워[18] 잡을 경우에는 강풍이 부는 계절을 기다리고, 물고기를 낚을 때에는 승냥이가 짐승을 제사지내고 수달이 물고기를 제사지내는 계절을 기다리는 것은 하늘의 때를 따르기[19] 때문입니다. 대부[20]는 사슴새끼나 알을 취하지 않고, 일반 백성은 촘촘한 그물[21]을 사용하지 않습니다. 행위行葦[22]의 노래로 만들어지고 작은 물고기에까지 은혜를 베푸는 것은 인간이 이용할 수 있는 것을 아끼기 위해서입니다. 푸줏간과

16 『주례』「춘궁대사春宮大師」.
17 『주역』「정의서正義序」.
18 『예기』「왕제」.
19 상동.
20 『예기』「곡례曲禮」.
21 『맹자』「양혜왕梁惠王」 상.
22 『시경』「대아생민지십大雅生民之什」.

부엌[23]을 멀리하고, 다섯 가지 범죄〔五犯〕[24]를 삼가하며, 은나라 제후가 축수의 내용을 바꾸고,[25] 공자가 낚시질은 하지만 그물로 물고기를 잡지 않은 것[26]은 인仁의 도를 밝히기 위해서입니다. 생명에는 반드시 죽음이 있어서 육신이 사라지고 정신은 흩어집니다. 이것은 봄에는 만물이 소생하고 가을에는 쇄락하며 사계절이 번갈아 되돌아오는 것과 같습니다. 어찌 다시 형체를 받아 태어나는 일이 있을 수 있겠습니까? 『시경詩經』에서 "덕있는 군자는 복을 구하기 위하여 비뚤어진 생각을 하지 않는다"[27]고 한 것은 도를 넓히는 것[28]이 자신에게 달려 있음을 말한 것입니다. 『시경』에서 "3후后[29]가 하늘에 계신다"[30]고 한 것은 정령精靈이 승천해 있음을 말한 것입니다.

그런데 안으로 욕망을 품고 있으면서도 밖으로 방편의 가르침에 신경쓰며, 깊이 현재의 생〔方生〕[31]만 생각하면서 내세의 응보를 바라는 것은 과거의 스승들도 아직 말해 본 적이 없는 일입니다. 나는 원래 불민하지만[32] 이 가르침을 잊지 않고 본받고자 합니다.

---

23 『맹자』「양혜왕」 상.
24 『예기』「왕제」.
25 『사기』「은본기」.
26 『논어』「술이」.
27 『시경』「대아大雅」 한록旱麓.
28 『논어』「위령공」.
29 대왕大王·왕계王季·문왕文王을 말한다.
30 『시경』「대아」 문왕文王.
31 『상자』「세물론」. 즉 의존하고 있는 것으로 피차의 개념뿐만 아니라 삶과 더불어 죽음이 있고, 죽음과 더불어 삶이 있다는 것이다. 『장자』「천하天下」에는 '혜시惠施'의 뜻으로 쓰인 '방생방사方生方死'라는 말이 있다. 삶은 삶일 뿐이고 죽음은 죽음일 뿐, 절대적인 존재는 아니라는 것이다.
32 『논어』「안연」.

7. 석하형양달성론釋何衡陽達性論〔안연지顔延之[33]〕

1

앞에서 본 귀하의 논의는 식견이 높고 사고가 넓으며, 인간의 도를 생물 일반에서 멀리 벗어날 정도로 높였습니다. 만사에 명료한 증거와 정확한 이치를 잘 드러내고, 마음으로 유학의 가르침을 도와서 이단을 일소하기에 충분하다고 생각합니다. 하물며 감화받고자 하는 사람이 어찌 잊을 리 있겠습니까?

다만 음악이 단조롭기만 하면 조화를 잃을까 염려됩니다. 따라서 대략 살펴서 몇몇 의심되는 항목을 열거하였으니, 나중에 편지에서 상세한 설명을 듣고자 합니다.

---

33 「안연지전」(384~456)은 『송서』 73에 수록되어 있다. 의희義熙 10년(414)에 처음으로 오국내사吳國內史 유억劉抑의 행참군行參軍이 되었다. 영초永初 원년(420)에는 여릉왕廬陵王 유의진劉義眞(무제의 둘째아들) 밑에서 사령운謝靈運·혜림慧琳 도인道人과 같이 교류하였다. 이후 서이지(徐羡之, ?~426) 등에게 질시를 받아 시안始安 태수太守로 좌천되었으나 문제文帝 원가 3년(426) 서이지가 주살되자 중서행랑中書行郎으로 입각하여 나중에는 태자중서자太子中庶子로 전보되었다. 그러나 강건한 성품을 지닌 안연지는 유담劉湛·은경인殷景仁 등의 미움을 사 다시 영가永嘉 태수太守로 좌천되었다. 이때 지은 「오군영五君詠」이 불손하다 하여 팽성彭城 왕의강王義康·유담 등의 노여움을 사고 먼 지방으로 좌천될 뻔하였으나 문제의 중재로 광록훈光祿勳 차중원車仲遠이 대신 파견되고, 안연지는 일종의 견책처분을 받았다고 한다. 차중원과 사이가 좋지 않았던 안연지는 이후 7년 정도(원가 17년경까지) 세상과 연을 끊고 칩거생활에 들어가게 된다. 당시 편지 중에 "吾自居憂患 情理無託"이라는 말은 당시의 우울함을 잘 드러내는 말이라 하겠다. 문제가 안연지의 「절달성론折達性論」을 보고 탄식하였다는 것〔『고승전』 7 「혜엄전」(대정장 50, 367)〕과 구나발타라求那跋陀羅(권3)·축도생竺道生(권7)·혜정慧靜(권7)·혜량慧亮(권7) 등 당대의 명승과 교유하였다는 것을 알 수 있다.

2

귀하가, "천지의 2의儀와 한 몸이고, 3재才가 함께 만난다"고 한 사람은 반드시·덕에 합치하는 사람이고 일반인을 부르는 말이 아닙니다. 그러나 모든 생물류를 똑같이 중생이라고 부르며, '심식을 함유한 존재〔含識〕'[34]가 어찌 최상의 현명한 사람을 부르는 호칭이겠습니까? 그러므로 3재에 대해 논할 때는 포로와 노예에게서[35] 취하지 않습니다. 또 중생이라는 말이 어찌 성인이나 지혜로운 자를 함부로 하는 말이겠습니까? 구별이 중요하기는 하지만, 중생이라고 말해도 결코 질서를 어지럽힐 근심은 없습니다. 만약 두 가지[36] 가르침을 모두 들어서 저 번잡한 수식을 없애고 공통된 실질을 찾는다면, 배음倍音과 궁宮이 조화되어 부절을 합치듯이 합치할 것입니다. 어찌 결단코 여呂 음[37]에만 집착하여 율律 음을 훼손하겠습니까? 또 위대한 덕을 생명이라고 하는 것[38]은 만물의 공통점이고, 모든 생명체가 공유하는 것입니다. 어찌 생명을 얻는 이유가 다를 수 있겠습니까? 다르지 않은 생명은 중衆이라고 해도 좋을 것입니다. 다만 많은 중생들 중 어리석은 것과 지혜로운 것에는 많은 차이가 있습니다. 사람은 다른 생물들을 부려서 자신을

---

34 함령含靈과 같은 유정有情을 말한다. 불교에서는 심식心識을 함유하는 것이라는 뜻이며, 중생의 다른 명칭이다. 후세의 것이지만 『구사론俱舍論』 12에 "於苦暴流 濟諸含識," 『행지초자지기行持鈔資持記』 상사지일上四之一에 "心依色中名爲含識 總攝六道有情之衆"이라는 구절이 있다.

35 『한서』 「사마상여전司馬相如傳」.

36 유교와 불교를 가리킨다. 또는 범凡과 성聖이라고 해석하는 경우도 있다.

37 여呂와 율律은 죽통竹筒의 장단에 의해 청淸·탁濁·상上·하下를 만들고, 그 중에서 양陽 음을 '율,' 음陰 음을 '여'라고 한다. 육률육려六律六呂를 합하여 '12율'이라고 한다.

38 『주역』 「계사」 하.

보양하고, 생물은 부려져서 사람을 보양합니다. 처음에는 혹 그대로 따르더라도 결국 그 생명은 잦아들어 죽고 맙니다. 다양한 계기가 일어나서 정욕과 기호를 금지하지 못하면, 생명을 해치고 번다한 사물을 괴롭히며 천리天理를 막아 사라지게 할 것입니다. 황성皇聖은 이와 같은 상태를 불쌍히 여기면서도 한순간에 막힌 것을 다 없애지 못하기 때문에 사물을 살피는 가르침을 펴서 자연의 때에 따르라는 경서의 가르침을 따르게 하였습니다. 이로써 인仁의 도를 열고 의식〔識〕을 키우며 극단[39]을 멈추고 서서히 나아가게 하였습니다. 도에 뜻을 둔 사람은 이러한 상태에 이르기 전에 그만둘 것입니다.

3

귀하는 또한 생사를 사물의 번성과 조락으로 보고, 여러 가지 존재하는 것들 모두가 그렇다고 보실 것입니다. 그러나 정신의 존재와 소멸은 마른나무 줄기의 변화와는 다를지도 모릅니다. 만약 정신이 초목과 같다면, 당연히 연기처럼 사라져 버릴 것입니다. 그런데 또한 "3후后가 하늘에 계신다고 한 것은 정령精靈이 승천해 있음을 말한 것입니다"라고 하셨습니다. 만약 정령이 반드시 존재하며 초목과 다르다고 한다면, 육체를 받아 다시 태어난다는 주장은 당신의 말씀에 의하자면 3후의 뛰어난 선행이 하늘에 태어나는 응보를 받았기 때문이 아니겠습니까? 후생後生을 부정하고자 정령이 승천해 있다는 이론을 세웠지만, 훼손하려다 도리어 성립시키는 결과가 되었습니다. 따라서 억지로 배제할 수 없음을 알 수

39 『노자』 29.

있습니다. 만약 정령이 있을 뿐 어떠한 육체의 상도 없다면, 하늘에 있다는 것은 무엇에 의거하여 성립되는지 잘 모르겠습니다. 나는 함부로 단정하는 것이 겁나서 귀하의 생각을 그대로 따르려고 애썼습니다. 그러나 나아가나 물러가나 깊이 생각해 보았지만, 아직 타당하다고 여겨지지 않습니다.

4

물질계〔氣〕와 운명계〔數〕에서는 작용하고 감응하지 않는 것이 없습니다. 베푸는 일과 그 응보는 반드시 일치합니다. 반드시 일치한다고 말하면서 어떻게 응보를 바랄 것을 의심할 수 있겠습니까? 따라서 베푼 은혜를 잊은 사람은 요구하는 것이 없고, 공적을 보존하는 사람은 기대하는 것이 있습니다. 기대가 있는 사람은 아직 선하다고 할 수 없고, 은혜를 다 없앤 사람이어야 선에 이르렀다고 할 수 있습니다. 사람에게는 현명함과 어리석음의 차이가 있고, 뜻에도 공적인 것과 사적인 것의 차이가 있습니다. 따라서 응보를 기대하는 사람이 있다고 하여 덕을 세우는 것이 모두 응보를 구할 수 있다고 보아서는 안 됩니다. 또한 세상을 다스리는 사람들[40]은 평소 말하기를, 베푸는 것을 중시하는 이는 베푼 것을 기억하지 않고, 선비[41]는 의로운 일을 할 때 은혜를 베풀면서도 스스로 그렇게 생각하지 않는다고 합니다. 하물며 도의 요체를 들은 사람이 마음을 비우지 못하고 욕심을 갖고 행동하면, 하는 일마다 임시방편을 거리낌없이 하게 되지 않습니까? 어째서 귀하께서는 매

40 『장자』 「제물론」.
41 『시경』 「소아小雅」 북산北山.

번 이를 끌어올리려 하지 않고 나쁜 방향으로 타락하게 합니까? 불교도들을 혹독하게 비난하고 꾸짖더라도, 친절한 가르침을 받아 벌받는 일이 없게 하고 싶습니다. 귀하는 평소에 자신의 아성을 굳게 지키시기 때문에 편지 드리기가 어려웠고, 나 역시 칩거하고 있어서 근심하는 마음을 전하지 못하였습니다. 최근에 손수 쓰신 편지를 받고 귀하의 논지를 비평하는 뜻을 펴 보였지만, 마음에 들지 않는 내용이 혹 있을 것입니다.

안연지가 삼가 올립니다.

1) 안영가顏永嘉에게 답하다〔하승천〕

귀하의 편지는 삼가 잘 받아 보았고, 깊은 취지를 다시 따져 보았습니다. 귀하는 3재를 구별하고 실증하는 방법이 정밀하였고, 도심道心을 널리 베풀어 불교도들을 끌어안았으며, 저 세상과 이 세상을 일관되게 성심을 다해 만물에까지 미치게 하였습니다. 아름답게 실천하고 가르침을 널리 펼치니, 끼어들 틈이 거의 없는 듯합니다. 그러나 물러나서 아름다운 가르침을 살펴보니, 북극성을 우러러보는 것 같아서 길을 잃었고, 아직 전적으로 깨닫지는 못하고 있습니다. 그래서 다시 제 생각을 말씀드리고자 합니다.

귀하는 "천지의 2의와 한 몸이고 3재가 함께 만난다"고 한 사람은 반드시 덕에 합치하는 사람[42]입니다. '심식을 함유한 존재〔含識〕'가 어찌 최상의 현명한 사람을 부르는 호칭이겠습니까?"라고 말씀하셨습니다.

사람의 도를 세울 때는 인의仁義에서 취하였습니다. 불쌍히 여

---

42 『주역』「건괘」.

기는 마음이 인의 표시이고, 부끄러움을 알고 잘못을 미워하는 마음이 의義의 단서입니다.[43] 우산牛山[44]의 나무도 큰 도끼, 작은 도끼로 잘려 나가면 본성이 꺾이고, 맑고 깨끗한 생각[45]도 이해 관계에 따라 어지럽혀집니다. 선의 싹을 정성껏 키우고 그 선한 마음을 이끌어 주어야 합니다. 그런데 가지고 있기만 하고 헤아리지 못한다면, 잘못이 없을 수 있겠습니까?

또한 "3재에 대해 논할 때는 포로와 노예에게서 취하지 않습니다. 또 중생이라는 말이 어찌 성인이나 지혜로운 자를 함부로 하는 말이겠습니까?"라고 하셨습니다. 확실히 듣기는 했지만, 아직 두 가지 길이 어떻게 구분되는지 모르겠습니다. 저 이윤伊尹과 안회顔回는 하급의 낮은 사람에 붙는 것입니까, 자산子産과 계찰季札은 높은 성인에 비견되는 사람입니까? 끊임없이 노력하여 깨닫지 못한 부분을 없애고 반드시 양 끝을 들어서 궁宫과 화和를 부절처럼 합치시킨다면, 어찌 선에 이르지 않았다고 하겠습니까?

또한 "위대한 덕을 생명이라고 하는 것은 만물의 공통점이고, 모든 생명체가 공유하는 것입니다. 어찌 생명을 얻는 이유가 다를 수 있겠습니까?"라고 하였습니다. 그렇지 않다고는 말하지 않겠습니다. 사람은 태어나 균등하게 위대한 덕을 입지만, 이것을 중생이라고 할 수는 없습니다. 비유하자면 성인도 똑같이 5상常[46]을 품

---

43 『맹자』「공손추」 상.

44 『맹자』「고자」 상.

45 『한서』 48 「가의전賈誼傳」.

46 5상常에는 두 종류가 있다. 첫째 『상서』「태서泰誓」 "狎侮五常"〔공소孔疏 "五常卽五典 謂父義母慈兄友弟恭子孝 五者人之常行"〕, 둘째 『예기』「악기」 "道五常之行"〔정주鄭注 "五常五行也"〕, 『장자』「천운天運」 "天有六極五常"〔성현영소成玄英疏 "五常謂五行 金木火水土 人倫常性也"〕. 본 논에서는 두 번째의 오행의 뜻으로 쓰인

부 받지만, 그를 중인衆人이라고 할 수 없는 것과 같습니다. 어떻게 서로 다르지 않은 생명을 얻었다고 반드시 중衆이라고 해야 합니까?

편지에서 "사람은 다른 생물들을 부려서 자신을 보양하고, 생물은 부려져서 사람을 보양합니다"라고 말씀하셨습니다. 이와 같이 크게 구분한다면, 돌아보건대 제 논지와 동일합니다. 정욕과 기호를 제어하지 않아 생물을 해치고 괴롭히는 것은 지나치고 교만한 일이므로, 성인도 원래 이를 제거하였습니다.

또한 "도에 뜻을 둔 사람은 이러한 상태에 이르기 전에 그만둘 것입니다"라고 말하였습니다. 그러면 물어보겠습니다. 이러한 상태에 이르기 전 그만둔다는 것은 자기 자신이 죽이지 않는다는 것입니까, 가르침을 받아 모두 죽이지 않는다는 것입니까? 만약 자신이 죽이지 않고 시장[47]에서 필요한 것만 사 가지고 온다면, 이것은 원래 군주가 푸줏간과 부엌을 멀리한다는 뜻과 같습니다. 반드시 각 가정까지 적용시키려는 의도라면, 나는 귀하의 논지가 성립하지 않는다고 생각합니다.

또한 "만약 정신이 초목과 같다면, 당연히 연기처럼 사라져 버릴 것입니다. 정령이 하늘에 있다는 것은 어디에 의거해야 성립되겠습니까?"라고 말씀하셨습니다. 저 신백神魄[48]은 황홀한 것이고, 떠도는 영혼〔魂〕[49]이 변화한 것입니다. 죽은 자의 기氣가 위로 발양하고[50] 사람이 이를 보고 슬픔을 느낄 때, 어디든지 떠나갑니다.

듯하다.

47 『예기』「왕제」.

48 『노자』 21.

49 『주역』「계사」 상.

중유仲有[51]는 죽음을 알고자 하였으나 답을 듣지 못하였고, 자공子貢은 본성과 천도에 대해 듣지 못하였습니다.[52] 죽었다가 다시 육체를 받아 태어나지 못한다는 것은 앞에서 밝힌 내용 그대로입니다. 정령이 어디에 의거해서 성립하는가는 공자의 대답을 그대로 따르려고 합니다. "베푸는 일과 그 응보는 반드시 일치합니다"라는 점에 대해서 보면, 우씨于氏는 문을 높이 하여 선한 일을 많이 쌓은 집에 경사가 생기기를 기대하였고,[53] 박양후博陽侯는 선제宣帝의 어린 시절에 환란에서 구해 준 공을 자랑하지 않아 공후의 복을 받았습니다. 이것들이 어찌 내세의 육체와 관련되겠습니까?

또한 "세상을 다스리는 사람들은 평소 말하기를, 베푸는 것을 중시하는 이는 베푼 것을 기억하지 않고, 선비는 의로운 일을 할 때 은혜를 베풀면서도 스스로 그렇게 생각하지 않는다"고 말씀하셨습니다. 이 말은 참말입니다. 그러나 약간 아쉬운 것은 보답이 있기 때문에 은혜를 베푼다고 하는 것은 설교자들이 이끄는 방법이고, 보답을 기뻐하여 은혜를 베푸는 것은 세상 사람들이 평소에 힘쓰는 일입니다.

불경을 의심하여서 몇 겁의 죄를 받고 보시에 힘써서 몇 배의 응보를 받는 것은 우리들의 도와 다릅니다. 그 때문에 따르지 않았을 뿐입니다. 귀하께서는 이를 위로 끌어올리려 하고 있습니다. 나도 있는 힘을 아끼지 않을 것입니다. 그러나 장부로서 실질적인 생활을 하는 사람은 화려하고 아름다운 지혜[54]를 저열하다고 보기

---

50 『예기』「제의祭義」.

51 중유는 공자 제자인 자로이다. 『논어』「선진」.

52 『논어』「공야장」.

53 『한서』 71 「우정국전于定國傳」.

때문에 행하지 않습니다. 만약 베풀어서 위급한 사람을 구하는 것이 아니라 은혜를 남겨서 공적을 드러내기 위한 것이라면, 고명한 귀하의 입장에 비추어 보아도 부끄러운 일이 아니겠습니까? 나는 항상된 마음恒心[55]을 가지라는 가르침에 따랐지만, 오래되어도 변하지 못하였습니다. 내심으로 거백옥蘧伯玉[56]에게 부끄러울 따름이니, 남을 비난할 겨를이 없습니다.

삼가 하승천이 씁니다.

2) 하형양에게 다시 반박하다〔안연지顔延之〕

잠시 농사일에 종사하여[57] 몸소 밭을 가꾸고 있습니다. 농사짓는 동안은 들에서 일하는 노인을 친구 삼아 농사에 관한 이야기만 나누고, 경작하고 가축 키우는 데 온 힘을 기울였습니다. 1년의 수확을 이야기하거나 경작을 헤아리느라 훌륭한 논의를 들을 기회가 없었습니다. 지금 다시 심오한 논의를 들으니 위안이 됩니다.[58] 편지의 내용이 지극히 정밀하여 제 머리가 둔한 것이 더욱 부끄럽게 생각됩니다. 지금은 지난 편지의 내용은 놓아두고 아직 말하지 않았던 것들을 써 보겠습니다.

그런데 제 마음대로 이치를 탐구하기보다는 3재에 대한 성인의 문장에 따라 분석하는 편이 좋겠습니다. 3재의 논의는 본래 『주역』의 3획畫에 바탕을 두는데, 3획을 나열할 때 중효中爻는 군주의

54 『노자』 38.
55 『맹자』 「양혜왕」.
56 『논어』 「헌문」.
57 『상서』 「대전략설大傳略說」.
58 『후한서』 「반초전班超傳」.

덕[59]을 말합니다. 따라서 태상太上[60]을 초치할 만큼 신비스럽고, 원수元首[61]와 하나일 정도로 숭고합니다. 그리하여 이전에 천지와 합치하는 덕을 지닌 사람이 아니면 사물에 충분히 감응할 수 없다고 하였던 것입니다. 이 점은 맑은 사려로 널리 궁구해 보아도 아직 동의하지 못할 부분이 있습니다. 귀하의 입장은 3재를 가진 사람들을 똑같이 포섭하여 버리는 일 없이 폭넓게 받들고, 만물에 돈독히 대하겠다는 뜻이 넉넉한 것 같습니다. 그러나 만물의 위치를 정리하는 방법이 복잡하고, 양陽을 의심하는 일[62]이 많아지는 것이 아닌지 걱정됩니다.

남을 불쌍히 여기는 마음〔惻隱之心〕이 일어날 때 박애를 베풀고, 남의 잘못을 부끄러워하고 미워하는 마음〔羞惡之心〕이 생길 때 하늘이 정직한 사람을 도와주는 올바른 행위를 극진히 한다면, 최상의 인仁과 의義가 됩니다. 여기에 대해 나는 논박할 말이 없습니다. 그러나 인정을 쓰는 사람은 적고, 이익만 따르는 사람이 많습니다. 인의의 본분을 지니고 있으면서도 아직 지극하게 되지 못한 사람은 천지의 2의儀에 견주어 짝할 곳이 없습니다.

지금 최상의 인의에 다다른 사람을 스승으로 하고, 아직 이러한 단계에 이르지 못한 사람은 그 힘을 빌어서 존경과 사양의 마음을 북돋아 다투는 마음을 없애게 합니다. 큰 도끼와 작은 도끼의 날을 무디게 하여 이해 관계의 다툼이 되는 단서를 없애고, 백 세대의 백성들이 믿음이 돈독한 길로 나아가게 한다면,[63] 어떠한 싹이 자

59 『주역』「건괘」구이九二.
60 『예기』「곡례」상.
61 『상서』「익직益稷」.
62 『주역』「곤괘」문언.

라지 않겠으며, 어떠한 선이 이끌어지지 않겠습니까? 그런데 귀하는 이 점을 생각지 않고 비방하시니, 그 의도를 잘 모르겠습니다. 3재는 동등하게 나열되므로, 한쪽으로 치우친 재주를 가진 사람을 포함할 수 없습니다. 중생이라고 부른다고 해서 무생無生의 사람과 뒤섞어서는 안 됩니다. 그리하여 이쪽(유교)에서는 포로와 노예를 넣지 않았고, 저쪽(불교)에서는 성인과 지혜로운 자를 구별하고 있습니다. 유교와 불교 두 가지를 모두 거론하는 취지가 여기에 있습니다.

자산과 계찰도 아직 도와 일체가 되지 못하였는데, 황왕皇王이 어찌 위의 단계에 붙을 수 있겠습니까? 이윤과 안회[64]는 모두 일기一氣의 변화[65]에서 벗어나지 못하였으므로, 아래 중생으로 붙이는 것이 당연합니다. 두 길의 구분은 턱[66]으로 가리키는 것보다 쉽습니다.

또한 "사람은 태어나 균등하게 위대한 덕을 입지만, 이것을 중생이라고 할 수는 없습니다. 비유하자면 성인도 똑같이 5상常을 품부 받지만, 그를 중인衆人이라고 할 수 없는 것과 같습니다"라고 말씀하셨습니다. 성인을 중인이라고 할 수 없는 것은 신명이 보통 사람들보다 뛰어나기 때문입니다. 지금 성인도 중생과 똑같은 생명을 받았는데, 어찌 중생과 동등하지 않다고 하겠습니까? 당연히 뛰어난 영혼으로 구분해야지 그들이 얻은 생명을 다르게 보면 안 됩니다. 다만 '중衆'이라는 명칭을 기피하는 것뿐이고, '중'의 실질

63 『맹자』「양혜왕」상.
64 『주역』「계사」상.
65 『한서』「형법지形法志」.
66 『한서』「가의전賈誼傳」.

에는 어긋나지 않습니다.

촉나라로 통하는 위험한 길[67]을 두려워하여 도망치려고 해도 결국 피할 수 없는 것과 같습니다. 인간이 다른 생물을 부려서[68] 자신을 보양하고 다른 생물은 부려져서 사람을 보양한다는 것은 어리석은 존재와 지혜로운 존재가 경쟁하여[69] 어리석은 계산으로 서로 제압하려는 것을 말합니다. 이러한 일은 인간의 지혜에서 나온 것이지 자연의 이치〔天理〕에서 나온 것이 아닙니다. 그러므로 처음에는 그 싹을 불쌍히 여기는 마음이 일어났다가 마지막에는 슬픔이 막혀서 사라지고 맙니다. 어찌 귀하가 소・돼지[70] 등의 온갖 존재와 그 취지를 같이하겠습니까?

움직이는 대로 쉽게 흘러가는 것은 아래 백성들의 성품이고, 변화[71] 속에서 절도를 지키는 것은 위의 성인의 공덕입니다. 담과 제방을 조심스럽게 쌓아 놓고도 도둑이 넘어올 것을 걱정합니다. 하물며 만물을 비호하는 모든 방법을 갖추어 놓고 바라는 대로의 욕망을 충족시키는 데 있어서이겠습니까? 그것이야말로 극단을 전개하는 것인데, 어찌 아주 심한 것을 제거한다는 논의이겠습니까? 따라서 만물을 걱정한다는 말도 인애가 부족한 사람과 즐거움과 슬픔을 같이할 수 없다는 것임을 알아야 합니다. 살생을 즐긴다는 말은 일부 인간들에게 해당하는 것이고, 생명을 좋아하는 감정이 더 넓습니다. 제가 "도에 마음을 둔다"고 한 것은 생명을 좋아하는

67 『회남자』「유칭謬稱」.

68 『한서』「형법지」.

69 『노자』 21장에 보이는 "상하 신분의 차이로 서로간의 교제에도 한계가 있다는 말〔高下相傾〕"을 인용한 것이다.

70 초식하는 짐승인 소・양 따위와 곡식을 먹는 짐승인 개・돼지 따위를 말한다.

71 『주역』「계사」 하.

마음이 넓고, 허례를 배격하며, 본성을 따라서 완성하고, 실질을 체험하여 요절하지 않게 하는 것입니다.[72] 그 이익과 은택은 하늘까지 통하지만, 은혜라고는 생각하지 않습니다. 어찌 은혜가 새끼 사슴과 알을 취하지 않는 정도에만 한정되고, 행위가 늑대와 수달이 때에 맞추어 사냥하거나 물고기를 잡는 정도에 그치겠습니까? 이러한 관점에서 보면, 저잣거리와 푸줏간에 죄를 전가할 수 없을 뿐 아니라 저잣거리와 푸줏간 밖에서도 신체를 제어하여 보양하는 경우가 있습니다. 신농神農[73]과 혜강嵇康[74]이 저술한 글에 대해, 중장통仲長統[75]은 그 일을 훌륭하게 여겼고, 교신矯愼[76]은 그 업적을 정교하다고 보았습니다. 이것이야말로 옛날에 전해오는 말이 있었고, 지금 그 사람에 대해 들었다는 것입니다. 어찌 꼭 살을 도려내는 것을 맑고 조화로운 본성이라고 여기고, 고기를 데워 소금물에 담그는 것을 선을 돕는 방법으로 삼겠습니까? 만약 집집마다 똑같이 미루어 나가기 힘들다고 하여 내 논의가 성립되지 못할 것을 걱정한다면, 이것은 관숙管叔과 채숙蔡叔 두 사람이 화합하지 못한다고 하여[77] 주나라의 덕이 먼저 없어진다고 보는 것과 같습니다. 원대한 꿈을 잘 펴서 오랜 시간 동안 성과를 찾아 나아간다

72 『진서晉書』「장협전張協傳」에서 "上無淩虛之巢 下無跖實之蹠"이라고 하였다. 이것의 근거로는 『회남자』에 보이는 "鳥排空而飛 獸跖實而走"가 있다.

73 혜강嵇康의 『양생론養生論』에 "神農曰 上藥養命 中藥養性"이라는 문구가 있다.

74 혜강(233~262)의 자字는 숙야叔夜이고, 조조曹操의 증손녀인 장락정주長樂亭主를 아내로 맞이하였기 때문에 그가 죽은 후 '중산대부中散大夫'라는 시호가 내려졌다. 죽림칠현의 한 사람으로 유명하였고, 혜강에 대한 논이 아주 많았음이 『진서』 49에 기록되어 있다.

75 『후한서』 79 「중장통전仲長統傳」.

76 『후한서』 113 「교신전矯愼傳」.

77 『시경』「소아小雅」 상체서정전常棣序鄭箋.

면, 날마다의 계획[78]이 해마다 다 이루어져서 좋은 결과를 기대할 수 있을 것입니다.

정령과 초목이 참으로 구별된다면, 떠도는 영혼에 대한 귀하의 답변도 정령을 인정하는 말일 것입니다. 만약 정령이 존재하고 있어도 형체를 가지고 있지 않다면, 세상에 어찌 형체가 없는 것이 있을 수 있겠습니까? 이러한 의문에 대해서 올바른 답변을 해 주셔야 합니다. 공자가 죽음에 관한 질문에 답하지 않은 것은 유有와 무無를 아직 판별하지 못하였기 때문입니다. 귀하는 이미 정령이 존재한다는 것을 판별하였는데, 어찌 유무를 판별하지 못한다는 공자의 답변에 동조할 수 있습니까? 귀하는 학문을 좋아한다고 말씀하셨지만 누구를 좇아야 좋은지를 아직 모르고 계신 듯합니다. 그렇지 않으면 밝은 길과 어두운 길이 멀리 떨어져 있고, 감추어져 알기 어려운 일과 분명히 드러난 일이 현격하게 떨어져 있어서, 마침내 밝은 달[79]이 비추는 일을 그치게 하고 세상의 지혜로 마음의 작용을 한정해 버리는 것과 같이 됩니다.

귀하는 편지에서 "베푸는 일과 그 응보는 반드시 일치한다는 점에서 보면, 우공을 능가한다"고 하였습니다. 이 뜻을 살펴보면 귀하의 뜻과 반대되는 것으로, 중도에서 그만두는 것이 아니겠습니까? 또는 세상에서 옥을 가지고만 있는 사람은 옥 파는 시장으로 나와 다른 사람들의 비판을 들어야 한다고 생각합니다. 역서譯胥[80]가 세속의 풍속에 이끌려서 자기 나라의 사정을 설명하는 것만으로는 아직 완전히 다 비추었다고 할 수 없을 것입니다. 최근의 해

78 『장자』 「경상초庚桑楚」.

79 불교를 은유한 말이라고 할 수 있다.

80 『주례』 「추관秋官」에 보이는 '역서譯胥'를 '역서驛胥'로 해석하는 설도 있다.

석을 상세히 다시 서술해 주시기를 청합니다.

앞에서 베푸는 일과 응보를 기氣와 수數라고 칭한 것은 만물에 허망한 것이 없다고 본 것입니다. 그러나 각자 같은 종류에 감응합니다. 같은 종류에 감응하는 것들 중 사람 마음이 가장 큽니다. 마음의 움직임은 수를 헤아리는 예력隸歷에서도 얻을 수 없는데, 그 진실이 중첩된 내용은 도저히 찾아낼 수 없습니다. 이제 세속의 견해를 근거로 확실한 증거를 삼으려고 생각합니다.

장주莊周[81]는 "밭과 농장의 경작이 조잡하면 보報의 수확밖에 얻을 수 없고, 풀 깎는 방법이 소홀하면 소홀한 보를 받는다"고 하였습니다. 또한 순자荀子도 "보응의 형세는 각각의 종류에 따라 이른다"[82]고 하였습니다. 내생에 다시 태어날 몸을 위하여 훈계하는 것이지만, 존중하지 않아도 되겠습니까? 자비가 많은 사람은 그 운명을 깊이 보았기 때문에 근본[83]을 바르게 말하는 것이지, 좋은 결과를 맞기 위한 것은 아닙니다.

장점을 키우고, 악을 막으며, 백성들이 도를 그대로 따르도록 하고, 생명의 부류들을 구제하여 죽음이 없는 세계로 들어가게 하면, 경사는 만물에 널리 미치고 온갖 신〔百神〕 중 으뜸으로 존경받을 것입니다. 어찌 조祚는 자윤子胤에서 끝나고 복福은 경상卿相의 벼슬자리에 한정되겠습니까? 항상 선으로 구원하면, 선도 그에 따라 형세를 갖게 됩니다. 이것은 그림자와 실물처럼 그대로 두어도 저절로 오는 것이니, 어찌 은혜를 구하고 과보를 즐긴다고 하겠습니까? 불경을 의심하는 죄나 보시에 힘쓰는 것도 가까운 징험으로

81 『장자』「칙양則陽」.
82 『한서』「형법지」.
83 『노자』78.

는 불쌍하다는 감정에서 나온 것이지만, 멀게는 덕교(德教 : 불교)를 시기하기 때문인 듯합니다. 따라서 공적을 자랑하는 것을 벌주는 것은 좋으나 나무람이 지나치면 현명한 사람을 잃는 잘못을 저지르게 됩니다. 버리면 보존하게 된다는 것과는 의미가 다르고, 공적인 것과 사적인 것의 차이가 있음은 지난번 편지에서 서술하였으므로 다시 거론하지 않겠습니다. 생각건대 실질에 처하면서 영화를 누추한 것으로 여기는 사람은 반드시 두터운 덕으로 박한 것을 제거할 수 있습니다. 위급한 경우를 구휼하지 않는 보시와 명예를 구하고자 하는 은혜를 행하는 사람은 참으로 도를 해치는 사람입니다. 귀하가 부끄럽게 여길 뿐 아니라 저 자신도 매우 수치스럽게 생각합니다.[84]

3) 거듭 안영가顔永嘉에게 답하다〔하승천〕

나는 젊어서 내 좁은 소견[85]을 믿었고, 나이를 먹음에 따라 이러한 경향이 더욱 강해졌습니다. 말하고 싶은 것을 마음속에 담아만 둔다면, 가슴속이 썩어 버릴 것입니다. 따라서 비늘을 가지고 헤엄치고 날개에 의지해 날고 싶습니다. 후의로써 본래의 생각을 말씀하시고 거듭 설명해 주시니, 은혜가 깊습니다. 고증은 주도면밀하고, 말씀은 유려하며 풍부하였습니다.

훌륭한 옥이라도 때에 따라 흠집이 생기면 천한 사람도 그 흠집을 지적하고, 달도 기울어져서[86] 그늘이 지면 야인이라도 그 이지러짐을 바라봅니다. 제가 어찌 논변하기를 좋아하겠습니까마는,[87]

---

84 『논어』「공야장」.

85 『장자』「추수秋水」, 『진서』「육운전陸雲傳」.

86 『초사楚辭』「이소離騷」, 『후한서』 90 하「채옹전蔡邕傳」, 『상서』「무성武成」.

어쩔 수 없습니다. 일보 진전된 가르침[88]을 청하기 위해 질문하여 모르는 부분을 철저히 연구하고자 합니다.

답장에는 "3재의 논의는 본래 『주역』의 3획에 바탕을 두는데, 3획을 나열할 때 중효는 군주의 덕을 말합니다. 따라서 태상을 초치할 만큼 신비스럽고, 원수와 하나일 정도로 숭고합니다"라고 하셨습니다. 만약 귀하의 논지와 같이 『주역』의 3획을 3재로 본다면, 초효를 땅의 효에 비견하고 3효로 하늘의 위치(位)를 논하는 것입니다. 그러면서 "세상을 피하여 마음에 번민하지 않는다"[89]는 것은 사물을 두텁게 싣는 땅[90]을 말하는 것이 아닙니다. "군자는 강건하다"[91]는 것은 저 푸르고 푸른[92] 하늘을 가리키는 것이 아닙니다. 양의兩儀가 의탁하는 바가 없는데, 어떻게 사람의 도[93]를 세우는 뜻이라고 할 수 있습니까? 다만 효가 중화中和의 위치에 있으므로, 군주의 덕에 대응하는 것이 마땅할 뿐입니다.

또한 "남을 불쌍히 여기는 마음이 일어날 때 박애를 베풀고, 남의 잘못을 부끄러워하고 미워하는 마음이 생길 때 하늘이 정직한 사람을 도와주는 올바른 행위를 극진히 한다면, 최상의 인仁과 의義가 됩니다"라고 하였습니다. 이러한 말이야말로 인과 의를 체득하는 것이 3재가 된다는 것을 인정하신 것입니다.

더욱이 "자산과 계찰도 위의 단계인 성인이라고 할 수 없고, 이

87 『맹자』「등문공滕文公」하.
88 『논어』「자로」.
89 『주역』「건괘」 문언文言 초구初九.
90 『주역』「곤괘」 상象.
91 『주역』「건괘」 구삼九三.
92 『이아爾雅』「석천釋天」.
93 『주역』「설괘說卦」.

윤과 안회도 아래 중생으로 붙이는 것이 당연합니다"라고 말씀하셨습니다. 신하로서 황상黃裳[94]을 입는 사람조차 3재 중 군주의 덕에 미치지 못하기 때문에 턱으로 가리키는 것처럼 쉽다고 하지만, 높고 낮음의 표준이 서 있지 않기 때문에 미혹한 저는 알기 어렵습니다.

저 음양이 인간의 기氣를 만들고, 강유剛柔가 인간의 본성을 부여합니다. 둥근 머리[95]와 네모난 발, 용모가 남다르지 않은 것, 측은한 마음과 부끄러워하는 마음과 같은 것들이 모두 그러합니다.[96] 다만 천지 2의儀에 참여하는 사람은 반드시 인과 의를 단서로 삼습니다. 그런데도 귀하께서는 사람의 자격을 한정하여 신하에게 명名과 기器를 수여하는 것처럼[97] 삼가야 한다고 생각합니다. 그리하여 마침내 은혜로운 사람과 청결한 선비[98]의 성품까지 짐승의 무리[99]에 비견하고, 거의 완전한 현인[100]을 어패류와 동일한 기로 간주해 버렸습니다. 『주역』에서 상象을 만든 의도가 어찌 이와 같겠습니까?

또한 "지금 성인도 중생과 똑같은 생명을 받았는데, 어찌 중생과 동등하지 않다고 하겠습니까? 당연히 뛰어난 영혼으로 구분해야지 그들이 얻은 생명을 다르게 보면 안 됩니다"라고 말씀하셨습니다.

저 뛰어나고 영묘한 정신이 중생과 다르다면, 생명을 얻는 이치

94 『주역』「곤괘」 육오六五.
95 『회남자』「인간훈人間訓」, 『한서』「형법지」.
96 『후한서』 73 「주목전朱穆傳」.
97 『좌전』「성공成公」 2년.
98 자산子産과 계찰季札을 지칭하는 듯하다.
99 『문선』 4 「촉도부蜀都賦」.
100 『주역』「계사」 상.

가 어찌 잠시라도 같다고 할 수 있겠습니까? 생명은 이치에 근거하는데 이치가 다르다면, 중생과 동일한 생명이라고 부르는 것은 어디에 근거[101]한 것인지요? 만약 이 생명을 반드시 중생에게 따르도록 집착한다면, 혼합되어 형성된 사물[102]도 그 범주에 들어가는 것입니까?

또한 "담과 제방을 조심스럽게 쌓아 놓고도 도둑이 넘어올 것을 걱정합니다. 하물며 만물을 비호하는 모든 방법을 갖추어 놓고 바라는 대로의 욕망을 충족시키는 데 있어서이겠습니까? 그것이야말로 극단을 전개하는 것인데, 어찌 아주 심한 것을 제거한다는 논의이겠습니까?"라고 말씀하셨습니다.

귀하께서는 처음에 "황성皇聖은 동물의 생명을 취할 때에도 그 시기를 살피고, 삼가 하늘의 때에 순응한다는 경서의 가르침을 말씀하셨습니다. 이는 극단을 피하고 서서히 나아가는 도道의 입장에 되돌아가려고 한 것입니다"라고 말씀하셨습니다. 그리고는 지금 다시 "그것이야말로 극단적인 것을 전개하는 것"이라고 비난하셨는데, 이것이 제 비천한 견해를 비난한 것인지 성인을 나무라신 것인지 잘 모르겠습니다.

또한 "저잣거리와 푸줏간 밖에서도 신체를 제어하여 보양하는 경우가 있습니다. 신농神農과 혜강嵇康이 저술한 글에 보이듯이, 어찌 꼭 살을 도려내는 것을 맑고 조화로운 본성이라고 여기고, 고기를 데워 소금물에 담그는 것을 선을 돕는 방법으로 삼겠습니까?"라고 말씀하셨습니다.

---

101 『좌전』「희공僖公」14.
102 『노자』25.

저 하늘을 제사지내는 인사禋祀[103]와 땅에 매장하는[104] 희생에는 견율繭栗[105]을 사용하고, 종묘사직[106]에는 소·양·돼지의 3생牲을 사용하며, 야채가 없는 소고깃국과 돼지고깃국,[107] 수북이 쌓인 두豆와 희생을 담은 적조[108]로 손님들에게 대접하는 것입니다. 70세 노인[109]은 고기를 먹어야 비로소 배가 부른데, 어찌 풀뿌리와 약돌만을 진열하여 완전한 음식과 최고의 약을 완비했다고 할 수 있겠습니까? 내가 귀하의 논지에 의문을 제기하는 것은 그대의 뛰어난 논의가 성립하기 어렵다는 것이 아니라, 세상에서 이 일을 한순간에 없앨 수 없음을 물러나 걱정하는 것뿐입니다.

또한 "세상에 어찌 형체가 없는 것이 있을 수 있겠습니까? 이러한 의문에 대해서 올바른 답변을 해 주시기 바랍니다"라고 말씀하셨습니다.

보내 주신 편지의 취지를 살펴보면, 귀신이 있다는 것은 싫어하지 않는 듯합니다. 확실히 귀신에게는 물질적인 증거가 있어야 미혹이 없을 수 있다고 한 것은 인도의 책에서 귀신이 생물의 종류로 되어 있다고 말하였기 때문이 아닙니까? 옛날 사람들이 귀신을 가르침으로 삼았다는 내용이 경전에 쓰여 있고, 모든 책[110]들에 서술되어 있습니다. 정鄭나라 자산子産과 오吳나라 계찰季札도 이를

103 『주례』「대종백大宗伯」, 『시경』「주송周頌」.

104 『시경』「대아大雅」.

105 『한서』「교사지郊祀志」, 『국어』「초어楚語」 하.

106 『예기』「제통祭統」.

107 『의례儀禮』「공식대부예구公食大夫禮九」.

108 의례를 지낼 때, 음식물을 담는 그릇을 '두豆'라 하고, 고기를 담아 올리는 제향의 그릇을 '조俎'라고 한다.(『의례』「공식대부예구」)

109 『맹자』「진심」 상.

110 『예기』「중용」.

인정하였습니다. 이러한 까닭으로 운화雲和의 피리로 6변變의 음악을 연주하면 실제로 하늘의 귀신[天神]이 내려오고, 용문의 거문고로 9변變을 연주하면 사람과 귀신이 함께 이릅니다.[111] 귀하는 평소에 『주례周禮』를 늘 잡고 있으면서도 이러한 내용을 소홀히 하고 있습니다. 그러면서 '형체가 없는 것이 있다'는 사실을 힐난하는 데 지리한 논변을 하려는 것입니까?

또한 "내생에 다시 태어날 몸을 위하여 훈계하는 것이지만, 존중하지 않아도 되겠습니까? 자비가 많은 사람은 그 운명을 깊이 지켜보고 있습니다"라고 말씀하셨습니다. 그런데 귀하가 말씀하신 자비가 많은 사람은 누구를 지칭하는지 잘 모르겠습니다. 만약 유교 경전 이외의 책에 나온 응보의 설에 근거한 것이라면, 모두 임시방편의 가르침에 불과하다고 봅니다. 최상의 이치를 강구하면서 성인의 말씀을 좇아 해석하지 않고, 많은 이들의 불분명한 말을 좇아 서로 부추기고 함부로 해석합니다. 이것은 물로 물난리를 구제하려는 것[112]과 같지 않습니까?

또한 "만물에 허망한 것이 없고, 각자 같은 종류에 감응합니다. 항상 선으로 구원하면, 선도 그에 따라 형세를 갖게 됩니다. 이것은 그림자와 실물처럼 그대로 두어도 저절로 오는 것입니다"라고 하셨습니다.

이 말이 사실이라면 같은 종류로 감응하는 사물은 반드시 경중이 같고, 그림자와 실물의 형세도 길고 짧은 길이에 일정한 정도가 있을 것입니다. 토목을 장엄하게 수식하는 것도 자애로운 마음

---

111 『주례』「춘궁대사악春宮大司樂」.
112 『장자』「인간생人間生」, 『회남자』「병략훈兵略訓」.

에서 나온 것이 아니고, 때에 맞추어 수렵하더라도 잔혹한 성품을 뿌리째 드러낸 것은 아닙니다. 무엇을 상찬賞讚하여 아름답고 화려한 천상계로 올라가고, 무엇을 벌하여 어둡고 고통스런 지옥에 빠지게 되는 것입니까? 아무리 좋은 말[113]도 사람의 잘잘못을 논할 수 없고, 법을 세울 때 표준이 없는 데[114] 한결같이 이르게 됩니다. 게다가 보육하는 사람[115]은 사랑을 전할 때 돼지나 개의 창자를 먹지 못하도록 주의시키고,[116] 솜씨 좋은 요리사는 소 힘줄과 뼈가 모여 있는 곳[117]을 두려운 마음으로 조심합니다. 하물며 저 성인은 해와 달에 비견할 정도[118]로 총명하고, 3통統[119]을 열 정도로 교화가 있습니다. 만약 보응이 반드시 부합하는 것이라면, 어떻게 가르침을 방해하여 복희와 요임금 시대에 대해 입 다물고 말하지 않고, 주공·공자 시대를 묻어 두고 드러나지 않게 하고, 처음으로 법망을 만들어 수억의 죄를 일으키고, 희생물을 정하고 긴 밤 동안 계속되는 벌을 내려 저 천연의 음식[120]을 버리고 이 소·양·개·돼지 고기를 맛있다고 하며, 물에 빠진 사람을 구하려는 어진 마음도 없이 구덩이에 빠지게 하는 잔혹한 일을 함부로 행하는 것입니까? 그렇지 않기 위해서는 신중하게 고려해 보아야 한다

113 『상서』「고요모皐陶謨」.
114 『후한서』 24 「마원전馬援傳」.
115 『사기』 79 「범휴전서范睢傳序」.
116 『예기』「소의小儀」.
117 『장자』「양생주養生主」.
118 『주역』「건괘」 문언.
119 원뜻은 『한서』「율력지律曆志」에 보이는 3대代의 정삭正朔, 즉 하정건인夏正建寅은 인통人統, 상정건축商正建丑은 지통地統, 주정건자周正建子는 천통天統을 말한다. 그러나 여기서는 천天·지地·인人을 말하는 듯하다.
120 『진서』 11 「천문지天文志」 상.

고 생각합니다. 만약 성인의 지혜라고 해도 아직 불완전한 점이 있는데, 귀하가 아무리 기이한 생각을 선호한다고 해도 성인을 멸시할 정도라고는 할 수 없을 것입니다.

귀하께서는 인의仁義를 논하면서 "인정이 있는 사람은 적고, 자기 이익만 추구하는 사람이 많다"고 하셨습니다. 은혜를 베푸는 것을 말하면서 현명함을 버리고 응보를 망각한 것을 인정하고 있습니다. 인정이 있는 사람이 적은데 누가 현명함을 버릴 수 있으며, 자기 이익만 추구하는 사람이 많은데 어떻게 응보를 망각하였다고 말할 수 있겠습니까? 만약 즐겨 보시하는 사람을 추천하여 인을 행하고자 하는 무리를 기대하고, 응보를 망각하는 의도를 부연하여 의로 향하는 마음으로 이끌고 간다면, 의가 바로 여기에 있게 되고 머지않아 인을 구하게 될 것입니다. "생명의 부류들을 구제하여 죽음이 없는 세계로 들어가게 하면, 경사는 만물에 널리 미치고 온갖 귀신들〔百神〕 중 으뜸으로 존경받을 것입니다"라는 말씀에서 귀하의 논거는 근거가 없어서 본 논에서 언급할 내용이 아닙니다. 그것은 마치 진秦나라 군대가 도망치려고 할 때 행인이 함부로 말하는 것과 같지 않겠습니까?[121] 어찌 서로 접근할 수 있겠습니까? 자리에 앉으십시오.[122] 제가 귀하에게 말씀드리겠습니다.

성인은 지위가 높아서 온갖 귀신들과 우두머리의 위치를 겨루지 않습니다. 처음이 있으면 끝도 있는데, 어찌 죽음이 없는 경지를 얻을 수 있겠습니까? 저 유계幽界와 명계明界를 판별하고 만물을 닦아 잘 밝혀서 처음에 끈을 묶어 문자로 쓰던 원시 시대[123]에

121 『좌전』「문공文公」 12년.
122 『논어』「양화」, 『예기』「악기樂記」.
123 『주역』「계사」 하.

서 마침내 문교文教가 번창한 현재에 이르게 되었습니다. 본성[124]을 도로 이끌어서 직접 명예로움을 받는 일[125]이 없게 하고, 잘 조화하여 박애의 결실을 상하게 하지 않습니다.[126] 밭을 갈고 물고기를 잡아서 현명한 사람이나 어리석은 사람이나 모두 똑같이 보양하고, 3품品[127]의 획득물은 빈객의 푸줏간을 가득 채웁니다. 금종[128]과 석경이 아름다운 음악으로 일어나고, 생황과 피리가 장단이 맞고, 술에 취하고 덕으로 배불러서[129] 만년 이후까지 큰 은혜를 받고, 재야에 머무는 사람은 학업이 날마다 새로워지고,[130] 벼슬을 하는 자는 선왕의 가르침을 펴서 정성이 현명한 임금에게 드러나고 은택이 만물에 미치도록 하며, 용의 문양[131]이 훌륭하게 밖을 장식하고 명옥鳴玉[132]이 절도를 이루는 것, 이것이 요임금과 공자의 즐거운 경지[133]입니다.

불우한 시기에는 아구阿丘[134]와 계곡에 은거하면서 자신을 선하게 하고,[135] 닭을 잡고[136] 기장 농사를 지으면서 뜻을 품고, 또는 솥[137]을 등에 지고 음식을 해 먹으며 아득한 후세까지 명성을 날리

124 『예기』「중용」.
125 『노자』 17.
126 『주역』「계사」.
127 『주역』「손괘巽卦」 육사六四 .
128 『예기』「악기」.
129 『시경』「대아기취大雅旣醉」.
130 『예기』「대학大學」.
131 『예기』「교특성郊特性」.
132 『서경』「익직益稷」.
133 『진서』「악광전樂廣傳」.
134 『시경』「위풍衛風」 고반考槃, 『시경』「모전고성毛傳考成」.
135 『맹자』「진심」 상.
136 『논어』「미자微子」.

고, 또는 양을 죽이고[138] 칼을 두드리면서 고귀한 뜻을 뜬구름같이 높이 떨치는 것, 이것이 또한 군자가 마음 둘 곳입니다. 어찌 반드시 선을 쌓은 집에서 받는 복[139]을 누추하게 보고 징험할 수 없는 내세의 행복을 희구하며, 살아서는 현세[140]의 진실한 기쁨을 등지고 오로지 사역에 피곤함을 느끼고 돌아갈 곳도 없어야 하겠습니까? 바람을 묶어 두고 그림자를 붙잡는 것[141]은 중용中庸의 아름다움이 아닙니다. 오랑캐의 방식을 그리워하여 현혹시키는 것은 통달한 사람들이 해야 할 일이 아니고, 사문의 무릎 꿇는 예법[142]과 중국의 읍양揖讓[143]의 예는 결국 양립할 수 없습니다. 귀하께서는 두 가지를 다 취하려는 생각을 버리시고 한 가지 길[144]만 따라가시기 바랍니다. 독량獨梁·이숙二叔·세인世人·역서譯胥 등의 비유는 저의 「달성론」의 본뜻과 무관하므로, 여기서는 다시 언급하지 않겠습니다.

4) 하형양에게 다시 설명하다〔안연지〕

1

성인들의 생각은 살피기 어렵고, 신묘한 감응은 헤아릴 수 없습

137 『사기』 3 「은본기」, 『맹자』 「만장」 상.
138 『사기』 32 「제태공세가齊太公世家」.
139 『주역』 「곤괘」 문언.
140 『한서』 「사마천전司馬遷傳」, 『회남자』 「제속훈齊俗訓」.
141 『한서』 「교사지」.
142 『목천자전穆天子傳』.
143 『논어』 「팔일八佾」.
144 두 가지란 유교와 불교를 말하고, 한 가지 길은 유교를 말한다.

니다. 혜강은 "평범한 사람은 아무리 노력하여도 그 단서를 얻을 수 없다"[145]고 말하였는데, 어찌 천박하고 오만한 사람이 그 단서를 찾을 수 있겠습니까? 다만 위魏나라 문제文帝의 화완포火浣布[146] 등 세상에 존재하지 않는 전론典論의 문장은 명제 때 깎여 나가고, 등순滕循[147]은 두꺼비 수염 때문에 당시 사람들에게 수치를 당하였습니다. 그리하여 자기가 헤아릴 수 있는 영역 밖의 일을 자신의 억측으로 재단하는 것을 두려워하였습니다.

귀하는 불교의 허실을 자세히 살피셨습니다. 방서方書[148]가 불후의 것이고, 독특한 통찰력이 견고하고 정밀하다는 점은 의심할 여지가 없습니다. 다 말하지 못한 내 생각을 귀하의 답변에 비추어 조목조목 해석하고자 합니다. 일은 화복이 뒤섞여 있고 사상은 오랑캐와 중국의 것이 잡다하게 섞여 있어서 간결하게 쓰고자 하나 저절로 번잡한 글이 되고 말았습니다. 이후로는 더 이상 말하지 않겠습니다.

2

귀하의 답변에 "만약 논지와 같이 『주역』의 3획을 3재로 본다면, 초효를 땅의 효에 비견하고 3효로 하늘의 위치를 논하는 것입니다. 그러면서도 '세상을 피하여 마음에 번민하지 않는다'는 것은, 사물을 두텁게 신는 것을 지목하는 것이 아닙니다. '군자가 강

---

145 『혜강집嵇康集』 8.

146 『포박자抱朴子』 「논선論仙」.

147 『태평어람太平御覽』 943.

148 『사기』 96 「장창전張蒼傳」, 유서劉恕의 『통감외기通鑑外紀』. 즉 의학서의 일종으로 보이나 안연지의 경우에는 이 방서가 불서佛書를 지칭하는 것 같다.

건하다'라고 하는 것은, 푸르고 푸른 하늘을 가리키는 것이 아닙니다. 결국 양의兩儀가 기탁하는 대상이 없는데, 어떻게 사람의 도[149]를 세우는 뜻이라고 할 수 있습니까? 다만 효爻가 중화中和의 위치에 있으므로, 군주의 덕에 대응하는 것이 마땅할 뿐입니다"라고 말씀하셨습니다.

이에 대해 설명하겠습니다. 전대의 학문을 살펴보면 다음과 같습니다. 순상淳象[150]은 3획에서 시작하고, 겸괘兼卦는 6효爻에서 마치고 있습니다. 3획의 기본은 3재의 위치로 정해집니다. 6효가 아직 변화하지 않은 건괘乾卦[151]에서는 군룡群龍이 지나가고 있습니다. 그러므로 중괘重卦 뒤는 출처진퇴의 뜻으로 설명하고 있습니다. 따라서 '세상을 피한다,' '군자는 종일 건건한다,' '물에 잠긴 용이니 등용하지 말라,' '함께 나아간다'[152]고 한 것은 성인이 때에 알맞게 적응한다는 뜻으로, 괘를 겹쳐 쓸 때의 방법입니다. 만약 초효가 땅이 아니고, 3위位가 하늘이 아니며, 양의兩儀가 의탁할 곳이 없고, 중효中爻를 사람이 도를 세우는 뜻으로 받아들일 수 없다면, 귀하가 앞에서 논한 '3재가 동체'라는 주장은 무엇을 근거로 나온 것인지 알 수 없게 됩니다.

만약 『주역』「계사전繫辭傳」의 학설은 계승하면서 사승師承의 가르침을 따르지 않는다면, 어째서 유독 복괘復卦의 뜻은 이해하면서 단상單象의 뜻은 받아들이지 못하는 것입니까? 만약 복희伏羲와 문왕文王 이외에 따로 3재가 있다고 한다면, 이것은 '『춘추春秋』

149 『주역』「설괘전說卦傳」.
150 『주역』「건괘」 정의正義.
151 『주역』「건괘」.
152 『주역』「건괘」 문언.

의 새로운 해석'[153]이므로 나는 알지 못합니다. 더욱이 '세상을 피한다'거나 '건건하다'는 것이 비록 만물을 덮고 싣는 천지天地를 가리키는 말이 아니지만, 한 괘의 전체 중에서는 아직 낮고 높음의 실질을 상실하지 않았습니다. 그러니 어떻게 변동하는 말에 따라 근본을 세운 뜻을 없앨 수 있겠습니까?

또한 귀하는 "효가 중화中和의 위치에 있으므로, 군주의 덕에 대응하는 것이 마땅할 뿐입니다"라고 말씀하셨습니다. 만약 중화의 효만 있고 결국 중화의 사람이 없다면, 효를 장차 어떻게 풀어야 합니까? 만약 중화의 효는 있으나 중화의 덕을 갖춘 사람을 얻지 못한다면, 중화의 의미에도 어긋나고 중화의 체體에 부합한다는 논의에도 크게 벗어난 것이 될 것입니다.

3

귀하의 답변은 "최상의 인仁과 최상의 의義, 즉 인의를 체득한 사람만 3재才가 된다는 것을 인정한 것입니다. 자산과 계찰도 위의 단계인 성인이라고 할 수 없고, 이윤과 안회도 아래 중생으로 붙이는 것이 당연합니다"라고 말씀하셨습니다.

신하로서 황상黃裳을 입는 사람조차 3재 중 군주의 덕에 미치지 못하기 때문에 턱으로 가리키는 것처럼 쉽다고 하지만, 높고 낮음의 표준이 서 있지 않기 때문에 저는 알기 어렵습니다"라고 말씀하셨습니다.

이에 대해 설명하고자 합니다. 앞서 말한 최상의 인과 최상의 의는 인의를 겸비한 극치로서 천지와 대등한 입장에서 그 덕을 받

153 두예杜預의 『좌전』의 서序.

을 수 있는 사람일 뿐입니다. 악을 조금 부끄러워하거나 박애가 있다고 하여 곧 3재로 들어갈 수 있는 것이 아니라는 점은 앞에서 이미 말씀드렸습니다. 그런데 또 이렇게 질문하시니 이상합니다. 그 중에서 4대大[154]는 왕만이 그 법칙을 체득하여 3재를 파악합니다. 이 양의兩儀는 성인이 아니면 머무를 수 없습니다. 『주역』과 『노자』는 입장이 같습니다. 되풀이하여 의혹을 갖지 않도록 하십시오.

동로東魯의 유교적 계층에서 말하더라도 자산과 계찰은 이치를 충분히 갖추지 못하였는데, 무슨 이유로 지극한 지위까지 오르도록 하였습니까? 서방 불교의 기준에 의하면, 이윤과 안회는 아직 법신法身을 얻지 못하였으므로 낮은 중생의 단계에 속해야 마땅합니다. 귀하께서 보내 주신 논의는 주공周公의 입장에서 불교를 해석하였기 때문에 그 뜻을 모순이라고 보는 것입니다. 진의를 잘 파악하시기를 바랐는데, 장황한 말이 되고 말았습니다.

성인은 임금이자 스승이고, 현인은 신하이고 제자가 됩니다. 신묘한 공적에 접하여 대업에 영향 받는 것과 같이 실현하고, 출처진퇴出處進退를 함께할 수 있습니다. 침묵과 발언도 마찬가지입니다. 천지의 덕의 일부분을 이처럼 체득하면, 어찌 황상의 사람다워지는 일을 등지겠습니까? 귀하가 헛되이 원도元道와 자리를 하나로 하지 못함을 보고 함부로 비난하고, 3재를 갖춘 사람을 극치까지 끌어올리는 것을 모르는 것은 절도를 지키는 마음이 아닙니다. 이와 같이 보면 어떻게 표준이 없다고 말할 수 있겠습니까?

---

154 『노자』 25.

4

귀하는 “저 음양이 인간의 기氣를 만들고, 강유剛柔가 인간의 본성을 부여합니다. 둥근 머리와 네모난 발, 용모가 남다르지 않은 것, 측은한 마음과 부끄러워하는 마음과 같은 것들이 모두 그러합니다. 다만 천지 2의儀에 참여하는 사람은 반드시 인과 의를 단서로 삼습니다”라고 말씀하셨습니다.

이에 대해 설명하고자 합니다. 만약 둥근 머리와 네모난 발을 가졌으면, 측은한 마음과 부끄러워하는 마음을 반드시 똑같이 갖추고 있고, 용모도 특히 다를 것이 없을 것입니다. 모두가 천지 2의에 참여하여 3재를 갖춘 사람이 된다면, 장교莊蹻[155]와 도척盜跖 같은 사람들도 3재를 갖춘 사람 중에 들어갑니까? 만약 그것이 불가능하다면, 가로로 두 눈이 있는 것[156]이 동일하다고 하여 대인과 같은 대열에 들어갈 수 없는 것이 아닙니까? 평범한 사람들은 품격이나 사람됨이 대인처럼 되기 어렵습니다. 이미 “어진 사람은 어짊을 편안히 여기고, 지혜로운 자는 어짊을 이롭게 여긴다”[157]고 하였고, “힘써 행하는 자는 인仁에 가깝다,”[158] “두려워하는 사람은 억지로 인을 행한다”[159]고 하였습니다. 이것을 인仁한 사람의 바른 자세와 같이 본다면, 진위의 구별을 해치게 됩니다. 장자는 “세상에 착한 사람은 적고, 착하지 않은 사람은 많다”[160]고 하였습니다. 인간이 태어나면서 이와 같다면, 어떻게 “사람마다 모두 그렇다”고

155 『사기』「서남이전西南夷傳」.
156 『장자』「천지天地」.
157 『논어』「이인里仁」.
158 『예기』「중용」.
159 『예기』「표기表記」.
160 『장자』「거협胠篋」.

할 수 있겠습니까?

5

귀하는 답장에서 "귀하께서는 사람의 자격을 한정하여 신하에게 명名과 기器를 수여하는 것처럼 삼가야 한다고 생각합니다. 그리하여 마침내 인하고 은혜로운 사람과 청결한 선비의 성품까지 짐승의 무리에 비견하고, 거의 완전한 현인을 어패류와 동일한 기로 간주해 버렸습니다. 『주역』에서 상象을 만든 의도가 어찌 이와 같겠습니까?"라고 말씀하셨습니다.

이에 대해 설명해 보고자 합니다. 명名과 기器를 수여하는 것처럼 사람을 한정하는 것은 실로 천지에 감응하는 바탕이 갖추어져 있지 못하기 때문입니다. 인의를 모든 사람에게 거짓으로 하여도 의심스러운 것은 어떻게 하겠습니가? 영靈을 내포하고 사람이 된 것은 짐승들과 동일하게 될 수 없으니, 기를 받아서 태어난 것은 청결한 선비임에 틀림없습니다. 3재인 사람은 그 영을 보내는 것을 흉내내면서 그 생을 모방하는 것은 아닙니다. 영과 생도 하나로 보아 구별될 수 없다면, 앞뒤가 맞지 않는 비평이 아니겠습니까?

6

귀하의 답변에 "이미 한결같이 삶을 받고 있는 것은 중생과 같다. 저 뛰어나고 영묘한 정신이 중생과 다르다면, 생명을 얻는 이치가 어찌 잠시라도 같다고 할 수 있겠습니까? 생명은 이치에 근거하는데 이치가 다르다면, 중생과 동일한 생명이라고 부르는 것은 어디에 근거한 것인지요? 만약 이 생명을 반드시 중생에게 따르도록 집착한다면, 혼합되어 형성된 사물도 그 범주에 들어가는 것입니까?"라고 말씀하셨습니다.

이에 대해 설명하고자 합니다. 저는 앞에서 "위대한 덕을 생명이라고 하는 것은 만물의 공통점이고, 모든 생명체가 공유하는 것입니다. 어찌 생명을 얻는 이유가 다를 수 있겠습니까?"라고 말하였습니다. 그러나 귀하께서는 답장에서 그렇지 않다고 할 수는 없다고 말하고, "어떻게 다르지 않은 생을 취하여 반드시 중생이라고 할 수 있는가?"라고 논박하셨습니다. 이것은 내가 생명은 중생이라고 하는 점은 버리고 공통점만 인정하는 것이 됩니다. 그러나 공통이면서 중생이 아니라는 말이 어떻게 있을 수 있습니까? 그러므로 나는 훌륭한 영을 구별하게 하고, 그 생명을 얻는 이유는 구별할 필요가 없다고 하였던 것입니다. 그랬더니 이번 답서에는 "생명을 얻는 이치가 어찌 잠시라도 같을 수 있겠습니까? 생명은 이치를 근본으로 하고 이치는 다른 것입니다"라고 말씀하셨습니다. 그런데 생명을 얻는 이치라는 것이 원래 음양을 말하는 것인지요? 나는 그것이 성인과 범인의 차이라고 생각하지 않습니다. 그러나 당신은 잠시라도 같지 않다고 하였습니다. 만약 이치가 다르다고 하여 음양이 조정하는 것이 아니라면 음양 외에 별도로 생명을 받는 이치가 있다는 것이니, 과거・현재・미래의 3세에 도취塗趣[161]하는 것이 어떻게 성립할 수 있습니까? 만약 혼합하여 형성된 생명이 중생과 기를 똑같이 한다면, 노자가 말하는 혼성의 뜻이 아닙니다. 만약 생명이라는 명칭만 빌리고 생명의 실질을 보지

161 지옥地獄・아귀餓鬼・축생畜生의 3도塗와 여기에 수라修羅・인간人間을 더한 5취趣의 윤회를 말한다.

못한다면, 앞서 한 말씀과 모순이 됩니다. 생명을 말하면서 생명이 아니라고 한다면, 중생 아닌 중생이 있다는 것입니다. 노자의 학설에는 이 같은 의미가 있을지 모르지만, 있지도 않은 것을 가지고 있는 것을 힐책하는 것은 빗나간 방법이 아닐 수 없습니다.

7

귀하의 답변에 "담과 제방을 조심스럽게 쌓아 놓고도 도둑이 넘어올 것을 걱정합니다"라고 말씀하셨습니다. 또한 "황성皇聖은 동물의 생명을 취할 때에도 그 시기를 살피고, 삼가 하늘의 때에 순응한다는 경서의 가르침을 말씀하셨습니다. 이는 극단을 피하고 서서히 나아가는 도의 입장에 되돌아가려고 한 것입니다"라고 말씀하셨습니다. 그리고 "'극단을 전개하는 것'이라는 구실로 나의 논지를 비난하였는데, 이것이 나의 논지를 비판하신 것인지 성인을 비난하신 것인지 알 수 없습니다"라고 하셨습니다.

이에 대해 설명하고자 합니다. 앞에서 '아홉 가지 곡식'에서 "공자는 낚시질은 하였으나 그물로 물고기를 잡지는 않았다"는 데까지 보고, 귀하의 의론이 주관하여 제작한 것은 모두 성인에게서 나오고, 성인은 백관의 장이 되어 아래 백성에게 솔선수범한다는 것임을 알았습니다. 제 생각으로는 성인이 행하는 것은 만사가 모두 근원이 있어 이에 따라서 절도를 베풀고 법도에서 어긋나지 않게 한다는 것입니다. 이것이 귀하와 제 생각의 차이로서 서로 일치하지 않는 점입니다. 나는 이 도에 지나침을 절도에 맞게 하려고 하기 때문에, "극단을 중지시킨다"고 말하였습니다. 귀하는 성인이 갖추어야 할 여건은 명확히 밝혔지만, 그렇다면 성인은 어찌 아주 심한 것을 제거한다고 하였을까요? 귀하는 답변에서 "모든 심한 것을 성인은 처음부터 이미 제거하고 있다"고 말씀하셨는데, 그 뜻을 이해하기 어렵습니다. 그러므로 다시 '극단'에 대해 물어보았지만, 답변에 "누구를 비난하는지 알 수 없다"고 하셨습니다. 혹 자신의 말씀을 잊으신 것은 아니신지요?

8

귀하는 답변에서 "저잣거리와 푸줏간 밖에서도……저 하늘을 제사지내는 인사禋祀와 땅에 매장하는 희생에는 견율繭栗을 사용하고, 종묘사직에는 소·양·돼지의 3생牲을 사용하며, 야채가 없는 소고깃국과 돼지고깃국, 수북이 쌓인 두豆와 희생을 담은 적조〔俎〕로 손님들에게 대접하는 것입니다. 70세 노인은 고기를 먹어야 비로소 배가 부른데, 어찌 풀뿌리와 약돌만을 진열하여 완전한 음식과 최고의 약을 완비했다고 할 수 있겠습니까? 내가 귀하의 논지에 의문을 제기하는 것은 그대의 뛰어난 논의가 성립하기 어렵다는 것이 아니라, 세상에서 이 일을 한순간에 없앨 수 없음을 물러나 걱정하는 것뿐입니다"라고 말씀하셨습니다.

이에 대해 답하고자 합니다. 신농[162]이 생활의 도를 정하고 주나라 사람이 예교를 설하였습니다. 곡식을 먹을 것[163]을 주창한 다음 다시 상약上藥을 언급하고, 희생犧牲을 쓰는 한편 빈번蘋蘩[164] 같은 조촐한 제수를 말하고 있습니다. 제사와 식선食膳의 도에는 원래

162 『주역』「계사」하.

163 『상서』「익직益稷」, 『예기』「왕제」, 혜강嵇康의 「답향자기난양생론答向子期難養生論」 참조. 안연지顔延之의 반론은 이 혜강의 「양생론」을 따른 것이다.

164 『시경』「소남召南」 채번서采蘩序, 『시경』 채빈서采蘋序.

정한 방식이 없습니다. 앞에서 저잣거리와 푸줏간 외에도 신체를 제어하여 보양하는 경우가 있다는 것은 생명을 연장시키는 도가 여럿 있음을 밝혀서 칼로 다듬고 탕에 삶는 오래된 악습을 버리고자 한 것이지, 세상을 다스리는 것도 풀뿌리와 약돌이 있으면 충분하다는 말이 아닙니다. 더욱이 소와 양, 개와 돼지를 식용으로 하여 그 효용으로 백 세까지 사는 경우는 극히 드뭅니다. 영지나 백출같이 좋은 효과가 있는 식물로는 때로 천 년의 수명을 보전합니다. 이렇게 볼 때, 70세의 노인에게 어찌 반드시 육식으로 은혜를 갚아야 합니까? 다만 스스로 한정된 세계에 제약받는 사람은 육식 이외에는 방법이 없습니다. 생각건대 귀하가 이 세상에서 이 일을 한순간에 없앨 수 없다고 한 말씀은, 내가 앞에서 "일거에 오래된 습관을 없앨 수 없다"고 한 말에 해당합니다. 처음에 부합하였더라면, 어떻게 이것을 좋은 것이라고 하지 않았는지요? 이미 한순간에 제거할 수 없다고 알고 계시니, 귀하께서도 도는 이것으로 충분하다고 생각하고 계시는지요?

9

귀하는 답장에서 "세상에 어찌 형체가 없는 것이 있을 수 있겠습니까?……보내 주신 편지의 취지를 살펴보면, 귀신이 있다는 것은 싫어하지 않는 듯합니다. 확실히 귀신에게는 물질적인 증거가 있어야 미혹이 없을 수 있다고 한 것은 인도의 책에서 귀신이 생물의 종류로 되어 있다고 말하였기 때문이 아닙니까? 옛날 사람들이 귀신을 가르침으로 삼았다는 내용이 경전에 쓰여 있고, 모든 책들에 서술되어 있습니다. 정鄭나라 자산子産과 오吳나라 계찰季札도 이를 인정하였습니다. 이러한 까닭으로 운화雲和의 피리로 6변

變의 음악을 연주하면 실제로 하늘의 귀신〔天神〕이 내려오고, 용문의 거문고로 9변變을 연주하면 사람과 귀신이 함께 이릅니다. 귀하는 평소에 『주례』를 늘 잡고 있으면서도 이러한 내용을 소홀히 하고 있습니다. 그러면서 '형체가 없는 것이 있다'는 사실을 힐난하는 데 지리한 논변을 하려는 것입니까?"라고 하셨습니다.

이에 답하고자 합니다. 귀신이 있음을 의심하는 것이 아니라, 귀신이 있으면 반드시 형체가 있다고 생각한 것입니다. 귀하는 이렇게 나처럼 보지 않은 것은 아니지만, 다른 점이 있습니다. 이러한 이유로 질문하여 완전히 이해하고자 합니다. 천축의 학설을 버리고 삼가 중국의 경전에 따르기를 청합니다. 또한 별도의 생물류라는 것은 그대로 놓고 정령의 존재 여부를 의논하려고 합니다. 정령은 과연 어떠한 형체를 가지고 있는가, 과연 있는가 없는가 하는 문제에 답해야 합니다. 경전과 책들 중에 귀신 이야기는 무수히 많으니, 내가 모르는 것은 귀신의 명칭이 아닙니다. 일전에 세 번의 편지를 받았지만, 편지가 올 때마다 귀신의 수도 더욱 많아지고 있습니다. 온갖 귀신들이 결국 어떠한지에 대해서는 대답할 수 없습니다. 귀하의 편지는 문장의 폭이 넓어서 완전히 이해하기가 어렵습니다. 형체가 없는 존재가 있을 수 있는가에 대해서는 확실한 가르침을 받을 수 없었고, 단지 지리한 것을 통설로 여기고 있었습니다. 만약 바른 견해를 편 것을 지루하게 여긴다면, 부박하고 어설픈 논리를 바로 표현한 것이라고 보지 않겠습니까?

10

귀하는 답변에서 "장자와 순자의 응보의 설 등은 내생에 다시 태어날 몸을 위하여 훈계하는 것이지만, 존중하지 않아도 되겠습니까? 귀하가 말씀하신 자비가 많은 사람은 누구를 지칭하는지 잘 모르겠습니다. 만약 유교 경전 이외의 책에 나온 응보의 설에 근거한 것이라면, 모두 임시방편의 가르침에 불과하다고 봅니다. 최상의 이치를 강구하면서 성인의 말씀을 좇아 해석하지 않고, 많은 이들의 불분명한 말을 좇아 서로 부추기고 함부로 해석합니다. 이것은 물로 물난리를 구제하려는 것과 같지 않습니까?"라고 말씀하셨습니다.

이에 답하고자 합니다. 자비가 많은 사람이 누구인가는 오랜 기간 듣고 있었습니다. 그 사람이 누구인가 알고자 하신다면, 문수文殊와 석가釋迦라고 대답하겠습니다. 응보설은 모두 임시방편의 가르침에 불과하다고 답변하신 대로 알려지고 있습니다. 하지만 임시방편의 가르침은 아주 심오하여 성인이 아니면 다 알 수 없습니다. 귀하께서는 식과 사려에 통하였다고 하지만 그 깊은 뜻은 잘 모르실 것입니다. 나는 추구하는 일이 피곤하지만 귀하는 유유히 혼자 헤량하고 있다니, 참으로 제가 부끄러워할 일입니다. 만약 임시방편의 가르침이 모두 속임수라면, 자연의 이법 중 보응은 다시 없을 것입니다. 나는 소심하여 단적으로 결정하지 않지만, 귀하가 용감히 단언하는 것 또한 걱정스럽습니다. 정신은 고급인데 듣는 일이 저급하다고 어찌 나무랄 수 있겠습니까? '성인의 말씀'이라고 하신 것은 반드시 주공·공자의 말일 것으로 생각됩니다. 현재 말하고 있는 것은 모두 성인의 말씀을 믿고 따르는 것〔信順〕[165]인데도, 이것을 분석하지 않는다고 말하는 것은 또한 상세한 사려가

165 『주역』「계사편」에 보이는 것으로 중국 성인의 가르침을 믿고 따르는 것을 말한다.

결여되어 있습니다. 귀하는 주공을 올리고 석가를 폄하하고 있으므로, 나는 석가를 인용하여 주공에 부합시키려고 하였습니다. 답변은 질문의 범위를 넘지는 않았지만, 모르는 사이에 많은 부분을 인용하였습니다. 유여由余・일제日磾와 같은 현인은 중국 땅에서 태어나지 않았으니, 어떻게 9복服[166] 외에 이치를 탐구[167]한 사람이 없다고 한정할 수 있습니까? 안과 밖을 나누는 것은 참으로 어려운 일이 아닙니까? 만약 자신의 척도만 믿고 자기 귀와 눈으로 직접 습득한 지식 외의 것을 모두 이상하다고 본다면, 저도 어찌할 수 없습니다.

11

귀하는 답변에서 "만물에 허망한 것이 없고, 각자 같은 종류에 감응합니다.……이 말이 사실이라면 같은 종류로 감응하는 사물은 반드시 경중이 같고, 그림자와 실물의 형세도 길고 짧은 길이에 일정한 정도가 있을 것입니다. 토목을 장엄하게 수식하는 것도 자애로운 마음에서 나온 것이 아니고, 때에 맞추어 수렵하더라도 잔혹한 성품을 뿌리째 드러낸 것은 아닙니다. 무엇을 상찬賞讚하여 아름답고 화려한 천상계로 올라가고, 무엇을 벌하여 어둡고 고통스런 지옥에 빠지게 되는 것입니까? 아무리 좋은 말도 사람의 잘잘못을 논할 수 없고, 법을 세울 때 표준이 없는 데 한결같이 이르게 됩니다"라고 하셨습니다.

166 『주례』「하관직방씨夏官職方氏」 참조. 사방 천 리를 '왕기王畿'라 하고, 그 외에 5백 리마다 후복侯服・전복甸服・남복南服・채복采服・만복蠻服・이복夷服・진복鎭服・번복藩服이라고 한다.

167 『주역』「설괘전」.

이에 대해 설명하겠습니다. 그림자와 실물에 대한 설로 감응을 일으키는 관계의 징험으로 삼고 있으나, 보내오신 뜻은 인과가 꼭 대응하지 않는 것은 아니라며 일정한 법도가 없음을 의심하고 있습니다. 그리하여 복덕의 응보를 제거합니다. 복덕의 응보는 다름 아닌 기수氣數에서 나옵니다. 복덕의 응보가 없다면 기수도 없습니다. 귀하는 천문天文에 종사하면서도 오히려 자신의 지식을 공격하고 있습니다. 그러나 마음으로 도를 믿는 사람이라면 반드시 이렇게까지는 되지 않았을 것입니다. 만약 훌륭한 토목사업이 자비스러운 마음에서 나오지 않고 때에 따라 살생하는 것보다 잔혹하다면, 부처님의 마음에 크게 어긋나지 않습니까? 황옥黃屋의 수레[168]와 옥새가 반드시 요순의 마음이 아닌 것과 같이 숭거崇居와 여양麗養 등도 어찌 석가의 뜻이라고 하겠습니까? 천상계의 상을 나무라고 지옥의 벌을 구하는 것은, 옛날 주아부周亞夫가 장상이 되고 난 뒤 굶어 죽자, 허부가 관상을 보고 "당신과 같이 존귀한 신분이 되더라도 굶어 죽을 수 있는가?"라고 도리어 힐문하자, 영부英夫[169]가 "저 관상을 본 손님이 설마 그런 일이야 당하겠습니까?"라고 반문하였다는 예와 같습니다. 이 말은 아주 의미가 깊습니다. 그러나 많은 사문들이 말하고 있으므로, 저는 생략해도 좋을 듯합니다.

12

귀하는 답변에서 "게다가 보육하는 사람은 사랑을 전할 때 돼지

168 『한서』 1 「고제기高帝紀」.

169 『사기』 91.

나 개의 창자를 먹지 못하도록 주의시키고, 솜씨 좋은 요리사는 소 힘줄과 뼈가 모여 있는 곳을 두려운 마음으로 조심합니다. 하물며 저 성인은 해와 달에 비견할 정도로 총명하고, 3통統을 열 정도로 교화가 있습니다. 만약 보응이 반드시 부합하는 것이라면, 어떻게 가르침을 방해하여 복희와 요임금 시대에 대해 입 다물고 말하지 않고, 주공·공자 시대를 묻어 두고 드러나지 않게 하고, 처음으로 법망을 만들어 수억의 죄를 일으키고, 희생물을 정하고 긴 밤 동안 계속되는 벌을 내려 저 천연의 음식을 버리고 이 소·양·개·돼지 고기를 맛있다고 하며, 물에 빠진 사람을 구하려는 어진 마음도 없이 구덩이에 빠지게 하는 잔혹한 일을 함부로 행하는 것입니까? 그렇지 않기 위해서는 신중하게 고려해 보아야 한다고 생각합니다. 만약 성인의 지혜라고 해도 아직 불완전한 점이 있는데, 귀하가 아무리 기이한 생각을 선호한다고 해도 성인을 멸시할 정도라고는 할 수 없을 것입니다" 하고 말씀하셨습니다.

이에 대해 답하고자 합니다. 보응설이 복희伏羲 시대와 주나라 때 설해진 것이 아니므로, 이로써 보응이 부합하지 않는 증거라고 삼은 듯합니다. 복희와 요임금 시대는 아득한 옛날이므로, 상세히 알 사람은 아무도 없습니다. 『상서尙書』에 기재된 것도 몇 편에 불과합니다. 덕과 형벌의 좋은 점을 말하느라 화복의 근원을 기록하지 못하였습니다. 현재 제왕의 서책에서도 본성〔性〕과 명命에 대해서 기록되어 있지 않다고 하여 빠져 있는 문장을 근거로 옛날에는 반드시 없었다고 보는 것도 자신의 마음을 표준으로 한 잘못입니다. 또한 여앙餘殃·여경餘慶의 설을 빌고 따르는 것은 모두 주공·공자의 책에도 많이 기록되어 있습니다. 이것을 "묻어 두고 드러나지 않게 하였다"고 한 것은 좁은 길과 같지 않습니까? 다만 말에는 멀고 가까움, 가르침에는 깊고 얕음의 차이가 있으므로, 지혜로운 자에게 이것을 주고 저것을 빼앗게 하였던 것입니까?

살아 있으면 반드시 욕망이 있게 되고, 욕망이 있으면 반드시 구하게 됩니다. 욕망이 이루어지지 않으면 다투게 되고, 구하는 것이 주어지면 만족합니다. 다투면 서로 다치게 되고, 만족하면 서로 안심하게 되는 것입니다. 그물이 만들어진 것은 해를 없애고 편안함을 얻기 위한 것이 아닙니까? 또한 사냥하고 물고기를 잡는 것과 생제물을 바치는 일은 다르지 않습니다. 귀하는 앞의 답변에서 이미 제물을 바쳤던 것을 지금 한순간에 없앨 수는 없고, 또한 사냥과 물고기를 잡는 일도 옛날에 홀로 버릴 수는 없다고 하셨습니다. 아직 일관된 논의로 되는 것이 아닙니다.

생명을 좋아하고 죽음을 싫어하는 것은 저급한 사람들일수록 더욱 강합니다. 따라서 죽음을 허용하는 것은 그 감정에 따르는 것이고, 생명을 빼앗는 것은 그 본성에 어그러지는 것입니다. 지인至人도 숭상해야 하는데,[170] 어떻게 순응함을 범하고 어그러지는 태도를 보일 수 있습니까? 한순간에 오래된 습관을 버릴 수 없으므로, 이러한 한계를 만들게 되었을 뿐입니다. 성인의 정신은 뛰어나지만, 백성의 어두운 마음을 총명하게 할 수 없습니다. 약하고 상한 백성들을 말로 다 논할 필요가 있겠습니까? 죄와 벌이 찾아오는 것은 중생이 스스로 불러들이는 것이고, 일이 멀면 불러오기가 어렵습니다. 천연의 부엌이 중생을 버려서가 아니라 눈앞의 물건은 탐내기가 쉽기 때문에 항상 소·양·개·돼지 고기를 맛있다고 하는 것입니다. 물에 빠진 사람을 구하고 구덩이에서 나오게

170 『좌전』「양공襄公」 27년.

하는 것은 많은 철인들이 공통으로 하는 일입니다. 다만 중생의 교화 방법이 차이가 있는 것일 뿐, 도가 다른 것이 아닙니다. 불충분한 곳이 있다고 책망하시는 것도 당연하지만, 사마천의 호기심[171]도 원래 이 같은 종류는 아니었을 것입니다.

13

귀하는 답변에서 "인의仁義를 논하면서 '인정이 있는 사람은 적고, 자기 이익만 추구하는 사람이 많다'고 하셨습니다. 은혜를 베푸는 것을 말하면서 현명함을 버리고 응보를 망각한 것을 인정하고 있습니다. 인정이 있는 사람이 적은데 누가 현명함을 버릴 수 있으며, 자기 이익만 추구하는 사람이 많은데 어떻게 응보를 망각하였다고 말할 수 있겠습니까? 만약 즐겨 보시하는 사람을 추천하여 인을 행하고자 하는 무리를 기대하고, 응보를 망각하는 의도를 부연하여 의로 향하는 마음으로 이끌고 간다면, 의가 바로 여기에 있게 되고 머지않아 인을 구하게 될 것입니다"라고 말씀하셨습니다.

이에 대해 답하겠습니다. "인의를 정이라고 하는 사람은 적고, 인의를 이용하는 사람은 많다"는 말은 장자의 책[172]에서 보았고, 저 혼자만의 말이 아닙니다. 상세히 살펴보지도 않고 갑자기 저를 힐책하셨습니다. "인정이 있는 사람이 적은데 누가 현명함을 버릴 수 있으며, 자기 이익만 추구하는 사람이 많은데 어떻게 응보를 망각하였다고 말할 수 있겠습니까?"라고 하신 말씀은, 실은 제가

171 『방언方言』「군자君子」.
172 『장자』「서무귀徐無鬼」.

시종일관되게 백성들은 2의儀에 배대할 수 없다고 말해 온 것에 불과합니다. 또한 의론에 근거하여 바르게 해야 할 것은 아닙니다. 만약 베푸는 것을 좋아하여 응보를 망각하는 것이 바로 인을 체득하는 것이고, 응보를 망각하고 베푸는 것이 바로 의에 합당한 것이라면, '욕欲'이라는 글자를 없애고, 또 의로 향하는 마음의 '향向'이라는 명칭을 없애야 할 것입니다. "의가 바로 여기에 있게 되고 머지않아 인을 구하게 될 것입니다"라고 한다면, 누가 존경하지 않겠습니까?

14

귀하는 답변에서 "생명의 부류들을 구제하여 죽음이 없는 세계로 들어가게 하면……귀하의 논거는 근거가 없어서 본론에서 언급할 내용이 아닙니다. 그것은 마치 진秦나라 군대가 도망치려고 할 때 행인이 함부로 말하는 것과 같지 않겠습니까?"라고 하셨습니다.

이에 답하고자 합니다. 귀하는 주공과 석가를 빌어서 논의하였지만, 제 답변 역시 오랑캐와 중국 양쪽에 걸쳐 있습니다. 귀하는 이것(중국)으로 저것(오랑캐)을 억제하면서 복은 점차 우공처럼 대문을 높인 집에 이른다고 말씀하셨습니다. 나는 외국의 가르침으로 중국의 가르침을 해석하고, "경사는 만물에 고루 미친다"고 말하였습니다. 귀하는 이러한 견해에 근거하여 행복은 공후公侯에 그칠 뿐이라고 말하였지만, 나는 외국에서 들은 것을 믿고 온갖 신들 중 으뜸으로 존경받을 것이라고 하였습니다. 이러한 논의야말로 논쟁점인데, 어찌 이해하지 못하였다고 하겠습니까? 저 논란의 근원은 자주 바뀌는 것[173]이 바탕이 됩니다. 자신의 손이 미치지 못하면 요령을 잡을 수 없는 것같이 이치를 구하는 방법도 막혀 버리게 됩니다. 진나라 군대가 도망치려고 하여 행인이 함부로 말한다고 해도 여기에서의 일은 아닙니다.

15

귀하는 "어찌 서로 궁지에 몰아넣으려는 것이겠습니까? 자리에 앉아 저에게 가르침을 주십시오. 성인은 지위가 높아서 온갖 귀신들과 우두머리의 위치를 겨루지 않습니다. 처음이 있으면 끝도 있는데, 어찌 죽음이 없는 경지를 얻을 수 있겠습니까?"라고 말씀하셨습니다.

이에 대해 답하고자 합니다. "어찌 서로 궁지에 몰아넣으려는 것이겠는가?" 하는 말씀은 얼마나 덕을 닦는 말씀입니까? "자리에 앉아 저에게 가르침을 주십시오"라고 한 것도 장중한 말씀입니다. 사람들의 윗사람이 되는 것은 다투어서 얻어지는 것이 아니라 반드시 자신을 낮추어야 합니다. "온갖 귀신들〔百神〕 중 으뜸으로 존경받을 것이다"라고 한 것을 보아도 "온갖 귀신들과 우두머리의 위치를 겨룬다"고는 생각할 수 없습니다. 등후滕侯와 설공薛公의 상위 다툼[174]을 보아도 인을 체득하는 것을 버린 것이 아닙니까? 귀하는 처음이 있으면 끝도 있는데, 어찌 죽음이 없는 경지를 얻을 수 있겠느냐고 생각합니다. 이것을 우리가 살고 있는 세계에서 찾으려고 한다면 확실히 말씀하신 그대로입니다. 앞에서 말씀하신 대로 "모든 존재는 진실로 그렇다"고 할 수 있습니다. 『산해경山

---

173 『세설世說』「풍혜風惠」.

174 『좌전』「은공隱公」 11년.

海經』의 말과 『열선전列仙傳』의 기록은 세속과 관계된 일이지만 벌써 물어볼 것도 없습니다. 하물며 도가 항상된 정을 끊고 이치가 평상의 상태와 유리되고 있는 경우에 있어서이겠습니까? 내 경험이 그렇지 않았다고 하여 모든 것을 버리지 않으면 안 된다는 것도 타당하지 않습니다.

16

귀하는 답변에서 "저 유계幽界와 명계明界를 판별하고 만물을 닦아 잘 밝혀서……"라고 말씀하셨습니다.

이에 대해 답하고자 합니다. 이 장을 살펴보면, 역대 문화를 나열하여 문장과 내용이 폭넓고 스승들의 법을 잘 전하고 있습니다. 성인의 시대를 칭송하는 것[175]은 매우 화려하지만, 도의道義를 추구하는 것은 아직 요점에 지나지 않습니다. 나는 옛날 젊어서부터 적으나마 다양한 서적들을 섭렵하고 황왕皇王이 갖추어야 할 도와 현명하고 지혜로운 사람들의 사적에 관하여 대략 들었지만,[176] 귀하께서 상세히 밝혀 주신 것에는 미흡합니다. 그러나 열심히 밝혀 주신 가르침을 받아들이기가 참으로 힘이 듭니다.

17

귀하는 답변에서 "어찌 반드시 선을 쌓은 집에서 받는 복을 누추하게 보고 징험할 수 없는 내세의 행복을 희구하며……사문의 무릎 꿇는 예법과 중국의 읍양의 예는 결국 양립할 수 없습니다.

175 『후한서』「송홍전宋弘傳」과 『곡수시서曲水詩序』 참조.
176 『열자』「천서天瑞」.

귀하께서는 두 가지를 다 취하려는 생각을 버리시고 한 가지 길만 따라가시기 바랍니다"라고 말씀하셨습니다.

이에 대해 답하고자 합니다. 선을 쌓은 집에서 받는 복을 누추하게 보지 않는 것은 벌써 신순信順의 조항에서 말하였습니다. 내생을 중히 여기고 기원하는 것 또한 보응의 설에서 다 서술하였습니다. 천자의 면류관에 드리우는 승,[177] 용을 장식한 천자의 옷,[178] 천자의 검은 가죽 옷[179] 등은 함께 일체가 되는데, 사문의 무릎 꿇는 예법과 중국의 읍양의 예는 어찌 같은 세상에서 함께 행해지지 못합니까? 이치로 두 가지를 다 겸할 수 있으므로, 한편을 버리는 것이 좋다는 말은 하지 마십시오.

18

귀하는 답변에서 "독량獨梁·이숙二叔·세인世人·역서譯胥 등의 비유는 저의 「달성론」의 본뜻과 무관하므로, 여기서는 다시 언급하지 않겠습니다"라고 하셨습니다.

이에 대해 답하고자 합니다. 최근 제가 말한 몇 부분은 우스갯소리에 가깝습니다. 월越나라 사람이 포布에 대해 물었다는 것은 앞에서 말하였듯이 『좌전』의 기록을 그대로 쓴 것이므로 문제삼지 말아 주십시오. 그러나 이숙에 대한 비유를 물으신 것은 집집마다 미칠 수 없는 것이 아닌가 하는 의문을 불식하기 위한 것입니다. 답변이 전혀 되지 않은 것은 참으로 아쉽습니다. 귀하는 많은 나라들이 구름같이 따르고 있는 위세에, 광대한 논지는 바람처

177 『예기』「왕제」.
178 『주례』「춘궁사복春宮司服」.
179 상동上同.

럼 세상에 널리 알려져 있습니다. 저와 같이 한가로운 사람은 그 말씀에 화답할 수 있는 처지가 아니고, 언제나 다른 사람에게 비판 받고 있습니다. 귀하와 저의 관점상의 차이는 당연하지만, 실제로는 재주 있는 사람이 함께하는 이치에 의거해야 합니다. 번잡하게 해 드린 것을 관대히 잊으시고, 다시 제 마음을 깨우쳐 주십시오.

홍명집 제5권

8. 갱생론更生論[1]〔나군장羅君章[2]〕

참으로 훌륭하다. 향생向生[3]이 "천天이란 무엇인가? 만물의 총

---

1 동진東晉의 혜원慧遠을 전후하여 신불멸神不滅을 논한 것은, 혜원의 『업보론業報論』·「삼보론三報論」·『사문불경왕자론沙門不敬王者論』 중에 언급되어 있고, 나군장의 「갱생론」도 육징陸澄의 『법론목록法論目錄』 12질에 혜원과 나집羅什 간의 신멸에 관한 논쟁을 기록하고 있는 「문후식추억전식問後識追憶前識」(『대승대의장大乘大義章』 16)에 정도자鄭道子의 「신불멸론」 등과 같이 수록되어 있다.

2 이름은 함含, 계양뢰양桂陽耒陽 사람이다. 조부는 임해臨海의 태수, 아버지는 형양滎陽의 태수였던 명문대가 출신이다. 어려서 청렴결백하여 그 명성이 자자하였다. 유량(庾亮, 289~340)과 환온(桓溫, 312~373)·사상(謝尙, ~357?) 등과 교유하였고, 77세를 일기로 생을 마감하였다고 한다. 산기상시중散騎常侍中으로부터 정위廷尉·장사長沙의 재상을 끝으로 관직에서 물러났다고 한다. 『진서』 92 「문원전文苑傳」에 있는 그의 전기에서 그의 불교신앙에 대한 기록은 보이지 않는다. 명본明本 등에 있는 '송나함宋羅含'이라는 사람이 바로 진晉의 나함羅含이다. 『세설신어世說新語』 「방세方世」 56, 「규잠規箴」 19에 나함의 일생을 엿볼 수 있는 기록이 남아 있다.

3 『진서』 49 「열전」에 있는 향수向秀(字는 子期)를 말한다. 죽림칠현의 한 사람으로 『고승전』 4 「지둔전」(대정장 50, 349)에는 원래 노장에 통달하였다고 되어

칭이다. 사람이란 무엇인가? 천 가운데의 한 사물이다"[4]라고 말한 것은, 이러한 관점에서 말하면, 현재 만물에는 정해진 수數가 있고, 천지는 끝이 없는 것이다. 그렇다면 무궁한 변화는 애초에 만물 이외에 있는 것이 아니고, 만물이 다시 태어나지 않으면〔更生〕 천지는 끝나 버리는 것이다. 그러나 천지에 끝이 있다고 생각할 수 없기 때문에 만물이 다시 태어난다는 것을 알 수 있다. 이것을 예전의 학설에서 찾아보면, "모든 만물은 아득히 이전부터 정해져 있고, 모든 생명체는 생멸을 반복하고 있다. 성인은 『주역』을 지어 그 궁극을 모두 갖추고 있고, 정신을 다하여 변화를 알고 이치를 궁구하여 본성을 다하게 되었다"[5]는 구절이 있다.

적어도 정신을 궁구하여 얻을 수 있다면, 형체가 있는 것은 정해진 수數가 없다고 할 수 없다. 그렇다면 사람과 사물에는 정해진

있다. 당시 장자의 해석에 대해 제설이 분분하였기 때문에 『장자주莊子註』도 지었다고 한다. 진晉 혜제惠帝 때에 곽상郭象이 유명한 『장자주』를 지었지만 이것도 향수의 『장자주』에 많은 영향을 받았던 것이다. 또한 혜강과도 친교가 있어 향수의 『장자주』는 혜강의 많은 영향을 받았다고 한다. 말년에 산기상시散騎常侍가 되었지만 사직하였다. 『세설신어世說新語』 「언어言語」에는 혜강이 주살된 이후에 군계郡計의 이吏로 임용되었기 때문에 문제文帝가 "너는 은둔하는 뜻인 '기산지지箕山之志'라는 말을 들었는데, 무엇 때문에 벼슬을 하였는가?"라고 묻자, 허유許由·소보巢父는 견해가 좁아 존경할 만한 인물이 아니라고 답변하였고, 이에 문제가 기뻐하였다는 기록이 보인다. 곽상이 향수의 『장자주』를 도용하여 자신의 저작으로 한 것은 『세설신어』 「문학文學」 17에 "현재 향곽이장向郭二莊이 있는데 그 뜻은 하나이다"라는 기록이 남아 있지만, 현재 이것은 미심쩍은 부분이 많다.

4 이 말은 『장자』 곽상郭象 주註 중에 있는 어구와 유사하고 논지의 기반도 공통점이 있는 것으로 보인다. 『장자』 소요유 주와 「제물론」 주, 「대종사」 주 참조.

5 『장자』 「제물론」 주, 『주역』 「설괘」와 「계사」 하 참조. 이후의 송대 유학에 있어 그 학문 방법을 지향한 '궁리진성窮理盡性'은 여기서는 천지의 이법에 따른 자연적인 행위를 말한다.

수가 있고,[6] 피차간에 서로 정해진 분수가 있게 된다.[7] 있는 것이 소멸하여 무가 될 수 없고, 다른 사람이 변화하여 나로 될 수도 없다. 모이거나 흩어지거나 숨어 있거나 나타나기도 하면서 나의 무궁한 길을 순환하고,[8] 현명한 사람이나 어리석은 사람이나 장수하는 자나 요절하는 사람이나 모두 순환하여 그곳으로 되돌아간다.[9] 스스로 그렇게 나타나는 모습과 질서는 조금도 차이가 없다. 만물은 혼연히 사라져서 다시 이루어지지 않을 것인지 잘 모른다. 아득히 멀고도 막연하구나. 그 도는 어둡다. 천지는 크게 혼연하지만 어지럽지 않고, 만물은 숫자가 많아도 분명히 구별되어 있다. 각자가 그 근본되는 중심〔祖宗〕에서 나오기 때문에 질서가 있고, 근본과 지엽은 백 세대의 격차가 있어도[10] 그 옛 모습을 잃지 않는다. 또한 정신과 물질은 자연스러운 짝이다.[11] 그 짝이 떨어졌다가 합쳐지는 것이 삶과 죽음의 변화이다. 물질이 모이기도 하고 흩어지기도 하는 것이 왕복의 형세이다.[12] 사람과 사물이 변화하는 데에는 각자 그 자신의 본성〔性〕이 있다. 본성에는 본분이 있으므로, 왕복하는 데 항상된 것이 있게 된다. 사물은 흩어지면 뒤섞여 버

---

6 『주역』「계사」 상 주注와 『문선』 54 참조.

7 『장자』「제물론」.

8 『장자』「제물론」 참조. 환環은 추樞를 받는 혈穴을 말한다. 피아彼我·현우賢愚·시비是非의 대립은 모든 환의 주위에 있어 무한에 순환하지만 환중環中에 두어진 추는 그 무엇에도 취할 수 없이 무한의 방향에 응할 수가 있다는 것이다. 이와 같은 피아 등의 대립은 소실될 경지가 도추道樞로 불리는 것이다.

9 『노자』 14, 『노자』 16.

10 『시경』「대아」에, "문왕의 자손, 본本〔적자嫡子·천자天子〕·지支〔서자庶子·제후諸侯〕가 모두 백 세까지 이르렀다〔文王孫子 本支百世〕"는 말이 있다. 「갱생론」에서는 다른 의미로 사용하고 있다.

11 『장자』「제물론」.

12 『주역』「계사」 상.

리지만, 모이면 어지러워지지 않는다. 멀리 갈수록 돌아오는 것이 점점 가까워진다. 또한 정신과 물질은 부절과 같이 저절로 합치될 것을 은근히 기대할 수 있다. 세간에서는 모두 합하면 반드시 분리될 것을 슬퍼하고, 분리되면 반드시 합하게 된다는 것으로 위안하지 않는다. 모두 모인 것은 반드시 흩어진다는 것은 알고 있어도, 흩어지면 반드시 다시 모인다는 것은 알지 못한다. 생각하지 않았을 뿐이지, 이것이 어찌 먼 이야기이겠는가?[13]

현재의 생명은 과거의 생명에 근거하여 나오고, 생겨난 현재의 일은 과거의 일에 근거하여 나온다. 체體의 입장에서는 현재와 과거를 구별할 수 없고, 과거의 자신이 현재의 자신과 명합冥合하고 있으면서도 각자 깨닫지 못하고 있다. 누가 이것을 깨달았다고 하겠는가? 현재 이에 대하여 말하는 이들은 단지 과거의 내가 현재의 내가 아니라는 것만 알고, 현재의 내가 본래 과거의 나라는 것을 모를 뿐이다.[14] 이치를 통달한 사람은 그렇기 때문에 죽음과 삶을 같은 것으로 생각하고,[15] 또한 죽음과 삶은 잠든 것과 깨어 있는 것의 차이에 불과하다고 말한다.[16] 이 말은 참으로 맞는 말이다.

1) 손장사孫長沙가 나군장에게 보내는 글(안국安國[17])

「갱생론」을 읽어 보면, 변화를 놓고 모든 것을 포함[18]하여 설명

13 『논어』「자한」.

14 『장자』「전자방田子方」.

15 『장자』「소요유」 곽주郭注.

16 『장자』「제물론」 곽주.

17 「갱생론」을 읽고 나군장에게 독후감식의 편지를 보낸 손장사는 본명이 손성孫盛, 자는 안국安國으로 태원太原 중도中都 사람이다. 조부는 풍익馮翊의 태수, 아버지는 영천潁川의 태수를 지냈고, 태원의 명족 출신으로서 동족 중에 손초

하였고, 취산에 대해서도 끝까지 살펴보았습니다. 사고의 이치[19] 도 훌륭하고 주장하는 논지나 문장도 논리적이어서 뛰어난 글입니다. 그러나 저의 견해와는 다른 점이 있습니다. 만물이 변화하여 다른 형체로 된 것은 이루 헤아릴 수 없이 많고, 이것은 이치에 맞으며 틀리지 않습니다. 다만 숨어 있다 나타나는 데는 많은 시간이 걸리지만, 지금 만물에 변화가 다소간 있다고 하여도 다시 형체를 얻을 수 있는 것은 없습니다. 인연이 다하면 당연히 보이지 않는 곳으로 멀리 가버릴 것이고, 눈과 귀로 또한 그 과정을 쫓아가 볼 수는 없지만 이와 같이 된 뒤에는 근본으로 되돌아갈 것입니다. 나는 사람의 몸이 산산이 부서져 흩어져 버리면, 마음도 이와 같이 되어서 서로 뒤섞이고 변화하여 다른 사물로 되어 버릴 것이라고 생각합니다. 다른 사물들도 각자 그 옛 모습을 잃고, 지난날로 되돌아가지 못합니다. 이것이 유정자有情者가 슬퍼하는 이유겠지요. 만약 그렇다면 귀하는 혼자서 그렇게 생각하여 스스로

孫楚, 그의 아들 중에 손통孫統·손작孫綽 등이 있었다. 10세 때 아버지를 도적의 습격으로 잃고 자신은 강남으로 도망하였다. 박학다식하고 웅변에 능하여 은호殷浩가 그 명성을 듣고 그를 초빙하자 이에 응해 은호의 집에서 머물면서 종일토록 담론을 행하였다고 한다. 『의복醫卜』「역상묘어견형론易象妙於見形論」 등의 저술도 은호는 비난하지 못하였다는 등 이것에 의해 손성은 그의 명성을 떨치고 벼슬을 하면서 선정을 행한 어진 관료로 칭송받았고, 이후에 장사長沙 태수太守·비서감秘書監·급사중給事中을 역임하고 72세를 일기로 생을 마감하였다고 한다. 『위씨춘추魏氏春秋』 20권·『진양추晉陽秋』 32권·『집集』 10권 등이 있고, 『전진문全晉文』 권63, 64에 앞서 거론한 책 중에 빠진 문장들이 수록되어 있다. 불교 관계의 것으로는 이 외에 『광홍명집廣弘明集』 5에 '성현동궤노담비대현론聖賢同軌老聃非大賢論,' '노자의문반신老子疑問反訊' 두 편이 「변혹론」의 일부로서 수록되어 있고, 그의 삼교관三教觀을 알 수 있다.

18 『주역』「곤괘」 육사六四 괄낭括囊.

19 『통감通鑑』「송문제宋文帝」 28년.

를 위안하면 안 될 것입니다.

2) 손성에게 답하는 글〔나군장〕

편지 잘 받아 보았습니다. 문장이 간결하면서도 글의 논지가 논리적이고, 정서적이기도 합니다. 답장을 받아서 기쁘면서도 아직 납득은 되지 않습니다. 세세한 부분까지 다 말할 수는 없지만, 한 번 더 「갱생론」을 검토해 주시기 바랍니다.

「갱생론」에서는 "만물이 모두 변화하지 않는다"고 하지 않았습니다. 다만 변화하더라도 각자 스스로 얻는 것이 있고, 변화하여 붕괴하더라도 그 옛 체體를 잃지 않는다고 하였습니다. 누가 주도자가 되어 이것을 만들어낼 것인가 하는 것이 뒤섞여 실려 있기는 하지만, 확연히 말하고 있습니다. 이는 자연의 분수〔至分〕[20]로, 혼란스럽지 않습니다. 이와 같은데, 어찌 한번만 다시 생겨나는 것으로 그치겠습니까? 무한히 오랜 시간 동안 다시 생겨날 것입니다. 끝이 나면 다시 처음으로 돌아가는 이치는 아주 명확합니다. 아직 현재에 대하여도 잘 모르는데, 어떻게 다시 태어난다고 할 수 있겠습니까? 생각건대, 내 말은 슬픔이 쌓인 것을 허망한 말[21]로 풀어 보려고 한 것이었습니다. 어떻게 오직 스스로의 위안으로 기분 전환한 것에 불과하다고 하겠습니까?

---

20 이 말은 여러 판본에 차이는 없지만 읽기 어렵고 곽상郭象 주注에 보이는 '자연지분自然之分'이라는 말이 적당한 듯하여 이것을 따랐다.

21 『장자』「제물론」.

9. 신불멸론神不滅論[22]〔정도자鄭道子[23]〕

1

많은 사람들이 형체와 정신이 똑같이 소멸하고, 정신 작용과 의식도 함께 없어지는 것으로 생각한다. 그렇다고 자연이 그렇게 되는 이유를 설명할 수 있는가? 이 세상을 통틀어 주공과 공자를 최고의 성인으로 삼고 있다. 인의仁義 예교禮教가 우선 그들의 마음을 구속하고, 신명의 근본은 끊어지고 하나도 말한 것이 없다.[24] 따라서 그들이 느끼고 체득하는 것은 형체에서 이미 되돌아왔다. 부처님께서 지극한 말씀[25]을 하시는데도 유유히[26] 믿지 않는다.

---

22 유송劉宋 시대 사상계의 중요한 문제로서 '신불멸神不滅'에 관한 논쟁은 고환顧歡의 「이하론」, 혜림慧琳의 「백흑론」, 하승천과 종병의 신멸·불멸 논쟁 등 수없이 많지만 정도자의 「신불멸론」은 육징의 『법론목록』에 수록되어 있고, 동시에 10권본 『홍명집』 6에 「갱생론」, 『사문불경왕자론沙門不敬王者論』, 혜원의 「단복론袒服論」·「명응보론明應報論」·「삼보론三報論」 등과 같이 수록되어 있다. 영혼의 존속을 부정한 하승천의 형신동멸形神同滅을 반박한 것으로 알려져 있다.

23 정도자(鄭道子, 364~427)의 이름은 선지鮮之이고, 개봉開封 사람이다. 증조부는 대사농大司農, 아버지는 상서랑尙書郎이라는 고관을 지낸 명족 출신이다. 교유를 하지 않은 채 독서에만 열중하였다고 하고, '명교明教의 대극大極은 충효에만 있다'고 환현桓玄에게 답한 말에서 그의 신념을 엿볼 수 있다. 원가 3년 상서우복야尙書右僕射라는 관직을 끝으로 이듬해 64세를 일기로 생을 마감하였다고 한다. 『진서晉書』 64에 있는 그의 전기는 매우 상세한 설명을 제공하고 있다.(『남사南史』 23) 『전송문全宋文』 25에는 정선지의 문집으로서 『송서宋書』의 전문傳文, 『홍명집』 중의 「신불멸론神不滅論」·「여사문논거식서與沙門論踞食書」(권12) 이외의 것을 수록하고 있다.

24 『논어』 「선진」.

25 『장자』 「천지天地」.

26 유유悠悠는 원래 근심하는 모습 또는 아득히 먼 모습으로 『시경』에 기초한 고의古義이지만, 여기서는 『후한서』 73 「주목전朱穆傳」의 "悠悠者 皆是也"라는 구절과 『열자』 「양주楊朱」의 "名者實之賓 而悠悠者 趨名不已"라는 구절에서

나는 젊었을 때부터 미혹에 빠졌는데,[27] 여기에서 헤어 나오려고 생각하여 현묘한 가르침을 탐구하고 신비한 강요[28]를 구하였다. 저 이치가 형체보다 정밀하고 정신이 이치보다 신묘하다는 것을 깨달았던 것이다. 그래서 나타난 것에 의거하여 마음을 전하고, 그 증거가 되는 것을 거론하고자 하였다. 이로부터 깨달으려고 하는 사람을 비추어서 남아 있는 의혹을 해결하는 데 도움을 주고자 한다.

2

저 육체와 정신은 뒤섞여서 살아가고 있는 동안에는 다 같이 존재하지만, 근원에서 보면 거친 것과 신묘한 것으로 나뉜다. 그러니 어찌 유와 무로 구분된다고 할 수 있겠는가? 저 형체는 오장육부·사지·일곱 개의 구멍[29]이 서로 모여서 하나로 되어 있기 때문에 살아 있다. 그러나 생명을 받을 때 5상常[30]이 서로 다르게 주어지기 때문에 수족과 신체가 편향되어 병이 되기도 하고 눈과 귀가 결함을 일으키지만 살아가는 데 큰 방해가 되지는 않는다. 한 형체의 내부도 이와 마찬가지이다. 하물며 정신과 형체가 영묘하고 불가사의한 작용을 견지하여 정교하게 모든 형체를 통섭하는

'범인凡人'의 뜻으로 보는 것이 타당할 듯하다.

27 『장자』「제물론」.

28 『주역』「계사」 하에서는 "精義神 以致用也"라 하였고, 혜원의 「아비담심서阿毗曇心序」에도 "兼宗匠 本正關 入神要"라는 구절이 있다.

29 두 눈·두 귀·입·두 콧구멍을 말한다.

30 보통 일컬어지는 인仁·의義·예禮·지智·신信의 5상常이 아니라 『예기』「악기樂記」의 "道五常之行," 『장자』「천운天運」의 "天有六極五常"〔성현영소成玄英疏 "五常謂五行金木水火土 人倫之常性也"〕의 5상을 말한다.

데 있어서이겠는가? 형체와 호흡은 함께 작용하고, 정신과 묘각妙覺은 똑같이 흐르는 것이다. 활동하는 것과 고요한 것이 서로 도와주지만, 정미하고 거칠다는 관점에서는 근원이 다르다. 이것이 어찌 형체와 정신 각각이 그 본래의 모습이 있고 그로 인하여 작용하고 있는 것이 아니겠는가? 가까운 예를 취하여[31] 그 이치를 밝히면 거의 깨달을 수 있을 것이다.

하나의 몸이 되기 위한 것으로 뼈와 피부는 고통을 알지만, 손톱과 머리카락은 모른다. 그 까닭은 무엇인가? 피부와 뼈는 삶에서 중요한 수단이 되는 것이고, 손톱과 머리카락은 삶의 근본이 아니기 때문이 아니겠는가? 삶의 근본에 관계가 있으면 지각이 있고, 삶의 말단적인 것과 관계가 있으면 지각이 없다. 한 형체만의 작용으로도 이와 같이 근본과 말단에 의해 흥하고 없어짐이 있는데, 하물며 정신은 삶의 근본이고 그 근원은 지극히 영묘한 데 있어서랴. 어떻게 7척[32]의 육체와 똑같이 시들고, 문과 창문[33]과 같은 이목의 감각과 함께 없어지는 것이라고 할 수 있겠는가? 이러한 이치로 살펴보면, 정신이 소멸하지 않음을 확실히 알 수 있을 것이다.

3

(難) 귀하가 정신과 형체를 논한 내용은 완벽하다. 한 형체 내에 감각이 있고 없음은 정밀하다. 그러나 형체와 정신은 거칠고 신묘하여 근원이 다르지만, 두 가지 모두 유有가 분화된 것이다. 유이

31 『주역』「계사」하.

32 『순자』「권학勸學」.

33 『회남자』·『문심조룡文心雕龍』「제자諸子」.

므로, 생명이 근본이 된다. 이미 생명의 근본이 다하였는데, 그 근본에 기인하고 있는 것만 유독 존재할 수 있겠는가? 출생 너머 저편은 휑하니 텅 비어 아무것도 없다. 이미 아무것도 없으므로 단지 말로 표현할 수 없을 뿐만 아니라, 의식〔識〕이 설 곳도 없다. 식이 성립하지 않는다면, 정신은 어디에 의지하겠는가?[34] 의지할 곳이 없다면, 어떻게 소멸하지 않는다고 할 수 있겠는가?

答 귀하의 논박은 논변으로는 훌륭하지만, 마음에 근원을 두지는 못하였다. 그러므로 이와 같은 논박이 생기는 것이 아닌가? 저 온갖 변화는 모두 유有이다. 흥망성쇠나 삶과 죽음이 서로 번갈아가며 조우하는 것이다. 한 형체가 다 소진되면 다른 한 형체가 생겨나는 것이 생명 있는 것들이 살아가는 과정이다. 그러나 물과 불의 경우에는 모든 생명체에 널리 퍼져 있어서 넉넉하고 부족함이 없지만, 이것이 어찌 불의 본질이 생물에 따르고 물의 이치가 텅 빈 채 그대로 따라서 생성하더라도 스스로 생성하는 것이 아니고[35] 뭇 생명이 의지하는 바가 되어 이 때문에 그러한 결과가 되는 것이겠는가? 생명의 범위 내에 있는 것조차 이처럼 미묘한 작용을 하고 있는데, 하물며 정신의 이치만이 혼자 끊어지고 사물〔器〕[36]과 가깝지는 않지만 생명의 저쪽이라고 한정하여 정신이 다 없어지고 의지할 바가 없을 수 있는가? 이와 같은 입장에서 말해 보면, 태극太極[37]은 음양이라는 양의兩儀의 모체이고, 양의는 만물의 근본이다. 그 태극은 혼원渾元[38]의 기氣에 지나지 않지만, 그러면서

34 『좌전』「양공襄公」14년.
35 『대승대의장大乘大義章』12「차문사상병답次問四相幷答」.
36 『주역』「계사」.
37 『주역』「계사」상.

도 이 모든 변화의 근원을 다스리며 하나임은 변화하지 않는다.[39] 하물며 신명神明은 영의 극치로서 유와 무가 다한 경지에 있는 것인 데 있어서이겠는가. 그것이 소멸되지 않음을 알 수 있지 않은가.

4

難 귀하는 정신 작용을 형체를 초월한 곳에서 추론하여 태극을 만물에 우선하는 것임을 지적하고 있다. 이것은 참으로 의미가 있지만, 이치는 충분히 납득하는 것[40]이 중요하며, 그런 뒤에야 논의가 충실하게 이루어질 수 있다. 저 형체와 정신은 한 순간도 서로 어긋나 본 적이 없다. 만약 서로 어긋난다면, 정신이 없는 것이다. 초목에 정신이 없는 것은 의식[識]이 없기 때문이다. 이 형체가 다 없어지면 정신은 어디에 부착될 것이며, 이를 소멸하지 않는다고 할 수 있는가? 만약 소멸되지 않는다면, 스스로 그 영靈에 편승[41]하여 형체에 의지하지 않을 것이다. 형체에 의지하지 않는다면, 어떤 이치로 형체와 함께 생겨나서 끝내 서로 형체에 어긋나지 않는가? 서로 어긋나지 않는다면, 생명의 근본이 같은 것임을 분명히 알 수 있을 것이다.

答 이러한 논박도 있지 않겠는가? 형체와 정신은 근원이 있는 것이다. 귀하를 위하여 근본에 따라 설명해 보고자 한다.[42] 저 불

---

38 『문선文選』「유통부幽通賦」.

39 『노자』 42.

40 『송서』 64 「정선지전鄭鮮之傳」.

41 제본諸本에는 '괴乖'로 되어 있지만 이 말로는 그 뜻이 통하기 어려워 '승乘'으로 읽어야 옳을 듯하다.

42 『장자』「추수秋水」 참조. 처음부터 순서를 따라 살펴보고자 하는 뜻으로 「신불

은 땔감에 의하여 불이 있는 것이고,[43] 땔감이 없으면 불도 없다. 땔감은 불을 생성하는 원인이지만, 불의 근본이 아니다. 불의 근본은 스스로 존재하고 있고 땔감으로 인하여 작용하였을 뿐이다. 만약 땔감이 있은 다음에 불이 있다고 한다면, 불을 처음으로 전했다고 하는 수인씨燧人氏[44] 이전에 불이 있었을 리가 있는가? 불의 근본은 지극한 양陽이고,[45] 양은 불의 극치이다. 그러므로 땔감은 불이 의지하는 대상이지 그 근본은 아니다. 정신과 형체가 서로 의지하는 것도 이와 같다. 서로 의지하고 서로 원인이 되어서 그로 말미암는 도[46]가 성립되는 것이다. 어떻게 형체가 있으면 정신이 존재하고, 형체가 없으면 정신도 다 소멸한다고 할 수 있는가? 그 근본은 황홀[47]하여 말로 표현할 수 없다. 청컨대 귀하를 위하여 널리 많은 사례를 들어서 그 도리를 밝히고자 한다. 땔감이 물속에 있는 경우에는 불은 꺼져 버리고, 물에서 나오면 불은 생겨난다. 똑같은 땔감이라는 점은 달라지지 않았지만, 불이 꺼질 것인가 생겨날 것인가는 사전에 정해져 있다. 정신이 형체에 의존하지 않는 것도 이와 같다. 정신이 형체를 필요로 하지 않는다는 것을 알 수 있지 않은가?

멸론」에서는 '형신유원形神有源'에 대응하여 단순히 순서를 따라서 하는 의미를 강하게 띠는 것으로 해석하였다.

43 『장자』 「양생주養生主」, 『대반열반경』 「사도품四倒品」(대정장 12, 647), 『법화경』 「서품序品」(대정장 9, 5), 『중론』 「관연가연품觀燃可燃品」(대정장 30, 14)과 이 외에도 『중론』 4 「관사견품觀邪見品」(대정장 30, 38), 『장아함경』 7 「폐숙경弊宿經」(대정장 1, 44) 등에 많은 설이 수록되어 있다.

44 『한비자韓非子』 「오두五蠹」.

45 『장자』 「전자방」.

46 『대지론소大智論疏』 서序.

47 『노자』 14.

5

(難) 정신이 형체를 필요로 하지 않는다는 것은 한순간에 속단하기 어렵다. 귀하의 말씀대로 만약 형체를 필요로 하지 않는다면, 형체에 의지하는 것과 홀로 작용하는 것은 그 이치가 항상 같다. 서로가 의지한다고 하여도 근본적으로는 서로 무관하다. 그런데 불교 논리에서 반드시 이 정신을 연마[48]하여 저 형체를 구제한다고 말하는 것은 무엇 때문인가?

(答) 귀하의 질문은 의도적인 마음에서 나온 것이다. 이것은 평범한 사람이 미혹된 것으로, 아직 그 근본에 다다르지 못한 것이다. 정신이 아무리 형체를 필요로 하지 않는다고 하더라도 저 형체는 반드시 생성된 것이며, 형체가 생성된 데에는 반드시 정신이 깃들게 된다. 정신이 반드시 깃들고 형체가 반드시 생성되면, 정신 작용과 형체의 감응이 하나가 되어서 자연히 서로 완성하게 된다. 자연히 서로 완성하면 이치로써 두루 연마하게 되고, 두루 연마하게 되면 효과가 있고, 효과가 있으면 도가 행해지는 것이다. 이것은 마치 사계절과 만물의 관계와 같다.[49] 어떻게 의도적인 마음으로 서로 완성하려는 것이겠는가? 이치적으로 당연한 것은 자연히 그렇게 되는 것일 뿐이다.

6

(難) 형체와 정신이 다르기는 하지만 자연히 서로를 완성시킨다고 하는 것은 귀하의 고견 그대로이다. 귀하는 정신과 형체의 관

48 『장자』「소요유」.
49 『논어』「양화」.

계가 불과 땔감의 관계와 같다고 말하지만, 땔감은 불을 일으키려는 의도가 없고, 불 또한 땔감에 의지하려는 생각이 없다. 그렇기 때문에 끝없이 합하여 작용할 수 있고, 자연히 그 변화가 영원히 지속된다. 이 땔감의 불이 저 땔감으로 옮긴 뒤에 불이 되는 것이 아니다. 그런데 불교 이치에서는 이 형체가 다 소멸하면 다시 다른 형체에 깃들고, 형체와 정신이 왔다갔다하는 것이 죄복罪福에 의한 것이라고 말한다. 그렇다면 묻겠다. 이 형체가 죄를 짓는 것이 이 형체 때문인가, 아니면 이 정신 때문인가? 만약 형체 때문이라고 한다면 형체는 바로 대자연 중의 한 사물[50]에 불과할 것이고, 만약 정신 때문이라고 한다면 정신은 스스로 완성된 것이 아니고 다른 형체에 얽매여 있는 것이 된다. 그렇다면 귀하의 형체와 정신이 서로 의지하지 않는다는 논의는 이 점에서 걸리지 않는가?

答 이와 같은 질문을 받으면, 도리어 이치를 말하기가 쉬워진다. 앞에서 형체와 정신이 서로 의지하지 않는다는 것은 양자가 그 근본을 달리하고 있음에 지나지 않는다. 이미 생겨난 이상은 생성하고, 또 생성하는 안에서[51] 각각 그 작용을 널리 다할 뿐이다. 만약 이 생성을 써서 죄와 복을 이룬다면, 어찌 스스로 그 작용을 미묘하게 할 뿐이고, 이 형체의 작용과 관계가 없다고 하겠는가? 만약 그렇다면 현명함과 어리석음에 의도가 있는 것이지, 정신 작용을 잊고 현묘하게 합일하는 것이 아니다. 이치에 따라서 현묘하게 합일하고, 이치에 따라서 형체가 다 소멸되며, 정신이 변화하여 형체에 깃든다. 그런데 귀하는 어찌 그 근본은 의심하지

50 『장자』「대종사」.
51 『주역』「계사」.

않고, 피차가 동일한 이치임에도 불구하고 그 결론을 의심하는가?

7

難 정신이 형체에 있으면서 작용하고 형체가 정신에 의하여 작용한다고 하는 것은 확실히 그렇다. 깨달음은 정신 작용으로 되고, 미혹도 또한 정신 작용과 관계된다. 정신이 이 형체를 따르기 때문에 현명함과 어리석음이 있게 된다. 현명함과 어리석음이 정신의 작용이 아니라, 실제로는 정신이 형체의 작용이 된다. 이 정신은 3세世를 편력하여 헤아릴 수 없이 긴 세월을 거친다. 현명함과 어리석음은 시작을 알 수 없지만, 중간에 그 작용이 나타난다. 무시無始의 이치는 심오하지만 도중에 나타나는 작용은 불충분한 것이다. 그렇다면 불충분한 작용으로 무시의 처음을 바로잡을 수 있는가? 이를 거침없이 설명할 수 있다면, 귀하의 뜻을 따를 것이다.

答 귀하는 그 시초를 추구하기 때문에 이러한 말을 하는 것이다. 저 이치라는 것은 처음도 없고 끝도 없으며, 그 현묘한 극치가 끝이 없는 것이다. 이미 생성되고 변화하였으니 죄를 짓고 복을 짓는 것도 자연히 발생하는 것에 지나지 않는다. 총명하다고 하는 것은 참으로 눈과 귀를 통해서 이루어지지만, 눈과 귀의 근본은 총명하지 않다. 현명하다거나 어리석다고 하는 것도 확실히 처음이 있어야 하지만, 이미 현명하거나 어리석게 되었다면 그 시초가 없음을 알 수 있다. 저 사물[52]이 있으면 다른 사물을 통괄할 수 없고, 오직 사물이 없고[無物][53] 난 뒤에야 다른 사물들이 귀착하는

52 『노자』 25.

대상이 될 수 있다. 만약 시초가 있다면 끝이 될 수 없고, 오직 시초가 없어야 끝도 시작도 무궁하게 된다. 이것은 저절로 그와 같이 되는 이치이므로 반드시 수긍하지 않으면 안 된다. 따라서 사물에 시초가 있다고 하여도 정신이 그 사물과 동일하다고는 할 수 없다. 정신의 길〔神道〕[54]은 현묘하고 심원하여 그 지극한 이치를 말로 표현할 수 없고, 그 근본을 희미하게 함으로써 서로 깨닫게 되는 것이다. 지엽적인 것에서 근본을 밝히고자 하면, 자칫 올바른 질서를 잊어버리게 된다. 따라서 이렇게 한 견해만 고수하여 최고의 봉우리로 올라가는 계단으로 삼고자 하는 것이다. 만약 논의만을 위한 논의를 하여 헛되이 말만 가지고 다투려고 한다면, 나는 여기서 그만두려고 한다.

『서경』의 홍범洪範은 살아가기 위한 근본을 설명한 것으로, 불교와 마찬가지이다. 그런데 불교에서 말하는 것들이 대부분 허황하다고 하는 것[55]은 일상적인 생활[56]에 빠져 있기 때문이다. 상신商臣[57]은 아버지인 성왕을 시해하여 왕위에 오른 패륜을 범하였지만 후손들은 천하를 잘 다스렸고, 안회와 염백우는 일찍 요절함으로써 덕행이 천하에 잘 알려지지 못하였다. 주공과 공자의 가르침은 본래 예교禮教를 숭상하는 것[58]이지만, 이러한 이치를 유추해

53 『노자』 14.

54 『주역』 「관괘觀卦」 단전彖傳.

55 『장자』 「소요유」.

56 『주역』 「계사」 상.

57 『좌전左傳』 「문공文公」 원년元年, 『사기』 「초세가楚世家」에 보이는 춘추 시대 초楚나라의 목왕穆王을 말한다. 잔인무도하여 자신의 아버지를 죽이고 왕위에 올랐지만 그 아들인 장왕莊王 때에는 천하가 잘 다스려지고 자손이 번성하였다고 한다.

58 『장자』 「대종사」.

보면 알 수 있을 것이다. 예증을 더 들어서 상세히 말해 보기로 하자. 저 성인은 영묘한 마음을 품부 받고 조화롭게 살며 궁극의 도를 체득하여 순수한 자이다. 예를 들어 요임금은 단주丹朱를 낳았는데, 단주는 완고하여 도리에 밝지 못하고 인의도 인식하지 못하였다. 고수瞽叟는 순임금을 낳았지만 태어난 근본을 살펴보면 순임금을 키울 만한 사람이 아니었다. 그러나 이치를 찾아보면 훌륭한 승계자가 있어야 한다. 그 일이 이와 같은데, 불교의 이치가 현실에 어둡다고 보는 것은 잘못된 것임을 알 수 있지 않은가.

환군산신론형신桓君山新論形神[59]〔환담桓譚[60]〕

내〔陸澄〕[61]가 생각건대 환군산桓君山은 아직 석가모니의 가르침

59 『엄가균집嚴可均輯』「전후한문全後漢文」 14에 수록되어 있는 『신론新論』 8「거폐편祛蔽篇」에 '형신形神'이 있다. 『수서隋書』「경적지經籍志」와 『신당서新唐書』「예문지藝文志」에는 『신론』 17권으로 수록되어 있고, 『군재독서지郡齋讀書志』 이하의 목록에는 그 이름을 볼 수 없다. 육징陸澄의 서문에 있는 것으로 불교 전래 이전에 신화薪火의 비유를 설정하고 있는 점에서 『법론목록』에도 서술되어 있는 것이고, 불꽃이 타 버리면 불빛도 약해지고, 형체〔形〕가 사라지면 신神도 또한 존재하지 않는다는 신멸론神滅論을 제창하고 있는 점에서 중화인민공화국 건설 이후의 중국에서 각광을 받은 것이다. 즉 유물론자인 범진范縝에게 이 '형신'은 상당한 영향을 주었다고 한다. 조식曹植의 『변도론辯道論』에도 "中興篤論之士有桓君山者 其所著述云"으로 인용하고 있다.

60 환담桓譚의 전기는 『후한서』 58 상에 실려 있다. 그의 자는 군산君山으로 패국상沛國相 사람이다. 전한前漢 말에서 후한後漢 초에 활동한 유학자로 유명하였다. 후한 광무제光武帝가 참위설을 신봉하였음에 비해 그는 참위설의 불경함을 극언하여 좌천되어 육안군六安郡의 승丞으로 되었고, 부임 도중 70세를 일기로 객사하였다고 한다. 『신론』의 작자는 명본明本 등에는 '진환담晉桓譚'으로 되어 있어 이 편의 작자는 진晉 화담華譚(『진서晉書』 52)이라는 설도 있다. 하지만 이에 대한 반론도 많이 제기되어 있다.

61 육징陸澄의 문장은 『법론목록』 12(『출삼장기집』 12)의 색심집중色心集中의 환군산신론형신桓君山新論形神 항목에 기록되어 있는 듯하다. 육징(425~494)은

을 듣지 못했음에도 불구하고 형체와 정신을 논할 경우에 이미 땔감과 불의 비유를 펼치고 있고, 이후의 논자들의 말에도 이와 비슷한 곳이 있다. 따라서 여기에 게재한다.

내가 일찍이 진현陳縣의 수령이었던 두방杜房을 방문하였을 때, 그는 마침 노자의 책을 읽고 있었다. 노자는 편안하고 담담하게 본성을 길러서[62] 수백 세의 수명[63]을 얻었다고 한다. 현재 그 도를 행하면, 어찌 수명을 연장할 수 있고 노화를 방지할 수가 있지 않겠는가라고 하였다.

나는 이것에 응하여 다음과 같이 답변하였다. 형체와 명칭이 같더라도 성질이나 재능이 각자 사람에 따라 다르기 때문에 밖으로 드러나는 강하고 약함, 견고하거나 위태로운 자세의 차이가 있다. 이 성질과 재능을 잘 보양하고 적당히 사용하는 것만이 차이를 가져오거나 낫게 할 수 있다. 비유하자면 옷·신발·그릇과 같은 물건을 아껴서 사용하면 완전하여 오래 지속할 수 있는 것과 같다.

나는 그 옆에 초의 촛농이 한 자 정도 늘어져 있는 것을 보고, 이를 지금의 사정에 비유하여 다음과 같이 말하였다. 정신이 형체에 깃들어 있는 것은 불과 초의 관계와 같다. 만약 초를 잘 잡아서 불꽃이 타 들어가는 것에 따라 기울인다면, 불은 꺼지지 않고 마지막까지 다 탈 수 있다. 초가 없으면 불 혼자서는 허공에서 탈 수 없고, 또한 불이 꺼진 후에는 타다 남은 불꽃을 태울 수 없다. 타다가 남은 초는 마치 사람이 늙은 것과 같아서 이빨은 빠져 나가

『남제서南齊書』 39, 『남사南史』 48에 그의 전이 있다.

62 『회남자』 「숙진淑眞」.

63 『사기』 61 「노자전老子傳」.

고 백발이 되며, 피부나 근육은 시들어 버리고 정신도 형체에 윤택함을 줄 수 없다. 노화 현상이 신체의 안팎에 퍼지게 되면 기氣가 다하여 죽게 된다. 이것은 불꽃이 초를 다 태워서 불과 초가 다 같이 꺼지는 것과 같다. 사람이 재난을 만나 다치고 병들었는데도 보살펴 줄 조치도 없고 좋은 의사도 만나지 못하면, 어떤 경우에는 수명을 온전히 하지 못하고 죽음을 맞이할 수도 있다. 이렇게 죽게 되면 피부・근육・골격도 마치 몰아치는 강풍에 불이 꺼지는 것과 같이 구할 수가 없게 되어 도중에 꺼지게 되고, 피부와 골격이 남게 된다.

나는 늦은 밤 실내에서 술을 마시면서 초를 태운 적이 있다. 초는 반 정도 타들어 가다가 꺼지려고 하였다. 그래서 주의하여 살펴보니 그 초의 표면에 쇳조각이 있어서 초를 잡고 위치를 바꾸어 놓자 불은 다시 타기 시작하고 원래 상태를 회복하였다. 그렇다면 인간의 신체도 혹 병이 생기거나 상처가 있더라도 신중하게 조처하고 잘 대우한다면 회복할 수 있을 것이다.

또한 사람은 자신이 태어난 최초의 시간을 알 수 없고, 늙거나 죽어도 그때가 언제인지 스스로 알 수 없다. 그 옛날 평화로울 때[64]에는 백성들이 좋은 시절을 만나 태어났기 때문에 모두 건강하게 장수하여서 백 세 전후까지 살다가 죽었다. 죽을 때에는 홀연히 누워서 영혼이 빠져나가는 것같이 죽었는데, 이것은 마치 과일과 곡식의 열매가 충분히 익으면 자연히 땅에 떨어지는 것과 같았다. 그런데 후세 사람들은 쇠약하고 악한 기운을 만나서 결혼할 시기도 놓치고 과도하게 노동을 하였다. 이 때문에 아이를 낳아도

64 『동중서董仲舒』「현량賢良」.

신체 때문에 모두 상처받게 되고, 근골과 혈기도 충분히 강하지 못하였다. 따라서 이를 갈기 전에 죽거나(凶), 관을 쓰기 전에 죽거나(短), 결혼 전에 죽는(折)[65] 사람들이 많고 중년에 요절하였다. 또한 병에 걸리면 심한 통증으로 고통받은 뒤에야 마침내 죽게 되었다. 이 때문에 비탄과 증오심을 품고 죽음을 크나큰 일[66]로 여기게 되었다.

옛날 제齊나라 경공景公이 자신의 나라를 상찬하고 자신의 즐거움에 만족하여 말하였다.

"옛날에 사람에게 죽음이 없었다면, 어떻게 되었을까?"[67]

이에 대해 안영晏嬰은 이렇게 답하였다.

"상제上帝는 사람의 죽음을 좋다고 보았고, 어진 자는 죽음을 쉬는 것으로 보았으며, 어질지 못한 자는 죽음을 드러눕는 것으로 보았다."

지금 사람들은 식견을 넓히고 날마다 학문에 경주하며 도에 통달하여 입신양명[68]에 나아가고자 노력할 것을 생각지 않는다. 헛되이 이익만 탐하고 장수하기를 기대하는 것 같은 사람은 미혹에서 벗어나지 못한 것이다.

難 초와 불로 형체와 정신의 관계를 비유하는 것은 비슷한 듯하지만 사실은 아니다. 지금 인간의 피부에 상처가 생겼을 때 저절로 회복되는 것은 혈기가 잘 통하고 있기 때문이다. 저 초는 이지

---

65 『서경』「홍범」.

66 『예기』「곡례」 상.

67 『안씨춘추晏氏春秋』「내간편상제일內諫篇上第一」과 『열자』「천서편天瑞篇」, 『좌전』「소공昭公」 20년에 보인다.

68 『효경』「개종명의장開宗明義章」.

러지거나 상처가 생기면 불이 켜져 있으려고 해도 잘 탈 수 없다. 이와 같이 인간은 신기神氣에 의해 생장하지만, 불과 초는 자신의 힘으로 보완할 수 없다. 생각건대 이렇게 차이가 난다. 어떻게 이것이 동일하다고 할 수 있는가?

答 불은 초의 끝에서 타기 시작하지만, 사람의 신기는 몸 안에 있으면서 조금씩 밖으로 나오는 것이다. 만약 신기가 밖에서부터 몸 안으로 들어온다고 하여도, 끝에서부터 안으로 들어온다고는 단언할 수 없다. 비유하자면 탄불이 새빨갛게 타고 있는데, 여기에 물을 떨어뜨리면 불길이 약간 줄어들지만 다시 원래대로 회복되는 것과 같다. 이와 같은 것은 혈기가 피부・근육 등을 생장시키는 것과 같아서 불이 다 타 버린 마지막을 살펴보면 혹 재가 되거나 불씨가 남아 있을 따름이다. 어떻게 이것을 인간의 형체와 정신에 비유할 수 없다고 하는가?

내가 나중에 유백사劉伯師[69]와 밤에 등불을 밝히면서 앉아서 대화를 나눌 때, 등불 속에 기름이 없어져 심지가 말라 불이 꺼지려고 하였다. 그래서 나는 백사에게 이것을 보여 주고 이와 같이 말하였다.

"사람이 노쇠하는 것도 저 말라 버린 등불과 같다."

또한 앞에서 촛불을 태우는 것에 대한 말을 하였다. 그러자 백사는 말하였다.

"등불과 초가 다 타 버리면, 등에 기름을 붓고 초를 바꾸어야 한다. 인간이 노쇠하였을 때에도 스스로 혈기를 계승해야만 한다."

나는 이렇게 대답하였다.

---

69 『태평어람太平御覽』 870.

"인간이 형체를 품부 받아 성립되었다는 것은 이 하나의 등불과 초를 보존하는 것과 같다. 등불과 촛불이 꺼지려고 할 때, 어떻게 스스로 바꿀 수가 있는가? 다 타 버린 뒤에 이를 바꿀 수 있는 것은 인간이고, 인간의 혈기를 계승하는 것은 하늘이 하는 일이다. 하늘이 혹은 그를 위하여 그 피부와 뼈에 혈기를 보충하고 강화해 준다면 형체와 정신이 널리 충만하여 오래 지속되겠지만, 그렇지 않으면 죽거나 상하게 될 것이다. 이것은 마치 등잔이 기름의 양과 초의 길이에 따라 불이 빠르게, 또는 천천히 타는 것과 같다. 등불 자신이 스스로 기름을 붓거나 초를 바꾸려고 하여도 불가능하고, 다만 옆에 있는 기름을 모아 심지 끝을 적시고 촛불을 옆에 두어 불을 안전하게 보존할 수 있으면 다시 밝음을 회복할 수는 있다. 근본이 없어져 버리면, 더 이상 탈 방법이 없게 된다. 지금 인간이 본성을 기를 때 어떤 경우에는 빠진 이빨을 다시 자라게 하거나, 백발을 다시 검은 머리가 되게 하거나, 늙은 얼굴에 광택이 돌게 할 수 있다. 이것은 그가 기름을 붓거나 초를 옆으로 옮겨 놓는 것과 같지만, 수명이 다할 때에는 홀로 죽을 뿐이다. 현명한 사람은 수명을 연장하는 것이 어렵다는 것을 알고 있기 때문에 이를 위해 스스로 수고하지 않는다. 어리석은 사람은 미혹되어 자신에게 기름을 붓거나 초를 바꾸는 힘을 얻고자 동동거리며 바빠서 쉴 줄을 모른다. 또한 초목과 오곡은 음양의 기에 따라서 땅에서 태어나고, 성장하여 열매가 맺는다. 열매는 다시 흙 속으로 들어가고, 그 뒤에 다시 태어난다. 이것은 인간과 짐승, 곤충이 모두 암컷과 수컷의 교접에 의하여 태어나는 것과 같다. 태어나면 성장하고 성장하면 노쇠하고 노쇠하면 죽게 되는 것이 마치 사계절의 변화와 같다. 그런데도 그 본성을 바꾸고자 하여 이상한 도를 구하는 것은 미혹에서 벗어나지 못한 사람이다.

10. 사문불경왕자론沙門不敬王者論[70]〔혜원慧遠〕

동진東晉 성제成帝・강제康帝 때[71] 거기車騎 장군將軍[72]인 유빙庾

70 이 논이 쓰인 것은 문장 마지막에 쓰여 있듯이 원흥元興 3년(404), 혜원이 70세일 때이다. 혜원은 '사문불경왕자沙門不敬王者'의 문제에 관해서는 이 논을 집필하는 원흥 2년에 환현桓玄의 자문에 답한 답서를 쓰고 있지만, 이 논은 상술한 편지의 취지를 논문으로 적은 것이다. 더욱이 '사문불경왕자' 문제에 관해서는 혜원의 논 및 편지 외에 환현과 왕밀王謐・환겸桓謙・마범馬範・변사지卞嗣之・원각袁恪 등과의 논란(『홍명집』 12) 등이 있었고, 이것들을 적은 것으로 당唐 도선道宣이 지은 『사문불응배속등사沙門不應拜俗等事』(대정장 52)가 있다.

71 성제(成帝, 321~342)는 동진東晉 제3대 황제로 휘諱는 연衍, 자字는 세근世根이며, 명제明帝의 장자이다. 그의 재위 기간은 함화咸和・함강咸康을 거친 17년간이지만 어려서 즉위하였기 때문에 어머니인 명목황후明穆皇后가 집정하였고, 치세治世 전반기에는 황후의 오빠인 유량庾亮과 동진의 명신인 왕도王導가, 후반기에는 유량의 동생인 유빙庾冰과 왕도의 후계자인 하충何充이 정권을 장악하였다. 함강 8년(342)에 22세를 일기로 서거하였다. 강제(康帝, 322~344)는 동진 제4대 황제로 휘는 악岳, 자는 세동世同이며, 성제의 동생이다. 22세 때 낭사왕琅邪王으로부터 제위를 계승하였지만 그 제위는 겨우 2년에 불과하였다. 더욱이 하충의 「주사문불응진경표奏沙門不應盡敬表」(『홍명집』 12) 서두에 '진晉 함강咸康 6년'으로 기록되어 있는 점에서 하충과 유빙의 논쟁은 성제의 함강 연간의 일이기 때문에 '성강成康'은 '함강咸康'의 와전이라는 설도 있다. 그러나 유빙이 차기장군車騎將軍으로 되고, 하충이 표기장군驃騎將軍으로 된 것은 아무래도 강제의 즉위(함강 8년 6월) 이후이기 때문에(『진서』 본기 및 유빙・하충 본전本傳), 이것에 의한 양자간의 논쟁은 유빙이 강주江州 자사刺史로서 무창武昌에 출진하는 강제의 건원建元 원년 10월까지 계속적으로 행해졌음을 볼 수가 있는 것이다.

72 표기장군과 같이 위진魏晉 시대에 최고 장군의 호칭으로 2품관이다. 『진서』 「직관지職官志」 참조.

冰[73]은 사문들이 만 대의 수레를 가진 천자에게 상응하는 예를 행하는 이치가 무엇인가에 대해 의문을 품었다. 여기에 대하여 표기장군驃騎將軍인 하충何充[74]이 대답하였다. 그 후 안제安帝[75]의 원홍

73 유빙(庾冰, 296~344)의 자는 계견季堅으로서 유량庾亮의 동생이고 유익庾翼의 형이다. 누이가 성제成帝의 어머니였기 때문에 왕도王導가 죽은 후(함강 5년, 339)에는 중서감中書監・양주揚州 자사刺史・정로장군征虜將軍으로 하충과 함께 정권을 장악하였다. 그는 전부터 왕도 등과 '관혜寬惠'를 뜻하는 문치주의로는 불충분함을 깨닫고, '위형威刑에 맡긴다'는 중앙집권적인 정치를 기도하였기 때문에 이 시기에 점차 사회적 세력을 증대하여 팽창하는 불교에 대해서도 국가권력에 의한 규제의 필요성을 깨닫고, 사문불경왕자의 문제를 처음으로 정치 문제화시켜 쟁론화하였던 것이다. 그의 주장은 「대진성제사문응진경조代晉成帝沙門應盡敬詔」라 하여 『홍명집』 12에 수록되어 있다.(『진서』 73과 『전진문全晉文』 37 참조)

74 하충(何充, 292~346)의 자는 차도次道이다. 어머니가 왕도王導의 아내와 자매간으로 일찍부터 왕도에게 신임을 얻어 왕도의 사후에는 유빙庾冰과 함께 정국을 주도하였다. 사문불경왕자의 문제에 관해 유빙과 논쟁을 벌인 것은 그가 상서령尙書令일 때, 즉 성제 함강 연간의 일이다.(『홍명집』 12의 「주사문불응진경표奏沙門不應盡敬表」에 의하면 함강 6년이라고 한다.) 그가 불경을 애독하고 사찰을 조성하였으며, 많은 사문에게 경제적 도움을 주었고, 사만謝萬에 영불佞佛하는 사람으로 비난 받았음은 아주 유명한 이야기다.(『세설신어世說新語』 「배조편排調篇」에도 그가 와관사瓦官寺에서 예배에 열심이었다는 구절이 있다.) 사문불경왕자의 문제에 관해서도 시종일관 불교를 옹호하는 입장을 견지하였다. 그 의론은 『홍명집』 12에 수록되어 있으며, 영화永和 2년(346) 55세를 일기로 생을 마감하였다고 한다.(『진서』 77, 『전진문』 32 참조)

75 '원홍元興'은 안제安帝의 연호이다. 안제(382~418)는 동진 제10대 황제로 휘와 자는 덕종德宗이며, 효무제孝武帝의 장자이다. 태원太元 21년(396) 15세 때 즉위하였고, 융안隆安・원홍・의희義熙를 통해 22년간 제위에 있었다. 당시에는 이미 동진이 멸망할 시기였으므로 왕국보王國寶의 전횡, 이에 대한 왕공王恭의 왕국보 주살, 사마司馬 원현元顯의 왕공 주살, 환현桓玄의 원현 주살, 환현의 찬탈과 유유劉裕의 환현 주살로 이어지는 격심한 권력투쟁 중에서의 전란과 무질서로 얼룩졌다. 그리고 환현의 찬탈 시기에 안제는 안궁安宮에 유폐되고 드디어는 심양潯陽에 유배되고(원홍 2년 12월), 환현이 패주할 때에는 강릉江陵 부근 지역에서 유랑생활을 하고, 현玄의 사후에는(원홍 3년 5월) 한 번은 구출되기도 하였지만 다시 환진桓振에게 납치되어 의희 원년 3월에 겨우

元興 연간(402~404)에 태위太尉[76]인 환현桓玄도 이 의견에 찬성하였고, 그의 의론이 불충분하다고 보아 8좌座[77]에 대한 편지를 다음과 같이 썼다.

부처님의 교화는 끝없이 광대하여 보고 듣는 경험적 세계를 초월한 데까지 추급해 볼 수 있지만, 경敬으로 근본을 삼는 것은 출가자나 재속자나 다르지 않다. 생각건대 둘 다 기대하는 것은 다르지만, '공경恭敬'이 없다면 교화라는 것은 없어져야 할 것이다. 『노자』에서는 왕후王侯를 도道·천天·지地라는 3대大와 근원과 같다고 보지만, 중요한 것은 생명에 의거하여 활동이 통하고 있기 때문이다. 그렇지 않다면 어찌 유독 성인만 제왕의 지위에 있고, 천지와 나란히 칭해질 수 있겠는가? 천지의 위대한 덕을 생성이라고 한다.[78] 생성이 서로 통하게 하고 만물을 다스리는 것이 왕이 된 이에게 달려 있으므로, 제왕의 지위를 존귀하다고 하고 그에게 성대한 예경을 더하는 것이다. 어찌 아무런 이유도 없이 왕자를 받들어 존숭하겠는가? 이 취지는 왕자가 만물을 군주로 다스려 가는 그 덕에 대하여 예경을 더하는 것이다.

사문이 이 나라에서 살아갈 수 있는 것도 일상 생활에서 왕자가

도읍인 건강建康으로 돌아오는 비참한 생활을 보냈다고 한다. 그러나 환현의 난을 피하자마자 또 다른 찬탈자인 유유의 협박을 받아 의희 14년(418) 유유에 의해 죽음을 당하게 되는 비극적인 생애를 마감하게 된다. 더욱이 『진서』에 의하면 안제는 더위나 추위의 변화도 인지하지 못할 정도로 백치였다는 설도 있다.(『진서』「안제기安帝紀」 참조)

76 사도司徒, 사공司空과 같이 '3공公'으로 불리고 일품관一品官이다.(『진서』「직관지」 참조). 더욱이 환현이 태위로 된 것은 『진서』「안제기」에 의하면 원흥 원년(402) 3월이다.

77 환현桓玄의 『여원법사서與遠法師書』.(『홍명집』 12 참조)

78 『주역』「계사」 하.

만물을 총괄하는 정령政令의 은혜를 입고 있는 것이다. 어떻게 은덕을 받으면서도 예경을 버리고, 은혜를 입으면서도 공경하는 일을 그만둘 수 있겠는가? 이 당시에 조정의 뛰어난 선비로서 현명한 답변을 하는 사람들이 매우 많았다. 그들의 답변은 아직 깨닫지는 못하였지만[79] 서로 그 뛰어난 점을 갖추고 있었다. 다만 그들은 모두 자신의 기분만을 생각나는 대로 서술하였고, 이치가 감정에 가리워서 마침내 최상의 도가 세속의 먼지로 더럽혀지고 도를 구하는 한결같은 마음[80]이 정치 권력에 굴복하게 되었다. 참으로 슬프구나. 이것이야말로 장자莊子가 세世와 도道를 차례로 잃어버린다고 한 일이 일어나는 까닭이고, 천 년의 액운이다.

나는 위대한 불법이 멸망하려는 것을 심히 우려하고 과거의 일을 잊지 않고 느끼고 있는 까닭[81]에 논저 다섯 편을 지어서 나의 생각을 철저히 서술하였다. 어떻게 깊은 연못처럼 심원한 불교의 가르침이 아침 이슬처럼 무력한 나 같은 사람의 말을 필요로 하겠는가? 다만 부처님에 대한 끝없이 귀의하는 마음[82]을 말하여 후대

79 『사문불경왕자론沙門不敬王者論』에도 "感俗悟時"라고 되어 있지만, 손작孫綽의 「유도론喩道論」(『홍명집』 3)에는 "覺之爲義 悟物之謂," 승예僧叡의 「법화경후서法華經後序」(『출삼장기집』 8)에는 "權之爲化 悟物雖弘云云"이라는 기사가 있다.

80 '양도亮到'라는 의미는 분명하지 않지만 손작의 「간이도낙양소諫移都洛陽疏」(『진서』 56)에 "發憤忘食 忠慨亮到"라는 용례가 있는데, 이 말은 '정진한다'는 의미로 보아야 옳을 것이다.

81 『전국책戰國策』 「조책趙策」.

82 『시경』 「소아료아小雅蓼莪」에 "欲報之德 昊天罔極," 『세설신어』 「언어言語」에 "聖思齊於哲王 罔極過於曾閔"이라는 말이 있다. 전자는 끝이 없이 광대한 은덕을 말하고, 후자는 부모를 끝없이 사모하는 마음을 말한다. 이것은 부처님을 끝없이 사모하는 마음의 의미라 할 것이고, 혹은 부처님의 광대한 은덕으로 해석될 수 있을 것이다.

의 군자가 나오기를 기대할 뿐이다. 불교를 존숭하는 사람들이 혹이 글을 상세히 살펴보기를 바랄 뿐이다.

1) 재가在家

이러한 불교에서 밝히는 요체를 살펴보면, 출가라는 점에서 다른 종교와 다르다. 출가하는 사람은 모두 네 종류〔四科〕[83]가 있지만, 그 가르침을 넓히고 중생을 인도한다는 점에서 그 공적은 제왕에 견줄 만하고 교화는 정치의 도를 겸비하고 있다. 속세의 사람들을 깨우친다는 점에서는 모든 시대에 이것이 행해지지 않을 때가 없었다. 다만 조우하는 시대에 따라 나아가서 교화를 행하거나 물러나서 숨어 살기도 하는데,[84] 세상의 흥망성쇠에 따라서 숨어 살거나 나와서 활동하는 차이가 있을 뿐이다. 그 중 논의할 수 있는 것을 가지고 대략 말해 보고자 한다.

집에서 살면서 불법을 신봉하는 사람은 왕자의 화육에 따르는 백성들로, 감정이 속세의 사람들과 다르지 않고 생활도 국가의 예교禮敎 세계[85]와 똑같다. 그러므로 육친에 대한 은애의 정과 군주에 대한 예경도 그대로 존재한다. 예경에는 근본이 있고, 그것이 원인이 되어 교화의 근본이 성립한다. 그 근본 원인은 그 공적이 과거에서 유래하고 있다.

그러므로 『효경』에서 말하듯이 친밀하다는 감정에 근거하여 사랑〔愛〕을 가르쳐서 백성들에게 자연스러운 은애를 알게 하고, 엄하다는 감정에 근거하여 공경〔敬〕을 가르쳐서 백성들에게 자연스러

83 비구比丘·비구니比丘尼·사미沙彌·사미니沙彌尼를 말한다.
84 『논어』「술이」.
85 『장자』「대종사」.

운 존중을 이해시킨다.[86] 이 두 가지는 과거의 응보에서 유래하고, 그 응보는 지금 시작된 것이 아니므로 그 근본을 살펴야만 한다.[87] 따라서 불교에서는 죄의 응보를 형벌로 삼아서 백성들을 두렵게 한 뒤 조심하게 만들고, 또 천당[88]을 상으로 삼아 백성들을 기쁘게 만든 뒤 그대로 행동하도록 하였다. 이것들은 모두 그림자가 형체에 따르고 메아리가 소리에 따르는 것처럼 필연적인 보응의 도리[89]에 입각하여 가르침을 밝힌 것이다. 모든 인순因循을 바른 도리[90]로 하여 저절로 그러한 상태〔自然〕를 바꾸지 않았다. 무엇 때문인가? 자신을 잘 보양하고 생명을 보존하면 물아物我의 대립에 사로잡혀 미혹함이 생겨나고, 괴로움의 근원이 깊고 단단하게 뿌리내려 내 몸을 보존하려고 생각할 뿐이다. 이리하여 정욕을 즐거운 정원으로 여기고 목소리나 얼굴색을 놀거리로 삼아서 세속의 쾌락에 빠져들어 아무리 노력하여도 빠져나올 수 없게 된다. 그리하여 이를 억제하기 위한 가르침으로 응보의 이치를 설하고, 이것을 가르침의 한계로 삼아[91] 그 밖의 것은 말하지 않았다. 그 밖의 것을 밝히지 않았으므로 제왕의 교화에 순응한다는 점에서는 크게

---

86 『효경』「성치장聖治章」.

87 상동.

88 '천상의 궁전'이라는 뜻으로 '천궁天宮'이라고도 한다. 나집 역譯의 『유교경遺教經』(대정장 12, 111)에 "不知足者 雖處天堂 亦不稱意"라는 말이 있고, 치초郗超의 『봉법요奉法要』(『홍명집』 13)에도 "全五戒則人相備 具十善則生天堂"이라는 말이 보인다.

89 「명응보론明應報論」.

90 「난난복론難袒服論」에서 "本其所受 因順以通"이라 하였고, 그 논論의 4에도 "帝王之德 理極於順通"이라는 말이 있지만 '인순因順'은 본래 노장의 개념이다. 사마담司馬談의 「논육가요지論六家要旨」(『사기』 130)의 "道家無爲 又曰 無不爲……其術以虛無爲本 以因循爲用"이라는 구절 참조.

91 환겸桓謙 등의 「답환현서答桓玄書」(『홍명집』 12) 참조.

일치한다.[92] 따라서 제왕의 덕화를 받으면서 그 예를 버리고 제왕의 은혜를 많이 입으면서 그 공경을 없앨 수는 없다. 그러므로 석가의 교풍을 기뻐하는 자는 먼저 부모를 소중히 여겨서 봉양하고 군주에게 헌신하며, 세속적인 생활을 버리고 삭발하여 출가하는 경우에는 반드시 군주와 부모의 명령을 기다려 순종하여 행동한다.

만약 군주나 부모가 출가하는 것에 의심을 품으면 물러나서 그 뜻[93]을 구하고, 자기와 똑같이 깨달을 때까지 기다린다. 이야말로 불교가 현실 생활을 중시하고 제왕의 교화를 정치의 도리에서 도와준다고 하는 이유이다. 논자의 주장이 나와 같은 점이 있으므로, 이 안팎의 구분[94](출가와 재가)을 정하고, 왕・부모・스승을 존중하는 마음인 재삼在三의 뜻을 밝혀서 경전의 취지를 대략 서술하고 나의 생각을 피력한다.

2) 출가出家

출가는 방외의 세계에서 노니는 손님이므로, 그 자취가 속세의 세계와 전적으로 절연되어 있다. 그 가르침은 인간의 고통이 육체가 있음으로 인하여 생기는 것임을 깨닫고, 육체를 보존하지 않음으로써 고통을 끊는 것이다. 또한 생성하고 또 생성하는 것이 교

---

92 『예기』「예운편禮運篇」에 나오는 말로 「논요간사문서論料簡沙門書」(『홍명집』 12)에도 "檀越近制 是大同於此"라는 말이 있다. "대국적으로 일치한다"는 말이다.

93 '부모의 뜻'이라는 설과 '자기의 뜻'이라는 설이 있다. 원역原譯은 『논어』「학이편」의 "父在觀其志"라는 것을 참조하여 전자의 설에 따랐지만, 『논어』의 "隱居以來其志"라는 말을 참조하면 후자의 설을 따라도 무방할 듯하다.

94 『장자』「소요유」.

화를 받아서 행해지는 것임을 알아 교화에 순응하지 않음으로써 궁극적인 도를 추구하려는 것이다. 궁극적인 도를 추구하는 것은 교화에 순응하는 것으로는 얻을 수 없기 때문에 천지의 화육을 인도하여 군주의 정치적인 도움을 존중하지 않는다. 고통을 끊어 버리는 것은 육체를 보존하는 것으로는 얻을 수 없기 때문에 군주가 백성의 생활을 유익하게 하는 것을 귀하게 여기지 않는다. 이것이 이치와 형체가 서로 괴리되고, 진리와 세속이 상반된다는 것이다. 이와 같이 출가자는 먼저 삭발을 하여 자신에게 맹세하고, 그 뜻을 세속의 옷을 버리고 승복으로 갈아입는 것으로 나타낸다. 그러므로 출가한 사람들은 모두 세간에서 은둔하여 자기의 뜻을 추구하고, 세속의 생활을 변화시켜 자신의 도를 실현해 나간다. 세속과 다른 생활을 하기 때문에 복장이 세속의 예의와 같을 수 없고, 세간에서 은둔하기 때문에 그 생활의 자취는 고상하지 않으면 안 된다. 원래 출가란 이와 같다. 따라서 유전하는 밑바닥에 침잠하는 속세의 미혹함을 구제하고, 아득한 겁의 과거에서 눈에 보이지 않는 업근을 뽑아내고, 멀리 3승乘에 의한 구원의 길을 통해 천상계와 인간계에 태어나는 길을 널리 열 수 있다. 한 사람이라도 덕을 온전하게 하면, 도가 그의 육친들에게 흡족하게 감화를 주고, 은택이 온 세상에 미치게 된다. 예를 들면 왕후의 지위에 있지 않더라도 출가자의 도는 이미 제왕이 천하를 다스리는 기준〔皇極〕과 일치하고, 백성들을 해방할 수 있다.[95] 그러므로 사문은 안으로 육친의 중요한 은애와 괴리되더라도 불효가 되지 않으며, 밖으로 군

95 『장자』「재유在宥」"聞在宥天下 不聞治天下地"에 근거한 말이다. 곽상郭象의 주에는 "宥使自在"라는 말이 있고, 성현영成玄英의 주에는 "宥寬也 在自在也"라는 말이 있다.

주에 대한 공경의 예가 결여되어도 그 공경을 잃지 않는다.

이처럼 교화의 밖을 뛰어넘어 궁극의 도를 추구하면, 이치는 깊고 뜻도 돈독해지게 된다. 더욱이 태평한 세상을 가르치며 인仁[96]을 말하는 것은 그 공적이 지엽적이고 그 은혜가 천박한 것임을 알 수 있다. 이와 같다면 명산으로 가려고 행보를 돌리는 사람들[97]도 오히려 그 가르침에 귀 기울인 것을 부끄러워하게 될 것이다.[98] 하물며 이러한 군주의 교화에 순응하는 백성들이나 헛되이 군주의 녹을 탐하는 현인들과 어떻게 효경孝敬을 함께 볼 수 있겠는가?

3) 근본〔宗〕[99]을 구하는 사람은 교화에 순응하지 않는다

問 저 노씨老氏[100]의 생각을 살펴보면, 천지는 하나를 얻어서 위대하게 되고, 왕후는 도를 따르는 일을 체득하여 존귀하게 된다는 것이다. 하나를 얻었기 때문에 온갖 변화의 근본이 되고, 도를 따르는 일을 체득하였기 때문에 천지를 통하게 하는 공적이 있게 된다. 그러므로 근본〔宗〕을 밝히는 일은 궁극〔極〕[101]을 체득하는 데 달려 있고, 궁극을 구하는 것은 반드시 변화에 순응하는 데 말미암는다.[102] 그리고 과거의 현인들은 노자의 이러한 생각을 훌륭한

96 『장자』「천운天運」.

97 상동.

98 『장자』「천하」.

99 '종宗'은 구극 근원한 이법理法이라는 뜻이다. 『노자』 4, 『장자』「덕충부德充符」, 「응제왕應帝王」, 「전자방田子方」, 「지북유知北遊」 참조.

100 『노자』 39.

101 '극極'은 노자에서는 '근根'으로 쓴다. 요컨대 '구극究極의 도道'라는 뜻이다. 제28장에 "復歸於無極," 제68장에 "古之極"이라는 말이 있다. 제16장의 "復歸其根 歸根曰靜" 참조.

102 노자에게 있어 '도'는 요컨대 천지자연의 생성화육의 이법이고, 이 이법에

말이라고 하였고, 다른 논의들도 다르지 않다. 여러 논의들과 다른 견해를 가지려면, 이 같은 해석에는 취할 것이 없다. 그럼에도 불구하고 귀하가 근본을 구하기 위해서 교화에 순응하지 않는다고 한 말은 무엇 때문인가?

답 모든 유한한 세계〔有方〕[103]에 존재하는 것은 똑같이 위대한 변화〔大化〕에서 생명을 품부 받은 것이다. 비록 온갖 다른 형태의 사물들은 정밀하고 거칠다는 차이는 있어도, 궁극의 입장에서 말해 보면 다만 영혼〔靈〕이 있는 것과 없는 것, 두 가지로 나눌 수 있다. 영혼을 가진 것은 변화에 대해 감정이 생기고, 영혼이 없는 것은 변화에 대하여 감정이 생겨나지 않는다. 변화에 대하여 감정이 일어나지 않는 것은 변화가 끝나면 생존도 끝나는데, 그 생존은 감정과 관계가 없기 때문에 형체가 썩으면 변화도 소멸한다.[104] 이에 반해 변화에 대하여 감정을 일으키는 것은 외물에 감응하여 작용하는데,[105] 모든 작용은 반드시 감정에 의하여 생겨나기 때문에 그 생명은 끊이지 않는다. 그 생명이 끊이지 않으면, 그 변화는

순응하는 것이었다. 즉 노장에게 있어 '화'를 차치하고 '도'는 얻을 수 없는 것이고, '화'에 순응하는 것만이 '도'를 체득하는 것이었다. 그런데 '화'를 부정하고 순응하지 않아도 '도'를 체득할 수 있다는 불교 측의 주장에 대해 묻는 사람은, 중국 고래의 도에 대한 생각과 근본적으로 납득할 수 없고, '도' 그 자체를 부정하는 것은 아닌가라는 주장이다.

103 '유방有方'은 '무방無方'에 반대되는 말로서 『장자』의 「추수秋水」편에 "無所畛域……是謂無方"이라는 말이 있다. 장자에게 있어 '무방'이 도道, 혹은 도를 체득한 성인을 의미하는 것임에 대해 '유방'은 한정을 가진 존재, 즉 개체를 말한다.

104 여기서 혜원慧遠은 정情이 보응報應을 생하고, 보응이 윤회를 성립시키기 때문에 정을 갖지 않는 것은 윤회도 또한 있을 수 없다고 주장하고 있는 듯하다.

105 『예기』「악기」.

더욱 광범위해지고 형체는 더욱 쌓여만 간다. 그리하여 감정은 더욱 막히고 괴로움은 더욱 깊어진다. 그 고통을 어찌 말로 다할 수 있겠는가. 그러므로 경전에서 "열반은 불변의 세계로서, 변화가 다한 것을 그 경지로 삼는다. 삼계三界는 유동하는 세계로서, 죄와 고통을 활동의 장으로 삼는다"[106]고 한다. 변화가 다하면 인연은 영원히 그치고, 유동하면 끝없이 고통 받게 된다. 어떻게 그렇게 되는 것을 아는가? 생명은 형체를 질곡으로 여기고[107] 생명은 변화를 통하여 존재하지만, 변화에 대하여 감정을 일으키면 정신은 그 근본을 잃고 지혜는 그 작용이 어둡게 되어 마음이 감정에 굳게 갇혀 버리게 된다.[108] 그렇게 되면 오직 자신만 보존하고자 하고 유동의 세계에서만 살아가게 된다. 이리하여 영묘한 마음의 작용은 제어하는 힘을 잃고, 생성의 길[109]이 날마다 열려서 끝없이 탐애하는 세계의 기나긴 흐름에 빠지게 된다. 어찌 생명을 한 번 받는 것으로 그치겠는가?

따라서 근본으로 돌아가 궁극을 구하는 사람은 생명 때문에 정신에 누를 끼치지 않고,[110] 속세의 속박을 뛰어넘는 사람[111]은 감

---

106 여기서 말하는 경이 어떤 불전을 지칭하는지 의문이고, 심지어는 경이 있는지의 여부도 분명치 않다. 아마도 불전의 통설을 요약한 듯하다. 더욱이 북본 『대반열반경』 2 「수명품壽命品」(대정장 12, 373)에서 "三界皆無常 諸有無有樂……我無老病死 壽命不可盡 我今入涅槃 猶如大火滅"이라고 하고 있는 것은 열반과 삼계를 대조적으로 서술한 일례이다.

107 『장자』 「덕충부」.

108 『노자』 5, 『순자荀子』 「수신修身」.

109 『대지론초大智論抄』 서序에서 "生塗兆於無始之境"이라 하였고, 「불영명佛影銘」에는 "顯生塗而定體"라는 말이 있다.

110 왕필王弼의 『노자주老子注』 50, 『역주易注』 「대유大有」 상구上九.

111 도항道恒의 「석박론釋駁論」(『홍명집』 6)에는 "超落人封 非可算計"라는 말이 있다.

정 때문에 생명에 누를 끼치지 않는다. 감정에 의하여 자신의 생명에 누를 끼치지 않으면 생명을 소멸시킬 수 있고, 생명 때문에 정신에 누를 끼치지 않으면 정신을 심오하게 할 수 있다.[112] 정신을 심오하게 하여 경계를 끊기 때문에 열반이라고 하는 것이다. 열반이라는 명칭을 어찌 근거 없이 쓸 수 있겠는가? 다음에는 그 실질을 살펴보기로 하자.

천지는 생성하고 또 생성하므로 위대하지만,[113] 생성한 만물이 불멸하게 할 수는 없다. 왕후는 존재하는 것들을 보존하는 것을 공적으로 삼지만, 존재하는 만물이 근심이 없도록 할 수는 없다. 그러므로 앞의 논의에서 나는 "인간의 괴로움은 육체가 있음으로 인하여 생기는 것임을 깨닫고 육체를 기르지 않고 괴로움을 끊어 버리고, 인간의 세속적인 삶의 영위가 교화를 받아 성립한다는 것을 깨달아 교화에 순응하지 않고 궁극의 도를 추구한다"고 말하였는데, 바로 이러한 의미이다. 이것이 사문이 만 대의 수레를 소유한 천자와 대등한 예를 행하고 그 생활을 고상하게 하여 왕후로부터 벼슬을 받지 않고도[114] 그 은혜가 풍족한[115] 이유이다.

---

112 '명신冥神'은 지둔支遁의 「대소품대비요초大小品對比要鈔」 서序(『출삼장기집』 8)에 "寂不足以冥神," 한백韓伯의 『역주易注』 「계사」 상에 "由神而冥於神," 손작孫綽의 「노자찬老子讚」(『초학기初學記』 23)에 "冥神絶涯"라는 말이 있다. '절경絶境'은 도항의 「석박론」(『홍명집』 6)에 "禪思入微 澄神絶域"이라고 되어 있지만, 종병宗炳의 「답하승천서答何承天書」(『홍명집』 3)의 "澄神於泥洹之境," 하문下文의 "故謂之泥洹"이라는 말을 참조하면, 이 경우 구체적으로는 니원泥洹의 경지를 가리키고 있는 듯하다.

113 『주역』 「계사」.

114 『주역』 「고괘蠱卦」 상구上九.

115 『고승전』 6 「불경왕자론不敬王者論」.

4) 궁극의 도를 체득한 사람은 두 가지를 겸하여 응하지 않는다〔體極不兼應〕[116]

㉑ 과거의 역사를 살펴보면 상황上皇[117] 이래로 제왕의 지위에 있으면서 천하의 종宗을 통솔한 사람은 그 근본의 도가 다른 적이 없다. 본래 둘로 하지 못하므로 백대百代 동안 제왕의 예전禮典이 동일하고 그 계통은 하나로 통일된다. "오직 하늘만이 크고, 오직 요임금만 법도로 삼는다"[118]는 것이 바로 이러한 의미이다. 그렇다면 지혜는 비추지 않는 곳이 없으므로, 이 이상 더 비추어야 할 다른 세계가 없다. 비추어 다하는 곳이 없으므로, 이 이상 궁구해야 할 이치가 없다. 이로써 보건대 보고 듣는 경험적 세계를 벗어나면 확연히 의지할 데가 없고, 이치가 의지할 데가 없으면 궁극의 도는 분명해진다. 지금 사문들은 문자를 벗어난 의미를 깨닫지 못하고, 가르침에 나타나 있지 않은 성인의 뜻에 미혹하다. 그들의 잘못은 참으로 심하다고 할 것이다. 만약 여기에 분명한 증거라도 있다면, 듣고 싶은 말[119]이니 속히 들려주시기 바란다.

---

116 문장 중의 "雖應世之具 優劣萬差 云云"과 "非體極者之所不兼 兼之者 不可並御耳"라는 구절에 의하면, "모두 세상에 응하지 않는다"는 뜻이고, 요공堯孔과 석가釋迦는 모두 "극極을 체득한 사람," 즉 구극 근본의 도를 깨달은 성인이지만 요공은 정치적 구제를 중심으로 하고, 석가는 종교적 구제를 중심으로 하여 양자의 현실 세계에 대응하는 방법은 각자 다르다는 의미일 것이다. 그리고 혜원은 "非體極者之所不兼"이라 하여 당시의 유불일치론儒佛一致論에 동조하는 태도를 보이면서도 또한 "兼之者 不可竝御耳"라고 하여 양자의 가르침으로서의 차이를 강조한 결과 불교의 유교에 대한 우위를 논하고 있는 것이다.

117 『장자』「천운」.

118 『논어』「태백」.

119 '희세希世'는 『장자』「양왕讓王」편의 "希世而行 比周而友,"『삼국지三國志』「위지魏志」'무제기주武帝紀注'의 "三公傾邪 皆希世見用"이라는 말에서 '희대希代'와 같은 것이고, '세상에서 희귀하다'는 뜻이다. 장협張協의「칠명七命」

답 원래 유현한 궁극의 도는 끝없이 심원하고 정신의 도는 정치하고 미묘하므로 이치로는 추구할 수 있지만 경험적인 사물의 모습으로 실증하기는 어렵다. 이미 가르침에 관련되므로 때에 따르는 것을 으뜸으로 한다. 따라서 시대의 변화에 응하는 구체적인 교화는 우열의 차가 있지만, 그 가르침은 만물의 생성을 자세하게 이룰 수 있다.[120] 사람의 마음에 감응하여 각자의 분分에 통하게 하는 것이다. 각자의 분이 지극해지면, 그 지혜가 모르는 부분에서 그치고 그 이상은 관여하지 않는다.[121] 만약 그렇다면 궁극의 도를 체득한 성인은 두 가지[122]를 다 겸하지 못하는 경우가 없다. 두 가지를 다 겸하면 이를 동시에 다스릴 수 없을 뿐이다. 따라서 『장자』에서도 옛날에 대도를 말하는 사람은 5변變하여 형명刑名을 거론하고 9변變하여 상벌을 밝혔다[123]고 하였다. 이 말은 단순히 세속적인 세계[124]의 단계에 대해 말한 것이지만 그래도 갑자기 설해서는 안 되는 것인데, 하물며 그 밖의 세계에 있어서이겠는가? 이 점을 더욱 확대하여 그 취지를 살펴보고자 한다.

『장자』에서 "육합六合 이외의 존재는 그대로 놓아두고 논하지 않는다"[125]고 한 것은 변론하면 안 된다는 뜻이 아니라 변론하다가 혹 틀릴까 우려한 까닭이다. 또한 "춘추 시대를 다스리던 선왕의

(『문선』 35)에는 "希世之神兵"이라는 말이 있고, 『자은전慈恩傳』 9에는 "英詞曲被則超希代珍"이라는 말이 있다.

120 『주역』 「계사」 상.

121 『장자』 「제물론」.

122 종교적 깨달음과 정치적 교화.

123 『장자』 「천도天道」.

124 『장자』 「대종사」.

125 『장자』 「제물론」.

뜻은 변론은 하지만 논란하지 않는다"고 한 것은 논란하면 안 된다는 것이 아니라 논란하다가 혹 의혹을 불러일으킬까 우려한 까닭이다. 이 세 가지 태도는 모두 그 자신이 보고 듣는 경험이 미치지 못하는 곳에 대하여 제한을 둔 것이고, 보고 듣는 경험적 세계를 넘어선 것에는 관여하지 않았다. 이러한 점에서 성인의 뜻을 규명해 나간다면, 안으로 성인의 도와 밖으로 제왕의 도[126]를 서로 합하여 밝힐 수 있을 것이다.

나는, 도법(道法 : 불교)과 명교(名教 : 유교), 여래와 요임금・공자의 관계는 가르침의 방법은 다르지만 눈에 보이지 않는 모습은 서로 영향을 미쳐 세속을 초월함과 머무르는 차이가 있지만 결국은 동일하다고 항상 생각해 왔다. 상세히 말해 보면, 궁극의 취지가 밝혀질 것이다. 이치로는 먼저 합치되지만 나중에 갈라지는 경우도 있고, 처음에는 갈라지지만 나중에 하나로 합치되는 경우도 있다.[127]

처음에 하나로 합치되지만 나중에 갈라지는 경우는 여러 부처님 여래가 해당된다. 처음에는 갈라지지만 나중에 하나로 합치되는 경우는 역대의 군왕으로서 아직 궁극의 도를 체득하지 못한 사람들이 그런 부류이다. 어떻게 이를 분명히 알 수 있는가? 불경[128]

---

126 「명응보론明應報論」에 "夫形神雖殊 相與而化 內外誠異 渾爲一體"라는 말이 있고, 또한 이 문장 밑에 있는 "如來之與堯孔……出處誠異 終期則同"이라는 말 등을 참조.

127 『사기』 「노자전老子傳」의 "周太史儋 見秦獻公曰 始秦與周合而離 五百歲而復合," 『논어』 「자한」 "唐棣之華 偏其反而"의 하안주何晏注에 "華反而後合……以言權道反而後至於大順也"라는 말이 있다. 또한 황간皇侃의 의소義疏에 "唐棣之華則先開而後合……權之爲用 先反後至於大順"이라는 말도 참조.

128 『태자서응본기경太子瑞應本起經』(대정장 3, 472~483).

에 "부처님은 자연스럽게 신묘한 법[129]을 체득하고, 방편으로 중생을 교화하고 널리 시현하는 세계에 감응하여 어떤 경우에는 영산靈山[130]·전륜성제轉輪聖帝[131]가 되거나, 다른 경우에는 경상卿相·국사國師·도사道士가 된다. 이들 무리는 이르는 곳[132]마다 자유로이 변신하여 시현하므로, 국왕과 조정의 신하들은 이들이 누구인지 알지 못한다"는 구절이 있다. 이것이 처음에 합치하지만 나중에 갈라지는 경우이다.

어떤 경우에는 위대한 업적을 처음으로 창시하였지만 공덕 교화가 아직 성취되지 않고, 가르침의 자취에 차이가 나기 때문에 받아들이는 방법이 동일하지 않게 된다. 어떤 경우는 죽기를 기다려 공적을 기대하는 경우도 있고, 살아 있는 당대에 응험을 드러내는 경우도 있다. 역대 제왕 중에는 부처님께서 깨달으신 도에 입각하여 교화를 성취한 성왕도 이루 헤아릴 수 없이 많다. 그 교화의 방법은 자기 마음대로 둘쑥날쑥하여 반드시 일정하지는 않지만, 귀착되는 것은 반드시 하나이다. 이것이 처음에는 갈라지지만 나중에 하나로 합치되는 경우이다.

---

129 손작孫綽의 「천태산부天台山賦」(『문선文選』 11), 좌사左思의 「오도부吳都賦」(『문선』 5).

130 이 전후는 『태자서응본기경』을 인용하나 이 '영선靈仙'에 해당하는 말은 경에 보이지 않는다. 아마도 혜원이 적당히 보충한 듯하다.

131 전륜성제轉輪聖帝가 즉위할 때, 하늘로부터 윤보輪寶가 나타나 사방에 굴러가는[轉] 것에 따라 여러 나라를 항복시켰다는 말이 있다. 몸에 32상相을 구족하여 7보(寶 : 輪寶·象寶·馬寶·珠寶·女寶·居士寶·主兵臣寶)를 성취하였다. 감득한 윤보에는 금보金寶·은보銀寶·동보銅寶·철보鐵寶의 네 종류가 있고, 금륜왕金輪王은 4주洲, 은륜왕銀輪王은 동·서·남 3주, 동륜왕銅輪王은 남·동 2주, 철륜왕鐵輪王은 남염부제南閻浮提의 1주를 다스린다고 한다.

132 『태자서응본기경』(대정장 3, 473).

만약 지금은 갈라져 있어도 나중에 하나로 합치된다면, 사통팔달의 대로를 걷고자 하는 자는 반드시 하나의 길로만 한정하지 않을 것이다. 또 지금은 하나이더라도 나중에 갈라진다면, 석가와 요임금・공자의 궁극의 취지가 다르지 않을 것임을 단연코 알 수 있다. 그러므로 갈라져 있다가 하나로 합치된 것을 찾아보면, 유교나 불교도 반드시 동일한 도리에 귀착하게 됨을 알게 된다. 하나로 합치되었다가 갈라진 것을 찾아보면, 궁극의 도를 체득하는 데 여러 가지 방법이 있음을 알게 된다. 그러나 형체로 두 가지를 다 겸하지 못한다는 것만 보기 때문에 많은 길에서 그 차이에 놀랄 뿐이다. 그리고 이러한 점에서 생각하면, 천지의 도는 그 공적이 만물을 운용하고 변화시키는 데서 다하고, 제왕의 공덕은 그 도를 따라서 화육을 돕는 이상의 것일 수 없다.[133] 만약 이것을 세속을 초월한 가르침,[134] 모든 변화의 상을 초월한 궁극의 도[135]에 비교한다면 그 우열을 말할 수 없는 것도 분명하다.

---

133 『고승전』 「혜원전慧遠傳」에 인용한 『사문불경왕자론沙門不敬王者論』 4의 문장 말미에 『홍명집』 제본諸本에 보이지 않는 "故雖曰道殊 所歸一也 不兼應者 物不能兼愛也"라는 19자의 구절이 있고, 청淸의 엄가균嚴可均은 이 19자를 "理極於順通"이라는 문장 다음에 나열하였지만 문장의 뜻이 통하지 않는다. 더욱이 "因玆而觀"으로부터 이하의 의론은 앞의 문장과 잘 연결되지 않고 논리의 비약이 의심되기 때문에 그 문장 전후에는 빠진 문장이 있을 가능성이 엿보인다. 『고승전』 19자는 그 빠진 문장의 일부일지도 모른다. 만약 빠진 문장의 일부가 아니라고 한다면 『고승전』의 작자가 자신의 말로써 『홍명집』의 문장을 요약한 것인 듯하다.

134 왕밀王謐의 「답환태위서答桓太尉書」(『홍명집』 12)에 "獨絶之化 有日用於陶漸"이라는 말이 있다.

135 『고승전』 「혜원전慧遠傳」에 인용한 혜원의 『법성론法性論』에 "至極以不變爲性 得性以體極爲宗"이라는 말이 있다.

5) 육체는 소멸하여도 정신은 불멸한다〔形盡神不滅〕

㉮ 당신의 논지는 변화가 다한 경지를 궁극의 경지라고 하므로, 궁극의 경지에 이르려는 사람은 반드시 변화를 거슬러서 근본을 구해야 한다는 것이다. 근본을 구하는 데 있어서 변화에 그대로 따르는 길〔順化〕에 말미암지 않으므로, 역대 제왕을 인용하여 그들의 가르침을 불교와 동일하다고 하고, 궁극의 도를 체득한 사람이 방편으로 위대하게 통합하는 위치에 있는 것이라고 말한다. 이것이 당신 논의의 취지이고, 스스로 큰 진리라고 확신하는 것이다.

그러나 실제로 이치에 맞는지 검토해 보면, 그렇지 않다. 어째서인가? 저 음양의 기운을 받아 태어나는 인간[136]은 생명이 다하면 없어져서 무로 돌아가 버린다.[137] 정신은 영묘한 것이지만,[138] 음양의 변화일 뿐이다. 『장자』에서는 "변화하면 생명이 되고, 다시 변화하면 죽음이 된다. 모이면 시작이 되고, 흩어지면 마지막이 된다"[139]고 하였다. 이러한 관점에서 추측해 볼 때 정신과 육체는 모두 변화하는 것이고, 두 가지 다 본래 다른 계통이 아니라고 할 수 있다.[140] 정신을 형성하는 정미한 기〔精氣〕나 육체를 형성하는 거친 기〔粗氣〕가 모두 하나의 기이고,[141] 처음부터 끝까지 하나

---

136 『논형論衡』「무형편無形篇」, 『장자』「추수편秋水篇」.

137 성공수成公綏의 「운부雲賦」(『예문유취藝文類聚』 1), 지둔支遁의 「영회시詠懷詩」(『광홍명집』 30).

138 『주역』「설괘전說卦傳」.

139 『장자』「지북유知北遊」.

140 「명응보론明應報論」의 "形神雖殊 相與而化 內外誠異 渾爲一體"라는 말을 참조. 더욱이 형形과 신神이 모두 변화한다는 사상은 환담桓譚의 「신론형신新論形神」(『홍명집』 5)의 "精神居形體 猶火之然燭矣云云," 『논형』「논사論死」의 "死人精神消亡 形體朽敗" 등에 보인다.

141 『장자』「대종사」, 『석의론釋疑論』.

임을 알 수 있다. 육체가 완전하면 기가 모여 영혼이 있게 되고, 육체가 훼손되면 기는 흩어져 정신 작용도 소멸한다. 기가 흩어지면 도리어 위대한 근본으로 되돌아가고,[142] 소멸하면 다시 본래의 아무것도 없는 상태로 귀결한다. 소멸을 반복해 가는 것이 모두 자연의 이법일 뿐이니, 누가 의도적으로 행한 것이겠는가?[143]

만약 정신과 육체가 근본적으로 다른 기라면 이수理數의 필연에 의하여 합하여지게 되고,[144] 똑같이 변화할 것이다. 이럴 경우에도 정신이 육체에 머물고 있는 것은 불이 나무에서 타고 있는 것과 같다.[145] 육체가 생겨나면 정신도 반드시 같이 존재하고, 육체가 훼손되면 정신도 반드시 소멸된다. 육체를 벗어나면 정신은 흩어져서 의지할 곳이 없고, 나무가 썩으면 불은 꺼져서 의지할 곳이 없는 것이 당연한 이치이다. 더욱이 정신과 육체가 동질적인가 여부는 분명히 밝히기 어렵지만, 어떤 사물이 있는가, 없는가 하는 문제는 반드시 기의 모이고 흩어짐〔聚散〕으로 설명할 수 있다. 기가 모이고 흩어진다는 말은 음양과 기의 변화를 총칭[146]하는 말이고, 온갖 변화의 생성 소멸을 가리킨다.

그러므로 『장자』[147]에서도 "사람의 생명은 기가 모인 것이다. 기가 모이면 생명이 되고, 흩어지면 죽게 된다. 만약 죽음과 삶이 똑같이 헛된 수고일 뿐이라면, 나는 무엇을 또 걱정하겠는가?"라고

142 『장자』「양생주」와 「대종사」 참조. '위대한 근본'은 '도道' 혹은 '대자연'을 말한다.

143 『노자』 23, 곽상郭象의 『장자주莊子注』「제물론」.

144 「명응보론」.

145 『장자』「양생주」, 「신론형신」(『홍명집』 5).

146 곽상의 『장자주』「소요유」 및 「제물론」.

147 『장자』「지북유」.

하였다. 옛날의 훌륭한 도를 논하는 사람은 반드시 이 점을 알고 있었다. 과연 그러한가? 만약 그렇다면, 지극한 이치[148]는 인간의 일생에서 다해 버리는 것이다. 생명이 다하더라도 변화하지 않는다는 말의 의미를 묻고 싶습니다.[149]

답 저 정신[150]이란 무엇인가? 정미함이 극치에 달하여 영묘한 작용을 가지게 된 것이다. 정미함의 극치이므로, 역의 괘상卦象으로 표현할 수 없다. 따라서 성인은 '영묘한 사물'이라고 말한다. 최상의 지혜로운 자라도 그 바탕을 정하고 그 심오한 취지를 궁구하여 말할 수 없다. 그럼에도 귀하는 상식적인 입장에서 의심을 품고 제멋대로 혼란함을 일으키고 있는데, 이것은 기만하여도 너무 심한 것이다. 정신에 대해서 설명하려고 하는 것은 설명할 수 없

---

148 이 구절은 문장 서두의 "저 음양의 기운을 받아 태어나는 인간〔稟氣極於一生〕"을 받아 문장을 맺은 것이기 때문에 '지극한 이치'는 음양으로부터 받은 지극히 묘한 이치, 즉 생명을 뜻하는 듯하다. 더욱이 "품기稟氣는 일생에 다한다는 것이 지리至理"라는 말도 있다.

149 『대승대의장大乘大義章』 하「문분파공장問分破空章」.

150 '신神'의 개념은 중국 고대의 철학에서는, ① 우주에 존재한다고 생각되는 영묘한 것 혹은 작용〔神靈〕, ② 인간 속에서 마음의 작용을 주재하는 것〔精神〕, ③ 죽은 자의 영혼〔鬼神〕 등 세 가지의 뜻을 가진 것으로 생각되지만, 혜원慧遠은 '화化' 개념의 다의성多義性으로서 불경왕자不敬王者의 이론을 전개한 것처럼 여기서도 '신' 개념의 다의성에 기초하면서도 그의 신불멸론을 전개한 것이다. 예를 들면 위의 문장 중에서 "정신이란 무엇인가? 정미함이 극치에 달하여 영묘한 작용을 가지게 된 것이다. 정미함의 극치이므로, 역의 괘상卦象으로 표현할 수 없다〔神者何耶 精極而爲靈者也 精極則非卦象所圖云云〕"의 '신神'은 ①의 의미를 주로 하고, "정신은 정의 뿌리이다〔神爲情之根〕"의 '정신'은 ②의 의미를 주로 하며, "정신에는 은미한 가운데 전이해 가는 공적이 있다〔神有冥移之功〕," "마치 정신이 다른 육체에 전해지는 것과 같다〔猶神之傳異形〕" 등의 '신神'은 주로 ③을 의미하는 것과 같다. 그리고 이와 같은 의론의 전개 방식은 혜원 사상의 중국적인 성격을 현저하게 나타냄과 동시에 그 주장을 현대의 우리들에게 아주 불분명하게 하고 있는 것처럼 여겨진다.

는 것을 설명하고자 하는 것으로, 불가능한 중에도 서로 비슷하게 표현해 보려고 한다.

정신은 모든 변화에 자유롭게 대응하면서 취할 것이 없고, 더할 수 없이 영묘하여 말로 형언할 수 없다.[151] 사물에 감응하면서 작용하고, 이수理數에 의거하여 운행한다.[152] 사물에 감응하지만 사물 자체는 아니므로 사물로 변화하여도〔物化〕 소멸하지 않는다. 이수로 나타나지만 이수 그 자체는 아니므로 이수가 다하더라도 끝까지 다할 수는 없다.[153] 그런데 인간은 감정〔情〕이 있으므로 외물에 따라 느끼는 작용을 일으킬 수 있고, 의식〔識〕이 있으므로 이수에 따라 대상을 유추할 수 있다.[154] 이수에는 정밀함과 조잡함의 차이가 있으므로 이수의 성질도 각각 다르고, 지혜에는 명암의 차이가 있으므로 지혜의 작용도 같지 않다. 이러한 점에서 추론해 볼 때, 만물의 변화는 정의 작용에 의하여 생겨나고,[155] 정신은 만

---

151 왕건王巾의 「두타사비문頭陀寺碑文」(『문선文選』 59)에 "妙盡無爲"라는 말이 있다. 곽박郭璞의 「강부江賦」(『문선』 12) "妙不可盡之於言," 『논어』 「태백」 "大哉堯之爲君也……民無能名焉," 『노자』 1 "無名 天地之始," 『장자』 「소요유」 "聖人無名" 등 참조.

152 '수數'라는 말은 역易의 괘효卦爻에 보이고 있는 듯한 상수象數, 혹은 점서占筮에 의해 유추할 수 있는 이법理法을 말하고, 일반적으로 말해 오성悟性적인 인식의 대상으로 되는 이법을 말한다. 「아비담심서阿毗曇心序」의 "照數會之相因," 「양양장육금상찬襄陽丈六金像讚」의 "慧在恬虛 妙不以數," 「담무갈보살찬曇無竭菩薩讚」(『초학기初學記』 23)의 "道玄數盡" 등에 보이는 '수'는 아무래도 같은 뜻인 듯하다.

153 『주역』 「계사」 상.

154 '식識'은, 유소劉劭 『인물지人物志』의 「접식接識」편, 『세설신어世說新語』의 「식감識鑒」편과 세설서일편주世說棲逸篇注에서 인용한 문사전文士傳에서 손등孫登이 혜강嵇康을 평하여 "今子 才多識寡"라고 하였다는 말 등을 참조하면, '지혜의 작용으로서의 판단작용,' 혹은 '대상을 인식하는 제능력'을 나타내는 말인 듯하다.

155 『사문불경왕자론』 3.

물의 변화에 따라 전해져 가는 것임을 알 수 있다. 즉 정情은 만물의 변화의 어머니이고, 정신은 정의 뿌리이다. 정에는 사물과 만나는 이법이 있고, 정신에는 은미한 가운데 전이해 가는 공적이 있다. 다만 큰 깨달음을 얻은 사람은 근본으로 되돌아가지만, 이치에 미혹한 사람은 사물을 그대로 쫓아갈 뿐이다.[156]

옛날 도를 논구한 이들도 일치하는 점이 없지만, 다음에 이것들을 인용하면서 설명해 보고자 한다. 장자는 위대한 궁극에 대해 현묘한 논의를 하고 있다. 그는 "위대한 땅은 생명으로 나를 수고롭게 하고 죽음으로 나를 쉬게 한다"[157]고 하고, 또한 "생명은 인간이 임시로 머무르는 곳이고, 죽음은 진실로 되돌아가는 것이다"[158]라고 하였다. 이것은 생명이 큰 괴로움이고,[159] 생명이 없는 것〔無生〕[160]이 근본으로 되돌아간 것임을 알고 있는 것이다.

또한 문자文子는 황제黃帝의 말을 서술하여[161] "육체는 없어져도 정신은 변화하지 않는다. 변화하지 않으면서 변화에 편승하기 때문에 그 변화가 끝이 없다"고 하였다. 장자는 또한 "다만 사람의 형체를 받으면 기뻐하지만, 사람의 형체는 다양하게 변화하여 아직 그 끝이 있어 본 적이 없다"[162]고 말하고 있다. 이것은 인간의

---

156 『장자』「천하天下」편에 "惠施之才……逐萬物而不反," 사령운謝靈運의 「과시영서시過始寧墅詩」(『문선』 26)에 "逐物遂推遷"이라는 말이 있다.

157 『장자』「대종사」.

158 상동.

159 『노자』 13.

160 '무생無生'은 손작孫綽의 「천태산부天台山賦」(『문선』 11)와 이선李善 주注 참조. 이 외에도 원굉袁宏의 「후한기後漢紀」, 종병宗炳의 「답하승천서答何承天書」, 『위서魏書』「석로지釋老志」 등도 참조.

161 『문자文子』「수박守璞」.

162 『장자』「대종사」.

생명이 겨우 한 번의 변화로 다하는 것이 아니라 여러 사물들을 쫓아가며 근본으로 되돌아가지 못한 것이라고 한 말을 가리킨다. 장자와 문자, 두 사람의 논의는 아직 도의 실질을 다 궁구하지는 못하였지만, 궁극의 도에 기초하여 이해한 측면이 있다고 할 수 있다.

그런데 당신은 '생겨나자마자 죽는다[方生方死]'고 한 장자의 말뜻은 알려고 하지 않고, 기가 모이고 흩어지는 것이 한 번의 변화로 끝난다고 오해하였다. 그리하여 정신의 세계에 신묘한 영령이 있다고 생각하지 않고 정미한 기와 거친 기가 똑같이 소멸한다고 보았으니, 슬프지 않은가? 귀하께서 인용한 불과 나무의 비유도 원래 불경[163]에서 나온 말이다. 올바른 전승을 잃어서 유현한 의미도 밝혀지지 않았고, 미묘한 말도 마침내 상식적인 가르침 속에 잠겨 버렸다. 말하는 사람이 그 비유를 쓰면서도 의혹을 품게 되었다. 가령 궁극의 도를 깨달은 사람이 알맞은 때 세상에 나아가지 않는다면,[164] 이치를 밝게 깨달은 선각자의 존재도 모르고 은미하게 전해지고 있는 공용도 평생 듣지 못할 것이다. 무엇 때문인가? 저 정情과 수數가 서로 감응하면 그 변화는 끝이 없게 되고,[165] 인연의 관계가 밀접하게 연결되어 있으면[166] 은밀하게 전해진다. 달관한 사람이 아니면 누가 그 변화를 알 수 있겠는가? 당신을 위하여 이를 입증해 보고자 한다.

---

163 『중론中論』「관사견품觀邪見品」(대정장 30, 38~39) 제23게偈, 『지도론智度論』 12(대정장 25, 149) 참조.

164 『중여구마라집서重與鳩摩羅什書』.

165 『인물지人物志』「접식接識」.

166 다음 문장에는 "冥緣之搆"라 되어 있고, 치초郗超의 「봉법요奉法要」(『홍명집』 13)에는 "幽對冥搆"라고 되어 있다.

실제로 불이 땔감에 전해지는 것은 마치 정신이 육체에 전해지는 것과 같고, 불이 다른 땔감에 전해지는 것은 마치 정신이 다른 육체에 전해지는 것과 같다. 처음의 땔감은 다음의 땔감이 아니므로 손으로 땔감을 태워가는 기술의 교묘함을 알게 된다.[167] 처음의 육체는 다음의 새로운 육체가 아니므로 정과 수의 작용이 심원함을 알게 된다. 그런데 미혹한 사람은 육체가 하나의 생으로 소멸한다고 보고 정신과 정情이 다 함께 사라진다고 생각한다. 그러나 이것은 불이 하나의 땔감으로 다하며, 한 시기가 끝나면 모두 사라진다고 보는 것과 같다. 이것은 양생養生의 학설을 곡해한 것이고, 그 보편적인 의미를 깊이 추구하지 않은 것이다.

그런데 만약 당신의 논의와 같이 정신과 육체가 모두 변화한다면, 인간의 생명은 하늘의 근본으로부터 시작하는 것이고, 어리석거나 지혜로운 사람의 자질은 똑같이 품부 받는 것이 된다. 그렇다면 묻건대, 이 품부 받은 자질은 육체에서 받는 것인가, 아니면 정신에서 받는 것인가?

만약 육체에서 받는 것이라면, 형체를 가진 이들은 모두 변화하여 정신으로 될 것이다. 만약 정신에서 받는 것이라면, 이것이 정신으로 전해지므로 단주丹朱와 아버지 요임금은 모두 성인이 될 것이고, 중화重華도 아버지 고수와 같이 영명해질 것이다. 그러나 과연 그러한가? 만약 그렇지 않다면, 인간의 자질은 눈에 보이지 않는 인연이 아득한 과거세에 분명히 나타난 것이고, 현명하고 어리석은 구분은 육체가 생긴 초기에 정해진 것임을 알 수 있다.[168]

167 『장자』「양생주」.
168 「명불론明佛論」.

영묘한 천지의 운행〔靈鈞〕[169]은 훌륭하게 진행되지만, 그래도 본래 그러한 인간의 본성을 바꾸지 못한다. 하물며 이보다 못한 사람들에게 있어서이겠는가. 이치로 밝혀 보면 미세한 말이지만 확실한 징험을 가지고 있으며, 사실에 따라서 실증해 보면 위대한 진리에 의혹을 품을 일도 없을 것이다.[170]

이 논문이 완성된 뒤 세상을 등지고 산 속에 들어간 사람들[171]이 밝은 달빛을 밟으며 산책하면서 놀러 와서 모두 법당에 모였다. 이때 어떤 사람이 다음과 같이 질문하였다.

㊍ 삼가 귀하의 논문을 읽어 보았는데, 전체 논지[172]가 잘 설명되어 있어서 거의 질문할 내용이 없다. 그러나 어느 날 한번 연구해 보니, 아직 미진한 부분이 조금 있다. 귀하의 생각으로는 사문의 의례[173]는 속세와 다른 특수한 것이고 수도하는 사람들이 지켜야 할 제도이므로, 군주와 부모에게 육체적인 예경을 드리는 일은 생략해야 마땅하다고 본다. 지금 내가 의문으로 생각하는 것은 다음과 같다. 즉 사문은 중생구제의 어려운 일을 시작하여 변화하는 세계를 초월하는 큰 공덕을 먼 장래에 기약하고 있지만, 그 은택은 숨겨져 있어 불법의 효과가 눈에 보이지 않고 내세의 보응도

169 영묘한 녹로라는 뜻으로 조화造化의 자연을 말한다. 『장자』「제물론」에 '천균天鈞'이라는 말이 있다. 가의賈誼의 「복조부鵩鳥賦」(『문선』 13)와 도연명陶淵明의 「형영신시形影神詩」 참조.

170 『고승전』에는 『사문불경왕자론』을 인용하여 "五曰 形盡神不滅 謂識神馳騖隨行東西也"라고 되어 있는데, 이 문장이 『홍명집』에는 보이지 않는다.

171 반악潘岳의 「한거부閑居賦」(『문선』 16).

172 『논어』「태백」, 「선진先進」.

173 『대승대의장大乘大義章』 상上 「문진법신상류장問眞法身像類章」, 「견서통호담마류지遣書通好曇摩流支」.

현묘하기는 하지만 아직 감응하지 않았다. 그런데 사문이 왕공에게 공양하게 하고 신도들에게 예배하게 하는 것은 가만히 앉아서 덕을 받고 선부른 계교라고 비난받으며, 하는 일 없이 곡식만 축낸다고 조롱받지 않겠는가?

나는 한참 있다가 다음과 같이 응답하였다.

답 지금 당신들을 위하여 비근한 예를 인용하여 설명하려고 한다. 여기에 한 남자가 있다고 하자. 그는 왕의 명령을 받들어 풍속도 다르고 여러 번의 통역을 통해야 하는 오지에 사자로 가게 되었다. 그는 왕에게 가는 도중에 식량을 주는지, 교통편이나 의복은 지급하는지 여부를 물었다. 왕은 그렇다고 하였다.

나는 사문의 경우도 같은 종류로 유추하여 생각할 수 있다고 본다. 저 사문이라고 불리는 사람은 누구인가? 사문은 어둡게 덮여 있는 속세의 미혹을 걷고, 변화를 초월한 세계의 유현한 길을 열며, 물아物我를 다 잊은[174] 길을 세상 사람들과 함께 나아가고, 고상한 깨달음을 구하는 사람들에게 불교의 유풍을 섬기게 하고, 법의 흐름에 끼어드는 사람에게 남아 있는 흔적을 맛보이는 사람이다.

만약 그렇다면 중생구제의 대업을 아직 성취하지 못하였더라도 그 고상한 흔적을 살펴보면, 깨닫게 되는 점도 많을 것이다. 그렇다면 천지의 화육을 인도하는 왕의 공적과 만물의 생명을 보존하는 이익도 사문이 처음에 맹세한 마음에 오히려 필적하지 못할 것이다. 하물며 사문의 몸〔身〕·입〔口〕·뜻〔意〕의 3업業을 닦는 수고에 있어서이겠는가? 또한 이 사람은 육체는 다른 것에 의존하여도

174 『장자』「천운」.

감정은 일체를 초월하여 가까운 데에서는 의지하지 않기 때문에[175] 저 옷·음식·약·침구의 네 가지를 공양받더라도 등에나 모기가 지나가는 것[176] 정도밖에 생각하지 않는다.[177] 하물며 물거품으로 적실 정도의 작은 은혜[178]는 말해 무엇하겠는가?

이에 손님들은 비로소 은미한 세계가 사문의 힘으로 열리고 마음을 고요히 하는 것도 사문에 의해 인도되는 것임을 깨닫고, 마음속으로 흔쾌히 기뻐하고 감탄하면서[179] 돌아갔다.

이때는 동진東晉 원흥元興 3년(404) 알봉閼逢의 해로서,[180] 당시 천자가 도읍을 떠나니[181] 사람들이 깊이 걱정하였고, 우리 동지들도 탄식하는 마음을 가지고 있었다. 이로 인하여 이 논문을 저술하였다.

---

175 '근기近寄'는 치초 「봉법요」(『홍명집』 13)의 "情存近復則弊不至積," 하승천 「난단복론難袒服論」 "資形理於近用," 『주역』 「계사」 하의 "近取諸身"이라는 구절 등을 참조하면 정情을 가까이한다는 말일 것이다. 또한 손작의 「유천태산부遊天台山賦」(『문선』 11)의 '원기遠寄'라는 말도 참조.

176 『장자』 「우언寓言」.

177 『무량수경無量壽經』 하.

178 『장자』 「대종사」.

179 완적阮籍의 『영회시詠懷詩』, 도연명陶淵明의 「걸식시乞食詩」.

180 대세大歲의 갑甲에 있는 연도를 나타낸다. 원흥 3년은 갑진甲辰의 해이기 때문에 '알봉閼逢'이라고 하는 것이다.

181 『좌전』 「희공」 24년의 "天子蒙塵於外"의 구절에서 천자의 출분出奔을 말한다. 당시 안제安帝는 환현桓玄의 찬탈과 함께 영안궁永安宮으로 유폐되었고, 이후에 심양潯陽으로 추방되었고(원홍 2년 12월), 환현이 망하자 그와 함께 강릉江陵 지역을 유랑하다 환현이 죽은 후(원홍 3년 5월)에 일시나마 구출되었지만 다시 환진桓振에게 납치되어 참담한 생활을 영위하였다고 한다.

11. 사문단복[182]론沙門袒服論[183]〔원遠 법사〕

㉮ 사문의 단복袒服은 불교에서 유래하였는데, 그것이 예인가?

㉯ 그렇다.

㉮ 하夏・은殷・주周 3대代는 제도가 다르고[184] 예제禮制도 달랐지만, 소박하거나 화려한 변천〔質文之變〕[185]은 옛날 책에 상세히 기

---

182 사문의 가사袈裟를 정한 복장으로 가사를 좌측 어깨에 걸치고 우측 어깨를 드러내기 때문에 우견편단右肩偏袒 혹은 우단右袒이라고 한다. '단袒'은 벗는다는 뜻이다. 사문의 풍속 습관은 본래 인도의 것으로 중국 그 자체와는 다르기 때문에 사문이 사대부 사회와 밀접한 교류를 시작한 동진 이래 양자 간의 차이가 사상의 문제와 얽혀 사회적 논의의 대상으로 되기에 이르렀다. 「단복론」도 그 하나로서 이 외에 '거식踞食'에 관한 논의도 『홍명집』 12에 보인다.

183 이 논에 대한 하무기何無忌의 「박론(駁論 : 難袒服論)」 서두에 있는 "見答問袒服云云"이라는 구절에 의하면, 이 논은 하무기의 질문에 대한 답변으로 쓰인 것임을 알 수 있지만 하무기가 혜원에게 단복에 대한 질문을 한 것은 그가 강주江州 자사로 여산廬山에 가까운 심양에 머무를 때이다. 『진서』 85 「하무기전」에 의하면 그가 강주자사진남장군江州刺史鎭南將軍으로 된 것은 의희義熙 2년(406)이고(『진서』 「안제기安帝紀」에는 진남장군으로 된 것을 의희 5년 정월로 기록), 의희 6년 3월 노순盧循에게 죽음을 당할 때까지 그는 심양에만 있었지만 의희 5년 여름에는 유유劉裕의 남연南燕 토벌이 시작되고, 그 허점을 틈타 노순의 북상이 준비되어 있다는 것, 혜원과의 사이에 몇 차례의 논란이 오간 것을 고려하면 혜원의 이 논이 쓰인 것은 아마도 의희 4년 이전인 의희 3년(407)경의 일인 듯하다. 즉 『고승전』 6 「혜영전慧永傳」에는 "鎭南將軍何無忌 作鎭潯陽 爰集虎溪 請慧永及慧遠 遠從者百餘 皆端整有風序云云"이라는 말이 있고, 혜원이 하무기로부터 단복에 대한 질문을 받은 것은 이때가 아닌가라는 추측이 가능하다.

184 하夏・은殷・주周의 예禮가 각각 다른 제制를 가졌다는 것에 대해서는 동중서董仲舒의 『춘추번로春秋繁露』의 「삼대개제질문三代改制質文」편 등에 상세히 기록되어 있다.

185 '질문質文'은 『논어』 「옹야편」에 "子曰 質勝文則野文勝質則史"라는 구절이 있고, '질'은 소박질소素朴質素, '문'은 문식화미文飾華美를 말한다. '소박하거나 화려한 변천〔質文之變〕'이라는 말은 역사 전개가 질과 문의 상호 변화에 의해 구성되었음을 말하지만 이에 대해서도 『춘추번로』 「삼대개제질문」

록되어 있다. 그런데 불교는 여기에서 벗어나기 때문에 논자들이 모두 의문을 가지고 있다. 만약 깊은 의미가 있다면, 내가 잘 모르는 점을 가르쳐 주기 바란다.

답 태고의 백성은 대개 순박함을 간직하고 있었고,[186] 그 예가 화려하지 않았지만, 3대의 제왕[187]이 세상에 응하여 나타나면서 시대에 맞는 제도를 설정하였기 때문에 예제도 시대와 함께 변화하였다.[188] 이러한 관점에서 보면, 논자의 주장은 세속 세계에만 적용되는 말[189]에 지나지 않는다. 어떻게 그렇다는 것을 아는가? 중국에 없는 것이라도 다른 나라 풍속에서 볼 수 있는 것이 있고, 그 백성들은 오래 그 상태에 있었기 때문에 예제가 그대로 남아 있는 것이다. 그러므로 인도의 예제로는 존귀한 사람에게 예경禮敬을 다하고 신명에게 정성을 표시하는 경우에 모두 단복을 한다. 이것이 『예기禮記』에서 수식을 지나치게 제거한다고 한 말의 의미이다.[190] 단복의 유래를 설명한 책은 아직 중국에 전해오고 있지 않지만, 시초에는 알려져 있었던 듯하다.[191] 부처님께서 세상에 나타나시자 인도 풍속을 기본으로 하는 가르침을 펴시고, 행위가 잘못된 것이 아니면 오른쪽 어깨를 드러내야[右袒] 한다고 밝혔다. 무슨 까닭인가? 귀천의 분별은 반드시 지위에 따라 결정되고,[192]

편에 이론적인 설명이 되어 있다. 더욱이 한말漢末 위진魏晉 시대의 책으로 응역應瑒의 「문질론文質論」(『전후한문全後漢文』 24) 등을 참조.

186 혜강의 『난자연호학론難自然好學論』에 "洪荒之世 大朴未虧"라는 말이 있다. '현고玄古'는 '홍황지세'와 같은 말로 아득한 옛날을 의미한다.

187 우왕禹王 · 탕왕湯王 · 무왕武王.

188 『장자』의 「천운天運」, 「산목山木」, 「도척盜跖」 참조.

189 『포박자抱朴子』의 「심거審擧」, 『위지魏志』 12 「최염전崔琰傳」.

190 『예기』 「단궁檀弓」 하.

191 『진서』 34 「양호전羊祜傳」.

지위로 덕을 권장하면〔進德〕[193] 『노자』에서 말하였듯이 현명함을 숭상하는 마음이 생긴다.[194] 그러므로 사문은 명분의 세계를 초월하여 세속과 등을 돌리고, 세속의 사람들보다 물러서서 앞서고자 하지 않았다.[195]

또한 일반적으로 인간은 오른손잡이이므로, 동작을 할 경우 오른쪽에 따르지 않으면 무슨 일을 하든지 지장을 초래한다. 잘못을 저지르다가 다시 정도正道로 돌아가는 것[196]은 중급의 현인들도 하기 힘든데, 하물며 이보다 못한 사람들에게 있어서이겠는가. 시험 삼아 설명해 보기로 한다.

대체로 육체는 왼쪽과 오른쪽으로 형체를 이루고, 이치의 작용에는 잘못된 것과 바른 것이 있다. 이 두 가지, 즉 육체의 왼쪽과 오른쪽, 이치의 잘못된 것과 바른 것은 각각 근본에 의거한다. 근본이 막힌 채로 밝혀지지 않으면 현상의 요구에 끊임없이 응하게 된다. 육체와 이치가 서로 도우면 그 도가 은미하고 밝게 되지만, 세간의 습속에 그대로 따르면 미묘한 도리에 응하기 어렵다. 그러므로 확실히 단복을 행하면, 형체는 일에 따라서 감응하고 이치는 그 마음에 깨달아진다. 그로써 자연히 순응하는 기운을 안으로 억제하고 진실한 육체를 밖으로 드러내는 것이지, 잘못된 것과 바른

192 『주역』 「계사」 상.

193 '진덕進德'은 『주역』 「건괘」의 문언文言에 "忠信所以進德也," "君子進德修業"이라는 구절이 있고, 이 말은 자신의 도덕을 향상시킨다는 것이지만, 여기서는 『주례』의 「천관몽재天官冢宰」에 보이는 '진현進賢'과 동일한 말이고, 그 말뜻은 작위를 만들어 유덕사를 천거하여 등용하는 것이다.

194 『노자』 3.

195 『노자』 7과 66 참조.

196 『주역』 「복괘復卦」 초구初九와 소疏 참조. 왕필王弼은 "復者 反本之謂也"라고 말하였다.

것이 함께 행해지는 것은 근본이 아니다. 그러므로 세존께서는 단복으로 정성을 돈독히 하고 사악함을 막아[197] 사문의 명칭과 실질을 일치시키고,[198] 공경과 거만함이 섞이지 않도록 하였다. 그런 뒤에 미혹에서 벗어나 깨달음을 구하는 방법을 열어 주고, 오래 미혹한 사람들에게 참된 본성으로 이끌어 주며, 속세에 머무는 현인이 희망이 없다고 절망하지 않게 하고, 불교로 나아가고자 하는 사람들에게 길을 잃어버리고 되돌아가는 일이 없도록 하였다.

이리하여 성스러운 불문에 입문하여 불도를 따르는 사람은 모두 바른 길을 가고 자연의 도리에 순응하려고 하였다.[199] 때와 장소는 달라도 같은 제도에 따르고,[200] 태고의 소박한 풍속을 그리워하고 옛날의 자취를 회상하며, 세간의 화려한 풍속을 버리고 마음을 깨끗이 하였다. 근본을 따르고 변화의 이법을 깨달으면, 일상의 가까운 생활에서 심원한 이치를 깨닫고, 육체가 사문의 복장에 어긋나는 것을 부끄러워하여 깊이 이치를 감득하게 된다. 이와 같으면, 감정이 예에 맞게 되고 오직 도닦는 일에 게으르지 않게 되며, 행동은 반드시 자연의 도리에 따라서[201] 모르는 사이에 육체가 저절로 공손해진다. 이것이 여래가 중생을 불교로 권유하고 인도하는 외적인 수단이고, 범부를 불도로 끌어들이는 미묘한 조치[202]

197 『주역』「건괘」 문언.

198 『한비자』「이병二柄」, 『후한서』 79 「중장통전仲長統傳」.

199 『주역』「계사」 상에 "履信思乎順"이 있다. 더욱이 '이정履正'은 『주역』「분괘賁卦」 구삼九三 "賁如濡如 永貞吉"의 왕필王弼 주注에 "俱履其正," 『삼국지』 24 '최림전崔林傳'에 "秉忠履正"이라는 말이 보인다.

200 『예기』「중용」.

201 『주역』「곤괘」 문언.

202 '감추歛麤'는, 치초의 「봉법요」(『홍명집』 13)의 "申近以歛麤," 정도자鄭道子의 「논거식서論踞食書」(『홍명집』 12)의 "遺儀以歛麤," 변사지卞嗣之의 「답

이다. 그러나 많은 논자들이 이러한 사실을 깨닫지 못하고, 어떤 사람은 이를 혁파하려고도 한다. 옛날의 도[203]에 너무 심하게 어긋나는 것이 아닌가.

1) 하진남何鎭南[204]의 논박[205]

단복의 질문에 대한 귀하의 답변을 잘 읽어 보았는데, 그 논지

환현조答桓玄詔」(상동)의 "蓋是斂麤之用耳"라는 구절 참조.

203 『노자』 14.

204 동해東海 담郯 사람이다. 유뢰지劉牢之의 생질이며, 유유劉裕는 그의 동료이다. 이른바 북부군단北府軍團 출신의 무장이다. 어려서 큰 뜻을 품고 처음에 주州의 종사從事가 되었고, 나중에는 사마원현司馬元顯의 아들인 언장彥章의 중위中尉가 되었고, 광무장군廣武將軍을 거쳐 태학박사太學博士가 되었고, 유뢰지와 함께 환현桓玄을 토벌하였다. 그러나 유뢰지가 환현에게 죽음을 당하자 원흥 원년(402) 뇌지의 참군인 유유와 함께 환현타도라는 기치로 거병하여 심양을 근거지로 환현을 타도함과 아울러 환겸桓謙을 공격하여 안제安帝를 생포하여 도읍으로 돌아왔다고 한다.(의희 원년, 405) 『고승전』 6 혜원慧遠의 "晉安帝 自江陵 旋於京師 輔國何無忌 勸遠候迎 遠稱疾不行"이라는 구절은 이 시기를 말하는 것이다. 환씨가 주멸되자 공에 의해 우장군右將軍・예주豫州 자사를 배수 받았지만 관직에 나아가지 않고 결국에는 회계내사會稽內史로 좌천되었고, 의희 2년에는 진남장군鎭南將軍・강주江州 자사가 되었다.(『진서』 「안제기」에는 진남장군으로 된 시기를 의희 5년 정월이라고 한다.) 『고승전』 6 혜영慧永의 "鎭南將軍何無忌 作鎭潯陽 爰集虎溪 請慧永及慧遠云云"이라는 구절은 이 시기이다. 그러나 손은孫恩의 잔당인 노순盧循이 광주廣州로부터 북상하자, 이에 맞서 하무기는 노순의 별장別將인 서도복徐道覆과 양자강에서 교전하였으나 패하여 의희 6년 3월 선상에서 죽음을 당하였다. 현존하는 그의 저작 중에는 이 「난단복론」 외에 『남제서주군지南齊書州郡志』 상上에 "以竟陵還荊州表"가 기록되어 있다. 『진서』 85, 『전진문』 141, 『고승전』 6 등을 참조.

205 하무기가 강주 자사로서 여산에 가까운 심양에 머무른 것은 의희 2년에서 6년 사이이지만 이 문장이 쓰인 것은 의희 3년경인 듯하다. 더욱이 『홍명집』의 여러 판본에서 작자를 '하진남何鎭南'이라고 쓰고 있지만 하무기가 진남장군으로 된 시기는 『진서』 「안제기」와 「하무기」에서는 3년간의 일이라고 기록하고 있다.

와 내용이 참으로 훌륭합니다. 즉 단복의 소박함을 태고의 풍속을 전하는 것으로 설명하였고, 형체와의 밀접한 관계를 일상의 비근한 일을 가지고 서술하였으며, 공경과 거만함을 구별하여 마음과 단복의 의미를 철저히 밝히고 있으니, 간섭할 여지가 거의 없습니다. 그러나 단복을 자연의 도리에 순응하는 것으로 설명하는 것에는 동의하지 않습니다. 무엇 때문입니까?

복장의 제도가 만들어진 것은 생각건대 시대에 순응하여 이루어진 것입니다. 따라서 그 일에 안팎[206]의 구별이 있으면 예제도 그에 순응하여 얕거나 깊게 정해지는 것입니다. 노자·석가와 주공·공자의 관계는 속세에 머무르는 것[207]과 속세를 버리는 것의 차이입니다. 두 입장이 따르는 방식이 동일하지는 않지만, 거스르거나 따르는 차이는 없는 것이 분명합니다.

그러므로 노자는 군례軍禮와 흉례凶禮에는 우측을 높인다는 것을 분명히 하였고,[208] 상례에는 좌측을 쓰지 않는다고 정해 놓았습니다.[209] 또한 불교의 4무량심無量心은 부모를 섬기는 지극한 마음과 같고, 유교의 3구驅의 예[210]는 왕의 행동이 짐승에까지 미친다는 인仁을 나타내는 것입니다. 이와 같이 후세에서 그 취지를 살펴보면, 어찌 자연의 도리에 순응하는 것이 특이한 것이겠습니까?

---

206 종교적·정치적 의미이다.

207 『순자荀子』「권학勸學」과 주注 참조.

208 『노자』 31.

209 『예기』「단궁」 상과 정현鄭玄 주注 참조.

210 『주역』「비괘比卦」에 "王用三驅 失前禽"이라는 구절이 있다. 수렵을 행할 때 사방을 전부 포위하는 것이 아니라 좌左·우右·후後 세 방면에서 몰고 앞으로 도망갈 길을 남겨 놓는다는 말이다. 또한 『한서漢書』「오행지五行志」에 "田狩有三驅之制"라는 말이 있다.

어찌 흉사에서만 길함을 표시하고, 상례의 의용에서만 정성을 나타내겠습니까? 옛날 정鄭나라 양공襄公이 육단肉袒한 것[211]은 마치 허許나라 희공僖公이 관을 메고 초왕楚王을 만난 것[212]과 같습니다. 이들이 처신하는 방법이 자연의 도리에 거스르는 것이었다면, 반드시 예측할 수 없는 벌을 받았을 것입니다. 이러한 예로 입증하자면, 자연의 도리에 따른다는 것은 도대체 어디에 있습니까? 그러므로 나는 여기에서 부족한 내 생각을 말하여 귀하께서 안팎으로 일치시켜 주시기를 바랍니다.

2) 원 법사의 대답

귀하의 질문을 삼가 검토해 보니, 광대한 이치를 제시하고 미진한 점을 밝혀 정미한 것과 거친 것이 모두 자연의 도리에 순응하는 것이라는 점과 안팎 모두 궁극의 진리로 귀일시키는 것임을 말하고 있습니다. 그 글을 반복하여 읽으면서 깨달은 것이 참 많습니다. 나는 도훈道訓과 명교名教, 석가와 주공·공자의 가르침은 방법이 다르지만, 보이지 않는 측면에서 서로 영향을 미치고 있다고 항상 생각합니다. 세속을 초월하거나 머무르는 방식은 다르지만, 결국 귀착점은 일치합니다. 다만 은미한 가르침의 자취는 일상의 생활 속에 숨어 있으므로,[213] 양자의 가르침의 귀착점을 어두워서 찾아내기 어렵습니다. 그리하여 성인의 지극한 말씀도 세속

211 『좌전』「선공」 12년.

212 『좌전』「희공」 6년.

213 '은미한 가르침의 자취〔妙跡〕'는 「단복론」의 "斂麤之妙跡," '일상의 생활 속에 숨어 있음〔隱於常用〕'은 『사문불경왕자론』 5의 "微言 淪於常敎"라는 구절 참조.

의 경전과는 떨어져 있어서 논자들도 유교와 불교는 길이 전혀 다르다고 주장합니다.

그 이유는 무엇입니까? 성인聖人은 "낚시를 하더라도 그물은 쓰지 않고 화살을 쏘더라도 잠자는 새는 쏘지 않는다"는 가르침에 의해[214] 지나친 행위를 제어하고,[215] 사계절에 맞추어 남획을 제한합니다. 3구의 예에 있어서는 전방의 짐승은 도망갈 수 있게 하고, 그물로 물고기를 잡을 경우에도 반드시 충분히 자랄 때를 기다려 사용하도록 하였습니다.[216] 위로는 길가의 갈대도 큰 짐승들이 함부로 밟지 못하게 하는 인仁을 베푸니,[217] 석가의 자비에 필적하는 것입니다. 천하의 모든 것을 자신과 동등한 것으로 생각하여 다른 대상과 나를 동일하게 본다면,[218] 아름드리 큰 나무나 동물의 가는 터럭이 어찌 우열의 차이가 있을 것이며[219] 서로 상대적[220]이라고 하겠습니까? 그러나 성인의 자취에서 생각해 보면, 만물에 대한 차별없는 사랑〔兼愛〕이라는 점에서 크게 일치합니다. 그러나 멀리 사실에서 밝혀 보면, 계급 차별의 명분이 설정되고 명분에 따라 질서를 세워 나간 것이 이루 헤아릴 수 없을 정도로 자세합니다. 따라서 이에 따라 점차 덕을 향상시키고,[221] 그 일이 군주와 부모에게 나타나도록 가르치게 됩니다.

214 『논어』「술이」.
215 『예기』「단궁」상에 "去飾之甚," 『맹자』「이루」하에 "仲尼不爲已甚者," 『노자』 29에 "是以聖人 去甚 去奢 去泰"라는 말이 있다.
216 『예기』「왕제王制」.
217 『시경』 서문, 『시경』 1 참조.
218 『장자』「제물론」.
219 『노자』 64.
220 『장자』「대종사」.
221 『주역』「건괘」 문언.

이 같은 관점에서 생각하면, 내외의 가르침으로서의 차이도 이해되고 성인의 참뜻이 어디에 있는지도 알 수 있습니다.[222] 그러나 귀착점이 아직 밝혀져 있지 않으므로, 다른 사람들은 이 점을 인식하지 못하고 있습니다. 만약 이와 같은 나의 주장이 받아들여진다면, 사문이 단복하는 의미도 의심할 여지없이 분명해질 것입니다. 귀하의 편지에는 보다 상세히 설명해 달라고 되어 있으므로, 제 본래의 생각을 충분히 서술해 보고자 합니다.

저 형체를 가진 것들의 변화를 살펴보면, 음양의 작용[223]에 의하여 만들어진 것이고, 좌우의 형체를 받아서[224] 낮과 밤의 운행에 따라 죽음과 삶의 변화가 설명된다.[225] 생명을 좋아하고 죽음을 두려워하며, 나아감을 좋아하고 물러남을 싫어하는 것은, 사람의 자연스러운 감정이다. 따라서 선왕은 백성들의 본성에 그대로 따르고 그 자연스러운 마음에 응하여 길례吉禮와 흉례凶禮로 구별하여 좌측이나 우측을 존중하는 구별을 설정하였다. 그러므로 길한 일인 경우에는 좌측을 상위로 하고, 작위를 진급시키며 그로써 생활을 풍족하게 하였다. 흉한 일일 경우에는 우측을 높여서 죽은 자에 대한 슬픔을 얼굴에 나타내고 그 본성을 상하게 하였다.[226] 이것들은 모두 인간이 하늘로부터 받은 본성을 바탕으로 한 것이고,

222 『주역』「계사」 하, 『주역』「함괘咸卦」 단彖.
223 『장자』「대종사」.
224 「단복론」.
225 『장자』「대종사」에 "死生 命也 其有夜旦之常 天地." 곽상郭象의 주注에 "其有晝夜之常 天之道 故知死生者 命之極 非妄然也 若夜旦耳"라는 말이 있다. '혼명昏明'은 '야단夜旦'과 동일하다. 『대지론초大智論抄』 서序에는 "昏明代謝"라는 말이 보인다.
226 『예기』「상복사제喪服四制」.

그에 따라 가르침을 행하고 시세의 변화에 응하여서 선인들의 덕을 회고하도록 하였다.[227]

세상에서 중요하게 여기는 것은 생명을 보존하는 것에 불과하다. 생명을 보존하면서 때에 따라 몸을 굽히기도 하고 자신의 입장을 전개하기도 하고 나아가거나 물러나는 다양한 삶의 방식을 가지는 것이 모두 이와 같다. 얕게 응하거나 깊게 응한다는 것이 이와 관련된다.

사문의 경우에는 이와 또 다르다. 자신을 뒤로하고 물러나 비천해지는 것을 두려워하지 않고, 자신에게 불리한 시절이 도래하여도[228] 비천한 지위를 사양하지 않는다. 비천한 지위에 있으면서도 스스로 다스리는 것을 싫어하지 않고, 중생이 싫어하는 곳에 머물러 그대로 따른다[順].[229] 이러한 겸순의 도를 따르고 근본을 잃지 않으면, 날마다 덜어내는 수양의 공적[230]이 쉽게 쌓이고 미혹에서 벗어나 깨달음을 구하는 길에서 노닐 수 있다. 그러므로 사문은 세상을 등지고 영화를 버리며 속세를 등지고 활동하지만, 세속에서 살아가는 현명한 자와 외모는 같아도 실질은 다르다. 어떻게 이를 분명히 알 수 있는가? 모든 출가자들은 인간의 고뇌가 육체가 있어서 생기는 것임을 깨닫고, 육체를 보존하지 않음으로써 고뇌를 그치게 하려고 한다. 생성하고 또 생성하는 것은 육체를 품부 받아 변화하는 데서 비롯된다는 것을 알므로, 변화를 그대로

---

227 『방편선경통方便禪經統』 서序, 『시경』 서, 소疏 참조.

228 「삼보론三報論」, 『대지론초』 서序, 『진서』 99 「환현전桓玄傳」, 도연명陶淵明의 기유세구월구일己酉歲九月九日의 시詩 등 참조.

229 『노자』 8과 『논어』 「이인里仁」 참조.

230 『노자』 8.

따르지 않음으로써 궁극의 도를 구하게 된다. 이러한 관점에서 보면, 궁극의 도로 되돌아가는 것을 목표로 뜻을 세우는 사람은 생명 때문에 정신을 괴롭히지 말고, 세속의 일을 초월한 사람은 마음에 따라서 삶을 괴롭히지 않도록 해야 함을 알게 된다. 마음에 따라 삶을 괴롭히지 않으면 삶을 끊을 수 있고, 생명 때문에 정신을 괴롭히지 않으면 정신은 명합冥合할 수 있다. 그렇다면 앞에서 말하였듯이, 길흉에 따라서 예를 설정하는 것과 부모를 섬기고 임금을 받드는 것이 한정된 세계의 교설에 지나지 않게 된다. 이것이 장자가 "애초에 제한된 영역을 벗어난 적이 없다"고 한 것이다.[231] 한정된 세계를 벗어나지 못하였다면 그것은 한갓 말장난에 불과하고 변화의 이치에 통달하지 못한 것이다. 만약 그렇다면 이와 같은 인간은 명교名教의 세계에 매여서 살아가는 도중에 자신을 망각하고,[232] 다양한 변화의 흐름을 타다가 근본에 등지게 될 것이다. 이치를 따른다는 입장에서 본다면, 그에 거스르는 것이라고 하지 않을 수 있겠는가? 속세에 머문다는 것과 속세를 떠난다는 것은 이런 점과 관련된다.

12. 원법사명보응론遠法師明報應論

답환남군答桓南郡

문 불경[233]에서는 "생명을 죽이는 죄는 무거우므로 지옥의 벌을

---

231 『장자』「제물론」, 「응제왕應帝王」 참조.

232 가의賈誼의 「복조부鵩鳥賦」(『문선文選』 13).

233 불타발타라佛馱跋陀羅 역譯의 『대방광불화엄경大方廣佛華嚴經』 24(대정장 9,

받는다. 생전의 죄를 사후 세계의 사司가 재판하는[234] 인과응보의 이치는 그림자와 메아리처럼 정확하다"[235]라고 하고 있습니다. 그러나 내가 의심하는 이유는 무엇입니까? 저 4대大의 실체는 지地·수水·화火·풍風일 뿐입니다. 이것들이 결합하여 육체가 만들어지고, 정신이 머무는 곳이 됩니다. 생명이 깃들어서 정신 작용이 있게 되고, 밝은 의식 작용이 여기에서 발달해 갑니다. 정신은 육체를 임시로 빌려서 존재하기는 하지만, 그 이치는 육체와는 전적으로 다른 것입니다. 어떻게 단순히 정미하고 거친 차이[236]뿐이겠습니까? 따라서 본래 해를 입을 여지가 없습니다. 육체가 소멸하여도 정신에 아무런 해가 없는 것은 자연계의 물과 불을 없애는 것일 뿐이기 때문입니다.

또한 묻겠습니다. 만물의 마음은 애욕이 왕성하여 다만 개인적인 자아에만 집착하고 정욕의 생각이 깊습니다. 만약 불교에서 말하듯이 정욕에 의하여 응보를 받는다는 마음 작용에 근거하여 과보가 생기는 것[237]이라면, 자연에 그대로 순응하는 이치가 어찌 성립하겠습니까?

답 제 생각으로 이 두 가지가 귀하가 질문한 핵심입니다. 이 논의의 요점이 명확해지면 다른 많은 의문들도 모두 풀릴 것이고,

---

549)와 『대지도론大智道論』 13(대정장 25, 155) 참조.

234 유명幽冥의 세계에서 형법刑法과 옥관獄官이라는 뜻으로 사후의 세계에서 죄를 판단함을 말한다. 『남사南史』 37 「심유전沈攸傳」의 "沈僧昭少事天師能記人吉凶 自云 爲泰山錄事 幽司中所收錄 必僧昭署名"이라는 말 참조. 또한 고대 중국에서 죽은 자가 태산에 모이고 생전의 행위로 선악을 판단한다는 신앙에 대해서는 『해여총고陔餘叢考』 35 「태산치귀泰山治鬼」 참조.

235 「봉법요」(『홍명집』 13).

236 『장자』 「추수秋水」.

237 『삼보론』.

불교에 처음 입문한 사람들도 깨달을 수 있을 것입니다. 상식을 초월한 경지를 말하여 사람의 감정을 밝히고, 이전에 들어본 적 없는 뛰어난 말씀을 하신 것이라고 할 수 있습니다.

그러나 불교는 심원하고 현묘하니, 그 은미한 학설을 말로 설명하기 어렵습니다. 만약 근본 취지[238]를 통일적으로 이해하지 못하였다면, 어떻게 그 유원한 생각을 펼 수 있겠습니까? 그래서 저는 지금 근원의 도에 근거하여 제 생각을 피력해 보고자 합니다.

저 4대大의 성질을 유추하여 만물이 형체를 받는 근본을 밝혀보면, 인간은 다른 물질을 빌려서 동일한 형체를 형성하고 있습니다.[239] 생명은 버려진 먼지와도 같아서[240] 생겨나거나 소멸하는 것이 하나의 변화[241]에 불과합니다. 이것은 지혜에 바탕을 둔 관법을 작용시켜서 지혜의 칼을 휘둘러야 하는 것입니다.[242] 이때 왔다가 가는 자연의 운행에 따르면,[243] 모였다 흩어졌다 하더라도 내가 아닙니다.[244] 만물을 큰 꿈속[245]에서 임시로 살고 있는 것으로 보면, 실제로는 유有의 세계에 머물지만 무無와 동일합니다. 어떻게 자

---

238 『사문불경왕자론』 4에는 "指歸可見," 「답난단복론答難袒服論」에는 "指歸昧而難尋"이라는 말이 있다. 이 외에도 『삼국지』 38 '진복전秦宓傳' "嚴君平見黃老 作指歸," 『진서』 51 「속석전束皙傳」 "尋考指歸"라는 말 등을 참조.

239 『장자』 「대종사」.

240 『장자』 「지락至樂」과 「덕충부德充符」 참조.

241 『장자』 「대종사」.

242 『장자』 「양생주」.

243 『장자』 「전자방」과 『장자주莊子注』 「덕충부」 참조.

244 『장자』 「지북유知北遊」 "人之生 氣之聚也 聚則爲生 散則爲死 若死生爲徒吾又何患." '비아非我'에 대해서는 곽상의 『장자주莊子注』 「양생주」 "凡所遇者 皆非我也"라는 구절 참조.

245 도연명陶淵明의 「귀거래사歸去來辭」에 "寓形宇內"라는 말이 있고, '대몽大夢'은 『장자』 「제물론」의 "且有大覺而後知此大夢也"라는 구절에 근거한다.

연에서 품부 받은 것에 제한되어[246] 세속에서 집착하는 생명에 매일 수 있겠습니까? 이 이치를 마음속에서 스스로 깨달았지만 다른 사람들은 아직 깨닫지 못하였을 경우에 자신만 깨닫는 것[247]이 아무 공적이 안 됨을 슬퍼하고 먼저 깨달은 사람을 감응하여 다른 사람을 인도하려고 생각하게 됩니다. 이리하여 도를 넓히고[248] 가르침을 밝히고자 생각하므로, 인서仁恕의 덕[249]이 보존되게 됩니다. 만약 너와 내가 마음을 함께하고 둘로 대립하는 일 없이 칼을 휘두른다면,[250] 하나가 되어 현묘하게 보게〔玄觀〕 되니[251] 무기로 전투를 벌인다고 해도 거슬러서 서로 부딪치고 상처를 내는 일이 없게 됩니다. 그런데 어찌 정신에만 해를 끼칠 수 있겠습니까? 죽일 만한 생명도 본래 없게 됩니다. 이것은 문수보살이 칼을 잡았을 때,[252] 그 행위는 거스르지만 그 이치가 자연의 도리를 그대로 따르는 경우와 같습니다. 하루 종일 창을 휘둘러도 칼 쓸 여지가 없을 것입니다. 그와 같은 사람은 『주역』의 괘상卦象과 같이 북치고 춤을 추어서 정신을 충분히 발휘하고,[253] 방패와 도끼를 잡고 교화를 이루게 됩니다.[254] 이러한 공적은 세상을 다 덮을 정도로

---

246 '『장자』「제물론」과 『장자』「양생주」 참조.

247 『맹자』「진심」 상.

248 『논어』「위령공」.

249 『논어』「안연」과 「위령공」 참조.

250 『장자주莊子注』「병무騈拇」.

251 치초의 「봉법요」(『홍명집』 13)에 '민일泯一'은 "泯一三世," '현관玄觀'은 "專惟玄觀 講誦法言"이라는 말이 있다. '현관'은 아마도 『노자』 10 "滌除玄覽能無疵乎"의 '현람'에 기초한 듯하다.

252 축법호竺法護 역譯의 『여환삼매경如幻三昧經』(대정장 12, 150) 참조.

253 『주역』「계사」 상.

254 『상서尙書』「대우모大禹謨」, 『여씨춘추呂氏春秋』「이속람상덕離俗覽上德」, 『회남자淮南子』「제속훈齊俗訓」 참조.

크지만 상 받을 일이 아닌데,[255] 어찌 죄와 벌이 있을 수 있겠습니까? 만약 이와 반대로 그 근원을 찾는다면, 보응의 의미가 분명해질 것입니다. 사상事象의 세계를 탐구하여 근본을 찾아가면, 죄와 벌의 참된 의미를 논할 수 있을 것입니다. 한번 설명해 보고자 합니다.

인연이 감응하여 변화가 성립하는 것이 어찌 도에 의거한 것이 아니겠습니까? 무명無明은 미혹한 그물의 연원이고, 탐애貪愛는 수많은 고뇌의 창고입니다. 이 두 가지 이치, 즉 무명과 탐애가 함께 움직여서 암암리에 신성한 작용[256]을 하고, 인간의 길흉과 후회, 부끄러움이 여기에서 발생합니다.[257] 무명은 지혜의 작용을 덮어 버리므로 정욕과 상념이 일어나 외물外物에 집착하게 합니다. 탐애는 인간의 본성을 잃게 하므로, 4대大가 결합하여 육체를 형성하게 합니다. 육체가 형성되면 너와 나를 가르는 제한이 생기고,[258] 정욕이 집착하면 선악의 주관적인 분별이 생깁니다.[259] 너와 나를 가르는 제한이 생기면 나 자신만 소중히 여겨서 잊어버릴 수 없게 되고, 선악의 주관적인 분별이 생기면 생명만을 사랑하여 생명이 끊이지 않게 됩니다. 이리하여 사람들은 커다란 꿈속에 빠져들고 미몽迷蒙 속에서 혼미해져서 긴 밤의 어두움을 의심스럽게 껴안고 모든 사물에 집착하게 됩니다. 그러므로 득과 실이 서로 교차하고[260] 화와 복이 차례로 발생하여 그 사이에 악이 쌓이고 하

---

255 『장자』「응제왕應帝王」.

256 「방편선경통서方便禪經統序」, 「석박론」(『홍명집』 6), 「명불론」(『홍명집』 2) 참조.

257 『주역』「계사」.

258 『장자』「제물론」.

259 『장자주莊子注』「추수」.

늘의 재앙이 이르게 됩니다. 이것은 필연적인 결과이고 의심의 여지가 없습니다.

무슨 까닭입니까? 이해하는 데 근거가 있으면,[261] 이치가 저절로 은밀히 대응하게 됩니다. 징조가 아무리 미미해도 기세가 극심해지면 밖으로 나타나게 됩니다. 그러므로 마음이 선악에 따라 죄악의 응보를 받는 것은 형체와 소리에 그림자나 메아리가 감응하는 것과 같습니다. 근본이 감정에 따라 감응하면, 그 감응한 결과의 응보가 저절로 다가오게 됩니다. 어떻게 명계에 죄를 재판하는 관리들이 있겠습니까? 그 도를 잘못 다스렸기 때문에 죄와 복이 자연히 감응하여 오는 것입니다. 죄와 복이 감응하여 오는 것은 오직 마음이 외물에 대하여 감응하는 데 따를 뿐이고, 그렇게 감응하기 때문에 이를 '저절로 그렇다[自然]'고 합니다. '저절로 그렇다'는 것은 내 마음에 그림자나 메아리같이 감응해 온다는 의미일 뿐입니다. 저 조물주도 이러한 보응에 어떠한 공적이 있겠습니까? 다음 질문하신 요점을 사실로 확인하면서 답변해 보고자 합니다.

귀하께서 논박에서 말씀하신 대로, 지·수·화·풍이 결합하여 육체를 형성하고 그 육체가 정신이 머무는 장소가 된다고 본 것은 전적으로 인정합니다. 그것은 집에 주인이 있다는 의미입니다. 그러면 묻겠습니다. 주인(정신)이 집(육체)에 있을 때, 마음[情]을 가지고 있습니까, 아니면 가지고 있지 않습니까? 만약 마음을 가지고 있지 않다면, 4대大가 결합하여 육체를 형성하는 것은 집의 주인이 감응한 결과가 아닙니다. 만약 주인이 감응하지 않았으므

260 『주역』「계사」 상.
261 『여유유민與劉遺民』 참조.

로 마음을 가지고 머문 것이 아니라면, 정신은 육체에 있어도 마음이 없으므로 아픔이나 가려움을 자각하지 못합니다. 정신에 자각이 없고 또 아픔과 가려움이 없는 상태로 외물에 접한다면, 이와 같은 상태는 비유하자면 풀을 베고 나무를 자르는 것과 같아서 이치에 어둡게 됩니다. 만약 정신에 마음이 있다면, 4대가 결합하여 육체를 형성하는 것은 정신이 감응한 결과입니다. 정신이 감응한 결과이므로 정신이 마음을 갖추어 육체에 있다고 한다면, 정신이 집에 있을 때 아프고 가려운 자각이 없을 수 없습니다. 정신이 자각이 있고 집도 아픔과 가려움을 느끼는 상태로 외물과 접한다면, 이 같은 상태는 천지간에 물과 불처럼 다르다는 것이 분명합니다.

이러한 사실에 근거해서 말하자면, 저 정신과 형체는 비록 다르지만 함께 변화하고, 안과 밖은 참으로 상이하지만 혼연히 일체를 이룹니다.[262] 근원적인 이치에 달관한 사람이 아니라면 누가 정신과 육체의 관계를 꿰뚫어 볼 수 있겠습니까? 만약 이 관계를 아직 체득하지 못했다면, 시간이 흐를수록 미혹으로 더욱 빠져들게 됩니다. 형체를 품부 받고 성명性命을 받은 것으로 그렇지 않은 것은 없습니다. 육체와 성명을 받고 그렇게 되면 각자가 자신에게 애착심을 가져서 미혹이 생겨납니다. 이러한 미혹의 근본을 끊어 버리지 못하면 생명에 대한 집착은 더욱 강해지고, 애착의 근원을 제거하지 못하면 생명을 보존하고자 하는 집념도 깊어집니다. 가령 하나의 이치가 감정을 거슬러도 마음이 혼란해지는데,[263] 하물며 온

262 『사문불경왕자론』 5에도 "神形俱化 原無異統"이라는 말이 있지만 이 외에도 형신形神의 일체성을 설명한 것으로는 사마담司馬談의 「논육가요지論六家要旨」(『사기』 130)와 혜강嵇康의 「양생론養生論」(『문선』 53) 등이 있다.

전체를 잃어버릴 경우에는 어떠하겠습니까? 그러므로 상호간에 논쟁하다가 함께 잘못을 저지를 경우에 상대방에게 위해를 가하려는 마음이 없어지지 않으면 원한이 그치지 않게 됩니다. 예를 들어 즐거움이 끝나고 고통을 받아 마음에 여한이 없어도, 형체와 소리가 밖으로 드러나면 그림자와 메아리가 감응하여 나타나게 됩니다. 이것은 미리 정해진 것이 아니고, 이수理數가 합치되어 필연적으로 그렇게 되는 것입니다. 피하고자 해도 피할 수가 없습니다. 이것이 마음에 따라 응보를 초래하고, 감感에 따라 응應이 생긴다는 말입니다. 다만 저와 당신은 논지 설정이 원래 다르므로 이해하는 것도 다릅니다.[264]

문 사람들의 감정이 생명을 중히 여기기 때문에[265] 생명을 죽게 하면 안 된다고 한다면, 감정이 생겨나는 것은 아집의 미혹에 불과할 것입니다. 성인은 달관한 이치로 그들이 위대한 도를 깨닫도록 분명히 가르쳐야 합니다. 어찌 미혹하게 집착하며 보응의 설로 대응하려고 하겠습니까?

답 대체로 일[事象]이 일어나는 것은 반드시 마음에 근거하고, 보응은 반드시 그 일에 의거하여 일어납니다.[266] 그러므로 보응에 따라 일을 관찰하면 그 일을 변화시킬 수 있고, 일을 가지고 마음

263 이와 유사한 표현으로 곽상의 『장자주』「대종사」에 "一理不至 則天年無緣得終"이라는 말이 있다.

264 이와 유사한 표현으로 대규戴逵의 「중여원법사서重與遠法師書」에 "但理本不同 所見亦殊"라는 말이 있다.

265 『진서』 98 「왕돈전王敦傳」, 99 「환현전桓玄傳」, 범언룡范彦龍의 「증장서주시贈張徐州詩」(『문선』 26) 참조.

266 치초의 「봉법요」(『홍명집』 13)에 『유마경』을 인용하여 "一切諸法 從意生形"이라 하였고, 『니원경泥洹經』을 인용하여 "心爲種本 行爲其地 報爲結實"이라 하였다.

의 선악을 바르게 한다면 마음을 되돌이킬 수 있습니다. 이로써 말하자면 성인은 미혹한 집착에 의거하여 보응의 존재를 밝히는 것임을 알게 됩니다. 당신이 말씀하셨듯이 중생의 미혹한 집착에 직면하여 보응을 주는 것이 아님을 알 수 있습니다. 어째서입니까? 인간이 깨닫기 힘든 것은 참으로 오래된 일이기 때문입니다.[267] 따라서 불교에서는 그 유래의 근본에 의거하여 가르침에 반드시 점진적인 방법을 사용합니다. 부처님은 오랜 기간의 습관을 한순간에 없애 버릴 수 없음을 알고, 먼저 죄복의 응보를 보이는 것입니다. 죄복을 완전히 잊을 수 없으므로 그에 대한 경중을 가리도록 하는 것입니다. 죄복의 경중을 헤아리면 그에 따라 선악을 기도하여[268] 선한 마음을 갖게 됩니다. 선악이 아집에 근거하는 것임을 알게 되면, 자신을 타인에게까지 추급하여 구제하게 됩니다.[269] 이러한 두 가지 이치를 모두 잘 행한다면 마음에 매인 바가 없게 되므로, 어진 사람을 존중하고 중생을 수용하며[270] 자기를 미루어서 편안히 베풀게 됩니다.[271] 멀리 죄복의 보응을 밝혀내어 생사유전生死流轉의 미혹한 세계를 벗어날 수 있게 됩니다. 미혹한 마음이 소멸한 뒤에는 크나큰 진리를 깨닫고, 생명을 보존하려는 번뇌를 끊을 수 있습니다. 생명에 집착하는 번뇌는 보통의 현인賢人도 쉽게 끊을 수 없는데, 평범한 지혜를 가진 일반 사람들의 경우야 어떠하겠습니까?

---

267 『노자』 58.

268 「방편선경통서方便禪經統序」, 『상서』 「강고康誥」, 유곤劉琨의 「권진표勸進表」(『문선』 37), 육운陸雲의 「일민부逸民賦」(『예문유취藝文類聚』 360) 참조.

269 『주역』 「계사」 상, 『장자』 「천도天道」, 「대종사大宗師」 참조.

270 『논어』 「자장」.

271 『논어』 「공야장」.

13. 삼보론三報論[272]〔원遠 법사〕

〔세속의 사람들이 선악의 행위에 분명한 보응이 있다는 증거가 없다고 의심하므로, 그들을 위해 이 글을 쓴다.〕

불경[273]에는 “업에는 세 종류의 응보가 있다. 첫째는 현보現報이고, 둘째는 생보生報이며, 셋째는 후보後報이다”라는 구절이 있다. 현보는 선악이 이 몸에서 시작되므로 이 몸이 응보를 받는 것을 말하고, 생보는 내생에서 응보를 받는 것이다. 후보는 2생生·3생·백 생·천 생을 거친 뒤에 응보를 받는 것을 말한다. 응보를 받는 것에 주체가 있는 것이 아니고, 반드시 마음에 의거하여 받는 것이기 때문이다. 마음에는 정해진 역할이 없고 일에 따라 감응하는 것인데,[274] 감응에 늦고 빠른 차이가 있으므로 감응한 결과인 응보에도 선후의 차이가 있게 되는 것이다. 선후의 차이는 있지만 만나는 일에 따라서 감응하여 대응하는 것이고, 그 대응의 방법에 강약의 차이가 있으므로 응보에도 경중의 차이가 있게 된다. 이것이 바로 자연의 상벌이자 3보報의 대략적인 설명이다. 응보의 이

272 위에 번역한 혜원의 답서答書 중에 “因講席之餘 粗綴所懷 今寄往”라는 말이 있고, 이 논論의 부제로 “因俗人疑善惡無現驗作”이라고 한 것과 북주北周 도안道安의 「이교론二教論」 11(『광홍명집廣弘明集』 8) 중에 보응報應의 문제를 논하여 「삼보론三報論」과 「석의론釋疑論」을 인용하고 전자를 후자의 해답으로 하고 있는 것을 생각해 보면, 이 「삼보론」은 혜원이 대규戴逵에게 “자신의 우견을 제시하여 왕래하였다”는 문장이고, 혜원이 말하는 ‘속인俗人’이란 주로 대규 무리를 지칭하는 듯하다. 그리고 만약 이러한 추정이 옳다고 한다면, 「삼보론」의 집필은 「여대처사서與戴處士書」와 같은 시기, 즉 태원 19년(394)경이 된다.

273 『아비담심론阿毗曇心論』 1(대정장 28, 814).

274 『예기』 「악기」에 “感於物而後動,” 승조僧肇의 『열반무각론涅槃無各論』에 “無感而不應,” “感而後動”이라는 말이 있다.

치는 저 통달한 재능과 뛰어난 식견을 가지고 도의 요체를 깨닫는 지혜를 가진 사람이 아니면, 이러한 경지에 들어서는 사람이 드물다. 이보다 못한 사람이라면, 처음부터 위대한 진리의 세계에 발을 들여놓고 선각자를 안내자로 삼으며, 불경에 통달하여 하나를 들으면 들어본 적 없는 세 가지로 대답하고,[275] 어진 사람〔仁匠〕[276]을 벗삼고 학습으로 본성을 변화시키는 사람이라면,[277] 겨우 거론해 볼 수 있을 것이다. 한번 논해 보기로 하겠다.

저 선악이 생기는 것은 점차 발전된 결과인데,[278] 그것이 극한에 이르면 아홉 가지 등급〔九品〕으로 나누는 논법이 있게 된다. 그러나 이 아홉 등급으로 나누는 선악의 분류는 현보에 포섭되는 것이 아니다. 현보는 일반의 분류와는 멀리 떨어진 것으로, 분류는 아홉 등급만이 아니므로 3보에 포섭되는 것이 아님을 알 수 있다. 어째서인가? 만약 이해 관계가 눈앞에서 교차하여 갑자기 서로 다투게 되면 정신이 자연히 움직여 생각할 여지도 없이 발동하고,[279] 생각할 여지도 없이 발동하면 응보가 바로 즉석에서 대응하게 된다. 이것이 현보의 한 예인데, 구품설보다 훨씬 정밀한 고찰이다.

또한 신身・구口・의意 3업業은 각각 체體가 다르지만 응보는 누구에게나 똑같이 정해져 있다. 응보가 정해져 있으므로 때가 오면 반드시 그 보를 받는 것이고, 기도로 바꿀 수 있는 것이 아니고 지

275 『논어』「술이」.

276 이것은 대규戴逵의 「중여원법사서重與遠法師書」에 보이는 '장자匠者,' 그리고 『견서통호구마라집遣書通好鳩摩羅什』에 보이는 '인자仁者'와 같은 말이다.

277 『논어』「양화陽貨」.

278 『주역』「곤괘」 문언.

279 치초의 「봉법요」(『홍명집』 13), 사부謝敷의 「안반수의경서安般守意經序」(『출삼장기집』 6) 등 참조.

혜로 벗어날 수 있는 것이 아니다. 이와 같이 추구해 보면 그 의미는 깊고 이치는 광대하여 상세히 규명하기 어렵기 때문에 여기에서는 요점만 서술하였다. 불교의 가르침을 품고 있는 사람들은 이것만 가지고도 이해할 수 있을 것이다.

세간에서는 선행을 쌓아도 재앙을 만나는 사람이 있기도 하고, 사악한 일을 하면서도 복을 받는 사람이 있기도 하다. 이것들은 모두 현세 업의 응보는 아직 결실을 맺지 않고 전세에 행한 응보가 비로소 나타났기 때문이다. 그러므로 올바르고 좋은 사람이 재앙을 만나고 사악하고 비뚤어진 사람이 복을 받는다고 말하여 응보에 대한 의혹이 생겨난 듯하다. 이렇게 된 까닭은 무엇인가? 세상에는 군주를 도와 세상을 구하고 백성을 구제하려고 옛날 성인을 따라 행동하고 공적을 세우고자 하지만, 큰 일을 하는 도중 하늘의 재앙이 갑자기 모여드는 경우가 있다. 혹은 누추한 곳에 은거하며[280] 속세에 집착하지 않고[281] 욕심 없는 삶을 영위하면서 유유히 세월을 보내고자 하지만, 때가 닥치자 운이 나빠서 도와 세상이 차례로 가라앉아[282] 평소 익힌 것을 어기는 사람도 있다. 또는 그 이름이 유학의 4과科[283]의 첫 번째로 거명되고 도덕이 최고 경지에 들며 완전한 사랑을 실천하고 인을 체득하여 위로는 훌륭한 선善을 사모하여 덕을 향상시키는 사람[284]도 있다. 이와 같은

---

280 『시경』「진풍陳風」 형문衡門.

281 『주역』「건괘」 문언.

282 『장자』「선성善性」.

283 『논어』「선진先進」에 보이는 말로서 덕행德行·언어言語·정사政事·문학文學을 말한다.

284 '훌륭한 선〔上善〕'은 『노자』 8에 "上善若水"라는 말이 있다. '진덕進德'은 『주역』「건괘」 문언에 "忠信小異進德," "君子進德修業 欲及時也"라는 말이 있

사람이 충화沖和의 덕[285]을 가지고도 병에 걸리기도 하고, 신순信順의 도[286]를 행하면서 요절하기도 한다. 이것들은 모두 공을 세워 덕을 쌓으면서도 이변을 당하였기 때문에 응보를 의심하게 만드는 경우이다. 그러나 근본의 도리가 이미 밝혀졌다면, 이것이 무슨 과보인지를 찾아야 할 것이다. 과보에는 각각이 근거하는 근본이 있고, 근본은 외물에 감응하여 발동된다.[287] 감응은 역逆과 순順이 각각 다르지만, 그 법칙은 하나일 뿐이다.

무슨 까닭인가? 눈에 보이지 않는 보응의 이치는 옛날에 정해진 것이고, 은밀한 중에 정해진 숙명은 돌고 돌아서 계속되는 것이다. 그러므로 화복의 기운은 6도道[288]를 윤회하는 사이에 서로 바뀌고, 선악의 업에 대한 화복의 보응은 뒤섞여서 함께 행해진다. 이 때문에 보응이 일로 감응하여 나타나는 경우에는 어리석은 사람이나 현명한 사람이나 모두 똑같이 미혹하여 선행을 쌓아도 좋은 일이 생기지 않고 나쁜 짓을 하더라도 재앙이 생기지 않는다고 말하게 된다. 천지신명에게 감응하면서도 어리석음을 슬퍼하고,[289] 하늘의 불운이 착한 사람에게 주어지는 것을 개탄하며, 모두 명교名教에는 위로 근원적인 도가 다하여 없다고 말한다. 그리하여 결국 위대한 도는 작은 완성으로 가려지지만,[290] 바른말[291]로

다.

285 『노자』 42, 『진서』 49 「완첨전阮瞻傳」 참조.

286 『주역』 「계사」 상.

287 『예기』 「악기」, 『대지론초大智論抄』 서序, 승조僧肇의 『열반무명론涅槃無名論』 참조.

288 중생이 각각의 업에 따라 사는 여섯 곳의 세계, 즉 지옥·아귀·축생·수라·인간·천을 말한다.

289 『상서』 「군진君陳」, 『시경』 「주남周南」 관휴關雎의 서序 참조.

290 『장자』 「제물론」.

잘 이끌고 마음에 감응하여 실제의 도리를 추구한다면, 이 같은 의혹이 없는 이치에 반드시 도달하게 될 것이다. 이와 같은 의혹이 생기는 원인을 살펴보면, 속세의 다른 경전에서는 화복의 문제를 한 생애에만 한정하고 그 이외의 세계를 밝히지 않았기 때문이다. 그 이외의 세계가 아직 밝혀지지 않았기 때문에 이치를 탐구하는 사람은 저절로 눈으로 보고 귀로 듣는 경험적인 세계만이 전부라고 믿게 된다. 이것이 선왕이 경험을 중시하는 백성의 마음에 직면하여 그 분수에 따라 경험적인 세계를 한계로 삼은 이유이다.

만약 밖을 중시하는 유교[292]와 안을 중시하는 불교의 도를 합일시켜서 넓은 가르침의 참된 모습을 구한다면, 그 이치가 반드시 동일하다는 것[293]을 알게 될 것이다. 그리하여 수많은 길들이 있는데 의혹을 가지지 않게 되고, 그 차이에 놀라지 않게 될 것이다. 만약 3보報에 대해 자세히 밝혀서 궁하고 통하는 갈림길을 볼 수 있다면, 공자가 자로子路에게 답하지 않았던 이유[294]와 안회顔回·염백우冉伯牛가 공자 앞에서 어리석은 듯 보였던 이유[295]도 모두 알게 될 것이다. 그런데 그들이 불교에 입문하지 않은 것은 연기緣起와 연생緣生의 법이 있기 때문이고,[296] 불교의 진리에 들어가는 밝은 지혜는 알지만 선왕이 남긴 인의仁義의 도[297]를 더 잊지 않았기 때문이다. 오히려 3보의 세계를 아름다운 꽃밭으로 삼아 안주

291 『노자』 78.

292 「유도론喩道論」(『홍명집』 3).

293 『사문불경왕자』 4, 『세설世說』 「식감識鑒」 참조.

294 『논어』 「선진」.

295 『논어』 「위정爲政」.

296 『대승대의장大乘大義章』 하 「문실법유장問實法有章」의 답答.

297 『좌전』 「소공昭公」 20년, 『한서』 「서전敍傳」 참조.

하고, 더 높은 경지로 비약하더라도 여전히 원래의 연못에 머물렀던 것이다.[298] 이러한 관점에서 보면, 외국의 손님[299]인 사문이 미묘한 불법을 체득하고[300] 마음을 현묘한 불문에 씻어서 일거에 감득한다면,[301] 바로 높은 경지에 뛰어오를 것이 분명하다. 이와 같은 사람들은 숙세의 죄가 쌓였더라도 다스리려고 노력하지 않아도 반드시 저절로 소멸하게 되니, 3보를 받는 일이 없다.

이와 같은 일들에서 말하자면, 불경에서 말하는 가르침은 유교보다 훌륭하고 중국의 여러 학파의 학설보다 월등히 뛰어나다. 어찌 불교가 정신을 깨끗이 하고 도의 근본을 깨달아 마음을 도야하여 변화의 근원을 뚫어보고, 온갖 형상의 세계를 형상이 없는 세계로 나아가게 하기 때문[302]이 아니겠는가?

---

298 『주역』「건괘」 구사九四.

299 『장자』「대종사」.

300 『예기』「중용」.

301 『세설世說』「배조排調」, 「문학文學」 참조.

302 『양양장육금상찬襄陽丈六金像讚』, 사부謝敷의 「안반수의경서安般守意經序」(『출삼장기집』 6) 참조.

홍명집 제 6 권

14. 석박론釋駁論[1] [석도항釋道恒[2]]

동진東晉 안제安帝 의희義熙 연간(405~418)에 들은 바에 의하면, 강남江南의 원袁·하何[3] 두 사람이 함께 정치하는 법을 토론하면서 당시 정치를 풍자하였다고 한다. 나는 아직 그 문장을 보지 못하였으나, 그 내용은 한비자韓非子의 「오두편五蠹篇」[4]을 중심으로 사회

1 논의 서문에 도항道恒이 언급하였듯이, 원袁·하何 두 사람이 불교·사문에 대해 실생활과 유리된 채로 오로지 사원을 화려하게 치장함에만 힘쓴 것과 방편을 설정하여 속세의 어리석은 자들을 미혹시키는 사문의 실태를 논하여 크게 비난하였음에 대해 반론을 제기한 것이다.

2 「도항전」(346~417)은 『명승전名僧傳』 12, 『양고승전梁高僧傳』 6(대정장 50)에 있다. 나집羅什에게 사사하여 역경에 참여하였다. 동학인 도표道標와 함께 진왕秦王 요흥姚興을 믿고 따랐다. 의희 13년에 입적하였기 때문에 이 「석박론」 찬술의 하한선을 추정할 수 있다. 「석박론」 외에도 100여 편의 저술이 있다.

3 '원袁'에 대해서는 출전이나 기록 등을 알 수 없다. '하何'는 하진남(何鎭南, 何無忌)(『진서』 85)을 말한다. 그는 「난단복론」(『홍명집』 9)을 지어 중국의 풍습을 따르지 않는 사문을 비난하였다. 이것이 의희 3년(407)의 일로 여겨진다.

4 나라의 법도를 지키지 않고 사사로운 자신의 주장만을 일삼는 다섯 종류의 부

의 폐단을 비방하면서 다섯 가지 횡역을 비판한 것 같다. 그런데 사문들이 이유도 없이 그 다섯 가지 가운데 한 예로 들어가 있는 것 같다. 나는 그들의 논의가 세간 사람들의 마음을 어지럽혀서 영구히 잘못된 미혹에 빠져서 헤어 나오지 못할까 염려되고, 화가 치밀어 참을 수 없다. 이에 손님과 주인의 논의를 빌어 해명하고자 한다.

동경東京의 명교名教에 얽매인 한 군자가 서쪽 변경에서 제멋대로 살고 있는 야인을 만나 다음과 같이 말하였다.

나는 일찍이 듣기에, 불법은 매우 심오하여 명교의 입장에서 논의할 수 없고,[5] 도풍道風은 현묘하고 심원하여 술법으로 측량할 수 없다고 한다. 맑고 허하며 매우 간결하여 상식으로 알 수 없고, 또한 일체의 존재를 초월하여 속세의 생각으로 헤아릴 수 없다.[6] 따라서 불교는 늘 당시의 천자에게 존숭받고, 귀족들에게도 크게 흠앙받았던 것이다. 그리하여 서민은 신앙으로 결속되어 앞 다투어 불교에 귀의하고, 모두 불교의 우수함을 감탄하며 이렇게 말하였다.

"만약 맑은 풍조(불교)에 물들게 되면 정미한 내용이 오묘해지고, 이치를 연구하면 정신 작용과 신묘하게 일치하게 된다. 그리하여 마음속 먼지를 털고 육체의 질곡에서 벗어나며 속세의 인연을 초월하고 세상의 일에서 멀리 떨어져 고상하게 살아간다. 참다운 진리의 소박함에 빠져들면 백이·숙제라도 그 절조를 뛰어넘

류로서, 학자學者·언고자言古者·대검자帶劍者·근어자近御者·상공지민商工之民을 말한다. 『한비자』 49 「오두편五蠹篇」 참조.

5 『주역』 「계사」 하.

6 『장자』 「양생주」.

을 수 없고, 속세의 영예를 버리는 데는 소보巢父나 허유許由라도 그 뜻을 넘을 수 없다. 그 현묘한 이치를 맛보면 안연顔淵이나 염백우冉伯牛[7]라도 그 기풍에 참여할 수 없고, 속세의 먼지를 제거하는 데는 적송자赤松子나 왕자교王子喬라도 그 결벽함에 비교할 수 없다."

참으로 이 말대로라면 불교에 아무런 비판의 여지가 없을 것이다.[8]

그러나 지금의 사문들을 보면 모두가 이러한 재능을 갖고 있지는 않다. 무리를 지어서 살고 모두 뒤섞여서 아직 뛰어나고 훌륭한 이를 본 적이 없다. 이것은 탁한 경수涇水와 맑은 위수渭水의 물결이 합해진 것처럼 혼탁하며, 향내와 악취를 같은 상자에 넣은 것같이 무질서한 상태이다.[9] 만약 시냇물의 원류가 맑으면 하류도 당연히 맑을 것이며, 뿌리가 깊으면 잎새와 가지도 당연히 무성할 것이다. 그런데 사문들의 언행을 살펴보면 시종일관 질서가 없고, 본말을 살펴보더라도 거의 고칠 수 없을 정도이다. 내가 괴이하게 생각하는 것은 실로 이러한 점에 유래한다. 황제가 도를 듣고 지혜를 망각하거나 거량據梁이 도를 듣고 힘을 잃은 것[10]은 모두 용광로 속에 있듯이 단련하여 성인이 된 것이다. 도는 헛되이 행해지는 것[11]이 아니듯이, 재주는 반드시 합당한 기량에 상응하여야 한다.

7 『논어』 「선진」.
8 『논어』 「태백」.
9 『시경』 「패풍邶風」, 「곡풍谷風」.
10 『장자』 「대종사」.
11 『주역』 「계사」 하.

그런데 사문은 출가하여 속세를 떠나서 그 뜻을 고상하게 가지면서[12] 육친의 은혜를 등지고 소중한 영화도 버리고 삭발하여 계율을 지키며 오직 불법의 이치를 연구하며 일심으로 불법에 귀의하고 발을 꼬고 앉아[13] 채식을 맛있게 먹을 뿐이다. 설령 그 덕행이 뛰어나서 당시의 으뜸이 되고 위의威儀를 갖춘 모습이 여유 있고 공손하여 모든 이들의 모범이 되더라도, 실제로는 하는 일마다 어둡기 때문에 하나도 배울 것이 없다.

높고 원대한 경지에 의탁해 살면서 어찌 그리도 하는 일은 천박하고 야비한가? 잠시도 쉬지 않고 이익을 찾기에 급급하거나, 전답을 개간하여 농부처럼 살거나, 행상하고 교역하면서 사람들과 이익을 다툰다. 어떤 자는 의술에 긍지를 가져 경솔하게 더위와 추위를 바꾸고,[14] 어떤 자는 이단의 무리와 책략을 꾸며서 생업으로 삼으며, 어떤 자는 점을 쳐서[15] 제멋대로 길흉을 논하거나 도리를 벗어나 권위를 빙자하여 시의에 영합하고, 어떤 자는 재산을 축재하여 필요 이상의 호화로운 생활을 하며, 쓸데없는 공론만 하고 앉아서 백성들의 공양을 축낸다. 이러한 일들은 모두 덕이 몸에 배어 있지 않고 행동이 법에 크게 어긋나기 때문이다. 예를 들어 잠시 착한 일을 하였다고 그것이 어찌 뛰어나게 아름다운 일이라고 드러낼 수 있는가? 사문들은 스스로 이러한 일들을 그만두고 풍속을 한결같이 하지 않으면 안 된다. 사문들이 하는 일은 당대의 정치에 무익하고 정치의 도에 유해하므로, 나라를 다스리는 자에게

12 『주역』「고괘蠱卦」.
13 「장화초료부張華鷦鷯賦」(『문선』 13).
14 『포박자抱朴子』「내편內篇」 지리至理.
15 『사기』「구책龜策」.

큰 근심이 된다.

세간에는 다섯 가지 도리에 어긋나는 것〔五橫〕이 있는데, 사문이 그 중 하나에 들어간다. 어떻게 알 수 있는가? 사문들은 주로 방편으로 우매한 속인들을 선동시키고 있다. 한편으로는 유인하면서 다른 한편으로 협박하는 것이다. 그들은 악업惡業을 행하면 반드시 억 겁에 걸쳐서 재앙이 있고, 선업善業을 닦으면 무궁한 경사가 있으며, 죄를 물을 때는 저 세상에 판관이 있고, 복을 논할 때는 신명이 돕는다고 말한다. 그리하여 따뜻하게 격려하고 인도하여 보통 사람들이 할 수 없는 것을 권하거나, 무리하게 핍박하여 보통 사람들이 할 수 없는 일에 힘쓰도록 한다.

위로는 부모님의 부양을 줄이고, 아래로는 처자들의 몫을 축내고 있는 것이다. 거기에다 사문의 모임에는 호화로운 음식을 차리고, 사묘寺廟는 장대하고 화려하게 꾸며 사치를 다하고 있다. 민생에 쓸 보물을 나누어 무용한 곳에다 낭비하고, 개인의 저축을 없애고, 국정·군사의 자금을 줄이게 하고 있다. 의미 없는 큰 소리로 장래를 향하여 고함치며, 징후도 없는 것을 꿈꾸고 있다. 그들의 말을 들으면 매우 훌륭하여 귀에 쟁쟁하게 들려오고, 그 모양을 보면 너무나 훌륭하여 눈에 가득 찬다. 그러나 현실적인 일로 입증하려고 하면 결코 그 증거를 볼 수 없다. 참으로 그림자를 잡아매고 바람을 붙잡으려는 것과 같아서[16] 실마리를 찾을 수 없다. 이러한 일은 나로서는 납득이 가지 않으며, 세상의 식자들이 의혹을 가지게 만든다. 좋은 답신이 있으면 그 말씀에 따르고자 한다.[17] 조금이라도 깨우침을 얻으면, 이러한 의심은 영영 사라져 버

16 『한서』「교사郊祀」.

리지 않겠는가?

주인은 이 말을 듣고 멍하니 있다가 길게 한숨을 쉬며 한탄하였다.

"아아, 참으로 이상한 일이다. 그대가 한 말은 얼마나 좁은 소견인가?"

저 비속한 사람에게 위대한 도를 논할 수 없는 것은 외형에 사로잡히기 때문이며, 좀스러운 선비에게 궁극을 설명할 수 없는 것[18]은 말에 집착하기 때문이다. 지금 그대를 위하여 간략히 한 예를 들면[19] 근본의 도에 돌아가게 될 것으로 생각한다.

생각건대 성인은 듣는 사람의 근기根器에 맞추어 설법을 하시는데, 듣는 사람의 기량에는 한도가 있으므로 점차 교화해 나가야 한다. 선심善心은 털끝만한 것이라도 남기고, 비루한 습벽은 언덕이나 골짜기처럼 크더라도 잊어버려야 한다. 한 조각의 선이라도 영원히 자신의 자양이 되고, 한순간의 복이라도 결국 뛰어난 쓰임이 된다. 처음 한 삼태기의 흙을 엎었는데[20] 산을 만들라고 재촉할 수 없고, 지금 막 속세를 떠난 사람에게 심오한 진실을 보이라고 다그칠 수 없다.[21] 그러므로 바다가 참으로 크다고 느끼는 이유는 과도하게 결벽함을 고집하지 않기 때문이며, 도에 흔적이 없다고 하는 것은 분명한 외관을 갖추지 않았기 때문이다.

부모를 섬기고 처자를 귀여워하는 것[22]에 사람들은 얽매여 있지

---

17 『장자』「어부漁父」.
18 『장자』「추수」.
19 『논어』「술이」.
20 『논어』「자한」.
21 『주역』「곤괘」.
22 『진서』「좌귀빈左貴嬪」.

만 사문은 이를 헌신짝처럼 여기고,[23] 명예나 재산이나 여색 등은 보통 정서를 지닌 사람이라면 소중히 여기지만 사문은 이를 쭉정이처럼 생각한다. 이것은 보통 사람은 멀리할 수 없는 것을 참고 행한 것이라고 할 수 있다. 이것은 참으로 숭고한 경지를 구하는 마음이며, 도를 넓히는 뛰어난 행동이다. 그런데도 보잘것없다고 평한다면 어찌 훌륭한 이해라고 하겠는가? 더욱이 뜻한 바가 같지 않으면 귀착하는 곳도 다르고 가는 길이 다르면 서로 이해하지 못하는 법이니, 남달리 뛰어난 이를 알아보지 못하는 것도 당연하다. 옛사람들이 인재를 얻기가 어렵다고 탄식한 것[24]도 믿을 만하다.

주周나라에는 뛰어난 재사가 많이 있었지만, 난을 다스릴 수 있는 신하는 열 명뿐이었다.[25] 당우(唐虞 : 요순) 시대에도 고양씨高陽氏의 여덟 명의 재사인 8개愷와 고신씨高辛氏의 여덟 신하인 8원元뿐이었다.[26] 공자 문하에는 제자가 3천 명으로 모두 내외에 걸출한 사람들이었지만, 덕행德行・언어言語・정사政事・문학文學의 4과科에 해당되는 사람은 열 명도 안 되었다. 그 중에서 염백우는 병자였으며,[27] 안회는 6극極이 있었고,[28] 자상子商은 지독한 구두쇠였으며,[29] 자공은 재산 늘리기에 열중하였다. 재여宰予는 낮잠을 자서 공자에게 썩은 나무는 조각하기가 어렵다는 비판을 들었고,[30] 자

23 『사기봉선서史記封禪書』.
24 『논어』「태백」.
25 『서경』「태서泰誓」.
26 『좌전』「문공文公」 18년.
27 『논어』「옹야」.
28 흉단절凶短折・질疾・우優・빈貧・악惡・약弱 등의 여섯 가지 크게 불길한 것.
29 『논어』「자로」.

로는 흉포하여 사람이 따르지 않았으며,[31] 염구는 조세를 거두어 들이는 데 능하였을 뿐 그 지위에 어울리는 직무를 다하지 못하였고,[32] 중궁仲弓은 붉은 소처럼 훌륭하였지만 그의 부모는 검은 소라고 할 정도로 결점이 많았다고 한다.[33] 그러나 세간에서는 모두 그 덕을 추켜세우고 사람들이 행해야 하는 도의 근본으로 삼았다. 고귀한 행적을 흠모하여 사대부의 모범으로 삼았고, 백대百代 이후에도 위풍을 감탄하며 천 년 이후에도 뛰어난 행실을 우러러보았다.

그러나 사문들은 철저히 내 몸을 괴롭히고 이러한 것들을 돌멩이처럼 가치가 없는 것으로 여긴다. 이것이 어찌 군자에게 널리 통하는 도가 되며, 고아하고 바른 논의가 되겠는가? 이런 비난은 마치 의심 많은 사람이 공수반公輸般[34]의 일터에 들어가 그의 교묘한 가르침은 칭찬하지 않고 우둔한 제자가 손 다친 것을 비난하는 것과 같다. 참으로 열등한 생각으로 비열한 마음을 품고 있는 것과 같다고 할 것이다.

옛날 어떤 승상이 손님에게 "속세에서 올빼미는 자기 어미를 잡아먹는다고 하는데[35] 이러한 일이 있을 수 있는가?"라고 물었다. 손님은 "자애로운 까마귀가 어미새에게 먹이를 물어다 준다[36]는

30 『논어』「공야장」.
31 상동.
32 『논어』「선진」.
33 『논어』「옹야」.
34 『열자』「탕문湯問」, 『맹자』「이루」상, 『묵자墨子』「노문魯問」등에 보인다.
35 진왕식陳王植의 「탐악조부貪惡鳥賦」(『예문유취』24, 『전삼국문全三國文』18)와 『통감진기通鑑晉紀』참조.
36 양무제梁武帝의 「효사부孝思賦」에 이 내용이 나온다.

말밖에 들은 적이 없습니다"라고 하였다. 이에 승상은 실언을 한 것을 부끄럽게 생각하고 한탄하였다고 한다. 지금 그대의 심경은 이 승상의 질문과 유사한 것이 아니겠는가? 군자는 악을 막고 선을 권하는 사람인데, 어찌 그 반대로 말하는가?

또 그대는 사문이 "발을 꼬고 편히 앉아 지낸다"고 비판한다. 산야에 있으면 적적하여 매번 도적의 근심이 있고, 도시 근처에 살면 사람의 출입이 많기 때문에 속인과 교유한다는 비난을 받는다. 그렇다고 자신을 적당하지 못한 곳에 머물게 하면 속세의 번거로움을 불러들이는 것이 되며, 마을을 서성거리면 세간의 비난거리가 된다. 이와 같이 무엇을 하더라도 좋은 말이 없고 진퇴조차 힘드니,[37] 이 세상이 아무리 넓어도 몸 둘 곳이 없다.

또한 "채식을 달게 먹어야 할 것"이라고 하는데, 원래 인간 세상에는 식량이 넉넉하지 못하고, 산택에는 쓰고 남을 만큼 먹을 것이 없다. 식용으로 쓰려고 할 때에도 법에 맞아야 하고, 향해 가는 길은 구불구불 험난하니, 어찌 그에 의존하여 자립할 수 있겠는가?

당당한 성인의 치세에 백이・숙제가 수양산 아래에서 굶주렸고, 덕 있는 사람을 등용한 화락한 시절[38]에도 노중련魯仲連처럼 바다에 나가 죽는 사람이 있는 것[39]에 대해 그대는 어떻게 생각하는가? 더욱이 신체에는 털이 없으므로 알몸에 옷 없이 살 수 없고, 뱃속은 표주박이 아니므로 그냥 축 늘어져[40] 아무것도 먹지 않고 견딜 수 없다. 최고 경지에 이르지 못한 이상 반드시 의지한 수단이 있

---

37 『시경』「대아」.
38 『서경』「요전」.
39 『사기』83「노중련魯仲連」.
40 『논어』「양화」.

어야 한다. 풍년이 들면 백성들에게 얻고 흉년이 들면 열심히 일하여 자급자족하는 것은 당연한 일은 아니지만 어쩔 수 없다. 살모사에게 손을 물렸을 때 그 손을 잘라 몸 전체의 안전을 추구하는 것[41]은 어느 쪽이 중요하고 어느 쪽이 중요하지 않은지를 헤아려 중요한 것부터 존속시키려고 생각하기 때문이다.

내 한 몸을 영위하는 데도 구하지 않으면 얻을 수 없고, 구하는 데도 반드시 한 가지 방법에만 의존하는 것은 아니다. 자신을 구제할 도리가 있다면, 어찌 여러 가지 방법을 싫어하겠는가? 모든 욕망의 테두리를 번거롭고 더러운 것으로 여기고 제멋대로 망동하는 일이 없도록 하면, 어찌 심하게 집착한다고 하겠는가?

옛날 백성자고伯成子高는 스스로 밭을 갈아 작물을 얻었고,[42] 장저長沮와 걸익桀溺은 경작하여 농사일을 하였으며,[43] 도주공陶朱公은 장사를 하여 생계를 꾸렸고,[44] 오릉於陵은 채소밭에 물을 뿌려 자급자족하였다.[45] 최문자崔文子는 약을 팔아서 빈궁한 생활을 벗어났고,[46] 엄군평嚴君平은 점을 쳐서 공복을 채웠으며,[47] 장형張衡은 술수에 뛰어나서 명성을 얻었고,[48] 마조馬釣는 기술로 공명을 떨쳤다.[49]

---

41 『한서』「전담田儋」.

42 『장자』「천지」.

43 『논어』「미자微子」.

44 『사기화식전史記貨殖傳』.

45 『열녀전』「현명초어릉처賢明楚於陵妻」.

46 유향劉向의 『열선전烈仙傳』에는 도시에서 약장사를 하면서 3백 살까지 살았다고 전한다.

47 이름은 준遵. 도시에서 점을 쳤는데, 낮에 백 전을 벌면 더 이상 점치는 일을 하지 않았다고 한다.(『후한서』 72)

48 『후한서』「장형張衡」.

이러한 사람들은 속세를 벗어나고 세상에 은둔한 사람들이지만, 그들이 세속과의 관계를 완전히 끊고 떨어져 살았다고는 할 수 없다. 그렇지만 세상 사람들은 모두 그들을 칭송해 마지않고 있다. 그러나 사문들 가운데 그 행적이 다른 사람들보다 뛰어나고 제멋대로 살아가는 무리와 어울리는 것을 부끄럽게 여기는 이들은 만 명을 헤아리고도 남을 정도이다.

도를 체득하고 신화神化를 하는 사람으로서 속세의 영역을 버리고 초월한 사람은 헤아릴 수 없을 정도로 많다. 굳이 말하지 않은 것이 어찌 그들뿐이겠는가? 사실을 비교하여 생각해 보면, 옛것이나 새로운 것이나 논하는 내용은 변한 것이 없고 많고 적은 수에 대한 말도 별로 다를 것이 없다. 적다고 귀하게 여기고 많다고 천하게 여기는 것은 정교하고 도리에 맞는 말은 아닌 듯하다.

또한 "스스로 이러한 일들을 그만두고 그 풍속을 한결같이 하지 않으면 안 된다"고 하였는데, 도대체 무슨 말인가? 성인은 열 가구의 작은 마을[50]이라고 헐뜯지 않았고, 세 사람이 걸어가면 그 중에 반드시 자신의 스승이 있다[51]고 하였다. 향기로운 난초도 함께 자라는데 쌓아 놓고 전부 불태우려는 것은 너무 난폭하지 않은가? 사문들 가운데에는 덕이 깊어서 명망이 높은 사람도 있고, 뛰어나고[52] 고결하여 맑고 심원한 경지[53]에 몸을 의지하는 사람도 있으며, 선禪의 사유로 미묘한 도리를 체득하고 절대의 경지에서 마음

49 『삼국지三國志』「위지魏志」 두기杜夔.
50 『논어』「공야장」.
51 『논어』「술이」, 『노자』 27.
52 『시경』「주남周南」 한광漢廣.
53 『세설신어』「언어」.

을 맑게 한 사람도 있다. 또 미묘한 도리를 설명하여 난해한 곳을 풀이한 사람도 있고, 복 짓는 일을 열심히 하여 교화를 권하고 선을 숭상한 사람도 있다.

저 출가의 근본은 삭발하고 비녀를 뽑는 날, 모두 마음과 입으로 홀로 맹세하고 마음으로 간절히 경지에 이르기를 바라는 것이다. 비록 생사의 바다가 끝이 없고[54] 심오한 도에 이르는 길이 멀지라도, 자신을 채찍질하여 반드시 도에 도달하려고 한다. 금륜성왕金輪聖王의 영예도 먼지와 같이 하찮게 여기고, 제석천帝釋天처럼 중한 신분도 쭉정이처럼 보잘것없는 것으로 본다. 처음에는 모두 정성이 있어서 서두르지만 원래 도는 한순간에 완전히 체득되는 것이 아니니, 어찌 그 사이에 조그마한 과실이라도 없을 수 있겠는가? 순수한 본바탕을 감안하여 간략히 대체를 들어 보이며 전체를 크게 살펴서 세세한 분별은 더 이상 들추어 내지 않아야 할 것이다.

관숙管叔과 채숙蔡叔이 죄를 지었다고[55] 주周의 희씨熙氏 일족을 모두 다 주살할 수는 없으며, 순舜임금 때 공공共工·환두驩兜·삼묘三苗·곤우鯀于 등 4흉凶[56]이 포학하다고 하여 조정에 있는 벼슬아치들을 모두 추방할 수도 없다. 이것은 머리에 이가 있어 간지럽다고 자기 머리에 불을 지르는 것이나, 발이 찔려서 아프다고 허벅지 아래를 전부 자르는 것과 무슨 차이가 있는가? 지나친 일이 아닌가?

또한 그대는 사문들이 하는 일이 "당시의 정치에 무익하고 다스

54 『주역』「계사」 상.
55 『서경』「금등金縢」.
56 『서경』「순전」.

리는 도에도 유해한 것"이라고 하는데, 원래 불도를 넓히고자 하는 사람이 세상에 이익이 되는 것은 사람들이 매일 쓰면서도 모르기 때문이다.[57] 그러므로 노자는 "무위無爲의 공은 백성들이 모두 '나는 저절로 이러하다'고 말하는 것이다"[58]라고 하였는데, 참으로 타당하다. 따라서 단간목段干木이 베개를 높이고 누워 있으니 위魏나라가 잘 다스려졌고,[59] 경상초庚桑楚가 잘 교화하니 외루산의 백성들이 모두 어질었다.[60] 사문은 세속에서 눈앞에 보이는 현실적인 공적은 없어도, 명교가 닿지 않는 밖의 속 깊은 곳에 실제로 유익함이 있게 된다. 가깝게는 5계戒로 백성들을 가르친다는 점에서 유학의 6경의 범주와 다르고, 멀리는 8난難[61]의 엄격함에 형법이 필적하지 못한다. 3장藏으로 죄의 경중을 저울질하는 것은 율령 등에 비교할 수 없고, 반야의 지혜로 의혹을 판별하는 것은 노장의 주장에 비할 수 없이 뛰어나다.[62] 무루법無漏法인 조도품助道品으로 괴로움의 인연을 없애니, 주공·공자의 가르침에 논할 바가 아니다. 그 이치는 형기刑器의 지극한 법을 다 밝히고, 정신의 정밀함과 거침, 오르내림을 상세하게 분별하고 있다. 따라서 양자의 우열은 한자리에 놓고 말할 수 없다.

옛날 인도의 패孛[63]는 도로써 교화를 도와 정치에 보탬이 되었

57 『주역』「계사」 상.

58 『노자』 17.

59 『맹자』「등문공」 하.

60 『장자』「경상초庚桑楚」.

61 지옥·아귀·축생·북대단월北帶單越·장수천長壽天·맹롱음아盲聾瘖啞·세지변총世智辯聰·불전불후佛前佛後 등 성불하기 어려운 여덟 가지를 말한다.

62 『장자』「제물론」.

63 오나라의 지겸支謙이 번역한 『패경초孛經抄』(대정장 17) 참조.

다. 국경은 편안하고, 백성들은 자신이 해야 할 도리를 알며, 해마다 풍년이 들어서 아무런 재해도 없었다.[64] 그런데도 불교를 보고 이익되는 것이 없다는 것은 무슨 말인가?

또한 당신은 "세간에는 5횡橫이 있는데, 사문이 그 중의 하나이다"라고 말하고 있다. 저 횡橫이라고 하는 것은 일하려는 의지도 없고 방종한 생활을 하며, 때로는 도박에 빠져서 재산을 탕진하고, 혹은 이름은 호적에 올라 있으나 부랑자로 삶을 마치고, 혹은 헛되이 녹봉을 받아먹으며 일하려고 하지 않고, 때로는 정권을 잡아서 백성의 재물을 뺏거나 혹은 지위를 놓고 다투어 공적으로나 사적으로 손실을 입히고, 포학하고 방자하여 도에 지나친 행동을 하는 이들을 말한다. 이들은 가르침을 상하게 하고 질서를 어지럽히며 크게 풍속을 망치는 자들이다.

이 때문에 순열荀悅[65]은 붓을 들어 「유협지론遊俠之論」을 쓰고, 한비자는 붓을 잡고 「오두편五蠹篇」을 지었다. 이들을 횡橫이라고 하는 것은 이치에 맞지만, 사문들까지 그렇게 보는 것은 잘못된 것이 아닌가. 국가는 지금 위로는 요순 시대의 드높은 아름다움[66]과 경쟁하고, 아래로는 은・주 시대의 융성한 교화[67]와 나란히 하려 한다. 허유許由・소보巢父가 숨어 살던 기산箕山이나 영수潁水만이 세상을 싫어하는 빈객을 품어 주거나 사호四皓가 숨어 살던 상락산商洛山만 훌륭한 은둔의 객〔太公望呂尙〕을 품어 주지 않도록 하

64 『열자』「황제」.

65 『후한서』 92에 전기가 있고, 저서로 『중감中鑒』 5편, 『전한기前漢紀』 30권이 있다.

66 『논어』「태백」.

67 『논어』「팔일」.

는 것은, 일민逸民의 풍습을 크게 일으키고 방외方外의 선비를 존숭하기 위한 것이다. 그럼에도 불구하고 당신의 생각을 살펴보면, 이 시대의 정치를 잡고 다스리는 데 망해 버린 진秦나라의 호랑이처럼 엄격한 방법을 따르고, 상군商君[68]의 냉혹한 악법을 답습하려 하고 있다. 그들은 분서갱유焚書坑儒를 저지르고도 정치에 기강이 서지 않았다. 과혹한 세금을 가하여 집집마다 재산이 남아나지 않게 하고, 삼오三五의 금령을 설치하여 백성들을 도적과 같이 취급하였기 때문에 천하는 시끄러워지고 사람들은 안심하고 살 수가 없었다. 그리하여 진나라의 영씨嬴氏 일족은 3대를 넘길 수 없었다. 상앙·한비 두 사람이 당한 화는 당시 살해당하는 것이었는데, 그들은 형이 임박해서야 비로소 지난 일을 한탄하였다고 한다. 그들은 애초에 나라를 편안히 하고 백성을 조용히 살도록 하려던 것인데, 쌓아 놓은 제방이 너무 높아 자기 몸둘 곳도 없어지는 것까지는 생각이 미치지 못하였다. 그러나 이미 지나간 일을 한탄해 무엇 하겠는가?

그대는 "한편으로는 유인하는 말을 하고 다른 한편에서는 협박을 하고 있다"고 비판한다. 그러나 중생들은 인연이 깊고 얕은 차이, 재능이 예리하고 둔한 차이, 이해가 어렵고 쉬운 차이, 수행이 깊고 얕은 차이가 있다. 그러므로 가르침의 길은 하나가 아니고, 깨달음을 여는 방법도 다르다. 억제하거나 권장하는 것은 선善에 따르도록 하려는 것이다. 이것은 임시방편의 계책이고 교묘히 건네주기 위한 나루터이지, 결코 유인이나 협박이 아니다.

또한 그대는 "죄가 있으면 저 세상에서 심판받고 복이 있으면

---

68 『사기』「상군商君」.

신명이 돕는다"는 것을 비판한다. 덕을 갖추고 인격이 온후한 사람이라면 많은 선이 돌아온다. 『주역』에서는 "신뢰를 행하고 천지 자연의 질서를 따를 것을 생각하면, 하늘이 도와주어 길하고 이롭지 않은 경우가 없다"[69]고 하였다. 또 "숨어서 불선한 일을 행하면, 영묘한 귀신이 그를 주살시킨다"[70]고 하였다. 이것이 은밀한 심판이며, 신명의 도움이 아니고 무엇인가? 선악의 응보에 대해서는 경전에 증거가 있으므로 더 이상 열거하지 않겠다.

또 "사문의 모임에는 호화로운 음식을 차리고, 사묘寺廟는 장대하고 화려하게 꾸며 사치를 다하고 있다"고 말하였다. 이것은 복업을 닦는 집이 가산을 들여 자신의 미래를 준비하고 자신을 위하여 큰 계획을 세운 것일 뿐, 결코 신명이 그 장대하고 화려함을 기뻐하고 승려가 그 맛을 탐하는 것은 아니다. 그것은 마치 농부가 씨앗을 뿌리고 목수가 집을 지을 때 좋은 재목을 골라 당우堂宇의 장식을 구하며, 좋은 종자를 골라 곡식이 맺기를 바라는 것과 같다. 따라서 농사에는 반드시 비옥한 토양에 심는 것이 중요하고, 주거를 고를 경우에는 반드시 밝고 건조한 토지를 선택하는 것이 중요하다. 그러므로 3존尊이 중생의 복전福田이 되므로, 공양은 자신을 수양하는 공덕일 뿐임을 알 수 있다.

또한 그대는, "백성의 보물을 나누어서 무용한 곳에 낭비하고 있다"고 하는데, 널리 베풀고[71] 평등하게 사랑하는 것〔兼愛〕[72]은 어진 사람의 후덕함을 표현하는 것이며, 종묘를 높이 받드는 것은

---

69 『주역』「계사」상.
70 『장자』「경상초」.
71 『논어』「옹야」.
72 『열자』「성상成相」.

조상을 위한 지극한 효성의 표현이다. 유교에서도 그러하고, 불도도 이와 같다. 사물에는 손해를 보는 곳이 있으면 그 때문에 반드시 이익이 있게 된다.[73]

이 세상의 재산은 더러운 흙과 같지만, 다른 사람에게 베풀면 신비한 작용을 한다. 비유하면 썩은 나무라도 배를 만들면 사람을 건너게 할 수 있는 것과 같은데, 어찌 쓸데없는 낭비이겠는가? 단정히 앉아 자연을 바라보며 팔짱을 끼고 묵묵히 있으면서 안락함을 바라는 것은 마치 도끼도 없이 나무를 베려 하고 먹지도 않고 배를 채우려는 것과 같으니, 어찌 가능하겠는가?

자신이 수행하지 않는 것은 그 사람의 괴로움이다. 백성의 귀나 눈을 가리고 천하의 큰 선을 얻는 일이 어찌 가능하겠는가? 자기가 독을 마신다고 다른 사람들까지 독살하려 하니, 어찌 그렇게 잔혹할 수 있는가? 자신을 망하게 하고 남들까지도 함정에 빠뜨려서 다 같이 화를 입는 것이라고 할 수 있다. 따라서 장님이나 벙어리들은 영겁 동안 보고 듣지 못하는 재앙이 있고, 제바달다提婆達多가 받은 응보는 무간지옥無間地獄의 고통을 겪는 것이었다.

또 "개인의 축적을 헛되이 낭비하고 국정・군사의 자금을 축내었다"고 비판한다. 그러나 성왕이 세상을 다스릴 때에는 두터운 교화를 멀리 펼치고 치도治道의 강령을 떨쳐 천하를 결합하며 덕의 강령을 펴서 수많은 사람들을 구제하였다. 그리하여 강에는 물결을 치며 걱정을 호소하는 사람이 없고, 골짜기에는 탄식하는 사람들이 없어지게 되었다. 또 사해의 백성들은 모두 자신의 생업에 안주하고 관리들은 각자의 본분을 다하니, 나라 안이 융성하고 전

73 『노자』 42.

국토가 하나로 뭉쳤다. 전차는 움직임을 멈추고 갑옷 입은 병사들은 고향에 돌아가 농사를 지으니, 훌륭한 작물이 전답에 쌓이고 창고가 가득 차서 썩는 것이 생길 정도였다. 젊은 사람은 날로 새로운 덕을 몸에 익히고[74] 노인은 장수를 누리며 모두 함께 땅을 치면서 태평세월을 노래하고[75] 배를 두드리며 훌륭한 교화를 기뻐하였다. 그대는 여러 가지 일들을 생각하면서도 어찌 세상을 걱정하는 것이 그리도 모자라는가? 그 또한 잘못이 아닌가? 인색한 대관大官이 입을 다물고, 바다를 앞에 두고도 배를 감싸고 있다는 것은 그야말로 그대를 가리키는 말이다.

또 "그림자를 잡아매고 바람을 붙잡으려는 것과 같아서 실마리를 찾을 수 없다"고 비판한다. 본래 궤변으로 진실을 어지럽힌 일은 성인들이 탄식한 이유였고, 당시 사람들이 옥덩어리가 보물인 것을 알지 못한 일이 변화卞和를 통곡하게 만든 원인이었다. 그러나 오묘한 이치는 심오하지만 이를 체득한 사람은 도를 이루고, 텅 빈 듯한 공空한 도리는 간결하여도 이것을 깨달은 사람은 공덕을 얻게 된다. 그리하여 물에 빠진 사람들을 건져 주고 미망에 얽매여 있는 중생들을 구할 수 있다. 당시 사람들을 훌륭하게 구제하니, 그 교화가 미치지 않는 곳이 없다. 그러므로 신령한 빛이 한 번 떨치니 대천세계가 감동하였고, 그 은택이 잠시 스며들자 전국토가 윤택함을 얻었다. 그리하여 범천梵天·제석천帝釋天도 그 오묘한 뜻을 깨달아 진실한 마음으로 귀의하였고, 제왕들도 그 심오한 가르침을 바라고 엎드려[76] 제자가 되었으며, 팔부중八部衆도

74 『서경』「중훼지고仲虺之誥」, 『주역』「계사」 상.
75 『제왕세기帝王世紀』.
76 『좌전』「희공」 23년.

신령한 교화에 머리 숙인 채 마음을 맑게 하였고, 온갖 선비들도 그 참모습을 우러러 달려왔던 것이다.

그 가르침은 우뚝 솟아 있으니 나랏일을 논하는 명교에 비유할 것이 아니고, 심오하니 방외의 그윽한 가르침이다. 그러나 그 담장은 높고 험하여서 문에 들어가기 어렵고, 인품이 깊어서 방에 들어가는 이가 매우 드물다. 그러므로 불교는 미혹한 무리를 두루 구제하지만 이치는 함께하기 어렵고, 은택은 끝없이 포섭하지만 사실은 떨어져 있다. 그대가 죽을 때까지 미혹에 집착하면 평생 깨닫지 못할 것이 당연하다.

해와 달이 하늘에 떠 있어도 맹인은 그 밝음을 볼 수 없으며, 천둥과 번개가 천지를 진동하더라도 벙어리는 그 소리를 들을 수 없다. 이것이 누구의 잘못인가? 그런데도 음악의 조율을 문제삼고 모양의 아름다움을 무시하는 것은 참으로 지나친 잘못이다.

옛날 문린文鱗용왕[77]은 최초의 제자로서 불법을 듣고 눈을 열었고, 수발타라須跋陀羅[78]는 최후의 제자로서 불법을 들었다.

그대는 무슨 죄로 불행히 혼자 의심을 품고서 인생을 마치려고 하는가? 많은 사람들이 슬퍼하는 일에 비하더라도 가장 슬픈 일이라고 할 만하다.

이에 손님은 머뭇거리며 자리에서 일어나[79] 한탄하며 망연자실하였다. 잠시 후 다음과 같이 말하였다.

나는 지금 대도의 설은 널리 고금을 통하여 큰 인연을 지어 만

---

77 『태자서응본기경太子瑞應本起經』 하(대정장 3, 479)에 문린文隣용왕이 불교를 득도한 이후 처음으로 제자로 되어 깨달음을 얻었다는 말이 있다.

78 『증일아함경』 「제자품弟子品」, 『대반열반경』 하, 『반니원경般泥洹經』 하 참조.

79 『장자』 「추수」.

물의 이치를 연구하고 본성을 다하는 것[80]이라고 들었다. 이 가르침은 특정한 시기에만 이행해야 할 것이 아니고, 한 세대에 한하여 도를 넓히고자 한 것도 아니다. 『주역』에서 말하듯, 만물의 근원을 물어 그 끝을 아는 것이니, 생의 극치인 명命에 도달한 것[81]이라고 할 수 있다. 나는 참으로 오랜 밤 동안 미혹에 빠져서 그 이치에 도달하지 못하여 나아가는 곳마다 막히는 부분이 있었다. 이제 다행히도 귀하의 교설을 들으니, 그 동안의 매듭이 풀리고 의심이 풀어져서 확실히 깨닫게 되었다. 마치 겹겹의 구름을 헤치고 밝은 태양을 보는 것 같고, 덮여 있는 뚜껑을 열고 참된 지혜를 깨달은 듯하다. 나는 부족한 사람이지만 훌륭한 가르침을 정성껏 따르고자 한다.

15. 정이교론正二教論〔명(明 : 南齊의 明) 징군(徵君 : 僧紹)[82]〕

〔어떤 도사가 「이하론夷夏論」[83]을 지으므로 이 글을 지어 바로잡는다.〕

나는 이 논이 날카로운 논증으로 일가를 세워서 그대로 놓아두면 부처님을 모함할 우려가 있다고 들었으므로, 도교와 불교의 근

80 『주역』 「설괘전說卦傳」.

81 『주역』 「계사」 상.

82 『남제서南齊書』 54, 『남사南史』 50에 그의 전傳이 있는데, 「고일高逸」에 실릴 정도로 면학에 힘썼다고 한다. 정림사定林寺 승원僧遠과 법도法度와 친교가 있었고, 사우師友의 예를 취했다.

83 고환顧歡의 「이하론」을 말한다. 『남제서南齊書』 54 「고환전」에 보인다. 명明 승소僧紹의 「정이교론正二教論」 이외에도 사진지謝鎭之・주소지朱昭之・주광지朱廣之・혜통惠通・승민僧敏 등의 반론이 『홍명집』 6, 7에 수록되어 있다.

본 의미를 밝히고자 한다. 먼저 논에서 인용된 불교와 도교, 두 경전의 문구를 소상히 밝혀서 바로잡고자 한다. 그리하여 양쪽의 심오한 가르침을 깨닫기 바란다.

㊧論 『도경道經』[84]에서는 이렇게 말한다. 노자가 관關에 들어가 천축의 유위국維衛國에 갔다. 그 국왕의 부인은 청묘淸妙라고 불렸는데, 노자는 그녀가 낮잠 자고 있는 동안 해의 정기를 타고 청묘 부인의 입속으로 들어갔다. 이듬해 4월 8일 야밤에 부인의 우측 옆구리를 째고 탄생하였다. 태어나자마자 곧바로 일곱 걸음을 걷고 손으로 하늘을 가리키며 "천상천하에서 오직 내가 높다. 삼계三界가 모두 괴로움인데, 어떻게 즐거워할 수 있겠는가?"라고 하였다. 이로부터 불교가 일어난 것이다.〔이 말은 『현묘내편玄妙內篇』에 있다. 이 책은 한대漢代의 진실한 저술로서 허황되게 만들어진 책이 아니다.〕

㊣ 도가의 논지는 『노자』의 2경經[85]에 담겨 있고, 현묘한 도리를 부연한 것은 『장자』 내편 7장에 갖추어져 있다. 그 근본 이법은 유일하고 절대적인 도를 얻는 데 있으며,[86] 육체가 변화한다는 기괴한 말은 들은 적이 없다. 또 장수한 팽조彭祖와 단명한 상자殤子[87]가 균등한 삶을 누렸다고 하지만, 불사不死를 주장하는 말은 들어본 적이 없다. 그러므로 자연과 조화하는 것[88]에 편안히 안주

---

84 『현묘내편玄妙內篇』이라고 명명한 것. 『광홍명집』 9 「소도론笑道論」(대정장 52, 146)에도 보인다. 이 시기에 벌써 『노자화호경老子化胡經』이 성립하였는지는 분명하지 않다.

85 『노자도덕경老子道德經』 2편 5천 언言을 말한다.

86 『노자』 39.

87 『장자』 「제물론」.

88 『장자』 「지북유」.

하는 사람은 일정한 법칙을 변화시키는 데 힘쓰지 않고,[89] 운명에 안주하여 흐름에 순응하는 것이다. 그런데 어찌 장생을 구하려고 하였겠는가? 만일 노자가 해의 정기를 타고 청묘 부인의 입속에 들어가 옆구리를 째고 탄생하였다면 그 연대와 사적 등이 부합하지 않으며, 기적에 편승하여 말을 맞춘 것이다. 실재하지 않은 것을 말하면서 엉터리로 화현하는 것을 논의하였다고 하겠다. 진한秦漢 시대의 거짓말과 요사함이 위진魏晉 시대까지 미치고 있다. 그 말이 성인의 이치를 따르고 있지 않는데,[90] 어떻게 그것을 진실한 저술이라고 말하겠는가?

論 불경에 "석가는 성불한 지 이미 끝없이 먼 진겁塵劫의 세월이 지났다"고 하고, "때로는 유학자들의 으뜸이 되었고, 국사國師나 도사道士가 되었다"[91]고 하고 있다.〔이는 모두 진실한 경전에 있는 것으로, 방편의 설이 아니다.〕

正 불경의 본지는 궁극의 가르침에 근거한 것이지만 3세의 일은 입증할 수 없고, 깨달은 도는 구체적인 일로 나타나는 것이 아니다. 그러나 정밀하고 깊이[92] 깨닫는다면 정혜定慧의 징조가 안에 있게 되고, 인연이 감응하는 곳에는 인과의 법이 밖에 있어서 망령됨이 없다. 석가는 궁극의 근본 진리를 말하였고, 신도神道[93]가 통달하는 경지를 밝혀 놓고 있다. 따라서 정밀함을 단련하여[94] 비춤을 궁구하는 것은 양정養正의 공이 아니다. 따라서 발현되지

89 혜강의 『양생론』.
90 『사기』 「맹가孟軻」.
91 『태자서응본기경』(대정장 3, 473).
92 『중서여고도사重書與顧道士』.
93 『주역』 「관괘觀卦」 단사彖辭.
94 『사기』 「편작扁鵲」, 원굉袁宏의 『후한기後漢紀』.

않은 선에서 시작하여 궁극까지 차례로 오르는 유학과는 다르다. 높은 도로부터 형상을 잊는 것[95]은 도가와 가깝지만, 생명을 온전히 하는 것을 중요하게 여기지 않는다.[96] 생성하고 또 생성하는 것도 귀하게 여기지 않는데, 존재하는 것을 보존하는 일에 무슨 공을 들이겠는가? 공적을 잊어버리는 데서 공적이 드러나고, 적멸하지만 도는 항상[97] 존재한다. 시작이 없는 세계에서 나와 끝이 없는 세계로 들어간다. 몸이 아니면 응하지 않고, 진겁塵劫은 먼 것이 아니다. 이것이 불교의 가르침이다.

論 불경과 도경道經, 두 경의 교지는 부절(符契)을 합친 것처럼 같다.

正 부처님께서는 3세에 걸쳐 전개하고 있으므로 원만하게 응하여[98] 끝이 없다. 노자는 형체를 보존할 뿐이므로 그 가르침은 순박한 풍속을 경박하게 만드는 일[99]만으로도 힘겹다. 그러므로 형체에 한정된 가르침으로는 저 세상의 다른 생을 논할 수 없고, 원만하게 두루 응하는 교화는 온갖 사물의 부류에 영향을 다 미치고 있다. 결국 주공·공자·노자·장자는 제왕의 스승이지, 앞에서 말한 내용의 징험은 될 수 없다. 교설의 트이고 막힘이 다르므로 부합한다는 징험에는 어긋난다.

論 도교가 곧 불교이고, 불교가 곧 도교이다.

正 교설에 이미 네모나고 둥근 차이가 있는데, 어떻게 그 둘을

95 『장자』「덕충부德充符」.
96 『장자』「양생주」.
97 『노자』 37.
98 심약沈約의 『상건궐표上建闕表』.
99 『한서』「황패黃覇」.

같다고 하는가? 불도를 따르는 사람이 방편으로 노자를 익힐 수 있지만, 노자를 배운 사람이 어찌 불도와 같다고 하겠는가? 만약 경쟁하면서도 높은 것을 숭앙하여 온갖 것을 뒤섞는다면, 똑같게 하려는 욕심 때문에 삿된 것을 심고 바른 것을 버리는 결과가 될 것이다. 이것은 제대로 배우는 것이 아니며, 스스로 도를 좀먹는 일이다. 자신의 분수를 모르는 것이고, 본령을 지키는 사람[100]에게 부끄러움을 당할 것이다.

論 도에 들어가는 방법이 같지 않으면, 행위도 반드시 다르게 된다. 각자 자기 본성을 이루고 있기 때문에 그 일도 변경되지 않는다. 또 5전典을 밝히거나 3승乘을 펴며 중국에서는 중국 말로 하고, 오랑캐를 교화하는 데는 오랑캐 말로 한다고 말한다. 또 불교와 도교는 교화에서는 같지만, 오랑캐와 중국이라는 차이가 있다고 한다.

正 고요하게 감득하면 마침내 통하고, 모든 것에 반드시 미친다. 부처님께서는 하나의 소리〔一音〕를 내시지만, 중생은 근기에 따라 깨달음을 받는다.[101] 오랑캐 나라를 교화하는 데 어찌 반드시 3승에 한정하였겠는가? 중국의 도를 어찌 꼭 5교에만 얽어매었겠는가? 사람들이 충허沖虛를 느끼게 하는 것에는 오랑캐와 중국이 다르지 않다. 풍속이 다르지만 그 어느 것이 성인의 법에 어긋나겠는가? 그러므로 도에 들어가는 방법이 동일하지 않더라도 그 가르침은 저절로 같아진다.

論 바른 예복과 허리띠[102]는 중국 사람의 모습이고, 깎은 머리

100 『좌전』「성공成公」 2년.
101 『유마경』「불국품」(대정장 14, 538).
102 바른 예복은 현단玄端한 옷과 위모委貌한 관冠을 말하고, 허리띠는 옛날

와 검은 옷은 오랑캐의 복장이다.

㊣ 이치의 귀중함을 구하려면 먼저 예속禮俗에 근본을 두어야 한다.[103] 답습하는 것이 다르다면 오직 시대상에 따르는 것일 뿐이다. 그러므로 군주가 표변하면 백성의 문화가 먼저 바뀌는 것이다.[104] 자장子張[105]은 공자에게 가르침을 받고서 은殷나라를 배우려던 뜻을 잃었다.[106] 순임금이나 무왕의 덕[107]이라면 양위가 이루어지고[108] 법전이 바뀌는 것이다. 후대 성인의 노력이 있다면 어찌 외국과 중국을 구분하겠는가? 하물며 궁극의 가르침을 따를 경우에 어찌 반드시 나라의 풍속에 얽매이겠는가? 항상 이루어지는 방식에 얽매이면 미혹이 깊어져 움직일 수 없게 된다. 물과 땅이 변하면 멀리 갈 때 시기가 달라진다는 배와 수레의 비유[109]는 적용될 수 없다. 또한 각강刻舡[110]의 사문이나 수주守株[111]의 도사는 두 가지 견해로 귀결된다.

論 불교는 아래로는 처자를 버리고 위로는 조상의 제사[112]를 지

벼슬한 자가 홀笏을 띠에 꽂은 모양을 말한다.

103 『예기』「악기」.

104 『주역』「혁괘革卦」.

105 이름은 전손顓孫이며, 자는 자장子張이다. 공자보다 48세 적으며, 공자와 사별할 때는 26세였다. 공자로부터 가르침을 받았지만 논어에 보이듯이 자장에 대한 공자의 말은 나이가 어린 것만을 언급했을 뿐이다.(『사기』 67)

106 『서경』「여계旅契」.

107 『논어』「팔일」.

108 『후한서』「일민전론逸民傳論」.

109 「이하론」.

110 『여람呂覽』「찰금察今」, 『포박자抱朴子』「용형用刑」.

111 『한비자韓非子』「오두五蠹」.

112 『효경』「성치장聖治章」.

내지 않는다. 유교에서는 사람이 하고 싶은 일을 모두 예에 따라서 펼쳐 가고 있는데, 불교에서는 효도하고 공경하라는 규정은 유독 불법에 따라 잘못된 것이라고 본다. 덕을 등지고 순리를 범하면서도 이를 조금도 알지 못하고 있다. 또 신체를 보전하고 종사를 유지하는 유교의 가르침은 선을 이어가는 가르침이고, 모습을 훼손하고[113] 본성을 바꾸는 것은 악을 끊으려는 가르침이다. 이치를 귀하게 여기는 것은 도가 있기 때문이고, 일을 천하게 여기는 것은 세속이기 때문이다.

正 지금 종사를 받들지 않는 것은 순리를 범하는 것이고, 하고자 하는 것을 따르는 것은 예를 펼치는 것이라고 한다. 이것은 효도하고 공경하는 경전은 나에게 이득이 되고, 세속이 꼭 천한 것은 아니라는 말이다. 또 모습을 훼손하고 악을 끊으라는 가르침은 저 입장에서 보면 비루하고, 도라고 꼭 귀한 것은 아니다. 유교는 세속을 사랑하고 구습에 얽매여 화려한 것을 숭상하고 예를 높이 받든다. 귀하고 천한 것을 바꾸어 놓고 독단적인 말을 하고 있다. 단지 장난처럼 평범한 견해에 빠져 있으니, 어찌 성인의 말에 근본을 둔 것이라고 기대하겠는가?

論 니원泥洹이나 선화仙化는 각각 하나의 방법일 뿐이다. 불교는 이것을 정진正眞[114]이라고 하고, 도교는 정일正一[115]이라고 한다. 정일의 일一은 무사無死에 귀착하는 것이고, 정진의 진眞은 무생無生을 깨닫는 것이다.

正 왕과 제후는 하나를 얻어서 천하가 바르게 되지만,[116] 선화仙

113 『효경』「개종명의장開宗明義章」.

114 도안道安의 「합방광광찬략해서合放光光讚略解序」(대정장 55, 48).

115 『신선전神仙傳』「장릉張陵」.

化를 논하지 않는다. 죽어도 사라지지 않는 것이 오래 사는 것〔壽〕[117]이므로 무사無死를 언급하지 않는다. 엉터리로 제멋대로 말하고 있을 뿐이다. 큰 도가 숨으면 작은 성취가 번갈아 일어난다는 것[118]은 참으로 옳은 말이다. 그 모든 교만한 무고와 비난을 말하는 것은 어긋난 것을 구제하기 위한 것이니, 성인의 말씀을 찾는다면 진실로 나무라지 않을 것이다.

오늘날 도교의 가르침은 오래 사는 것을 중심으로 삼고 죽지 않는 것을 위주로 하고 있을 뿐이다. 금단金丹을 굽고[119] 안개를 마시며 주옥珠玉을 먹고 우화등선하여[120] 시해尸解[121]까지 승화하는 것[122]만이 그 의탁하는 술법이다. 그러나 살펴보면 그와 같은 일은 결코 볼 수 없다. 또 선경仙境에 오르지 못하고 죽으면 귀신이 되거나 천상 세계의 관리가 되는데, 이것은 그가 지은 복업에 따른다고 한다. 이 일은 노장이 세운 본래의 이치와 매우 어긋나고, 오히려 속세의 가르침에 어긋나지 않는다. 욕심을 없애고 선을 따르며 변화를 타고 가는 대로 맡겨서 생성하고 존재하는 뜻을 잊어버리면 참다운 이치는 미망에 떨어질 것이지만, 항상된 도〔常道〕를 어지럽히지는 않을 것이다. 장릉張陵이나 갈홍葛洪의 무리들은 신통과 기괴함을 더하고 부적과 주문으로 사람을 미혹시키고 세상

116 『노자』 39.
117 『노자』 33.
118 『장자』 「제물론」.
119 『포박자』 「금단金丹」.
120 『논형論衡』 「도허道虛」, 『황제내경黃帝內經』, 『남사저백옥전南史褚伯玉傳』, 소식蘇軾의 「적벽부赤壁賦」.
121 『후한서방술後漢書方術』 「왕화평王和平」, 『북사北史』 「이선李先」.
122 『장자』 「제물론」.

을 어지럽히면서 이 모두가 노자가 전한 것이라고 말한다. 이렇게 점점 부풀리다가 드디어 멀리 불교까지 끌어들이니, 그 거짓됨이 증명된다. 그 입론은 번잡하고 학문에 의한 사승師承도 없다. 경전의 이치로 고찰해 보면, 그렇지 않음을 알 수 있다. 또한 참된 것과 거짓된 것을 뒤섞어서 깨달음을 바라는 이들이 영원히 미혹하고 분별하지 못하게 하니, 세상을 어지럽히고 속이는 것이 너무 심하다.[123]

당신은 불교와 노자의 가르침이 옳다는 것을 알고 있지만, 아직 핵심을 파악하지 못하고 있다. 대략이나마 한 귀퉁이[124]를 들어 설명하여 스스로 돌이키도록 하겠다.

이치를 비추는 것과 마음을 궁구하는 명교의 두 가르침을 모두 익혀야 비로소 움직임이 극진하여 만나는 것을 타고 갈 수 있다.

노자의 교설은 자신을 수양하고 나라를 다스리며[125] 귀하게 여기는 것〔貴〕과 숭상하는 것〔尙〕을 끊고 일을 당하여 그 본분을 바로 하는 것이다. 허무를 근본으로 삼고, 부드럽고 약함을 작용으로 삼으며,[126] 안으로 자신을 돌이켜 보아[127] 뿌리를 깊게 하고, 도의 근원에 만족하고 있다.[128] 천의 근원을 분별하지 않고 인간 세계를 초월하며, 호연지기의 조화를 기르고[129] 잃거나 얻어도 그 마음에 변함이 없다. 시운이 다하여도 통하기를 꾀하지 않고 수명이 다할

123 『한서』「오행지五行志」.
124 『논어』「술이」.
125 『노자』 54.
126 『노자』 40.
127 『후한서』「왕윤王允」.
128 『노자』 59, 『장자』「선성繕性」.
129 『맹자』「공손추」.

때까지 기다리고, 영달하여도 자신만을 위하지 않으며 공적인 것을 척도로 삼는다. 이것이 학자들이 남아 있는 흐름을 우러러보고 그 도가 존속하는 까닭이다. 어찌하여 신화神化와 인간 세상을 구제할 수 없는 불사不死를 구할 것인가? 이것은 안개를 취하고 우화등선하여 정신을 변화하여 영혼을 다하는 것이다. 이것은 스스로 만들기 전에 했던 일, 삶을 달리하는 일, 기를 달리하는 일 등을 끌어 모으는 것이다. 따라서 기괴한 것을 기록한 것들은 있지만, 이치를 말하는 것에 의거한 것은 없다. 신묘한 공적도 잘 살펴보면, 만물에 미치는 큰 것으로는 기린과 봉황 같은 기이함과 상서로움이 있고, 작은 것으로는 참새와 꿩의 변화가 있다.[130] 한 번 그 형체를 받으면 배우기를 원한다고 이룰 수 있겠는가? 다시 말하면 안회와 공자의 도는 자질과 배움의 면에서 극치에 가깝다. 본래 영靈의 경계를 추앙하고 따르려 하다가 그만두었으니, 나누어 품부 받은 천명이 허망하지 않음을 잘 살펴보면 알 수 있다.

그러므로 공자는 천명을 아는 것[知命][131]을 귀하게 여겼지만, 반드시 말하지 않았다. 노자는 기이하고 고상한 것을 떠나서 무위無爲를 고수하였다. 이들은 모두 허탄한 일이 생기는 것을 막으려고 한 것이다. 그렇기에 혼을 궁구하고 가르침을 다하는 것은 진실로 근본[宗]이 있기 때문이다. 도가 성취되고 행위가 얻어지는 것은 각자 체득하는 근원이 있기 때문이다. 그 행위의 업은 전생에 이미 나타나 있는데도 억지로 배워서 그 공덕을 구하고자 한다. 습관을 쌓는 것[132]은 평소에도 할 수 있지만, 당신은 제멋대로

130 『예기』「월령月令」.

131 『논어』「요왈堯曰」.

132 『춘추번로春秋繁露』「천도시天道施」.

하면서 망령되게 그것을 바꾸려고 한다. 연燕나라를 향하면서 월越나라로 가려고 하니,[133] 어떻게 이루어지겠는가? 그러므로 배우는 것은 배울 것을 얻고서야 비로소 성취되며, 행하는 것은 행할 만한 것을 행해야 이루어진다. 저 생령生靈을 배워 밝히는 것은 하늘이 가르침을 열고, 만상을 관찰하여 변화를 예측한 일은 그대로 놓아두고 논하지 않고, 세상을 다스리는 심오함만 논한 것[134]이 공자와 노자의 극치이다.

아직 일어나지 않은 일을 행하는 것은 밝은 지혜를 다하는 것이고, 인연을 다하는 것은 다양한 생명의 공통된 이치이다. 거짓을 단련하여 진리에 귀착하는 것과 신묘한 공적이 올바른 것이 불교의 위대함이다.

이것이 불교가 그 핵심을 분명히 한 것이고, 노자가 그 생명을 온전히 한 것이다. 생명을 지키는 자는 폐하고, 근본을 밝히는 자는 통달한다. 그러나 고요함이 대방大方[135]에 멈추면 폐하더라도 망령되지 않게 되고, 움직임이 근본에 의거하면 이치와 통하고 궁극까지 밝히게 된다. 따라서 덕이 반드시 천품을 온전히 하는 것을 귀하게 여기고 스스로 그 도를 찾아서 근본을 받들며 제왕의 교화와 통하도록 도우면, 공덕이 4대大로 돌아간다. 잘못된 것을 도모하지 않고 가르침을 지켜 항상된 도를 보존하는 것이 공자와 노자의 순수함에서 배울 수 있는 내용이다. 종극을 뛰어넘어 깊은 흐름을 보고 근원을 찾으며, 생명이 있는 것을 진독塵毒으로 여긴다. 임금과 부모를 공경하는 것을 그치고, 그 교화가 다른 것을 보

133 『홍명집』 1 「이혹론」 36.

134 『장자』 「제물론」.

135 『장자』 「서무귀徐无鬼」.

고 놀라 토론하지 않으며, 한쪽에 집착하거나 기묘한 것에 놀라지 않는다. 고요히 관하여 사유의 폭을 넓히고 수행의 공적이 나타나서 결정적인 시기가 도래하면, 불교의 순수함이 그 행위에 의해 밝혀질 것이다. 그러므로 배울 만한 것을 배우면, 생령生靈을 도와서 온전하게 되고 가르침이 천하[136]에 드높여질 것이다. 해야 할 일을 할 것을 밝히면, 오염된 습성을 없애고 본래의 흐름으로 돌아가 하늘과 사람보다 뛰어나게 될 것이다. 이 밖의 지나간 허물은 미처 알지 못하였기 때문이니, 생각을 깨끗이 하여[137] 얻은 내용이 여기에 있다.

16. 장융문율張融門律〔장융張融[138]〕

나의 일문은 대대로 불교를 숭배했고, 모계의 일가는 도교를 신봉해 왔다. 도교와 불교는 궁극적인 측면에서 둘이 아니다. 고요히 움직이지 않을 때 그 근본을 살펴보면 같으나, 감응하여 통할 때 그 행적을 보면 다르게 된다.[139] 그것은 마치 음악이 계승되지 않아도 오제五帝의 신비에서 떨어지지 않고, 예가 답습되지 않아도 삼황三皇의 성인을 조문하지 않는 것[140]과 같다. 어찌 삼황과

136 『노자』 25.

137 『주역』「계사」 상.

138 장융(張融, 444~497)은 오군吳郡의 명족 출신이다. 유·불·도 3교를 모두 연마하라는 문율門律의 가르침대로 장융은 죽음에 임박하여도 왼손에는 『효경』·『노자』, 오른손에는 『소품반야小品般若』·『법화경法華經』을 들고 왕생하였다고 한다.(『남제서南齊書』 41, 『남사』 32 참조)

139 『주역』「계사」 상.

오제의 시대가 다르다고 그 풍습을 같이하지 않으며, 세대가 다르다고 그 뜻을 하나로 하지 않을 것인가? 어찌 범속하고 어리석은 생각을 일으켜 극치의 신령을 속여도 좋을 것인가? 내가 보기에 도사와 승려는 유가·묵가와 다투고 있고, 승려와 도사도 자기들끼리 시비를 다투고 있다.[141]

옛날에 기러기 한 마리가 하늘을 날아가고 있었는데, 멀어서 잘 분별하기 어려웠다. 월나라 사람들은 그것을 물오리라고 하였고, 초나라 사람들은 제비라고 하였다. 인간이 스스로 월나라 사람, 초나라 사람이라고 할 뿐, 기러기는 항상 한 마리의 기러기일 뿐이 아니겠는가? 원래 순수한 근본은 하나일 뿐이지만 우리는 모두 그 근본을 존숭한다. 기러기의 행적이 갈라졌으니, 나는 이미 그들이 머무는 곳으로 날아갔다.[142] 그대가 오직 불교의 가르침에 따르는 것은 좋으나, 도교의 근본을 경멸해서는 안 될 것이다.

1) 두 하씨와 두 공씨[143]와 주염산자周剡山茨에게 보내는 편지

소자는 생을 노니는 모든 분들께 글을 올려 말씀드리고자 합니다. 새들은 죽을 때 슬프게 울고 인간은 죽으려 할 때 착한 말을 한다고 합니다.[144] 요사이 나는 병이 심하여 생기가 쇠하였습니다. 이리하여 영혼은 몇 번 숨쉴 기운밖에 남지 않았습니다. 배도 인적이 드문 골짜기에 들어가 키를 잃어버리고, 산기슭의 연못 속에

140 『예기』「악기」.

141 『장자』「제물론」.

142 『논어』「향당」.

143 두 하씨何氏는 하점何點과 하윤何胤을 말하고, 두 공씨孔氏는 공치규孔稚珪와 공중지孔仲智를 말한다.

144 『논어』「태백」.

묶이지도 않을 것 같아 당황하였습니다.[145] 따라서 날을 보내고 있는 사이에[146] 촌각마다 시간만 빠르게 흘러가고 있습니다. 사후의 생각을 남겨서 아우와 조카들에게 규준을 만들어 주려고 가문에서 규율을 만들었습니다. 그 한 편을 여러 번 외우면, 불교와 도교의 근원에 통하게 될 것입니다. 지금 여러 현명한 분들께 질정을 받고자 합니다.

2) 거듭 장융에게 보내는 편지와 주옹의 질문

주염산자周剡山茨는 장융에게 편지를 내서 말씀드립니다.

주옹周顒이 머리를 조아립니다. 보내 주신 편지는 잘 읽어 보았습니다. 집안을 엄하게 다스리신다고 들었는데, 우리가 나설 일이 아니라 도움을 드릴 수는 없겠습니다. 그러나 겸손되게 근본을 찾는다는 점에서 그대의 마음을 짐작할 수 있습니다. 신도神道가 귀착되는 중심 내용을 저도 알 것 같지만, 불교 외에 유교의 가르침도 훌륭한 것입니다. 이 외에도 공자에 필적하는 이로서 황제黃帝·노자老子가 실로 훌륭합니다. 그 가르침이 점차 퍼지면서 폐단이 없었던 것은 아니지만, 소박한 근본의 도리는 존중할 만하다고 하겠습니다. 나는 탁한 것과 맑은 것이 거칠게 섞여 있던 종래의 생각을 취사선택하여 평할 때 혼란스럽지는 않았습니다. 다만 가슴속에 담아 놓고 말하지 않았을 뿐입니다. 법도에는 어긋나는 것과 따르는 것이 뒤섞일 수 없으니, 같고 다른 차이는 글로써 마땅히 분별해야 할 것입니다. 보내 주신 취지로는, 근본에 이르면 3

145 『장자』「대종사」.
146 『주서』 41「왕포王褒」.

교가 다 같다고 하시는 것은 내가 같다고 하는 의미와 다른 것 같고, 시대가 다르기 때문에 풍조가 다르다고 하시는 것도 내가 다르다고 말하는 뜻은 아닌 것 같습니다. 이전부터 이 점에 대해 조리를 세워 보고 싶다고 생각하고 있었는데, 다행히 당신의 생각을 기회로 하여 확실한 의견을 말해 보려고 합니다. 대략 다음과 같으니, 깊은 교시를 듣고자 합니다.

통원通源이 말하였다.

"도교와 불교는 궁극적인 측면에서 둘이 아니다. 고요히 움직이지 않을 때 그 근본을 살펴보면 같으나, 감응하여 마침내 통할 때 그 행적을 보면 다르게 된다."

주옹이 질문하였다.

"귀하의 논지의 그 근본을 살펴보면 다 같다고 말하지만, 여기에서 말하는 근본이란 어떤 의미입니까? 도가를 말하는 사람이 어찌 『노자』 두 편을 중심으로 생각하지 않겠습니까마는, 불교를 말하는 사람은 결국 반야般若를 중심 논지로 삼을 것입니다. 『노자』가 귀하게 여기는 궁극적인 이치는 허무虛無에 있고, 『반야경』은 궁극의 법성法性을 관하는 것입니다. 허무와 법성은 고요하다는 점에서는 같지만, 고요함에 머무는 방법에서 그 논지가 다릅니다. 귀하께서는 궁극적인 측면에서 둘이 아니라고 하였는데, 허무에 다다른다는 것인지 아니면 법성과 다르지 않다는 것인지, 그렇지 않다면 이 두 가지 외에 또 다른 근본이 있다는 것인지요? 혹은 허무와 법성이 그 뜻이 다르지 않다는 것인지요? 다른 근본이 있다고 본다면 그에 대한 생각을 알려 주시기 바라며, 허무와 법성의 뜻이 다르지 않다고 본다면 다르지 않다는 점을 설명해 주시기 바랍니다."

통원이 말하였다.

"시대가 다르다고 그 풍습을 같이하지 않으며, 세대가 다르다고 그 뜻을 하나로 하지 않을 것인가? 내가 보기에, 도사와 승려는 유가·묵가와 다투고 있고, 승려와 도사도 자기들끼리 시비를 다투고 있다. 옛날에 기러기 한 마리가 하늘을 날아가고 있었는데, 멀어서 잘 분별하기 어려웠다. 월나라 사람들은 그것을 물오리라고 하였고, 초나라 사람들은 제비라고 하였다. 인간이 스스로 월나라 사람, 초나라 사람일 뿐, 기러기는 항상 한 마리의 기러기일 뿐이 아니겠는가? 원래 순수한 근본은 하나일 뿐이지만 우리는 모두 그 근본을 존숭한다. 기러기의 행적이 갈라졌으니, 나는 이미 그들이 머무는 곳으로 날아갔다."

주옹이 질문하였다.

"논에서 시대가 다르기 때문에 그 풍조가 다르다고 한 것은 불교가 도교와 다르다는 뜻입니다. 세대가 다르기 때문에 그 뜻을 하나로 하지 않는다는 것은 도가의 학설이 불교와 다르다는 뜻입니다. 도교와 불교 두 가지가 다르다는 것은 물오리가 아니면 제비라는 식이지만, 귀하가 존숭하는 근본은 한 마리의 기러기일 뿐입니다. 불교와 도교 양쪽으로 뛰어다닌다면 두 가지 다 잃게 될 것입니다. 잘 모르겠습니다만, 당신은 근본이 어떤 것이라고 인식하고 있으신지요? 가볍게 존숭함은 생각이 있어서이겠지요?

만약 도교와 불교를 받아들이면서 그 근본을 정하려고 한다면, 두 교의 싸움이 자주 일어나 판단을 내릴 수 없을 것입니다.[147] 만일 양 교에 의지하여 똑같이 가르침의 근원을 헤아린다면, 이 가

147 『논어』「안연」.

르침의 근원은 언제나 가르침과 함께 나타날 것입니다. 녹건을 쓰고 육환장[環杖]을 짚은 채 유유히 쳐다보고 있는 것이 옳다면, 유가와 묵가는 어리석게[148] 지금까지 무엇을 다투어 왔다는 것입니까? 가령 합치하는 근원은 같은데 갈라진 흔적이 양쪽 모두 틀리다면, 도교와 불교 두 자취의 작용을 모두 없애 버려야 할 것입니다. 왜 그대는 오직 불교만 맴돌며 멈추어서 힘을 다해 오로지 하나만 지키고[149] 도교에는 힘쓰지 않습니까? 당신의 말씀은 정밀하고 뜻이 깊지만, 나중에 핵심을 듣고 싶습니다."

통원이 말하였다.

"그대가 오직 불교의 가르침에 따르는 것은 좋으나, 도교의 근본을 경멸해서는 안 될 것이다."

주옹이 질문하였다.

"당신은 오로지 불교의 가르침만 따르고 도교의 근본을 경멸하는 일이 없습니다. 나는 마음속으로는 석가의 가르침을 지키고, 일상적인 일에는 유가의 말을 좋아합니다. 당신은 불교와 유교를 어떻게 자리매김하는지 모르겠습니다. 근본은 하나이면서 끝만 다른지, 아니면 본말 모두 다른 것인지요? 상대방과 나의 입장을 자세히 살피고 철저히 연구하고 싶으시면, 이론적인 문제로서 물어보지 않을 수 없습니다."

3) 거듭 주옹에게 보내는 글과 질문에 대한 답

장융은 아룁니다. 나는 아직 수명이 다하지 않아서[150] 마음은 가

---

148 『법언法言』, 『논어』 「향당」.
149 『노자』 10.
150 『장자』 「인간생人間生」.

문의 일에 집착합니다. 그러나 육체는 이미 쇠약하여 흰 머리가 가득합니다. 부득이 자제들을 위하여 머무르고 있으나, 마음의 보금자리[151]가 하루아침에 황폐해지고 평생 걱정하던 일들이 사방으로 나쁘게 퍼지지 않게 하기 위해 가문의 규율을 제정하여 가문을 지도하려고 합니다.

불교와 도교가 아니라면 무엇을 가지고 집안을 따르게 하겠습니까? 그러므로 기력에 의지하여 수명을 늘리고, 혼에 의지하여 시간을 늘리며, 때때로 반응을 시험하여 불교와 도교의 근본을 통해 근원을 정한 것입니다. 귀하께서 훌륭한 의견을 말해 줄 것을 마음속으로 바라고 있었습니다. 과연 편지를 보내셔서 생각을 말해 주시고 신묘한 견해로 바르게 분석하셨습니다. 당신의 생각을 말하셨으므로 나도 이제 당신에게 말하겠습니다.

㉮문(주옹) 논에서 근본은 같다고 하였는데, 여기에서 말하는 근본이란 어떤 의미입니까?

㉮답 저 성령性靈[152]의 성性은 인식 주체〔能知〕이고, 도덕道德의 도道는 인식 대상〔可知〕입니다. 인식 주체라고 하더라도 알아야 할 것을 알지 못하면 인식 주체라고 할 수 없고, 인식 대상이라고 하더라도 인식 주체에 인식되지 않으면 인식 대상이라고 말할 수 없습니다. 그러므로 인식 주체는 반드시 도에 이르고, 인식 대상에는 반드시 지혜가 이르게 된다고 말할 수 있습니다.

따라서 하급의 선비는 감정이 흔들리고, 지혜의 작용에 파도가

---

151 『열자』「중니仲尼」.
152 『문심조룡文心雕龍』「원도原道」.

치며, 욕망을 널리 세상에 알리고, 정신을 시끄럽게 합니다. 정신은 고동치며, 식識의 작용도 가라앉아 흐리게 됩니다. 따라서 마음이 전도되고,[153] 다른 것에 흐르고 비추는 작용이 도에서 멀어지게 됩니다. 그런데 노자가 말하듯, 자연의 기를 전일하게 하여 부드러움을 다하고 허虛에 멈추며 백魄에 맡겨서 방황하는 이를 안정시키고 일一을 품습니다. 응집한 데 머무르고 고요에 통하니, 고요하다는 것은 오로지 통하는 것입니다. 그리하여 작용이 멈추지 않고 혼이 허虛에 멈추어서 유연히 스스로 인도하게 됩니다. 당신이 노자를 고요하지 않게 하려고 하여도, 가능하겠습니까? 고요한 것이 도에 멈추지 않도록 하려 하더라도, 또한 될 수 있겠습니까? 지금 고요하면서도 신神이 둘로 갈리는데, 정신이 고요하지만 도가 둘이라는 것을 나는 들어본 적이 없습니다. 그렇기에 귀결점은 하나일 뿐입니다. 그런데 하급의 선비는 성품이 흔들리고 말이 미친 듯하기 때문에[154] 다시 행할 수도 없고, 싸워서 천하의 패자라고 생각하면서도 그냥 생령生靈을 깔고 두려워할 뿐입니다. 당신은 무심하게 구슬을 잡기를 바랍니다. 그러므로 제帝는 다섯 명이지만 신神은 항상 하나이며, 황皇은 세 명이라도 도는 둘이 될 수 없습니다. 물오리다, 제비다 시끄럽게 떠들어도 결국 기러기이지 않습니까? 내가 법규를 바로하려는 이유도 여기에 있습니다.[155]

㉮문 도가를 말하는 사람이 어찌 『노자』 두 편을 중심으로 생각하지 않겠습니까마는, 불교를 말하는 사람은 결국 반야般若를 중심 논지로 삼을 것입니다. 『노자』가 귀하게 여기는 궁극적인 이치는

153 「인연무성론서因緣無性論序」(『광홍명집』 22, 대정장 52, 254).
154 『논어』 「공야장」, 『장자』 「재유在宥」.
155 『진서』 「이선백李宣伯」.

허무虛無에 있고, 『반야경』은 궁극의 법성法性을 관하는 것입니다. 허무와 법성은 고요하다는 점에서는 같지만, 고요함에 머무는 방법에서 그 논지가 다릅니다.

답 법성法性은 즉색卽色을 가지고 공空을 헤아리지만, 허무는 참으로 유有 밖에서 뜻을 펴고 있습니다. 그러나 양자가 일치하는 점에 대해[156] 귀하께서는 좀 생각해 보십시오. 마음에 동요가 없이 소요하면서 마음의 티끌을 스스로 털어 버리고 허탕한 생각이 없이 오직 육체를 상승시키는 점에서만 보면, 유를 잊는다고 해도 노자가 불교보다 뒤떨어집니다. 그러나 잊는다는 점에서는 불교가 노자를 대신할 수 없습니다. 그 경지가 안정되어 있고 정精과 조화를 이루어 고요히 앉아서[157] 오로지 그 정신을 깊게 하면, 모든 곳에 넓게 통하여 그 작용을 허무하게 합니다. 이러한 경지에 올라서면, 나는 불교와 노자의 차이점을 보지 않게 됩니다. 내가 어떻게 노자와 불교를 구분할 수 있겠습니까? 귀착점에 다다르면 둘이 아니므로, 본래 신묘하게 일치하는 것임을 실감하게 됩니다.

다만 사람들의 감정이 갈라져 있어서 사람에 따라 일치하기가 힘이 듭니다. 지금 온갖 형상이 보고 듣는 감각과 교착하고, 보고 듣는 감각은 온갖 형상과 마주치며 지나칠 뿐입니다. 잘 맞아서 더 잘 붙이려면 과도하게 되고, 떠나면 불충분하게 됩니다. 그래서 고하지옹(苦下之翁 : 노자)은 우선 즉색을 감추고 유有에 따르고, 마음에 흔들림 없이 무無를 존중하며 마음 가는 대로 맡기는 것입니다. 만물이 감추어져 사라지면, 사람은 그때 무無를 바랍니다. 서

156 『장자』「제물론」.
157 『장자』「대종사」.

풍이 낮에 일어나서 남쪽의 정령을 불러올 수 있다면, 저녁에 한혼漢魂을 꿈꾸며 자는 것도 가능하지 않겠습니까?

만약 그대가 노자는 무를 다하지 못하였다고 한다면 이해할 수 없습니다. 그러나 무를 다하고 있지만 유를 다하지는 못하였다고 한다면, 제 의견과 같습니다. 당신이 만약 노자는 유를 다하고 있지만 가르침으로 명확히 하고 있지 않다고 의심한다면, 불교는 유를 다하면서 무엇 때문에 때에 따라 발자취를 높이려고 합니까? 당신이 불교가 때에 따라서 자취를 드높게 해야 한다고 생각한다면, 노자도 때에 따라서 자취를 드높이려는 것과 같습니다. 귀착점이 같다는 것도 이런 점에서 그렇다고 저는 생각합니다.

㉮ 논에 시대가 다르므로 그 풍조가 다르다고 한 것은 불교가 도교와 다르다는 말입니다. 세대가 다르므로 그 뜻을 하나로 하지 않는다는 것도 도가의 말이 불교와 다르다는 뜻입니다. 도교와 불교는 각각 다르기 때문에 물오리가 아니면 제비라고 하는 관계입니다.

㉯ 물오리가 아니면 제비라고 하는 관계는 자취로서는 확실히 그렇습니다. 자취가 확실히 그렇다는 점에 대해 나는 다시 반박하지 않습니다. 그러나 세대가 다르고 때가 다른 것은 있을 수 있어도, 그것이 그렇게 된 근본을 다르게 여겨서는 안 됩니다.

㉮ 잘 모르겠습니다만, 당신은 근본이 어떤 것이라고 인식합니까?

㉯ 근본을 전반적으로 인식한 내용은 앞의 편지에서 이미 언급하였습니다. 내가 도교와 불교를 인식하는 것은 꼭 이와 같으며, 잠깐 보아도 도가 거기에 존재한다는 것입니다.[158] 경께서 말로 억누르려고 하신다면, 나는 어떻게 항의해야 할지 모르겠습니다.

문 만약 도교와 불교의 입장을 인정하면서 근본을 정한다면, 양교의 논쟁이 자주 생겨나서 판결을 내릴 수 없을 것입니다.

답 뜻을 얻는 것은 근본이 있는데, 어찌 가르침을 취하겠습니까?

문 만일 양 교에 의지하여 똑같이 가르침의 근원을 헤아린다면, 이 가르침의 근원은 언제나 가르침과 함께 잘 나타날 것입니다.

답 지당하신 말씀입니다. 내가 도교의 유래가 불교와 같다고 보는 이유도 여기에 있습니다. 다만 내가 이 말에 동의하는 것은 따로 특이한 점이 있기 때문입니다.

문 녹건을 쓰고 육환장을 짚은 채 유유히 쳐다보고 있는 것이 옳다면, 유가와 묵가는 어리석게 지금까지 무엇을 다투어 왔다는 것입니까?

답 우虞・예芮 두 나라의 영토 싸움은 문왕文王이 알고 있었던 일이 아닙니다. 백옥을 깨뜨려 싸움을 멈추게 했다[159]고 하여 특별히 훌륭하다고 할 수 있겠습니까? 더욱이 한밤중에 기러기 한 마리를 놓고 제멋대로 물오리다, 제비다 싸우는 것은 녹건을 허무하게 머리에 쓰고 육환장을 스스로 손바닥에 숨기는 것과 같습니다. 내가 어떻게 이해할 수 있겠습니까?

문 가령 합치하는 근원은 똑같이 바른데 갈라진 흔적이 양쪽 모두 틀리다고 한다면, 도교와 불교 두 자취의 작용을 모두 없애 버려야 할 것입니다. 왜 그대는 오직 불교 쪽에만 맴돌며 멈추어서 마음으로 오로지 하나만 지키고 도교에는 힘쓰지 않는 것인지요?

158 『장자』「전자방」.
159 『장자』「마제馬蹄」.

답 감응은 다양한 측면이 있고, 정신 또한 수없이 광대합니다. 나는 4과果 쪽으로 날갯짓하지 않지만, 귀하가 아직 불교에 머물고 있음을 의심하지 않습니다. 나는 5통通을 향해 날갯짓하지 않지만, 도교에 머물고 있는 것에 또 무슨 후회가 있겠습니까? 또 보배로운 진리가 근본이 되어야 하므로, 그 자취에 성급하게 얽매이지 않습니다. 하물며 나에게 이미 머무를 곳이 있어서 날개를 옮기지 않는 데 있어서겠습니까? 그대는 두 기둥이 둘이 아니라는 것을 이해하였을 것입니다. 그렇기 때문에 없애야 할 것도 엄하게 바로잡지는 않습니다.

문 나는 마음속으로는 석가의 가르침을 지키고, 일상적인 일에는 유가의 말을 좋아합니다. 당신은 불교와 유교를 어떻게 자리매김하는지 모르겠습니다. 근본은 하나이면서 끝만 다른지, 아니면 본말 모두 다른 것인지요?

답 나는 원래 백 명의 성인도 함께 섞어 동일한 궁극에 던져 버립니다.[160] 그런데 최근에 통원通源과 논의할 때 유교는 논하지 않았습니다. 당신은 지금 그 유교를 궁구합니다. 유교를 나열하여 도교를 에워싸고, 그래서 먼저 담이 깨지면 군대를 숨기고 밤에 천성天城을 감싸려고 꾀하고 있습니다. 아마도 오르기가 험난하여 당신들이 오르기는 힘들 것이고, 군대가 성에서 나갈 수는 있겠지만 다시 돌아올 수는 없을 것입니다. 나는 이미 백 명의 성인도 같은 곳에 다다를 것이라고 말하였는데, 어찌하여 본말이 다르다고 인정할 수 있겠습니까? 더욱이 힘을 다하여 맞서서[161] 당신의 지

160 『노자』 14 .
161 『서경』「무성武成」.

혜와 용기를 다하였으므로, 저의 용기와 지혜도 자연히 마음대로 나온 것입니다.

4) 장융이 거듭 보낸 편지에 대한 답과 주옹의 거듭되는 질문

주옹이 머리를 조아립니다. 마음을 보살펴서 보내 드릴 수 있는 것으로 진리 이외에 무엇을 스승삼겠습니까? 중국과 외국의 교화[162]는 수행자[163]가 받들어 행하겠지만, 이 구분을 확실히 하고 취사를 분명히 하지 않는다면 나 역시 길을 잃게 되는 것이 어찌 어려운 일이겠습니까? 당신이 이 일에 대하여 훌륭하게 말씀하셨기 때문에 나 또한 말하지 않을 수 없습니다. 그래서 또다시 편지를 올립니다. 답장이 오기만 기다리겠습니다.

통원이 말하였다.

"법성法性은 비록 즉색卽色을 가지고 공空을 헤아리지만, 허무는 참으로 유有 밖에서 뜻을 펴고 있습니다. 그래서 고하지옹(노자)은 우선 즉색을 감추고 유에 따르고, 그 마음에 흔들림 없이 무를 존중하며 마음이 가는 대로 맡기는 것입니다."

주옹이 질문하였다.

"노자가 즉색을 감추었다고 한 것은 믿을 만합니다. 이 말은 아마 유가 즉색에 미치지 못한다고 여겨서일 것입니다. 감출 수 있다는 것에 구실을 붙인다면 감출 수 있는 여지가 많습니다. 이러한 말은 유독 여향(厲鄕 : 노자)만 말한 것이 아닐 것입니다.

162 양무제의 「입학조立學詔」(『양서梁書』 「무제기武帝紀」).
163 양숙梁肅의 「술초부述初賦」.

유가 사물이 되기 때문에 사람들은 그 유를 알았고, 무는 없는 것이기 때문에 사람들은 그 무를 알았습니다. 노자가 유를 쓰고 무를 기록한 것도 이 영역에서 벗어나지 않습니다. 이것이 내가 쓴 「삼종론三宗論」[164]에서 '취하거나 버리며 내달려도 아직 그 단계를 벗어나지 않았다'고 말한 내용입니다. 불교가 이치에서 세속의 생각을 빼앗아 버리고 일반적인 표현과 반대되는 말을 쓰는 것은 '즉색은 유가 아니다〔卽色非有〕'라고 생각하기 때문입니다. 따라서 불교는 많은 유파들보다 앞서 나가는 것입니다. 이 과정은 노자가 밝히지 못하였는데, 무슨 공적이 있겠습니까?

어지럽게 들끓는 것은 모두 유에 집착하기 때문이고, 도를 거스르고 세속에 깊이 빠지는 것도 여기에 병통이 있습니다. 병통은 유에 막히기 때문이지만 유의 성질을 분명히 하지 못하였고, 유를 바로잡으려는 종파에서는 무를 숭상하는 방법을 썼습니다. 유의 성질이 분명하지 못한 것이 큰 폐해이기는 하지만, 세속을 멀리하고 고요함을 숭상하여 번뇌를 적게 하는 것이 도가가 교화를 넓히는 데 도움이 되는 이유입니다. 앞의 편지에서 황제와 노자가 매우 훌륭하다고 말한 것도 이러한 까닭입니다. 왕필王弼이나 하안何晏의 구설舊說에 의하면[165] 노자는 성인에 못 미친다고 하는데, 만일 이러한 논과 같다면 노자가 불교에 영향을 끼치는 일은 없었을 것입니다. 그러나 나는 노자를 그렇게 평가하지 않습니다. 저 대사大士가 세상에 응현할 때 그 체가 무한하여서 때로는 유림의 으뜸이 되고, 때로는 국사國師나 도사가 되었습니다. 이것은 경전에

164 『남제서』 41 「주옹周顒」.
165 「위지魏志」 28 종회전주鍾會傳注.

쓰인 말입니다.[166] 그리고 재상과 장자에 이르기까지 여러 사람들이 그에게 의탁하였는데, 어째서 노자만 한 자취가 아니라고 하겠습니까? 다만 통찰력의 깊고 얕음과 계급의 높고 낮음을 몰랐을 뿐입니다. 이들은 모두 커다란 광명이 아직 열리지 않아서 임시로 한쪽만 접하였기 때문입니다. 해와 달이 나오면 횃불은 꺼야 하고,[167] 남김 없는 위대한 도[大道]가 설해지면 임시방편의 도는 저절로 없어집니다. 그럼에도 불구하고 당신은 남은 횃불을 밝은 해와 달 아래 들고, 이 횃불이 해·달과 근원이 통해 있다고 설명하려 합니다. 마음으로 해와 달을 숭상하고, 또한 불의 근본을 업신여기는 것은 아니지만, 이 불의 근본은 이름뿐입니까, 아니면 실제로 있는 것입니까? 이름뿐이라면 근본의 도는 어디에 있습니까? 만약 실제로 있기를 바란다면, 해와 달이 바로 실제로 있는 것입니다. 이렇다면 일은 부처님 한 분이 다하는 것이고, 그 도는 문제가 아닙니다. '근원과 통한다'는 말씀에서 그 근원은 무엇과 통하는 것입니까?"

통원이 말하였다.

"그 경지가 안정되어 있고 정精과 조화를 이루어 고요히 앉아 있습니다.[168] 이러한 경지에 올라서면, 나는 불교와 노자의 차이점을 보지 않게 됩니다. 내가 어떻게 노자와 불교를 구분할 수 있겠습니까?

또 지금 고요함이 있으므로 신神이 둘로 갈리지만, 신이 고요하므로 도가 둘로 된다는 것은 나는 지금까지 들어본 적이 없습니

166 『태자서응본기경』 상(대정장 3, 473).

167 『장자』「소요유」.

168 『장자』「대종사」.

다. 또한 노자가 말하듯 자연의 기를 전일하게 하여 부드러움을 다하고 허虛에 멈추며 백魄에 맡겨서 방황하는 이를 안정시키고 일一을 품습니다. 응집한 데 머무르고 고요에 통하니, 고요하다는 것은 오로지 통하는 것입니다. 그리하여 작용이 멈추지 않고 혼이 허虛에 멈추어서 유연히 스스로 인도하게 됩니다. 또한 마음의 먼지를 스스로 털어 버리고 오로지 육체를 상승시킵니다."

주옹이 질문하였다.

"당신은 법성이 즉색卽色으로 공을 헤아리지만, 허무 쪽에서는 참으로 유有 밖에서 뜻을 펴고 있다고 말합니다. 가만히 생각해 보니, 노자와 부처님은 동시에 출세하여 각자의 도를 말하지만, 그 영역에서는 이 말을 넘어서는 것이 없습니다. 그렇다면 노자의 정신적 경지가 안정되어 있다는 것은 유 밖의 세계에서 안정되어 있다는 것이며, 석가가 정밀히 조화하고 고요히 앉아 있다는 것은 언제나 색공色空에 앉아 있는 것입니다. 노자의 경지에 오르면 노자는 석가와 다르고, 석가의 뜻에 통하면 석가 또한 노자와 다른 것입니다. 정신이 고요하여 둘이 아니지만 고요함이 둘이므로 도가 둘이라는 말을 당신은 들어본 적이 없다고 하지만, 저는 들어본 적이 있습니다. 그렇다면 혼이 허虛에 머무는 것은 스스로 허함을 말하는 것이며, 우뚝하게 스스로를 인도한다는 것은 내가 말하는 도가 아닙니다. 마음의 때를 스스로 털어 버리고 오로지 형체를 높인다는 것은 모두 대방大方[169]에 통하지 못한 것입니다. 감히 통원通源의 견해와 조화를 이루지 못할 것 같습니다."

통원이 말하였다.

---

169 혜원慧遠의 「삼보론」, 『노자』 41.

"당신이 노자를 고요하지 않게 하려고 해도 가능한 일이겠습니까? 고요함으로 도에 머물지 않으려 해도 어떻게 이루어지겠습니까?"

주옹이 질문하였다.

"과연 말씀하신 대로입니다만, 저 역시 노자가 아직 철저하지 못함을 걱정합니다. 당신이 말씀하신 대로 정신이 고요하다는 것은 옳지만, 모든 것이 허虛라는 것은 틀립니다. 만일 그 고요함을 고요함이라고 말하면 궁극의 고요함이라고 할 수 없고, 그 혼을 혼이라고 하면 완전한 혼이라고 할 수 없다는 것이 제 의견입니다. 더 말할 것이 없습니다."

통원이 말하였다.

"만약 그대가 노자는 무를 다하지 못하였다고 한다면 이해할 수 없습니다. 그러나 무를 다하고 있지만 유를 다하지는 못하였다고 한다면, 제 의견과 같습니다."

주옹이 질문하였다.

"유를 다하고 무를 다하였다고 해도 궁극까지 나아간 것이 아니라면 다 갖추어진 것이 아닙니다. 무를 알고 유를 안다는 점에서 나는 도가를 인정합니다. 그러나 유도 아니고 무도 아닌 경지는 도가의 학설로는 미치지 못합니다. 유도 아니고 무도 아니라는 학설은 삼론종三論宗의 핵심입니다. 만약 다른 것을 인정하려는 생각이 있다면, 이 삼론종을 생각해 주십시오. 이해가 헷갈리지 않도록 틀린 곳에서 끝맺고자 합니다."

통원이 말하였다.

"물오리가 아니면 제비라고 하는 관계는 자취로서는 확실히 그렇습니다. 자취가 확실히 그렇다는 점에 대해 나는 다시 반박하지 않습니다.

또한 내가 노자와 불교를 인식하는 것은 이대로이며, 잠깐 보아도 도가 거기에 존재하는 것입니다.

또한 뜻을 얻는 것은 근본이 있는 것입니다. 근본을 한 번에 얻는다면 가르침을 취할 필요가 없습니다.

또한 참으로 좋은 말씀입니다. 내가 도교의 유래가 불교와 같다고 보는 이유가 여기에 있습니다."

주옹이 질문하였다.

"도가 존재하고 뜻을 얻는 것에 근본이 있다고 당신이 보신 것이 법성法性의 참된 의미가 아니겠습니까? 불교에는 이것이 있습니다. 당신이 이해한 내용에는 근거가 없는데, 어떻게 그 가르침을 취하겠습니까? 목격하신 근본은 가르침의 자취와 관련됩니다. 이것을 물오리라든가 제비라고 한다면, 기러기는 어디로 간 것입니까?[170]

노자에는 모든 법의 참된 본성에 대한 가르침이 없고, 설사 목격하려고 생각하더라도 노자의 자취에는 존재하지 않습니다. 가르침과 자취 두 쪽이 다 없다면, 근본을 구하려 해도 방법이 없습니다.

귀하의 논에 도교의 근본을 경멸해서는 안 된다고 하신 것은 어떤 점을 경멸하지 않으면 좋겠다는 것입니까? 만일 도가의 자취를 찾아서 그 유래가 불교와 동일하다고 생각한다면, 진제眞諦의 참된 의미[171]는 글에 따라 나타날 것입니다.

---

170 『주역』「점괘漸卦」초육初六.

171 『대승대의장』.

『노자』 두 편 중 도장道章에서 얻어지겠습니까, 아니면 덕편德篇에서 얻어지겠습니까? 만약 두 쪽 어디에서도 얻지 않고 현묘함을 마음에서 얻는다면, 이는 원래부터 당신이 품은 생각이며, 노자나 석가와 다른 제삼의 입장일 뿐입니다. 혹 홀로 일가를 세울 수도 있겠지만, 우리 생각이 미칠 바는 아닙니다."

통원이 말하였다.

"우虞·예芮 두 나라의 영토 싸움은 문왕이 알고 있었던 일이 아닙니다. 녹건을 허무하게 머리에 쓰고 육환장을 스스로 손바닥에 숨기는 것과 같습니다. 내가 어떻게 이해할 수 있겠습니까?"

주옹이 질문하였다.

"당신이 노자가 즉색卽色을 감추었다고 말한다면, 노자의 학설인 허공虛空은 불충분합니다. 당신이 법성은 즉색으로 공을 도모하는 것이라고 말한다면, 법성은 완전히 갖추어진 것입니다.

지금 여기에 어떤 사람이 육환장을 짚고 법성에 대해 말하고 있습니다. 그런데 녹건을 쓴 사람이 허무에 집착하여 다가와서 '당신은 나와 같지 않다. 나는 당신과 싸워야겠다'고 말했습니다. 당신은 가시 의자에 앉기를 종용하면서 양자에게 '어느 쪽도 안 된다'고 판정합니다.[172] 이것은 녹건을 헛되이 머리에 쓰고 육환장을 손바닥에 숨기고 있는 것을 말합니다. 당신처럼 총명하고 훌륭한 사람이 이러한 재판을 한다면 우나라와 예나라 백성들은 근심할 것입니다."

통원이 말하였다.

"나는 4과果 쪽으로 날갯짓하지 않지만, 귀하가 아직 불교에 머

172 『예기』「왕제」.

묻고 있음을 의심하지 않습니다. 나는 5통通을 향해 날갯짓하지 않지만, 도교에 머물고 있는 것에 또 무슨 후회가 있겠습니까?"

주옹이 질문하였다.

"당신은 4과를 향하여 날갯짓하지 않는다고 말하면서 아직 불교에 머물고 있습니다. 5통을 향해 날갯짓하지 않는다고 하면서 어찌 도교의 자취만 버릴 수 있습니까? 이론적으로 통하지 않기 때문에 이렇게 호소하는 것입니다."

통원이 말하였다.

"유교를 나열하여 도교를 에워싸고, 그래서 먼저 담장을 경계로 삼으려고 합니다."

주옹이 질문하였다.

"당신의 통원은 오로지 도교에 근본하고 유교를 언급한 적이 없기 때문에 나는 빠진 것이 아닌가 하여 편지로 물어본 것입니다. 그러나 유연하여 스스로가 도인 것이 오직 도교만 가능한 것인지, 아니면 도가 유연함은 유교를 따라야 비로소 만날 수 있는 것인지 모르겠습니다. 논의의 본질은 아니지만 하고 싶은 대로[173] 언급해야 할 것입니다. 근본을 해석하는 사이에 잘못이 있으면 지적해 주시면 다행이겠습니다."

내가 주옹과 장융의 논쟁을 살펴보니, 오간 편지가 몇 권이나 되지만 두 사람 견해의 핵심은 처음에 오간 편지에 있었다. 그래서 나중의 글을 생략하고 본래의 뜻만 살려두었다.

173 『예기』「중니」

17. 사진지[174]서여고도사[175]謝鎭之書與顧道士

1) 사진지謝鎭之가 고도사顧道士에게 주는 글

사진지가 말합니다. 삼가 「이하론夷夏論」을 보았습니다. 불교와 도교에 공통되는 하나의 근원을 설명하면서 양교의 경전에 근거하니, 표현은 아름답고[176] 문장의 격조는 단정하며 심오한 이치가 있어서 매우 뜻깊은 것이라 하겠습니다. 나는 좁은 견식을 생각지 않고[177] 유현한 근본[178]을 찾으려고 고심하여 심오한 뜻[179]을 연구하고 있습니다만, 조그마한 실마리도 찾지 못하였습니다. 그러나 「이하론」을 세 번이나 읽었지만 아직 의혹이 지워지지 않기에 내가 생각하고 있는 것을 조금 말하고 뒤에 귀하의 설명을 듣고자 합니다.

논의 첫머리에 "부처가 노자이며, 노자는 부처이다"라고 하고,

---

174 제齊나라의 산기상시散騎常侍로 고환顧歡과 동시대 사람이다.

175 고도사顧道士는 고환(顧歡, 420~483)으로 오군吳郡 염관鹽官 사람이다.(『남제서』 54, 『남사』 75 참조) 뇌차종雷次宗에서 배우고, 나중에 천태산天台山에 관館을 열었다. 황로黃老의 도道에 종사하고 수업하는 자만도 수백 명에 이르렀다고 한다. 불도佛道의 2가家가 서로 비방하는 것을 싫어하여 「이하론」을 썼다. 그 전문全文은 전해지지 않으나 제7권에 이르러 많은 박론駁論이 나온 것은 당시의 종교, 사상계의 중대한 문제였음을 나타내는 것이다. 도·불 2교의 도는 모두 같고, 그저 행위를 다르게 하는 것일 뿐, 도교는 중화의 것으로 흥선興善의 일, 불교는 이적의 것으로 파악破惡의 방편으로서 『현묘내편玄妙內篇』의 노자작불설老子作佛說 등을 끌어다 불佛은 도道, 도道는 불佛이라는 설을 추진하고는 있지만 이하夷夏의 입장으로서는 도교의 우선을 인정하려는 것은 물론이다.

176 혜강의 「금보琴譜」(『문선』 18).

177 심약沈約의 「간린사서簡麟士書」.

178 혜원의 『사문불경왕자론』 4.

179 『주역』 「계사」 상.

또 도교에서 말하는 선화仙化를 불교에서 말하는 니원泥洹에 비유하며, 도교의 장생長生을 불교의 무사無死와 같다고 하는 등 세속의 가르침을 끌어다가 유현한 가르침에 부합시키고 있습니다. 그 말씀의 예를 모아 보면 공평한 것같이 보이지만, 논의 끝부분에서 사문들이 중국의 효 사상을 버리고 제사를 없앤 것을 비방하고, 또 불교에서 사용하는 말이 마치 벌레의 울음소리나 새들의 지저귐과 같다며 흉내내면 안 된다고 합니다. 이 점에 대해 한번 논해보고 싶습니다.

주공・공자는 유학과 묵자를 전거로 삼고 있으며, 노자・장자는 가르침을 버림으로써 참다운 도에 접근하는 방법[180]을 밝히고 있습니다. 이들은 모두 가까운 곳[181]을 점차 열어 나갈 수는 있어도, 아직 큰 도를 개척할 준비는 되어 있지 않습니다. 더욱이 벌레나 새는 인간과 종류가 다르며, 도교의 화化와 불교의 도道는 본래 거리가 멉니다. 이렇게 말하려면 마땅히 그 유래를 깊이 탐구해야 합니다.

사람이 2의儀에 참여하는 것[182]을 3재才라고 합니다. 3재를 통합하는 일이 어찌 외국과 중국을 구별하겠습니까? 그러므로 사람은 반드시 사람들과 무리짓고, 짐승은 반드시 짐승들과 무리짓는 것을 알 수 있습니다. 가까운 예로 말하자면, 7보寶는 사람들이 아끼는 것으로 중국인이나 외국인이 모두 귀하게 여기고, 공경은 사람이 중하게 여기는 것으로 구복九服의 사람들이 모두 존중합니다. 따라서 관저關雎의 교화가 관管・채蔡・상商・엄奄의 네 나라

180 『장자』「외물外物」.
181 『장자』「대종사」.
182 「달성론達性論」(『홍명집』 4), 『효경孝經』「삼재장三才章」 소疏.

에서 행해졌던 것입니다.[183] 하물며 부처님의 큰 가르침이야 삼천 대천세계에 널리 퍼져 미치지 않는 곳이 있겠습니까?

경전에 의거해 말하면, 부처님께서 출세하실 때 예부터 가르침을 하나로 하였고, 온 세계가 똑같이 본받았다고 들었습니다. 석가모니께서 처음 보살행을 하셨을 때 널리 중생들을 교화하시고, 성불하셨을 때 그 국토에서 자비와 은택에 젖은 사람들이 모두 우리나라에 태어났다고 하니, 우리 염부제閻浮提[184]를 가리킵니다. 다만 사람들이 오래 생사의 세계에 빠져서 속세의 생활에 젖다 보니 잠시 바른 길을 잃어버리고 앞서 깨달았던 것을 깨우치지 못할 뿐입니다.

그리하여 성인은 3달達[185]의 지혜로 내려다보고 각자의 근기를 관찰하여 구품區品이 서로 다름을 아셨기 때문에 근기에 응하여 3승乘의 가르침을 설하시고 중생을 접하셨습니다.

원래 참된 도는 오직 하나이며, 가르침도 둘이 아닙니다. 지금은 임시응변의 설로서 3승[186]의 가르침을 설하여 인도하는 방향이 다르지만, 동일한 곳으로 돌아갑니다. 따라서 유행하면서 사람을 모아 법을 설하여 깨달은 사람이 대단히 많았습니다. 빠진 사람을 구하고 미혹한 사람을 구제하는 데, 이 불법에서 벗어나는 것이 없습니다. 그러므로 미래나 과거를 포함한 끝없는 세계가 한결같이 길을 하나로 합니다. 그렇다면 95종류의 외도外道가 불교의 유

---

183 『시경』「국풍國風」.

184 수미산須彌山의 남쪽에 해당하는 대주大州로 이승을 말한다.

185 천안天眼·숙명宿命·누진漏盡의 3신통神通을 말하고, 나한羅漢에 있어서는 3명明이라 한다.

186 『대승대의장』.

파가 아님을 분명히 알 수 있습니다. 그들은 처음에 그들의 도가 불교와 같다고 하면서도 나중에는 다르다고 말합니다. 따라서 처음 같다고 한 것은 정말로 같은 것이 아니고, 나중에 다르다고 한 것은 정말로 다른 것이 아님을 알겠습니다. 이것이야말로 제멋대로 와금瓦金[187]을 치면서 황종黃鐘의 소리에 조화시키려고 하는 것과 같지 않습니까? 어찌 사람을 속이는 일이 아니겠습니가?

중국 사람이 신체를 온전히 하고 제사를 지키며 면류관을 쓰고 띠를 늘어뜨리는 것과 외국 사람이 털옷을 입고 조개띠를 두르며 먼지 속에 묻혀서 화장火葬하는 일이나, 유서깊은 중국의 소리와 뜻도 모르는 오랑캐의 운율은 세속의 예법이 조금 다른 것일 뿐입니다. 지금 새들의 세계에서는 새가 울고 짐승들의 세계에서는 짐승이 우는데 온갖 울음소리 중에서 한 소리가 다른 종류의 것으로 느껴져서 다르게 대응한다고 하여 외국과 중국의 교화 방법이 아주 다르다는 것은 너무나 혼란스럽지 않습니까? 배가 육지로 가면 마르고 수레가 강을 건너면 빠지는 것[188]을 여기에 비유할 수 있습니다. 저 속세의 예라고 하는 것은 얄팍한 충실과 신뢰[189]에서 나오는 것이지, 위대한 도에서 나오는 것이 아닙니다. 위대한 도를 이루려고 하는 사람은 속세의 예법에 반反하려고 노력합니다. 세속에 반할 수 있으면, 도가 커질 수 있습니다. 속세에 반하는 것이 어렵기 때문에 극단적인 것을 물리쳐야 할 것입니다.[190] 극단적인 것을 물리치기 위해서는 반드시 먼저 관을 벗고 머리를 깎으며 방

187 『초사楚辭』「복거卜居」.
188 『주례周禮』「천관天官」소疏.
189 『노자』 38.
190 『노자』 29.

의方衣[191]를 걸치고 육식을 물리쳐야 합니다. 관을 벗으면 속세의 장식하는 비용이 들지 않고, 머리를 깎으면 비녀나 빗을 쓸 번거로움이 없어지며, 방의를 걸치면 옷을 만드는 데 직인의 힘을 빌지 않아도 되고, 육식을 물리치면 맛있는 것을 생각하지 않아도 됩니다. 이것이 "도를 이루려는 사람은 매일매일 줄인다"[192]고 하는 것입니다. 그런데 이것이 어찌 오랑캐의 풍속이 만든 것이겠습니까? 불교의 문장을 써서 심오한 뜻을 갖는 3장藏이나 4아함경阿含經은 "학문을 하면 나날이 덧붙인다"고 한 말 그대로인데, 어찌 중국의 풍속을 잘 만든 것이라고 하겠습니까?

또 "불경은 복잡하게 나타내며, 도경은 간결하고 심오하다"[193]라고 하셨습니다. 이 말을 미루어 보면, 심오하면 찬양하고 우러러도 뜻대로 되지 않지만 확실히 나타나면 구하기에 뜻대로 하기 쉽고, 간결하면 이치를 보이는 데 충분하지 않지만 번쇄하면 이해하는 과정에 중간 다리가 많다는 말이 됩니다. 불법은 형체를 가진 것을 텅 빈 환상이라고 보기 때문에 자신을 잊고 중생을 구제하지만, 도법에서는 나를 진실이라고 보기 때문에 의복과 음식으로 생명을 기릅니다. 삶이란 것이 기를 수 있는 것이라면, 무궁화꽃[194]이 천 년의 소나무와 서리를 똑같이 맞고, 아침의 이끼가 만 년의 참죽나무와 나란히 눈을 맞을 수 있지 않겠습니까? 그러나 반드시 불가능한 일입니다.

191 옷을 방方으로 함으로써 승의僧衣를 입는다는 뜻으로 쓰인 것이나 '방의方衣'라는 말은 없다. 승의의 일종으로서 '방포方袍'는 자주 쓰이고 있다.

192 『노자』 48.

193 「이하론」.

194 『장자』 「소요유」.

만일 삼계三界가 기나긴 밤의 허망한 집이고 생명있는 자는 큰 꿈의 주인[195]인 것을 깊이 체득한다면, 잠을 깨우는 도를 생각할지언정 어찌 사람의 형체를 귀하다고 하겠습니까? 신체를 단련할 수 있고 살아서 죽지 않는다고 하여도 그것은 노자의 근본 도와 다르고, 불교의 이치와도 같지 않습니다. 어떻게 그렇게 말할 수 있겠습니까?

영혼이 육체에 머무는 것은 잠시 여관에 머무는 것과 같습니다. 가고 머무는 데 적당하면 그뿐이니, 어찌 처마나 집 모양에 연연하겠습니까? 간단한 지각 작용으로서의 마음이나 형체로 잡을 수 있는 육신은 성인의 본체가 아닙니다. 요임금이나 공자의 삶이라도 수명이 백 년을 채우지 못하였고, 위대한 성인인 석가가 열반에 든 것도 지천명知天命의 나이와 같습니다. 그러므로 영겁 이래 신명을 맑게 단련하였고,[196] 신명이 맑게 단련되면 그 작용은 유와 무의 세계를 끊고 4구句[197]를 넘습니다. 이것이 바로 참된 것이 처음부터 끝까지 불변하는 도입니다.

또 각주구검刻舟求劍하는 어리석은 사문은 금색의 불상[198]에 기도하고, 수주대토守株待兎하는 우둔한 도사는 우화등선羽化登仙하는 것을 기대합니다. 그러므로 유의 세계에 갇힌 채[199] 6바라밀을 행하고, 미혹함에 가린 채 영지靈芝를 먹습니다. 이와 같이 유의

195 『장자』「제물론」.

196 『위서魏書』「석로지釋老志」, 「명불론」.

197 유有·공空·역유역공亦有亦空·비유비공非有非空의 4구에 의해 유무有無의 경계를 넘는다. "제행무상諸行無常 시생멸법是生滅法 생멸멸이生滅滅已 적멸위락寂滅爲樂" 등은 4구 분별의 하나이다.

198 양梁 간문제簡文帝의 「신산사비神山寺碑」(『예문유취』 76).

199 『장자』「제물론」.

세계에 갇히면 비록 6바라밀의 체體에 어긋나더라도 그것을 행하여 중생을 구제할 수 있지만, 미혹에 갇히면 반드시 우화등선하지 못하니, 현실의 일에서 어떻게 남들을 구제할 수 있겠습니까?[200] 불교와 도교, 둘의 근원을 찾아보면 넓고 좁은 생각을 달리하므로, 쉽게 우열을 정할 수 있습니다. 이러한 무리들을 일일이 가르칠 수는 없습니다. 그들은 모두 자아의 가까운 정이지, 온 세상에 통하는 넓은 인식은 아닙니다. 그렇다면 외국과 중국의 다른 풍속은 도道로 구별이 가능합니다. 슬프게도 현묘한 성인(석가)이 먼 옛날의 존재가 되니, 하지 않은 가르침들이 다투어 일어났습니다. 그것은 벌레의 자국을 가리켜 창힐蒼頡[201]이 만든 문자라고 하고, 독충의 젖을 먹어 보고 제호醍醐라고 하는 것과 같습니다. 참으로 슬픈 일입니다. 불도는 끝없이 넓어 그 지혜의 양은 말로 다하기 어렵고, 그 감응의 자취는 형체로 헤아리기 어렵습니다. 유의 세계를 분석하면 온갖 상相이 줄지어 늘어선 것이 산들이 줄지어 솟은 듯하고, 무의 세계를 분석하면 태산도 허무하게 사라져 털끝같이 사라지게 됩니다.[202] 여래의 10력力[203]을 빌려 마군을 항복받고 4등(等 : 4무량심)[204]을 널리 드러내어 속세를 구하는 것입니다. 반야의 횃불을 들어 비추면 어떠한 어두움도 밝혀지지 않는 경우가 없고, 삼매三昧의 위엄에 잠기면 아무리 먼 곳이라도 복종하지 않

200 도연명陶淵明의 「화대주부시和戴主簿詩」, 「회고전사시懷古田舍詩」, 손과정孫過庭의 『서보書譜』, 『논어』 「선진」.

201 황제의 사관으로 전설적인 중국 문자의 창시자로 알려져 있다.

202 『장자』 「제물론」.

203 부처님만이 성취할 수 있는 열 종류의 지력智力을 말한다.(『대지도론大智道論』 29 참조)

204 자慈·비悲·희喜·사捨의 네 가지 한량없는 마음을 말한다.

을 수 없습니다. 외국과 중국은 다르니 효험이 없다고 의심할 수 있겠습니까?

2) 거듭 고도사에게 주는 글[205]

사진지가 아룁니다. 당신이 보내온 설명을 감사히 받았고, 나는 그 깊은 취지를 곰곰이 생각해 보았습니다. 하물며 도교와 불교를 조화[206]시키면서도 석가와 노자를 경수涇水와 위수渭水처럼 구별하는 데 있어서이겠습니까? 무리에 접촉하여 그것을 증장시키고[207] 아무것도 하지 않는 것보다는 좋습니다. 불교에 대하여 부연할수록 정교한 뜻은 더욱 어두워지는 것 같습니다. 저 궤를 장식한 진보를 팔 때에는 달밤이라도 팔지 않습니다. 뛰고 난 뒤에 발자취를 지우고 뛰어다니면서 그림자를 지우려는 어리석은 행동[208]을 어찌 면할 수 있겠습니까?

그대의 논의를 바탕으로 느낀 바에 의하면, 확실히 벌레나 새는 종류를 달리하고 외국과 중국은 풍속을 달리합니다. 나는 3재才는 계통이 같으니 인간의 이치는 하나이며, 세속의 가르침은 조금씩 다르지만 법의 가르침은 대동하다고 생각합니다. 당신의 답변에 "『주역』에 있으며, 외국 책〔胡書 : 佛典〕이 흉내낼 수 있는 것이 아니다"라는 내용이 있습니다. 이것은 흰 깃발이 이미 올라가 있는

---

205 사진지謝眞之의 「이하론」에 대한 질의에 관해 고환顧歡이 답하고 있다. 그 답서는 이 글 속에서 볼 수 있는 것을 빼고는 오늘날 전해지지 않고 있다. 원찬袁粲이 「이하론」을 반박한 것에 대한 고환의 반론은 『남제서』 「고환전」에 보인다.

206 『노자』 4.

207 『주역』 「계사」 상.

208 『장자』 「어부漁夫」.

데 잘 조사해 보지도 않고 검은 기를 흰 기라고 하는 것과 같지만, 조귀曹劌가 기旗를 본 고사[209]와는 다릅니다. 멋대로 현실적인 큰 문제를 생략하고 궁극적인 결론만 보인다고 하여도 그것은 상투 속에다 구슬을 숨겨도[210] 조삼모사朝三暮四와 같이 아주 쉽게 드러나는 것입니다. 약간의 해학을 보내오니, 넓은 아량이 있으시기를 바랍니다.

원래 태극太極이 나뉘면 양의兩儀가 함부로 뒤섞이고,[211] 5음陰[212]이 합쳐져 생기면 형체와 식識이 잘못 드러납니다. 식識은 오염을 통해 생겨나고, 형체는 애착하는 연 때문에 생깁니다. 복희보다 이전 시대에는 많은 사람들이 매우 어리석었습니다. 어리석어서 둥지나 동굴 속에서 살았으며,[213] 짐승과 날짐승의 피를 마시고 털을 먹고,[214] 임금과 신하, 부모와 자식은 서로 호胡나라와 월越나라처럼 소원하여[215] 금수와 같았습니다. 또 철모르는 아이들 같아서 도교가 들어갈 수 없었고, 인의의 가르침도 아직 전해지지 않았습니다. 사람들은 욕심에 빠지고 파도에 빠지면, 비로소 높은 곳을 잡고 벗어나려고 생각하는 법입니다. 벗어나려고 하면 선을 구하고, 선을 구하면 거기에 성인이 감응하는 것입니다.

성인이란 무엇입니까? 중생에 감응하면 그 결과로 통하게 되는

209 『좌전』「장공莊公」.

210 『법화경法華經』「안락행품安樂行品」(대정장 9, 38).

211 『주역』「계사」 상.

212 5온蘊을 말한다. 구체적인 하나하나의 사물은 모두 인연에 의해 물질〔色〕·인상 감각(印象感覺 : 受)·지각 표상(知覺表象 : 想)과 의지意志 이외의 심작용(心作用 : 行)과 심(心 : 識) 이러한 다섯 개의 모임을 5온이라고 한다.

213 『주역』「계사」 하, 『한서』 75 「익봉翼奉」.

214 『예기』「예운禮運」.

215 『회남자』「숙진俶眞」.

것입니다.[216] 통한다는 것은 스스로 통하는 것이 아니고, 감응도 스스로 감응하는 것이 아닙니다. 감응은 항상 이쪽 편에 있고, 통하는 것은 항상 저쪽에서 오는 것입니다. 저쪽에서 말하면 거울을 높은 집에 걸어 놓은 것과 같고, 이편에서 말하면 모든 영상이 이쪽으로 돌아오는 것입니다. 그러므로 천축은 사바세계 한가운데 있으며 깨끗한 선이 모이는 곳[217]이기 때문에 지극한 정성과 감통하고, 그 국토가 삼천대천세계의 중앙에 있다는 것을 알 수 있습니다. 성인이 감응하는 것이 저쪽인 이상 그 소리를 입는 것은 이쪽입니다. 일월의 밝음을 보는데 무엇 때문에 이주離朱[218]에게 관찰해 달라고 하겠으며, 천둥 소리를 듣는데 무엇 때문에 사자야事子野에게 들어 달라고 하겠습니까? 따라서 천한 사람과 고귀한 사람의 차이가 도를 같이하는 것을 꺼리지 아니하고, 왼쪽과 오른쪽의 모양의 차이가 천균天均[219]을 해치지 않습니다. 천균을 해치지 않기 때문에 구름과 같이 법교를 행하고, 도를 같이하는 것을 싫어하지 않기 때문에 비처럼 중국과 외국 모두에게 은혜를 베푸는 것입니다.[220]

저 도는 하나이며, 형체는 둘입니다. 도는 진眞이며, 형체는 속俗입니다. 진이 하나인 것처럼 속은 둘이며, 둘을 다하면 하나를 얻습니다. 그러므로 그 법을 하나로 해야 합니다. 속을 없애고 진에 귀일하면, 반드시 속과 다르게 됩니다. 그러므로 여래가 궤범

216 『주역』「계사」 상.
217 『주역』「건괘」, 반악潘岳의 『서정부西征賦』(『문선』 10).
218 『맹자』「이루」 상, 『장자』「병모駢母」 등에 보이는 눈이 밝은 사람이다.
219 『장자』「제물론」.
220 『주역』「건괘」 단전彖傳.

을 만들면 영겁부터 교풍을 같게 하였습니다. 만약 공자와 노자가 부처라면, 광명을 감추고[221] 몰래 이끌어 편벽한 마음을 구해내고, 인의를 세워 세속적인 인정에 순응할 것입니다. 그러므로 신체를 온전히 하고 제사를 지키며 은혜가 육친六親에 미치는 것이나 생명을 기르고 자기를 확립하며 외물에 마음이 끌리지 않도록 하는 것은 아름다움을 다한 것이라고 할 수 있지만, 선을 다했다고는 할 수 없습니다.[222] 이것들은 모든 제한된 가르침으로서 후세를 편달하지 않는 것입니다.[223] 어찌 도를 보리에 비교하고, 성인을 석가모니에 비교할 수 있겠습니까? 불교가 광명을 펴는 방법은 간요하면서도 널리 펼 수 있으므로, 정미한 사람과 거친 사람 모두에게 미치게 됩니다. 정미한 사람과 거친 사람 모두에게 미치므로, 강함〔剛〕과 부드러움〔柔〕이 일치합니다.[224] 따라서 불교의 청정한 다리는 유현한 곳까지 미치니, 참으로 준거로 삼을 만한 규칙입니다. 원래 콤파스를 가지고 원을 그리는 것은 쉽지만, 손으로 원을 그리는 것은 어렵습니다. 어찌 어려운 것을 버리고 쉬운 쪽을 따르지 않겠습니까?

도가道家의 경전은 그 내용이 간단하고 비루하며 천착함이 많습니다. 『영보묘진경靈寶妙眞經』과 같은 것은 『법화경』에서 떼어낸 것으로, 그 제작은 매우 졸렬합니다.[225] 『상청황정경上淸黃庭經』과

---

221 양梁 소명昭明 태자의 「도정절집서陶靖節集序」에 "聖人韜光 賢人遁世"라는 말이 있다.

222 『논어』 「팔일」.

223 『장자』 「달생達生」.

224 『주역』 「계사」 상.

225 당唐 법림法琳이 찬한 『변정론辯正論』 8(대정장 52, 544)의 「출도위류편出道僞謬篇」에는 도경道經의 성립에 대해 불경을 읽고 도경을 만든 것이라는

같은 것이 숭상하는 것은 식이요법으로서, 돌을 깨물고 안개를 마시는 것입니다. 이것은 그 방법을 흉내내서는 안 될 뿐 아니라 가르침도 함께하기 어렵습니다. 그 중 존중할 만한 것은 오직 『노자』 5천 언의 도로서, 무위의 작용을 온전히 하는 것입니다.

무위의 작용으로는 아직 유를 어기지[226] 못합니다. 유를 버리는 것에 뜻을 둔다면, 무엇 때문에 영지로 기르겠습니까? 불교의 3승乘의 가르침이 인도하는 것은 중국의 9류流가 동일하게 접합니다. 9류가 동일하게 접하면, 동動과 정靜이 얻어집니다. 선통禪通의 이법은 이 3승의 가르침 가운데 하나일 뿐이지, 그 극치는 아닙니다. 선禪의 경전은 미묘하고, 대상의 상 또한 맑고 깊습니다. 이것을 가지고 진眞을 잡으려고 해도 오히려 불가능합니다.

지금 당신은 "도는 무위로서 하나를 얻는 것일 뿐이다"라고 말합니다. 무위로서 하나를 얻을 수 있다면, 천 년 이후까지 현묘하게 계합합니다. 천 년 이후에 현묘히 계합한다면, 크게 주장할 말도 필요 없습니다. 저 불교는 명료한 근본 도리로 이끌어 풍류에 도달하는 것입니다. 만일 배움을 없애고 생각을 맑게 한다면, 게으른 것이 아니겠습니까? 어찌 도교처럼 통발의 역할에 지나지 않겠습니까?

삼가 귀하의 변론을 살펴보았는데, 불교를 이해하지 못하실 뿐 아니라 도교도 이해하지 못하셨습니다. 웃음거리가 되더라도 시

사례를 많이 인용하고 있으나 『영보묘진경靈寶妙眞經』에 대해서는 "宋人謝常侍爲駁道論 以問道士顧歡 歡答云 靈寶妙經 天文大字出於自然 本非改法花爲之 乃是羅什姦妄 與我道家靈寶以法華 非皆法華爲靈寶也"라고 하는 고환의 설을 들고, 이어서 현행의 『법화경』과 『영보경』을 대비하여 보면 『법화경』으로부터 개서한 것이 분명하다고 말하고 있다.

226 손작孫綽의 「천태산부天台山賦」(『문선』 11).

한 수를 보내 드립니다.

게송에서 다음과 같이 노래하였다.

천지가 운행하니 광명을 감추고,
현묘한 성인은 그늘을 감춘다.
생사유전의 긴 밤은 유유하고,
뭇 별은 밝게[227] 빛나고 있다.

태양이 밝게 떠오르면, 28수宿는 슬그머니 사라진다. 저 윤각輪桷은 재료를 달리해도, 건축할 때 궤범을 하나로 해야 한다. 오직 혼미하여 깨닫지 못한다면, 증상만增上慢[228]의 무리는 놀라 의심하고 멀리 갈 것이다. 변화卞和[229]는 형산 곁에서 통곡했지만, 어찌 초楚나라 여왕厲王만 비난할 것인가? 풀베는 무지한 사람이 반야의 지혜를 업신여기더라도, 어찌 반야의 지혜를 꾸짖을 것인가?

---

227 『시경』「진풍陳風」.
228 『법화경』「방편품方便品」.
229 『사기』83「추양鄒陽」.

홍명집 제 7 권

18. 난고도사이하론難顧道士夷夏論[1]〔상시常侍 주소지朱昭之[2]〕

이하夷夏에 대한 당신의 고견을 살펴보니, 도교와 불교 두 교를 이해할 때 각 경전의 본지를 일일이 들어 기술하고 있어서 깊은 뜻은 이치에 맞고 훌륭한 말은 교묘하여 도에 맞는 것이 빈말이 아니다. 옛날 응길보應吉甫[3]는 공자와 노자의 가르침을 같다고 보

1 고환의 「이하론」을 비난한 의론의 하나로 『홍명집』 권6, 권7에 쓰인 몇 개의 「이하론」에 대한 반론 가운데서도 특히 도道·불佛 2교가 일치함에도 불구하고 고환이 불佛을 비방하고 도道만을 고양하는 것의 그릇됨〔非〕을 풀이한 것으로 알려졌다. 또 문장 중에 사진지謝鎭之의 반론이나 그것에 대한 고환의 답론도 쓰여 있으며, 당시에 「이하론」에 대한 지식인 사회의 반향이 컸음을 알게 해 준다.

2 주소지朱昭之의 전은 『남제서』 권55 「효의전孝義傳」 중 주겸지전朱兼之傳에 부견附見되어 있다. 오군吳郡 전당錢唐 사람이며, 소지는 겸지의 아버지로서 학해學解로서 향리에 칭하여졌다.

3 이름은 정貞. 『삼국지三國志』 「위지魏志」 권21 '응거應璩,' 『진서』 92 「문원文苑」. 여남남돈汝南南頓 사람. 위魏의 시중응거侍中應璩의 자子. 한세漢世로부터 문장으로 알려진 가계이다. 공순孔恂과 함께 태자중서자에 임관되었고, 후에 산기상

았고,[4] 지금 당신도 도교와 불교가 같다고 말한다. 만세의 다른 길이 하루아침에 같은 것이 되고, 역대에 걸친 의심과 논쟁이 오늘날 화목해진 것 같다. 깊이 있는 가르침을 칭찬하고 유원한 도리를 깨달았으며 의심스런 부분을 제기하여 위로받을 일이 많으니, 이만큼 세상에 이익이 될 논설도 없을 것이다.

그러나 도교·불교에 대하여 각자 좋아하는 것을 말할 때 간과 쓸개처럼 가까운 것도 초나라와 월나라처럼 멀어지는 것은, 쓰고 단맛의 차이는 있어도 신체를 만드는 힘이 반드시 하나라는 도리를 모르기 때문이다. 이에 서로 맞서 공격하고 이단이 따라 일어나며 왕복되는 분규가 빈번하니, 이로 인한 폐해가 적지 않은 것은 딱한 일이다. 마치 처음에 하늘에 오른 태양이 세상의 바깥까지 비추다가 나중에는 연못에 가라앉아서 밝은 빛이 꺼지고 마는 것과 같다.[5]

인도자가 길을 잃으면, 길에서 헤매는 사람들이 많아진다. 그러므로 나의 어리석음을 무릅쓰고 하루 속히 잘 인도하여 도와주고자 우선 나의 생각을 피력하고 끝으로 유감스러운 점을 말하고자 한다.

"선善을 따르는 것은 흐르는 물과 같다"[6]는 것은 이미 지나간 것

시散騎常侍가 되었다. 논에 '제공노어전齊孔老於前'이라고 하는 데에 해당하는 사적은 전문傳文에서는 볼 수 없지만 사령운謝靈運이 이 일을 쓰고 있는(주 4 참조) 것은 당시에 무언가 문장이 남아 있을 것이다. 전에서 "以儒學與太尉荀顗撰定新禮 未施行"이라 하였다. 태시泰始 5년(269)에 죽었고, 문집文集이 세상에 행하여졌다고 한다.

4 사령운(385~433)의 『변종론辯宗論』.

5 『주역』「명이明夷」.

6 『좌전』「성공成公」 8년. 좋은 것에 따르는 것은 흐르는 물과 같고, 내 뜻을 펼치지 않으면 공을 세울 수 있다는 의미이다.

에 어긋나는 것이 있더라도 아쉬워할 것이 아니라는 뜻이다. 당신이 사는 곳과는 거리가 멀어서 직접 만나 말을 나눌 기회가 없으므로, 이 글로 잠시나마 대면하고자 한다. 진실한 마음으로 논의하면 깊은 이해가 생겨날 것으로 여겨진다. 주소지는 다음과 같이 말한다.

원래 성스러운 도는 비고 고요하기 때문에 모든 것에 원만자재하게 응한다. 원만자재하게 응하기 때문에 응하지 않는 곳이 없다. 따라서 성스러운 도로부터 마음을 찾아보면 그 근본은 무어라고 이름 붙일 수 없지만 만물에 꼭 응하고, 꼭 응한다는 점에서 찾아보면 명칭이 거기에서 밝혀진다. 따라서 지혜가 두루 가득 찬 것을 정각正覺이라고 하고, 넓게 통하여 따르지 않는 경우가 없는 것을 성인이라고 하며, 만물을 널리 열어서 일을 성취하는 것〔開物成務〕[7]을 도라고 한다. 그렇다면 성인은 정각에 지나지 않고, 정각은 도에서 벗어나지 않는다. 당신은 알 수 있을 것이다. 어찌 그 뜻을 멀리서 구할 필요가 있겠는가? 다만 중화와 오랑캐는 풍속이 다르고 좋아하는 것도 같지 않다. 성인의 활동은 여기에 기인하므로 가르침을 펴는 것이 다를 수 있다.

그러나 유교의 곡례曲禮나 불교의 정계淨戒는 그 수가 모두 3백이고, 위의威儀나 행동거지도 똑같이 3천에 이른다.[8] 다르게 볼 수 있는 것은 도사와 부처의 명칭과 외모, 복장뿐이다.[9] 통달한 사람

7 『주역』「계사」상. 사람으로 하여금 길흉을 점치게 하고 그것에 따라 사업을 성취시키는 것이다.

8 『예기』「중용」에서 '禮儀三百威儀三千'이라 하였고, 후한 안세고安世高 역譯에도 『대비구삼천위의大比丘三千威儀』 2권(대정장 24, 912~926)이 있다. 실제는 1,182사事를 밝히고 있다.

9 『장자』「제물론」.

은 신체조차 임시 숙소로 여기는데 곤룡포나 면류관을 말할 필요가 있겠는가? 의심스러운 것은 설교의 처음에 중화와 오랑캐가 작용을 달리한다고 한 것뿐인데, 오늘날의 풍속을 가지고 고쳐서 흐름에 따라 변혁하는 조항을 분별해야 할 것이다.

지금 이에 대하여 말하겠다. 성인의 가르침은 반드시 대상에 따라 움직인다. 중국에서는 화려한 아름다움을 중요하게 여기므로 곤룡포나 면류관을 착용하고, 예악의 행동거지나 몸을 굽히거나 절하는 절도, 의복과 관, 비녀, 패의 장식을 하여 성인의 도를 넓혔다. 이것은 이끌어서 도에 가까이 간 것이다. 인도의 풍속은 소박함을 소중히 하기 때문에 가르침을 대단히 검소하게 하였다. 머리를 깎은 모습을 하고 재단하지 않은 의상을 그대로 입고 성정性情을 닫고 작용을 열며 정신을 광겁曠劫에 기약하여 마음을 기른다. 이것은 미루어서 도를 멀리까지 가게 한 것이다.[10] 도가의 법은 영지를 따먹고 노을을 삼키며, 금단金丹을 복용하고 태일太一을 호흡하며,[11] 낡은 것을 배출하고 새 것을 받아들인다. 크게는 영혼이 우화등선하고 작게는 신체가 가볍고 튼튼해져서 병이 없으니, 그 형체를 보존할 수 있다. 즉 그 신체 그대로 효용이 생겨난다.

이 세 가지는 모두 대상에 따라서 감응한 것이지만, 내가 말하는 도의 극치는 아니다. 저 도의 극치는 화려한 것도 소박한 것도 아니며, 접근해 있거나 끊어진 것도 아니고, 가까운 것도 먼 것도 아니다. 누구를 대하더라도 차별이 없이 한쪽으로 치우치지 않고 험담하거나 칭찬하지도 않으며 원만하게 통하여 적막하다.[12] 이를

---

10 『주역』「계사」상.

11 영지 등은 모두 신불神佛이 먹고 입는 것이고, 노을은 대기大氣이며, 태일太一은 천지창조의 혼운混惲한 원기元氣(『장자』「천하편」)를 말한다.

임시로 무無라 부른다.[13] 신묘한 경지〔妙境〕라는 것도 이러한 것들이니, 어찌 다르다고 할 수 있겠는가?

다만 복희씨伏羲氏부터 지금까지 각자 그 가르침을 넓히고 스승과 제자의 관계를 통해 전해져서 상호간에 교섭을 갖지 못하였던 것은 양쪽이 다 만족해서 나 밖에서 구하는 일이 없었기 때문이다.

따라서 한대漢代 이래로 순박한 바람은 점차 잦아들고, 인의는 서서히 버려졌으며, 위대한 도의 조목은 전해지지 않았다. 5경經의 학문은 갈수록 약해지고, 대의는 벌써 어긋나고, 은미한 말씀도 끊어지고 말았다. 현묘함의 문〔衆妙之門〕[14]에서 놀 수도 없고, 중용中庸의 가르침도 볼 수 없으며, 예법은 무너지고 맑은 음악[15]도 없어져 풍속은 피폐하고 군신 사이에는 구별도 없으며, 옳은 가르침은 쇠락하여[16] 인륜은 질서를 잃어버렸다.

이때 성스러운 도는 만물을 널리 거두고 천운天運이 멀리 미쳤으며, 현묘한 교화〔玄化 : 불교〕가 동쪽으로 유전되어서 자비를 대대로 전하게 되었다. 중생은 이전에 익혔던 가르침(유교)을 싫어하고 새로 들은 가르침(불교)을 좋아하며 태도를 완전히 바꾸어서[17] 정교한 이치가 다시 일어났다. 따라서 미묘한 가르침을 말하는 집(절)이 여기저기 줄지어 세워지고, 현묘한 가르침을 말하는 손님(스님)이 곳곳에 살게 되었다. 이것은 사실로 나타난 일이지

12 허심虛心 그대로 조용한 것을 말한다.
13 『노자』 제25장.
14 『노자』 제1장.
15 『논어』 「양화」.
16 왕성한 것이 차츰 쇠퇴하는 것을 말한다.
17 『주역』 「혁괘」 상육上六.

멋대로의 공허한 이야기가 아니다. 마치 사물이 비괘否卦로 끝나는 것이 아니고 동인괘同人卦가 이어받는 것[18]과 같지 않은가?

생각해 보면 성인이 세상 사람들을 어루만지는 것은 자애로운 어머니가 아이를 키우는 것과 같다. 처음 먹기 시작하면 살찌는 음식[19]을 먹이고, 이 음식에 싫증을 내면 기름이나 꿀로 바꾸며, 그것도 먹기 싫어하면 오체五體를 쉬게 하여 안팎을 편안하게 하니, 지극히 이익이 된다. 그렇지 않은가? 도리가 그런데도 제멋대로 불교를 비방하고 함부로 분별하려는 것은 아직 절대의 경지〔環中〕[20]를 깨닫지 못하였기 때문이니, 더불어 논의할 수 없다. 두 현인[21]께서는 서신을 왕복하며 불교를 뒤흔들어[22] 분석하였는데, 이치에 맞는 방법이 아니다. 이치에 순응하여 분석한다면 어찌 뒤흔들어 논란할 필요가 있겠는가?

당신은 「이하론」 첫머리에서 공자와 노자가 바로 부처라는 것을 밝혀 놓았지만, 같은 문장의 끝 부분에서는 앞뒤가 모순되어서 줄거리가 맞지 않는다. 어째서 큰 띠를 차고 땅에 꿇어앉는 것은 중화의 용모라고 보면서, 머리 숙여[23] 부처의 발에 예배하는 것은 여우처럼 웅크리는 것이라고 폄하하는가? 어째서 의관을 갖추어 입고 몸을 숙이는 것은 도시 근교의 예법이라고 하며, 오른쪽 무릎을 땅에 붙이는 것은 개처럼 뻗고 앉은 행동이라고 욕하는가?

---

18 『주역』 비괘否卦 다음에 동인괘同人卦가 온다.
19 좋게 살찐 고기.
20 『장자』 「제물론」. 시비의 분별을 초월한 절대 경지를 말한다.
21 고환과 사진지.
22 왕증王曾의 「유물혼성부有物混成賦」.
23 머리를 땅에 대고 절하는 것은 『상서』 「순전舜典」에도 "우배계수禹拜稽首"라고 하였다.

질문하고자 한다.

공자는 정각正覺이지만 석가가 사견邪見이라고 본다면, 지금의 이러한 논의를 나는 용납할 수 없다. 올바른 진리라고 인정한다면, 어떤 이치로 석가를 욕하고 꾸짖는가? 당신의 논의는 성인의 말을 공경하고[24] 경외하는 마음이 결여되어 있을 뿐 아니라 예경의 마음까지 잊고 있는 것이다.[25] 이 점이 내 마음에서 원망을 사는 첫 번째 이유이다.

또 당신은, "신체를 온전히 하고 제사를 지키는 것은 선을 이어가는 가르침이며,[26] 출가하여 외모를 상처내고 성姓을 바꾸는 것은 사악함을 끊어 버리는 배움이다"라고 한다. 그렇다면 초나라 상신商臣의 아들 장왕莊王에게 선을 이어가는 공적[27]이 있었는가? 부장覆障[28]도 출가하였지만 악을 끊어 버리는 뜻이 있었는가? 이것이 이름과 실질을 살펴보아 원망하는 두 번째 이유이다.

또 "불교는 아래로는 가족을 버리고 위로는 조상의 제사를 폐한다"고 말한다. 저 귀신의 이치는 어둡고 넓어서 밝히기 힘들다. 자로가 귀신에 대하여 질문하였을 때 공자가 설명하지 않은 것[29]도 삶과 죽음의 도가 달라 신비한 연緣을 추측하기 힘들기 때문이었을 것이다. 어찌 공자가 설명하지 못하였다고 할 수 있겠는가? 현

24 『논어』「계씨季氏」.
25 『예기』「곡례」 상.
26 『주역』「계사」 상.
27 초나라의 상신商臣 목왕은 아버지 성왕을 죽이고 자립하였고, 그의 아들 장왕은 아버지의 악함을 이어받기는 했지만 천하에 으뜸이 된 것을 말한다.
28 부처님의 출가 전 아들인 라훌라를 부장覆障・장월障月・집목執目이라고 번역한다.
29 『논어』「선진」.

인이 설명해도 자로가 이해하지 못할 것을 우려했을 것이다. 3달達의 거울로 비추어 보면, 귀신의 존재를 알 수 없다. 당신은 신화(神化 : 불교)가 동쪽으로 전래된 사실은 인정하면서도 불교가 상제喪祭를 억압한다고 반대하니, 앞뒤가 일정하지 않다. 이것이 내가 한탄하는 세 번째 이유이다.

또 당신은 "직접적인 교(도교)는 겸양하고 유약한 덕을 진전시킬 수 있으며, 간접적인 교(불교)는 큰소리 치는 억센 사람을 억제할 수 있다"고 말한다. 이 논리를 세 번이나 깊이 생각해 보아도 대단히 전도된 것이다.

원래 겸양하고 유약한 덕은 되돌리기 쉬우므로 간접적인 교로 진전시킬 수 있고, 교만하고 강경한 사람은 교화하기 힘들므로 당연히 직접적인 가르침으로 강제하지 않으면 안 된다. 마음을 가라앉히고 사실을 바로 보면 그렇지 않은가? 쌀겨가 눈에 들어가면 동서의 방향을 잘못 보고, 자기 편견에 집착하면 말뜻을 몰라 헤매게 된다. 말의 내용이 이치에 맞지 않는다. 이것이 내가 한탄하는 네 번째 이유이다.

또 "억누르면 현자만 나아가고, 이끌면 어리석은 사람들이 다투어 나아간다"[30]고 말한다. 도교에서 진실을 말하면 겸손하게 공명하여 만물을 이고 지고 모든 형체 있는 것들을 양육한다. 그런데도 현자만 나아간다는 것은 제멋대로 하는 말처럼 생각된다. 또 부처님의 소리가 한 번 울려 퍼지면, 사부대중을 망라하고 3승이 함께 순종하며 천天과 용龍이 함께 쓰러진다. 그런데도 어리석은 사람들이 다투어 나간다고 하는 것은 속이는 말에 가깝다. 망령되

30 혜원의 『사문불경왕자론』, 대규戴逵의 『석의론釋疑論』.

이 의혹이 생겨 말장난을 남발하니, 이것이 내가 한탄하는 다섯 번째 이유이다.

또 "불교는 악을 없애는 가르침이며, 도교는 선을 일으키는 가르침이다"라고 한다. 불교가 악을 없애는 가르침이라고 하는 데는 나도 다른 의견이 없다.[31] 악을 멈추고 선을 행하는 것이 바로 가르침이 필요한 이유이다. 그러나 선을 일으키는 방법이 누구에 대한 것인지 모르겠다. 선한 사람은 이미 선한데, 무엇하러 선을 일으키는가? 선한 사람이 선하지 않아서 선을 일으키지 않는다면, 선을 일으킨다는 말은 성립되지 않는다. 지금 도교는 선한데도 또 선을 일으키는 것을 명분으로 삼으니, 너무나 쓸데없는 일이다.[32] 악을 없애 버리지 못한다면 가르침으로서는 치우친 것이다. 위대한 도는 모두 길이 넓은데도, 도교로 제한하려고 한다. 이것이 내가 한탄하는 여섯 번째 이유이다.

또 "잔인하고 고집스러운 사람은 불교에 종사하는 것이 좋고, 온화하고 말 잘 듣는 사람[33]은 도교에 따르는 것이 좋다"고 말한다. 용맹한 사람을 굴복시키고 포악한 사람을 선으로 끌어들여 복종하게 하는 것은 부처님의 큰 공덕으로, 이것은 당신의 뜻과 어긋나지 않는다. 그런데 도교의 작용은 강하고 밝으며 그 교화의 공이 멀리까지 미치고, 만물이 갖는 성질을 완성하고 존재를 온전히 하여 은택을 입지 않은 경우가 없다. 올빼미나 짐새처럼 나쁜 사람도 마음을 고치고, 그 위엄에 굴복하지 않는 사람이 없다. 그

31 『논어』「태백」.

32 『논어』「옹야」. 군자는 곤경에 빠지면 돕기도 하지만 많은 것을 보태지는 않는다고 한다.

33 『주역』「함괘咸卦」.

런데도 말을 잘 받아들이는 사람만 좋다고 하는 것은 대단히 얕고 거친 말이다. 일방적인 집착에 빠져서 치우치고 열악하며 도를 등지는 것은 깨닫지 못한 사람이기 때문인가? 제목을 보니 억측에서 나온 말을 경계하면서도 논지를 펼 때는 무의식으로 마음이 바뀌어서 명분이 일치하지 않는다. 이것이 내가 한탄하는 일곱 번째 이유이다.

또 "팔괘의 상은 서융(西戎 : 중국 서쪽 변방의 오랑캐)의 경전들을 모방하여 방대한 것과 간략한 것을 겸하여 말하고 있다"[34]고 하는데, 『금강반야경金剛般若經』은 4구가 천 개의 문장을 넘지 않지만 4구의 게송에는 도가 온갖 법에 미치고 있다. 소박한 것과 정미한 것들이 자세히 설명되고, 번잡한 것과 간략한 것들이 포함되어 있다. 불교에서도 자세하게 가르치고 있고, 도교에도 과科나 예禮가 상세히 갖추어져 있다. 정묘한 것과 질박한 것들이 뒤섞여 있다는 것은 진실과 어긋난다. 이것이 내가 한탄하는 여덟 번째 이유이다.

또 "나라를 살펴보면 외국은 잔인하고 중화(中華 : 중국)는 온후하다"고 하였는데, 묻고 싶다. 주왕紂王의 불로 지지는 형벌이 강거康居나 천축(天竺 : 인도)의 형벌인가? 부모가 매를 맞아서 유혈이 낭자한 비참한 아이가 어찌 중국 제나라와 진나라의 아이가 아니겠는가? 주紂가 임신한 여자의 배를 째고 괴롭힌 것은 오랑캐의 마음이 아니고, 가을 이슬로 더러움을 덮은 것이 외국의 선비가 아니다. 외국과 중국의 성정을 조사해 보면, 모두 궤도가 하나이다.

34 『남제서』「고환顧歡」 중의 「이하론」에는 이 한마디가 보이지 않는다. 『주역』「계사」하 참조.

근거도 없이 중국은 온후하고 외국은 포악하다고 구별하는 것이 내가 한탄하는 아홉 번째 이유이다.

또 "장기나 바둑은 마음을 쓰지 않고 뛰어노는 것보다 훌륭하고, 경전을 강독하는 것은 농담하는 것보다 낫다"고 말한다. 생각해 보면, 풍류가 전해지고 경전이나 역사 전적이 사라져 흩어지지 않은 것은 실로 강독으로 이해를 깊이하고 질문하여 깨달음을 이루었기 때문이다. 그러므로 공자는 "배우기만 하고 강론하지 못하는 것이 나의 근심이다"라고 말하였다. 그런데도 농담에 대비하는 것은 지나치게 교만한 것이다. 사람을 선으로 인도하는 도구를 장차 어디에 쓰려고 하는가를 묻고 싶다. 당신은 애초에 참된 의미를 얻지 못하면서도 경전의 말을 망각하려고 한다. 이것이 내가 한탄하는 열 번째 이유이다.

이상이 내가 한탄하는 열 가지로서, 나 혼자 해결하지 못하였다. 군자께서 나를 위하여 다시 설명해 주시기를 바란다. 사진지 선생도 「이하론」과 다른 견해를 가졌는데,[35] 당신은 그것을 자세하고 면밀히 반박하였다. 다시 필요 없는 위험한 짓〔代匠〕[36]은 하지 않겠다.

19. 의이하론자고도사疑夷夏論諮顧道士〔주광지朱廣之〕

주광지는 삼가 인사하노라.[37]

---

35 『홍명집』 권6의 사진지謝鎭之의 「절이하론折夷夏論」을 지칭한다.
36 『노자』 제74장. 위대한 공인工人 대신에 나무를 깎을 때 자기의 손에 상처를 입히지 않는 사람이라는 뜻으로 위험한 일에 손을 대지 않는 것을 말한다.

당신이 사상시謝常侍와 「이하론」을 놓고 문답을 주고받으면서 결론을 같이하였다[38]는 글을 삼가 보았다. 간결하게 파악하고 정미함에 통달한 말이다. 그러나 면류관으로 장식하는 것을 귀하게 여기고 머리깎는 소박함[39]을 물리치며, 홀을 잡고 땅에 무릎 꿇는 예법[40]은 찬성하면서 여우처럼 웅크리는 예법을 욕하는 것은 중국 사람을 속박하고 외국의 법을 막아 버리는 행위이다. 배와 수레의 비유는 훌륭하지만, 공평하고 관대한 마음이 충분하지 않다. 불교와 도교가 만나는 근원은 만족할 만하지만, 그에 이르는 방법〔筌寄之方〕[41]이 막혀 버리고 말았다. 따라서 3승乘의 깨달음도 이 땅에서는 바랄 수 없고, 6바라밀波羅蜜[42]의 길도 현재는 막혀 있다. 경전을 열어 보고 이치를 조사하는 사람에게 당신의 말은 참으로 유감스럽다.[43]

사 선생은 신선도를 폄하하고 불교를 칭찬하며, 등선우화登仙羽化의 방법[44]을 근거 없는 말[45]이라고 하고 머리를 깎고 출가하는 설이 정통의 가르침이라고 한다. 그것은 마치 자기 손가락만 손가락인 줄 알고 다른 사람의 손가락도 그와 다르지 않다는 것을 모

37 『한서』「이릉李陵」.

38 『주역』「계사」 하.

39 출가자의 모습.

40 『장자』「인간생人間生」.

41 『장자』「외물外物」. 언어나 문자에 사로잡히는 어리석음을 설명한 것으로서 전제筌蹄의 말은 잘 알려져 있다. 이미 고기나 토끼를 잡았으면 거기에 쓰인 통발이나 올무는 잊어버려야 한다는 것이다.

42 보시・지계・인욕・정진・선정・지혜의 깨달음에 이르는 여섯 가지 방법.

43 창앙悵怏. 지둔至遁의 영회시詠懷詩.

44 우화지술羽化之術. 『진서』「허매許邁」.

45 「서릉여고기실서徐陵與顧記室書」.

르는 것과 같다. 어찌 온 나라에 통하는 대동大同의 견해라고 할 수 있겠는가?

나는 일찍이 불교를 배웠고, 늦게는 도풍道風을 맛보았다. 공空을 숭배하는 불교와 무無를 귀하게 여기는 도교의 근본은 하나라고 항상 생각하고 있다. 올가미와 그물은 함께 설치하는 것이니, 한편으로만 치우칠 수는 없다. 각각 사람들이 깨우칠 수 있는 쪽을 따라 마음이 편안하면 그만이다. 어째서 꼭 용곤龍袞[46]만 입고 영락瓔珞의 수레는 타지 않겠다는 것인가?

가난하여 할 일이 많아서 학문이 늦어서 책을 덮은 지 10년이 넘었다. 어릴 때 듣고 배운 것은 모두 잊어버리고 뜻을 품고 허무하게 세월만 보내니, 지견知見을 열 방법이 없다. 항상 혼자 긴 밤을 슬퍼하고 아침이 될 때까지 잠자는 것도 잊고 노력하지만, 마음을 맑게[47] 하려고 해도 믿음에서 멀어지고 번뇌에 사로잡히는 것이 점차 심해진다. 믿음은 이치에 따르지 않으면 들뜬 사람이 되어서 주체성이 없게 되니,[48] 여러 가지로 비난하는 사람이 생겨난다. 그래서 변변치 못한 붓을 들어 거칠게나마 나의 생각을 말하였다. 다시 한번 깨우쳐 주어[49] 의문 나는 점을 가르쳐 주시기 바란다. 광지가 머리를 조아리다.

46 천자天子의 복장을 말한다. 또한 동同 왕제王制의 주注에 3공公이 일명一命 더하게 되면 상공上公이 되고, 곤면袞冕을 입는다고 하였다. 여기서는 영락(瓔珞 : 유교)에 대하여 불교를 지칭한다.

47 청심淸心으로 원신遠信하려 한다는 뜻과 마음을 깨끗이 하려 해도 신信으로부터 멀다는 두 가지 설이 있다.

48 혜원의 『사문불경왕자론』 5.

49 「제갈량여군하교諸葛亮與群下敎」.

論 의관을 갖추어 입고 몸을 숙이는 것은 도시 근교의 예법이고, 여우처럼 웅크리고 개처럼 무릎을 세우고 앉는 것은 변두리의 예법이다.

疑 나라가 다르면 쓰는 물건도 다르고, 꾸미는 것은 본래 똑같이 하기 어렵다. 각자 편안한 방식을 취하면 될 뿐 본래부터 구별은 없다. 중국의 용모에 대해 말한 것은 당연하지만, 외국의 행동을 여우같이 웅크리고 개처럼 앉는다고 지목하는 것은 유독 상처를 입히는 것이 아닌가?

論 귀착점이 같다고 가르침을 바꿀 수 있다고 한다면, 수레로 강을 건너고 배를 몰아 육지로 나아갈 수 있겠는가? 반드시 그렇게 할 수 없다.

疑 저 가르침이란 마음의 성정에 따르지만, 마음의 성정이 그대로 법인 것은 아니다. 법이 확정적이 아닌 까닭은 성정이 하나가 아니기 때문이다. 하나가 아닌 성정은 향하여 가는 길이 다르다. 강함과 약함이 두루 나타나니, 그 점에서는 중국과 외국이 똑같다. 따라서 아득한 대하大河에서는 수레가 필요 없고 광막한 대륙에서 어찌 배를 사용할 수 있겠는가? 배와 수레를 둘 다 타는 일이 어째서 안 되는가?

論 완전히 같은 것도 아니고 완전히 다른 것도 아니다. 아래로는 가족을 부양하지 않고, 위로는 조상의 제사를 없애고 있다.

疑 위로 제사를 없애면 아래로 가족을 버릴 수 없다. 그것은 다른 것을 헤아려 같은 것에 들어가는 것이니, 동일한 허물이 아니다. 어찌 검은 소가 종묘의 제사에 필요 없다고 우리와 꼴 먹이는 도구까지 영원히 없애겠는가?

論 즐기고 욕망하는 사물은 모두 유교의 예라고 놓아주면서 효

경孝敬의 전적만 불교의 법이라고 억누르고 있다. 덕을 등지고 순順을 범하면서 깨닫지도 못한다.

疑 덕을 등지고 순을 범하는 일은 행하지 않는 것이 좋으며,[50] 자비를 가지고 경건하게 어진 것을 베푸는 일[51]은 가는 곳마다 통용된다. 따라서 소박한 식사를 하고 수행하는 것은 흉조凶兆를 입증하는 행위가 아니고, 면류관을 쓰고 소찬하는 것은 올바름을 키우는[52] 방법이 아니다. 도리에 벗어나거나 제멋대로라는 비난도 이 경우에는 사라진다.

論 귀한 이치는 도이고, 천한 일은 세속이다. 지금 중화를 버리고 외국 흉내를 내는 것은 어떤 이유인가? 도 때문이라면 도는 본래 하나로 부합되며, 세속이기 때문이라면 세속은 천과 어긋난다.[53]

疑 지극한 도는 허虛로 통하는 것이므로 벼슬이 없어도 귀하다. 세속은 걸리지 않는 것이 없기 때문에 물리치지 않아도 천하다. 천한 것은 번거로움에서 벗어나지 못하고, 귀한 것은 저절로 만족한다. 만족한 경지가 이미 부합하므로 세속의 번거로움도 같다. 도가 하나로 부합하므로 번거로움도 같으면, 또 어떤 것이 아름다움이며, 어떤 것이 악이겠는가? 그러므로 모두가 성인의 화육〔聖化〕[54]이지만, 작용에서 미혹함이 있는 것뿐이다. 미혹함이 다하고

---

50 『논어』「위정」.

51 『논어』「위정」. 위엄이 있는 상태로 백성에 임하면 백성은 공경하고 효도하며, 자애가 깊으면 충이 된다는 뜻.

52 『주역』「이괘頤卦」 단사彖辭.

53 고려대장경에는 '천괴天乖'라고 되어 있으나 고환의 「이하론」에는 '대괴大乖'라고 되어 있다. '천절天絶'과 같은 뜻이다.

54 『한서』「유향劉向」.

지혜가 생기면 남과 나의 구별은 저절로 사라지는데, 무엇 때문에 고생하면서 버리고 본받는 것에 망설이며, 중화와 외국의 사이에서 애를 쓰고 있는가?

論 무생無生의 가르침(불교)은 간접적이며, 무사無死의 가르침(도교)은 직접적이다. 도교는 겸손과 유약함을 끌어올릴 수 있고, 불교는 교만과 강경함을 억누를 수 있다.

疑 무생無生이 바로 무사無死이고, 무사가 바로 무생이다. 표현은 반대이지만 실질은 합치한다. 이것을 간접적인 것과 직접적인 것으로 구별할 수 있는가? 만일 행적의 차이 때문에 우열이 생긴다면, 직접적인 가르침으로 강경한 것을 억누르고, 간접적인 가르침으로 유약한 것을 끌어올려야 한다. 그러므로 공자는 "염구冉求는 물러나니까 앞으로 나아가게 하고, 자로子路는 다른 사람을 이기려 하기 때문에 억누른다"[55]고 하였다. 가르침의 방법으로 당연하지 않은가?

論 불교는 화려하고 폭이 넓고, 도교는 질박하고 정미하다. 정미한 것은 조잡한 사람이 믿을 수 있는 것이 아니고, 폭넓은 것은 정미한 사람이 잘할 수 있는 것이 아니다.

疑 널리 듣고 열심히 익히면 반드시 연緣이 멀고 넓게 비추고, 깊이 선행을 닦으면 반드시 이치로 인하여 정미함에 들어간다. 밝게 비추면 이치가 정미하지 않는 일이 없고, 이치가 정미하면 밝음도 비추지 않는 곳이 없다. 따라서 정미함과 폭넓은 것은 효과가 같고, 서로 도움이 된다. 폭넓은 것이 정미함과 같은데, 조잡한

55 『논어』「선진」. 염구冉求는 소극적인 남자이기 때문에 나아가서 실행하라고 하였고, 자로子路는 적극적인 남자이기 때문에 삼가하라고 하였다.

사람이 믿을 수 있겠는가? 또 정미함은 폭넓은 것과 같은데, 어찌 널리 통하는 사람들에게만 정미함이 없을 수 있겠는가?

論 불교의 가르침은 화려하여 사람들을 이끌어 오고, 도교의 가르침은 실질이 있지만 사람들을 흩어지게 한다. 흩어지면 지혜로운 사람은 홀로 나아가고, 이끌면 어리석은 사람이 다투어 나아간다.

疑 화려하여도 이치를 벗어나지 않았으므로 달관한 사람을 키웠고, 실질을 닦아도 허虛에 이르지 못하였으므로 찬상자讚賞者가 되었다. 가르침과 배움에 순서가 있는 것은 어리석은 사람을 전제로 한 것인가, 밝은 지혜를 조건으로 한 것인가? 만약 어리석은 사람을 전제로 하였다면, 지혜로운 사람은 나아갈 수 없다. 만약 반드시 밝은 지혜를 조건으로 하였다면, 어리석은 사람은 나아갈 수 없다. 또한 지혜로운 사람과 어리석은 사람이 다 함께 도달한다고 하면, 누른다든가 끌어올릴 필요가 어디에 있는가? 신묘한 비유로도 명확하지 않으니, 다시 설명해야 하겠다.

論 불교 경전은 번잡하지만 분명한데, 도교 경전은 간결하지만 유현하다. 유현하면 신묘한 도의 문을 분간하기 어렵고, 분명하면 바른 길을 따르기 쉽다. 바른 길에 따르면 돌아갈 길을 헤맬 일이 없고,[56] 신묘한 도를 분간하면 모든 사려를 다 얻을 수 있다.

疑 간결하면 따르기 쉬우므로 분간하기 힘든 일이 없다. 번잡하면 그 도리가 찾기 어려운데, 어찌 따르기 쉽다고 할 수 있겠는가? 바른 길에 따르면 돌아갈 길에 헤매지 않으므로 도의 궁극의 경지를 찾아갈 수 있고, 유현하면 간결하지 않더라도 자연히 깊이 닿

56 혜원의 「답하진남서答何鎭南書」. 궁극의 경지를 말한다.

게 된다. 어찌 밝히기 힘든 방법(도교)을 이 깨닫기 쉬운 길(불교)과 바꿀 필요가 있겠는가?

論 잔인하고 성미가 까다롭고 고집 센 사람은 불교에 사사하는 것이 좋고, 온화하여 말을 잘 듣는 사람은 도교에 따르는 것이 좋다.

疑 잘못된 견해나 구부러진 길은 불법과 관련이 없고, 자慈·비悲·희喜·사捨의 행이 기록되어 있다. 희라는 것은 잘 받아들이는 것이고, 사라는 것은 반드시 비게 하는 것으로 도교의 허수虛受와 의미가 합치한다. 잔인한 사람이 다시 어떠한 법에 의지할 것인가? 만약 받아들이는 가르침이 다르다면 도리어 각주구검刻舟求劍의 잘못을 저지르게 될 것이니, 불교와 도교가 어찌 서로 부합할 수 있겠는가?

論 불교는 악을 깨뜨리는 가르침이고, 도교는 선을 일으키는 가르침이다. 또 중국의 본성을 버리고 서쪽 오랑캐의 가르침을 배울 수 없다.

疑 도교가 선을 일으키는 가르침이라는 말은 좋지만 서융西戎의 법을 배우지 말라는 것은 불교를 업신여긴 것으로서 납득할 수 없다. 물어보겠다. 중국 사람의 성품과 서융 사람의 성품 가운데 중국 사람은 순수하게 선하고 서쪽 사람은 근성이 악하다는 것인가? 근성이 악하다면 이치로 깰 수 있고, 본성이 순수하게 선하다면 뜻으로 일으킬 수 있다. 그러므로 깨뜨릴 수 있는 악이 있다면 선을 여읜 것이 아니고, 일으킬 수 있는 선이 있다면 아직 악을 면하지 못한 것임을 알아야 한다. 따라서 선과 악이 섞여 있으며, 깊고 얕은 차별이 있는 것에 지나지 않는다. 따라서 라운(羅雲 : 라후라)이 자비심이 두터웠던 것은 중국의 영향 때문이 아니고, 걸왕桀王

이나 도척盜跖이 흉한 것[57]도 서융의 기를 모은 것이 아니다. 어찌 하여 중화의 풍속만 훌륭하다고 하고 서융의 법을 싫어하는가? 중국의 선이 서융의 선과 다르고 저쪽의 악이 이쪽의 악과 다르다면, 선과 악은 본질적으로 다른 것이다. 어찌 동일한 결론에 이를 수 있겠는가?

論 불교의 쭈그리고 앉는 예법이나 이해할 수 없는 말은 마치 벌레나 새가 짹짹거리는 것과 같은데 어찌 따라할 만하겠는가?

疑 저 예법은 공경하는 마음을 키우는 것이고, 음악은 조화를 느끼도록 하는 것이다. 공경하는 마음은 예를 행하여 키워지지만 예 그대로가 공경은 아니며, 조화도 음악에 따라서 느껴지지만 음악 그대로가 조화는 아니다. 그러므로 임금이 편안하고 백성이 순응하면 옥이나 비단도 광주리에 넣어두는 법이고, 풍속이 태평하면 종과 북이 울림을 멈추는 법이다. 또 종이나 비단의 운용은 천지와 차원을 같이하는 것은 아니고, 세상의 어지러움을 구하는 일시적인 방편으로 할 수 없이 이루어지는 것뿐이다. 따라서 도의만 있으면 외형의 모습은 문제될 것이 없고, 근본으로 돌아간다면 풍속이 같고 다름을 따질 필요가 없다. 지금 여우처럼 웅크리고 개처럼 앉는 것을 누가 공경이 아니라고 하는가? 공경이 마음에 가득히 나타나 있는데, 누가 예가 아니라고 하는가? 예와 공경은 은밀히 부합하는 것이다. 어찌 한쪽만 제멋대로 버리는가? 식識을 함유하는 중생류에서는 사람만 귀하다고 하지만, 귀함이 말에 있는 것이 아니고, 말은 이치를 귀하게 여긴다. 따라서 기린이나 봉

57 걸왕桀王은 『사기』 「하본기제왕세기夏本紀帝王世紀」, 또 도척盜跖은 『사기』 「백이열전伯夷列傳」, 『장자』 「도척盜跖」 참조.

황새가 어진 것을 따르므로 성인의 책을 보기를 중시하고, 성성이〔猩猩 : 오랑우탄〕[58]가 말을 할 수 있어서 예기의 글을 외운다고 하여도, 뜻도 모르는 논의에서 무엇을 취하겠는가? 만일 말에 사로잡혀서 이치를 버린다면 지혜로운 자가 전거할 일이 아니다. 만일 이치에 의지하여 말을 잊는다면, 그 사람은 표면적인 현상을 깨뜨려서 근본의 도를 밝히게 될 것이다. 그러므로 노자가 말하는 상도常道[59]는 언어로 나타낼 수 없고, 유마 거사의 침묵[60]은 교묘한 말솜씨가 미치지 못하는 것이다. 그 말을 검토해 보면, 그(불교)도 나(도교)도 다 함께 부정할 것이며, 그 본지를 물어보면 노자와 석가가 다를 것이 없다. 다 같이 부정하므로 윤택한 거품도 버릴 수 있고, 다르지 않으니 고귀한 것도 저버린다. 어찌 반야의 이름이 지혜가 아니라고 비난하고 벌레나 새와 같다고 할 것인가? 그대의 글을 며칠 되풀이하여 읽었지만 아직 납득이 되지 않는다. 또 풍속이 다르면 말도 다르다. 어째서 외국과 중국만 다르다고 할 수 있겠는가? 가까이 중국만 보더라도 제나라와 노나라가 같지 않다. 권여權與와 숙락淑落[61]은 옛날과 지금이 쓰는 방법이 다르지만, 기록과 상관없이 세상에 전해온다. 만약 저것이 그르다면 이것도 옳지 않고, 만약 그것이 옳다면 저것만 유독 그른 것이 아니다. 양자 모두가 옳다고 할 수 없으면 똑같이 그른 것이다. 지금이 중국 말이 저 나라에 들어갔다고 생각해 보면 다시 벌레의 울

58 『예기』 「곡례」 상.

59 『노자』 제1장.

60 『유마힐소설경』 「입불이법문품入不二法門品」(대정장 14, 551 하).

61 권여權輿는 일의 시작이란 뜻. 『시경』 「봉풍奉風」 참조. 숙락俶落도 같은 의미. 『이아爾雅』 「석힐釋詁」 참조.

음소리와 새의 지저귐이라고 비난받을 것이고, 뜻도 모르는 이국의 말이라 불릴 것도 분명하다. 이런 점을 분명히 한다면 대들보나 기둥의 가치는 동일해진다. 양자에 대한 편견이 다 없어지면 서로 통하지 않겠는가? 심원한 도리는 속이 깊고 미묘하며, 간단히 이해할 수 있는 것이 아니다. 훌륭한 분에게 가르침 받기를 원하며 대충 내 생각을 말하였다. 멀리서 가르침이 있기를 마음속 깊이 기다리고 있겠다.

20. 박고도사이하론駁顧道士夷夏論〔치성治城 혜통惠通[62]〕

나는 초여름에 틈이 있어서 일을 잊고 지냈다. 그러다 고환顧歡 선생의 「이하론夷夏論」을 보니 어둠이 가신 듯[63] 밝아졌다. 같고 다른 근원을 분별하고 일의 시비와 취지를 분명히 한 것을 보면, 어휘가 풍부하고 이치가 분명하며 문장이 아름답고 내용은 심오하다. 읽을 때마다 권태를 잊게 되고 원추리꽃처럼 마음을 위로해 준다. 참으로 문필의 대가와 같은 아취가 있는 저작이라고 할 수 있다. 그러나 자세히 그 취지를 검토해 보니, 의심스럽고 우스운

62 『고승전』 권7(대정장 50, 374 하)에 「송경사야성사혜통전宋京師冶城寺惠通傳」이 있으며, 성은 유劉이고, 패국沛國 사람이다. 서담지徐湛之·애찬哀餐 등과 친교가 있었고, 『대품』·『승만』·『잡심』·『비담』 등의 소를 썼고, 또 「박이하론駁夷夏論」(이 논을 가리키는 것임)·『현증론顯證論』 등이 세상에 전해졌다. 송의 승명(昇明, 477~479) 중에 63세로 죽었다. 고려대장경 등에 치성사治城寺라 되어 있으나, 옛날 한의 오왕吳王이 이 지역(송의 도읍 건강)에 전폐병기錢幣兵器를 만들었으므로 야성冶城이란 이름이 있으며, 거기에 세워진 절이므로 야성사라야 맞다.

63 『주역』 「몽괘蒙卦」 초육初六.

곳이 한두 곳이 아니다. 이것은 마치 장님이 구슬을 주우려다가 콩을 가지고 보배를 얻었다고 생각하는 것이나, 귀머거리가 음악을 들으려다가 노새의 울음소리를 듣고 기뻐하며 음악을 알았다고 하는 것에 비유할 수 있다. 당신의 외국과 중국에 대한 논의가 이치를 얻었다고 보는 것은 큰 잘못이다.

논에 『도덕경』을 인용한 것을 보니 더욱더 어둡다. 옛날 노자가 쓴 것은 5천 언뿐이고, 나머지는 잡다한 것으로 모두 잘못된 것이다. 그런데도 별도로 '도경'이라고 부르는 것은 어떤 근거가 있는가? 노자가 쓴 것이 아니라면 어찌 참된 경전이 되겠는가? 재삼 생각해 보고 미혹함을 없애 주기 바란다.

논에서는 "공자나 노자가 부처가 아니라면 누가 부처이겠는가? 도교가 곧 불교이고, 불교가 곧 도교이다"라고 한다.

이 점으로 말하자면 핵심을 잘못 본 것이다. 불교 경전[64]에서도 "저쪽에서는 마하가섭을 노자라고 부르고, 광정光淨 동자는 공자라고 부른다"고 하니, 노자가 부처가 아닌 것은 분명하다. 참으로 당신은 이치를 넓게 보지 못하여 고집하는 것이다. 그러므로 노자나 공자는 부처님이 보낸 사람으로서 덕을 베풀어 화와 복의 이치를 보였고, 그 후에 불교가 들어온 것이다.

그러나 원래 대도는 따르기 힘들고, 작은 성취는 익히기 쉽다. 이것은 옛날부터 한탄하는 내용으로 오늘날 시작된 것이 아니다. 노자는 『도덕경』 5천 언을 썼지만 천착하는 사람이 많아서 어떤 경우에는 괴상한 말을 하여 사람 마음을 어지럽히고, 어떤 경우에

64 의경疑經인 『청정법행경淸淨法行經』이나 『노자대권보살경老子大權菩薩經』 등에 보인다.

는 음란하고 잔학한 말을 퍼뜨려서 사람 마음을 자극하고 있다. 그러므로 선을 행하는 사람은 적고 악에 물드는 사람은 많은 것이다. 나는 허리띠를 차고 허리를 숙이며 관곽棺槨을 써서 빈장殯葬하는 예법 등이 모두 대도가 쇠퇴하였을 때 생겼다고 본다. 그로 인하여 인의仁義나 효경孝敬도 생긴 것이다.[65] 지혜와 욕심이 일어나고 허위가 나날이 불어나니, 성인은 이를 예경을 가지고 금지시키고 법도로 제어한 것이다. 따라서 예는 충신忠信의 생각이 얇아졌기 때문에 생겼고, 질서를 흩뜨리는 시초이다.[66] 이미 무위를 잃고 유위를 숭상하는데 여기에 어찌 더하겠는가?

머리 깎은 모습이나 여우처럼 쭈그리는 예법, 물속에 담가 놓는 장제葬制[67] 등에 대하여 생각해 보면, 화려한 색상은 아까워할 것이 없고 재화도 지킬 만한 것이 아니다. 노자는 "다양한 색상은 사람의 눈을 어둡게 만든다"[68]고 하였고, 또 "많은 재산을 감추어도 나중에는 잃어버린다"[69]고 하였다. 따라서 머리 깎고 검은 옷을 입고 재산을 버리고 세속을 떠나는 것은 사양함이 지극한 것이다. "태백太伯이 덕이 없는 것을 공자가 칭찬했다"[70]고 한 것이 바로 이런 부류이다.

저 무릎 꿇고 허리를 펴는〔胡跪〕[71] 예법은 인도에서 시작되어서

65 『노자』 제18장. 노자는, 유교에서 말한 인의의 교는 천지자연의 대도가 아님을 말하였다.
66 『노자』 제38장.
67 인도에서는 수장水葬을 했다.
68 『노자』 제42장.
69 『노자』 제44장.
70 『논어』 「태백」.
71 『금광명경金光明經』 「사천왕품四天王品」.

사방의 사람들이 따른다. 인도는 세계의 중앙에 있으며, 불교가 출현한 곳이다. 이 무릎 꿇고 허리 펴는 예법은 훌륭한 교법의 정제되고 엄숙한 표현이다. 그런데 당신은 이것을 여우가 움츠린 모습에 비교하였으니, 어찌 실증이 되겠는가? 그러므로 흉악한 귀신은 악을 돕고 강경한 마귀는 바른 것을 헐뜯는다는 말이 꼭 당신을 가리키는 것 같다. 비유하자면 표주박을 가지고 강물과 바닷물을 줄이고, 손으로 태양이나 달빛을 가리려는 것과 같다. 강과 바닷물은 줄일 수 없고, 햇빛과 달빛은 가릴 수 없다.

아주 먼 옛날에는 인간의 성정이 아직 순진하였기 때문에 예교에 의지하지 않아도 화목하였고, 형벌을 행하지 않아도 저절로 다스려졌다. 사람이 죽었을 때는 광야에 묻었고, 흙을 덮거나 나무를 심지 않았고, 상복 입는 기간도 정하지 않고, 슬픔이 지극하면 울었다. 이것이 옛날의 순박한 풍속이며 참으로 배울 만한 것이다. 당신은 그르다고 하겠지만, 그것은 도대체 어떤 의미인가?

또 도교와 불교를 배와 수레에 비유하고 있다. 그러나 식자들이 들으면 빙그레 웃지 않는 사람이 없을 것이다. 내 생각에, 하늘의 도는 말이 없고 성인은 무심無心하다.[72] 그러므로 도는 사람에 의해 커지는 것이지, 도가 사람을 크게 만드는 것이 아니다. 따라서 성인이 신통으로 살피면 통하지 않는 곳이 없고, 지혜로 비추면 일체에 두루 고루 퍼지는 것이다. 그런데도 한 가지만 한정하여 두 가지를 함께하는 것은 안 된다고 말한다. 이 말은 비유하자면 태양이 아침에 나타나서 물체를 비추고, 바람이 저녁에 일어나 물

72 분별지를 방하放下한 경지, 그것이 무심無心이다. 『장자』 「대종사大宗師」에서 말하는 '좌망坐亡'도 이것을 말한다.

체에 따라서 소리를 내는 것과 같다. 모양이 다르면 소리가 다르고, 물체가 다르면 비치는 것도 달라진다. 해가 다른 물체라고 다르게 비추고, 바람이 형체가 다르다고 다른 소리를 내는 것이 아니다. 해가 하나이고 바람도 하나이지만, 받아들이는 쪽이 다를 뿐이다.

당신은 배와 수레의 비유를 하였지만, 거기에 어떤 뜻이 있는가? 원래 위대한 가르침은 사적인 부분이 없고, 최고의 덕은 한쪽으로 기울지 않는 법이다. 중생을 교화하는 뜻을 같이하고 인간을 인도하는 극치를 같이하는 것이다. 서융이나 북적에서도 음향을 같이하며, 외국이나 중국에 있어서도 소리를 바꾸지 않는다. 그러므로 성인에게 어찌 영역을 나누어서 가르침을 달리하며, 사는 곳을 떨어뜨려 풍속을 달리하는 일이 있겠는가? 어찌 외국과 중국의 구별이 있겠는가?

옛날 노나라의 공명의公明儀가 소를 위하여 황제의 가야금〔淸角〕을 연주하였는데, 소는 여전히 머리를 숙인 채 먹이를 먹고 있었다. 이것은 소에게 가야금 소리가 들리지 않았던 것이 아니고, 그 귀에 맞지 않았기 때문이다. 이번에는 바꾸어 모기·등에·여우·송아지 소리를 내었더니, 소는 귀를 흔들고 꼬리를 치고 땅을 구르며 들었다고 한다.

지금 당신이 듣고 있는 것은 아마도 모기나 등에 소리일 것이니, 어떻게 외국과 중국의 구별이 존재하겠는가?

또 "중국의 사문들은 아래로는 처자를 버리고 위로는 조상의 제사를 없애며, 즐기고자 하는 것들은 모두 중국의 예를 가지고 펼치면서 효경하는 예법만 불교의 법으로 누르고 있다"고 말하고 있다.

저 불도와 세속 사이에는 어둡고 밝은 차이가 있고, 안팎으로 말하는 것과 침묵하는 것의 차이가 있다. 종묘의 제사에 돌아가신 부모를 합제하는 것은 가장 지극한 효경으로서 세간에서는 이 이상의 것이 없다.

불교에서는 저녁에는 향을 피우고 새벽에는 독송하며, 예배·참회·기도를 멈추지 않는다. 위로는 억 겁의 친속에 미치고 아래로는 일체 만민을 공경한다. 이러한 효경과 자비의 광대함은 어리석은 사람들이 짐작할 수 있는 것이 아니다. 저 나라는 백성들을 돕는 것을 근본으로 삼고 임금은 백성을 믿고 서 있는 것이니, 나라가 안정되는 것은 백성의 힘이다. 당신이 말하는 것을 미루어 보면 쓸데없는 말인 듯하다.

또 "각주구검刻舟求劍의 어리석은 사문과 수주대토守株待兎의 융통성 없는 도사가 쓸데없이 우열을 논하며 서로를 공격하고 있다"고 말한다.

귀하의 논의를 꼼꼼히 살피고 얽힌 글을 잘 풀어 보면서 글을 읽고 뜻을 구해 보아도, 어디에 귀착하는지 알 수 없다. 저 외도外道는 음란한 행동이 오랫동안 쌓이고 어둠 속에서 나오지 못하여 미혹함에 빠져서 돌아오지 못하고 있으며, 저자와 시골을 유랑하고 다니며 고향에서 떨어져 살고 있다. 공적으로는 성인의 법에 따르면서도 개인적으로 음란한 일을 일삼으니, 도를 체득한다는 것이 이러한 것이라면 얼마나 부끄러운 일인가?

옛날 제나라에 사냥을 좋아하는 사람이 있었는데, 집안이 가난하여 큰 사슴을 잡으려 늙을 때까지 뛰어다녔지만 한 마리도 잡지 못하였다. 이에 사냥을 그만두고 농사일로 되돌아왔다. 지금 당신이 지혜가 있다면 돌아가 농사짓는 것이 나을 것이다.

또 "대도가 숨으니 작은 도가 서로 일어나 말 잘하는 사람과 눌변인 사람이 서로 다툰다. 누가 그것을 바로잡을 수 있겠는가?"라고 한다.

저 바른 도는 훼손하기 어렵고 삿된 이치는 물리치기 쉽다. 비유하자면 가벼운 깃털은 높은 곳에서 바람이 불면 날아가고, 작은 돌은 골짜기에서 물살을 만나면 굴러가지만, 오직 태산만은 회오리바람에도 끄떡하지 않고, 반석은 급류에도 휩쓸려가지 않는 것과 같다. 그러므로 매화와 오얏나무는 서리를 맞으면 잎이 지고, 소나무와 잣나무는 추위를 만나도 시들지 않는다는 말은 믿을 만하다. 저 음란하고 요망한 술수는 올바른 가르침과 만나면 꺾이고 만다. 그대가 대도라면, 누가 작은 성취가 되겠는가? 다시 한번 논의한 뒤에 시비를 가리고자 한다.

저 안회顔回는 동야필東野畢이 말 다루는 법을 보고 장차 실패할 것을 예견하였고,[73] 자공은 주(邾 : 은공)와 노(盧 : 정공)가 회합하는 것을 살펴보고 두 사람의 죽음을 미리 알았다. 당신은 어찌 그리도 무지한가? 그러므로 어리석고 지혜로운 구별과 현명하고 비속한 차이를 밝히기 위해 한 모퉁이를 들어 보여 주니, 그를 비추어 여러 가지를 깨닫기 바란다.[74]

또 "열반[泥洹]과 선화仙化는 각각 하나의 방법이다. 불교에서는 정진正眞이라고 부르고, 도교에서는 정일正一이라고 한다. 일一은 무사無死에 귀결하고, 진眞은 무생無生에 귀착한다. 무생의 가르침

---

73 『순자荀子』「애공哀公」. 동야필東野畢이 말다루는 법을 보고 그 실패를 예견하고, 아울러 민중을 다스리는 것은 말을 다스리는 것과 같으며, 끝까지 몰아세워서는 안 된다는 것을 말하였다. 「이혹론」 34 참조.

74 『논어』「술이」. 고환顧歡에 대하여 매우 비꼬아 도전적인 말을 쓰고 있다.

은 여유가 있고, 무사의 가르침은 절실하다"고 말한다.

그대는 총명하고 말도 잘하지만 슬프게도 어둠이 섞인 것 같다. 그러므로 열반과 멸도滅度의 설은 정전正典에 쓰여 있지만, 신선이 되어 도에 들어간다는 말은 어디에도 근거를 찾을 수 없다. 노자는 "생을 지나치게 중시하면 반드시 죽을 지경에 이른다"고 하였고, 또 "천지가 길고 오래 가는 까닭은 스스로 살려 하지 않기 때문이다"라고 하였다. 생을 잊어버린 사람은 생존하고, 생을 보존하려는 자는 반드시 죽는다. 죽음이 곧 닥쳐올 것이므로 절실하다고 말하는 것이지, 특별히 절실한 것이 있겠는가? 속담에 "남쪽을 가리켜서 북쪽이라고 하면서도 스스로 어리석지 않다고 한다. 서쪽을 가리켜서 동쪽이라고 하면서도 스스로 몽매하지 않다고 말한다"는 말이 있다. 그대는 반드시 죽을 방법으로 살려고 하니, 어떻게 이처럼 거꾸로인가? 그러므로 산중에 은거하며 단식하고 신선술을 익히는 것이다. 나는 노자에게 5미味에 대한 훈계만 있지,[75] 단식의 가르침은 없다고 들었다. 그러므로 매미와 나방이 먹지 않는 것을 군자가 어찌 훌륭하게 여기며, 개구리와 구렁이가 동굴에서 동면하는 것을 성인은 어찌 귀하게 여기겠는가? 또한 옛날부터 성현이라도 죽지 않은 사람은 없었다. 당신만 불사를 말하고 있으니, 얼마나 외람된 짓인가?

그러므로 순임금의 무덤은 창오蒼梧의 들판에 있고, 우임금의 봉분은 회계산會稽山에 있다. 주공은 이장했다는 기록이 있고, 공자는 양영을 꿈에 보았다는 기사가 있다. 증삼曾參에게는 "내 다리를 열어 보라"는 말이 있고, 안회에게는 불행하다는 한탄의 기사

---

75 『노자』 제12장.

가 있는 것이다. 당신은 못 들었는가? 어찌 잘못된 것이겠는가?

옛날 아직 기린을 본 적이 없는 사람이 본 적이 있는 사람에게 "기린은 무엇과 닮았는가?"를 물었더니, "기린은 기린과 같다"고 대답하였다. 질문자가 다시 "내가 기린을 보았다면 묻지 않았을 것이다. 그런데 기린은 기린과 같다고 말하면 어떻게 하느냐?"라고 물으니, "기린은 노루의 몸에 소의 꼬리, 사슴의 발굽에 말의 등을 하고 있다"고 대답하였다. 이에 질문자는 비로소 이해하였다. 지금 그대는 기린을 보려고 하는가, 보지 않으려고 하는가?

또 "도교의 경전은 간결하고 심오하다. 심오하면 신묘한 도에 드는 문을 보기 힘들다"고 말한다. 내 생각으로는 노자의 도는 5천 언을 가리키는 것이다. 그 외의 것은 노자가 직접 쓴 글이 아니니, 도교의 경문이 세상에 거듭 나타나면 의심이 갈수록 깊어진다. 그 문장은 대부분 내용 없는 미사여구를 나열하고 있을 뿐이다. 비유하자면 주나라 사람이 말린 쥐를 들고 옥돌이라고 팔았으나, 정나라 사람이 보고 사지 않고 돌아갔다는 말이 있는데, 이 일을 두고 하는 말일 것이다. 이러한 의미로 말하자면, 어찌 당신의 말이 진실한 것이겠는가?

또 "잔인하고 성미가 까다롭고 고집이 센 사람은 불교에 사사하는 것이 좋고, 온화하고 사람의 말을 받아들이는 사람은 도교에 따르는 것이 좋다"고 말한다.

노자는 "흉포한 사람은 자기의 수명을 다하지 못한다. 나는 이것을 배움의 아버지[76]로 삼고자 한다"고 말하였다. 그러므로 깨우

76 고려대장경에는 '학부學父'로 되어 있으나 『노자』 제42장에는 '교부敎父'로 되어 있다.

치는 글을 넓히고 가르침을 받게 하는 것은 어리석은 사람들을 위한 것이지, 현명한 사람들을 위하여 베푼 것이 아니다. 이 가르침에 위배되면 반드시 흉사凶事가 있고, 이 가르침에 따르면 꼭 길사吉事가 있게 된다. 그런데 잔인하고 성미가 까다롭고 고집이 센 사람은 어리석은 사람이다. 위대한 가르침〔大教 : 불교〕은 이러한 사람들을 불쌍히 생각하여 방편으로 구하니, 자기를 비우는 가르침이 아니겠는가? 도교가 온화하고 남의 말을 받아들인다는 것을 나는 무의미한 이야기라고 생각한다.

오늘날 도교를 배우는 사람은 이와 반대이다. 황서黃書를 쓰고 올바른 전적이라고 하고, 자록紫籙을 몸에 걸치고 신묘한 술법이라고 한다. 남녀의 분별도 없고, 규문閨門에서도 혼란스러우며, 식이요법으로 오래 살 것을 바라고, 음란하고 나쁜 행위로 병을 고치려고 한다. 도교가 어질고 부드럽다는 논의는 어디에 근거한 말인가?

또 "도교의 가르침은 비밀스럽고 미묘하니, 이롭게 쓰는 것은 자신에게 달렸다"고 말한다. 노자는 "큰 근심이 있는 것은 내 몸이 있기 때문이다. 나에게 몸이 없다면 어떤 근심이 있겠는가?"[77]라고 말하였다. 노자는 내 몸을 큰 근심으로 여기는데 그대는 몸을 오래 보전하려고 하니, 어찌 그리도 심하게 어긋나는가? 몸은 뒤로 미루어야 몸이 앞서게 되고, 몸을 도외시하여야 몸이 보존된다.[78] 오직 "자신에게 달려 있다"고 말하지만, 이 말이 무엇을 근거

---

77 『노자』 제9장.

78 『노자』 제9장. 하늘이 영원하며 땅이 언제까지라도 있다〔天長地久〕는 것은 자신의 명命을 키우려 하지 않기 때문이다. 성인은 항상 몸을 사람의 등 뒤에 두면서 항상 앞에 있으며, 외측外側에 몸을 두고 있으나 사실은 언제나 거기

로 삼은 것인지 모르겠다.

또 당신은 "뜻도 모르는 외국의 말은 각기 그들의 풍속에서 나온 것이다. 그들끼리는 알아들을 수 있으나, 중국인에게는 마치 벌레의 울음소리나 새의 지저귐과 같다. 어찌 흉내를 낼 가치가 있겠는가?"라고 말한다. 내 생각에는 쓴 것을 먹는 사람은 쓴 것이 쓴 것인 줄 모르므로 단 것을 부러워하지 않고, 냄새나는 것을 즐기는 사람은 냄새나는 것이 냄새나는 것인 줄 깨닫지 못하므로 난초의 향기를 탐하는 일이 없다. 이것은 당신이 음란하고 거짓된 것을 좋아하는 것과 같으니, 어찌 위대한 법을 생각할 수 있겠는가?

저 성스러운 가르침은 묘하고 신통하며, 지극한 도는 깊고 폭넓다. 이것은 유有라고도 할 수 없고 무無라고도 할 수 없다. 나와 남의 구별이 없고, 같고 다르다는 설도 없다.

저 말은 활을 쏘는 것과 같아서 화살이 활을 떠나 버리면 후회해도 소용 없다. 당신은 말을 삼가하는가? "벌레의 울음소리나 새의 지저귐과 같다"고 말하는 것은 어디에 근거하였는가? 가깝게는 손은孫恩[79]이 미친 듯이 날뛰면서 무도한 일을 행하였다. 음란한 행동은 예를 잊은 것이고, 잔인하고 인륜을 거역한 행위는 의를 무시한 것이다. 현명한 사람이 뜻을 같이하니 어리석은 사람은 거짓을 버리고 마음을 고친다. 나쁜 사람들이 방에 가득 차고 악당들이 문에 넘치며 마을에는 통절한 슬픔이 있고, 길가에는 고통을

에 있다. 자신의 생명을 늘리려고 하면 다른 것과 싸우게 된다.

79 손은孫恩의 전傳은 『진서』 권100에 있다. 동진東晉 안제安帝 때의 반장叛將, 가家는 대대로 오두미도五斗米道를 바쳤다. 원흥元興 초 임해臨海를 쳐서 궁핍하여 바다에 가라앉았다.

받은 원성이 있었다. 저 천도天道가 사치한 사람에게 화를 주고, 귀신이 겸양한 사람에게 복을 준 것이다.[80] 그런 뒤에 손은이 파멸을 자초한 것이다.

21. 융화론절고도사이하론戎華論折顧道士夷夏論〔광릉廣陵 석승민釋僧敏〕

옛날 유마는 안으로 고상한 도를 닦아 공덕을 속세의 바깥[81]에 나타내고, 용덕龍德을 세간에 감춘 채 심연한 세계 불교에 뜻을 두고 신명을 시방에 퍼뜨리고 천하를 바로잡았다. 그러므로 서쪽 땅에 자취를 나타내어 불교를 펴는 데 힘을 보탰다. 그 영묘한 신통력에 대해서 말한다면, 천지를 뒤집고 마음대로 신축시킨다. 또 참된 지혜에 대하여 말하자면 분별을 넘어서 묵묵히 말이 끊어진 경지에 깊숙이 들어갔다. 이러한 사람을 거사居士라고 할 수 있다. 그대가 스스로 거사라고 호칭하는 의미를 모르겠다.

당신은 7만慢[82]의 산이 아직 무너지지 않았고 5욕欲[83]의 계곡이 메워지지 않았으며, 지혜의 해가 아직 빛나지 않았고 무명의 구름

80 『상서』「대우모」에서 많은 것은 줄어가고 모자라는 것은 차츰 늘어가는 것이 자연의 상도常道라고 하였다. 『노자』 제77장 참조.

81 『진서』 권43 「악광樂廣」.

82 스스로를 믿고 높게 여기는 일곱 가지의 자만심. 만慢·불여만不如慢·승만勝慢·증상만增上慢·아만我慢·사만邪慢·만중만慢中慢.

83 사람에게 욕심을 일으키는 색·성·향·미·촉의 다섯 가지로 5욕에 탐착해서 죽음에 이를 때까지 버리지 않고, 이 때문에 후세에 한량없는 고를 받는다 한다.

이 아직 개이지 않았으며, 영원한 미혹의 바람이 아직 그치지 않았고 밤중을 헤매며 되돌아오지 않고 있다. 그대의 이해가 아직 이렇게 범상한데, 거드름을 부리면서 거사라고 칭할 수 있는가? 소승이 멀리서 그대의 기량을 살펴보니, 이 호칭을 감당하지 못하겠음을 알겠다. 이 호칭은 위대한 법에서는 초보의 명칭이지만, 쉽게 붙일 수 있는 것도 아니다.

「이하론」을 보고 그대의 마음을 조금 알 수 있었다. 나는 불법을 익히면서 배울 점을 기대하였지만, 이 논의에는 문장을 완미할 화려함도 없고, 깊은 속뜻을 통찰할 식견도 없다. 지혜는 한순간의 빛남도 없고, 은택은 이슬만큼의 윤기도 없다. 온갖 길이 비어 있으니, 어떤 의미가 있겠는가? 그런데 황당한 생각을 품고 멋대로 가볍게 필묵을 놀려서 성인의 가르침을 억측하고 있다. 어떤 경우에는 도교와 불교를 섞어서 같다고 하고, 다른 경우에는 얕고 깊은 차이가 있다고도 하며, 신령한 세계의 우열을 논하거나 청정하고 바른 것에도 허실이 있다고 거짓말을 하였다.

쓴 오얏에 열매가 번식하였지만 가지를 꺾은 난대欒大[84]는 거짓말을 하여서 사형당했다. 이것은 모두 예부터 형성된 법칙이고 후세의 현인들이 본보기로 삼아야 할 것이다. 지금 그대에게 도교와 불교의 명칭이 뜻이 다름을 보여 주겠다. 저 불佛은 바른 영령〔正靈〕을 다르게 부른 것이고, 도道는 모든 길이 함께 갖는 명칭이다. 노자는 한나라의 철인哲人이고, 부처는 온갖 신의 근본이다. 도교는 신선이 되는 것을 숭상하고, 불교는 번뇌를 끊는 것을 훌륭하

84 한무제 때 방술을 가지고 오리五利 장군이 되고, 낙통후樂通侯에 임해졌지만, 후에 망언으로 죽음을 당했다.

다고 본다. 선도에는 천 살의 수명이 있지만, 번뇌를 끊으면 무궁한 영혼을 얻는다. 무궁한 영혼 때문에 절묘하고 심오하며, 천 살의 수명이므로 용을 타고 구름을 다룬다. 용을 타고 구름을 다루는 것은 생사生死의 도이고, 심오한 영혼은 항상 즐겁고 영원히 깨끗하다. 이와 같으므로 하늘의 운이 모두 응하여서 석가가 왕의 궁전에서 태어난 것이다. 남몰래 왕궁을 싫어하여 궁전을 완전히 버리고, 만국(萬國 : 세간)을 버리고 3공空[85]에 이르기를 서원하였다. 화려한 법관〔華館〕[86]에 용비(龍飛 : 성불)하여 도량에 탈것을 갖추었다.

이리하여 처음에 녹야원에서 설법하였고, 다음에 천궁에서 모였고, 다시 영축산에서 포교하였고, 최후에는 희련 강가에서 열반하셨다. 따라서 거대한 법의 빛이 멀리 비추니, 흰 해가 빛을 감싸고 아름다운 수레[87]가 사방을 메우며 범천의 가마도 하늘에서 내려왔다. 9천天은 부처님의 덕을 합창하였고, 여러 선인들은 때가 왔음을 깨달았으며, 불도에 연을 가지려는 사람들이 구름처럼 모여들었다.

다만 변경의 패자覇者인 주나라 천자는 도심道心이 아직 일어나지 않았다. 따라서 여래는 보현보살로 하여금 위의가 서방에 행해지도록 하였고, 공자·안회·노자의 세 현인에게 명하여 중국을 이끌도록 하였다. 그러므로 불경[88]에는 "대사 가섭이 바로 노자 그 사람이다"라고 하고 있다.

---

85 아공我空·법공法空·구공俱空.

86 화원과 같다.

87 귀인이 타는 화려한 수레.

88 여기서 말하는 경은 『청정법행경淸淨法行經』이다.

그러므로 기이한 가르침인 노자 5천 언으로 주나라의 세상을 도와서 가르치고, 교화의 인연이 다하자 인도로 되돌아갔다. 따라서 관關을 뒤로하고 서쪽으로 갔다는 전설이 있으며, 중국인들은 이것을 근거로 『노자화호경老子化胡經』[89]을 지어서 우매한 사람들에게 중화를 찬양하게 하였다. 그대는 아직 그윽한 뜻을 모르면서 어떻게 노자와 부처가 같은 사람이라고 주장하는가? 사람들은 위대한 성인(부처)이 유림儒林의 중심으로 나타났다고 들으면, 장자·공자·주공·노자도 모두 부처라고 치부하여 버린다. 만일 그렇다면 당신도 노자라고 할 수 있는가?

지옥·아귀·축생·인·천의 5도道를 윤회하는 중생이 부처 아닌 사람이 없다는 말은 무슨 말인가?

참으로 과부夸父[90]가 태양을 쫓다가 반드시 목이 말라서 죽은 것과 같다.

그대는 「이하론」에서 동쪽에는 고구려·백제의 추악한 오랑캐[91]가 있고, 서쪽에는 강융족羌戎族이 있고, 북쪽에는 머리를 풀어 헤친 무리가 있고, 남쪽에는 머리를 깎고 문신한 무리가 있는데, 희공과 공자가 중앙에서 의례를 베풀어서 오랑캐[92]와 중국의

89 『노자화호경』에 대해서는 『출삼장기집』 권15(대정장 55, 108 하)에 좨주祭酒 왕부王浮가 금원과 불교·도교의 우열 사정을 논하고, 그를 굴복시킬 수가 없었으므로 또다시 이것을 만들고 불법을 거짓말한 것을 말하고 있다.

90 『산해경山海經』 「대황북경大荒北經」이나 『열자』 「탕문湯問」에 보이는 자기의 구량九量을 알지도 못하고 태양에 따라 붙이려 한 과부夸父가 태양이 진다는 우곡隅谷까지 쫓아가 목이 말라서 황하黃河 위수渭水의 물을 마시고도 모자라서 다시 북으로 가서 택의 물을 마시려다가 닿기도 전에 갈병渴病으로 죽었다는 고사.

91 고구려·백제를 멸칭蔑稱한 것인 듯하다.

92 『예기』 「왕제王制」나 『상서』 「필명畢命」 등에 보이는 동이東夷·서융西戎·북

구별이 생겨났다고 본다. 그러나 융화戎華라는 것은, 동쪽은 사람이 없는 경계에 이르고, 서쪽은 깜깜한 지역에 달하며, 북쪽은 어두운 대해를 넘고, 남쪽은 아무것도 없는 세계에 도달하는 것이다. 여래께서 중국에서 교화를 선양하셨기 때문에 오랑캐와 중국의 차이가 생겼다고 보는 것이다. 당신은 중국 사람으로서 서방의 가르침을 따르는 것을 질책하지만, 그것은 그대가 아직 우물에서 나와서 강과 호수의 조망을 본 적이 없기 때문이다. 불경에 "부처님은 천지의 중심에 있으며, 시방세계를 청정하게 이끈다"[93]고 기록되어 있으므로, 인도 땅이 중앙의 나라임을 알 수 있다. 주공·공자에게는 올바른 예의 가르침이 있고, 여래에게는 세속을 초월하는 가르침이 있다. 올바른 예의 가르침 때문에 중국은 사방의 오랑캐와 다르며, 세속을 초월하는 법 때문에 주공·공자의 가르침과 다르다. 올바른 예의 가르침이 사방의 오랑캐들에게 미치게 되어 모든 팔방에서 주공·공자의 덕이 성행하였고, 세속을 초월하는 가르침이 주공·공자에게 더하여져서 노자가 서쪽으로 돌아가게 되었다. 노자가 서쪽으로 돌아갔기 때문에 여러 오랑캐들이 생겨났고, 사방의 오랑캐들이 주공·공자의 덕을 추숭하였기 때문에 갈수록 그 미망迷妄이 더해졌다.

바른 예는 바뀌기 어렵고, 참된 법은 변화하지 않는다. 바른 예는 바뀌기 어려우므로 태백은 오나라, 월나라에 살면서도 복장을 바르게 하였고,[94] 참된 법은 변화하지 않으므로 불교는 중국에 전

적北狄·남만南蠻을 말한다.

93 『태자서응본기경』 상(대정장 3, 473 중).

94 태백泰伯이 나인裸人의 형만荊蠻의 땅에 가서 그때의 풍속에 따라 단발문신端髮文身한 것은 『사기』「공자세가」에 보이지만, 『좌전』에는 단위端委하고 주의

래되었어도 변화하지 않은 것이다. 복장을 바르게 하였기 때문에 발가벗은 풍속의 나라에서 의상을 갖추는 풍습을 가지게 하였고, 법은 변화하지 않으므로 중국의 현인들이 머리를 깎게 만들었다.

오나라와 월나라가 의상을 갖추는 풍습을 익혔으므로 모습이나 틀이 중국과 비슷하게 되었고, 중국의 현인이 삭발하였기 때문에 인도인의 풍속과 같게 되었다. 모습이나 틀이 중국과 비슷하게 되었기 때문에 야만족의 나쁜 풍속을 두절시키게 되었고, 멀리 인도의 풍속과 같게 되었기 때문에 가까이 접촉하는 모두가 신봉하게 된 것이다.

만약 성인의 가르침이 일정한 것이 아니고 지역에 따라서 작용이 다르다고 한다면, 태백도 당연히 강동 지역에서 벌거숭이로 걸어 다녔을 것이고, 지금 당신도 아직 옷을 입지 않았을 것이 아닌가? 그러므로 나라나 인종은 같지 않아도 성인의 법은 다르지 않다. 그대는 말뜻을 어디에서 취하는가? 바른 도에서 취해야 할 것이다.

이에 도교는 통현洞玄을 올바름으로 삼고, 불교는 공空을 근본으로 삼는다. 노자는 태허太虛를 오묘한 것이라고 여기고, 부처는 사물에 접하는 있는 그대로의 모습을 심연한 것으로 본다. 노자는 저절로 그러함〔自然〕에 따라 만물이 이루어진다고 하고, 부처는 인연이 결합하여 일체가 생성된다고 본다.

도교는 부장符章[95]을 신묘하게 여기고, 불교는 강론하고 이끄는 것을 정미하게 본다. 도교는 태허를 오묘한 것으로 보므로 유 가

예를 다스렸다.

95 도가의 저술이나 표시의 종류.

운데 무가 없고, 불교는 사물에 접하는 있는 그대로의 모습을 심연한 것으로 보므로 접하는 사물마다 모두 오묘하다. 도교는 저절로 그렇게 만물이 이루어지므로 천당〔霄堂〕에 올라갈 수 없고, 불교는 인연이 모여서 일체가 생성되므로 높은 지위(부처)에 오를 수 있다. 도교는 부장符章을 신묘하게 여기므로 신령이 없고, 불교는 강론하고 이끄는 것을 정미하게 보므로 성인의 마음을 닦아서 찾아갈 수 있다. 도교는 유 가운데 무가 없으므로 큰 것이 아니고, 불교는 접하는 사물마다 모두 오묘하므로 성인의 길이 멀고도 넓다. 도교는 천당에 오를 수 없으므로 말하는 것이 헛수고이고, 불교는 존위尊位에 오를 수 있으므로 지혜 있는 사람들이 몸을 바친다. 도교에는 신령이 없는데, 마음을 기울여 무엇을 구하려고 하는가? 불교는 성인의 마음을 닦아 찾아갈 수 있으므로, 사문들이 구름처럼 일어난다.

이와 같으므로 알게 된다. 도경은 좁고 얕으며, 불경은 넓고 깊다는 것과, 도경은 좀더 더럽고, 불경은 넓고 청결하다는 것과, 도경은 혼탁하고 누漏가 있고, 불경은 깨끗하고 곧다는 것과, 도경은 가까이하기 쉬우나 어둡고, 불교는 멀지만 명확하다는 것을.

당신은 옷을 물들여서 승복으로 고치고 고상한 기풍(불교)에 귀의하면 좋을 것이다. 도교에서 머리에 황건을 쓴 것은 보기 싫은 모습이다. 가죽옷을 입고 보잘것없는 집에서 사는 것은 참으로 중국의 풍속이 아니다. 부록符籙을 파는 것은 세상의 사악한 풍속이고, 뺨을 치고 이를 두드리는 것[96]은 지극히 어리석은 일이며, 반대로 묶여서 땅에 엎드리는 것은 지옥의 모습이고, 부장을 원기元

96 도교 수행법의 하나이다.

氣와 합하는 것은 대단히 간사한 일이다. 이것으로 불교와 도교의 밝고 어두움이 확실해졌고, 진위가 밝혀졌다. 당신은 무리를 이끌고 맑은 길로 나아가야 할 것이다. 나는 올바른 덕을 닦고 내면을 돌아보아 함께 성인의 가르침을 받들겠다. 어찌 나쁘겠는가? 생각해 보니 훌륭한 가르침에 따르는 것임에 틀림없다.

홍명집 제8권

22. 변혹론辯惑論〔석현광釋玄光〕

1) 서문序文

부처님께서 교화하시는 세계는 아득하고, 교화의 방편은 한없이 많다. 몽환夢幻의 세계에 떠돌고 속세의 영화榮華에 젖고 어그러진 생각은 더욱 짙어지니, 어찌 불법佛法을 알 수 있을 것인가? 순박한 풍속이 엷어짐에 따라 중마衆魔로 하여금 어지러이 다투게 하니, 만일 속임수로써 세속의 영예를 꾀하려고 하면 반드시 5역逆을 행하고, 무력으로 어리석은 사람을 인도하려고 하면 반드시 6극極을 쓰게 된다. 이리하여 충기蟲氣가 어지럽게 가득 차고 여러 가지 근심을 부르게 된다. 생각건대 동오東吳의 손은孫恩은 수선水仙[1]의 재앙을 만나고, 서이西夷의 장로張魯는 귀졸鬼卒[2]이라는 이름

1 『진서晉書』 100, 「손은전孫恩傳」. 오두미도五斗米道를 이끌던 손은이 궁지에 몰려 물에 빠져 자살하자 그를 따르는 무리들이 수중 신선〔水仙〕이 되었다며 뒤따라 투신한 것.

을 사용하고, 민월閩越의 땅은 백성을 강제로 이주시킨 죄악을 갖고 있으며, 한나라에는 태자를 그리워하는 노래를 느끼는[3] 등의 일이 일어나 충성스럽고 현명한 신하는 한탄하고, 정치는 쇠약해졌으니, 땅의 모래나 물을 잡아 보아도 어찌 그 죄를 셀 수 있겠는가?

번쇄한 말단의 무리는 종본宗本을 알지 못한다. 세속의 가르침으로서 잘못된 말은 삼보를 헐뜯고, 오두미도五斗米道를 받드는 노귀민老鬼民들의 영탄은 거리에 넘치고 있다. 그러나 이것들은 모두 염산炎山[4]의 타고 남은 재이며, 황하黃河나 낙수洛水의 앙금 찌꺼기에 지나지 않은 것인데, 그것에서 헤어나지 못하는 것이다. 그것을 내가 심히 슬퍼하여 그저 지나간 일을 헤아려 장래를 비추어 헤매는 동자를 현향玄鄉에 밝게 하고, 묘취妙趣를 진외塵外에 분명히 하여 어둠 속에서 부처님의 교화를 드러내어 너와 나의 갈 길을 확실히 하고 싶은 것이다. 이러한 일은 아무래도 말로써는 펼치기 쉬운 것이 아니다.

2) 금경禁經을 높이 평가함〔첫 번째 오역〕

현적(玄籍 : 불경)은 구름처럼 퍼져 있으니, 공空과 유有를 꿰뚫은 아름다움과 성현의 공적은 그에 의하지 않은 것이 없다. 참으로 불전은 배우는 사람에게 있어서는 깊은 바다와 같고, 중생에 있어서는 일월과 같다. 그렇기 때문에 파륜보살波崙菩薩은 자비로써 평등하게 비추고, 소리와 광채를 명도冥途에 진동시켜 번뇌의 적을 험한 못 속에서 쉬게 하고, 영주靈舟를 신앙의 바람으로 띄우며,

---

2 『후한서後漢書』 75 「유언전劉焉傳」.
3 『한서漢書』 63 「여태자전戾太子傳」.
4 신기루 같은 것이다.

부생浮生을 고해苦海 속에서 구제하는 것이다.

듣자니, 도가의 경전들은 만드는 데 범상한 뜻이 섞여 있고, 그 교화의 자취가 삿되고 음험하기 때문에 세간에서는 금경禁經이라 하여 전하지 않는다고 한다. 이리하여 괴이하게도 도화道化는 허무하게 갇히게 된 것이다. 그럼에도 지금의 학자들을 보면 엄한 과율科律을 무시하고 다만 금이나 비단만 얻으면 도경道經을 사는 데 쓰고 있는 것이다. 가난한 사람이 찾아오더라도 그 사람이 죽을 때까지 돌보지 않으며, 이익만 챙기고 자비심은 없다. 도리에 어긋나는 것이 이보다 더한 것이 없다.

또 도가의 방술이라는 것은 더러우며 깨끗하지가 않다. 이빨을 두드리면서 천고天鼓라 하고, 침을 삼키고서는 예천醴泉이라 하며, 말의 오줌을 가지고 영신靈薪이라 하고, 늙은 쥐를 지약芝藥이라 하고 있다. 이러한 것으로써 도를 구하려 하더라도 어찌 얻을 수 있겠는가? 옛날에 진시황제나 한漢의 무제武帝는 신선이 되어 몸을 가볍게 하지 못하자, 서복徐福·공손경公孫卿을 멀리 운파雲波의 끝까지 보내어 선인仙人과 통하기를 기원하였지만 아무 효험도 없었다[5]고 한다. 원래 마음을 한가롭게 하고 욕심을 없애면 도가 바로 옆에 있는 것이다. 어째서 여기저기 뛰어다니면서 헛수고하고 침을 삼키고 이빨을 두드리고 할 필요가 있겠는가?

3) 망령되이 진도眞道를 칭함〔두 번째 오역〕

장생불사〔纏霞〕를 구하는 사람은 신단神丹의 공능을 말하며, 정

5 서복과 공손경에 관한 내용은 『사기』 「시황본기始皇本紀」나 『한서』 25 상 등 참조.

지淨智를 개명開明하려는 사람은 탕화蕩花의 기氣[6]를 사용하려고 한다. 도가에서는 이런 것을 믿으면서 참된 것이라고 하지만 아무도 죽음을 면할 수는 없는 것이다. 하물며 저 장릉張陵과 같은 사람은 망령스럽게도 천사天師라 칭하였는데, 이미 인귀人鬼를 업신여겼기 때문에 그의 몸은 현생에서 과보를 받아 한漢의 흥평興平 말년(195)에 구렁이에게 물려 죽으니,[7] 그 아들인 형衡은 분주히 시신을 찾았으나 못 찾았던 것이다. 이에 청의淸議[8]를 등진 과보라고 비난받을까 두려워서 장형張衡은 임시방편을 만들어 장릉이 영화靈化한 행적을 나타내려 하였다. 살아 있는 학의 다리를 묶어 돌담 위에 놓고 계략을 다 세운 뒤 기일을 정해서 이것을 공표하였다. 건안建安 원년(196)에 이르러 사신을 보내어 고하였다.

"정월 7일에 천사(天師 : 장릉)가 현도玄都[9]에 올랐다."

오두미도의 신자[米民]와 산에 사는 미개인[山獠]들은 개미떼처럼 담 밖에 모여들었다. 운대산雲臺山의 치민治民들은 머리 숙여 재배再拜하고 말하였다.

"삼가 듣자오니 천사天師는 현도玄都에 가셨다고 하시나 신 등은 영원히 도움을 받을 수 없어 시진尸塵[10]은 뱃속에 차고 구유九幽는

---

6 탕菪·천선자天仙子라 하고, 이것을 먹으면 사람을 미치고 방탕하게 만든다고 한다.

7 장릉은 후한말 패국沛國 풍豐 사람. 천사도天師道의 시조로서 장로張魯는 그의 손자이며, 그의 교는 오도미도五斗米道라고도 칭해진다.(『삼국지三國志』「위지魏志」권8 '장로전' 참조)

8 속계를 잊는 청정한 논의이다.

9 신선의 거처이다.

10 인체에 생기는 삼시충三尸蟲을 가리키는 것인 듯하다. 경신일庚申日 밤에 몸 밖으로 나와서 비밀스러운 일을 천제에게 고한다는 속설이 있어 이것을 막기 위하여 밤에 남녀가 모여서 철야를 하여 삼시三尸가 몸 밖으로 나갈 틈을 주

모두 밤이 되고 맙니다."

장형은 안에 들어가 한참 만에 나와서 장릉의 말이라고 속이면서 말하였다.

"나는 가마를 진화辰華에서 돌릴 테니 너희들은 각자 돌아가서 깨끗한 마음으로 수행하여 스승을 살피고 도를 생각하라."

그리고는 몰래 학 다리를 묶었던 끈을 풀어서 자유롭게 하니, 학은 곧장 허공을 향하여 날아 올라갔다. 모였던 사람들은 어리석게도 장릉이 등선登仙하였다고 말하였다. 이러한 일은 죽은 사람을 팔아 살아 있는 자의 이익을 꾀하고 세상을 속이는 것이다.

4) 기氣를 합하여 죄를 없앰〔세 번째 오역〕

감정을 없애고 욕심을 제거하면 도심道心은 밝고 참되어진다. 그런데도 이름 모르는 천한 것들이 망령스럽게 황서黃書[11]를 만들고 제멋대로 주문을 외워서 죄를 숨기려 하고 있다.〔주문에서 말하기를, "천도天道가 다하매 삼오三五가 이루어지고 일월이 밝다. 그윽함에서 나와 지극한 어두움에 들고, 기氣가 참된 경계에 들어가고 기氣가 신명神明에 통하며, 기氣가 도道에 펼쳐지고 기氣가 간사함을 행하니, 간사한 귀신과 도적이 모두 없어지도다. 나를 보는 사람은 눈이 멀고 내 소리를 듣는 사람은 귀머거리가 된다. 교감〔感〕하여 나를 헤아려 보려는 사람은 도리어 재앙을 받고 나는 길하지만 그는 흉하다"라고 하였다. 갑자년에 이르러 조칙이 내려 초록醮錄을 만드니, 남녀가 결혼하고 존비尊卑의 구별도 없었다. 오吳의 육수정陸修靜도 또 정성을 다하여 이 주법呪

지 않기 위하여 행사가 이루어졌다고 한다.

11 황제黃帝의 글, 전하여서 황로黃老의 글을 가리킨다.

法을 행하였다.]

이에 명문命門[12]을 열고 진인영아眞人嬰兒를 안으며 돌아다니면서 용호龍虎와 논다. 이런 일을 하여 재앙을 없애고 화를 없게 했다고 하는데, 과연 그것이 가능한 것일까? 한대漢代의 의군(儀君 : 張角)은 이것을 행하는 것이 도가 된다고 하여 이상한 행동으로 풍속을 어지럽히다가 돈황燉煌으로 유배된 것이다. 후에 손은孫恩[13]에 이르러서는 그 방탕함이 점점 심해져 남녀 사이에 질서가 흐트러지고 금수禽獸와 다를 바 없이 된 것이다. 무릇 사람은 색진色塵에 물들기 쉽고 애결愛結[14]을 없애기는 힘든 것이다. 더욱이 기를 단전에 합하여 명命을 선혈仙穴에 펴고, 병사를 마음대로 하여 금단의 옥문玉門을 지나, 변하는 모양이 용호가 서로 싸우는 듯이 힘을 다한다는 것은 더욱 어렵다. 이렇게 하면 살아서는 충정忠貞의 절개가 없고, 죽어서는 청정靑庭[15]의 고통이 있을 뿐이다. 진실로 원컨대 밝은 천제가 이러한 무리들을 비추어 판단하여 일체가 바르고 맑아 명조冥詔에 어긋나는 일이 없기를 바라는 바이다.

5) 도道를 구실삼아 난亂을 일으킴〔네 번째 오역〕

진종眞宗은 깨치기 힘들고 세속의 영화榮華에는 미혹되기 쉽다. 따라서 허물은 못이나 산보다 무겁고 덕은 바람이나 이슬보다 가볍다. 황건적과 같은 무리는 한실漢室을 연망鳶望하여 밝은 천명을

12 오른쪽 신장을 말하며, 정신원기精神元氣가 머무는 곳이다. 남자는 정精을 저장하고, 여자는 포胞를 갖고 있기 때문이라고 한다.

13 동진東晉 안제安帝 때 반란을 일으킨 우두머리. 그의 집안은 대대로 오두미도五斗米道를 받들었다.(『진서晉書』 100 참조)

14 결結은 계박繫縛이라는 뜻, 번뇌의 다른 이름이다.

15 태산의 동쪽에 있다는 지옥을 말한다.

거스르다가 죄에 따라 모두 죽음을 당하였다. 이어서 장로張魯[16]도 또한 귀도鬼道를 말하였지만 귀신이 그를 도와주지 않아서 큰 사슴에게 받히고 말았다. 그 후에 손은孫恩도 또한 자도(紫道 : 오두미도)를 칭하여 백성의 천한 신분도 생각하지 않고 제왕의 존귀함을 얻으려고 하여 어두운 바위굴에서 구름이 소리를 낸다고 속이고 불교의 교리를 끌어다가 망령된 이치를 말했다. 수선水仙이라고 대중을 속여 어른, 아이 할 것 없이 억울하게 죽도록 만들고 나라를 깨뜨리고 백성을 흩어지게 하였다. 어찌 흉역凶逆이라 하지 않을 수 있겠는가? 그러므로 송의 무제武帝[17]는 이를 오직 개탄하여 천 리里와 삼강三江에 몸소 출병出兵하여 불과 12일〔浹辰〕도 걸리지 않아 요망한 무리들을 쳤던 것이다. 이리하여 사람들은 즐거워하고 초목은 춘광春光을 만난 것이다.

6) 장서章書는 덕德을 해침〔다섯 번째 오역〕

지극한 교화로 남긴 자취는 속이거나 감출 수 없다. 죽은 사람에게 시호를 주는 것은 그 명덕明德에 의지하려고 하는 것이다. 도에는 진체眞體가 없기 때문에 망령되게 자취만 좇는다면 요망해지고 실질이 없게 된다. 그렇기에 죽은 사람이 선화仙化하여 도교의 본산이 있는 동쪽으로 갔다고 하여 주식酒食을 갖추어 놓고 죽은 사람의 죄를 잊어버리는 것이다. 이렇게 어리석은 사람들이 어찌

16 후한 말의 도사로서 장도릉張道陵의 손자. 장각張角의 태평도太平道, 장수張修의 오두미도五斗米道와 밀접한 관계가 있다.

17 손은孫恩이 열심히 입관入冠하고 드디어 환현桓玄의 찬탈을 불렀으나 후에 다시 손은이 배반하자 송의 무제 유유劉裕 등이 이것을 밟고 드디어 임해臨海 태수太守 신경辛景을 시켜 손은을 주살하였다. 때는 동진東晉 안제安帝의 원흥元興 초였다.

비천하고 편협한 사람들이 아니겠는가?

또한 7조祖까지 복이 옮겨 미친다고 하는 것도 그 문의文意는 천박한 것이다. 사석沙石을 지고 다니는 노동을 면하려고 빌어서 도리어 오래도록 도귀道鬼가 되고 만 것이다. 성지聖智는 미세한 것까지 궁구하는 것이므로 생각이 있으면 비추어 밝게 하는 것이다. 무엇 때문에 쇄주祭酒를 번거롭게 하고 제멋대로 지묵紙墨을 낭비하겠는가? 만약 반드시 글로써 호소한 연후에 판단을 내리는 것이라면, 도군道君에게는 현감玄鑒의 힘이 없고 천조天曹에는 천안天眼의 밝은 빛이 없다는 것이 확실하게 알려지는 것이다. 삼관三官은 근안謹案에 지치고 사리伺吏는 체포하기에 지쳐 버린다. 상소문〔奏章〕을 상문上聞하는 것은 원래 몰아닥친 병기病氣 때문인데 무진戊辰 날에는 상문上聞하여도 반드시 태상노군에 닿지 않고, 태상노군에 닿지 않으면 생민生民은 억울하게 죽고 만다고 한다. 아아, 슬픈 일이다. 이것이 다섯 번째로 어긋나는 것이다.

7) 귀신을 두려워하여 부적을 지님〔첫 번째 비법非法의 극치〕

진심으로 바른 도를 행하는 사람은 요망한 재앙이라도 그 기氣를 바꿀 것이다. 이런 까닭에 지성고현至聖高賢의 사람은 온갖 변화에도 마음을 움직이지 않는다. 때문에 금석金石의 소리에 통유洞遊하고 연하煙霞에 잠잘 수 있는 것이다. 이것은 순수한 정성〔純誠〕에 감동하였기 때문이지 부적을 차고 있기 때문에 그렇게 된 것이 아니다. 도경道經에서 귀신의 폐단을 제멋대로 과장誇張하며 말하기를 왼쪽에 태극장太極章을 차고 오른쪽에 곤오철崐吳鐵[18]을 차고

18 곤오검昆吾劍을 말한다. 주周의 목왕穆王이 곤융昆戎을 치니까 곤오국昆吾國은

해를 가리키면 태양도 빛을 멈추고, 귀신에게 견주면 천 리의 먼 곳까지도 피를 칠할 수 있다고 한다.

또 황서黃書·적장赤章을 받아 지니면 그대로 영선靈仙이 되었다고 하고, 구슬신을 신고 정실靖室[19]에 들어가며, 태상太上에 조알朝謁하지 않으며, 육갑신六甲神을 사역使役하여 변소에서 무릎 꿇고 절을 하기까지 한다.〔곽경순郭景純도 말하기를, "사람은 변소에 이르러 액厄을 넘긴다"고 하였으나 마침내 재앙을 면하지 못하였다.〕 이것에 이르러서는 우치전도愚癡顚倒라 할 것이지, 어찌 의절儀節을 아는 사람이라고 할 수 있겠는가? 부적을 차고 있었다는 이야기를 들어보면, 옛날에는 군대의 표식으로서 장각張角의 황부黃符, 자로子魯의 대강戴絳, 여송盧悚의 자표紫標, 손은孫恩의 고허孤虛 등[20] 여러 가지가 있는데, 그 어느 것도 한때는 왕사王師를 교혹矯惑시켰지만 최후에는 죽어서 인귀人鬼가 되고 말았다고 한다.

8) 백성들의 과수課輸를 제정함〔두 번째 기교欺巧의 극치〕

오두미교는 천사(天師 : 장도릉)로부터 시작되었다. 후에 사탁邪濁을 낳고 오두미를 내는 미민米民의 제도가 생겨났기 때문에 세인이 싫어하고 두려워하였다. 그리하여 자명子明·두공杜恭[21] 등은

옥을 자르고 철을 깎는다는 적도赤刀를 바쳤다.

19 정실靜室로서, 선정에 들기 위한 조용한 방을 말한다.

20 오두미도 등의 깃발의 표시. 장각張角은 황건적이라고 칭해졌으며, 장로張魯는 적색의 표지를 썼으나 위魏의 태조에게 패하였다. 노송盧悚은 팽성彭城의 도사로 진晉 문제文帝 태화太和 원년(356)에 스스로 대도좨주大道祭酒라 하고, 사술로써 대중을 미혹하게 하고, 광한문廣漢門을 공격하고, 환비 등이 이것을 주참했다고 한다. 고허孤虛는 병법가가 군을 쓰는 방위·일시 등을 점치는 법에 의했지만, 손은의 표식으로써 사용했다는 고허는 이것에 의해 십간십이지에 의한 군표로 썼을 것이다.

함께 큰 뱀에게 고생을 한 것이다.

또 도탄재塗炭齋라는 것은 장로張魯로부터 시작되었다. 저이氐夷[22]는 교화하기가 힘들기 때문에 이 법을 만든 것이다. 노새처럼 진흙에서 뒹굴고 황토를 얼굴에 바르고 머리를 추녀에 부딪치고 찰흙을 이겨서 익게 한다. 이 법은 변방에서만 행해진 것으로서 중원의 땅에서는 행해지지 않았다. 의희義熙 초년(405)에 왕공기王公其[23]라는 사람이 나타나서 재보를 탐하고 고생하는 것을 꺼려서 타박打拍을 멋대로 그만두고 만 것이다. 오나라의 육수정陸修靜[24]은 본래부터 잘못을 알고는 있었지만 그래도 또 진흙으로 얼굴을 문지르고 현미縣縻하기로 하였다. 참으로 어리석은 일이라 하지 않을 수 없다. 이런 일은 제발 입에 담지 않기를 바란다.

9) 묘문墓門에 주방을 열다〔세 번째 불인不仁의 극치〕

성문을 열고 크게 베푸는 것은 중생과 미美를 함께하는 것이다.[25] 그런데 좌도左道의 여기餘氣인 오두미도에서는 묘문墓門에 주방을 열고 불쌍한 사람에게 먹을 것을 주고 결국 대반진무大盤振舞와 같이 난잡한 상태를 보인다.

옛날 장자로張子魯는 한중漢中의 땅에 복업福業을 열고 크게 재

---

21 두자공杜子恭은 도술로써 알려졌다. 동도東都의 호가豪家, 경읍京邑의 귀성貴盛 등은 다투어 그의 제자가 되었다.

22 서융의 이름으로서 전진前秦의 부견符堅, 후량後涼의 여광呂光 등이 있다.

23 「소도론笑道論」 참조.

24 세속에서 여산 혜원, 도연명과 함께 호계삼소虎溪三笑라 하지만 사실은 유송劉宋 대의 사람이다. 도경道經 최초의 목록이라 할 수 있는 『현도관경목玄都觀經目』을 만들었다.

25 인闉은 성안의 이중문. 이 구절은 불교에서 수대나 태자의 보시행을 가리키는 것이다.

주祭酒와 귀졸들을 모았다.〔귀졸鬼卒・귀민鬼民・귀리鬼吏・귀도鬼道, 이것들은 모두 자로가 저이氐夷를 경멸하여 이들의 이름을 만든 것이다. 또 천사天師・계사係師・사사嗣師 그리고 삼녀사三女師 등의 이름은 장로 스스로가 미칭美稱한 것이다. 또 도고道姑・도남道男・ 관녀관官女官・도부道父・도모道母・신군神君・종민種民 등은 합기合氣 후에 사람들에게 붙여 준 이름이다. 또 미민米民・미성米姓・도공都功・좨주祭酒 등의 이름은 흉년이 들어 위무할 때에 붙인 것이다. 또 빈도貧道・삼동법사三洞法師라 함은 장안의 승휘僧褘가 이름을 만든 것이다. 또 선생・도민・선공왕仙公王은 말릉현민秣陵縣民인 왕영기王靈期가 만든 것이다. 또 도사・의적蟻賊・제주制酒・미적米賊이라고 하는 것은 세상 사람들이 이름붙인 것이다. 또 법사・도강都講・시경侍經이라고 한 것은 육수정이 불교를 본떠 세상에 따라 이 이름을 정한 것이다. 또 천공天公・지공地公 그리고 신첩臣妾이라고 부르고, 태평지도太平之道・오두미도・대도大道・자도紫道・귀신鬼神・사군師君이라고 하는 것은 작당할 때에 위엄을 빌어 이름붙인 것이다. 또 교동膠東의 난대欒大는 오리장군五利將軍을 배수하였는데, 비록 제후에 봉하여졌어도 신하가 지켜야 할 절개가 없는 것이며, 한나라의 무제 말경에는 다시 이렇게 부르는 일이 없다.〕

술이 한창일 때 도를 넘어 결국 주정을 하는 바람에 나쁜 소문〔醜聲〕이 저 멀리 촉의 민岷 지방에까지 이르고 말았다.

유장劉璋[26]이 설교하였다.

"영선靈仙이 명命을 기를 때에도 오히려 송하松霞를 절약한다. 하

---

26 자는 계옥季玉. 후한 말의 파촉巴蜀에 웅거한 유언劉焉의 아들. 조조曹操에게 공순恭順의 뜻을 나타내고, 후에 유비劉備와 탄음歎飮하기를 백여 일에 이르렀다고 한다. 유비로 하여금 장로張魯를 치게 했다. 후에 성도成都에 갇히게 되었지만 백성의 고난을 생각해 정병 3만을 거느리고 유비에 항복했다.

물며 몸을 살찌우고 맛 좋은 것을 즐기면서 어찌 도를 숭상하는 사람이라 하겠는가?"

자로子魯가 이 말을 듣고 분한 마음과 수치심이 깊어 길 청소하는 벌을 내려 이 일을 세세토록 도사에게 전했다. 후에 회합會合에서 글을 올려서 이 곤란함을 막고 겸하여 주령廚令을 만들어 술은 세 되에 한하여 먹도록 하니, 한말漢末 이래로 제주制酒라고 칭하기에 이르렀다.

왕영기王靈期에 이르러 허물이 있는 명칭을 삭제하여 선생先生과 도민道民을 많이 주게 되었다. 비록 오리장군五利將軍과 같은 귀현貴顯이라고 해도 도리어 요물이라는 이름을 얻게 된 것이다.

10) 액고厄苦의 생生을 초월함〔네 번째 허망의 극치〕

육체는 가을 과일의 꼭지보다도 위험한 것이며, 목숨은 봄날의 얼음보다 덧없는 것이다. 업풍業風은 불어서 화경化境의 여기저기로 내몰고 있다. 그러므로 제나라 경공景公은 목숨을 인연에 맡겼고, 손자孫子는 걸어 다니는 시체라고 적고 있다. 미혹한 사람은 견해가 좁아 대방大方을 모르고 질병이나 재난이 생긴 연후에야 제멋대로 재앙의 근원을 궁구한다. 그리하여 귀신새〔鬼鸖〕가 있기 때문에 재해가 일어난다고도 하고, 위액危厄을 저 멀리 하늘의 강에 건네 보낸다고도 하며, 조성釣星을 현류懸溜에서 보면 재앙이 온다고 하고, 단장丹章을 화산華山에 씻기도 하는 것이다. 얼굴을 찡그리고 명귀冥鬼를 꾸짖어 말하기를, "삼관三官의 사자使者가 이미 죽은 사람을 먼저 돌려보냈다"고 한다. 죽을 사람은 그냥 두어도 죽어 가는 것이다. 이러한 푸닥거리는 사화辭貨를 헛되이 잃는 것에 지나지 않는 것이다. 이것은 참으로 좨주가 건서巾糈의 이익[27]을 꾀하여 백성을 잠식하고 공사公私의 재물을 함께 축나게 하는 것이며, 더 나아가서는 화택火宅이라 하여 지성至聖을 놀라게 하고, 귀가歸歌[28]라 하여 사람들의 마음을 동요하게 할 뿐이다.

11) 꿈속에서 죄를 지음〔다섯 번째 어리석음의 극치〕

사람이 교화하는 시초는 지식의 작용을 가지고 근본을 삼는다. 그러므로 신명身命을 버리는 것은 초목을 버리는 것과 다르다. 대지와 산들은 나와 연고가 없는 것이 없고, 멀리 펴져 있는 푸른 강은 모두 나의 눈물이며 피인 것이다. 이렇게 본다면 누구나 친우親友가 아닌 사람이 없다. 혹은 꿈에 먼저 죽은 사람을 보고, 문득 "변괴가 생겼다"고 말한다. 원래 사람과 귀신이 다르다고 하지만 생멸은 같은 것이며, 은애의 정은 때에 따라서 또 영향을 받고 있다. 도교에서는 군사郡邪는 무례하고, 역순逆順의 도리를 모른다. 귀졸鬼卒·귀리鬼吏를 모아서 천제에 상주하여 이런 귀鬼를 단죄한다고 한다. 이래 가지고는 죽은 자의 유령을 자를 수는 있지만, 어느 누가 진심을 드러내려 하겠는가? 다행히도 미래를 원한다면 미혹한 말을 숭상하지 말 것이다. 천당에 있어서는 선조의 영靈이 음식을 버리려는 생각을 없게 할 것이며, 지옥의 빙하에서는 망자亡者의 재난을 떠올리는 소리를 조용히 할 수 있을 것이다.

12) 경솔하게 춥고 덥다고 함〔여섯 번째 망령의 극치〕

심구心口를 연묵淵默하게 하는 것은 만행萬行 중에서 참된 덕이

27 건巾은 베, 서糈는 신에게 공양하는 쌀을 말하며, 악귀를 빌고 복을 구하는 것을 말한다.

28 사람이 죽으면 슬프게 불러서 사람의 마음을 움직이는 것을 말한다.

다. 그러나 세상 중생의 대다수가 자애의 마음이 없다. 그런데도 효훙사녕虓兇邪佞에 부적을 다투어 만들고, 그것을 문에 걸거나 문구멍에 붙이면 악귀를 피할 수 있다며 어리석은 속인들을 속인다. 덕이 높고 현명하고 유식한 사람에게는 이 정도로는 안심시킬 수 없어서 황신월장黃神越章[29]을 만들어 가짐으로써 귀신을 죽이고, 또 적장赤章을 만들어 가짐으로써 사람을 죽인다고 하는 것이다. 세간의 속정俗情을 즐겁게 하여 과보로 받게 될 앙죄殃罪의 두려움을 헤아리지 않고 음모를 꾸며 미움을 산다. 이러한 교활함은 벌써 경에도 나타나 있는 것이다. 죽어서는 철겸지옥鐵鉗地獄에 들어가고 살아서는 올빼미나 까치·벙어리로 태어나며, 육신과 정신은 썩어서 영원히 침륜沈淪하는데 누가 이것을 깨달아 알 것인가? 도교의 노귀민老鬼民의 무리들은 본연의 도는 그러한 것이 아니니, 일의 시비를 바르게 가려야 할 것이다. 충고하는 말이 비록 가시같이 괴롭더라도 지혜로운 사람은 달갑게 이것을 듣는 것이다. 그러므로 대략을 말하였으니, 재삼 생각해 보아 능히 행위를 불식하고 꾀하는 일을 바꾸면 대화(大化 : 불교)의 가르침을 함께할 수 있을 것이다. 진실로 고쳐지지 않는다면 명덕明德의 사람을 기다려 빠짐없이 근본 취지를 대조하여 긴 밤〔長夜〕의 미혹을 깨닫게 되기를 바란다. 부족한 나의 말로는 알아듣도록 할 수 있는 바가 아니다.

29 산에 들어갈 때 이것을 차고 들어가면 맹수가 근처에 오지 않는다는 도장이다.

23. 멸혹론滅惑論〔동완東莞 유기실협劉記室勰[30]〕

어떤 사람이 「삼파론三破論」[31]이라는 것을 지었는데, 내용은 저급하고 문장도 졸렬하다. 지극한 이치는 마음 깊은 곳에 결정되어 흔들림이 없고, 떠도는 말은 얕은 마음에 미혹되는 것으로 항간의 비루한 말은 참으로 거론할 것이 못 되지만, 한편으로 그것이 범인凡人의 귀에 들어가면 정말 그렇다고 생각할지도 모르기에 조금이나마 취할 점을 골라서 올바른 생각을 약술하려 한다.

「삼파론」에서 말하였다.

"도가의 가르침에서 훌륭한 점은 생각을 정밀히 하여 하나를 체득하고 죽지 않고 성인이 되는 것에 있다. 불가佛家의 가르침이 훌륭한 점은 삼매의 경지에 들어 신통력을 얻고 무생無生의 세계를 원하는 것에 있다. 죽음을 열반이라 하지만 죽음을 배워서 죽음에 들지 않는 사람은 본 적이 없다."

「멸혹론滅惑論」에서 말하였다.

"도교와 불교의 진위는 누가 보아도 확실하여 분별하기 쉽다. 불법은 마음을 연마하고 도교는 몸을 연마한다. 몸〔形器〕은 반드시 끝이 있으며, 작은 담장 안에도 장애가 된다. 그러나 마음〔神識〕은 무한하며 세계 밖으로 벗어날 수도 있다. 현명한 사람은 자질이 무궁하여 훌륭한 지혜로써 교화되지만, 어리석은 사람은 죽음에

30 『문심조룡文心雕龍』 50편의 찬자로, 『홍명집』의 편자인 승우와 십수 년 간 함께 거처하였고, 경론에 통달하였다.(『양서梁書』 50)

31 장융張融의 이름을 빌어 도사가 만들었다는 불교 배격론. "나라에 들어와 나라를 망하게 하고, 집안에 들어와서는 집안을 망하게 하며, 몸에 들어서는 몸을 망가뜨린다"고 하여 삼파론이라 한다.

연연하므로 신선이 된다는 것에 속는 것이다. 신선술神仙術은 약을 먹는 것에서 끝나고, 혜업慧業은 선관禪觀에서 시작된다. 선禪은 참된 식識을 연마하기 때문에 정묘精妙하여 열반을 바랄 수 있으나, 약은 한시적인 육체에 머물기 때문에 정밀하게 사유하여도 승천할 것은 기약할 수 없는 것이다. 만일에 미묘한 보장(寶藏 : 불교)을 버리고 지혜를 잊고 몸을 기른다면, 이치상으로 따져 보더라도 허위라는 것을 알게 될 것이다. 설령 육체가 하늘 세계에 나부끼고 정신은 남모르게 솔개처럼 날아 하늘에 이른다 하여도 나는 새 이상을 면치 못할 것이 아닌가? 무릇 열반의 묘과妙果는 그 도가 상주常住하는 것이다. 죽음을 배우는 논리로 어찌 그 이치를 알겠는가?"

「삼파론」에서 말하였다.

"태자가 교주였다면서 교주는 머리를 깎지 않고 사람들에게 머리를 깎게 하고, 교주는 처를 버리지 않고 사람들에게만 자손을 끊게 한다. 참으로 우스운 일이다. 불교가 악을 끊게 하는 방법이라는 것을 분명히 알아야 한다. 엎드려 듣자 하니, 군자의 덕으로는, '신체발부身體髮膚는 부모로부터 받은 것이니 감히 상하게 하지 않는 것이 효의 시초이다'[32]라고 한다."

「멸혹론」에서 말하였다.

"태자는 처를 버리고 머리를 깎았다. 이 일은 경전에 확실하게 나오는데도 도리어 백을 흑이라고 하니, 속이는 것이 아닌가? 무릇 불가의 효는 포괄하는 것이 광대하다. 이치는 마음에 연유하고 머리카락과는 관계가 없다. 만일 머리카락을 사랑하여 기르기만

---

32 『효경孝經』「개종명의장開宗明義章」.

하고 효도하는 마음을 내버린다면 효가 어디에 있을 것인가? 고공단보古公亶父의 큰아들인 태백泰伯과 둘째 아들 우중虞仲이 머리를 자르고 몸에 문신을 하여서 동생 계력季歷에게 왕위를 양보한 것을 놓고, 공자는 두 사람 모두 지덕至德이고 때에 적절한 행동이라고 칭찬하고 있다.[33] 세간의 현자賢者는 세상의 예를 지켜야 할 것이다. 머리를 자르고 나라를 양보하는 것이 성철聖哲의 미덕일진대, 하물며 반야의 가르침은 행위가 시의時宜에 훌륭하게 맞고 보리과菩提果의 이치는 양보하는 것보다 묘한 것이 아닌가? 이치가 양보한 것보다 훌륭하기 때문에 머리를 깎고 도를 취하며, 행업行業이 시의에 맞는 것보다 훌륭하기 때문에 행적을 버리고 마음을 구하는 것이다. 두 사람의 현자를 표준으로 하면 불교는 효에 빠지는 곳이 없다. 성스러운 경지에 비추어 본다면 의심할 것이 없는 것이다.

「삼파론」의 첫 번째 논파論破에서 말하였다.

"나라에 들어와서 나라를 파괴한다. 현혹하는 말로 제멋대로 말하고 절과 탑을 흥조興造하면서 경비를 걱정하지 않는다. 백성을 괴롭혀서 나라에 국민이 텅 비도록 한다. 나라가 궁핍해도 돕지 않고 백성들이 줄게 하는 것이다. 그 사람들을 보니 양잠을 하지 않고서도 옷을 입고 밭을 갈지 않고서도 밥을 먹는다. 나라가 망하고 사람이 끊어지면 잘못은 여기부터 시작이 된 것이다. 날마다 쓰는 것으로서 비용만 손실하고 터럭만큼의 이익도 없으니, 오재五災의 해害라 하여도 이 이상은 아닐 것이다."

「멸혹론」에서 말하였다.

---

33 『논어』「태백泰伯」.

"대승은 지극히 원만하여서 진리를 찾는 것이 묘함을 다하고 있다. 그러하기 때문에 2제諦를 밝혀서 유有를 버리고 3공空을 분별하여 무無를 표현하는 것이다. 4무량심은 그 훌륭한 마음을 넓게 하고 6바라밀은 그 업고業苦를 털어 버린다. 속이는 말로써 비방해 보아도 어찌 해와 달이 손상되겠는가? 사탑의 홍조는 영묘한 가르침을 천양하는 것이다. 사업事業은 한순간이지만 그 도의 혜택은 천 년을 간다. 옛날 우禹가 제후를 만났을 때 옥백玉帛의 예를 취한 제후가 만국萬國에 있었지만 전벌戰伐의 세상이 되어서는 생존하는 사람은 칠군七君뿐이다. 한의 무제의 태시太始 때는 정치가 풍부하였고 백성이 많았으나 적미赤眉의 병란에는 천 리에 이르도록 사람의 자취가 끊기었다. 나라가 망하고 사람이 없어지는 것이 어찌하여 불교의 탓이겠는가? 진시황의 태자 호해胡亥와 영嬰의 때에는 한 섬의 곡물이 10전이나 했지만 경제景帝·무제武帝의 치세에서는 쌓인 곡식이 빨갛게 썩어 나갔다. 진나라 말에 사문이 많았고, 나라 조에 불법이 없었던 것은 아니다. 고금에 비추어 보건대 불교가 무슨 정치를 손상하게 하였는가?"

「삼파론」의 두 번째 논파에서 말하였다.

"가정에 들어가서는 가정을 파괴한다. 아버지와 아들이 행동을 따로이 하고 형과 아우가 법을 다르게 하며 양친을 버리고 효도가 근절된다. 근심과 즐거움, 노래와 곡哭을 따로따로 하고, 골육骨肉 사이에 원수를 낳으며, 친속親屬을 영구히 버리고 화육化育에 거슬리고, 순順을 범하여 하늘같이 높은 부모의 은혜를 보답할 수 없는 것이다. 5역逆 가운데의 불효가 이 이상의 것은 없을 것이다."

「멸혹론」에서 말하였다.

"효라고 하는 도리는 지극한 것으로서 출가나 재가에 한결같이 꿰뚫고 있는 것이다. 안과 밖의 방법은 다르지만 마음속의 생각은 동일한 것이다. 만일 속세의 인연 따라 살아간다면 본래 유교의 예로써 가르침을 닦지만, 불도를 수행할 때는 무릇 청정한 업〔梵業〕으로 효를 넓히는 것이다. 그러한 이유로 부모에게 상담하여 출가하는 것은 『법화경』에서 의미를 밝히고 있고,[34] 듣고 나서 배우는 것은 『유마경』[35]에서도 그 예를 들고 있다. 어찌 근본을 잊겠는가? 이유가 있어 그렇게 된 것이다. 저 출가자는 모두 마음의 도리를 깨달아 인간 세상의 무상無常한 삶이 너무도 짧고 되돌릴 수 없음을 밝게 아는 것이다. 이리하여 허무한 인생 속에서 효양孝養을 다하는 것은 6도道에 윤회하는 혼령을 구제할 수 없고, 도를 배워 부모를 고계苦界로부터 구출하면 사후의 고는 영원히 없어짐을 알았던 것이다. 출가자는 불타의 뛰어난 방법으로 구하면 불타는 조금도 틀림없이 대답하여 줄 것을 알아서 훌륭한 증과證果도 얻을 수 있음을 분명히 분별하였던 것이다. 그러므로 가벼운 효와 무거운 효를 분명히 헤아려 이것〔輕〕을 버리고 저것〔重〕을 붙잡는 것이다. 상복喪服의 제도가 행해지는 것도 먼 조상을 추모하기 위함이며, 예는 자연스러운 마음에 기인한다고는 하나 시초는 세속에 수순하는 것이다. 삼황三皇이 잘 다스리던 시대는 요堯나 순舜도 따르려고 하였지만 부모가 돌아가시면 뼈에다 장작을 옷 입히듯 쌓고 들 가운데서 화장을 하여 봉분도 없고 표식으로 나무 한 그루 심지 않고 상복에 쓰이는 저장苴杖이나 참최斬衰의 제도조차 없었다. 그렇다고 해서 삼황이 백성에게 효를 버리도록 가르쳤다고 어

34 『묘법연화경』「묘장엄왕본사품」.
35 『유마경』「촉루품」.

찌 말하겠는가? 결국은 오제五帝의 세상이 되어서 상주제도가 훌륭히 정해졌지만, 요순이 예를 행하면서도 삼황을 책망하였다는 말은 듣지 못하였다. 삼황은 책망하지 않으면서 어찌하여 부처만을 의심하겠는가? 불교에 상복의 규정이 없는 것은 고苦를 구제하려는 이치 때문이고, 삼황이 상례喪禮를 시행하지 않은 것은 당시의 순박한 풍조를 따른 것이다. 순박淳樸한 것은 의심하지 않으면서 고를 구제하는 것을 놓고 허물 삼는 것은, 이른바 조삼모사로서 기쁨과 노여움이 교차하는 경우인 것이다. 그러므로 성인의 가르침은 상대의 처한 상황에 따라 원만하게 통하는 것임을 분명히 알아야 한다. 삼황은 순박하기 때문에 상복제가 없고, 오제五帝는 감정에 따랐기 때문에 상의 규정을 정하였으며, 석가는 고를 구제하기 위하여 세속을 버리고 진실에 돌아가는 것이다. 그 행적을 살펴보면 행하는 방법은 다르지만 그 깊은 교화는 같은 곳으로 귀착하는 것이다."

「삼파론」의 세 번째 논파에서 말하였다.

"몸에 들어가서는 몸을 파괴한다. 사람으로 태어난 몸으로서 첫째로 훼손시키는 병통이 있고, 둘째로는 머리를 죄인처럼 깎는 고통이 있고, 셋째로는 불효라고 하는 허물이 있고, 넷째로는 자손을 끊는 죄가 있고, 다섯째로는 신체를 잊고 계율에 따르므로 그저 불효만을 배우는 것이다. 무엇 때문에 이렇게 말하는 것인가? 계율로써 부모에게 무릎 꿇지 못하도록 하니, 누구나 할 것 없이 다투어 따르고 있다. 아들이 먼저 사미가 되고 그 부모가 후에 비구니가 되면 아들에게 무릎 꿇어 절한다고 한다. 이러한 예의 없는 가르침은 중국에 없다. 어찌 따를 수 있겠는가?"

「멸혹론」에서 말한다.

“어떠한 형체에 들어가 살면 정식情識을 품는데, 그 이치는 숙세宿世의 업에 따라서 정해져 있고, 출가하든 속가에 머무르든 그것은 인과에 매여 있다. 이런 까닭에 석가가 세상에 나오셔서 천인天人을 고루 교화하신 것이며, 나라를 다스리거나 가정을 통솔함에 있어서도 함께 도의 자취가 있었음을 증명하고 있다. 세상 사람들이 모두 출가한다는 것은 들은 바가 없다. 그것은 참으로 개인의 연기緣起와 업감業感이 다르기 때문이다. 그러나 훌륭한 가르침에는 두 가지가 있으니, 진신搢紳과 사문의 차별이 있는 까닭이다. 다만 처음 속진俗塵의 세계를 빠져나가는 데는 계戒와 정定에 따르지 않으면 안 되는데, 처妻는 탐애의 장애이며, 머리는 몸을 장식하는 것이다. 탐애의 장애는 정신을 상하게 하고, 몸을 꾸미는 것은 도에 어그러지는 것이다. 그러기에 정신을 맑게 하여 애욕을 없애고, 도를 닦아서 꾸밈을 버리는 것이다. 이치가 예사로운 것을 뛰어넘으면 가르침은 반드시 세속과 반대로 해야 한다. 그러므로 부모에게 무릎을 꿇지 않는 것은 도가 높기 때문이며, 부모가 출가한 자식에게 예배를 하는 것은 도를 존경하기 때문이다. 새로 관례冠禮를 치른 아이가 어머니에게 보일 때 그의 어머니가 아이에게 절하는 것은, 아이가 덕을 갖춘 것을 기쁘게 여기기 때문에 높은 것을 낮추어서 아랫사람에게 예를 다하는 것이다. 갑옷과 투구를 입은 사병이 군주를 보고도 절하지 않는 것은 그 무기를 갖고 있는 위용威容을 중히 여기기 때문에 군주의 존위가 사병에게 미치지 않는 것이다. 관례冠禮를 치를 때 쓰는 검은 고깔은 가벼운 의례 때에 쓰이는 갓[冠]으로서 원래 거기에 신성함은 없다. 갑옷과 투구는 흉기로서 지덕至德이 있는 것도 아니다. 그러나 공손해야 할 때라면 어머니의 몸으로서 자식에게 절하고, 공경함을 그쳐야 할 때라면 신하는 군주에게 무릎을 꿇지 않는 것이다. 예전禮典은 세속의 가르침으로서 주공周公·공자孔子가 정한 것이지만 그 임시변통을 논하자면 한 가지 원칙만으로 되는 것이 아니다. 하물며 불도佛道의 존귀한 것은 삼계를 벗어나 있다. 신성한 가르침의 오묘한 근본으로서 뭇 중생들의 으뜸이니, 이로써 사람들에게 베푸는 것은 실로 갓이나 투구보다 존귀하다. 갓이나 투구의 경우 예를 거슬려도 고금에 아무도 의심하지 않는데, 불도에 공경함을 더한다고 무엇이 괴이하겠는가?

「삼파론」에서 말하였다.

"불佛을 옛날 경본經本에서는 부도浮屠라고 하였는데, 구마라집鳩摩羅什이 불도佛徒라고 고쳤다. 부도浮屠의 이름이 악惡에서 기원하는 것을 알고 있었기 때문이다. 부도라고 이름 지은 것은 호인胡人이 흉악하기 때문이다. 노자는, '근본을 교화하려는 것이지 겉모습을 손상하는 것을 바라지 않는다'고 하였다. 그렇기 때문에 두발을 삭발하는 것을 이름하여 부도浮屠라고 하였으니, 하물며 도할屠割이겠는가? 승위僧褘가 이후에 불도佛圖라고 고쳤다.

또한 옛날 경에서는 상문喪門이라 하였는데, 상문이란 사멸하는 문이라는 뜻으로서 불법은 무생의 가르침이라고 상문이라 이름한 것이다. 이 또한 나집 때에 이르러 고쳐서 상문桑門이라 하였고, 승위僧褘는 다시 고쳐서 사문沙門이라고 하였다. 사문은 사태沙汰의 법에서 유래하는 것이니 부를 만한 것이 아니다."

「멸혹론」에서 말한다.

"후한 명제 때, 불교 경전이 처음으로 중국에 들어왔기 때문에 한대의 역어譯語는 음이나 글자가 바르지 못했다. 부浮의 음이 불佛과 닮았고, 상桑의 음이 사沙와 닮은 것은 발음의 잘못이고, 도圖

를 도屠로 한 것은 글자의 잘못인 것이다. 나집은 중국과 외국의 언어에 능통하고, 음과 의미의 지식을 겸하고 있었다. 삼시三豕[36]를 정정하는 것은 참으로 당연하다. 5경經은 오랫동안 전하여 온 전적으로 그 학문은 번역에 의한 것이 아닌데도, 마융馬融・정현鄭玄의 주석注釋에서는 음과 글자를 서로 고치고 있다. 그리하여 「오목불기於穆不起」에서는 '주송周頌'을 잘못 전하고 있고, 윤색안안允塞安安에서는 「요전堯典」의 성덕聖德을 어긋나게 전하고 있다. 지극한 가르침의 심오함이 정녕 이 두 글자에 있겠는가? 뜻을 얻고 말을 잊는 것은 장주莊周가 깨달은 바[37]이며, 글로써 뜻을 해치는 것은 맹자가 비방한 것이다.[38] 큰 이치를 찾지 않고 글자만을 좇으니, 융통성이 없는 송나라 사람 신속申束이라도 이보다 더하지는 않을 것이다."

「삼파론」에서 말하였다.

"세 가지를 파괴하는 이 법은 중국에서 시행된 것이 아니고 원래 서역에서나 행해진 것인데 어째서 논하는가? 호인은 흉포하고 예의를 모른다. 금수와도 다름이 없고 허무虛無를 믿지 않는다. 노자가 함곡관으로 들어간 것은 불보살 등의 형상에 의한 가르침을 만들고 호인을 교화시키고자 해서이다. 또 말하기를, '호인은 거칠고 흉악하기 때문에 그들의 악한 종자를 끊으려고 남자에게는 처를 맞이하지 못하게 하고 여자는 남자에게 시집가지 못하게 한 것

---

36 옛날 사서에서 기해己亥라 쓴 것을 삼시三豕라 잘못 읽었던 것에서 나온 말로 글자를 잘못 쓰거나 잘못 읽는 것을 비유하는 말이다.

37 『장자』「외물外物」. 말이란 의미를 알기 위한 도구이며, 의미를 알고 나면 이미 말이 쓸모가 없게 되므로 잊어버리라는 말.

38 『맹자』「만장萬章」 상.

이다'라고 하였다. 한나라 모두가 법에 따른다면 그들은 자연히 멸종하게 될 것이다."

「멸혹론」에서 말하였다.

"석가가 사라쌍수紗羅雙數 밑에서 행적을 감추니 그 불상이 대신 일어난 것이다. 불교의 이치는 무시의 옛날부터 쌓이고 쌓여 온 것이고, 도는 무궁한 미래에까지 미칠 것이다. 생각건대 이수(李叟 : 노자)가 함곡관을 나간 것은 주나라 말의 일이다. 세상은 막히고 현자는 숨었기 때문에 한 번 가서는 돌아오는 것을 잊은 것이다. 접여接輿[39]조차도 세상을 피했을 때는 그의 행적을 알 수 없었는데, 하물며 외국에 갔으니, 그 누가 행적을 알겠는가? 그래서 교활한 좨주(祭酒 : 王浮)가 『화호경化胡經』을 만든 것이다. 그 이치는 치졸하고 말은 미숙하여 교육을 받지 못한 사람에게 전하여 왔다. 살펴보면 서쪽의 호인은 겁이 많고 마음이 약하고, 북쪽 오랑캐〔北狄〕는 매우 흉악하다. 만일 노자가 악을 없애는 데 덕을 버리고 형形을 쓴 것이라면 어찌하여 흉악한 북쪽 오랑캐를 아끼고 도리어 약한 서쪽 호인들을 없애서 북방의 오랑캐와 흉노〔玁狁〕를 횡행橫行시켜 그 해독害毒이 만세萬世에 흐르도록 하였겠는가? 승냥이와 이리를 요로要路에 놔두고 여우와 오소리를 죽인 격이다. 사람을 죽음으로 이끄는 잔혹한 일을 하여도 조금도 소문이 나지 않는다. 상앙商鞅의 법도 이렇게 사악하지는 않았는데 노자의 도가 이러한 것이었겠는가?

또 가르침에 복종하지 않으면 상像을 만들더라도 쓸 곳이 없으

39 『논어』「미자 微子」에 나오는 초나라의 광인. 공자에게 헛수고하지 말라고 충고하여 공자가 더불어 말하고자 하니, 숨어 버렸다.

며, 가르침에 따르면 아이들까지 죽일 일은 없다. 벌써 가르침에 복종하고 있었는데 극형을 가한다는 것은 한마디로 도리를 잃은 것이니 많은 거짓을 볼 수 있다. 제나라 동쪽 야만인의 말[40]이 어찌 도리에 맞다고 하겠는가?"

「삼파론」에서 말하였다.

"삼황三皇·오제五帝·삼왕三王의 무리가 무엇을 가지고서 도를 배우고 감응感應하였다는 것에 대해서는 들은 바가 있지만, 불교에 대해서는 들은 바가 없다. 이 때문에 구황九皇이 소홀히 하였던 것이고, 이 때문에 불교는 아직 세상에 나타나지 않았다고 할 수 있다. 만일 불교가 아직 세상에 나타나지 않은 것이라면 삿되다느니 거짓이라느니 다시 말할 것도 없다."

「멸혹론」에서 말하였다.

"신통의 변화는 그 교체敎體가 하나가 아니고 영감의 회응會應은 숨고 나타나는 것이 일정한 때가 없다. 인연이 묘화妙化에 있을 때는 보살이 그 도를 넓히지만 화化가 추연麤緣일 때는 성제聖諦가 그 덕을 늘리는 것이다. 성스러운 임금과 보살은 감感에 따라 응應을 나타낸다. 가르침은 다르지만 하나로 계합되니, 원래부터 부처가 아닌 것이 없다. 그러므로 삼황 이래는 중생과의 감感이 없어지고 이름도 숨어 버렸지만 후한 명제明帝의 교화로 인연이 응하여 불상이 나타난 것임을 알아야 한다. 삼황의 덕화德化와 오제의 인교仁敎를 도라고 하지만 최상은 아닌 것 같다. 복희伏羲·신농神農이 정치를 폈을 때에는 장서章書를 아뢰었다는 말을 듣지 못하였으며, 요·순이 정치를 했을 때는 부符를 쓰는 것을 즐겨 하지 않

40 『맹자』「만자萬章」상에 나오는 말로 어리석어서 믿기에는 부족하다는 뜻.

았다. 탕왕湯王·무왕武王이 사나움을 금하였을 때는 금단金丹을 약으로 먹였는가? 5경經의 전적은 천사天師보다 오래되지 않았는데도 성제聖帝를 도왔다니, 어찌 틀린 것이 아니겠는가?"

「삼파론」에서 말하였다.

"도교는 기氣를 근원으로 하고 하나를 얻는다고 한다. 중원의 사람들을 살펴보면 도교를 받들지 않는 사람이 없다. 지금 중국에서 부처를 받드는 사람이 있으면 반드시 강호羌胡의 종족이다. 만일 그렇지 않다면 어째서 부처 같은 것을 받들겠는가?"

「멸혹론」에서 말하였다.

"지극한 도의 종극宗極은 그 이치가 하나로 돌아가고, 묘법의 참된 경지는 본래 둘이 아닌 것이다. 지극한 부처의 경지는 공현空玄하여 형체가 없지만 온갖 형상에 다 응하고, 정적靜寂하여 무심無心이지만 유현幽玄한 지혜는 더욱 밝아지는 것이다. 눈에 보이지 않는 불연佛緣은 조용히 맺어져 그 극極을 볼 수 없고, 눈에 보이지 않는 불공佛功을 나날이 쓰면서도 그런 줄을 모르는 것이다. 다만 온갖 형상이 생겨난 이상 가명假名을 세워서 범어로는 보리菩提라고 하고, 한어漢語로는 도라고 이름하는 것뿐이다. 부처가 행적을 나타내면 금색의 모습으로 성스러움을 나타내고, 속세에 응하면 왕궁에서 태어남을 나타낸다. 어리석음을 제거하는 데는 4선禪을 시작으로 하고, 지혜에 나아갈 때에는 10지를 계단으로 하며, 용신龍神·귀신을 모두 함께 인도하고 곤충의 종류까지도 똑같이 자비를 베푸는 것이다. 방편교에는 일정한 정형이 없으므로 출가와 재가로서 응화應化하는 데 어긋남이 없고, 묘한 교화는 한량없이 크기 때문에 중화中華나 오랑캐라는 마음의 경계가 없다. 그러하기 때문에 한 소리로 여래께서 법을 연설하시면 여러 가지의 언어로 함께 깨닫고, 1승으로 가르침을 펴시면 다른 경에 의한 사람도 다 함께 깨달음에 돌아간다고 한다. 경전은 방편에 의하기 때문에 공자와 석가의 가르침은 다르지만 도는 부합하고, 함께 깨달음은 묘한 것에 의하기 때문에 범어와 한어라는 장벽이 있지만 교화는 통하는 것이다. 다만 중생의 감정에 정밀하고 거칢의 차이가 있기 때문에 가르침에 도와 속이 갈라지고, 글에는 동서가 있기 때문에 나라에도 구분이 생긴다. 그러나 그 신묘한 교화로 두루 다스리고, 군생群生과 도기를 만들고 쇠를 녹여 그릇을 만들듯 인재를 양성하는 점에서는 차별이 없다. 본디 6취의 중생을 구제하고 대천세계를 모두 다스리니, 도는 지극한 도이고 법은 가장 존귀한 법이 된 것이다. 그러면서도 구극究極의 도는 하나이지만 갈림길에서 미혹함이 생겨서 아흔여섯 종류의 외도들도 다 함께 도라고 부르고 있다. 이름만 들어서는 정사正邪의 구별이 되지 않지만, 법을 실지로 시험해 보면 진위가 자연히 판명되는 것이다. 살펴보건대 도가의 법을 세울 때 그 등급에 세 가지가 있다. 맨 위로 노자를 내세우고 다음은 신선을 말하고 마지막으로는 장릉張陵이 뒤를 잇고 있는데, 태상노군을 근원으로 하고 있다. 주하사(柱下史 : 周代)의 도서의 관리를 맡아보던 관리였던 노자가 은둔한 것을 생각해 보면 실로 대현大賢으로서 글을 써서 도를 논하매 무위를 귀중히 여기며, 이치는 정일靜一에 돌아가고 교화는 허虛와 유柔에 근본을 두고 있다. 그러나 3세의 일은 쓰지 않고 지혜를 닦는 법도 듣지 못하였다. 이것은 결국 세속을 인도하는 양서良書이기는 하지만 세간을 초월하는 묘경妙經은 아닌 것이다. 신선의 작은 도를 이름하여 5통通이라 하지만 복은 천상계에 나는 것이 최상이고 몸을 하늘에 날아오르게 하는 것이 고작이니, 이는 신통이기는 하지만 아직 번뇌를 면치 못하고, 수명이 길다 하여도 죽지 않을 수는 없는 것이다. 공功은 약을 먹는 것에 있는 것이 아니고, 덕은 실천하기 나름이다. 그래서 어리석고 교활한 방사方士들은 이런저런 이유를 붙이며, 장릉은 오두미도의 적賊인데도 학을 타고 하늘에 올랐다고 썼으며, 갈현葛玄[41]은 시골 사람임에도 선공仙公이라고 전기에 쓰고 있다. 어리석은 사람은 속을지라도 지혜로운 사람이야 속일 수 있겠는가? 지금 이수李叟를 조술祖述하면 가르침의 결점이 저와 같으며, 신선의 법을 보이면 그 내용이 저급한 것이 이 모양이다. 상과 중의 훌륭한 것으로도 족히 따질 것이 되지 못한다. 하물며 장릉張陵·장로張魯에게 배워서 제사〔醮〕를 지낸다든가 주장奏章이나 부서符書를 한다든가 오두미의 가르침을 만들어 삼계를 구한다는 생각 등은 모기가 산을 업으려는 것과 같으니, 어찌 감당할 수 있겠는가? 대도大道라는 이름을 내걸었어도 가르침은 세속 이하이며, 태상太上이라는 호號를 내세우면서 법은 하우下愚보다 못하다. 어찌하여 알 수 있는가 하면, 수명을 탐내고 요절을 꺼리는 것은 함식含識으로서 누구나 공통된 욕망이다. 그러기에 육지肉芝나 돌꽃〔石華〕으로 하늘에 오른다고 사람을 속였다. 색을 좋아하고 감정에 이끌리는 것은 누구나 다를 바가 없다. 그러므로 황서黃書와 시녀를 동원하여 지상地上의 신선神仙이라고 속인다. 피부가 젊고 탄력 있는 것은 누구나 할 것 없이 사랑하는 것이다. 그래서 눈물과 침을 보물처럼 아껴 그것을 영근靈根에 쏟는다. 재앙과 고통과 병을 피하려는 것은 백성들이 항상 걱정하는 것이다. 그래서 도깨비〔魑魅〕를 벤다든가 묶는다든가 하여 어리석은 심정을 통쾌하게 한다. 위력

41 자는 효광孝光이며, 갈선공葛仙公이라 불리는 신선.

이나 무력을 믿는 것은 세상 사람의 오래된 풍습이다. 그래서 이병吏兵이나 병기를 갖춘 기마騎馬로써 천박한 마음을 움직이는 것이다. 재앙을 없애는 음란하고 방탕한 술법이나 주술의 간사한 방법이 되면 이치가 더럽고 말하기가 욕되어서 말이나 붓으로 전할 수 없다. 일이 합하여지면 백성이 늘어나므로 집집마다 종교에 귀의하게 된다. 그러므로 장각張角·이홍李弘의 해독害毒은 한나라 말末에까지 흘렀고, 여송盧悚·손은孫恩의 어지러움은 진晉나라 말에까지 번성하였던 것이다. 여파가 미치는 곳에는 많은 교도가 살아서 벼슬이 통후通侯도 아닌데 가볍게 민호民戶를 세워 만호의 제후가 되고, 그 표식인 동호부銅虎符[42]나 죽사부竹使符가 없음에도 불구하고 제멋대로 조세를 받고 있다. 산업·농업을 낭비하고 사녀士女를 유혹하며 운運이 돌아오면 나라를 해치고 세상이 평화로울 때는 백성을 먹어 치운다. 이리하여 정치를 상하게 하고 난리의 싹이 되는데 어떻게 불교와 같다고 하겠는가?

게다가 『열반경』과 『대품반야경』이 어찌 『현묘내편玄妙內篇』이나 『상청경上淸經』과 비교가 되겠는가? 부처의 금색 모습이나 묘한 상호가 어찌 도교의 귀실鬼室이나 공옥空屋을 부러워하겠는가? 천마天魔를 항복받는 것은 환사幻邪의 술법을 사모하지 않거늘, 계행戒行을 깨끗하게 닦는 사람이 어찌 추한 필권畢券과 같겠는가? 큰 서원을 마음에 새기는 것은 관장官將을 단전에 담는 것보다 낫고, 큰 종을 범음梵音에 울리게 하는 것은 입술과 이를 두드리는 것보다 훌륭하다.

이렇듯 형적形迹을 비교하면 정교하고 거친 차이가 현격하며,

42 천자가 제후를 봉할 때 표식으로 주는 옥.

지극한 이치를 밝히면 진위는 명백해지는 것이다. 만일 거칢〔麤〕으로 정교함〔精〕을 비웃고 거짓으로 진실을 비방한다면 이야말로 장님이 눈 밝은 이주離朱를 향하여 "나는 눈이 잘 보인다"고 말하는 것과 같은 것이다.

24. 답도사가칭장융삼파론答道士假稱張融三破論〔석승순釋僧順〕

論 니원(泥洹 : 열반)이란 죽음이다. 죽음을 배워서 장생長生을 얻은 사람을 본 적이 없다. 이것은 종족을 없애는 가르침이다.

釋 무릇 삶의 영위를 중하게 여기는 것이 지극해지면 무생無生에 이르게 되는 것이니, 장의張毅나 단표單豹[43]가 그 예이다. 그렇기 때문에 유가儒家에서는 "죽음을 아끼고 삶을 고통스러워하지 않는 사람은 없다"[44]고 하고, 노자는 "나에게 육체가 없어지면 무슨 근심이 있겠는가?"[45]라고 하며, 장주莊周도 스스로 그 몸을 병통으로 여겼다. 이 세 사람은 성인들이지만 삶을 근심거리로 보고 있다. 대개 무생無生을 구하려고 하면 열반에 필적하는 것이 없다. 열반이란 무위에 대한 묘한 칭호로서 그 사적事跡을 말한다면 석존이 왕궁에 태어나고 쌍수雙樹 밑에서 입멸했다는 기록이 있고, 그 진실〔實〕을 말한다면 "상주상락常住常樂이다"[46]라는 말이 설해져 있다. 그러나 그대는 지금 오도五道를 윤회하고 있기 때문에 열반

43 『장자』「달생達生」에 나오는 내용.
44 『예기』「예운 禮運」.
45 『노자』13장.
46 『대반열반경』19「광명변조고귀덕왕품」.

의 요지를 어떻게 들을 수 있겠는가? 어느 때 세 사람의 장님이 코끼리를 만져 보고는, 귀를 만진 사람은 "코끼리는 키와 같은 것이다"라고 말하고, 코를 만진 사람은 "코끼리는 절굿공이와 같은 것이다"라고 말하며 다투었으나[47] 코끼리의 일부만을 안 것이지, 결국은 코끼리 전체의 참모습은 알지 못한 것이다. 열반은 죽음이라고 말하는 당신은 그야말로 코끼리를 만지는 장님과도 같은 것이다.

論 태자 자신은 처를 버리지 않았으면서 사람들에게는 자손을 단절시키도록 한다.

釋 성스러움〔法身〕은 실로 고요하고 부동不動이지만 그 형적〔應身〕은 응하여 나타난다. 태자가 동궁에서 비妃를 맞이한 것은 인륜의 도를 충족시키고 비로소 국왕이라는 큰 보물을 버리고 육친의 은애恩愛를 뿌리칠 수 있음을 가르치려고 생각하였기 때문이다. 게다가 제천이 저녁에 내려오고[48] 천리마를 타고 성을 뛰어넘어 출가하는 것에 이르면, 여래의 10호號라고 하는 이치가 그것에 나타나 있으니 처자 등은 문제 밖이다. 더욱이 세상에 처나 자식만큼 근심이 되는 것은 없다. 굶거나 추위를 만나면 도적이 되고 옷과 음식이 많으면 교만하고 방자해진다. 그러기에 염병에 걸린 여자〔癘女〕가 밤에 출산하면 급히 등불을 찾아 비추는 것은 오직 내 아이가 자기를 닮아서 다시 추악해지는 것을 겁내는 것이다. 범부의 종족은 염병에 걸린 부인이 출산하는 것과도 같다. 경에 "일체의 중생에게는 모두 불성佛性이 있다"[49]고 하였다. 이 의미를 살펴

47 『대반열반경』 30.
48 『태자서응본기경』 상권.
49 『대반니원경』 4와 『대반열반경』 25.

보면 부처의 종족이 집을 버리고 도에 따라 출가하는 것은, 염병을 버리고 불법에 나아가는 것이니, 더 보탤 만한 즐거움이나 이익이 없다. 그러나 당신들은 세속의 풍조에 헤매고 무거운 미혹에 걸려서 꿈속에서 꿈을 꾸고 있으니 어찌 깨달을 수 있겠는가?

論 태자 자신은 머리를 깎지 않았으면서 사람들에게는 머리를 깎게 한다.

釋 재가자에게는 양친의 은애恩愛가 있고, 출가자에게는 스승의 엄함이 있다. 양친의 은애라는 점에서 말하면 신체〔髮膚〕가 중요하고, 스승의 엄하기를 말하면 머리를 깎고 출가하는 것이 어렵다. 이런 까닭에 머리를 깎고 환희하며 부모에게 이별을 고하고 멀리 떠나는 것은 이 세상의 번뇌를 제거하고 저 무위無爲에 도달하려는 것이다. 신체에 대한 애착마저 버릴 수 있으니, 내 몸 밖에 있는 것들은 무엇이 아쉬울 것이 있겠는가? 신체를 경시하지 아니하고 어찌 불도를 존숭할 수 있겠으며, 육친에게 이별을 고하지 않고 어찌 엄한 스승을 따르겠는가? 비유컨대 상복喪服의 예법에 생가生家를 나와 본가本家를 이을 때, 낳은 부모에 대한 상기한喪期限은 낮추고 뒤를 이을 부모는 높여서 자식이 타인의 종묘라고 하는 중책에 있게 하며, 육친을 사모하여 뒤돌아보는 정애情愛를 벌어지게 한다. 실가實家의 경우〔本還〕에 딱 1년인 것은 은애의 정이 얕아서가 아니고, 뒤를 이을 부모에게 3년으로 늘리는 것은 의리의 두터움에 따르는 것이다. 『예기』에 "나가면 반드시 낮추는 것은 뒤를 이을 집으로부터 자기가 받은 것이 두텁기 때문이다"라고 하는 것이 그 예증이다. 경전에 "여러 천인天人이 칼을 받들고 깎은 머리카락을 갖고 하늘에 오른다"고 하였는데, 태자가 머리를 깎지 않는다는 것은 무슨 말인가? 그대는 그저 천착穿鑿에만 용감할 뿐

이고, 의미를 찾는 데는 겁을 내고 있다. 개탄할 일이다.

論 자식이 먼저 출가하고 어머니가 뒤에 비구니가 되면 자기 아들을 공경하라고 하는데, 예를 잃음이 너무 심한 것이 아닌가?

釋 출가한 사람은 스승을 존경하고 법을 존중하며, 세속을 버리고 불도를 따르는 것으로, 세속의 예법과는 일률적으로 생각할 수 없다. 더욱이 태자가 출가하여 수도의 길에 나섰을 때 부왕이 태자에게 경의를 바쳤고, 한의 고조高祖는 집안 어른의 진언進言에 따라 태황太皇을 신하로 하였다.[50] 또 위魏의 고귀향공高貴鄕公은 태자의 지위에 있으면서 이미 폐위시켰던 제왕齊王을 사실私室에서 공경하였으며,[51] 진晉의 황태후는 자신의 아버지에게 공적인 자리에서는 신하의 예를 취하도록 하였다.[52] 이런 예로부터 판단하면 분명할 것이다.

論 머리를 깎은 사람을 부도浮圖라고 한다.

釋 불경에서 말하는 부도浮圖란 신성한 서상瑞祥이나 영묘한 도상圖像이 바다에 떠서 왔기 때문에 부도라고 하는 것이다. 오吳나라에 있는 석불은 천축으로부터 바다에 떠서 잠깐 사이에 중국에 온 것이 그 사례이다. 지금 당신은 도상圖像의 도圖자를 형도刑屠의 도屠로 한다. 그렇다면 아우인 계력季歷에게 나라를 양보하고 오나라로 망명한 태백泰伯은 예의禮衣를 입고 주나라의 예를 다스려 원래부터 고인의 덕을 부끄러워함이 없었고, 아우인 중옹仲雍은 머리를 깎고 문신하여 오나라의 습속에 따르고 토민土民을 교화하였으나[53] 현재의 그대를 만나면 틀림없이 두 사람은 다른 개

---

50 『사기』「고조기高祖紀」.

51 『삼국지三國志』「위지魏志」 4 '고귀향공전高貴鄕公傳'.

52 『진서』 32권 「강헌저황후전康獻褚皇后傳」.

의 울음소리에 따라 우는 허물을 걱정할 것이다.

모든 일에는 비슷하기는 하나 다른 것, 다르기는 하지만 닮은 것이 있는 것이다. 외전外典에서는 중니(仲尼 : 공자)를 성인이라고 하고 있으나, 내경內經에 말하는 니尼는 여자이다. 어떤 사람이 중니를 여자라고 말한다면, 그대가 어찌 그것을 믿겠는가? 도圖와 도屠가 닮았다고 하는 것도 마치 이것과 같은 것이다.

論 상문喪門이란 사멸死滅의 문이다.

釋 문이란 본원本源을 말하는 것으로서 명확한 이치가 출입하는 곳이다. 그 출입은 본원으로부터 흥기한다. 불교에는 불이법문不二法門이 있고, 노자에게는 중묘衆妙의 문이 있다. 유가의 책에는 "화복禍福에는 그것이 드나드는 문이 없다"[54]고 한다. 이들은 모두 명리明理가 모여서 통행하는 수풀이며 도리의 미묘한 기機가 모이는 연택淵宅이니, 출가한 사람은 그 의의를 알고 있다. 상喪이란 멸滅이라는 뜻으로, 진로(塵勞 : 번뇌)를 멸하고 신해神解로 통하는 것이 상문喪門이다. 상문桑門의 상桑은 승乘이라 해야 할 것으로 글자의 잘못이다. 승문乘門이란 즉 대승문大乘門이다. 번잡한 생각을 멸하고 나면 이 수레를 타는 까닭에 앞에서는 멸문滅門이라고 하고, 끝에서는 승문乘門이라 한 것이다. 또 8만 4천을 모두 법문이라 칭하고 있는데, 상喪과 상桑의 두 문만이겠는가?

論 호인胡人은 허무를 믿지 않는다. 그래서 노자가 함곡관으로 서방에 들어가서 형상으로써 교화를 행하였던 것이다.

釋 형상의 기원을 찾아보건대 그것은 가르침의 본래 뜻이 아니

53 『좌전』「애공哀公」7년.
54 『좌전』「양공」23년.

라 석존이 입멸한 후 제자들이 사모하여 마지않았기 때문에 전단향나무로 불상을 만든 것이라고 경문[55]에 밝혀져 있다. 또 공자가 죽은 후 3천의 문인들이 스승을 영탄詠嘆하고 사모의 정을 일으켰는데, 유약有若[56]의 용모가 공자와 가장 닮았다고 하여 그를 강당의 상좌上座에 앉히고 강의를 하게 하였다. 문인들이 그에게 묻고 공경하였는데 그 모습이 공자가 살아 있을 때와 다를 바가 없었다. 그때 증삼曾參이 정색을 하며, "당신은 일어나시오. 거기는 당신이 앉을 자리가 아니오"라고 말하였던 것이다. 이 일로 미루어 생각건대, 제자들이 죽은 스승을 사모하고 공경함을 알 수 있다. 그런데 나집 법사는 외국에서 태어났지만 총명하고 깊고 넓은 지식을 갖추었으며, 온갖 법상을 말하는 데 뛰어났다. 불경을 등에 짊어지고 중국에 도래하여 장안 지방에 이것을 유포하였고, 진眞·속俗의 2의義를 설명하여 경境과 조照가 함께 적정하다는 것을 검증하였으며, 무위의 고풍高風을 일으켜서 깨닫지 못한 사람들에게 심오한 가르침을 주입하였다. 말하자면 "버리고 버려서 버림이 없는 곳에 이른다"는 것이다. 당신이 "호인은 허무를 믿지 않는다"고 하는 것은 참으로 진실한 말이 아니다. 세상의 군자는 스스로 "이치에 우열이 있는 것이지 형상의 유무와는 관계가 없다"는 말을 강조하고 있으나, 당신이 불교의 본의가 아닌 형상을 놓고 말하는 것은 이단에 빠져드는 것과 같은 것이 아닌가?

論 머리를 깎는 것은 원래 불도를 구하는 것이 아니고 흉악한 호인을 복종시키기 위해서이다. 지금 중국인들이 정신을 바르게

---

55 『증일아함경』 28권.

56 『사기』 67 「중니제자열전仲尼弟子列傳」의 '유약전' 참조. 유약은 공자의 문인인 자유子有를 가리킨다.

하여 스스로 훈계하지 않고 완악한 호인의 법을 쓰고 있다.

釋 육융六戎·오적五狄·사이四夷·팔만八蠻 등은 천자의 교화를 모르고 불타의 가르침을 듣지 못한 사람으로서 마치 축생과 같아서 8난難에 있는 것과 같다. 현재의 성주聖主는 삼황三皇·오제五帝처럼 훌륭한 정치를 행하고 1승乘의 법을 밝히고 있으니, 하늘과 사람이 함께 즐거워하며 사해四海가 모두 기뻐한다. 벌레나 새들도 모두 의지를 얻고 느릿느릿 움직이는 벌레조차도 스스로 마땅한 곳을 얻고 있다. 당신이 혹시 스스로 깊이 생각지도 않고 함부로 말을 한다면 즉시 당신의 입을 다무는 것이 좋을 것이다. 무엇하러 수고스럽게 끌고 가겠는가?

論 사문이란 사태沙汰라고 하는 의미이다.

釋 마음을 고요하게 하여 본원에 도달하는 것을 사문이라 부른다. 이것은 마음을 다스리고 더러움을 씻는다는 것이니, 흐르는 물을 거슬러 맑은 근원으로 돌아간다는 것이 씻는다〔沙汰〕는 것의 의미이다. 당신이 비난하려고 하여도 그 의미는 더욱더 아름다워진다. 참으로 부처님의 가르침은 우러러보면 볼수록 높고, 뚫으면 뚫을수록 점점 굳어지는 것이다.

論 나라에 들어가서 나라를 깬다.

釋 무릇 성인은 반드시 중생의 감응을 인연으로 하여 어디에서나 응현應現한다. 태고〔結繩〕부터 후에는 인정과 풍습이 경박하게 되고, 말세에 들어와서는 제왕의 교화로써 요제堯帝와 공자를 크게 선양하였다. 영묘한 불법에 젖어 있는 곳에서는 물론 세속을 도와 교화를 행한다. 그 결과 형벌을 가하지 않고도 인정이 스스로 순박해지고, 매질을 하지 않아도 바른 방향으로 나아간다.

예를 들면 후조後趙의 석씨石氏는 불도징을 스승으로 삼고 나서 나라가 흥륭興隆하였고, 옛날 인도의 왕람달王藍達은 패孛에게 물어서 도의道義를 융성하게 한 것이다. 나라를 깨뜨린다는 당신의 문구는 어디다 근거를 두고 하는 말인가?

論 집에 들어가면 집안을 깨뜨린다.

釋 불가에서는 아버지는 어질고 자식은 효양孝養하며, 형은 사랑하고 동생은 공경하며, 남편은 온화하고 아내는 유순하라고 가르치는데, 이 여섯 가지 화목의 미덕을 갖추고 있는데, 어디에 집안을 깨뜨리는 불선不善이 있는가? 오로지 들은 바에 의하면, 천박한 도사는 적장赤章에 의하여 빌거나 저주하고 음사陰私를 일으켜 단壇을 감싸고 머리를 흩트리고 천지신天地神의 이름을 불러내어 친소親疏의 구별 없이 서로가 미워하고 죽이려 하고 있다고 한다. 이것이야말로 집안을 깨는 법이다.

論 몸에 들어서 몸을 깨뜨린다.

釋 육체에 결박됨은 쇠고랑〔桎梏〕보다 심하다. 그렇기 때문에 노자는 형해形骸를 분토糞土로 보고, 석가는 삼계를 화택火宅으로 보고 있다. 출가한 사람은 원래부터 화려함을 떠나 명리名利를 버리고 삼계가 임시의 숙소임을 깨닫고 적멸의 즐거움을 바라는 것이다. 세속의 무리는 이것과 반대로 삶을 온전하게 하려고 하지만 이것이야말로 "세속적인 삶을 포기하는 사람은 죽지 않고, 세속적인 삶을 추구하는 사람은 살지 못한다"[57]는 것이다. 요즘 어느 이름을 좋아하는 도사가 있어 신선술神仙術이 사람들보다 뛰어나다고 자부하고 시기를 정하여 몸을 가볍게 하여 한낮에 하늘에 오르려 하였으나 불과 몇 길도 오르지 못하고 무참하게 땅에 떨어지고

57 『장자』「대종사大宗師」.

말았다. 이 일을 미루어 살펴보면 마치 큰 새의 두 날개만 가지고서는 전혀 떨쳐 날 수가 없다는 것이다. 시험하건대 멸망이 눈앞에 있고 발뒤꿈치를 돌릴 사이도 없이 죽임을 당하고 있다. 예를 들면 후한의 장릉張陵은 민중을 속이고 많은 공물을 받아 내어 미적米賊이라 불렸는데, 역시 일족 모두가 죽임을 당하였다. 몸에 들면 몸을 깨뜨린다고 하는 것은 각궁角弓 편의 말과 같이[58] 도사들끼리 서로가 원망하는 일이 되지 않겠는가?

論 노래와 곡哭이 같지 않다.

釋 사람이 곡을 하는 데 있어서도 역시 똑같이 곡을 하는 것은 세속의 우매한 행동이며, 상을 당하여서 노래할 수 있는 것은 방외方外에 있는 사람의 넓은 마음이다. 원양原壤이 어버이를 잃고 나무에 올라 노래를 불렀으나 공자는 옆을 지나가면서도 비난을 하지 않았으니,[59] 이것도 역시 명교名教의 일면인 것이다.

論 천자를 알현하지 않는다.

釋 공자는 "유자儒者 가운데는 위로는 천자에게 신하가 되지 못하고, 아래로는 공후公侯를 섬길 수 없는 사람도 있다"[60]고 말하고 있다. 유자는 세속 가운데 하나에 지나지 않는데도 이러하거늘, 하물며 사문은 방외의 사람이 아닌가? 옛날 백성자고伯成子高[61]나 자주지백子州支伯[62] 등도 역시 현도玄道를 사모하여 인사人事를 가

58 『시경』「소아小雅」 각궁角弓. 유왕幽王이 구족九族을 친하게 아니하고 참녕讒佞을 즐겨 서로 원망하게 되었다. 잘 갖추어진 각궁角弓도 현을 늦추면 되돌아온다는 것을 들어 꾸짖는 것.

59 『예기』「단궁檀弓」 하.

60 『예기』「유행儒行」.

61 『장자』「천지天地」.

62 『장자』「양왕讓王」.

까이하지 않았다.

論 머리를 깎는 것은 몸을 훼손시키는 죄를 짓는 것이다.

釋 신체[髮膚]에 관한 해석은 앞의 답에서 자세히 말하였으니, 간단히 말해 보도록 하겠다. '감히 손상시키지 않는다'고 하는 것은 다만 사악한 일을 하여 나라의 법규에 저촉되어 오형五刑을 받아 신체를 손상시키는 것을 막는 것이다. 지금 사문은 부처의 가르침을 따라 멀리 10지地를 희구希求하고 수염과 머리털을 깎고 법의法衣를 걸치고 몸을 일으키고 이름을 날려서 효도에 어긋나지 않고, 도를 얻으면 또다시 육친을 제도하고 있다. 대체 사문이 어떤 좋지 않은 일이 있어서 손상시키는 것이 되는가? 문자에 얽매인 무리들이 문자 밖의 의미를 알지 못한 것일 뿐이다. 수레바퀴 만드는 기술자조차, 그 기술을 자기 자식에게 전하지 않았는데,[63] 내가 무슨 말을 할 수 있겠는가.

論 출가한 사람 가운데 군자를 본 적이 없다. 그들은 요역徭役을 피하고 있는 것이다.

釋 아아, 그대는 어찌 이렇게도 깨우치기가 힘드는가? 『좌전左傳』에서는 "말은 몸을 꾸미는 것"[64]이라 하고, 장자는 "말이 넓지 않으면 충분히 도를 밝힐 수 없다"고 말한다. 공자는 "나는 말을 않고자 한다"고 하지만 그렇게 되겠는가. 무릇 출가한 사람은 누구나 심령心靈의 근본이 숙세로부터 굳건하여 덕을 넣는 그릇은 속이 깊고, 그 지혜는 깊고 조용하게 빛나며, 그 신념은 견고하고 움직이지 않는 사람이다. 그렇기 때문에 정신은 집중되고 심사心

63 『장자』「천도天道」에 나오는 고사.
64 『좌전』「희공」 24년.

思는 소통이 되어 초연하게 고원高遠한 생각을 가지니, 우주도 마음을 더럽히지 못하고, 그 속마음은 넘치는 물처럼 조용하여 머무르는 곳이 없고, 티끌이라도 그 마음을 뒤섞을 수가 없다. 자애가 깊은 양친의 중은重恩을 끊고 방롱(房櫳 : 가정)의 환애歡愛를 버려서 아무것도 없는 암실이기 때문에 흰빛이 생긴다.[65] 현玄을 지켜서 선정禪定을 행하되, 어떤 사람은 임야에서 두타를 행하며 내 몸을 던져 짐승에게 먹이고, 어떤 사람은 조용히 숨어 살며 채식을 행하고 끊임없이 마음을 깨끗이 한다. 이렇게 노력하여 여래의 10력力을 구하고, 멀리 무상도無上道에 오르고 하늘에 그물을 풀고 땅에 망을 던져 척박한 곳에서 복전을 가꾸고 창생蒼生들을 만겁의 윤회로부터 구제하려고 한다. 이것이야말로 대장부가 원대한 일을 꾀하는 것이니, 그대가 관문關門을 열고 들어갈 수 없는 것이다. 요역을 피한다는 것은 말도 되지 않는다. 공자가 혀의 길이가 세 자였으면 하고 바란 것[66]은 비록 말이 입에서 나오지만 혀가 길다고 해서 사람을 해치지 않았기 때문이니, 당신의 입은 세 자는커녕 세 길이었어도 좋다. 그렇다면 입에서 입으로 괴이한 말을 하여 사람들에게 상처를 주는 일은 없었을 것이다.

論 장정 세 사람 중에서 두 사람이 출가하였다면 나머지 한 사람은 무엇 때문에 불법에 인연이 없는가?

釋 무연無緣이란 무연에 연하여 생기는 것이며, 유연有緣이란 유연에 연하여 일어나는 것이다. 어찌하여 그것을 알 수 있는가 하면, 세간에는 일가가 모두 불도에 든 사람이 있다. 그러므로 유연

---

65 『장자』「인간세人間世」에 나오는 말로 닫힌 암실의 텅 빈 공간이야말로 들어오는 햇빛이 확실히 밝게 비친다는 것을 알게 해준다는 것이다.

66 『장자』「서무귀徐無鬼」.

에 연하여 일어났다고 말한다. 태어난 이래로 비구를 모르는 사람이 있다. 그러므로 무연에 연하여 생긴다고 말하는 것이다. 열여섯 왕자는 같은 날에 출가하고 아버지를 따라 불문에 들었다.[67] 이것이야말로 불연佛緣에 이끌려 일가가 모두 도달한 것인데, 어떻게 세 사람 중에 두 사람만이 출가하면 좋다고 말할 수 있겠는가? 무연의 사람은 스스로 무연의 세계에 나아가 자기 자신에게 돌이켜 구할 뿐이다. 당신은 곧 영영 무간지옥에 빠질 상황인데도 한가하게 이런 얘기를 하고 있다. 이제 싸움을 그만둘 생각은 없는가? 만일에 미망의 세계로부터 돌아올 수만 있다면 이는 실로 바라는 바이다.

論 도가의 가르침은 덕을 기르고 나라를 만드는 것이다.

釋 도에는 아흔여섯 종류가 있되 불교가 무엇보다 높다. 바라문의 무리들은 작은 언덕에 지나지 않는다. 가령 산천의 신이 구름을 내고 비를 내리게 할 수 있다고 하여도 역시 나라나 집 등 한정된 사회에 빌게 되는 것이다. 덕을 키우고 나라를 만드는 점에서는 공능功能이 다소 없는 것은 아니다. 다만 가없는 중생을 제도하고 영원히 도탄에서 구출하는 것은 금강과 같이 확고한 우리의 성인, 우뚝 높이 솟은 부처님뿐이다. 태극太極이 갈려 열리던 시초에도 벌써 부처님께서는 존재하셨다. 다만 당시는 중생의 인연이 아직 움직이기 전이기 때문에 그 이름이 숨어 있었던 것이다. 왜냐하면 삼황三皇보다 옛날을 추측해 보면 어째서 예禮나 역易이 전혀 없었을 리 있겠는가? 결국 건곤乾坤의 두 괘와 이예履豫의 두 효는 물론 천지와 함께 생겼다. 다 함께 생겼다고 하더라도 그 이름이

67 『법화경』「화성유품」.

같이 나타나 있지 않았던 것은 기감機感이 일어나지 않아 움직임이 아직 나타나지 않은 것이니, 그 이치는 항상 존재하지만 사적事跡이 아직 나타나지 않았을 뿐이다. 중국과 외국의 두 성인은 그 길이 하나이다. 그러므로 『청정법행경淸淨法行經』에 "먼저 유동儒童·광정光淨·가섭迦葉 3현賢을 시켜 차츰 세속의 가르침으로 이끌고, 후에 불경에 의하여 그릇된 것을 고쳐 바른 길에 따르게 했다"고 한다. 노자의 가르침은 불교의 한쪽 면에 지나지 않는다. 경에 "곳곳에서 부처님 스스로 설하신 것은 그 이름은 다르다"[68]고 하고, 또 "어떤 때에는 유림儒林의 종사宗師가 되고, 국사國師나 도사가 되고, 어떤 때에는 적막하여 하는 일이 없이 불사佛事를 지었다"[69]고 한다. 부처님〔金口〕께서 말씀하신 것은 부절〔符契〕을 합한 것처럼 꼭 맞는데, 어째서 동분서주하며 높고 낮음을 가리지 않는 행동을 하는가? 아아, 외도는 우리 부처님의 지혜를 빌리고 우리 신력神力을 의지하면서, 드디어는 우리의 경문을 뒤흔들고 우리들의 교훈을 없애려고 하고 있다. 양심이 없는 인간으로서 결국 여기까지 오고 말았는가?

論 도란 기氣이다.

釋 무릇 도라는 이름은 이치를 작용으로 삼으니, 그 이치를 얻으면 도가 완비된 것이다. 그러므로 사문을 도인이라 칭하고, 양평陽平의 사람들을 도사라고 부른다. 석성(釋聖 : 부처님)은 도의 근본을 얻었으며, 팽조彭祖·노담老聃은 도의 말단에 있다. 도의 근본을 얻은 사람은 도를 말하지 않아도 도가 스스로 나타나며, 도

---

68 『법화경』「여래수량품」.
69 『태자서응본기경』 상.

의 말단에 있는 사람은 항상 도를 말하지만 도가 충분하지 못한 것이다. 말하자면 중니仲尼는 박학하여 한 가지 재주로 이름을 세운 것은 아니지만, 제자인 자유子遊·자하子夏 등은 모두 사과(四科: 덕행·언어·정치·문학)에 따라 품평되는 것과 같다. 장자는 "생生이란 기氣이다. 모이면 생이 되고 흩어지면 사死가 된다"[70]고 말한다. 당신의 말대로 만일 도가 기라고 한다면 도에 취산聚散·생사生死가 있는 것이 된다. 그렇다면 당신의 도는 생멸하는 법으로서 상주불변하는 것이 아니다. 당신의 도에는 또 남녀합일이라는 것이 있다고 들었는데, 부디 이런 말은 하지 않기를 바란다. 이것은 매우 부끄러운 일이다. 장자는 또 "도는 똥오줌에 있다"[71]고 하는데, 이 똥오줌에 있는 도야말로 그대의 합기合氣의 도가 아니겠는가?

70 『장자』「지북유知北遊」.
71 상동.

홍명집 제9권

25. 대량황제입신명성불의기大梁皇帝立神明成佛義記〔오흥吳興의 심적沈績이 서序와 주注를 붙임〕

신도神道는 심오하여서 공자도 아예 말하는 것을 피했으며, 심수心數는 이치가 오묘하여 노자도 말한 적이 없었다. 성인의 지혜가 거기에 미치지 못한 것은 아니다. 범부〔近情〕에게는 요원한 말을 사용하기가 곤란하기 때문이다. 그래서 선대의 현학가나 유학자들도 숙업에 대해서는 말을 다하지 못했고, 후세의 말 잘하는 이도 내생에 받을 몸에 대해서는 말문이 막혔다. 세상에서 가장 뛰어나게 사려를 하는 사람이 아니라면 그것들을 자세히 설명할 수 있겠는가? 그래서 미혹한 이는 "식신識神은 단절하지 않는다"는 말을 들으면 전적으로 "상주常住한다"고 말해 버리고, "심념心念은 상주하지 않는다"는 말을 들으면 오로지 "단절한다"고만 말해 버린다. 단절한다고 말하는 것은 본성이 항상함을 잘못 이해하여 미혹되는 것이고, 항상한다고 말하는 것은 작용이 단절함을 잘못 이해하여 미혹되는 것이다. 작용 때문에 본성을 의심하는 이는 본성도 사라질 수 있다고 말하고, 본성 때문에 작용을 의심하는 이는 작용이 변화하는 경우는 없다고 말한다. 진지하게 접근할 수 없다면 양쪽 다 잘못된 고집만 일으켜서 결국은 천연天然의 각성覺性으로 하여금 스스로 겉도는 이야기에 빠지게 할 뿐이다.

성스러운 군주(양무제)께서는 현묘한 부신〔符〕을 받아서 천자의 지위를 운위하고 앞서 하늘이 내린 법도를 알아서 백성을 살펴 교화를 시키시니, 지리멸렬한 궤변[1]이 그럴싸하게 뜻을 갖추어 제멋대로 유행하는 것을 걱정하신다. 그 미세함은 꼬인 실을 푸는 듯하니 누가 다스릴 수 있을까? 부처님의 가르침과 남긴 글이 사라지려고 한다. 이런 까닭에 황제께서 이 훌륭한 논을 지어서 불교경전을 널리 선양하시려는 것이다. 나는 일찍부터 육체가 공허함을 생각하여 불교에 마음을 두었다. 항상 법음을 맛보고 그것으로 침식을 잊을 정도였다. 그러나 범부의 어두운 마음은 눈뜨기 힘들고 이치를 만나도 의심이 많아서, 불성의 대의에 이르러서도 마음이 갈 길에 대해 갑자기 미혹되곤 하였다. 이윽고 황제께서 내린 말씀이 멀리 퍼지고, 여럿이 다 같이 그 은혜에 감사하였다. 만 일의 밤은 어둠이 활짝 걷히고 천 일의 어둠은 영원한 아침을 맞아서 잡다한 의심이 환하게 모두 해결되었다. 생각해 보면 사물은 이치에 형통하여 깨닫지 못하는 것이 없으며, 작용은 도리를 좇아서 합치되니, 어떤 마음인들 분별하지 못하겠는가? 그러므로 떠도는 구름은 아름다운 화음에 감응한 듯하고, 뛰노는 고기도 현의 맑은 음조를 맛본 듯하다. 하물며 오묘하게 육체로 들어서는 혼신

1 직접으로는 범진范縝의 「신멸론神滅論」을 가리키는 것이다.

〔神〕이 하늘에서부터 출발하는 데 있어서랴. 이것이 내가 춤추고 날뛰어 스스로 멈추지 못하는 까닭이다. 감히 얕은 이해로써 삼가 주석을 하지만, 어찌 이런 좁은 대통을 통해서 하늘의 깊은 뜻을 파악할 수 있겠는가? 아마도 미혹될 것이다. 그래서 그것을 풀이하고자 한다.

대체로 업행을 닦는 데는 확립된 믿음에 근본하고〔신臣 적績이 말한다. "어리석고 어두운 심식은 반드시 대명大明을 일으킨다. 밝음은 갑자기 일어나는 것이 아니고 반드시 행동으로부터 일어난다. 행동은 그 자체만으로는 다스려지는 것이 아니고 반드시 믿음에 따라 다스려지는 것이다. 믿음이란 스승에 기대고 이치에 의지하여 배반하지 않는 마음이다. 그러므로 5근根[2]은 한결같은 믿음을 근본으로 하고, 4신信[3]은 어기지 않는 것을 근본으로 하고 있다. 근본적인 믿음이 확립되면 모든 선은 자연 행하여진다. 선을 행하여 과에 이른다. 이것을 업행이라고 하는 것이다."〕 믿음의 건립은 올바른 이해에 의한다.〔신 적이 말한다. "그름과 바름을 판별하지 않고서야 도대체 어디에서 믿음을 구하겠는가? 그러므로 믿음을 건립하는 근본은 올바른 이해에 바탕한다."〕 이해가 올바르면 외도의 사견邪見이 어지럽게 하지 못하며〔신 적이 말한다. "한마음이 바르면 모든 사견은 없어지고 만다. 그래서 마음속에 정견을 품으면 밖으로는 사견의 망동이 사라짐을 알 수 있다."〕, 믿음이 건립되면 마음에 의심이 없다.〔신 적이 말한다. "식識이란 마음이다. 그래서 『성실론』에서 '심 · 의 · 식은 한 몸이면서 이름만 다르다'[4]고

---

2 5무루근無漏根이라고도 불리며, 믿음 · 정진 · 염 · 정 · 혜 등 번뇌를 억제하고, 부처님의 바른 깨달음으로 나아가게 하기 위한 다섯 가지의 훌륭한 행을 말한다.

3 진여를 믿고, 불 · 법 · 승 삼보를 믿는 것.

하였다. 마음에 믿음이 있으면 무엇을 의심하겠는가?"〕

그러나 믿음이나 이해가 의지하는 것은 그 근본이 있다.〔신 적이 말한다. "의依는 기댄다는 의미이다. 마음에 근본이 있으면 지말적인 행동은 스스로 따라온다. 근본이 있는 뜻은 아래의 구에서 드러난다."〕 왜냐하면 신명神明을 살펴보건대, 그것은 단절하지 않음을 정미함으로 삼고, 정미한 마음은 반드시 미묘한 결과에 귀착된다.〔신 적이 말한다. "신명한 것으로서 다함이 있다면 그것을 어찌 신명하다 하겠는가? 그래서 경에는 '내가 본 바로는 죽은 사람은 그 형체가 허물어지고, 신체는 변화하여도 신명은 없어지지 않는다. 그 행위의 선악에 따라서 화복이 저절로 따라온다'고 하고 있다. 이야말로 사멸하거나 단절하지 않는다는 의미이다. 만일 그 변화가 풀이나 나무와 같다면 어찌하여 정미하다고 하겠는가? 그것이 단절하지 않기 때문에 끝내 열반에 이른다. 마음을 이런 경지에 의지한다면 이치마다 모두 분명할 것이다. 모든 이치에 분명하다면 어떤 행업인들 성취되지 않겠는가? 믿음과 이해의 근본 종지는 이것을 두고 한 말이다."〕

미묘한 결과로서 열반은 상주하며 정신은 무상함을 면하지 못한다.〔신 적이 말한다. "미묘한 과보(열반)는 분명한 이치가 이미 충분하다. 본체는 오로지 상주할 뿐이다. 정미한 신명이 행업이 만족스럽지 못한 까닭에 변천을 피하기 못한다."〕

무상이라는 것은 앞에서는 없어지고 뒤에 생겨서 찰나라도 머물지 않는 것이다.〔신 적이 말한다. "찰나는 인도의 말(소리)로서 지극히 신속함을 말한다. 생겨나서 곧 바로 사라지니, 어찌 멈춤이 있겠는가? 그래서 『유마경』에서 탄식하기를, '곧바로 나고, 늙고 죽는구나'[5]라

4 『성실론』 5권.

고 하였다.”〕 만일 마음이 세속의 일에 끄달려서 앞의 식識이 반드시 뒤의 것과 다르다면 경계와 함께 가 버릴 것이다. 누가 성불하는가?〔신 적이 말한다. “마음이 경계를 따라 움직이는 것은 외적 작용이다. 후식後識이 전식前識에게서 이어지지만 진실한 논의일 수는 없다. 그래서 신식의 본성은 담담하게 움직이지 않음을 알아야 한다. 담연(湛然 : 寂然)하여 움직이지 않는 까닭에 궁극적으로는 미묘한 과보(열반)를 증득하는 것이다.”〕

경에서 말하기를, “마음이 정인正因이 되어 결국 불과佛果를 성취한다”고 했다.〔신 적이 말한다. “불인佛因을 간단하게 말하면 두 개의 뜻이 있다. 그 하나는 연인緣因이며, 다른 것은 정인正因이다. 연은 모든 선행을 가리키고, 정正은 신식神識이란 말이다. 일체의 선행은 일어나는 것을 돕는 공덕이 있다. 그래서 조건적인 인이라 한다. 신식은 바로 직접적인 근본이기 때문에 정인이라 한다. 경에서 궁극적으로는 불과를 성취한다고 말하고 있다. 분명히 단절되지 않음을 실증하고 있다.”〕

또 말하기를, “만일 무명無明을 전변하면 변하여 명明이 된다”[6]고 말한다. 이 경의 의미를 살펴보면 이치를 파악할 만하다. 왜냐하면 마음이 작용의 근본이며, 근본은 하나이지만 작용은 분화되기 때문이다. 분화된 작용은 자연 흥성과 쇠락이 있지만 유일한 근본의 본성은 변하지 않는다.〔신 적이 말한다. “더러움을 없애면 근본의 신식이 밝아진다. 명과 암이 서로 바뀌는 것을 변천한다고 한다. 앞선 것이 가고 나중 것이 오는 것을 가리켜 변천한다고 하는 것은 아니다.”〕

하나의 근본이란, 즉 무명이자 신명神明이다.〔신 적이 말한다. “신

5 『유마경』「보살품」.
6 『대반열반경』 권8 「여래성품如來性品」.

명神明은 본래 혼미하다. 그렇기 때문에 무명으로 인因을 삼는다.") 무명이라고 일컫는 것을 생각해 보면 그것은 태허太虛를 가리키는 것이 아니다. 흙이나 돌과 같이 감정이 없는 것을 어찌 무명이라 할 수 있겠는가?(신 적이 말한다. "선악을 분별하는 데는 마음이 아니면 알 수가 없으며, 시비를 확실히 밝히는 데는 정情이 없으면 알 수 없는 것이다. 태허에는 정이 없기 때문에 어리석음과 지혜를 분명히 할 수 없다. 흙이나 돌은 마음이 없는데 어떻게 이해와 미혹을 판별할 수 있겠는가? 그러므로 이해와 미혹은 마음을 가진 것에만 있는 것이고, 어리석음과 지혜는 인식을 가진 것에만 있게 된다. 무명이라고 말한 것은 그 의미가 마음에 있는 것이다.")

그러므로 식려識慮는 마땅히 밝지만 그 자체로서는 미혹함을 벗어나지 못한다. 미혹된 식려는 지혜롭지 못하기 때문에 무명無明이라고 하는 것이다.(신 적이 말한다. "명明이 본성이기 때문에 마땅히 밝아진다. 신식이 외부의 번뇌에 오염되기 때문에 미혹을 면치 못한다. 미혹하여 깨닫지 못하기 때문에 무명이라 한다. 이런 이유 때문에 그렇게 이름을 붙여 말하는 것이다. 어찌 의미도 없이 이름을 붙여 말하겠는가?")

그리하여 무명의 체상體上에는 생겨남과 없어짐이 있다. 생겨남과 없어짐은 다른 작용이다. 무명의 심의心義는 달라지지 않는다. (신 적이 말한다. "체성이 있으면 곧 작용이 있게 된다. 작용이 체성이 아님을 말하고, 체성이 작용이 아님을 논하였다. 작용에는 활발함과 쇠락함이 있지만 체성에는 생멸이 없다.")

아마도 작용의 다름을 보고 문득 마음이 대상 경계를 따라 사라진다고 말할 것이다.(신 적이 말한다. "어리석은 사람은 체성과 작용을 혼돈하기 때문에 망정을 끊을 수가 없다. 왜냐하면 체성과 작용의 관계는 분리되지 않으며 상즉相卽하지도 않는다. 체성을 여의고서는 작용도 일어나지 않는다. 그러므로 분리되지 않는다고 말했다. 작용의 의미가 본체는 아니다. 그러므로 '상즉하지 않는다'고 말했다. 분리되지 않음을 보고 상즉하지 않음을 깨닫지 못한다. 상즉하지 않음을 모르고 바로 '마음은 경계(육체)를 따라 사라져 버린다'고 말한다."〕

그래서 무명이라고 이름하고 나서 이어서 주지住地[7]라는 덕목을 부가한 것이다. 이것은 무명無明이 바로 신명神明이며, 신명의 본성은 천류하지 않음을 드러낸 것이다.〔신 적이 말한다. "무명에다 머무름(住地)이라는 덕목을 붙인 것은 본체에 미혹됨을 물리치고자 함이다. 미혹을 갖고 있는 사람은 아직 깨닫지 못한다."〕

어떻게 그런 줄을 알 수 있는가? 만일 앞의 마음이 무간지옥에 떨어질 만큼 무거운 죄를 짓고, 나중의 마음이 상상할 수 없는 선행을 했을 때 선과 악의 이치는 크게 떨어져 앞과 뒤의 마음이 거리가 매우 멀다. 작용과 결과가 동일한 근본이 아니라면 어찌하여 이와 같이 상속할 수 있겠는가?〔신 적이 말한다. "하나일 수밖에 없는 본체가 없으면 작용은 의지할 곳이 없다. 어리석은 사람은 비슷한 모습이 연속되는 것을 보고 동일한 것이라고 여긴다. 그래서 대선大善을 들어서 그 상속의 오해를 물리친 것이다."〕

이것으로 앞의 악이 스스로 사라지더라도 미혹된 식려는 변하지 않으며, 뒤의 선행을 일으켰다고 하지만 어두운 마음이 고쳐지는 일이 없음을 알게 되는 것이다.〔신 적이 말한다. "선악과 생멸 때문에 그 근본을 상하게 된 적은 없었다."〕

---

7 근본의 번뇌가 지말의 번뇌를 일으키는 곳을 주지라고 이름 붙인다. 다섯 가지로 나누어서 5주지라 한다. 즉, 견일체처주지·욕애주지·색애주지·유애주지·무명주지이다.

그러므로 경에서는 "번뇌의 여러 맺힘과 함께하는 것을 무명이라 하고, 모든 선법과 함께하는 것을 밝음〔明〕이라 한다"[8]고 말하고 있다. 어찌 신식의 본성은 하나이지만 조건에 따라서 다름을 말한 것이 아니겠는가?〔신 적이 말한다. "만일 선악이 각각 일어난다면 어째서 함께라고 말하겠는가? 그런데 언제나 이 말(선)과 악을 대립시켜 그 뜻을 오해하게 한다. 그래서 중요한 경문을 들어 여러 잘못을 깨우친다."〕

그러므로 생멸의 변천은 과거의 업인業因을 따라 일어나는 것이며, 선악이 뒤바뀌는 것은 현재의 상황에 따라 생기는 것임을 알 수 있다.〔신 적이 말한다. "생멸은 본래의 업인業因에서 연유한 것이지 현재의 상황이 그렇게 해서 그러한 것이 아니며, 선악은 지금의 상황에서 생기는 것으로 본래의 업인이 그렇게 시킨 것은 아니다."〕

마음이 그 근본이라는 것은 절대로 변하지 않는다.〔신 적이 말한다. "비록 다시 작용의 원인이 동일하지 않지만 그 본체가 다르지는 않다."〕

작용의 근본이 끊어지지 않기 때문에 성불의 이치가 분명하고, 상황에 따라 변천하고 뒤바뀌기 때문에 생사를 끝까지 밝힐 수 있다.〔신 적이 말한다. "성불의 이치가 분명하다는 것은 근본을 묘사한 것이며, 생사를 끝까지 밝힐 수 있다는 것은 그 작용에 의하는 것이다. 만일 작용만 있고 근본이 없으면 사멸하기만 하고 성불하는 일이 없고, 만일 근본만 있고 작용이 없으면 성불은 있지만 사멸하는 것이 없다."〕

---

8 『대반열반경』 8권 「여래성품如來性品」.

26. 난신멸론難神滅論〔소침蕭琛〕

서序

외사촌형인 범자진范子眞[9]이 「신멸론神滅論」을 저술하여 부처님께서 존재하시지 않는다는 것을 밝혔다. 스스로 "언변으로 여러 사람을 꺾는데 하루에 천 명을 항복시킬 수도 있다"고 말한다. 내 생각으로는 오히려 의심스럽기만 하다. 지금 즉시 문제점을 묶어서 이해되지 않는 곳을 물어보고 싶다. 「신멸론」에서 지금까지 주장하는 것은 육체〔形〕와 정신〔神〕의 문제이며, 논쟁하고 있는 것은 정리精理이다. 예를 들어 춘추春秋의 제사에 종묘宗廟를 세움은 성인의 신도神道가 가르침을 시설하고 예禮를 세워서 어리석음을 없애는 것이라고 여긴다. 또 두백杜伯이 활을 열고[10] 백유伯有가 갑옷을 입은 것[11]은 세상에 괴물怪物이 있기 때문이지 사람이 죽어서 유령이 된 것은 아니라고 말한다.

이러한 논리대로라면 『시경詩經』이나 『서경書經』을 통해서 역사적 사실을 힐난하여 바로잡을 수도 없는 것이다. 할 수 있는 것은 단지 육체〔形〕와 정신〔神〕 사이에서 그 분리와 만남을 말하는 것뿐이다. 만약 육체와 정신이 일체라서 존재하거나 사멸할 때 분리되

9 『양서梁書』 48, 『남사南史』 57에 그에 대한 기록이 남아 있는데, 범운范雲은 그의 사촌동생이고, 소침蕭琛은 외사촌동생이다. 남제南齊의 문선왕文宣王에게 벼슬을 하였는데, 무불無佛을 주장하여 의론한 일이 있다.

10 주나라 선왕宣王의 대부였던 두백이 죄 없이 죽어 그 영혼이 와서 활을 쏴서 선왕을 죽였다는 고사.

11 춘추 시대 정鄭나라의 양소良宵, 자는 백유伯有. 『좌전』 「소공昭公」 7년조에 어떤 사람이, 백유가 갑옷을 입고 돌아다니며 "임자년에 대帶를 죽이고, 내년의 임인壬寅에 은殷을 죽인다"는 것을 꿈에 보고 사실 그대로 되었다는 고사. 이보다 먼저 백유는 이공襄公 34년 정나라 사람에게 죽었다.

지 않는다면 범진은 의기양양하고 논리가 매우 탄탄할 것이다. 만일 정신과 육체가 분리가 되고 흥성하거나 사그러들 때 구별된다면 내가 상대를 이기고 명예를 얻고 일을 끝낼 수 있을 것이다. 내가 부처님의 존재를 증명하더라도 부처님에 대한 체험은 일반 사람들과 같지 않다. 아울러 나의 본의를 말하고, 이것을 「신멸론」의 뒤에 붙인다.

「신멸론神滅論」〔문답은 「신멸론神滅論」 본문의 상대방과 범진 자신의 말이다. 난難은 지금 내(소침)가 질문한 것이다.〕

문 당신은, 정신은 소멸한다고 말하지만, 어떻게 그것이 없어지는지를 아는가?

답 정신이 바로 육체고, 육체가 바로 정신이다. 그래서 육체가 존재하면 정신도 존재하고, 육체가 없어지면 정신도 없어지는 것이다.

문 육체는 지각이 없는 것을 말하는 것이며, 정신은 지각 있는 것을 이름한 것이다. 지각이 있는 것과 지각이 없는 것은 현실적으로는 별개의 것이다. 정신과 육체는 이치상 하나로 보기는 어렵다. 육체와 정신이 상즉相卽 관계라는 것은 들은 일이 없다.

답 육체는 정신의 본질이며, 정신은 육체의 작용이다. 그렇다면 육체는 본질을 말하며, 정신은 작용을 가리킨다. 육체와 정신은 분리될 수가 없다.

難 지금 육체와 정신이 하나라고 한다면 당연히 분리되지 않는다는 증거가 있어야 한다. 단지 "정신이 바로 육체이고 육체가 바로 정신이다. 육체는 정신과 별개의 것일 수 없다"고 말하는데, 이것은 변론은 하지만 증거가 없고 제대로 된 비유도 있지 않다. 나

는 여기서 꿈을 들어 육체와 정신이 일체일 수 없다는 것을 증명하겠다. 사람이 자고 있을 때에는 육체는 지각이 없는 것이다. 그러나 꿈속에서는 사물을 볼 수 있다. 이것은 정신이 육체를 떠나서 다른 것(보이는 대상)과 접촉을 가진 것이다. 정신은 독립하여 있는 것이 아니고, 반드시 육체에 의지하려고 한다. 그것은 마치 사람이 노천에서 거처하지 않고 방을 필요로 하는 것과 같은 것이다. 단지 육체는 더러운 것이며, 방은 막혀 있는 곳이다. 그러므로 정신이 육체로 돌아오면 그 의식은 다소 혼미해진다. 혼미하기 때문에 보는 것을 꿈이라고 여긴다. 사람이 방에 돌아오면 그 정신은 갑자기 막히고 만다. 막히기 때문에 밝은데도 어둡다고 여긴다. 사람은 더러 꿈속에서 그윽한 허공을 오르기도 하고, 만 리 밖 저 먼 곳으로 내닫기도 한다. 만일 정신이 가는 것이 아니라면 육체가 가는 것인가? 육체가 가는 것도 아니고, 정신이 육체에서 분리될 수 없다면 도대체 어떻게 이런 일이 있을 수 있는가? 만일 꿈이, 생각이 나타난 것이라면 잠을 잘 때는 몸은 넘어진 나무와 같고, 의식은 차가워진 재와도 같으며, 이것에 소리를 질러도 듣지 못하며, 이것을 쓰다듬어도 느끼지 못한다. 만일 정신과 육체가 같다고 하면 안팎으로 다 같이 활동이 멈추고 있는 것이 된다. 밖으로부터 소리를 듣지 못하는데, 어떻게 안에서 생각이 일어날 수 있겠는가? 이것은 결국 육체가 고요할 때도 정신은 뛰어다닌다는 것을 단적으로 알 수 있는 것이다. 그래서 꿈을 꾼 내용은 생각지도 않은 엉뚱한 일로 만나게 되기도 하고〔조간자趙簡子는 꿈속에서 아이가 벌거벗고 노래 부르는 것을 보았는데, 이것은 오나라가 추鄒나라를 공격한 것이었다. 진나라의 심부름꾼이 꿈에 진공晉公을 업고 하늘에 오르는 것을 보았는데, 진후晉侯를 업고 변소에서 나오게 된 것이 바로 이것이다.], 더러는 이치에 맞지 않는 것도 있고[여기呂錡가 달 속의 토끼를 활로 쏘는 꿈을 꾸고,[12] 오후吳后가 창자가 나와 창문을 가린 꿈을 꾼 것 등이 그 예이다.], 더러는 아직 조짐도 없는 일을 먼저 알아차리기도 하고[여강呂姜[13]이, 하늘이 그 아들에게 우虞라는 이름을 붙이는 꿈을 꾼 일이나, 노나라 사람이 꿈에 많은 군주들이 노나라를 망하게 하려고 공모하는 것을 보았다는 것이 그런 예이다.], 더러는 글자의 모양을 빌려 오기도 한다.[채무蔡茂가 꿈에 벼(禾)를 잃고서(失) 실제로는 관직을 얻었고, 왕예王濬가 꿈에 세 개의 칼(三刀)을 보고 주州의 자사刺史가 된 것들이 이것이다.]

어떤 때에는 현실적이지 않은 것도 있고[북쪽 오랑캐들이 배를 꿈꾸고, 남쪽 월나라 사람이 말 타는 것을 꿈꾸는 것이 그것이다.], 어떤 때에는 꿈이 징험이기도 하다.[은나라의 무정武丁이 꿈에 전설傳說을 얻고, 한나라 문제文帝가 꿈에 등통鄧通을 얻은 것[14]은 실제로 일어날 일의 징험인 것이다. 그렇지 않은 사례는 매우 많기 때문에 모두 기록하지는 않겠다.]

이러고 보면, 전혀 정신의 변화는 멈추게 할 수 없고, 유명幽明은 예측할 수가 없다. 대략적으로 관찰하는 것은 쉽지만 이치로써 검증하기는 무척 힘들다. 만일 정신이 옮겨 다니는 것을 인정하지 않는다면, 육체 안에서 그런 것들이 파악되어야만 할 것이다. 대개는 한 덩이의 작은 신령은 바깥을 볼 수 없는 것, 예를 들면 육

12 『좌전』「성공成公」16년. 진의 여기呂錡가 달을 쏴서 맞추고자 한 발 뒤로 하다가 진흙에 빠진 꿈을 꾸었기 때문에 점을 쳐 보니, 초나라의 공왕共王을 쏴서 눈에 맞추고 스스로는 맞고 죽는 것이었다고 한다.

13 태공망太公望 여상呂尙. 전기는 『사기』32권에 있다.

14 『사기』125「영행열전佞幸列傳」참조.

몽六夢[15]을 채용하고, 상想이라든가 인因을 들고 나온다고 하더라도 이론은 설명처럼 되지 않는 것이다.

[문] 정신은 본래 성질이 아니며, 육체는 본래 작용이 아니라서 둘이 다르다고 말할 수 없다는 것은 무엇을 의미하는가?

[답] 정신과 육체라는 명칭은 다르지만 본체는 동일하다는 것이다.

[문] 명칭이 이미 다른데 어떻게 본체가 동일할 수 있는가?

[답] 정신과 성질의 관계는 날카로움과 칼의 관계와 같으며, 육체와 작용의 관계는 칼과 날카로움의 관계와 같다. 날카로움이라는 이름이 칼이 아니고, 칼이라는 명칭이 날카로움은 아니다. 그러나 날카로움을 버리고는 칼은 없으며, 칼을 버리고는 날카로움은 없다. 칼이 없어지고 날카로움이 남는다는 말은 들은 적이 없다. 육체적으로는 사망했는데 정신이 살아서 존재한다는 것은 있을 수가 없는 일이다.

[難] 칼이 갖는 날카로움은 숫돌의 작용이다. 그래서 강에서 이무기를 자르고 땅에서는 외뿔소나 호랑이를 벨 수가 있다. 만일 날카로움이 다하고 작용이 바닥 나면 반드시 날카로운 기세는 꺾이고 무딘 칼이 되고 만다. 그렇다면 날카로움은 없어져도 칼은 존재한다. 말하자면 정신이 사라지더라도 육체는 존재하는 것이다. 어떻게 날카로움을 버리면 칼은 없고, 명칭은 다르지만 본체는 하나라고 말할 수 있는가? 칼과 날카로움이 동시에 없어지지 않는 이상 육체와 정신도 같이 사라지는 일은 없다. 비록 가까운 데서

15 꿈을 여섯 가지로 나눈 것. 정몽正夢 · 악몽噩夢 · 사몽思夢 · 오몽寤夢 · 희몽喜夢 · 구몽懼夢.

비유는 들고 있지만, 이치상으로는 사실 잘못이다.

문 칼과 날카로움의 관계는 말한 그대로일지 모르지만, 육체와 정신은 그렇게 말할 수는 없다. 왜냐하면 나무의 성질은 지각이 없고 사람의 성질은 지각이 있기 때문이다. 사람에게는 원래 나무와 같은 성질도 있고 더욱이 나무에게는 없는 지각이 있다. 나무는 하나의 성질을 갖고 사람은 두 개의 성질을 갖는 것이 아닌가?

답 말이 무척 괴이하구나. 사람이 만일 나무 같은 성질을 가지고서 육체를 만들고 또 나무에 없는 지각을 가지고서 정신을 만들고 있다면 그대가 말한 것과 같을 수 있다. 지금 사람의 성질을 보자면 지각이 있고, 나무의 성질을 보자면 지각이 없다. 사람의 성질은 나무의 성질이 아니고, 나무의 성질은 사람의 성질이 아니다. 어떻게 나무와 같은 성질을 가지고 있으면서 또 나무와 달리 지각을 가질 수 있겠는가?

문 사람의 성질이 나무의 성질과 다르다는 것은 지각이 있기 때문이다. 사람이면서 지각이 없다면 나무와 무슨 차이가 있겠는가?

답 사람 중에 지각하지 못하는 성질을 가진 이는 없다. 그것은 나무 중에 지각할 수 있는 것이 없는 것과 같다.

문 죽은 이의 몸뚱이는 지각이 없는 성질을 갖지 않는가?

답 지각이 없는 성질이다.

문 만일 그렇다면 사람은 정말 나무 같은 성질이 있으면서 나무와 달리 지각이 있는 것이 된다.

답 죽은 이는 나무와 같은 성질이 있으면서 나무와 달리 지각은 없다. 산 사람은 나무와는 달리 지각이 있으면서 나무 같은 성질은 없다.

문 죽은 이의 해골은 산 사람의 몸뚱이와는 다른가?

㉰ 살아 있는 육체는 죽은 육체가 아니고, 죽은 육체는 살아 있는 육체가 아니다. 그 구별은 이미 명확하다. 어떻게 산 사람의 몸뚱이를 가진 사람이 죽은 이의 해골을 가질 수 있겠는가?

㉯ 만일 산 사람의 몸뚱이가 죽은 이의 해골과 별개의 것이라 하면, 죽은 이의 해골은 산 사람의 몸뚱이로부터 생긴 것이 아닌가? 산 사람의 몸뚱이로부터 생긴 것이 아니면, 이 해골은 어디로부터 나온 것인가?

㉰ 산 사람의 몸뚱이가 죽은 이의 해골로 변한 것이다.

㉯ 산 사람의 몸뚱이가 죽은 이의 해골로 변했다고 하여도 삶이 있었기 때문에 죽음이 있는 것이 아닐까? 그러므로 죽은 몸이 결국 산 몸과 같다는 것을 알 수 있다.

㉰ 만일 무성하던 나무가 변하여 마른나무가 된다면, 마른나무의 성질은 무성한 나무의 몸에 있는가?

㉯ 무성한 나무의 몸이 변하여 마른나무의 몸이 된 것이기 때문에 마른나무의 몸은 무성한 나무의 몸과 하나이다. 마치 실의 모양이 변하여 꼰 실의 몸이 되고, 꼰 실이 실과 하나인 것과 같은 것이다. 무슨 문제가 있는가?

㉰ 만일 마른나무가 바로 무성한 나무이고, 무성한 나무가 바로 마른나무라면 마땅히 무성하게 있을 때 시들어야 하고 시들었을 때 열매를 맺어야 할 것이다. 또 무성한 나무가 마른나무로 변화하는 것이 아니라면 무성한 나무가 바로 마른나무이다. 그래서 시들어진 것이 다시 변하는 일은 없을 것이다. 같은 것이라면 변화는 있을 수 없는 것이다. 또 무성함과 시듦이 동일한 것이라면 왜 먼저 시들고 후에 꽃피는 일은 없는가? 반드시 무성하고 나중에 시드는 것은 무엇 때문인가? 실과 꼬인 실이 동시라는 것은 비유

가 될 수 없다.

㉮문 산 몸이 세상을 하직하면 즉시 완전히 모두 없어져야 하는데, 어째서 죽은 몸을 받아서 면면이 이어져 그치지 않는가?

㉮답 생겨나고 사라지는 원리에는 반드시 정도가 있기 때문이다. 바람같이 생겨난 것은 반드시 바람같이 사라진다. 그리고 천천히 생겨난 것은 반드시 천천히 사라진다. 갑자기 생겨난 것은 회오리바람이 그것이며, 천천히 생겨난 것은 동물이나 식물이 그것이다. 어떤 것은 바람같이 생겨났다 사라지고, 어떤 것은 천천히 생겨났다 사라지니, 이것은 이치이다.

難 「신멸론」에서 사람의 자질에는 지각이 있고, 나무의 자질에는 지각이 없다고 했다. 어찌 사람이 시원함과 따뜻함을 알고 아픔과 가려움을 알아서 기르면 살고, 상처를 입히면 죽지 않겠는가? 나무도 마찬가지이다. 봄이 되면 꽃 피고 가을에 시들어지며, 심으면 반드시 자라나고 뽑으면 반드시 죽는다. 어떻게 지각이 없다고 말할 수 있겠는가? 과연 사람의 자질은 나무와 같은 것이 있다. 혼신(神)이 머물면 육체가 온전하고 혼신이 떠나면 육체는 어그러진다. 인간의 육체는 온전한 무성한 나무에 해당되고, 어그러진 것은 마른나무에 해당된다. 당신은 어째서 이것을 정신의 지각이 아니라고 주장하고, 자질에 지각이 있다고 하는가? 모든 만물은 모두 정신으로써 지각하고, 자질로써 지각하는 것은 아니다. 단지 초목이나 곤충의 본성은 무성하고 시듦과 삶과 죽음을 알 뿐이며, 인간의 의식은 편안함과 위태로움 그리고 이익과 손해를 분별하는 것이다. 왜 나무와 같은 자질을 가지고서 육체를 이루고, 또 나무와는 다른 지각을 가지고서 정신을 이룬다고는 말하지 않는가? 이것은 바로 육체와 정신이 둘이며 위치를 구별할 수 있다

는 것이다. 단지 나무는 음양의 치우친 기운을 받고 사람은 순수한 하나의 혼령을 간직하며, 그 인식하는 것은 같은 점이 있지만 정신은 다르다. 골격과 육체에 관련된 이야기나 생사를 주고받는 이야기는 그 의미가 앞에서 분명해졌고, 구체적 사례도 헤아릴 수 없을 정도다. 어찌 전적을 통해서 변론하려 하는가?

문 육체가 정신이라면 손 같은 것도 정신이라 할 수 있겠는가?

답 모두 정신의 일부분이다.

문 만일 그 같은 것들이 모두 정신의 일부분이라면, 정신이 마땅히 사려를 하는데 손 같은 것도 사려를 하는가?

답 손 같은 것은 아픔과 가려움에 대한 지각은 갖지만 옳고 그름을 판단하는 사려는 없다.

문 지각과 사려는 같은 것인가, 다른 것인가?

답 지각이 바로 사려이지만 얕으면 지각이 되고, 깊으면 사려가 된다.

문 만일 그렇다면 두 개의 사려가 있는 것이다. 사려가 둘이라면 정신도 둘인가?

답 사람의 몸은 하나인데 정신이 어떻게 둘일 수 있겠는가?

문 만일 둘일 수 없다면, 어째서 아픔과 가려움에 대해서만 지각이 있으면서 또한 옳고 그름을 판단하는 사려가 있는가?

답 마치 손발이 비록 다르지만 한데 모여 한 사람이 되는 것과 같다. 옳고 그름, 아픔과 가려움이 비록 차이가 나지만 또한 한데 모여 하나의 정신이 된다.

문 옳고 그름의 사려가 손발과는 관련되지 않는다면 마땅히 관련되는 곳은 어디인가?

답 옳고 그름의 사려는 심기心器가 담당하고 있다.

문 심기란 오장 중의 심장을 말하는가?

답 그렇다.

문 오장에 어떤 구별이 있기에 심장만이 유독 옳고 그름의 사려를 하는가?

답 이목구비의 일곱 개 구멍도 또한 무엇이 다르며, 쓰임새도 같지 않은 것은 왜 그런가?

문 사려는 일정한 방소가 없는데 어떻게 심장이 그것을 주재한다는 것을 알 수 있는가?

답 심장이 아프면 사려는 어그러진다. 그렇기 때문에 심장이 사려의 근본임을 알 수 있다.

문 어떻게 사려가 눈 등의 부분에 거처하지 않는지를 알 수 있는가?

답 만일 사려가 눈에 머문다면, 눈은 어째서 귀에 머물지 못하는가?

문 사려 자체는 본체가 없다. 그러므로 이것이 눈에 머물 수가 있다. 눈은 스스로 본체이기 때문에 다른 부분에 의지할 필요가 없다.

답 눈은 왜 본체가 있고 사려는 왜 본체가 없는가? 진실로 사려가 나의 육체를 본체로 하지 않고 어디든지 머물 수 있으면, 장 아무개의 마음이 왕 아무개의 몸에 머물고, 이 아무개의 성격이 조 아무개의 몸에 의탁할 것이다. 과연 그럴까? 그렇지는 않다.

難 「신멸론」에서 "육체와 정신과는 구별이 없고, 손 같은 것도 모두 정신의 부분이다"라고 했다. 이것은 결국 정신은 육체를 몸으로 한다는 것이니, 몸이 완전하면 정신도 완전하며, 몸이 상하면 정신도 결함이 있다는 것이다. 그러면 정신이란 무엇일까? 식

려識慮이다. 지금 어떤 사람이 만약 손발이 절단되고 살갗을 상해도 지혜와 사려는 흐트러지지 않는다. 손빈孫臏은 발목은 잘렸지만 병법은 더욱 뛰어났고, 부부膚浮는 팔은 잘렸지만 유교와 도교에 대해서 밝았다.

이것은 정신과 육체가 분리되며, 육체가 상하였어도 정신이 상하지 않는다는 확실한 증거이다. 그저 정신은 지혜를 통해서 사물을 운용하고, 심기心器에 의탁하여 비추어 본다. 보고 듣고 냄새 맡고 맛을 보는 것도 각각에 의거하는 곳이 있다. 사려나 의식은 심기에 귀결한다. 예를 들어 말하면 사람들의 집과 같다. 동쪽의 대문은 손님을 부르고, 남쪽의 들창은 햇빛을 들게 하며, 북쪽의 창문은 바람을 받고, 서쪽의 창문은 달빛을 거둔다. 주인은 방 안에서 네 가지의 효용을 누릴 뿐이다. 만약 그대의 말대로라면 이・목・구・비 각각이 정신의 한 부분을 가지기 때문에 한쪽 눈이 아프면 보는 정신〔視神〕이 상하여서 양쪽 눈이 모두 멀게 될 것이다. 한쪽 귀가 병이 들면 듣는 역할의 정신〔聽神〕이 상하여 양쪽 귀가 들리지 않게 될 것이다. 그러나 현실은 그렇지가 않다. 이것으로 정신은 기관이지 본체가 아니라는 것을 알 수 있다. 또 「신멸론」은 "심장이 사려의 본체이며, 사려는 다른 곳에 머물 수 없다"고 했다. 만일 입이나 눈이나 귀나 코에 대해서라면 이런 이야기는 맞지만, 만일 다른 사람의 마음에 대해서라면 맞지 않다. 귀나 코는 하나의 몸에 있으나, 섞이는 일은 없다. 담당하는 곳이 같지 않으며, 기관이 하는 일이 각각 다르기 때문이다. 다른 사람의 마음은 그 사람의 육체에 있지만 서로 교섭할 수가 있어서 정신은 모두 교묘하고 식려가 모두 교묘하다. 그러므로 『서경』에도 "당신의 마음을 열어 나의 마음에 부어 넣는다"[16]고 말하며, 『시경』에는

"타인의 마음을 내가 헤아린다"[17]고 말하고 있다. 제나라 환공은 관중의 지모를 섬겼으며, 한나라 고조는 장량의 계책을 사용했다. 이것들은 모두 자기의 육체를 기본으로 삼고, 다른 사람의 마음에 의탁한 것이다. 어째서 "장 아무개의 마음은 왕 아무개의 몸에 머물지 않고, 이 아무개의 성격은 조 아무개의 몸에 머물 수 없다"고 하는가?

문 성인의 육체와 범인들의 육체는 같지만 범인과 성인은 분명히 구별된다. 그래서 육체와 정신이 다르다는 것을 알 수 있다.

답 그렇지 않다. 순금일 경우에는 빛을 내지만 순금이 아닐 경우는 빛을 내지 못한다. 빛을 내는 순금이 어찌 빛을 내지 못하는 불순한 자질을 갖겠는가? 또한 어떻게 성인의 정신을 가지고서 범인의 기질에 의지하겠는가? 또 범인의 정신이 성인의 몸에 의탁하는 경우도 없다. 그러므로 요임금에게는 여덟 가지 색의 눈썹이 있고, 순임금에게는 겹눈동자가 있으며, 헌원軒轅과 고요皐陶의 모습은 용의 얼굴, 말의 주둥이이다. 이것은 모두 외견상의 차이이다. 비간比干의 심장에는 일곱 구멍이 나란히 있었고, 백작伯約의 쓸개는 주먹만한 크기였다. 이것은 심기心器의 차이이다. 그러므로 성인의 성질은 매양 범인들과는 다르게 되어 있다. 도덕도 여러 사자들과는 다를 뿐더러 모습도 모든 존재를 초월하고 있다. 범인과 성인의 육체가 동일하다는 것은 감히 생각할 수도 없을 것이다.

문 당신은, "성인의 육체는 반드시 범인과 다르다"라고 하였다.

---

16 『서경』「열명명說明命」상.
17 『시경』「소아小雅」공언功言.

감히 묻는데, 양화陽貨의 용모는 공자와 비슷했고, 항우의 눈은 순임금과 닮았다. 순임금과 항우, 공자와 양화는 그 지혜는 달랐지만 모습은 닮았다. 그 까닭은 무엇인가?

답 옥돌이 옥과 비슷하지만 옥은 아니다. 학은 봉황과 비슷하지만 봉황은 아니다. 모든 것에는 진실로 이러한 점이 있는데, 사람도 마땅히 그러하다. 항우나 양화가 모습은 비슷하지만 실질은 아니다. 심기가 같지 않으면 모습은 크게 의미가 없다.

문 범인과 성인의 차이가 나지만 육체와 심기가 동일할 수는 없다. 성인은 원만하고 지극하여 이치에서는 둘일 수는 없다. 공자와 주공은 모습이 달랐고, 탕왕과 문왕도 모습이 달랐다. 정신이 외형에 관계하지 않음이 더욱 분명해진다.

답 성인과 성인이 같은 것은 심기가 같은 것이지, 심기가 반드시 같은 것은 아니다. 마치 말이 털색이 달라도 다 같이 내달리고, 옥은 색깔은 달라도 똑같이 아름다운 것과 같다. 진晉나라 극씨棘氏의 옥과 초나라 화씨의 옥은 그 가치가 여러 개의 성과 같고, 순마인 화驊·유騮·도盜·여驪[18]는 어느 쪽도 천 리를 달린다.

문 육체와 정신이 두 개가 아니라는 것은 이미 알았다. 육체가 없어지면 정신도 없어진다는 논리는 당연한 것이다. 감히 묻겠는데, 『효경』에서 "조상을 위하여 종묘에서 제사하매 귀신이 흠향한다"고 말한 것은 무슨 뜻인가?

답 성인의 교화가 그런 것이다. 효자의 마음을 따르고, 인정이 야박한 것을 꾸짖기 위함이다. 『주역』에서 "귀신이 그것을 밝혀준다"[19]고 한 것이 이것을 이름이다.

---

18 주나라 목왕穆王의 명마들.

문 백유는 갑옷을 입었고 팽생은 멧돼지가 되어 나타난 것[20]을 고전 속에서 적고 있다. 어찌 이런 가르침을 시설했는가?

답 요괴는 황황하여서 있는 듯 없는 듯하다. 억울하게 죽음을 당한 사람은 많지만 모두 귀신이 되는 것은 아니다. 어째서 팽생과 백유만이 그럴 수 있는가? 그 사람이나 그 멧돼지가 반드시 제나라의 팽생이나 정나라의 백유는 아니다.

문 『주역』에서 "귀신의 마음과 모습을 알아야 천지와 서로 비슷하고 어긋나지 않는다"[21]고 했으며, 또 말하기를 "귀신이 가득히 넘쳐 있다"[22]고 하였다. 이 뜻은 무엇인가?

답 날짐승과 들짐승은 날고 달리는 차이가 있다. 사람이 되고 귀신이 되는 것은 어둠과 밝음의 차이가 있다. 사람이 죽어서 귀신이 되고, 귀신이 사멸하여서 사람이 되는 것에 대해서는 나는 알지 못한다.

難 「신멸론」에서 "어찌 성인의 정신을 가지고 범인의 몸뚱이에 의지할 수 있겠는가? 범인의 정신이 성인의 몸에 의탁하는 일도 있을 수 없다"고 하였다. 양화가 공자를 닮았고 항우가 순임금을 닮은 것은 바로 범인의 정신이 성인의 몸에 머무는 것이다. "옥돌과 옥, 갈가마귀와 봉창을 비유할 수는 없다"고 하는 것은, 옥돌은 그 자체에 있어서 옥돌의 이름이 있고, 옥은 실체에 있어서 옥의 이름이 있고, 갈가마귀〔鶡〕는 봉새와 비슷한 갈가마귀〔鵕鶡〕라 하고 봉황은 신봉神鳳이라고 한다. 명칭이 다르니만큼 모양이나 실

19 『주역』 「계사」 상 참조.
20 『좌전』 「잔공」 8년조 등에 나오는 유명한 고사.
21 『주역』 「계사」 상 참조.
22 『주역』 「규괘睽卦」 참조.

체도 다르게 되어 있다. 이때의 순임금은 겹눈동자이며, 항우도 겹눈동자인 것은 옥돌과 옥이 이름만 달리하고 있는 것이 아니고, 거기에는 두 겹으로 된 눈동자의 유사함이 인정된다는 것이다. 또 여와女媧가 뱀의 몸을 하고 있었고, 고요皐陶가 말의 주둥이를 하고 있었다는 것은 다만 성인의 정신이 범인의 몸에 들어간 것일 뿐 아니라 끝에 가서는 벌레나 짐승의 몸에까지도 들어가 있었던 것이다. 이것은 육체와 정신이 구별되고 밝음과 어둠이 같지 않다는 것을 더욱더 확실하게 나타내고 있다. 만일 육체와 정신이 동일하고 이치적으로 전세前世의 숙인과 단절된다면 성인은 성인을 낳고 현인은 현인을 낳을 것이며, 용감한 사람이나 비겁한 사람, 어리석거나 지혜로운 사람도 모두 그 부모를 닮았을 것이다. 그래서 육체와 정신이 빚어내는 것과 일기一氣가 낳아 기르는 점에서는 요임금은 지혜로운데 아들 단주丹朱는 어리석었으며, 고수瞽叟는 완고하였는데 순임금이 성인이 되는 것은 있을 수 없다.

「신멸론」에는 또 "성인은 신성한 육체라는 점에서 같지만, 반드시 육체가 같아야 하는 것은 아니다. 마치 말은 털색이 달라도 다 같이 빨리 뛰는 것과 같은 것이다"라고 했다. 털도 빨리 뛰는 육체일까? 말에는 털색은 같아도 잘 뛰고 못 뛰는 차이가 있다. 그렇다면 털색은 빨리 뛰는 모습과는 무관하다. 몸에 성스러운 기器가 없기 때문이다. 사람의 육체에는 범인과 성인의 구별이 없으며, 강건한가, 병약한가의 차이가 있을 뿐이다. 그러므로 여유 있는 혼령은 멀리 있는 육체에 깃들고, 재촉하는 혼신은 가까운 몸에 머문다. 말하자면 그저 이것뿐인 것이다. 먼저 범진이 말한 성인의 몸은 단지 공자와 순임금의 육체를 말한 것이지, 몸[器]에 성인의 지혜가 있음을 말한 것은 아니다. 모순된 말을 싫어한다면 이런 잘못에 가까이해서는 안 된다.

문 그런 정신이 멸하는 것을 알면 무슨 이득과 쓰임이 있는가?

답 불교는 정교를 해치고 사문은 풍속을 좀먹는다. 바람이 갑작스럽게 일고 안개가 피어오르며 말이 달리고 동요함이 끊이질 않는다. 나는 폐해를 슬퍼하여 물에 빠진 사람을 구하려고 생각하였다. 재화를 다 써서 승려에게 달려가고 재산을 없애서 부처에게 가지만 친척을 불쌍히 여기지 않고 가난한 사람을 불쌍히 여기지 않는 것은 도대체 무엇 때문일까? 참으로 자신을 위하는 마음은 깊지만 다른 이들을 구제하려는 생각은 얕다. 그러므로 극히 적은 양으로 가난한 친구를 도와도 아까운 마음이 얼굴에 요동치고, 천종鍾의 쌀을 잘사는 부처나 승려에게 맡겨도 기뻐하는 마음이 온몸에 가득하다. 어찌 승려는 많은 보응이 있고 친구는 작은 보응도 없다고 하겠는가? 보시에는 힘쓰지만 위중한 이들을 살피는 데 관계하지 않고, 공덕을 반드시 자신에게서 이루고자 한다. 어리석은 말에 미혹되고 아비지옥의 고통을 두려워하고, 공허한 이야기에 유혹되고, 도솔천의 복락을 기꺼워한다. 그래서 제대로 된 옷을 버리고 승려의 가사를 두르며, 제사지내는 그릇들을 치워버리고 발우를 늘어놓으며, 어느 집에서나 아비와 자식은 버리고 사람간의 후사는 끊어 버린다. 병사들로 하여금 행군하는 도중에 좌절하게 하고 관리로 하여금 관부에서 텅텅 비게 하며, 곡식은 놀고먹는 승려들에게서 다 없어지고, 재화는 사원 건립에 다 소비된다. 간사하게 부처를 구하고 칭송하는 소리를 항상 품는 것은 오직 이런 이유 때문이다. 이런 풍조를 막지 않는다면 병폐는 끝이 없을 것이다. 그대는 항아리나 기와가 자연으로부터 성품을 받아 생겨났으며, 삼라만상이 모두 스스로 변화하여 홀연히 생기고 황망히 사라지며, 그 발생은 막을 수 없고, 그 소멸도 멈추지 못하여 자연의 법칙에 따라서 각각 자기의 성질에 안주함을 알아야 한다. 소인은 그들의 전답에 마음을 편히 하고, 군자는 언제나 담박하고 정미한 것을 보존하려 한다. 경작하여 식량을 얻으면 식량은 궁하는 일이 없고, 양잠하여 의복을 얻으면 의복이 다하는 일이 없다. 아랫사람은 의복에 여유가 생겨서 윗사람에게 봉양하고 윗사람은 무위無爲로써 아랫사람을 맞이한다. 목숨을 보존할 수 있고 부모를 봉양할 수 있고, 자기를 만족시킬 수 있고 나라를 안정시킬 수 있고 임금을 패자가 되게 할 수 있음은, 이 도가 있음으로써 가능하다.

難 불교의 존립 여부는 혼신의 존재에 의한다는 것을 앞에서 논의하고 있으나 또 간단히 말해 보자. 지금 특히 득실을 지적하고 이해를 말하여 당신의 옳고 그름을 바로잡고 싶다. 당신은 "불교가 풍속을 좀먹고 문화를 해치고 재화를 허비하고 부역을 부실하게 한다"고 했다. 그 가운데는 이런 일을 하는 사람도 있지만 불교의 잘못은 아니다. 불교가 건립될 때, 낳고 기르는 것을 좋아하고, 살생을 미워하고, 선을 닦고, 보시에 힘쓰는 것을 근본으로 하고 있다. 낳고 기르는 것을 좋아하는 것은 조수의 번식을 바라는 것만은 아니고 사람의 신령神靈을 중시하는 것이다. 살생을 미워하는 것이 어찌 도망자의 죄를 적게 하여 풀어 주자는 것이며, 연민 때문에 살핌을 멈추는 것이겠는가? 선을 닦는 것은 반드시 불교를 우러러보자는 것은 아니고 충과 신을 제일로 하는 것이며, 베푸는 것에 힘쓰라는 것은 재화를 임시변통으로 토목공사에 투자하라는 것은 아니고, 위급한 사람을 구하는 것이 좋다고 하는 것이다. 만일 완전히 후사를 끊으면 부처님의 가르침도 절대로 이어지지 않

을 것이며, 만일 모두가 사원을 세우면 경작하는 데 토지가 없을 것이다. 범인도 알 수 있는데 우리 부처님께서 좋아하실 리가 없다. 지금 고집스러운 사문이나 눈이 어두운 세속의 선비는 추위에 얼어 있는 사람을 보더라도 허름한 옷 한 벌 베풀지 않고, 굶주린 사람을 만나도 조촐한 음식조차도 베풀지 않는다. 그러면서도 무식한 승려들을 불러 모아서는 많은 불상을 다투어 만든다. 친척은 버리고 돌보지 않고 제사는 없애고 치르지 않는다. 좋은 비단은 절의 건립에 사용하고, 단금丹金은 탑의 건립에 쓴다. 그리고 이것을 복전이라 말하면서 좋은 보응을 기대한다. 이것은 모두 불교에 대한 체득이 아직 깊지 않고 불법의 이해가 깊지 않은 사람인 것이다. 비록 부처님을 부처님이라 부르고 있어도 부처님께 귀의한다는 본지에 밝지 못하고, 스님을 스님이라 불러도 스님을 따른다는 본 의미에 도달하지 못한 것이다. 이래서는 혼신이 복을 내리는 것이 아니며, 내가 그것을 취하는 것도 아니다.

대체로 음양가陰陽家·유가儒家·묵가墨家·법가法家·명가名家·도가道家의 육가의 재주는 각각에게 폐단이 있다. 유가는 치우치고 묵가는 얽매이고, 법가는 너무 엄하고 명가는 속인다. 모두 먼저 기술記述한 사람이 바른 전승을 잃었기 때문에 진흙 구덩이에 빠지게 된 것이다. 지금 당신은 편견에 얽매인 것을 들추어 내어 공자나 묵자를 비난하지 않고, 엄하고 속이는 것을 들추어 내어 한비자나 등석鄧析을 공격하지 않고, 우리 여래만을 허물하고, 부처님의 정각을 헐뜯는다. 이것은 바람과 파도에 화를 내어 배를 매어 두는 말뚝을 부수는 것이다. 반역자나 무뢰한 이들은 위로는 임금과 부모를 업수이 여기고 밑으로는 친구들을 막 대한다. 어떤 이는 국가의 법은 두려워하지 않는데 유사幽司를 무서워하고 염라 대왕의 노여움을 두려워하며, 우두牛頭[23]의 잔혹함을 겁내며 결국 자신의 잘못을 뉘우치고 나쁜 마음을 고쳐먹고 바른 마음을 가진다. 이것이 불교의 유용한 역할이다. 또 죄와 복의 도리는 세간의 가르침과 다르지 않고, 사람의 마음과도 어긋나지 않는다. 임금에게는 충성하고, 부모에게는 오로지 효를 다하고, 친구들과는 믿음으로 사귀는 사람이 한 번의 실수로 덕을 잃었다고 해서 버려지거나, 벌레나 고기 한 마리를 죽였다고 해서 지옥에 떨어지는 그런 일은 절대로 없다.

충으로는 이윤伊尹보다 나은 사람이 없고, 효에서는 증삼曾參보다 더한 사람이 없다. 이공伊公은 한 마리의 가축을 죽여 탕湯을 먹였고, 증자曾子는 한 마리의 새를 삶아 아버지 점點을 부양했다. 그러나 모두 불 구덩이의 지옥과 칼날로 이루어진 지옥에 간 것이다. 이것은 결국 큰 공功이 작은 과실에 묻혀 버린 것이다. 윗사람을 공경하며 아랫사람에게는 은혜를 잊은 때문이다. 옛날 미자하彌子瑕는 거짓말을 하여 가마에 탔으나 의리를 드날려서 죄를 면했다.[24] 아아, 영장靈匠이 위군衛君에 미치지 못한 것이 아닌가 하고 생각한 적이 있다. 그러므로 부처님의 가르침은 잔인한 사람에게는 울타리가 되며, 어진 사람에게는 제약이 아님을 알 수 있다. 만일 깊이 그 폐단을 살펴보면 죄는 부처님에게는 없다. 또 이 화복의 가르침을 보면 방편의 가르침으로써 설명한 것임을 알 수 있다. 지말적인 것을 버리고 근본을 존중하며, 근본은 버리고 지말적인 일을 지극히 하지는 않으며, 자기의 일을 잊고 불법을 넓히

23 사람의 몸에 소의 머리의 형상을 한 지옥의 옥졸.

24 『좌전』 「정공定公」 6년조 참조.

는 것을 생각하며, 불법을 등한히 하고 자기의 이익을 생각하는 일이 없으면 비록 부처가 아니라고 하더라도 나는 그를 부처라고 말한다.

27. 난범중서신멸론難范中書神滅論〔조사문曹思文〕

1) 범중서의 신멸론을 비판함

論 혼〔神〕이 바로 육체이고 육체가 바로 혼이다. 그러므로 육체가 존재하면 혼도 존재하고, 육체가 없어지면 혼도 없어지는 것이라고 하였다.

難 육체가 바로 혼은 아니다. 혼도 바로 육체는 아니다. 이것들이 합쳐져서 작용이 된다. 그래서 합쳐지는 것이지 상즉相卽하는 것은 아니다. 살아 있을 때에는 합쳐져 작용하지만 죽으면 육체는 머물고 혼신은 떠나간다. 무엇을 근거로 이런 말을 하는가? 옛날 조간자趙簡子는 앓고 있던 5일 동안에 주위 사람을 분별하지 못했고, 진秦의 목공穆公은 7일이 지나서 깨어났지만 모두 혼은 상제의 처소에서 놀았고, 상제는 천사의 음악을 연주해 주었다고 한다.[25] 이것은 그 육체는 머물고 혼은 없어지는 것일까? 만일 그대의 논에서 말하는 대로 육체가 사멸하면 혼도 없어진다고 하면, 육체와 혼은 그림자와 메아리가 반드시 짝이 되는 것과 같다. 그런데 육체에 병이 들면 혼도 또 병이 드는데, 어떻게 몸은 병들어서 주위 사람을 구분하지 못하는데, 혼만이 상제의 처소에서 놀고 천사의

25 『사기』「조세가趙世家」.

음악을 듣고 즐거워하겠는가? 자고 있을 때는 혼이 다른 것과 어울린다. 그러므로 장자莊子의 혼이 호랑나비에 머무르니[26] 육체와 혼이 분리되는 것이다. 깨어 있을 때는 육체가 활동하여 틀림없이 장자 자신이다. 육체와 혼이 합쳐진 것이다. 혼과 육체와는 떨어지기도 하고 합하기도 한다. 합하면 공동으로 한 몸이 되고, 떨어지면 육체는 없어지고 혼은 떠나간다. 그래서 연릉延陵의 계자季子는 아들을 묻고서 "골육은 흙으로 돌아갔지만 혼신은 가지 않는 곳이 없다"[27]고 말하였다. 이것은 육체는 없어지지만 혼은 없어지지 않음을 말한 것이다. 그렇다면 경전이나 사서史書의 명증明證은 확실하다. 이상으로써 육체는 머물러 있고 혼이 없어진다는 것은 있을 수가 없다.

論 질문한 이가 말했다. 『효경』에 "종묘를 세워 귀신이 흠향하게 한다"고 했다. 통용되는 말이지만 귀신이 있는 것은 아니다. 성인의 가르침이 그러한 것이다. 효자의 심정을 헤아리고 조상을 소홀히 하는 마음을 꾸짖은 것이다.

難 여기 「신멸론」에서 하는 말은 모두 범인의 말이지 성인의 뜻은 아니다. 경전의 글을 들어 성인의 가르침을 논증하여 보자. 『효경』에서는 "옛날 주공은 후직后稷을 교제사로 하늘에 배사配祀하고, 문왕을 명당明堂에서 종제사宗祭祀로 상제에 배사하였다"[28]고 한다. 만일 육체와 혼신이 함께 멸한다고 하면 도대체 누구를 하늘에 배사하고 상제에 배사하려 하겠는가? 또한 귀신이 없는데도 있다고 했겠는가? 공자는 "하늘을 속일 수 있겠는가?"[29]라고 말

26 『장자』「제물론齊物論」.
27 『예기』「단궁檀弓」 하.
28 『효경』「성치장聖治章」 참조.

했다. 후직의 귀신이 없는데도 그를 하늘에 배사하면 이것은 주공이 하늘을 속인 것인가? 분명히 후직이, 귀신이 존재하지 않는데도 헛되이 하늘에 배사하는 것은 그야말로 하늘을 속인 것이고, 나아가 사람을 속인 것이다. 그러면 성인의 가르침이 거짓과 헛된 것으로 이룩된 것이다. 가령 이런 거짓으로 세워진 가르침이라면 어떻게 효자의 마음을 헤아리고 조상을 허술히 하는 마음을 훈계할 수 있겠는가? 논지를 깊이 생각해 보면 귀신이 존재하지 않는다는 것을 의의로 하고 있다. 거듭 그것을 비판해 보자. 공자는 채菜·갱羹·과菰로 조상을 제사지냈다.[30] 『예기』에는 "조상의 신을 반갑게 맞이하고 슬퍼하면서 보낸다"[31]고 한다. 귀신이 없다면 무엇을 맞이할 것인가? 귀신이 없다면 배웅한다고 해도 무엇을 배웅하겠는가? 오는 이를 맞이하며 즐거워하는 것은 공자의 얼굴에 나타난 거짓 즐거움이며, 보내고 슬퍼한 것도 공자의 몸에서 흘러내린 거짓 눈물이다. 그렇다고 하면 공자가 하는 제사는 거짓이 마음에 가득 차 있고, 묘당에는 허위와 거짓이 넘치고 있는 것이 된다. 성인의 가르침이 이러한 것일까? 성인의 가르침이 그러하다는 것은 무엇인가?

저 조사문曹思文은 아룁니다. 범진의 「신멸론」을 보면 자문자답한 30여 개의 조목이 있는데, 저는 어리석음을 무릅쓰고 「신멸론」의 중요한 곳 두 조목만을 비판했습니다. 본에 진력하여 삼가 들어주기를 바랍니다. 저는 능력이 비천하여 궤변을 논파하지 못한 것

29 『논어』 「자한子罕」.
30 『논어』 「향당鄕黨」.
31 『예기』 「제의祭義」.

을 두려워합니다. 바라건대 하늘의 은혜를 더럽히고 엎드려서 떨며 두려워하는 바입니다. 삼가 말씀을 올립니다. 비난한 두 개의 조목은 따로 자세히 보아야 할 것입니다. 지금까지의 이야기에 답해 주십시오.

2) 신멸론神滅論을 비판한 것에 대한 조록사曺錄事의 답

難 육체는 그대로 혼이 아니고 또한 육체가 아니다. 이 양자가 합쳐져서 함께 쓰이게 되는 것이다. 합쳐지는 것이지 바로 상즉相卽하는 것은 아니니다.

答 혼과 육체가 합하여 쓰임이 된다는 것은 합쳐지지 않으면 쓰임이 없다는 것을 분명히 하는 것이다. 마치 메뚜기와 노새가 서로 도울 때 하나라도 어그러지면 서로 도울 수 없는 것과 같다. 이것이 바로 혼신이 멸하는 정미한 증거이며 혼신이 존재하지 않는다는 분명한 판단이다. 당신은 처음부터 싸움을 하려고 의도하였지만 도리어 우리의 구원병이 되려는가?

難 옛날 조간자趙簡子는 병으로 5일 동안 주위 사람을 분별하지 못하고, 진나라 목공은 7일이 지나서 눈을 떴지만 모두 혼신은 상제의 처소에서 머물렀고, 상제가 천사의 음악을 베풀어 주었다고 한다. 이것은 육체는 머물고 혼신은 이리저리 다닌다는 것이리라.

答 옛날 조간자가 상제의 빈객이 되고 목공이 상제의 처소에서 노닌 것은 이미 말했듯이 귀는 하늘의 음악을 듣고, 입으로는 편안히 온갖 음식을 맛보고, 또한 몸은 큰 집에서 편안히 하고, 눈은 찬란한 빛깔에 즐거워하고, 또는 다시 아름다운 옷을 입고 용마龍馬의 고삐를 쥐기도 한다. 그래서 혼신이 의지하는 것은 이미 다른 사람과 다르지만 사지육신은 항상 동일하다. 외날개로써는 멀리

날 수 없다. 그래서 나란히 하지 않으면 날 수 없는 것이다. 혼신은 모자란 구석이 없는데 무엇 때문에 육체에 의지하겠는가?

難 만일 그대의 논지로 보자면 육체가 사라지면 곧바로 혼신도 사라진다는 것은 육체와 혼신이 마땅히 영향 관계를 함께하는 것이니, 형체에 그림자가 따르는 것과 같은 것이다. 그러니 육체가 병이 들었다면 혼신도 역시 병이 들어야 한다. 어떻게 육체는 병들어 주위 사람을 몰라보는데 혼신만이 상제의 처소에서 머물겠는가?

答 만일 그대의 뜻대로 살펴보자면 육체가 병이 들어도 혼신은 병들지 않을 것이다. 지금 상처를 입으면 아프지만 이것은 육체가 아픈 것이며, 혼신이 아픈 것은 아니다. 고민이 있으면 근심이 되는 것은 육체가 근심하는 것이지 혼신이 근심하는 것은 아니다. 걱정이나 통증을 육체만 느낀다고 하는 것이라고 한다면 어떻게 혼을 수고롭게 할 수 있겠는가?〔조사문이 생각하기에 살아 있을 때는 육체와 혼신이 합쳐져서 작용하게 된다. 고통을 함께하는 것이다. 죽으면 육체는 머물고 혼신이 떠나간다. 바로 상제의 처소에서 놀았던 경우와 같다. 혼신과 육체는 다른 것이다.〕

難 자고 있을 때는 혼신이 다른 것과 섞인다. 그러므로 혼이 호랑나비의 몸에 놀았다는 것은 육체와 혼이 분리되는 것이다. 깨었을 때에는 육체가 움직여서 틀림없이 장자 자신이라는 것은 말하자면 육체와 혼이 합해진 것이다.

答 이 비난은 말로는 그럴 듯한 말이지만 도리로서는 그럴 듯한 것이 못 된다. 당신은 혼신이 나비가 되어 놀았다고 하지만 이것은 참으로 날벌레가 된 것인가? 그렇다면 소가 된 꿈을 꾸면 사람이 수레를 끌고, 말이 된 꿈을 꾸면 사람을 등에 태우고 다녀야 한

다. 다음 날 아침에는 당연히 죽은 소나 말이 있어야 하는데 그런 것이 없는 까닭은 무엇인가? 또 창자를 내어 궁궐 문을 두른 꿈[32]을 꾸었다면 이 사람은 그 자리에서 죽었을 것이다. 어째서 그 간·폐를 잃고 살아 있을 수 있겠는가? 또 해와 달은 하늘에 걸려서 널리 천 리를 굴러가지만 내려와 아낙네를 따라와 소매 속으로 들어갈 수는 없다. 꿈은 환상이고 헛된 것이며 스스로 생겨난 것이다. 하루아침에 그것을 실제라고 한다면 참으로 기괴한 일이다. 꿈속에서 구름과 안개를 지으며, 앉아서 하늘과 바다를 두루 다닌다. 혼신이 몸 안에서 혼미하여 망령되게도 괴이한 물건을 본다. 어찌 장자가 실제로 나비가 되어 남원南園을 어지럽게 다녔겠으며, 조간자가 창합閶闔에 오를 수가 있었겠는가? 외제外弟인 소침蕭琛도 꿈을 근거로 여러 가지 말을 하고 있으나 아무도 상대하지는 않을 것이다.

難 연릉延陵의 오계찰이 자식을 묻고서 "골육은 땅으로 돌아갔지만 혼기는 어디든지 가지 않는 곳이 없다"고 말하였다. 이것은 결국 육체는 없어지지만 혼신은 없어지지 않음이다.

答 사람이 태어날 때는 하늘에서 기운을 받고 땅에서 육체를 받는다. 그러므로 육체는 땅에서 썩어 없어지고 기운은 하늘에서 없어진다. 기운은 하늘에서 없어지기 때문에 "어디든지 가지 않는 곳이 없다"고 말한 것이다. '가지 못하는 곳이 없다'고 하는 것은 추측할 수 없다는 의미일 뿐이다. 어째서 꼭 혼신이나 지각이 있다는 것이겠는가?

難 지금 논자가 말하는 것은 모두 범인들의 말이며, 성인의 뜻

32 장발張勃의 『오록吳錄』에 나오는 무열황제의 모친에 관한 고사이다.

은 아니다. 경전의 글을 들어서 성인의 가르침을 증명해 보겠다. 『효경』에는 "옛날 주공은 교제사로써 후직을 하늘에 배례하였고, 문왕을 명당에 종례함으로써 상제에게 배례했다"고 하였다. 만일 육체와 혼신이 함께 없어지는 것이라면 도대체 누구를 하늘에 배례하고 또 누구를 상제에 배례하겠는가?

㊟答 만일 고르게 다 성달聖達이라면 본래부터 가르칠 게 없으며, 시설한 것은 실제는 일반 서민들에게 이유가 있다. 서민의 생각은 항상 삶을 귀하게 여기고 죽음을 싫어한다. 죽어도 혼령이 있다고 하면 외경하는 마음을 연장시킬 수 있고, 죽은 후에 지각이 없다면 교만하고 쉽게 여기는 생각을 낼 것이다. 성인은 이 사정을 알고서 묘廟·조祧·단壇·선墠을 만들어 경계하는 마음을 두터이 하고, 돗자리를 깔고 제사용 반상을 내리는 것으로써 조상이 나에게서 끊이지 않는다는 생각을 보전하게 했다. 조상을 모심으로써 하늘에 교제사 지내는 경건함을 지극히 하고, 부모를 존경하기 위하여 명당에다 흠향하는 것이다. 아무튼 충신 되는 사람은 마음의 의지할 곳을 갖게 되고, 강포한 사람은 여기에서 두려워하게 된다. 위에서 가르침이 빛나고 밑에서 백성들의 풍속이 순화된 까닭은 이 도리를 사용했기 때문이다. 『효경』에서는 "조상을 위하여 종묘에서 귀신으로 하여금 흠향하게 한다"[33]고 하였다. 이것은 귀신의 도를 사용하며 이 효와 봉양을 지극히 함을 말한다. 또 "봄과 가을의 제사에서 때마다 조상을 생각한다"[34]고 한 것은 조상을 오래도록 추모하는 것을 권하고, 아침에 죽었는데 저녁에 잊어버리

33 『효경』「상친장喪親章」.
34 상동.

는 것이 불가함을 밝힌 것이다. 자공이 "사람이 죽어서도 지각이 있습니까?"라고 묻자, 공자가 말하기를, "내가 '죽어도 지각이 있다'고 하면 효자는 목숨을 가벼이 여겨 부모를 따라 죽을 것이며, 내가 '죽으면 지각이 없다'고 하면 불효자는 부모를 버려두고 묻지도 않을 것이다"[35]라고 하였다. 자로가 귀신 섬기는 것을 묻자, 공자는, "아직 사람을 섬기지도 못하는데 어찌 귀신을 섬길 수가 있겠는가?"[36]라고 말하였다. "귀신이 그것을 음향한다"고 하고서 왜 섬기는 것을 허락하지 않았겠는가? 죽어서 지각이 있다고 하면 목숨을 가벼이 여겨 따라 죽을 것이니, 바로 이 때문이다. 무슨 이유로 분명하게 있다고 하지 않고 모호하게 대답하였겠는가? 그 의미를 잘 생각해 보면, 죽어서 지각이 없다고 하는 것도 폐단은 심하다. 종묘제사나 교제사는 모든 성인의 가르침이자 떳떳한 도리라서 허물 수는 없다.

難 신이 없는데도 신이 있다고 했다. 공자는 "하늘을 속일 수 있을까?"라고 하였다. 후직의 귀신이 없는데도 후직을 하늘에 배사配祀했다면 이것은 주공이 하늘을 속인 것이다. 이미 하늘을 속이고 나서 나아가 사람을 속인 것이다. 성인이 가르침으로써 속이고 망령되게 행한 것이다. 속임과 망령됨으로 가르침을 삼은 것이니, 어떻게 효자의 마음에 통달한 것으로써 인정에 허술한 마음을 나무랄 수 있겠는가?

答 성인은 인仁을 드러내고 자기가 하는 일을 안에 감추고 귀신을 궁구히 하고 그 변화를 극진히 한다. 그래서 "성인은 절도를 통

35 『설원說苑』「변물절辨物節」의 설.
36 『논어』「선진先進」.

달하여 변화에 응하고, 현인은 절도를 지킨다"고 말한다. 어떻게 그것을 구하려는 데 방편으로써 하겠으며, 좀스럽게 말로써 가르치겠는가? 속인다는 것은 교화를 해치고 풍속을 깨고 사람을 도리가 아닌 곳으로 이끄는 것이다. 진실로 윗사람을 안정되게 하고 백성을 다스리고 풍속을 올바르게 바꿀 수 있다면 삼광三光[37]은 위에서 빛나고 백성은 아래에서 기뻐하게 되리니, 무슨 속임과 망령됨이 있겠는가? "물어보겠습니다만 탕왕이 걸을 추방하였고 무왕이 주紂를 정벌하였는데, 이것은 임금을 시해한 건이 아닙니까?"라고 하니, 이 질문에 대하여 맹자는, "필부인 주를 주살했다고는 들었지만 아직 군주를 죽였다고는 듣지 못하였다"[38]고 말하고 있다. 그대는 성인이 군주를 쫓아내고 목 벤 것은 힐책하지 않으면서 후직을 교사 지낸 것이 망령되다는 것에만 열중하는가? 교郊·구丘·명당은 그야말로 유가의 그윽한 창고이지, 육체나 귀신에 막혀 있다는 뜻은 아니다. 이와 같은 경우는 무엇인가?

難 조상의 귀신을 즐겁게 맞이하고 슬프게 보낸다고 말했다.

答 이 의미는 이해하지 못하면서 스스로 풀이한 것이다. 쓸데없는 데 말을 사용할 필요가 없다. 『예기』에 이런 말이 많이 있다.

저 조사문曹思文은 말씀드립니다.[39] 지금 범진이 답한 「신멸론」을 보았습니다만 여전히 앞서의 잘못을 고집하고 있는 듯합니다. 나는 그 논의를 검토하여 네 개의 논증을 추구하여 보았습니다. 삼가 듣고 싶을 뿐입니다. 그저 나는 사려가 어리석고 얕아서 그

37 세 개의 큰 별.

38 『맹자』「양혜왕梁惠王」 하.

39 이 이하의 문장은 「중난범중서신멸론」의 끝에 붙여야 할 것이다.

예봉을 꺾을 수가 없습니다. 삼가 폐하의 살핌을 우러러 위엄 있는 그 말씀을 엎드려 따릅니다. 삼가 아룁니다. 범진은 경전에 배반하여 주장을 했으며, 도리를 왜곡하여 이야기를 지극히 하였습니다. 성인을 무시했기 때문에 성인의 말씀으로 그를 문책할 수 없고, 이치를 왜곡했기 때문에 이치로써 비난하기가 힘듭니다. 이렇다면 말로써 하는 논의는 그만두어야 할 것입니다.

이상 조칙에 답합니다.

3) 거듭 범중서의 신멸론을 비판함

論 혼신과 육체가 합쳐져서 작용한다는 것은 합치지 않으면 작용할 수 없음을 밝힌 것이다. 마치 메뚜기와 노새가 서로 의존하는 것과 같이 한쪽을 없애면 생존할 수 없다. 이것이 바로 혼신이 멸하는 정미한 증거이며, 혼신이 존재하지 않는다는 분명한 판단이다. 그대의 생각이 본래부터 전쟁을 하고자 하는데, 도리어 우리 구원병이 되려 하는가?

또 말한다.

"육체와 혼은 마치 칼과 날카로움의 관계와 같다. 칼이 무뎌졌는데 날카로움이 존재한다는 것은 들어보지 못했다. 어찌 육체가 사멸하였는데 혼신이 존재할 수 있겠는가?"

또 연릉延陵의 오계찰의 말을 빌면 육체는 땅에서 없어지고 혼은 하늘에서 없어지기 때문에 혼신이 가지 못하는 곳이 없다.

또 말한다.

"후직을 하늘에 배사配祀하는 것이 하늘을 속이는 것이 아니듯이 탕임금이 걸을 내쫓고 무왕이 주紂를 친 것도 임금을 시해한 것은 아니다. 그대는 성인이 내쫓거나 시해하는 행위를 꾸짖으려고 아니하고, 후직을 교제사 지내는 것이 망령되다는 것에만 매달리는가?"

難 공공蛩蛩과 노새는 합쳐져야만 작용〔合用〕이 되는 증거일 뿐이다. 육체가 없어지면 동시에 혼이 없어진다는 증거는 아니다. 왜냐하면 공공은 노새가 아니고, 노새는 공공이 아니기 때문이다. 지금 공공을 죽이고 보아도 노새는 죽지 않고, 공공을 죽여도 노새는 죽지 않는다. 상즉相卽의 관계가 아니다. 지금 이것을 인용해서 육체와 혼신이 동시에 없어지는 것의 정미한 증거로 삼고, 또 훌륭한 구원병을 삼는 것이다. 이것은 무기를 거꾸로 다른 사람에게 주고 오래 살고자 하는 것이다. 슬픈 일이다. 이야말로 육체는 없어지지만 혼은 사멸하지 않는다는 증거 중의 하나인 것이다.

논에서는 "육체와 혼의 관계는 마치 칼과 날카로움의 관계와 같다. 칼이 무뎌졌는데 날카로움만이 남는다는 것은 있을 수 없다. 어찌 육체는 사멸했는데 혼신이 존재하는 일이 있을 수 있겠는가?"라고 했다. 당신이 육체와 혼신이 동시에 없어진다는 것을 근거로 오직 이것 하나만을 증거로 삼을 뿐이니, 내가 의심이 가는 점이 있다. 왜냐하면 혼신과 육체는 두 개가 합쳐져야 작용을 한다. 논에서 인용한 공공과 노새가 서로 의존하는 것이 바로 그것이다. 칼과 날카로움이란 한 물건의 두 개의 이름일 뿐이다. 그렇다면 한 물건에 두 개의 이름이 있기 때문에 칼을 버리면 날카로움이 없으며, 두 개의 물건이 합하여 작용하기 때문에 육체가 사라지면 혼신도 떠나간다. 지금 한 개의 물건에 두 가지 이름을 가지고 두 개의 물건이 합하여 작용한다는 것을 증명한다. 이 차이는 얼마 안 되지만 실은 천 리의 차이이다. 이것 또한 육체는 없어져도 혼신은 사라지지 않는다는 두 번째 증거이다.

또 연릉의 오계찰의 말을 인용하여 말하기를, "결국 육체는 땅에 없어지고 혼신은 하늘에서 없어진다"고 하였다. 「신멸론」에서 육체와 혼신은 일체로서 상즉相卽한다고 말한다. 지금 육체가 여기에서 없어지면 동시에 혼신은 육체 속에서 없어질 것이다. 어떻게 육체는 땅에서 없어지고 혼신은 하늘에서 없어지고 가지 못하는 곳이 없다고 말할 수 있겠는가? 이것이 육체가 없어지더라도 혼신은 사멸하지 않는다는 세 번째 증거이다.

또 말하기를, "후직을 하늘에 배사하는 것이 하늘을 속인 것이 아닌 것은, 탕임금이 걸을 내쫓고 무왕이 주를 목 벤 것이 임금을 시해한 것이 아닌 것과 같다"고 하였다. 말하자면 방편으로써 악을 제거한 것이라고나 할까? 요임금과 순임금은 내쫓거나 목 벨 걱정거리도 없었다. 만일 운세가 태평세가 아니고 시대가 3대의 말기에 이르렀기 때문에 방편으로써 교설을 세워 한 시대를 구제하기 위해 후직을 빌어 하늘에 배사하고 문왕을 오제五帝에 배사한 것이라면 그것은 그런대로 가능하다. 그러나 요임금이 천하의 왕이 되었을 때 황제黃帝를 체협禘祫으로 제사하고 제곡帝嚳을 교제사하며 전욱顓頊을 조祖로 하고 요임금을 종제사를 지냈다. 순조로운 풍속은 사라지지 않았고 방편을 사용할 만한 시기도 아닌데, 하늘을 속이고 상제를 속인 것은 무엇 때문인가? 끌어다 붙인 증거가 이 모양이다. 이것 또한 육체는 없어져도 혼신은 사멸하지 않는다는 네 번째 증거이다.

이런 네 가지 증거가 성립되었으니, 근본적인 문제점은 저절로 해결되고, 지엽적인 문제점은 굳이 바람을 기다리지 않아도 사라질 것이다.

論 즐겁게 맞이하고 슬프게 보낸다. 이 뜻은 설명하지 않더라도

자연히 해결된다. 다시 쓸데없는 일에 힘을 허비하지 않겠다. 『예기』에는 이런 말들이 많다. 또 말하기를, "속인다는 것은 문화를 해치고 풍속을 깨뜨리는 것일 뿐이다. 진실로 위를 편안히 하고 아래를 잘 다스린다면 어찌 속임과 망령됨이 있겠는가?"라고 하였다.

難 앞서 비난에서 맞이할 때는 즐거움으로 한다는 것은 거짓으로 공자의 모습에 대해 기뻐하는 것이며, 보낼 때는 슬픔으로 한다는 것은 공자의 몸뚱이에 대해 헛되이 눈물 흘리는 것이다. 이것은 실제로는 구차한 비난의 최고치며 빈약한 의론의 첨단이다. 이런 말 속에서 답하는 이는 이해하지 않고, 오직 "통달하지 않아도 자연히 해결된다"고 말할 뿐이다. 다시 말하면, 논지는 이미 공자가 거짓으로 기뻐하고 헛되이 눈물 흘렸으며, 후직이 하늘에 제사지낸 것은 없는 것을 가리켜 있는 것이라 하는 것을 인정하는 것이다. 공자는 아무것도 없는 것을 있는 것이라 하고, 빈 것인데도 가득 차 있다고 하고 있으나, 참으로 이런 것들은 효상爻象으로 점을 칠 수도 없는 것이며, 격언에서도 버린 것이다. 이러한 기풍을 사용하여 부채질을 한다면 어찌 교화가 상하지 않고 풍속이 깨지지 않을 수 있겠는가? 그러면서도 임금을 안심시키고 백성을 다스리는 일을 할 수 있다는 것은 무엇인가? 논에서 이미 통했다고 하지만 어리석은 사람은 아직 깨닫지 못하고 있다. 애오라지 다시 글을 보내서 가르침을 듣고자 할 뿐이다.

홍명집 제10권

28. 대량황제칙답신하신멸론大梁皇帝勅答臣下神滅論[1]

합리적으로 논의하는 것은 형식을 갖추지 않으면 안 된다. 부처님이 없음을 말하려면 마땅히 주객을 설정하고, 그 논지를 밝혀야 할 것이다. 장점과 단점을 분석하여 불교의 이치에 입각하여 불교의 이치를 논파하면, 부처님이 있다는 주장은 쓰러지고 신멸神滅의 논의만 자연 유행할 것이다. 상대의 생각을 구하지 않고 제멋대로 이단이라고 규정하여 보기에 다른 마음을 살펴서 말을 심하게 한다. 허무하게 부스럼〔瘡〕이나 혹〔疣〕을 그리고, 제멋대로 꾸짖고 타박하는 일이 있어서 좋을까?

한 계절만 사는 벌레는 사계절의 순환을 이상하게 생각하며, 우

1 범진의 「신멸론」이 세상에 드러나면서 찬반의 논란이 일세를 풍미하니, 위정자이자 불교신자로서 양무제는 먼저 「신명성불의기神明成佛義記」(『홍명집』 9)를 짓고, 이어서 이 글을 법운法雲 법사에게 초안을 잡게 하여 신하들 중 주요한 사람 60명에게 배포하였다.

물 속의 개구리는 세상이 광대함을 말도 안 되는 소리라 한다. 이것은 어째서인가? 어리석음에 빠져서 일순의 장생을 다투고, 고집을 품고서 우물에만 집착하기 때문이다. 어떻게 천지가 유구하고, 바다가 끝없이 넓은 것을 알겠는가?

맹자는 "사람이 아는 지식은 사람이 모르는 것에 미치지 못한다"[2]고 하였다. 믿을 만한 말이다. 세 분의 성인이 시설하신 가르침을 보면 모두 혼신이 사라지지 않는다고 하셨다. 그 글들은 크고 넓어서 모두 싣기는 매우 어렵다. 그래서 두 가지 사례를 들어서 말해 보고자 한다.

「제의祭義」에는 "다만 효자만이 어버이를 제사지낼 수 있다"[3]고 하고, 「예운禮運」에는 "삼 일을 재계하면 반드시 제사 올리는 조상신을 본다"[4]고 말하고 있다. 만일 제사지내는 곳이 제사지내려고 한 곳이 아니며, 뵙는 이가 뵙고자 하는 이가 아니라고 말한다면, 경위가 다르고 어버이를 배반하는 것으로 참으로 언어도단이다.

신멸의 논은 납득하기가 어렵다.

29. 장엄사법운[5]법사여공왕조귀서莊嚴寺法雲法師與公王朝貴書〔공왕조귀답公王朝貴答 첨부〕

폐하의 「답신하심신멸론答臣下審神滅論」을 여기에 보내 드립니

2 『장자莊子』 「추수秋水」.

3 『예기』 「제의祭義」.

4 『예기』 「교특생郊特牲」.

5 법운(467~529)은 장엄사莊嚴寺 승민僧旻 · 개선사開善寺 지장智藏과 함께 양梁의

다. 혼신은 미묘하고 공적하여 알 수는 있으나 말로써 표현할 수는 없습니다. 의미는 공자를 거쳐도 깨닫지 못하고 이치는 주공을 통해서도 오히려 혼미합니다.

천자는 하늘이 되어 근본을 밝게 비추고, 도를 이어받아 시기에 따라 「답신하심신멸론」을 내렸으니, 그 뜻과 가르침이 넓고도 조밀하였습니다. 효자가 조상에게 제사 올리는 예가 밝혀지면, 걸왕桀王도 증삼이나 사어史魚가 부모를 사모하는 것[6]과 같은 마음을 품을 것입니다. 3세를 통용하는 말씀(불교)이 천명되면 주紂임금도 상제보살의 마음을 품을 것입니다. 초목이 아닌 이상은 누구인들 노래를 불러 칭찬하지 않겠습니까? 바라건대 다 함께 바람을 끌어다가 찬탄을 더하고 싶습니다.

석법운은 올립니다.

1) 임천왕臨川王[7] 답

보내 주신 「칙답신멸론敕答神滅論」은 잘 받았습니다. 엎드려 살펴보니 그 뜻은 그윽하고, 이치는 정미하며 말은 분명하였습니다. 유교와 도교는 올 한 해에 화합하지만 3세를 통괄하는 불교는 오늘에도 들보가 되기에 충분합니다. 잘못 들어선 길을 스스로 되돌아보게 하고 미묘한 의취를 더욱 빛나게 하기에 충분합니다. 가까

삼대법사라고 칭해진다. 양의 무제가 천감天監 3년(504)에 광택사光宅寺를 짓고, 주지로 명하여서 승제僧制를 세웠고, 또한 왕을 위하여 『승만경』·『대품반야경』 등을 강설하여 신임을 얻었다.

6 증삼은 효로, 사어는 곧은 성품으로 알려져 있다. 포악한 군주 걸왕도 증삼·사어와 그 신을 함께한다고 한다.(『논어』「위령공」)

7 임천왕 소굉(蕭宏, 473~526)은 양무제의 여섯째 동생. 『양서』 22, 『남사』 51 참조.

운 시일 내에 답을 써서 「신멸론」을 파척하겠습니다.

소굉蕭宏 합장.

2) 건안왕建安王[8] 답

삼가 「칙답신하심신멸론敕答臣下審神滅論」을 받았음을 아룁니다. 하늘의 지혜는 밝고 심원하며 성인의 마음은 저 깊은 곳에서 나옵니다. 엎드려 살펴보니, 현묘한 그 논지는 진실로 용렬하고 어두운 이들을 깨우칩니다. 외람되게도 보여 주신 두터운 은혜를 깊이 아로 새기고자 합니다.

위偉 합장.

3) 장사왕長沙王[9] 답

「칙답신하심신멸론」은 잘 받았습니다. 천자의 마음과 견식이 깊고 멀어서 잘못된 생각을 고치고 어두운 마음을 잘 인도받았습니다. 큰 도리를 우러러 받들고, 더럽혀진 생각을 씻어 깨끗이 하겠습니다. 저에게까지 보여 주셔서 대단히 감사합니다.

소연업蕭淵業 합장.

4) 상서령尙書令 심약沈約[10] 답

혼신이 본래 불멸인 것은 벌써부터 신봉하고 있는 터입니다. 혼

8 건안왕 소위(蕭偉, 477~526)는 양무제의 여덟째 동생으로 나중에 남평南平에 봉해졌다. 만년에 불교를 믿어 『이지의二旨義』를 지었다. 『양서』 22, 『남사』 52 참조.

9 장사왕 소연업(蕭淵業, 479~526)은 무제의 큰형인 소의蕭懿의 아들. 『양서』 23, 『남사』 51.

10 심약(441~513)은 무제가 즉위한 것이 심약과 범운范雲 두 사람의 공이라고

신이 멸한다는 이야기는 참으로 놀라운 일입니다. 얼마 전에 혜약慧約 법사[11]가 궁중에서 나오셨을 때에 저도 「칙답신하敕答臣下」 하나를 받았습니다. 감사하게 받아 피곤함도 잊고 보았습니다. 어찌 외도만을 항복하게 할 뿐이겠습니까? 마귀 중생들도 근절시킬 수 있을 것입니다. 여기에서 비로소 공자〔儒〕와 석가〔佛〕가 다 함께 번영할 것입니다. 참으로 없앨 수 없는 심오한 이치이며, 만 대代를 흘러갈 글입니다. 제자도 그 「신멸론」에 대하여 잠시 의문을 말했습니다.[12] 얼마 전에 써서 보내드린 대로입니다.

심약 합장.

5) 광록령태자우솔光祿領太子右率 범수范岫[13] 답

범수가 합장드립니다. 「조지답신하심신멸론詔旨答臣下審神滅論」을 삼가 보았습니다. 견식은 매우 깊고 두루 살핌이 기량이 뛰어났습니다. 널리 외전을 인용하고 이 불교를 선양하였습니다. 어리석은 마음을 계발하고 막힌 것을 뚫었으며, 깨닫지 못한 것을 인도해 주셨습니다. 여기에 있어 천하의 사람들은 우러러보고 시방의 사람은 칭찬을 하고, 의견을 달리하는 사람은 입을 다물고, 도

말할 정도로 무제의 신임을 얻었다. 『송서宋書』 100권 이외에도 많은 저작이 있고, 불교에도 깊은 관심을 가졌다. 『양서』 13, 『남사』 57, 『송서宋書』 「천축전天竺傳」 등에서 그의 불교에 대한 조예를 알 수 있다.

11 속성은 누婁씨로 절강성 동양東陽 사람이다. 천감天監 18년에 무제에게 보살계를 주었다. 심약과는 특히 교분이 두터웠다.

12 『광홍명집』 22에 심약의 「신불멸론」·「난범진신멸론難范縝神滅論」 등의 두 편이 있다.

13 범수(640~514)는 천감 5년에 산기상시광록대부散騎常侍光祿大夫, 6년에 영태자좌위領太子左衛, 7년에 통직산기상시우위장군通直散騎常侍右衛將軍을 제수받았다. 『양서』 26, 『남사』 51 참조.

속은 다 함께 기뻐할 것입니다. 삼가 되풀이하여 독송하고, 잠잘 때나 깨어서나 중요하게 쓰고 있습니다. 송구스럽게도 가르침을 받고 감사하게 생각합니다.

범수 합장.

6) 단양윤丹陽尹 왕영王瑩[14] 답

편지를 받고, 「칙지신불멸敕旨神不滅」을 삼가 보았습니다. 천자의 사려는 오로지 깊으며 마음이 구름처럼 솟아오르고, 논리를 나타내어 사례를 분명하게 함이 마치 얼음이 녹는 것처럼 명쾌하였습니다. 일을 가리켜 말하는 것은 마치 해가 비추는 것처럼 뚜렷하니 어둡고 어리석은 마음을 계발하였습니다. 모든 중생은 어떤 사람이라도 잡아당겨서 마음에 두지 않은 사람은 없을 것입니다. 삼가 큰 띠에 써서 평생 받들고자 합니다.

제자 왕영 합장.

7) 중서령 왕지王志[15] 답

편지를 받고, 「칙답신하신멸론敕答臣下神滅論」을 삼가 보았습니다. 논지는 높고 의리는 넓어 환하게 몽매함을 열어 주었습니다. 저는 이미 불교를 받들고, 예로부터 가르침을 잘 이해하고 체득하여 온 지 오래되었습니다. 단지 부화뇌동하여서는 안 될 것이며 원대함을 찬탄하니, 오직 폐하의 뜻뿐입니다. 그러기에 대답하는 두 해석은 마음 깊이 납득시켜서 견문을 비추어 주었습니다. 더

14 『양서』 16과 『남사』 22 참조.
15 『양서』 21과 『남사』 22 참조.

이상 어떻게 속 깊은 생각을 찬양하고 성인의 말씀을 환하게 드러낼지를 알 수가 없습니다. 어리석은 망상이 진실을 가로막는 일이 없어질 것이며, 안팎으로 어지러움이 없어질 것입니다. 참으로 박수갈채를 치고 싶습니다. 과분하게도 가르침을 주셔서 다만 깊은 은혜를 아로새기겠습니다.

왕지 합장.

8) 우복야右僕射 원앙袁昻[16] 답

편지를 받고, 아울러 「칙답신하심신멸론」을 삼가 보았습니다. 여러 번 되풀이하여 봉독하니, 어리석음에 사로잡힌 마음이 일깨워졌습니다. 대체로 신식神識은 어둡고, 그 이치를 궁구하기가 어렵습니다. 어리석고 용렬한 우리들에게 있어서는 그것을 찾아낼 수가 있겠습니까? 가까운 예를 들면, 자기의 신체의 일조차도 매일 부리고 있으면서도 그 실체는 잘 모르고 있습니다. 하물며 이해하기 힘든 저 깊은 이치는 오죽하겠습니까? 삼가 성전聖典을 살펴보니 확실히 없는 것이 아니라고 밝혀져 있습니다. 다만 가르침에 응하여 그 있다는 것에 귀의할 뿐입니다.

그러나 있음에 즉하여 있음을 말할 뿐이라면 오히려 본래의 성性을 다하는 것이 아니고, 그렇다고 하여 없는 것이 아니라고 없음을 논한다면 더욱더 진리로부터 멀어질 것입니다. 만일 지혜가 특별히 훌륭하여 분별이 다른 사람들보다 뛰어나지 않다면 어찌 영혼이 단멸되지 않는다는 말과 상속하는 뜻을 깊이 헤아려 알 수

16 원앙(461~540)은 천감 6년에 좌민상서左民尙書 겸 우복야가 되었다. 『양서』 31, 『남사』 26 참조.

있겠습니까? 아울러 두 개의 예증을 인용하여서 과연 혼이 분명히 실존하는 것을 알 수 있습니다. 3세에 구하더라도 혼이 불멸한다는 이치는 더욱더 분명합니다. 실로 "뚫으면 점점 더 강해지고 우러러볼수록 점점 더 높다"[17]는 것입니다. 온갖 어리석음을 먼지처럼 털어 버리고, 미혹한 대중을 본래의 길로 돌아가게 합니다. 삼가 배론拜論하고 싶어서 참으로 기쁨을 다할 수 없습니다.

제자 원앙 합장.

9) 위위경衛尉卿 소우[18]蕭禺 답

편지를 받고, 아울러 「칙답신하심신멸론」을 삼가 보았습니다. 무릇 3세는 분명하고 1승의 가르침은 깊고 요원하지만 편견을 갖는 사람도 있고, 이단에 사로잡힌 사람도 있습니다. 폐하께서는 은미한 것을 찾아내고 혼을 응축하여 드러내셨으며, 사물의 이치와 본성을 추구하여 하늘과 사람을 포괄하셨습니다. 안팎의 여러 변론을 척결하셨고, 그 말씀은 심오하기만 합니다. 어찌 단지 중생의 미혹함만 없어지겠습니까? 참으로 일천제一闡提의 사람도 바로 깨달을 것입니다. 반드시 온 세상에 널리 전파하고 모범을 내세에까지 드리울 것입니다. 가르쳐 주신 은혜를 깊이 받겠습니다.

고자孤子 소우 머리 조아리며 합장.[19]

---

17 『논어』「자한子罕」.

18 『양서』 24와 『남사』 51의 「소경전蕭景傳」 참조. 경景은 한 고조의 아버지인 병昞의 휘를 피한 것으로 우禺는 잘못된 것이다.

19 동양東陽의 태수였던 부친이 살해되었기 때문에 자신을 고자孤子라고 하였다.

10) 이부상서吏部尙書 서면徐勉[20] 답

천자께서 내리신 「답신하신멸론答臣下神滅論」을 어느 날 받았습니다. 편지를 주시고 같이 보내 주셨습니다. 삼가 골똘히 읽어 보니, 이치를 궁구하여 심오함을 다하였고, 정미한 그 뜻은 신묘함에 들었습니다. 문장과 의미가 함께 명료하여 심오함을 뛰어넘어 밖으로 드러낼 수가 있습니다. 우러러 3세의 설을 상세히 살펴서 환하게 몽매함을 걷어 내었습니다. 삼가 수지독송할 뿐만 아니라, 이것을 아직 깨닫지 못한 사람에게도 나누어 주었습니다. 가르쳐 주시니 깊이 그 은혜를 받들겠습니다.

제자 서면 합장.

11) 태자중서太子中庶 육과陸果[21] 답

과果가 합장드립니다. 「칙지답신하심신멸론敕旨答臣下審神滅論」을 삼가 보았습니다. 무릇 머무름이 없는 근본을 따라서 침묵 속에서 사려를 끊는다는 것입니다. 여래께서 설하신 모든 경을 삼가 살펴보면 그윽하고 절실함을 표현하기 어렵습니다. 그러므로 중초(仲初 : 유천)는 몸과 혼의 관계를 장작과 불에 비유하였고, 혜원慧遠은 장작이 탈 때에는 혼이 있지만 다 타고 나면 없어진다는 설을 비난하였습니다. 의심스러운 설을 전하여 여러 사람이 담론을 하면서 허무하게 세월만 보내고 만 것입니다.

마침 폐하의 총명하심은 하늘이 허락하신 것이며, 그 견식은 타고난 것입니다. 근기를 알아 알맞은 약을 주고, 대상에 따라 방편

---

20 무제의 신뢰를 받는 주사周捨와 함께 질박한 생활과 고결한 인격으로 양대의 모범이라 불린다. 또 불교의 진의를 잘 실천했다.

21 『양서』 26에 전기가 있고, 저서로는 『계관세음응험기繫觀世音應驗記』가 있다.

을 운용하신 것입니다. 이리하여 예를 바로하고 구부러진 사람을 바로잡고, 효를 가리켜 네 귀퉁이 중 한 귀퉁이를 보이신 것입니다. 이러한 것도 미혹한 세속의 학문에서 시작된 것인데 세속을 가져다 도를 깨우치신 까닭입니다. 입에 맡겨서 놀랄 만한 말을 하고 장소에 따라서는 이치를 세웠지만, 처음부터 3세를 위하여 참호를 만들고 중생을 업고 있는 것입니다. 현재에 있어서 어리석음을 깨고 미래에 있어서 의심의 그물을 친다면 폐하의 편지로 모든 것이 이익을 갖고 한마디 말씀의 이익은 일일이 열거하지 못합니다. 전생의 기쁨에 의하여 생기고 덕 높은 성인과 때를 같게 하였습니다. 나머지 논지를 받으면 머리에 이고 기뻐하겠습니다. 저 같은 사람에게까지 잊지 않으시고 가르쳐 주셔서 깊이 감사드립니다.

육과 합장.

12) 산기상시散騎常侍 소침蕭琛[22] 답

제자 침琛 합장드립니다. 영광스럽게도 삼가 「칙지소답신하심신멸론敕旨所答臣下審神滅論」을 보았습니다. 기신機神을 잘 헤아리고 예교禮教를 발휘하고 계십니다. 참으로 불법에 빛을 더하고, 유가로 하여금 업業을 공경토록 하기에 충분합니다. 사람들은 연각緣覺을 깨닫고 백성은 효도를 생각하며, 인륜의 근본은 여기서 더욱 밝아질 것입니다. 경의 말씀을 거역하고 풍속을 흐리는 사람은 손을 대지 않아도 스스로 괴멸할 것입니다. 독송을 하고 춤을 추며 더 이상 없이 고맙게 생각할 뿐입니다. 아우[23]는 어리석어서 죄

22 『양서』 26, 『남사』 18 참조.

를 자초하고 있습니다. 이치로 헤아려 보니 공사公私에 생각이 흐려져서 마음이 떨리고 죄송하게 생각할 뿐입니다. 큰 꾀를 우러러 찬양하고 정의精義를 천하에 밝힐 수는 도저히 없겠지만 폐하의 교화를 받들어 인도하고 엎드릴 뿐입니다. 뜻을 공경하고, 그 깨달음을 마음속 깊이 새기겠습니다.

제자 소침 합장.

13) 이왕상시二王常侍 빈함彬緘 답

영광스럽게도 삼가 「칙지답신하심신멸론」을 보았습니다. 폐하의 사려는 깊고 조용하고, 논리가 뛰어나십니다. 3세를 분별하여 불교의 본의를 밝게 하고, 두 개의 예를 들어 효도를 천양하였습니다. 제멋대로 천착을 하는 사람들의 길은 막히고, 이단자의 입은 막힐 것입니다. 마의 울타리는 영원히 무너지고, 바른 봉우리는 언제까지라도 우뚝 솟아 있기에 충분합니다.

제자는 이 지극한 도를 길이 새겨서 천칙을 받들겠습니다. 이렇게 기쁜 마음이 들기는 처음입니다.

왕빈·왕함 합장.

14) 태자중사太子中舍 육후陸煦[24] 답

영광스럽게도 보내 주신 폐하의 「답신하심신멸론」을 삼가 보았습니다. 우러러 절한 뒤 배회하면서 머리를 수그렸습니다. 듣건대 성인은 도를 오직 하나로 한다는데, 요·순 시대에는 앞선 말이

23 이 「신멸론」의 문제를 제기한 범진을 가리키는 것이다.

24 육과의 동생. 천감 초에 중서시랑·상서좌승·태자가령太子家令을 역임하고, 『진서晉書』를 꾸미다가 미처 끝내지 못하고 죽었다.

없었지만 그 신령한 기미를 아는 것은 오늘날의 폐하뿐이라 생각합니다. 도가 행해지면 만물은 그 미혹함을 물리치고, 덕이 오래가면 세계는 그 지혜를 드날릴 것입니다. 바야흐로 백성을 구하고 덕을 길러서 백 년에 이르도록 고루 섭수하여 주시고, 백성을 위로하고 만물을 활동케 하면 천고에 이르도록 그 은혜에 감복할 것입니다. 법운 법사는 지혜가 깊고 신념에 차 있어 불법을 잘 지니며, 또 뜻이 두루 미쳐서 여러 가지 일에 통달하였으니, 혼에 대해 잘 파악하고 있습니다.

육후 합장.

15) 황문랑黃門郎 서곤徐緄 답

곤緄이 합장드립니다. 말씀은 감사했습니다. 겸하여 「칙답신멸론」을 받았습니다. 심오한 논지를 삼가 보고 나니 마음은 열리고 얽힌 것이 풀어졌습니다. 조용히 생각해 보면 심오한 근본은 궁구하기 힘들고 미묘한 근원은 볼 수가 없습니다. 뛰어난 성인이 아니라면 그 근본을 설할 수가 없고, 지극히 슬기로운 사람이 아니면 어찌 그 극치를 말할 수 있겠습니까?

폐하께서는 정신을 궁구하고 공적함을 체득하며, 도를 살펴 미묘한 곳에 거처하고 계십니다. 덕음을 발하니 3세의 설이 스스로 밝아지고, 좋은 말씀을 선포하니 천 리 밖의 백성도 그 소리를 듣습니다. 폐하의 정성은 예경에 맞고 뜻은 사람과 천신을 감동시키며, 이치는 심오한 도를 부채질하고, 덕은 은밀한 곳과 드러난 곳 모두를 두루 감싸고 있습니다. 끝없이 기나긴 밤의 어둠이 갑자기 밝아지고, 어리석은 중생들도 하루아침에 홀로 깨닫습니다. 녹야원의 숨은 공덕을 힘쓰도록 하고 불법의 물결을 일상생활에 젖게 할 것입니다. 그 큰 명성은 영원히 퍼지고, 성대한 실적은 사방에 치달아 미혹한 사람은 돌아갈 것을 알게 되고, 의심은 자연히 사라질 것입니다.

제자는 불교에 귀의한 것이 빠르고 깊었기 때문에 기쁨이 한층 더 깊습니다. 이것을 받들고 진퇴하여 본지를 떨어뜨리는 일은 아니합니다. 다만 표주박으로 바다를 재고 대롱으로 하늘을 보는 것처럼 언제나 실수하지 않을까 하고 마음을 쓰고 있습니다.

서곤 합장.

16) 시중侍中 왕간王暕 답

일부러 보내 주신 편지 고맙고, 아울러 「칙답신하심신멸론」도 삼가 보았습니다. 성스러운 뜻은 심오함을 비추고 중생들의 어리석음을 열어 줍니다. 뜻은 적막하고 은밀한 것을 드러내고 이치는 심오하고 어두운 것을 베풀어 나타내고 있습니다. 무릇 경전에서는 죽은 몸에 대해 서술하고, 『주역』의 「계사전繫辭傳」에서는 떠도는 혼에 대해 말하고 있습니다. 저의 좁은 소견으로도 영혼은 없어지는 것이 아니라고 이전부터 생각하고 있었습니다.

하물며 폐하께서는 머나먼 것까지 사려하고 미세한 이치까지 탐구하며 고전을 인증하여 분명하게 밝히시니, 얼음이 녹는 것처럼 의심이 풀립니다. 눈이 어두운 사람도 경건히 되돌아오고, 미혹한 대중도 의심하던 마음을 고칩니다. 이미 이렇게 밝혀 놓으셨으니 앞으로는 모두 훈도될 것입니다. 심오한 교시를 받들고 기쁨을 참을 수 없습니다.

왕간 합장.

17) 시중 유운柳惲 답

영광스럽게도 보내 주신 「칙소답신하신멸론」의 가르침을 받았습니다. 무릇 이치가 다다르는 곳은 둘이 아니고, 근본이 이르는 곳은 본래 하나입니다. 옛것을 상속하며 혼이 끊어지지 않는다는 것은 석가의 큰 가르침이며, 부모를 받들기 위해 방에 들어 죽은 사람의 모습과 소리를 보는 것은 공자의 가르침의 근본입니다. 중국과 외국의 두 성인은 그림자나 메아리처럼 부합합니다. 비록 이치는 진실로 이러한 것이지만 의심과 확신이 반반이었습니다. 이번에 심오한 논지를 받들고 보니 보자기를 벗긴 듯 밝아지고 심오한 이치를 알게 되어 혼을 궁구하고 적멸도 알게 되었습니다. 정상을 헤아리는 것은 천지와 비슷하니 천 년의 의문도 봄의 얼음과 함께 녹고, 평생 전도되었던 생각도 뜬구름과 함께 열렸습니다. 삼가 되풀이 독송하여 오랜 속박으로부터 해방되도록 하겠습니다. 돌아보실 데도 많은데 잊지 않으시고 저에게까지 내려주신 것, 참으로 생각할수록 눈물이 나옵니다.

제자 유운 머리 조아려 말씀드립니다.

18) 상시常侍 유징柳憕 답

영광스럽게도 보내 주신 「칙답신하심신멸론」의 가르침을 받았습니다. 논지는 미묘하며 이치는 심오한 것을 다하고 있습니다. 조용히 생각해 보니 수행한 인연으로 과보를 받으니 혼에는 두 가지 식識이 없고, 도에 따라 멸도를 얻으니 불성은 다만 하나입니다. 은나라 사람들은 제기를 써서 영혼에게 지각이 있다는 것을 백성에게 나타내고, 공자는 제사를 지낼 때 신이 실재하는 것처럼 하였습니다. 이리하여 이치는 묘각妙覺에 전해지고, 뜻은 생지生知

에 열린 것입니다. 그러나 양주楊朱와 묵적墨翟은 실을 흩트려서 제멋대로 천착하였습니다. 이렇게 엉키고 막힌 채 지나가서 특히 명교名教의 본질을 덮어 감추고 말았던 것입니다.

폐하의 마음은 사물의 진상을 통찰하시고, 그 증거에는 결점이 없으십니다. 강령綱領을 수용하면서도 세부 항목을 서술하고 있습니다. 3대代를 억누르거나 칭찬하면서 동일한 결론에 귀착시키고 있습니다. 실實과 가(假 : 방편)의 두 법이 밝아서 걸림이 없습니다. 삼가 되풀이하여 봉독하면 의심하고 탐하는 마음도 함께 없어질 것입니다. 저에게까지 편지를 보내 주신 은혜 길이 마음에 새기겠습니다.

유징이 머리 숙여 말씀드립니다.

19) 태자첨사太子詹事 왕무王茂 답

무茂는 합장드립니다. 영광스럽게도 보내 주신 「칙지답신멸론敕旨答神滅論」을 삼가 보았습니다. 공손히 받아 보니 기쁨이 넘쳐 손뼉을 치고 춤을 추어도 모자랄 정도입니다. 신묘한 도리는 저만치 멀어 비록 말로는 다할 수 없는 것이지만, 역대의 성인들이 남긴 문장에는 그것이 뚜렷하고 밝게 나타나 있습니다. 춤을 추고 옷깃을 바르게 하며, 경전에 따르지 않을 수 없습니다. 어찌 허망하게 거짓을 말하여 앞의 깨달음을 심히 더럽히면서 범진처럼 오는 인연은 기약할 수 없다고 말하여 향천享薦의 지극한 예를 버릴 수 있겠습니까? 그러면 미로迷路는 아득히 펼쳐 있고 돌아올 길은 없어져서 고苦과 공空이 한 번 도래하면 후회하여도 때가 늦고 마는 것입니다.

폐하께서는 지혜를 품고 성스러움을 체득하며 진眞과 가假를 궁구하셨습니다. 이치를 풀어 말로써 밝히니 미혹한 중생을 인도합니다. 어찌 천신과 사람만이 찬양하겠습니까? 참으로 제불諸佛도 그 빛을 비출 것입니다. 제자는 옛날부터 마음을 편안하게 하는 데에 정토에 의지해 왔습니다. 다행히도 명이 길어서 이 번창한 세상을 만났습니다. 반드시 내세의 인을 쌓아서 오래도록 인도하심에 젖어 있고 싶습니다. 진실로 기쁜 마음은 오늘뿐만이 아니고 여기에 이루 다 말할 수는 없습니다. 아무쪼록 가까운 시일 내에 찾아뵙겠습니다. 먼저 말씀을 드립니다.

왕무 합장.

20) 태상경太常卿 유영庾詠 답

영광스럽게도 「칙답신하신멸론」의 가르침을 받았습니다. 자세히 살피지는 못하였으나 구름이 다시 걷힌 것 같은 느낌입니다. 생각건대 움직이는 생물에게는 식識이 있고 초목에는 식이 없습니다. 무지한 「신멸론」에서는 이렇게 식이 있는 것을 식이 없는 것과 동일시하려 하여 종지種智도 역시 몸과 함께 없어진다고 주장합니다. 이것은 참으로 슬픈 이론입니다. 덕은 천지에 합하고, 강토 중에서 균등하게 크며 흐름의 본원에 돌아가고 교화하는 근기에 어울리는 사람이 아니면 2제諦의 주장은 이루어지지 않고, 3세世에 대한 논의도 없을 것입니다.

폐하께서는 이러한 중생〔四生〕들이 6도道에 빠지려는 것을 불쌍히 여기시어 유교와 불교를 잘 살펴보시고는 양자의 좋은 점을 취하여 산골의 사람에게도 바다를 알리시고, 깜깜한 마을에도 해를 비추셨습니다. 훌륭한 말씀은 가을날의 태양처럼 맑으며, 많은 의심은 봄날의 얼음처럼 모두 녹고 말았습니다. 논지를 펴서 도를 넓히니 덕이 가슴에 느껴져서 지도를 받고 저의 전업前業에 이 이상 더없이 기쁘게 생각하는 바입니다. 법운 법사는 법문에 잘 통하고 있으며, 저의 이 기쁨에 깊이 동감해 주실 것입니다. 삼가 맛을 보며 읽게 해 주셨으니, 항상 읽도록 하겠습니다.

제자 유영 합장.

21) 예장왕행사豫章王行事 소앙蕭昂[25] 답

영광스럽게도 「칙답신하심신멸론」의 가르침을 입었습니다. 폐하께서 분석하신 내용은 미혹한 사람을 밝게 환기시켜 줍니다. 혼이 멸하지 않는 것은 훌륭한 경전에 확실히 드러나 있습니다만, 그 이치가 심오하기 때문에 미혹한 사람도 있는 것입니다. 지금 폐하의 견식은 미래를 비추고 지나간 일을 간직하여 오묘한 생각을 펼치면서 이단의 망령된 설을 공격하고 있습니다. 또 『예경』을 인용하여 진위의 증거로 삼으니, 효경孝敬의 도가 여기에서 비로소 넓혀집니다.

고자孤子 소앙 머리 숙여 합장합니다.

22) 태중대부太中大夫 유담륭庾曇隆 답

영광스럽게도 폐하의 「답신하심신멸론」을 삼가 보니, 몽매한 눈이 떠지고 찬연히 마음이 밝아집니다. 지극한 이치는 허적虛寂하며, 도취道趣는 공미空微합니다. 뛰어난 성인의 지혜라야 그 묘한 내용을 궁리할 수 있고, 견식이 얕은 떠도는 중생들은 그 심오한 이치를 분별하지 못합니다. 제가 아는 바로 논한다면 경전의

25 소병의 셋째 아들.

교훈은 그 모두가 교화의 나타남입니다. 부처님에 관한 일을 적다 보니 괴이한 것도 있습니다만 이치로 기약한다면 이것은 언어로 알 수 없습니다. 천자의 힘을 지니고서 저희들을 위하여 말씀해 주셨습니다. 저희들은 모두가 즐거워하지 않을 수 없습니다. 의향을 마음에 새겨서 시종 몸에 지니겠습니다. 법사의 교시는 더욱더 부끄러움을 느끼게 할 뿐입니다.

제자 유담륭 합장.

23) 태자세마太子洗馬 소미蕭靡 답

「칙답신하심신멸론」을 가르쳐 주셔서 다 읽기도 전에 기쁜 마음에 춤을 추었습니다. 폐하께서는 가지고 계신 우수함을 충분히 발휘하시고, 넓은 재능을 가지고 있으십니다. 심오한 말씀은 간행하기도 전에 언외言外의 의미를 충분히 가리키고 있습니다. 의증義證은 경서로부터 구석구석까지 예를 들고 있어서 효치孝治의 마음씨가 여기에 분명하며, 마음은 불전에 널리 망라하고 있기 때문에 대자大慈의 마음이 점점 두텁게 느껴집니다. 삼가 이 글을 자리 곁에 두고 베개 맡에 놓아 잘 때나 일어날 때나 읽겠습니다. 또 큰 허리띠에 써서 많은 사람들에게 전하여 언제까지나 잊지 않게 하겠습니다.

제자 소미 합장.

24) 어사중승御史中丞 왕승유王僧孺 답

편지와 함께 폐하께서 신하들에게 「신멸론」에 대하여 물어보신 것에 대한 답을 받았습니다. 되풀이하여 삼가 보고 천천히 봉독하였습니다. 어리석음을 열어 주는 것이 마치 구름을 걷어 버린 듯이 깨끗합니다.

생각건대 모든 것의 심오함을 나타내기 힘들어서 성인이 아니면 밝힐 수 없고, 이치는 적막하여 그 소재를 숨기고 있으므로 어리석은 이는 갈피를 잡지 못합니다. 만일 지혜가 삼계 밖을 뛰어넘고 사려가 깊지 못하다면 어찌 이렇게 미묘한 말을 음악을 듣는 것처럼 밝힐 수 있겠습니까? 이 묘한 경지를 뚫어 보면 거친 길이 있을 리는 없습니다. 반드시 천거함으로써 깨우치시고 앞에 있는 듯이 가르쳐 주시어 잘못된 이론을 지니고 있는 사람은 멀리 이어지는 바퀴 자국이 앞으로 나가는 데 고통이 없도록 하시고, 또 틀리기만 하는 사람이 영영 미혹의 바다에 가라앉는 일이 없도록 하여 주셨습니다. 거듭 거룩한 마음을 받들고 기뻐 조심하지 않는 사람은 없을 것입니다. 답장을 이 정도로 줄이고 더 이상 귀찮게 말하지 않겠습니다.

왕승유가 드립니다. 합장.

25) 황문시랑黃門侍郞 왕읍王揖 답

영광스럽게도 보내 주신 「칙답신하심신멸론」을 보았습니다. 무릇 창천은 심오하게 침묵하니 본래 논의를 초월한 것입니다. 성性과 천도天道는 원래 듣기가 힘든 것입니다. 그러나 폐하의 자애스러운 인仁은 각각의 곳에서 움직이고, 깨우쳐 주시는 가르침은 각각의 일에 따라 시설되는 것입니다. 우물 밑에 웅크리고 있는 개구리를 불쌍히 여기시고, 쏜살 같은 세월에 위태로울 매미를 불쌍히 생각하십니다. 생각은 마음속에서 펴시고, 말씀은 이치에 숨기고 계십니다. 옛날의 경전을 인용하면서 글은 간략하지만 뜻은 깊습니다. 마음을 먼 곳에 모아 하나의 이치로 꿰뚫어서 많은 전적을 한마디로 포괄하고 있습니다. 성인들의 깊은 뜻을 드러내시고 오랫동안 지녀 오던 미혹을 결단해 주셨습니다. 혼이 존속하는지 멸하는지 하는 이치가 이것으로 인하여 확실해졌으며, 효경의 도가 이로 인하여 성하게 되었습니다. 참으로 깊이 미혹한 사람들을 깨우치고, 백대百代의 모범이 되기에 충분합니다. 말하자면 "성모聖謨는 드넓고 가언嘉言은 매우 밝다"[26]는 것입니다. 저는 이치를 분별할 줄 모르고 뜻을 판단하는 데도 어둡지만 지금 이렇게 가르침을 듣고 묘한 문장을 삼가 보오니, 말석이지만 기쁨을 글로 말씀드립니다. 언제까지나 하교하여 주십시오.

제자 왕읍 합장.

26) 이부랑吏部郞 왕태王泰 답

어느 날 저를 연회에 불러 주셨을 때에 범중서范中書에게 정신과 육체는 다 함께 멸한다는 글이 있다는 것을 들었습니다. 이 사람은 상식을 벗어나 있어 인정人情을 멀리하고 있습니다. 그저 저는 재주가 적어 아직 오록五鹿의 뿔을 꺾지 못하고 있습니다.

편지를 주셔서 폐하의 의향을 가르쳐 주시고, 효성의 도를 은밀히 이끌어 심오한 이치에 이르도록 열어 주셨습니다. 삼가 항상 암송하면서 영원히 미혹이 없도록 하겠습니다.

제자 왕태 머리 숙여 합장합니다.

27) 시중侍中 채준蔡樽 답

영광스럽게도 삼가 「칙지답자신멸론敕旨答諮神滅論」을 받았습니니

26 『상서尙書』「이훈伊訓」.

다. 무릇 영혼의 이치는 오묘하여서 자세히 풀어 밝히기는 매우 어려운 일입니다. 옛날 성인의 훌륭한 말이라도 후의 영재들은 여전히 미혹한 것입니다. 폐하의 해석이 여기에 내려져서 어둠을 벗긴 것처럼 밝아졌습니다. 진실로 만고에 거슬러 올라가더라도 훌륭하고, 장래의 사람들을 깨우쳐서 불후不朽로 하였습니다. 엎드려서 가르침을 받들고 너무나 기쁘니 이보다 더한 것은 없습니다. 삼가 큰 띠에 적어서 오래도록 미혹함이 없도록 하겠습니다.

채준 합장.

28) 건강령健康令 왕중흔王仲欣 답

중흔이 말씀드립니다. 영광스럽게도 「조소답신하신멸론詔所答臣下神滅論」을 받아 보았습니다. 심오하고 아름다운 문장을 읽고 기쁨을 금치 못하였습니다. 폐하의 슬기는 하늘로부터 받으신 것이며, 마음의 작용은 홀로 뛰어나십니다. 오례五禮[27]는 밖으로 빛나고, 삼명三明은 안에서 빛나고 있습니다. 금륜이 서서히 구르니 도는 세계를 구제하고, 옥찬玉瓚이 줄지어 서니 효행은 멀리 칠묘七廟에까지 높아집니다. 햇빛과 같은 지혜는 맑은 중국 땅에 열리고, 구름 같은 법은 대천세계에 드리워져 있습니다. 지금 계신 것처럼 한다는 제사의 뜻은 다시 오늘에 열리고, 열반상주가 분명한 것은 미래영겁에 증명되었습니다. 그러므로 폐하의 덕은 왕들 가운데 으뜸이시고, 명성은 만고에 높아지셨습니다. 제자는 법문에 마음을 두고, 불교경전을 믿고 있는 터라 춤이라도 추고 싶으니, 그 기

27 길례(吉禮 : 제사) · 흉례(凶禮 : 장례) · 빈례(賓禮 : 국빈) · 군례(軍禮 : 군대) · 가례(嘉禮 : 혼인)를 말한다.(『상서』「순전舜典」)

뻔 마음은 물오리가 수조水藻를 만난 정도가 아닙니다.

왕중흔 합장.

29) 건안왕외병참군建安王外兵參軍 심적沈績 답

제자 적績 합장드립니다. 「칙답신하신멸론」을 받았습니다. 엎드려 깊이 기뻐하고 있습니다. 제가 조용히 생각하여 보니, 도는 저절로 넓혀지는 것이 아니고, 넓혀지는 것은 참으로 사람에 따른 것입니다. 사람은 그 지식이 필요하고, 지식은 그 지위가 필요합니다. 『주역』에서 말하기를, "성인의 큰 보배를 지위라고 한다"[28]고 함은 이런 의미일 것입니다. 그러나 지위가 있어도 사람이 그것에 부적당할 때가 있으며, 충분한 사람이더라도 적당한 지위가 없을 때가 있으니, 세 가지가 갖추어진다는 것은 참으로 어려운 일입니다.

그러므로 공자는 기린을 얻었다는 기사에서 『춘추春秋』를 끝내고 있으며, 맹자는 자신을 하늘이 준 직위〔天爵〕에 견주었다고 하니, 참으로 그들에게는 알맞은 지위가 없었기 때문입니다. 아아, 참된 교화는 가라앉아서 없어지려고 하고 있습니다.

지금 천자께서는 어질고 성스러우며 밝은 지혜를 지니시고 가장 높은 자리에 있습니다. 생각건대 높은 산을 온갖 열기로 흔들리게는 할 수 있어도 그 화목함을 바꿀 수는 없고, 큰 종소리를 닭울음소리로 어지럽게 할 수는 있어도 그 소리를 방해할 수는 없습니다. 불안해서 떨고 있는 민중들을 길고 긴 윤회의 밤에서 구하기 위해서는 덕이 천지와 합한 분이 아니고서는 누가 그와 같은

---

28 『주역』 「계사」 하.

일을 할 수 있겠습니까? 저는 일찍부터 영묘한 가르침을 입고, 이 「신불멸론」의 일에 대하여 듣고 있었습니다. 그러나 참새 떼 같은 무리들은 여전히 미혹 속에 빠져 있고, 마음이 흔들리는 사람들은 서로 무리를 갖고 있습니다. 이럴 때 폐하의 교지가 내려지니, 그 말씀은 숭고하고 이치는 명쾌합니다. 사람과 천신의 선善으로써 권면하시고 효도로써 훈계하시며 한마디로 가르치시니, 세상 사람들은 모두 기뻐하고 있습니다. 무릇 유아가 우물에 빠지면 보통 사람들도 마음 아파하는데 하물며 자비 깊은 폐하께서 백성을 다스리실 때에는 반드시 측은한 마음을 가지시는 것이 한층 더할 것입니다. 백마는 희지 않다는 궤변[29]도 중용中庸에 굴복하였는데, 신묘한 근기를 가지고 교화를 넓히는 데 뜻을 둔 폐하 같으신 분에게 이르면 산도깨비도 그 빰이나 혀를 꺾을 것인데 속히 말할 것이 있겠습니까? 훌륭한 사적은 하늘처럼 귀하여 본래 엿보아 알 수는 없습니다. 저에게까지 보여 주셨는데 제가 미치지 못함을 부끄럽게 생각하고 있는 바입니다.

제자 심적 합장.

30) 사부랑祠部郎 사마균司馬筠 답

편지를 받고, 「칙답신하심신멸론」을 아울러 삼가 보았습니다. 잘 읽어 보니 노래가 나오고 춤을 출 만큼 기뻤습니다. 원래 정신은 깊이 숨어 있고 영혼은 심오한 것이기 때문에 느린 걸음으로는 따르지 못하고 범부의 마음으로는 헤아릴 수 없습니다. 유교의 성인들은 이런 사정을 알고 있었기 때문에 억제하고 말하지 않았습

29 공손룡公孫龍의 「백마론白馬論」 참조.

니다. 그러므로 공자 이후에도 역시 어둡고, 주공의 뒤에도 아직 밝지는 않았던 것입니다. 그럼에도 용렬한 무리들이 망령된 논리로써 자신의 눈만을 믿어 송곳으로 대지의 깊이를 재고 대롱으로 하늘의 너비를 알려는 짓을 하여 이견이 자주 일어났습니다. 예를 들면, 단단함〔堅〕과 흼〔白〕을 떼어 놓는 공손룡의 궤변의 이름을 쫓아 결국에는 눈과 서리의 실상에 미혹되고 말았습니다. 어리석음이 여기까지 이르면 더없이 불쌍히 여겨야 할 것입니다.

폐하의 도는 은밀한 것과 드러난 것에 모두 미치고 밝음은 해와 달을 넘으며, 천지의 궁극을 연구하시어 시작과 마침의 심오함을 다하고 계십니다. 누린내 나는 풀이나 보라색은 향기로운 풀과 붉은색을 꺼리고, 가짜 옥과 꿩은 옥과 봉황에게 화를 냅니다. 여기에 마음을 나타내시고 이 바른 견해를 제시하여 주셨습니다. 참으로 묘각을 선양하고 미혹한 사람을 구제하기에 충분합니다. 가까이로는 성령性靈의 지극함을 비추고, 멀게는 효덕의 근본을 밝게 하였습니다. 참으로 이단으로 하여금 바르지 못한 마음을 잘라 없애고, 도에 향하는 사람으로 하여금 선망하는 마음을 돈독하게 합니다. 생각조차 않았는데 다행히도 천자의 가르침을 받았습니다. 은혜를 입어서 기쁜 마음에 춤을 추고, 은덕을 빠짐없이 받들어서 감사의 마음 더욱더 깊어집니다.

사마균 합장.

31) 예장왕공조참군豫章王功曹參軍 심곤沈緄 답

곤緄은 합장드립니다. 생각건대 서로 구하는 도〔交求之道〕는 주는 것과 받는 것이 같지 않으면 안 됩니다. 만일 끈질기게 질문하여도 가르쳐 주지 않는다는 것은 장난삼아 미혹되는 결과가 되고,

친구가 왕래하는 일이 무의미해지고 맙니다. 어수선한 생각은 거의 없어질 것입니다. 그렇기 때문에 자문 받는 것을 끊었습니다. 심원한 사람은 엿보지 않고 참으로 부끄럽게 생각합니다. 인과因果가 닦여진 형국을 내 나름대로 알기 때문에 서리를 밟고 물러나지 않는 것은 딱딱한 얼음이 될 것임을 진실로 바라고 있기 때문입니다. 그렇지만 법운 법사는 마음이 산과 같아서 다행히도 사람도 받아 주십니다. 저는 아직 당堂에 오르는 자격이 없는데도 불구하고 법의 한 사람으로 불러 주셨습니다. 두이杜夷[30]는 "목마른 말을 샘으로 부르면 회초리를 쓰지 않아도 저절로 온다"고 말하고 있습니다.

신하의 「신멸론」에 대하여 천자의 답을 보여 주셔서 밤낮으로 삼가 읽고, 피곤함과 자는 것도 잊었습니다. 이 불법의 전당을 지어 놓고 저 미혹한 무리를 이끌었습니다. 효행의 도를 설명하고 난 뒤에 삼세인과의 이법을 분별하셨습니다. 귀신의 정상情狀을 여기에서도 구할 수가 있습니다. 그러나 바다는 참으로 넓다고 하지만 그 너비를 누가 알고 있습니까? 하늘이 높다고 말하지만 그 높이를 잴 수는 없습니다. 천자의 말씀은 깊고 숨겨진 것을 확실하게 하시며, 논지는 말의 세계를 뛰어넘고 있습니다. 우둔한 사람이 비평할 수는 없습니다. 가르침을 마음에 새기고, 언제까지나 찬양해 주시기 바랍니다.

제자 심곤 합장.

30 『진서晉書』 91 「두이전杜夷傳」에 보면, 그는 유림좨주儒林祭酒·국자좨주國子祭酒를 역임하였다고 한다. 『유구자幽求子』 20권의 저서가 있는데, 『태평어람太平御覽』에 일부가 실려 있다.

32) 건안왕공조建安王功曹 왕견王絹 답

「칙답신하심신멸론」을 보았습니다. 생각건대 혼이라는 것은 그윽하고 고요하여 역대의 성인들도 설명하지 않았습니다. 공자도 "신을 말하지 않는다"[31]고 말하며, 장자는 공허한 말만을 하고 있습니다. 기록〔方策〕에서 구해 보아도 한탄과 답답함이 깊어지기만 합니다.

공경스럽게도 이 글을 삼가 보니, 사려가 깊고 오묘한 뜻이 응집되어 지극한 이치가 천양되며 효행의 기틀도 완벽하게 갖추고 있습니다. 참으로 만고를 밟고 넘어 현재와 미래를 비추는 데 충분합니다. 저는 좋은 시대에 태어나 천자의 문장〔聖藻〕을 볼 수 있게 되어서 심중의 미혹이 얼음이 녹듯이 녹았습니다. 참으로 미혹함을 적절히 깨우쳐 주셨습니다. 마음이 있는 사람이라면 누가 칭송하지 않겠습니까? 하물며 무지한 저는 더욱 감격하고 있습니다.

왕즙 합장.

33) 우위장군右衛將軍 위예韋叡 답

지극한 이치는 허적虛寂하며 은미하여 설명하기 어렵습니다. 있다고 하면 없는 것 같고, 없다고 말하면 실은 있는 것입니다. 노자는 담론에 뛰어나고, 석가는 가르침이 정교하니, 그 말은 금서金書에 분명하며, 문장은 옥첩玉牒에 빛나는 것이 오래되었습니다. 폐하의 도는 우주를 포괄하고, 밝음이 해와 달과 함께하시니, 은미하거나 드러나는 기미를 빠짐없이 비추시고 있음과 없음의 요점을 벌써 보고 계십니다. 이리하여 그 명석한 논문을 주시어 신하

31 『논어』「술이」.

를 깨우쳐 주셨습니다. 지도하여 주심이 깊으니 그 뜻이 두루 미칩니다. 마음이 있는 중생이라면 누구인들 기뻐하지 않겠습니까? 천자의 논문을 보고 삼가 읽어 보니 번뇌는 자취도 없이 사라지고, 특히 평소의 기쁨이 배로 더하였습니다. 법운 법사는 숙연宿緣의 훌륭한 과보로써 현재의 불법을 만났습니다. 5욕欲을 떠나서 8해탈에 들고 삼계를 떠나 1승에 이르렀습니다. 또 말씀을 들을 수 있어 더욱더 찬탄하는 바입니다. 편지를 주심에 깊이 감사드립니다.

위예 합장.

34) 연위경延尉卿 사작謝綽 답

작綽은 합장드립니다. 영광스럽게도 「칙답신하심신멸론」을 받아 보았습니다. 깊은 생각을 삼가 보고 미음이 맑아졌습니다. 얕은 설을 배제하였기 때문에 참으로 온갖 의심을 풀어 주셨습니다. 생각건대 사람은 나면서부터 가장 신령하고 마음의 작용은 무한합니다. 가장 뛰어난 사람은 미래를 알고 과거를 기억하며, 다음 사람은 거의 기미를 알아차리는 데 근접해 있습니다. 이런 것으로 보아 이치상 혼이 없어지는 일은 없습니다. 그러므로 유교에서는 그 제사에 대하여 말하고, 불교에서는 큰 자비로 중생들의 인연을 비추는 것입니다. 불교와 유교에서 분명하게 밝히고 있으니, 막힌 것을 뚫기에 충분합니다. 하물며 천자의 가르침은 지성스럽고 깨우침은 더욱더 넓으니, 만물이 의지하는 곳〔資始〕을 민중에 넓히고 의식의 작용을 지혜로운 사람에게 인도한 것입니다. 참으로 몽매함을 열고, 막힘을 벗어나서 앉아서 중현重玄을 헤아린 것입니다. 이단異端이 없어지니 바른 길이 돌아왔습니다. 논자는 침묵하고 있었던 것을 부끄러워하고, 범진은 장님이었던 것을 깨달았습니다. 뜻이 있는 사람이라면 누가 칭찬하지 않겠습니까? 그러나 저는 다만 성스러움에서 노니는 것만을 생각하면서 끝내 좁은 견식에 사로잡혀 있었습니다. 편지를 받고 나서야 춤을 추고 그 가르침을 언제까지라도 기뻐하는 바입니다.

사작 합장.

35) 사도좨주司徒祭酒 범효재范孝才 답

제자 효재는 합장드립니다. 「칙지답신하심신멸론」을 받았습니다. 생각건대 제나라의 공자 팽생彭生이 돼지가 되어 일어서니까 그 재앙이 제공齊公에게 나타났습니다.[32] 장원백張元伯이 면류관을 쓰고 꿈에 나타난 것[33]은 한의 역사서에 있어서 유명합니다. 더욱이 참주斬籌의 비유는 혼이 반드시 존재하는 것을 의미하고 있습니다. 정신이 불멸인 것은 승려에게도 재가에게도 다 같이 통해 있습니다. 그러한 정신을 없애려면 불교와 유교 다 같이 없어지고 맙니다. 말하자면 대롱으로 하늘을 보면서 어찌 동서를 구별하겠으며, 조개껍질로 바닷물을 떠서 바다를 재어 본다 한들 어찌 비슷하기나 하겠습니까?

천자의 뜻은 넓고도 깊어 묘상(妙象 : 불교)에 정성스러우며, 천자의 마음은 측은하여 선조의 제사에 힘쓰고 있습니다. 다만 불교를 더욱더 융성하게 할 뿐만 아니라 몽매한 인간으로 하여금 도를 깨닫게 하십니다. 은혜로움을 저 같은 사람에게까지 나누어 주셨습

32 『좌전』 「장공莊公」 8년, 「환공桓公」 13년 조에 나온다.
33 『후한서後漢書』 111, 「범식전范式傳」 참조.

니다. 이렇게 인도하여 주시는 마음을 가슴에 새기겠습니다. 기쁨이 넘쳐흐를 뿐입니다.

제자 범효재 합장.

36) 상시常侍 왕림王琳 답

영광스럽게도 폐하께서 내린 「답신하심신멸론」을 보았습니다. 삼가 용렬한 재주를 다하여 공손히 천자의 논문을 삼가 보았습니다. 그 소리는 금석金石의 울림에 넘치고, 그 논리는 깊은 샘을 꿰뚫으며, 해석은 육효를 관통하고, 언사는 3세를 포괄하니, 편벽되게 익히는 사람으로 하여금 바른 길로 되돌아올 것을 알도록 하기에 충분합니다.

저는 다행히도 훌륭한 세상에 태어나 두터운 은혜를 받고, 또 천자의 저작에 귀를 기울여 폐하의 문장을 주의 깊게 삼가 볼 수 있었습니다. 기쁜 마음 참으로 그칠 수가 없습니다. 논문을 은혜롭게 받고, 되풀이하여 마음에 새기니, 뛰어오를 듯이 기쁩니다.

제자 왕림 답.

37) 고부랑庫部郎 하달何炟 답

달炟은 합장드립니다. 영광스럽게도 편지와 함께 폐하의 「답신하심신멸론」을 받아 보았습니다. 제가 듣기로는 제사 때 신이 앞에 있는 듯이 하라고 하였으니, 혼이 멸한다는 설은 전왕에게 구해도 짐작도 못했던 것입니다. 상주常住의 세계에 살면서 변이하지 않는다는 것은 복응伏膺하는 것에 따라 확실해졌습니다. 찬앙鑽仰하는 깊고 신비한 일들이 얼음이 녹아내리듯이 분명해졌습니다. 그러므로 많은 성인들의 발자취는 하나의 길에만 따르지 않고, 여러 가지 상반되는 가르침도 원래 그때에 순응하는 것임을 알겠습니다. 지금은 쇠퇴한 흐름은 없어졌으며 무명이 사라지려 하고 있습니다. 인간에게는 각자의 근기가 있으니, 천자의 가르침은 이를 개발하여 줍니다. 효도의 의미를 들어 깨달은 사람의 뜻을 밝힙니다. 사람이라면 누군들 기뻐하지 않겠습니까? 신농이나 복희라도 대응할 수 없으며, 황제나 요임금도 폐하와는 경쟁이 되지 않습니다. 높고 높은 덕은 추측하여서 이름붙일 수가 없고, 찬란한 도는 여기에서 극치를 이루었습니다.

하달 합장.

38) 예장왕주부豫章王主簿 왕균王筠[34] 답

균筠은 합장드립니다. 영광스럽게도 「답신하심신멸론」을 받아보았습니다. 제가 듣기로는 희미하게 선친을 위패에서 본다는 것이 『예기禮記』의 가르침이며, 지금은 멸하지 않는다는 것이 불교의 가르침입니다. 그러나 오묘한 형상은 심오〔虛玄〕하고 신의 작용〔神功〕은 맑고 고요하니, 도를 체득한 사람이 아니라면 어찌 근본을 무언 속에 깨달을 수가 있겠습니까? 기미를 아는 사람이 아니라면 그 근본에 그윽하게 응하는 방법이 없습니다. 천자의 행적은 모든 근기를 꿰뚫어 아시고, 그 마음은 7각지에서 노니시며, 중생을 불쌍히 여기시고 만물을 보살피시니, 저 번뇌〔蓋纏〕를 씻어 버리고 해혜解慧를 가지고 힘쓸 것을 권하시고, 어리석음을 버리고

34 왕균(481~549)은 『양서』 33, 『남사』 22 참조. 조부는 왕승건王僧虔, 부친은 왕급王楫이다. 보지寶誌 화상의 비문을 썼고, 성盛 법사·약約 법사에게 보낸 편지가 『광홍명집』 28에 수록되어 있다. 불자와의 교류도 많았고, 자신은 보살계 제자로서 법명은 혜거慧炬라 칭하였다.

인수仁壽의 경지에 열중하게 합니다. 참으로 위대한 천자이며 반야바라밀에 뛰어난 분입니다. 저는 대대로 불법을 받들고 집에서 가르침을 전하고 있습니다만 학식이 얕고 수행이 적어 아직 번뇌가 많습니다. 이미 폐하의 가르침을 받고 인도함을 들었으니 한 소리〔一音〕를 얻어 알아서 온갖 선을 함께할 수가 있는 것입니다. 기쁨의 마음은 비할 데가 없습니다.

제자 왕균 합장.

39) 창부랑倉部郎 손읍孫挹 답

영광스럽게도 보내 주신 「칙답신하심신멸론」을 보았습니다. 엎드려 받고 나니 기쁨을 금치 못하겠습니다. 무릇 강과 바다가 깊고 넓은 것은 우물 안의 개구리가 깨달을 바가 아닌 것이니, 조용하게 선정에 드는 것은 외도의 사람이 이룰 수 있겠습니까? 한 올의 털도 움직이지 않고서도 사악한 무리들이 물러나고, 배를 타고 물을 건넜으니 피안에 오른 것과 같습니다. 폐하께서는 옥체에 이의二儀를 쌓고 덕은 3대代를 겸하셨으며, 영기靈機를 잡고 길을 다하고, 상지上智를 잡아 백성을 조화시킵니다. 호령號令을 내리면 바람이 불고 풀이 쓰러지는 것 같은 상태가 되며, 조회朝會하여 조용히 있으면 신과 같은 가르침이 움직입니다. 오제五帝를 높여서 똑같이 행하고 만겁을 초월하여 그 방법이 영원합니다. 더욱이 금성金聲을 흔들어 지도하고, 묘사妙思를 버려서 몽매한 사람을 부릴 수도 없는 보주와 같게 하여 연꽃과 같이 더러움이 없습니다. 효경孝敬이 백성들을 감싸고, 훈범訓範이 선성先聖에 빛나며, 기어다니는 벌레들도 같이 이 기쁨을 알고, 날아다니는 새들도 함께 기쁨에 젖어 있습니다. 편지가 말석의 자리에까지 미치어 영광으로 생각하는 바입니다. 삼가하여 받고 큰 띠에 쓰니, 영구히 미혹을 열어 주시기 바랍니다.

제자 손읍 합장.

40) 단양승丹陽丞 소진소蕭眕素 답

편지를 받고 아울러 「칙답신하심신멸론」도 배견拜見하였습니다. 성性과 천도天道는 입으로 말할 수 있는 계통의 것은 아닙니다. 저는 좀처럼 만나기 어려운 행운을 만나서 고맙게도 폐하의 가르침을 받았습니다. 발아래 엎드려 받고 그 고마움을 마음에 새깁니다. 제가 생각하는 바로는 신도神道는 심오하고 조용하며 불법의 바다는 끝이 없습니다. 그러므로 지혜를 짚더미처럼 쌓아 올려도 헤아려 알 수 없으며, 색진色塵을 이해한다고 하더라도 여전히 어둡습니다. 어떻게 범부로서 바라볼 수가 있겠습니까? 그러나 부처님의 혜운惠雲이 동방에 전해지고, 보주寶舟가 남쪽을 건너와서 세월이 오래되고 법음도 넓어졌습니다. 명군明君이나 훌륭한 신하가 세상에 불교를 잘 신앙하였습니다만 스스로 그 깊은 근원〔玄源〕을 파악하고 묘극妙極을 몸으로 체험하는 사람이 있다는 말은 아직 듣지 못했습니다. 그래서 2제諦・8해탈解脫 등은 천자의 말씀에 보이지 않고, 9부部・3명明은 국학國學에서 버림을 받았습니다. 얼마나 한탄스러운 일입니까? 「신멸론」의 기원을 살펴보니, 사람은 우루가優樓迦[35]에서 시작되고, 그 경전은 『위세경衛世經』이라 이름하고 있습니다. 그 이론은 제바보살에게 파척되었지만[36] 그

35 승론학파의 시조. 위세衛世는 인도 육파철학의 하나이다. 승론학파라고 불리며, 그 경전 *vaisesika*를 『위세경衛世經』이라고 한다.

36 『백론』 상권, 「파신품破神品」 참조.

영향은 아직 멈추지 않았습니다. 그리하여 온갖 의심과 이단들이 생겨나도록 하고 있습니다. 만일 선각자의 가르침을 받지 않는다면 반드시 후세의 사람에게까지 누를 끼칠 것입니다.

폐하의 가르침은 천하를 구제하고, 마음 씀씀이는 구석구석까지 비추고 있습니다. 백호관白虎觀과 용궁龍宮[37]을 겸해 보시고 지덕(至德 : 유교)과 실상(實相 : 불교)으로써 똑같이 이끌어 주셨습니다. 그러므로 세속의 가르침에 맞추면서 깨달음의 도를 밝히고 효행孝行의 도를 취하면서 깨달음의 가르침을 넓히셨습니다. 어리석음에 빛을 비추고 의심을 없게 하여 주셨습니다. 석가의 유연한 설법이나 공자의 박식한 가르침도 비교되지 않습니다. 참으로 우뚝하여 벌써 선업을 이루셨으니, 금륜성왕이 어찌 멀겠습니까?

법운 법사는 공空의 지혜를 천부적으로 지니고 이 세상에서 많은 것을 익혔습니다. 법륜을 굴리면 팔부중이 구름처럼 모이고, 미묘한 말로써 설법하시면 천인들도 받아들였습니다. 그러므로 법사는 계율의 향〔戒香〕을 궁중에 퍼뜨리고 깨달음의 꽃〔覺花〕을 천자의 어전에 장식했습니다. 참으로 부처님의 목소리를 모든 사람이 들을 수 있게 하였습니다.

제자는 불경도 모르고, 또한 공자의 문하에도 이르지 못하였습니다. 가르침을 듣고 싶다고 생각하면서 인연이 엷어 이루지 못함을 부끄럽게 생각하는 바입니다. 무진의 불법이 사람들과 저에게 도움을 줄 것을 바랄 뿐입니다. 저는 병이 들고, 마음은 혼란합니다. 삼가 노력하여 편지를 썼지만 쓰는 것이 고작일 뿐 앞뒤가 맞

37 백호관白虎觀은 한나라 때 궁중의 장서루藏書樓를 말하고, 용궁龍宮은 해저에 불경을 숨긴 곳을 말한다.

지 않습니다. 가까운 시일에 찾아뵙고 친히 가르침을 받고자 합니다.

제자 소진소蕭昣素 머리 숙여 합장합니다.

41) 중서랑中書郞 복긍伏暅 답

황송하게도 신하가 「신멸론」을 살핀 것에 대하여 폐하께서 답하여 주신 것을 받았습니다. 심오한 논지를 보고 즉시 많은 의문이 풀렸습니다. 폐하의 마음은 홀로 빛나고 훌륭한 지혜는 현격하게 뛰어나시니, 어리석은 범부들이 찬앙할 바가 아닙니다. 그러나 견식이 좁은 일반 학자에게도 몰래 가르쳐 주실 것을 바라고 있었던 바 지금 또다시 가르침을 받았습니다. 멀리 경전의 뜻을 찾아보면 자로 잰 듯이 정확히 일치하니 꼭 부절을 합하는 것 같습니다.

법사는 훌륭한 이치를 선양하고 성인의 교설을 널리 찬양하였습니다. 그리하여 유교와 불교 두 가르침이 궁극에는 같으며, 진속이 일치하게 되었습니다. 지도하여 주심을 받고 최상의 가르침에 교화되는 행운을 얻었습니다. 말석에서 손뼉을 치고 춤을 추며 기뻐하고 있습니다. 가까운 시일에 찾아뵙기를 기다리며 진심을 다하려고 생각합니다. 편지를 내려 주셔서 기쁘고 감사하여 몸 둘 바를 모르겠습니다.

복긍이 드립니다.

42) 오경박사五經博士 하창賀瑒 답

황송하게도 보내 주신 「칙답신하심신멸론」을 받았습니다. 되풀이하여 몇 번이고 독송하며 연구하였습니다. 그리하여 천자의 지혜는 근원을 잡고 그 덕은 범부를 넘어서며, 신령은 계표繫表에 엉기고 이치는 범부의 마음을 초월하고 있는 것을 알게 되었습니다. 폐하의 훌륭한 견식은 성性과 천도에 깊이 도달하고 있습니다. 그러므로 근기와 견해는 빼어나고 깨달음은 매우 심오하시어 삼성三聖을 조술하여 우매한 사람들을 인도하고 두 가지를 나타내어 편협한 미혹을 씻어 주었습니다. 그러므로 효도의 뜻(유교)은 더욱 분명해졌으며, 인과의 가르침(불교)은 더욱 선양되었습니다. 기사굴산에서 설법한 경전이 여기에서 거듭 밝혀지고, 수수洙水에서 편 가르침이 여기에서 다시 밝아졌습니다. 해와 달에 비유하더라도 이 이상 뛰어난 덕이 없다고 할 것입니다. 제자는 비록 우매한 사람이지만 감사하게도 가르침을 받고 심오한 취지를 연구하여 매우 기뻐하고 있습니다.

법운 법사는 지극한 도를 선양하고 큰 가르침을 빛나게 하였습니다. 저같이 보잘것없는 사람에게도 편지를 내려 주셔서 더욱더 감명을 깊이 받았습니다.

제자 하창이 드립니다.

43) 태자중사인太子中舍人 유흡劉洽 답

황송하게도 편지를 받고 「칙지소답신하심신멸론」을 삼가 보았습니다. 엎드려 편지를 읽고 심오한 가르침을 우러러보니, 문장은 소하韶夏의 음악처럼 정연하고, 내용은 『주역』의 효와 계사를 생각나게 합니다. 경전을 남김없이 잡아내고 모든 저술을 한 묶음으로 하였습니다. 바른 가르침을 넓히고 이것을 글로써 나타내시었습니다. 도리는 보고 듣는 것을 넘어서 탁월하니 쉽게 들을 수 있는 것이 아닙니다. 그런데 폐하는 현성의 가르침을 짐작하고, 미묘한 논리도 분명히 하였습니다. 내외의 길에 겸하여 통하고, 말은 천상과 인간의 세계에 뻗치고 있습니다. 이러한 지덕을 몸에 지니고 사려가 신과 합치하는 사람이 아니라면, 결코 도의 요점을 밝힐 수 없으며 도저히 사람의 머리로는 미칠 바가 아닙니다. 삼가 이것을 큰 띠에 써서 언제까지나 몸에 지니겠습니다. 깨우침을 입으니 보자기를 벗긴 듯이 밝아졌습니다. 가까운 시일에 찾아뵙고 불교에 대한 공부를 할 수 있게 되기를 바랍니다.

제자 유흡 머리 숙여 올립니다.

44) 오경박사五經博士 엄식지嚴植之 답

황공하옵게도 보내 주신 「칙지답신하심신멸론」을 삼가 보았습니다. 원래 형체는 조잡한 것이지만 가끔 미세한 것은 살피기 어렵습니다. 하물며 정신의 이치는 정밀한데 어찌 미혹한 사람이 밝힐 수 있겠습니까? 그러므로 단견이나 상견의 차이가 일어나며, 같다느니 다르다느니 하며 다툼이 생기는 것입니다. 만일 중도를 마음 깊이 새겨 두면, 욕심으로 흐르던 사람도 돌이킬 수 있습니다. 양 극단에 마음을 빼앗겨 버리면 언제까지라도 피안에 건널 수는 없는 것입니다. 혼이 멸한다는 논의는 이러한 폐단이 무겁습니다.

우러러보건대 폐하께서 지극한 가르침을 의지하여 여기서 신멸에 관한 조칙을 내시니, 구름이 걷어지는 것처럼 밝아졌습니다. 다만 훈전訓典에 합치하고 효행의 뜻을 넓혔을 뿐만 아니라, 생명의 근원〔生源〕을 깨달으시고 행의 근본을 깊이 다하고 계신 것입니다. 이를 지키는 덕성과 서리를 밟는 마음을 깊이 간직하고 더욱 두텁게 마음을 연구하며 선정의 즐거움을 의지하여 더욱더 격려하겠습니다. 모든 사람이 확고부동한 마음〔法忍〕을 지혜의 길에서 배워서 미혹의 바다로 흘러 들어가는 것을 돌이켜야 할 것입니다.

제자는 벌써부터 도를 구하고 있었습니다만 아직 피안으로 건너가는 법을 모르고 있었습니다. 글을 읽고 즐거워서 기쁨이 온몸에 넘칩니다. 황송하게도 격려의 편지를 받고 다만 깊은 은혜로 받들겠습니다.

엄식지 드림.

45) 동궁사인東宮舍人 조사문曹思文 답

황송하게도 칙서를 보내 주셨습니다. 제자는 얼마 전 이 뜻을 받들어 읽었습니다. 범중서范中書는 혼이 멸한다고 이처럼 미혹되어서 참으로 유감스럽게 생각합니다. 폐하는 서민들이 미혹에 빠질까 심히 우려하시어 일부러 치우치지 않도록 조서를 내려 주셨습니다. 이 취지가 한 번 행하여지면, 우둔한 사람이라도 혼은 불멸이라는 것을 알 수 있을 것입니다.

제자는 최근 주공과 공자의 가르침에 따라 범진을 힐난했습니다.[38] 지금 그것을 여기에 동봉합니다. 아무쪼록 저를 위하여 이것을 일독해 보시고, 경전에 틀려 있는 곳을 파척하여 주십시오. 속전束展이기 때문에 많은 말씀은 드리지 못하겠습니다.

제자 조사문 합장.

46) 비서승秘書丞 사거謝擧 답

영광스럽게도 보내 주신 「칙답신하심신멸론」을 받아 보았습니

---

38 『홍명집』 9 「난범중서신멸론難范中書神滅論」과 「중난범중서신멸론重難范中書神滅論」.

다. 옛말에 "만물이 혼란하면 이것을 일월에 비교하여 비추고, 온갖 말이 난무하면 성리聖理에 따라서 푼다"고 하였습니다. 옛일에 비추어 보면 여기에 명백히 나타납니다.

생각하건대 폐하는 밝은 가르침을 글로써 내려 주셨습니다. 그 뜻은 도주陶鑄[39]를 깊이 하였으니, 칭상稱象을 이해하는 데에 최선을 다하는 것이 아니면 속 깊은 지극히 은미한 것을 누가 알 수 있겠습니까? 폐하의 말씀은 지극한 것이며, 여러 가지의 본질에 최선을 다하고 있습니다. 6폐蔽[40]에 빠지는 것을 불쌍히 여기고, 4집執[41]에 사로잡히는 것을 슬퍼하여서 보잘것없는 말이 도를 어지럽히는 것을 물리치고, 샛길[42]로 나가는 사람을 큰 길로 이끌어 주셨습니다. 취지는 분방하면서도 은밀하고, 의의는 완곡하면서도 분명합니다. 박학과 검약이 함께 넓혀지고 광대하여 모든 것이 갖추어져 있습니다. 한마디 반 구절에 깊은 깨달음이 엿보이며, 지혜의 바른 물은 범속의 미혹함을 씻어 줍니다. 이리하여 도의 근원은 귀결점을 갖고, 교사教思는 장소를 갖습니다. 이단은 스스로 막히고 사설邪說은 스스로 없어집니다. 문자가 만들어지기 이전의 경지에서 진리를 이루고 고苦의 바다에 선정의 물줄기를 이끌었습니다. 이것은 결코 불교의 삼장을 속에 거두고 외전의 칠적七籍[43]을 감싸려는 것만은 아닙니다. 저는 다행히도 좋은 세상에 태어나서 조용히 바른 인도를 받을 수 있었습니다. 가르침을 받고

39 도공陶工이 옹기를 만들고, 단공鍛工이 금속을 녹여 부어 그릇을 만든다는 뜻으로, 인재를 양성함을 이르는 말이다.

40 『논어』「양화陽貨」 참조.

41 유有·무無·비유비무非有非無·역유역무亦有亦無를 말하는 것이다.

42 『노자』 53. 대도가 있음에도 불구하고 많은 사람들은 샛길을 좋아한다는 것.

43 『시』·『서』·『예』·『악』·『역』·『춘추』·『논어』를 7경經이라 한다.

기쁨에 넘쳐 삼가 큰 띠에 기록하여 받들겠습니다.

사거는 올립니다.

47) 사농경司農卿 마원화馬元和 답

황송하옵게도 나누어 주신 「칙지수답신하심신멸론敕旨垂答臣下審神滅論」을 받아 보았습니다. 제가 듣기로는 기틀〔機〕을 나타내는 뜻은 범부들이 알 수 있는 것이 아니고, 정신에 부합하는 가르침은 오직 인자仁者만이 최선을 다하는 것이라고 합니다. 그러므로 많은 가르침이 떠돌고 있으나 그 이치는 선을 돈독히 하는 데 있고, 여러 가지 경전에서 자세히 설명하고 있지만, 그 일은 구제하는 것에서 다하는 것입니다.

엎드려 생각하오니 폐하께서는 하늘에 앞서 중생들을 만들고, 도를 체득하여 교화를 행하고 계십니다. 이치는 말을 초월하고 생각은 형상 밖의 세계까지도 감싸고 있으십니다. 이단을 막고 인도하여 하나로 돌아가게 하십니다. 모든 중생들이 으뜸이심을 알고 사람도 하늘도 우러러보고 있습니다. 참으로 큰 바다를 건너는 배이시며, 어두운 하늘의 해와 달이십니다.

「신멸론」은 참으로 납득이 안 되는 것입니다. 왜냐하면 지금까지 성인들이 가르침을 편 것은 억누르든가 당기든가 하여 같지 않으나 종합하여 말한다면 이치는 실로 둘이 없는 것입니다. 『주역』에 "선을 쌓는 집에는 반드시 여분의 복이 있고, 악을 쌓는 집에는 반드시 여분의 재앙이 있다"[44]고 말하고 있습니다. 『효경』에는 "살아 계실 때에 어버이로서 편안히 해 드리고 제사를 지낼 때에는

44 『주역』 「곤괘」 문언.

귀신으로서 공양한다"[45]고 말하고 있습니다. 아직 분명하게 3세를 말하고 있지는 않습니다만 그 뜻은 이미 나타나 있습니다.

장작이 다 타면 불이 꺼지듯이 혼도 없어진다고 말하는 것은 소승의 임시의 가르침〔權敎〕이며, 고요하게 묘유로써 있음을 말하는 것은 구경究竟의 통달한 설법입니다. 인정에 따르면서 이치에 가깝게 하고 있으면 그 이치는 참으로 의지할 수 있습니다. 그 위에 어버이를 공손히 장사지내고 선조를 모셔 나가면 인민의 덕도 두터워질 것입니다. 나라나 집안이 대대로 이어지는 것은 이것에 의하는 것입니다. 천・지・인의 3재에는 여러 가지 변동이 있으나 혼은 없어지는 것이라는 이론은 정치를 해롭게 하는 일이 상당히 많을 것입니다. 성인을 비방하는 사람에게는 법이 없으며, 효를 비방하는 사람에게는 어버이가 없습니다. 이 두 가지 모두가 틀려 있으면 성세聖世에는 통할 수 없는 것입니다. 저는 용렬하여 지극한 도에는 어두운데도 외람되게 글을 받았습니다. 얕은 학식으로 은혜를 입으니 참으로 죄송하며 몸 둘 바를 모르겠습니다.

제자 마원화 합장.

48) 공론랑公論郞 왕정王靖 답

신하가 「신멸론」을 살핀 것에 대하여 성지聖旨를 내리신 것을 잘 받아 보았습니다. 생각건대 폐하께서는 조정에서 정치를 하시지만 마음은 만고에 다니시며 하루라도 헛되이 보내시는 일이 없고, 도는 옛날의 천자들보다 훌륭하십니다. 이에 신하에게 물어보고 효의 의의를 넓히셨습니다. 폐하의 지혜는 심오하고 오묘하여

45 『효경』 「효치장孝治章」.

묘한 이치를 깊이 궁구하셨습니다. 총명하고도 근엄하여 해와 같고 구름 같은 군주가 아니라면 어찌 심오하고도 은미한 것을 판단하여 아름다운 글로써 밝힐 수 있겠습니까? 대성의 가르침을 잠깐 사이에 밝히고 세속의 의심을 빠르게 결정하시는 것은 그 이치가 폐하의 마음을 헤아릴 뿐만 아니라 그 뜻이 신하에게 절실하였기 때문입니다. 화순和順한 바람이 불고 있는 나라, 잘 갖춰진 소박한 풍속이 있는 곳에서는 은혜를 입고 훌륭한 덕풍德風에 젖지 않은 사람이 없습니다.

저는 시골[江淮] 사람으로 배운 것도, 기술도 없습니다. 북면北面하여 스승을 따라 배웠다고는 하지만 하나의 경전에도 통함이 없으니, 가령 옛날 성전을 기억해도 비슷하기나 하겠습니까? 5경經은 매우 복잡하고 현상들은 너무도 많습니다. 혼이라는 것도 그 뜻은 여러 가지입니다만 종묘의 금석사죽金石絲竹의 음악의 일이나 주공周公 단旦이 무왕武王을 대신하여 귀신에게 맹세한 일[46] 등이 어찌 폐하의 뜻이 아니겠습니까? 더욱이 제사지내는 뜻으로써 논한다면 더욱 확실한 근거가 됩니다. 만일 혼이 없다고 한다면 성인도 또한 없는 것이 될 것입니다. 성인이 있는 것이라고 한다면 당연히 혼도 존재해야 할 것입니다. 혼의 이치는 명명백백합니다. 어째서 무에 돌아간다는 것이 용납되겠습니까?

저는 용렬하고 견식이 얕기 때문에 폐하의 은택을 선양하는 일은 잘 못하지만 물어보셨기 때문에 소견을 말씀드리는 것입니다.

제자 왕정 합장.

---

46 『서경』「금등金縢」.

49) 산기시랑 육임陸任과 태자중사 육수陸倕 답

영광스럽게도 보내 주신 폐하의 「답신하심신멸론」을 보았습니다. 옛날 여러 학설이 길을 다툴 때에 맹자는 주공의 법을 들어 올렸습니다. 소승의 무리가 불도를 어지럽혔을 때 용수는 석가의 바른 가르침을 밝혔습니다. 이에 양자楊子나 묵자墨子의 무리는 혀와 입이 굳어지고, 육사 외도의 무리는 바퀴자국을 흩트리고 깃발을 내렸습니다.

혼이 멸한다고 말하는 사람은 학문이 편벽하고 완고하다고 말하지 않을 수 없습니다. 그것은 길을 남쪽으로 잡고 북쪽의 제비를 구하는 것이며, 수레를 북으로 돌린 채 남쪽의 초나라로 향하는 것입니다. 이러한 길을 가면 갈수록 목적지는 멀어집니다.

폐하께서는 이 길에 미혹되는 사람들을 불쌍히 여겨서 문장으로 깊은 뜻을 나타내 보이시고 먼 데까지 이르게 하며 교화를 다하여 영묘한 혼을 알게 하셨습니다. 몽매한 사람에게도 똑같이 얼음 녹듯이 의심을 없애고 중요한 길을 말씀하시어 달에 비추듯이 하셨습니다.

저희들은 견식이 얕은 자들로서 은택을 받아 천명을 본받아서 세상을 섬기고, 옛것을 규범에 맞추어서 삼가 들을 수가 있었습니다. 다행히도 인도하여 주시는 감명에 더 한층 기뻐하는 바입니다. 고맙게도 보여 주심을 받고 삼가 큰 띠에 적어 두겠습니다.

육임·육수 올립니다.

50) 영군사마領軍司馬 왕승노王僧怒 답

영광스럽게도 보내 주신 「칙지답신하심신멸론」을 받아 보았습니다. 참으로 그 이치가 위대하였습니다. 이는 참으로 좁은 소견으로 볼 수 있거나 성性을 말하는 사람들이 알 수 있는 것이 아닙니다. 그러나 하나하나 부류를 따라서 설명하여 주시니, 저절로 몽매함이 풀립니다. 받들어 보고 순서를 따라 읽었습니다.

법사의 덕은 당금에 훌륭하고, 명성은 만고에 드러납니다. 하나를 들으면 열을 안다는 용기로 북돋아 주는 말씀을 항상 하시고, 계발하는 말씀으로 반드시 답하고 있습니다. 틀림없이 폐하의 논지를 넓혀서 미혹의 구름을 걷어 치울 것입니다.

저는 학문과 노력이 부족하고 견식도 통달하지 못하였으니, 어찌 큰 빛을 칭찬하여 받들고 묘한 궤범을 선양할 수 있겠습니까? 그러나 논자는 하나의 미혹에 집착하고 하나의 길만 따르니, 진실로 대방大方을 말할 수 없는데, 어찌 먼 길을 가는 데 반드시 진흙에 막힌다는 것을 알겠습니까? 삶과 죽음의 이치는 명백하여서 틀리지 않는 것입니다. 인과는 서로 일어나서 고립하는 논리는 아닙니다. 모양이 없어지면 스스로 초목의 무리가 되지만 혼은 항상 연에 따라 존재합니다. 그러므로 『좌전』에서는 팽생彭生이 돼지가 되어 나타나고 있으며,[47] 『상서尙書』에는 "조상의 혼이 내려온다"[48]고 씌어 있으며, 『주례周禮』에도 "만일 아홉 번 연수하면 인귀人鬼를 예우할 수 있다"[49]고 말하고 있습니다. 또 풀을 묶어 은혜를 갚았으니[50] 어째서 혼이 멸하였겠으며, 원규元規가 꿈[51]을 꾸었으니 어째서 신이 없을 수 있겠습니까? 신명이 멸하지 않는다는 것은

47 『좌전』「환공桓公」18년, 「장공莊公」4년.

48 『서경』「우서虞書」익직益稷.

49 『주례』「춘관春官」대사악大司樂.

50 『좌전』「선공宣公」15년.

51 『장자』「외물外物」에 나오는 고사. 송나라 원군元君의 꿈에 신령한 거북이 나타나 그물에 걸려 위급함을 알린 것.

경전에 기록되어 있고, 공자가 말한 것은 그 증거가 더욱 많습니다. 『노자』는 5천 자, 시는 3백 편이 있습니다만 그 이치를 얻으면 한마디로 전체를 다하게 합니다. 그러므로 많은 증거를 구하는 고생은 안 해도 좋을 것입니다. 무릇 공자・노자・부처님의 세 성인은 훌륭한 가르침이 있고, 백가는 이미 큰 이론을 만들었습니다만, 지금도 역시 어리석은 사람들이 온갖 논리를 만들면서 공격하고 있습니다. 지금 폐하는 본체로써 그윽하고 심오한 경지를 비추고, 견식을 가지고 내외의 가르침을 통찰하고 있습니다.

앞선 성인들은 세월이 오래전이므로 이단이 망령되게 일어나니, 이에 분연히 일어나 편지를 내려 주셨습니다. 이리하여 일천제一闡提가 한 번에 깨달아 불과를 얻고 염부제의 미혹도 깨끗이 씻겼습니다. 하물며 유생들이 받는 이익은 이로써 점점 크게 될 것입니다. 저는 체계도 없이 도를 맛보았습니다만 법사는 조금 나누어 줄 것을 허락해 주시어 폐하의 말씀을 듣게 되어 청풍淸風의 은혜를 입게 해 주셨습니다. 춤을 출 정도로 기쁜 마음은 비할 데가 없습니다. 다만 두터운 은혜에 감사할 뿐입니다.

제자 왕승노 머리 숙여 합장합니다.

51) 오경박사 명산빈明山賓 답

황송하게도 보내 주신 「칙지답신하심신멸론」을 받아 보았습니다. 그 근원은 깊고 나아가는 곳은 머니, 어찌 어리석은 사람들〔塵兎〕이 알 수 있겠습니까? 그러나 근기에 따라서 나름대로 해석하다 보면 혹은 각자가 받아 보게 된 것을 기뻐할 것입니다. 겸손하게 받들어 살피니 기쁘기 한량없습니다.

법사의 학문은 일세에 뛰어나고 도는 천 년의 세월에 맞습니다.

저를 계발시켜 주는 설로서 훌륭한 덕에 기초하고 있습니다. 생각해 보면 폐하의 논지를 넓게 하여 남는 곳이 없을 것입니다. 저는 학문도 낮고 지혜도 좁으니, 어찌 심오한 도를 받들어서 그 가르침을 넓히고 받들 수 있겠습니까? 논자가 보고 듣는 것에만 국한되면 어찌 넓고 먼 곳에 이르겠습니까? 눈으로 보는 곳은 백 년뿐이고, 마음은 3세에 미혹되어 있으니, 몸이 없어지면 혼귀도 함께 없어진다고 합니다. 이것은 불전에도 틀릴 뿐 아니라 유교에도 거슬리는 것입니다. 어떻게 함께 지극한 도를 논하고 묘한 이치를 말할 수 있겠습니까? 현세에는 예악이 있고, 유계에는 신귀가 있습니다. 따라서 공자는 가르침을 내릴 때 지사知死로써 계로季路의 물음에 답하였고,[52] 문왕은 다재多才로써 죽음을 대신하였습니다.[53] 『시경』에는 "삼후三后는 하늘에 있다"[54]고 하고, 『상서尙書』에서는 "조상의 혼이 내려온다"고 말하며, 또 호상湖上의 영화인 장자는 「방생론方生論」을 지었고,[55] 주하柱下의 예철叡哲이었던 노자[56]는 "그 귀신은 신이 아니다"라고 말했습니다. 장작 때문에 불은 전해지고[57] 팔을 끼고 다니더라도 삶이 떠난다[58]고 합니다. 이런 일은 모든 고전에서 말하고 있어 확실하고 명백한 일입니다. 연은 임시적인 것이므로 없어지고, 업은 짓는 것이므로 무상한 것입니다.

52 『논어』「선진先進」.
53 『서경』「금등金縢」.
54 『시경』「대아大雅」'문왕文王'.
55 『장자』「제물론」.
56 『한서漢書』「장탕전張湯傳」.
57 『장자』「양생주養生主」.
58 『장자』「전자방田子方」.

그러므로 5음은 합하여서 이루어졌다가 연기가 사라지는 것처럼 없어지고, 4미微는 임시로 맞추어 놓아도 반드시 불이 꺼지는 것처럼 사라지고 맙니다. 조용히 생각하여 보면 신명의 도리는 업業도 아니고 연緣도 아닙니다. 업도 아니고 연도 아니기 때문에 옮기는 일은 있어도 없어지지는 않습니다. 능히 연과 업을 짓기 때문에 고락의 보응이 다른 것입니다. 이것은 석존의 묘한 가르침이며, 지식인들이 우러러보는 것입니다. 가르침에 다른 방법이 있다고 하더라도 도리는 하나로 환원됩니다. 지금 주공이나 공자의 바른 글을 버리고 석가의 참된 설에 등지고 있으니, 이래서는 어떻게 될 것인지 알 수가 없습니다. 정법이 세상에 행하여지고 있을 때조차 단견·상견의 설이 있었습니다. 하물며 상법에 들어선 이 시대에 있어서 이단의 논이 없을 리가 없습니다. 혼이 있으며 없어지지 않는다는 것은 세 성인이 방향을 같이하는 바입니다. 전적典籍에 분명하게 나타나 있는 것이지만 너무나 많은 세월이 지났기 때문에 훌륭한 유학자나 석학들도 모두 만나지 못한 것뿐입니다.

폐하의 지혜는 공空과 유有에 두루 미치고, 지혜의 작용은 혼의 근원까지 비추고 있습니다. 이에 생각을 내어서 스스로 편지를 쓰셨습니다. 그리하여 지극한 가르침을 널리 펴서 미혹함이 무거운 사람들을 깨우치시고, 배우는 사람들로 하여금 영영 의혹을 없애도록 하셨습니다. 생각지도 않았는데 널리 생각해 주심을 입었습니다. 가르침을 맛보게 하여 주셔서 목욕 정대頂戴하고 참으로 기뻐하고 있습니다.

명산빈 합장.

52) 통직랑通直郎 유금루庾黔婁 답

『효경』에 "살아서는 어버이를 편안케 하고 제사를 모시면 귀신으로 대접한다"[59]고 하였다. 「악기樂記」[60]에 "살아서는 예악이 있고 죽어서는 귀신이 있다" 하였다. 『시경』에 "엄숙히 조화되어 울리니, 선조가 듣는다"[61]고 하였다. 「주관周官 종백직宗伯職」에 말하기를, "아홉 번 연주하면, 인귀人鬼를 예우할 수 있다"고 하였다. 「제의祭儀」에 말하기를, "집에 들어갈 때 한숨을 쉬면 반드시 탄식의 소리를 듣는다"[62]고 하였다. 『상서』에 말하기를, "만일 삼왕三王에게 비자丕子의 책임이 있다면……"이라고 하였다. 『좌전左傳』에서 말하기를, "곤어鯀魚가 신화神化하면 황능黃能이 된다,"[63] "백유伯有는 요절하고,"[64] "팽생彭生이 돼지가 되었다"고 하였다.

제자는 이 백 년의 세상에 태어나서 일찍이 3세의 일을 듣고 여러 경전을 살펴서 여러 가지로 고실故實을 구해 왔습니다. 신귀神鬼에 대해서는 이미 중국의 서적에 그 증거가 있고, 보리과에 대해서는 또 서전의 가르침에 나타나 있습니다. 성인의 가르침은 성령性靈이 없어지는 일이 없다는 점에서 꼭 들어맞으며, 표현 방법이 다를 수는 있어도 그 근본은 하나입니다. 다만 성인의 교화 방법은 중생에 따라 감응하기 때문에 필요에 따라서 억양抑揚이 있고, 여탈與奪은 근기에 따라 다른 것입니다. 잘 알지 못하는 것은 말하지 않고, 말을 하면 반드시 실행할 수 있어야 합니다. 적당하지 않

59 『효경』 「효치장孝治章」.
60 『예기』의 편명이다.
61 『시경』 「주송周頌」.
62 『예기』 「제의祭義」.
63 『좌전』 「소공昭公」 7년.
64 『좌전』 「양공襄公」 30년.

을 때에는 감응하지 않고 감응하면, 오로지 중생을 제도합니다. 그러나 중생의 업보가 다르기 때문에 취하고 버리는 차이가 나뉘고, 가고 오는 연緣이 모여 미혹에 빠지거나 깨닫게 되는 실정이 달라지는 것입니다. 조그만 지식을 쌓은 사람은 이 커다란 가르침에 어둡고, 직접 보고 들은 것에 구애되는 사람은 은미한 것을 분별할 수가 없는 것입니다. 이것은 느릅나무에 오르는 매미나 비둘기가 9만 리를 날아가는 대붕을 비웃는 것과 같은 것이며,[65] 적현赤縣이라 불리는 중국이 대천세계에 대해 놀라는 것과 같으니, 진실로 당연한 것입니다. 이러한 무리는 억지되는 말로 궤변을 늘어놓아 거짓을 말하고, 이단들을 선동합니다. 이런 것을 이단이라고 말하니, 본래 공자가 해로운 것이라고 지정했던 것입니다.

폐하께서는 삼황三皇・오제五帝의 뒤를 이어 정무에 임하시고, 또한 불제자인 7백 현성의 가르침을 이어받아 육변六辯[66]을 다스렸습니다. 그 공적은 숫자로 셀 수 없으며, 그 가르침의 도는 참으로 순수합니다. 천지에 버금가는 덕이나 일월에 비견되는 총명은 지금까지 천자들도 밝지 못했던 것이며, 많은 성인들도 갖추지 못한 점입니다. 이는 모든 중생들에게 통해야 할 것이며, 장래에 반드시 도달해야 하는 것이니, 현묘한 파도를 늘려 넓혀서 심오한 가르침에 도달하지 않는 사람이 없습니다. 엎드려 글을 삼가 보니 넓게 진과 속을 감싸고 3재가 분명하며, 구복九服[67]의 사람들도 모

65 『장자』「소요유逍遙遊」.

66 『장자』「소요유」에서 말하는 천・지・춘・하・추・동의 여섯 개의 기, 혹은 음・양・풍・우・회・명의 여섯 개의 기라고도 말해진다. 천지자연의 대기, 자연계를 말한다.

67 『주례周禮』「하관夏官」 직방씨職方氏에 나오는 말로 왕의 교화가 미치는 영역을 아홉 지역으로 구분한 것이다.

두 이것으로 마음을 옮깁니다. 꿈틀거리는 미물조차 기뻐서 춤추는데, 하물며 사람으로서 누가 손뼉을 치고 기뻐하지 않겠습니까?

저는 젊을 때부터 학문에 전념하는 것을 소홀히 하여 여러 가지 도리에 부족한 사람입니다만, 지금 금년의 바람이 이루어져서 춤출 듯이 기뻐하고 있습니다. 제자백가의 광대함에 이르러서는 그 말한 것이 많고, 신령이나 귀신을 찾는 것에 대해 확실한 증거가 하나만이 아닙니다. 더욱이 반야의 경전은 본래 이 혼은 불멸이라는 의미를 밝히고 있습니다만, 사람을 미혹시키는 무리들이 배척하고 있기 때문에 거기에서 인용하지 않았습니다. 믿는 말이 아니라면 어떻게 바른 것을 지적하겠습니까? 간략하게 일곱 조목을 들었는데, 모두 경서를 인용하였습니다. 오악五嶽에 붙어 있는 가을의 터럭과 같고, 육군六軍에 붙어 있는 달팽이와 같은 저입니다. 감히 약간의 말로써 피력하려니, 송구스러움에 식은땀을 흘리는 바입니다.

제자 유금루 합장.

53) 태자가령太子家令 은균殷鈞 답

요사이 편지를 받고 폐하께서 신하가 「신멸론」을 살핀 것에 대하여 답하신 것을 보았습니다. 성性과 천도天道는 진실로 능히 들을 수 있는 것이 아닙니다. 폐하께서 2제諦를 합하여 세 성인을 함께 밝히시며, 간단한 말로써 묘한 뜻을 말하고, 반자半字로써 영묘한 것을 나타낸 것입니다. 말은 오례지중五禮之中[68]을 가르치면서 논지는 육합六合의 바깥[69]을 포함하고 있습니다. 비유컨대 강과 바

68 『주례周禮』「대사도大司徒」.

다가 땅을 통하고, 해와 달이 하늘에 나는 것과 같은 것입니다. 삼가 받들어 읽고 나니, 기쁨에 겨워 몸과 마음이 경사스럽습니다. 왜냐하면 저는 일찍이 심오한 교화에 귀의하고 나이가 들어서도 불교를 따르는 그 마음은 변하지 않았습니다만 식업이 미숙한 나머지 도중에 되돌아갈까 항상 두려워하고 있기 때문입니다. 단정히 앉아 생각을 조용히 하면 마음은 여기저기 돌아다녀 안정이 안되고, 또 말을 하며 의논하면 말 잘하는 사람에게 굴복되고 맙니다. 무릇 대도는 매우 큰데도 민중이 샛길을 좋아하는 것은 모두 이러한 이유 때문입니다.

지금 과분하게 신묘한 글을 받고 보니 뚜껑을 연 듯 밝아졌습니다. 항상 몸에 지니고 독송하여 언제까지나 몸의 보배로 삼겠습니다. 며칠 공사의 일에 쫓겨다녔더니 갑자기 앓아눕게 되어 즉시 답장을 올릴 수가 없었습니다. 더욱더 깊은 은혜를 입었습니다.

은균 합장.

54) 비서랑秘書郞 장면張緬 답

생각하건대 3세의 인과법은 확실하고 선악의 두 과보도 밝게 나타나고 있습니다. 어찌하여 육진에 미혹되어 깨닫지 못하고 오도에 미혹되어 오랫동안 빠져 있을 수 있습니까? 생각해 보면 몸이 없어지면 혼이 없어지고, 신체가 없어지면 식識도 썩는다는 것은 외도의 사견입니다. 어떻게 석존의 정법을 상대할 수 있겠습니까? 말하자면 한 무리의 병졸을 가볍게 세워 당당한 군대와 대적하고, 갑자기 둔한 말을 몰아 준마와 함께 달리는 것과 같다고 하겠습니

---

69 『장자』「제물론」.

다. 이것은 장겁長劫이 다하도록 영충領蟲이 되어 버리는 것을 두려워하는 것과 같습니다. 한 몸이 사멸하면 또 한 몸을 받지만 혼은 특정한 것에 머무는 일 없이 사람이나 짐승으로 인연에 따라서 태어납니다. 이것은 『열반경』의 명문明文[70]이고, 『서응경瑞應經』의 고설高說[71]입니다.

폐하께서는 심오한 것을 비추어 내고 심원한 것을 명찰明察하고 있습니다. 양제(兩祭 : 『예기』의 「제의」와 「교특생」)에 비유하여 혼의 불멸을 분명하게 하고, 이단의 망작을 부모에게 배반하는 것이라 했습니다. 그러나 뜻은 팔인八引을 따르지만 이해하기 어렵고, 말은 성性과 천도天道에 비유하니, 듣기 어렵습니다.

저는 젊었을 때 약수弱水에서 놀았고, 하남의 번樊·등鄧의 땅에서 수계하였으며, 백마사의 기期 법사에게 사사하였습니다. 법사는 저를 위해 종종 생사에 대하여 심원한 취지를 말씀하셨고, 또 정신이 영묘한 뜻을 설명해 주셨습니다. 그때부터 마음을 부처님의 정법에 의지하고 의심을 끊을 수 있었습니다. 거기에 지금의 판결을 보게 되니, 마군의 길을 완전히 깨뜨리게 되었습니다. 그저 이 세상에서만 볼 뿐만 아니라 후의 세상에까지도 연을 맺을 것입니다. 단지 귀의하는 것만으로도 조용히 이름을 구하는 데 지나지 않을 것만 같습니다. 과분하게 가르침을 받고 두터운 은혜를 감사히 받겠습니다.

제자 장면 합장.

---

70 『반니원경』 하권.
71 『태자서응본기경』 상권.

55) 오경박사 육련陸璉 답

연은 말씀드립니다. 편지를 받고 「칙답신하심신멸론」을 삼가 보았습니다. 글을 받들어 읽고 나니, 먼지에 더럽혀진 어두운 거울이 밝아진 느낌입니다. 제자는 일족 모두가 삼보를 숭배하여 어렸을 때부터 도의 가르침을 받들어 왔습니다만 참으로 지극한 가르침에 귀의하여도 식識은 불법〔玄津〕에 어두울 뿐입니다.

삼가 살펴보니, 안팎의 여러 성인들은 훌륭한 문장으로 열고 이끌어 줍니다. 여래는 3승을 설명하여 하나의 취지를 가르치고, 2제諦를 말하여 저 미혹한 사람을 깨닫게 하였습니다. 선왕先王은 오례五禮를 설명하여 사랑과 공경을 가르쳤고, 육악六樂을 펴서 성령性靈을 이끌었습니다. 혹은 3세를 드러내 인과의 도리를 나타내셨고, 혹은 진심으로 성감誠感을 밝혀 응보를 분명히 하였습니다. 어찌 갑자기 신원神源을 물리치고, 연식緣識을 영영 끊을 수 있겠습니까? 만일 그와 같은 일을 하면 선악의 과보는 거짓을 나열한 것이 되고, 제사와 공경을 다하는 것은 허망한 것이 될 것입니다. 정리로 말하더라도 어찌 편안할 수가 있겠습니까? 그러나 미혹한 무리들은 역시 완고하게 자기의 뜻을 고집하는 데가 있습니다.

이 때문에 폐하께서는 심오한 생각을 가지고 혼이 묘한 문에 들게 하고 말에 따라 이치를 말씀하시니 아침 해처럼 밝으며, 문장을 써서 증거를 밝게 하시니 저녁 불처럼 밝습니다. 이리하여 곧바로 어리석은 사람의 눈을 뜨게 하고, 시골 사람을 즐겁게 귀의토록 하기에 충분합니다. 칙지를 몇 번이나 읽고 마음의 본원을 밝게 하기 위하여 삼가 갖추어 답을 드립니다. 손뼉을 치고 춤을 추어도 그 기쁨을 말할 수 없을 정도입니다.

제자 육련 올립니다.

56) 양주별가楊州別駕 장번張翻 답

황공하옵게도 「칙답신하심신멸론」을 보았습니다. 훌륭한 논지는 기틀을 다하고, 뜻이 깊은 말씀은 도에 합하고 있습니다. 폐하의 생지生知는 육유六儒의 위에 계시며, 무위자연의 도는 10성十聖[72]의 밖에까지 다하고 계십니다. 과보를 초래하는 규범에 이르면 그 이치가 3세를 비추고, 효로써 제사지내는 법도는 그 이치가 백왕百王을 꿰뚫고 있습니다. 묘한 해석은 봄날의 얼음이 녹듯이 이해되며, 훌륭한 논지는 가을하늘처럼 밝습니다. 제바달다나 일천제一闡提의 마음을 바꾸고, 걸왕이나 도척盜跖의 뜻을 움직이기에 충분합니다. 폐풍弊風을 좋은 자의 모습으로 하고, 좋은 풍조를 역사에 빛나게 했습니다. 훌륭한 평판과 뛰어난 자질은 이제 더 보탤 수 없을 정도입니다.

법사는 도리에 정통하신 수재로서 홀로 도성에서 명성을 모으고 있습니다. 폐하께 갖추어 교화를 받아 홀로 신명에 놀고, 도의 깊은 뜻을 살피고 있습니다. 저는 옛날 어떤 선생의 설명을 듣고 대유학자인 공자의 뜻을 깨달았습니다만 지금은 좋은 때를 만나 신불멸의 가르침을 받들고 있습니다.

참으로 흐트러진 마음을 밝게 비추고, 먼지로 더럽혀진 마음을 씻어 주셨습니다. 손발로 춤을 추는 기쁨을 말이나 문장으로 어찌 다 표현하겠습니까?

장번 합장.

---

72 불교에서 말하는 3현·10성. 3현은 10주·10행·10회향의 계위를 말하고, 10성은 초지부터 10지까지의 보살을 말한다.

57) 태자좌솔太子左率 왕진국王珍國 답

편지를 받고 「칙답신하심신멸론」을 삼가 보았습니다. 혼이 멸하지 않는다는 것은 경전에 명문이 있고, 마음에 비추어 말해도 분명하게 이치가 있습니다. 그런데도 혼이 멸한다는 것은 매우 놀랄 만한 이론입니다. 폐하는 하늘과 같이 비추는 방법이 심오하고 신중하시며, 훌륭한 논지는 구석구석에까지 미치고 있습니다.

저 이단을 꺾으시고 정론을 넓히셨습니다. 참으로 알기 힘든 도를 깨닫게 하시고 천 년을 받쳐 주실 것입니다. 글을 보게 된 것을 기뻐하며 큰 은혜에 감사드립니다. 가까운 날에 찾아뵙고 물어볼 기회를 기다립니다.

왕진국 올립니다.

58) 영군장군領軍將軍 조경종曹景宗 답

엎드려 편지 받았습니다. 보내 주신 「신멸론」에 답하는 조칙은, 도리는 만고에 두루하고, 취지는 3세를 포괄하고 있습니다. 6취에서 오래도록 미혹한 사람은 여기에서 영원한 깨달음을 얻고, 5도에 항상 미혹된 사람들도 눈을 뜬 것처럼 밝아집니다. 생각은 8해탈을 다하고, 빛은 10호號와도 같으며, 어둠을 털고 세속에서 벗어난 사람이 아니면 어떻게 이렇게 밝힐 수 있겠습니까? 받들어 큰 띠에 써서 기록하고 감히 침식 중에도 잊지 않겠습니다.

법사의 지혜는 이 세상을 뛰어넘고, 학문은 무생법인에까지 이르고 있습니다. 폐하의 글을 선양하는 훌륭함은 동리東里 땅의 자산子産[73]처럼 빛나고 있습니다. 되풀이하여 읽다 보니 병이 든 것

73 『논어』 「헌문憲問」.

조차 잊었습니다.

조경종 삼가 답합니다.

59) 광록훈光祿勳 안선顏繕 답

황공하게도 폐하께서 「신불멸론」을 살펴보고, 신하에게 답하신 설명을 받았습니다. 논거는 명백하고 표리를 다하고 있습니다. 달관하신 식견을 홀로 펴시고 배〔舟〕와 다리〔梁〕를 함께 들었습니다. 무릇 눈에 보이지 않는 것은 장애물로 막혀 있고, 귀에 들리지 않는 것은 먼 거리가 장애가 되기 때문입니다. 들리지 않고 보이지 않는다고 해서 곧 소리도 없고 물체도 없다고 할 수는 없습니다. 지금 불교를 캐 보시려고 하신다면 외전의 글에 따라야 할 것입니다. 외서가 내교와 다르지 않은 것은 여기에 나타나 있습니다. 외전에서는, "혼기魂氣는 못 가는 곳이 없다"[74]고 하고, 불경에서는 "그래도 신은 불멸이다"[75]라고 말하고 있습니다. 내외의 경전이 부합하므로 혼의 존재에 대해서는 의심할 여지가 없습니다. 혼이 멸한다고 의심하는 사람은 결국 하루살이가 밤과 아침을 모르고, 쓰르라미가 봄과 가을을 부정하는 것과 같은 것으로 대춘大椿이 장수한 것과 일월이 무궁한 것을 어찌 알겠습니까?[76] 폐하의 총명하심은 옛 성인들보다 뛰어나시고, 그 미묘하심은 신에게 통하고 있습니다. 3세를 설명한 뜻은 증거가 있고, 효도로써 제사지내는 이치는 빛이 납니다.

사람들의 좁은 생각도 이전에는 어두운 것이었지만 지금은 밝

74 『예기』「단궁檀弓」.
75 『태자서응본기경』 상권.
76 『장자』「소요유逍遙遊」.

아졌습니다. 말세에 어둠에 빠진 사람도 지금까지는 미혹되어 있었지만 새롭게 깨달았습니다. 저는 전세에 선근을 심어 이 행운을 만나 도를 맛보는 기회를 얻었습니다. 마음을 미륵보살에게 바치고 참으로 깊이 귀의하고 공경하고 있습니다만 기약해야 할 내세의 연을 기다리며 지금은 크나큰 기쁨을 생각할 뿐입니다.

제자 안선 올립니다.

60) 오경박사 심굉沈宏 답

제자 심굉은 머리 숙여 합장합니다. 영광스럽게도 삼가 「칙답신하심신멸론」을 보았습니다. 무릇 기미[機]는 밝히기 힘들고, 은미한 작용은 미혹하기 쉬운 것입니다. 혼을 자세히 살펴보고 심오한 이치를 밝게 알지 않은 사람이라면 어찌 미혹한 사람들로부터 안개를 털 수 있겠으며, 무명 속에서 견해를 홀로 펼 수 있겠습니까?

생각건대 큰 성인이신 폐하는 천하를 통치하시고, 상덕上德은 만물 위에 나타나 있습니다. 법의 구름을 들어 올려서 윤택하게 하시고 지혜의 해를 열어 빛을 늘리시니, 참으로 멀리는 모든 바다에 비견되고, 가까이는 우물 난간에 비유됩니다. 고금을 통해서 누가 이 도리를 알 수 있겠습니까? 불경의 비유로는, "참새가 날아갔어도 항아리는 존재하고, 불이 꺼져도 글씨는 존재한다"[77]고 하고, 『예경』에서는 "일족의 사람이 아니면 공물을 받지 않고 제사를 지내면 반드시 은혜가 내린다"고 말하고 있습니다. 또 정문공의 첩은 난초를 꿈에 보고 나서 정목공鄭穆公을 얻었으며, 풀을 묶어 두회杜回를 막았다고 하니, 이러한 예를 모두 적을 수가 없습니

77 『법구경』 하권.

다. 또 5도道를 윤회하며 돌아다니고 6바라밀이 하나로 돌아가는 것은 모두 혼이 분명한 증거이며, 신불멸의 심오한 가르침입니다. 그러나 극극郄克은 절름발이이면서[78] 어찌 한단邯鄲의 사람과 자취를 비교할 수 있겠습니까? 여오盧敖는 발이 재빠르지만 어찌 그 북해의 약사若士와 자취를 가지런히 할 수 있겠습니까?[79] 지금 위로는 천조天操로부터 아래로는 일천제에 이르기까지 말하자면 짙은 안개를 걷고 합벽合壁에 올라가서 어둠을 벗어나서 등불을 든 용을 보는 것과 같은 것입니다. 짧은 두레박 끈으로 못에서 물을 길어 물결을 보아도 바다를 엿볼 수 있습니다. 참으로 환희하며 받았습니다. 가격을 붙일 수 없는 보주와도 같습니다.

심굉은 머리 숙여 합장합니다.

61) 건강평健康平 사마경司馬褧 답

황공하옵게도 편지를 받고 직서로써 멸성滅性을 꾸짖는 글을 보았습니다. 생각해 보면 폐하의 자비의 마음은 넓게 펴지고, 도는 여러 영靈들보다 훌륭하며, 지혜의 비춤은 심오하고, 도리는 옛날 성인들보다 뛰어납니다. 7선禪·8혜惠[80]의 분별이나 3공空·4제諦의 미묘함은 글 중에 빛나고 칙지 가운데 분명합니다. 그러므로 우다優陁[81]에서는 "비유해서 말하면 백 명의 소리를 합쳐서 함께

78 춘추 진晉나라 성공成公의 대부였던 극극이 제齊를 만났을 때, 절름거리며 층계를 올라갔기 때문에 부인이 보고 웃었다는 고사.

79 여오는 진시황에게 부름을 받은 신선으로서 일찍이 북해에서 노닐었는데, 약사若士가 친구가 되려고 하였으나 상대를 해 주지 않아서 약사는 여오를 중주의 평민에 지나지 않는다고 하며 구름 속으로 들어갔다는 고사.

80 보통 색계의 4선정과 무색계의 4공정을 8선이라고 하는데, 뒤의 3공空·4제諦와 운을 맞추기 위해 7선이라고 하였다. 8혜는 8해탈이다.

묘각妙覺을 칭찬해도 오히려 만분의 일도 나타낼 수 없는 것과 같다"고 말하고 있는 것입니다. 원래 업業이 생기면 보報가 일어나고 인因이 가면 과果가 오는 것입니다. 비록 뜻은 미묘해도 현상은 나타나고, 또 이치는 그윽해도 증거는 나타나는 것입니다. 가까이서 먼 것을 알 수 있으며, 가까움을 물어 먼 것을 찾을 수 있습니다. 비유하면 해와 달이 하늘에 떠 있으면 이루離婁[82]의 눈을 빌리지 않아도 보이고, 법종이 곁에 있으면 자기子期의 귀를 빌리지 않아도 들을 수가 있는 것과 같습니다. 그런데도 신멸을 주장하는 논자는 스스로 혼미하여 길을 잃고 찾지 못하는 것입니다. 자신의 생각에 빠져 함정에 빠지는 격입니다.

엎드려 폐하의 논지를 삼가 보니, 묘한 이치와 유려한 말씀으로 지극함에 이르러서 깊은 것을 끌어내시고, 지극히 공적한 진리를 구명하여 다시 밝게 하고 심오한 도리를 열어 다시 환하게 하였습니다. 비록 다시 성인들이 나란히 나오고 수많은 경전의 심오한 뜻을 나열하더라도 영취산에서의 설법이나 니련선하에서의 설교는 끝내 이 뜻을 벗어나서는 이해가 되거나 바른 깨달음을 얻을 수 없습니다. 참으로 강한江漢의 파도에 씻고 더러움을 흘려 보내며, 덕으로써 인도하고 예로써 갖추어 교화를 다시금 바꾸었습니다. 진과 속이 함께 통하게 된 원인은 여기에 있습니다. 가까운 날에 편지를 보내 드리고 찬탄을 할 생각입니다.

제자 사마경 올립니다.

---

81 우다나Udana, 12부경의 하나이다.

82 옛날 황제黃帝 때의 눈 밝은 사람.

62) 좌승左承 구중부丘仲孚 답

「칙지답신하심신멸론」을 삼가 보았습니다. 폐하의 통찰은 심오하고, 진과 속을 포섭하고 있습니다. 이치는 세상을 초월하고, 뜻은 온갖 지식보다 훌륭합니다. 영묘한 글을 받들어 찬탄하고 마음은 춤을 출 듯이 기쁩니다. 가르침의 은혜를 받습니다.

구중부 올립니다.

홍명집 제11권

30. 하령상지[1]답송문황제[2]찬양불교사何令尚之答宋文皇帝讚揚佛教事

원가元嘉 12년(435) 5월 5일 유사有司가 다음과 같이 아뢰었다.

"단양윤丹陽尹인 소모지蕭謨之가 글을 올려 말하였다.

'불교가 중국에 전해진 지도 이미 4대를 거쳐 탑사나 불상을 모신 곳이 천으로 헤아려지니, 나아가서는 혹 마음을 의지할 만한 곳이 되고, 물러나서는 혹 승니를 초청하여 권하기에 충분합니다. 그러나 요사이는 지엽의 일을 중요시하여 정성을 지극하게 여기지 아니하고, 게다가 다투어 사치함을 매우 중하게 여기고 있습니

1 하상지의 사적은 『송서宋書』 66, 『남사南史』 30에 나온다. 이 글을 쓸 무렵의 벼슬은 시중侍中·태자중서太子中庶였고, 후에 단양윤丹陽尹·상서령尙書令 등을 역임하였다. 혜엄慧嚴·혜관慧觀·담무성曇無成·혜정慧靜·법원法瑗·지도志道 등과 교섭이 있었다.

2 유송劉宋의 문제는 무제의 셋째 아들이고, 재위는 30년에 이른다. 강남의 불교는 이때 크게 번영하였다.

다. 오래된 집이 퇴락하여도 일찍이 수리한 적도 없이 각각 새롭게 짓고는 서로가 자랑으로 삼고 있습니다. 최상급의 토지나 아름다운 집도 여기에 거의 다 사용하여 없어졌으며, 목재·대나무·구리·비단의 소모도 그칠 줄을 모르니, 알맞은 정도를 어기고 규정을 넘는 것은 마땅히 제재를 가해야 합니다. 방어책을 세우지 않으면 유폐類弊가 그치지 않을 것입니다.

바라옵건대 지금부터 이후로 동상을 주조하려는 사람은 모두 정부로 가서 스스로 신청을 하고, 탑사塔寺나 정사精舍를 지으려는 사람은 모두 우선 해당 지역의 군 태수에게 가서 일의 본말本末을 자세히 통보하고, 군은 일에 따라 본 주州에 차례대로 말하여 반드시 허가를 기다린 후에 착공하게 해야 합니다. 만일 멋대로 동상을 주조하거나 사사寺舍를 짓는 사람이 있으면 모두 불승용조서율不承用詔書律에 따라 그 죄를 논하고 동택재와銅宅材瓦를 몰수해야 합니다.'"

이 상주는 재가되었다. 그때에 사문 혜림慧琳[3]이라는 사람이 있었는데, 거짓으로 승가에 들어가 불법을 비방하여 「백흑론白黑論」을 지었다. 형양衡陽 태수太守 하승천何承天은 혜림과 친하게 지내어 항상 서로를 추켜세웠고, 「달성론達性論」을 지었다. 두 사람 모두가 한쪽에만 얽매여서 불교를 비방하고 있었다. 영가永嘉 태수太守 안연지顔延之, 태자중사인太子中舍人 종병宗炳은 불법을 믿는 사람이었다. 두 사람의 논을 점검하여 반박한 것이 각각 1만여 언이었다. 혜림 등은 처음에는 논쟁을 주고받고 하였으나 논지가 막히

---

3 진군秦郡 진현秦縣 사람으로 성은 유劉씨이며, 야성사冶城寺에 머물렀다. 도연道淵의 제자라고 한다. 제경諸經·노장老莊에 통하였고, 문집 10권이 있다. 송宋의 문제에게 신임을 받았다고 한다.

게 되자 멈추고 말았다. 종병은 「명불론明佛論」을 지어 그 종지宗旨를 널리 알렸다.

황제는 이것을 칭찬하시고 시중인 나에게 말씀하셨다.

"나는 불경을 읽지 않았으며, 요즈음은 여가도 없어 3세 인과를 아직 분별하여 생각을 충분히 밝히지는 못한다. 그러나 다시 감히 이견을 말하지 않는 것은 바로 훌륭한 선배나 그대들과 같은 오늘날의 준수한 이들이 모두 받들어 믿고 있기 때문이다. 범태范泰나 사령운謝靈運은 언제나 '육경의 전문典文은 원래 세속을 구하여 다스리기 위한 데 있는 것이다. 반드시 정신〔性靈〕의 참된 오묘함을 구하려 한다면 어찌 불경을 지침으로 삼지 않을 수 있겠는가?'라고 말하였다. 안연지가 「달성론」을 논파하고 종병이 「백흑론」을 힐책한 것은, 불법의 넓고 깊음을 밝힌 것이고, 더욱이 명리名理를 위한 것이니, 인심을 개도하기에 충분한 일이었다 하겠다. 만약에 온 나라가 모두 이렇게 교화된다면 나는 앉아서 태평을 이룰 것인데 다시 무슨 일삼을 것이 있겠는가? 요사이 소모지蕭謨之가 규제를 청하였지만 아직 통과시키지는 않았다. 곧 보고서 경에게 내용의 가감을 맡긴다. 반드시 법식으로써 부음浮淫을 막는 것이 있고, 널리 권장해도 해됨이 없는 것이라면, 그때는 마땅히 법령으로 기록할 것이다."

내가 대답했다.

"도와 거리가 먼 이들은 대부분 불법을 믿지 않습니다. 신은 평범하고 우매하지만 그래도 어리석은 대로 대답하겠으나 부족하고 천박하므로 큰 가르침을 더럽힐까 두렵습니다. 지금 다시 포폄의 일을 지워 주셨으나 제가 감당할 바가 아닙니다. 전대前代의 모든 현인에 대하여 말씀드리면 명조明詔를 어기는 사람이 없었습니다.

중조中朝로부터 이전은 또한 모두 알기가 어렵습니다. 강남에 도래하고부터는 왕도王導·주의周顗 등은 가장 으뜸가는 재상들이며, 왕몽王濛·사상謝尙은 인류의 모범이 됩니다. 극초郄超·왕탄지王坦之·왕공王恭·왕밀王謐 등은 혹은 절륜絶倫이라 불렸고, 혹은 독보獨步라고 일컬어졌습니다. 숭고한 기개와 굳은 정절 또한 사람들의 모범이 되었습니다. 곽문郭文·사부謝敷·대규戴逵 등은 모두 마음을 천인天人의 경계에 두고 몸을 구름과 노을 사이로 올려놓고 있습니다. 죽은 고조부 형제〔何充과 何準〕는 청아한 식견으로써 세상의 궤범이 되었습니다. 왕원림王元琳 형제는 뛰어난 재지才智로써 조정에서 가장 으뜸이었습니다. 그 외에 범왕范汪·손작孫綽·장현張玄·은기殷覬 등 대략 수십 인은 모두 당시의 준걸 아닌 이가 없습니다. 또 종병의 「명불론」에 열거되어 있는 사문들인 백원帛遠·담무참曇無讖·우도수于道邃는 그 하배下輩입니다. 그와 대비되는 이는 유원규庾元規입니다. 우도수 이전의 축법호竺法護·우법란于法蘭이라고 하는 제공諸公은 모두 미덕을 갖춘 군자〔黃中〕이며, 예측할 수 없는 사람들입니다. 요즈음의 도속에 대하여 대략 말씀드려도 이러한데, 만일 자세히 이하夷夏의 예를 들고, 그리고 한위漢魏에 이른다면, 기이한 재주와 뛰어난 덕을 갖춘 인물들을 어찌 이루 다 말할 수 있겠습니까? 이러한 예를 보면 어찌 헛되이 성령性靈을 구하여 쉽게 육친을 버리고 허황하고 거짓된 말에 빠져 미혹되어서 스스로 징험이 없는 교화에 빠져 버리는 일이 있겠습니까?

폐하의 생각은 조화의 작용을 꿰뚫고, 사려는 현상을 넘어선 세계에까지 미치고 있어 깊은 이치를 찾아내어 멀리까지 이르니, 얕은 생각으로는 이해할 수 없습니다. 신臣들로부터 이하까지 만일 삼가 이 예를 미루어 나아간다면, 금세에서 불교를 믿는 사람들이 부족하지 않을 것입니다. 이를테면 "사람이 도를 넓힐 수 있다"[4]고 한 것이 어찌 헛된 말이겠습니까? 혜원慧遠 법사는 예전에 "부처님의 교화가 미칠 수 없는 곳은 없다"고 하였습니다. 도는 진실로 교敎로부터 근원하는 것입니다. 세속을 구제하는 것도 또한 중요한 일이 됩니다. 세주世主께서 만일 어긋나고 거짓된 일을 끊어 내고 틀림없고 진실된 일을 권장할 수 있다면, 불교는 황제의 정치와 함께 행하여져 유(幽 : 불교)와 현(顯 : 정치)이 서로 협력하여 함께 서민을 돈독하게 할 것입니다. 어찌 주의 성왕成王・강왕康王[5]이나 한의 문제文帝・경제景帝[6]만을 훌륭한 사람이라고 말할 수 있겠습니까? 가령 주周나 한漢의 시초에 또 이 불교의 교화가 겸하여 행해졌다면 칭송이 일고 형벌이 완화되는 것도 훨씬 더 빨라졌을 것입니다.

가만히 생각해 보면 이 말은 진리에 맞는 깊은 뜻이 있습니다. 왜냐하면 백 가家의 향鄕에서 열 명이 5계를 지키면 열 명이 온순하고 공손하여집니다. 천 가의 읍에서 백 명이 10선善을 닦으면 백 명이 화목하고 인정 많게 됩니다. 이 교화를 전하여 천하에 두루 미치면 편호編戶가 천만千萬이면 어진 이가 백만 명이 됩니다. 이것은 5계와 10선을 모두 갖춘 사람을 예로 들어 말한 것뿐입니다. 만일 일계일선一戒一善을 지키는 사람을 모두 헤아려 수를 센

4 『논어』「위령공衛靈公」.

5 주나라의 문왕文王・무왕武王의 뒤를 이어서 정치가 잘된 시대 40여 년을 말한다.

6 한의 고조高祖・혜제惠帝의 뒤를 이어 문제文帝・경제景帝 부자가 훌륭한 군주로 칭송되었다.

다면 아마도 열 명 중에 두세 명은 될 것입니다. 일선一善을 잘 행하면 일악一惡이 이미 없어지며, 일악一惡이 이미 없어지면 일형一刑이 그치게 되는 것입니다. 일형一刑이 집에서 그치게 되면 만형萬刑이 나라에서 그치게 되는 것이니, 4백의 옥獄을 사용하지 않고 비워 둔다는 것이 어찌 어렵다고 할 수 있겠습니까? 아송雅頌[7]의 소리가 일어나는 것이 당연히 더욱더 빨라질 것입니다. 이것이 폐하께서 말씀하셨던 앉아서 태평을 이룬다는 것입니다. 이치상으로 말한다면 이상과 같고, 사실로 징험徵驗한다면 제가 다시 말씀드리겠습니다.

옛날 사서史書에서는 '서역의 습속習俗은 모두 불법을 숭배하고 공경한다'고 말하고 있습니다. 그러므로 대국의 백성이 수만이고 소국은 수백 명이어도 끝내 서로 겸병兼幷하지 않았습니다. 서역의 제국이 중국에 복속하고 나서 습속이 상당히 나쁘게 되었지만, 그래도 아주 순박하고 유약해서 살육을 행하는 일이 드물었습니다. 또 오호五胡가 중국을 치고 난 이래 백성들은 도탄에 빠졌고, 원통하게 횡사해 죽은 이가 이루 다 헤아릴 수 없이 많았습니다. 그 중에 설혹 살아 남은 사람들은 반드시 불교를 믿었습니다. 그러므로 불도징이 업鄴에 들어가고 나서 석호石虎의 살육은 반감하였고, 승지澠池의 보탑이 빛을 발하여 부건苻健의 추거椎鋸가 멈추었습니다. 저거몽손沮渠蒙遜은 은의恩義를 배반하여 자애를 베풀지 못하고 그 잔악함은 여우나 호랑이와 같았지만, 만년에는 불법에 감화를 받고 드디어는 선인善人이 되었습니다. 법체法逮 도인道人은 만인의 힘을 갖추어 하위河渭 지방에서 거의 난을 일으키려 하

7 아雅는 정악正樂의 노래, 송頌은 주로 선조의 공덕을 찬미하는 노래이다.

였지만 결사決死의 각오로 사師의 위난危難에 맞섰던 것입니다. 이것은 다름이 아니고 불법을 공경하고 믿었기 때문입니다.

신묘한 도가 교화를 돕는 것은 그만한 이유가 있습니다. 벼락에 맞는 것은 여름 장마 때는 항상 있는 일입니다. 그러한데도 전展씨의 묘[8]가 벼락에 진동했던 것을 『좌전』에서는 은닉이라고 쓰고 있습니다. 걸・주의 때에 원통하게 죄로 죽은 사람은 이루 다 기록할 수 없을 정도이지만, 주의 선왕宣王[9]・진晉의 경왕景王[10]만이 형벌의 남용으로 인해 재앙을 받았던 것입니다. 보응報應의 도리로 살펴보아도 이미 부합되지 않는 것이 있고, 다시 고금의 예로 징험하여 보면 점점 의혹이 늘어납니다. 그러나 경서經書나 사서史書에는 이것을 기재하여 권선징악의 교훈을 드러내며, 만에 하나의 영상이라도 오히려 큰 효과가 있다고 합니다. 만약 불교를 말의 의미를 따져 밝히면 그러할 만하고 믿을 만한 이치가 있지만, 사실을 살펴보면 이치에 어긋나고 그릇된 허물이 어찌 없겠습니까? 또한 관세음보살께서 내리신 바의 가까운 증험과 아울러 즉시 몸을 세상에 나타내시는 것은 뭇 사람의 시선으로 다 함께 보는 바입니다. 기도하고 구하는 집에는 기원한 그 일이 이어져 일어나고 있으며, 그렇게 함으로써 권선징악이 되고 큰 효과가 있게 되는 것입니다. 어찌 유교와 해를 같이하여 담론할 수가 있겠습니까? 그러나 어리석은 무리는 경솔하게 불교에 대해 극도로 비방하여 중요한 것을 소홀히 하고 하찮은 것에 생명을 바치며 작은 일

8 『춘추』「희공僖公」 15년. 전展씨에게 다른 사람이 모르는 악업이 있는데, 신이 경계하여 그 선조 백이伯夷의 사당을 진동하게 했다고 한다.

9 신하인 대부 두백杜伯을 무고하게 죽였다.

10 『좌전』「성공成公」 10년 5월조 참조.

에 얽혀 큰 것을 잃고 있습니다. 승니가 후손을 끊어 버리는 것을 미워하고, 상탑像塔에다 주자朱紫를 많이 사용하는 것을 싫어합니다. 이것은 백성들이 덮어 주고 실어 주는 천자의 은혜를 받으면서 일상적인 일로 여겨 말하지 않고, 역인役人이 제사의 일을 고되게 여겨 때로 비방하고 소홀히 하는 것이나 같은 일입니다. 혜림이나 하승천何昇天도 아마 역시 그러한 부류일 것입니다. 소모지蕭謨之의 계제啓制는 신 역시 전부 다 옳지 않다고 하는 것은 아닙니다. 다만 도속을 해치고 해하는 데에 가장 심한 것은 계행이 없는 승니에게 있어서이지만 외견상으로는 구별하기 어려우니 경솔히 제거해서는 안 됩니다. 금동과 토목이 비록 소비되는 것이 아주 많다 하더라도 거기에 부업이 존재하기 때문에 또 단번에 멈추게 하기는 힘듭니다. 저는 근래 짐작해 생각하였지만 나아갈 수도 물러설 수도 없어 편치 못했었는데, 오늘 친히 천자의 말씀을 받들어 진실로 평온을 얻었습니다."

이때 이부랑吏部郎 양현보羊玄保가 자리에 있다가 나가서 "이 의론은 천인天人의 경계이니, 어찌 신臣이 간여할 수 있는 일이겠습니까? 모르기는 해도 진秦·초楚가 강병强兵의 술책을 논하고, 손자孫子·오자吳子가 탄병呑併의 계책을 다할 적에도 아마 이러한 데에서 취함이 없었겠습니까?"라고 말씀드리자, 제帝는 "이것은 전국戰國의 수단은 아니지만 참으로 경의 말대로이다"라고 말씀하셨다. 하상지가 "은일隱逸을 예찬하면 전사戰死가 게을러지고, 인덕을 귀하게 여기면 병사의 사기가 떨어집니다. 더욱이 만일 손오孫吳로써 뜻을 삼아 구차하게 침략을 주로 한다면 또한 요순의 도에도 취할 것이 없으니, 어찌 다만 불교뿐이겠습니까?"라고 말하자, 황제는 기뻐하며, "석문釋門에 경이 있는 것은 또한 공자에게

계로季路가 있는 것과 같은 것이다. 악한 말이 귀에 들어오지 않는다고 한 것이 바로 이 말이다"라고 말씀하셨다.

31. 고명이법사답이교주묘난불불견형사병이서高明二法師答李交州淼難佛不見形事幷二書

1) 이묘李淼의 논란

도道는 청허淸虛하고, 4대大[11]의 이치는 항상 하는 것입니다. 그러함에도 많은 경계를 신묘하게 뛰어넘는 불교의 법문이 있으니, 만일 말한 것처럼 부처님의 공능(선교방편의 기량)으로 중생을 이롭게 하고 한량없는 중생을 도탈度脫시키는 것을 가르침으로 한다면, 어째서 부처님께서 진실한 모습을 세상에 나타내시지 않고 단지 공설空說만 하고 실증이 없는 것입니까? 지금 확실히 서방정토의 근원에 대하여 당신들에게 물어보겠습니다. 대화상께서는 자비를 베푸시어 저의 마음을 받아 주시어 아낌없이 신묘한 말씀을 해 주시기를 삼가 바라옵니다.

제자 이묘 합장.

2) 도고道高의 답

석 도고는 질문을 받들어 말씀드립니다.

지고至高한 성인〔佛〕의 몸을 드러내고 감추는 자취에 대한 물음을 받았습니다. 논리의 의미는 광대하고 심원하며, 말의 의의意義

11 『노자』 25장에 도道·천天·지地·왕王, 이 네 가지가 큼을 말하고 있다.

는 세련돼 있고 명백합니다. 삼가 되풀이하여 읽고 훌륭한 말씀을 더욱 존경하고 있습니다. 사군使君[12]의 담장은 높고 높아서 문을 찾아내기가 처음부터 어렵습니다. 그렇지만 저의 관견管見으로 망상罔象과 같이 현주玄珠를 찾아보겠습니다.[13]

여래께서 중생에게 응현하시는 데에는 세 가지가 있습니다. 첫째는 불신佛身을 나타내는 경우로서 광명을 비추고 대지를 진동시키는 것입니다. 둘째는 정법이 존재하는 경우로서 부처님께서 세상에 살아 계신 것과 같습니다. 셋째는 상像에 의한 교화로서 의형궤범儀形儀範을 방불케 하는 것입니다.

의형궤범을 방불케 하는 것에 의해서 현재 사람들의 심정에 응현應現하는 것입니다. 사람들의 심정이 모습〔像〕에 의하여 감동하는 것이니, 누가 부처님의 당체當體의 모습을 보았다 할 수 있겠습니까? 그러므로 『유마경』에 "그때 부처님께서는 법상法相을 잘 깨닫고 중생의 근기를 안다"[14]고 설해져 있습니다.

또 시두말성翅頭末城에서 실현되어 있는 미륵보살의 용화수龍華樹 아래에서의 세 차례의 법회[15]에서는, 사람들의 심정이 부처님께서 몸을 나타내실 것을 눈으로 보고 감동하는 것이니, 누가 부처님께서 몸을 숨기고 있다 할 수 있겠습니까? 그러므로 『법화경』

---

12 주州의 장관長官인 자사刺使와 군群의 장관인 태수에 대한 존칭이다. 이묘李淼는 교주交州의 자사刺使였다.

13 『장자』「천지天地」. 황제가 적수赤水 북쪽에서 유람하고 곤륜산에 올랐다가 현주玄珠를 잃어버리자, 지知・이주離朱・끽후喫詬를 보내어 찾게 했으나 결국은 무심한 경지의 망상罔象이 찾았다는 내용이다. 지知・명明・변辯 등의 재능은 부정되고, 무심無心의 경지를 예찬한 것이다.

14 『유마힐소설경』「불국품」.

15 『미륵하생성불경』에서 시두말성은 화씨성華氏城에 있는 아육왕과 관계가 있는 정사의 이름인데, 이곳에서 용화삼회의 설법이 행하여졌다고 한다.

에 "그때 나〔佛〕와 중승衆僧이 함께 영취산에 나타난다"[16]고 설해져 있습니다. 미륵보살의 하생下生에 나타나는 상거蠰佉 전륜왕[17]의 궁전은 그 높게 솟아 있는 모습을 기약할 수 있는데, 어찌 서방의 근원을 볼 수 없는 것이라 하겠습니까? 그러나 세간의 의심을 품은 사람들은 흔히 경전의 말은 사실에 부합되지 않는다고 여기고, 보이지 않는 것에 자신을 맡기는 감정을 업신여기니, 모두 보이지 않는 것으로써 막혀 걸려 있는 것입니다. 삼황三皇·오제五帝, 삼대三代·오패五覇, 주공周公·공자孔子가 『시경詩經』을 산정刪定하고 예제禮制를 정했다는 것은 모두 사적에서 전해져 들은 것이지, 누가 그것을 눈으로 보았습니까? 또 석존이 녹야원에서 법고法鼓를 쳐서 울렸다는 것이나 공자가 노나라 추읍鄒邑에서 덕음德音을 선양한 것도 모두 귀나 눈으로 경험할 수 있는 것은 아닙니다. 모두 써 놓은 문자에 따라 그 일을 믿는 것뿐입니다. 만약에 저의 일을 믿지 않는다면 타방의 불교를 의심하는 것도 근심할 만한 일은 아닙니다. 그러나 이미 이의 일은 인정하고 있으면서 어째서 오직 불교의 일에만 막혀 걸려 있는 것입니까?

사군使君의 훌륭한 생각은 깊고도 멀어서 과거·현재·미래의 3세를 통찰洞察하시고서 여래의 수량壽量은 다함이 없다는 가르침을 찾기를 원하시니, 지금 세상에서 가깝게는 정광定光여래께서 유동儒童보살에게 석존이 될 것을 예언하신 사적[18]을 취하고, 조금 멀리는 대통지승불大通智勝佛의 대집회[19]를 추량推量하여 주신다면

16 『법화경』 5 「여래수량품」.
17 미륵이 하생할 때의 이상적인 왕.
18 『태자서응본기경』 상권.
19 『법화경』 「화성유품」에 대통지승여래大通智勝如來께서 시방의 제범천과 열여

그에 의해 뭇 사람의 깊이 막혀 있던 것을 풀어 주는 것이 마치 꽉 뒤덮여 있는 구름을 헤치고 태양이 나타나게 하는 것과 같을 것입니다.

빈도貧道는 말도 천박하고 사구辭句도 졸렬하여 말로는 심중心中을 펼칠 수 없습니다. 만나뵙는 날에 마땅히 논란論難의 말씀을 올리게 되기를 바라는 바입니다.

3) 이묘의 편지

이묘는 합장드립니다. 곧바로 훌륭한 논論을 읽어 보았습니다. 조리가 정연하고 말씀은 더욱 아름다워 흔연히 알게 된 것이 진실로 많았습니다. 말씀하신 중생의 감통感通과 여래의 교화는 시대를 달리하고 상법과 정법은 풍속을 달리하고 있다는 점과 외전外典을 원용援用하여 내전內典에 반영反映시키고 문헌을 통하여 진실을 증명하신 것이 있습니다. 삼가 보내오신 취지는 모범이 되어 비난할 것은 없습니다. 그러나 깨달음을 얻는 방법은 반드시 눈으로 보는 것에서 기인합니다. 보이지 않는 것에 자신을 맡기는 것은 의심을 일으키니, 의심은 깨달음의 근본이 아닙니다. 만약 문자가 존재하는 곳에서 시대를 달리하여도 똑같이 이해된다면 만세萬歲의 후대에 성인이 나기를 기다려 스승으로 삼는 일은 없어도 좋을 것입니다. 그러나 만약 성교聲敎와 궤적軌迹 모두에 의지하여 말과 형상으로 서로 구제하는 데 이르게 된다면, 대의大義는 이미 어그러지고 유묵儒墨이 다투어 일어나게 되니, 어찌 다만 바른 믿음을 밝게 하지 못하는 것뿐이겠습니까? 장차 또한 비방과

섯 왕자의 청을 받아 십이행법륜十二行法輪을 세 번 굴리셨다고 한다.

오해가 더욱 쌓일 것이니, 부처님의 시현示現과 인기(印記 : 認可證明)에 의하여 증거를 취하여 자신을 확고하게 하지 않을 수 없습니다.

위대한 성인이신 부처님께서는 걸림 없는 지혜를 가지셨으므로 청하지 않더라도 자비를 내려 주십니다. 그런데 어찌하여 밝게 빛나는 광명을 아껴 한 길 여섯 자의 몸을 숨기시며, 열반에 드신 후에 많은 이를 절망하게 하여 미륵의 세 번의 법회에 앞서서 죄를 일으키게 하는 것일까요? 짚으로 엮어 만든 개[20]를 헛되이 세워 놓은들 어찌 깨달을 수 있을 것이며, 의상儀像을 부질없이 세워 놓은들 어찌 믿을 수 있겠습니까?

오제五帝와 삼왕三王, 주공과 공자의 가르침은 다만 현세現世에 해당될 뿐이고, 내생의 일은 그대로 두고 논의하지 않았습니다. 따라서 자취의 숨김과 나타남, 교화의 쇠퇴함과 흥성함, 방편과 진실을 변론하는 일이 없습니다. 그러나 지금 여래의 궤업軌業은 멀리 두루 3세를 관통貫通하고 있고, 자비는 널리 윤택하여서 현세만으로 한계를 지울 수는 없습니다. 많은 미혹한 사람들이 깨달음을 구하고 있지만 입멸入滅을 가지고 궁극窮極에 이른 것이라고 할 수는 없습니다. 따라서 화육化育과 제도濟度는 단지 전적典籍에 있는 것이 아니며, 불사佛事는 영겁에 갖추어져 있는 것입니다. 오늘날의 이른바 불사佛事란 그 어디에 있는 것인지 묻습니다.

만일 말씀하신 대로라면 믿는 것은 불교이면서 증거로 삼는 것은 유교에 있는 것이 됩니다. 그러나 성인이 이 세상에 출현하지

20 『노자』 제5장. 제사 때의 장식물로 쓰는 것으로서 쓰고 나면 버려지는 것이다.

않고 있으며, 공자의 도와 석가의 도는 각각 서로 다르니, 사실 그대로 말하자면 모순 아님이 없으니 서로 증거로 삼을 수 있겠습니까?

침묵하고 그만둘 수 없어 잠시 생각나는 바를 다시 언설에 의탁하였으니, 다시 상세히 연구하여 주시기를 바랍니다. 당신의 훌륭한 해답을 뵙게 되기를 기다립니다.

4) 도고의 답

석 도고가 말씀드립니다. 거듭 심오한 가르침을 받았습니다. 내용이 아름답고 논지論旨가 심원하여 몇 번씩이나 읽어 보고 생각하고서 드디어 깊은 뜻에 감복하였습니다. 본래 아는 것과 지극한 이치는 범용한 사람들로서는 추측할 수 있는 일이 아니며, 미묘한 말과 심오한 사구辭句는 비천한 사람이 헤아릴 수 있는 것이 아닙니다. 지금은 무례한 줄을 알면서도 평범한 천견淺見 그대로 대략 마음에 품고 있는 생각을 말해 보겠습니다.

온갖 선행이 모두 가르침이 되니 그 방도는 하나만이 아닙니다. 산림이나 수택藪澤에서 선정에 드는 이도 있고, 성읍城邑 옆에서 덕행을 닦는 이도 있고, 혹 몸을 구부려 손가락을 튀기는 이도 있고, 혹 송사頌詞를 노래하며 시가를 읊조리는 이도 있습니다. 이 모두가 귀나 눈으로 함께 알 수 있는 것이고, 실천하는 이 또한 한량이 없습니다. 이것은 곧 깨달음을 얻는 나루〔津 : 동기〕는 보이지 않는 것〔佛〕에 자신을 맡기는 것을 말미암는다는 의미입니다. 어찌 반드시 눈으로 보는 것을 인하여서만 깨달음을 얻을 것이며, 어찌 보이지 않는 것에 자신을 맡기는 것이 반드시 의심을 일으킨다고 할 수 있겠습니까? 의심도 역시 깨달음의 본입니다. 그에 관하여 말씀드리겠습니다. 의심을 하면 이해를 구하게 되고, 이해하게 되면 깨달을 수 있습니다. 깨달으면 도道에 들어가는 것이니, 이것이 근본이 아니고 무엇이겠습니까?

아무리 유묵儒墨이 다투어 일어나고 구류九流 제가諸家의 시비가 있다 해도 그것은 횃불이 그치지 않고 계속 타고 있다 해서 일월이 환하게 비추지 않는 것은 아닌 것과 같습니다.[21] 어찌하여 부처님의 시현示現에 대해 급급해 하며 동일한 데로 귀착함에 대해 초조해 하십니까? 지금은 정법 시대와 같지 않은 말세여서 증거가 없으나 증험하여 진실을 밝히면 틀림이 없는 것인데, 대성께서 밝고 환한 광명을 아낀다 하여 세상의 의심하는 사람들은 거만해져서 부처님께서 응현하시는 모습을 보지 못합니다. 그리하여 드디어는 길이 꿈의 세계를 헤매면서 이리저리 깊이 잠겨 들어 생사의 바다에 빠져 헤매고 있습니다. 이러한 일에 대하여 선유先儒・선철先哲이 대략 옛날에 이미 말하고 있고, 길에 다른 궤적이 있는 것도 아니니, 전술傳述하기만 하고 창작創作하지는 않겠습니다.[22]

일신一身을 버리고 성심으로 귀의한다면 반드시 부처님의 현묘한 몸이 느껴질 것입니다. 느낌이 있으면 확실히 볼 수 있지만 느낌이 없으면 볼 수가 없습니다. 본 사람이 보지 못한 사람에게 말하여도 보지 못한 사람은 반드시 봤다고 하는 말을 믿지 않습니다. 성인이 어찌 일찍이 존재한 적이 없었다고 할 수 있으며, 중생들이 어찌 항상 부처님을 보지 못한다고 할 수 있겠습니까?

설법의 소리를 듣고 그 가르침의 훌륭함을 칭송하니, 그때 짚으

21 『장자』「소요유逍遙遊」.
22 『논어』「술이述而」.

로 엮은 개들을 부질없이 늘어놓았다고 여겨서는 안 됩니다. 부처님의 형상을 눈으로 보고 몸을 구부려 절을 하니, 그때의 영묘한 의상儀像을 어찌 헛되이 세웠다 할 수 있겠습니까?

주공과 공자는 퇴폐한 풍속風俗을 구제할 충분한 힘이 없는데, 어느 겨를에 사람들에게 내세의 일까지 보일 수 있겠습니까? 만일 공자나 주공이 노끈을 매어서 의사를 전달하여 다스렸다[23]고 하는 상고 시대에 태어났었다면, 당연히 그들은 3세를 밝히는 데에서 그치지 않았을 것입니다. "지금 불사佛事는 그 어디에 있는 것인가?"라고 물으셨습니다. 머리를 숙이고 합장하는 것, 그 어느 것도 불사가 아님이 없으나 다만 깊이 깨닫게 하는 데 여러 가지 방법이 있고, 길은 달라도 귀착歸着하는 곳은 같은 것입니다.

지난번 편지에 저것(유교)의 일을 믿고 이것(불교)의 일은 의심한다고 말한 것은, 다만 세인世人이 부처님의 모습을 보지 못하면 바로 부처님이 없다고 생각하기 때문에 주공과 공자의 모습도 볼 수 없다는 의미를 취하여 표준으로 삼았던 것뿐입니다. 이 일은 팔짱을 끼고 그냥 두어도 자연히 귀결될 것인데, 어째서 이것을 모순된 일이라고 하겠습니까?

사군使君이 태어날 때부터의 지혜는 거짓이 아니고, 본바탕의 기운은 자연 그대로입니다. 매우 귀중한 지위에 있으면서 빼어나게 훌륭한[穎脫][24] 생각을 하고 계십니다. 학문의 세계를 유랑하고 책의 세계를 거닐면서 여유 있는 시간을 보내어 유유자적한 나날을 보내고 계십니다. 덕음德音을 말씀하시면 귀를 기울여 듣지 않

---

23 『주역』「계사」하.

24 주머니 속의 송곳 끝이 죄다 밖으로 튀어나와 있다는 뜻으로 재기才氣가 겉으로 드러나는 것을 비유한 말이다.

는 사람이 없습니다. 빈도의 학문은 조잡하고 천박하여 편지를 잘 쓰지 못하여 크게 부끄러울 뿐입니다. 조략한 내용을 답하여 훌륭한 문장을 더럽힘을 두려워하고 있습니다. 송구스러움과 부끄러움만이 더하여 땀이 비 오듯 흐릅니다. 삼가 올립니다.

5) 이묘의 편지

이묘는 합장드립니다. 당신은 훌륭한 논변으로 깨달음을 얻는 나루는 의심하는 것으로부터 얻어지며, 보이지 않는 것에 자신을 바치는 것이 넉넉하다면 보는 것을 취할 필요가 없으며, 몸을 굽히거나 찬탄하여 송사誦詞를 노래하거나 하는 일들이 모두 불도佛道에 도달하는 데 충분하다는 것을 밝히셨습니다. 편지를 되풀이하여 읽어 보고 더욱 깊은 도리를 알게 되었습니다. 그렇지만 상법像法에는 정법과 달리하여 깨달음을 구한다고 말한 논리는 조잡합니다. 통발〔筌〕[25]을 빌려 종지宗旨를 이해한다면 부처님의 모습이 시현示現함을 빌릴 필요가 없다는 것은, 이야말로 진실로 주공과 공자가 후세에 교훈을 남겨 밝게 빛나고 있는 것이며, 가르침을 남겨 준칙準則이 되고 있는 것이니, 세간의 전적典籍에서 구하여도 충분한 것입니다. 광명光明을 놓고 대지를 진동시킨 일을 부질없이 무엇 때문에 하셨습니까?

만약 바른 믿음이 엎드리고 우러러보아 예경하는 데서 그치는 것이 아니고, 불사佛事가 모습이나 소리에 모두 다 갖추어져 있는 것이라면 그때 대각(大覺 : 부처님)께서 말미암는 것은 미묘한 색신色身이며, 깨달음을 구하려면 그 시초에 기인하여야 됩니다. 그렇

---

25 『장자』「외물外物」.

기 때문에 신자들은 반드시 유가儒家와 묵가墨家에서 일으킬 논쟁 때문에 의심을 하게 될 것이고, 배우는 이들도 앞으로 증거가 없음을 말미암아 스스로 후회하리라는 것을 알 수 있습니다. 밝음을 아낀다는 것은 삼황三皇이나 오제五帝에게 있어서는 탓할 것이 없으나 도덕道德에 모습을 숨기는 것은 부처님의 10호號에 허물이 될 것입니다. 어찌 그렇지 않겠습니까? 또 말씀하신 주공이나 공자도 퇴폐한 말세를 구제하는 데 힘쓰느라 내세의 일에는 여가가 없고, 만약에 결승結繩의 시대에 태어났더라면 당연히 3세를 밝혔을 것이라는 말도 또 그렇지가 않습니다. 7경經에서 진술한 바의 뜻은 미래도 겸하고 있고, 불전佛典에 폭넓게 게재되어 있는 일은 다만 인연과보因緣果報뿐입니다. 따라서 『주역』에서는, "선을 쌓은 집안에는 반드시 넉넉한 경사가 있고, 악을 쌓은 집안에는 반드시 많은 재앙이 있다"고 하였고, 경전에서 "나도 없고, 업을 짓는 이도 없고, 과보를 받는 이도 없지만, 선악의 업은 또한 없지 않다"[26]고 말하고 있습니다. 이러하다면 인연의 가르침(불교)은 항상 완만하고, 미래의 일도 또한 겸하고 있는 가르침(유교)은 매우 큰 것이 되는데, 어째서 이쪽에만 힘을 쓰고 있고, 다른 쪽은 빠뜨리고 있다고 말할 수 있겠습니까?

보내오신 변론은 훌륭하기는 하지만 여전히 쳇바퀴 돌듯 순환하고 있는 설일 뿐입니다. 바라옵건대 다시 새로운 설을 가려내어서 다른 논점을 말하여 고금의 미혹함을 씻고, 이로(夷路 : 평평한 길)를 더욱 평탄하게 하고, 쌓여 있는 장애를 크게 소통시켜 주십시오. 아무쪼록 대화상께서 저의 티끌같이 작은 바람을 받아들여

26 『유마경』「불국품」.

주시기를 간절히 바랍니다. 제자 이묘 삼가 올립니다.

6) 이묘에게 보낸 법명法明의 편지

석법명이 말씀드립니다. 여기에 훌륭한 논변을 받고 삼가 읽는 데에 며칠을 보냈습니다. 이 논변은, 향기가 골짜기에 피어난 난蘭과도 같고, 맑기는 훈풍薰風과도 같습니다.

빈도貧道의 기량器量은 서릿발같이 날카롭게 번득이는 영재가 못 되며, 그 솜씨 또한 포생庖生[27]과 같이 뛰어나지도 못합니다. 걸핏하면 도리를 어겨 벗어나 단지 수많은 의문들에 걸려 넘어질 뿐입니다. 진실로 말은 어눌하고 논지는 막혀 있기 때문에 극심한 비판이 별처럼 늘어 세워져 있습니다. 어리석은 저는, 중생이 어렴풋이 눈에 보이지 않는 것에 자신을 맡기는 것과 시현한 모습을 눈으로 보는 것, 몸을 굽히고 노래하고 찬탄하거나 영묘하게 변화하여 나타나는 부처님께 감동하는 것은, 모두 도道로 나아가는 나루〔津〕와 다리〔梁〕이며, 청정한 데로 올라가는 경사스러운 기회라고 생각합니다. 그러므로 마땅히 눈에 보이지 않는 것에 자신을 맡기는 것과 눈으로 모습을 보는 것은 다 존재하며, 의혹과 증험도 양쪽 모두 존립하는 것입니다. 어찌 모습을 나타내 보이는 것을 물리쳐 끊어 버리고, 신이한 모습을 단번에 흘려 버리며, 도道를 주공·공자와 같다 하고, 규범을 세훈(世訓 : 유교)과 같다 하며, 빛을 비추고 땅을 진동시키는 일을 한갓 공언空言이라 여길 수 있겠습니까?

법신法身은 응적凝寂하고 묘색妙色은 담연湛然하기 때문에 모습

27 『장자』「양생주」.

을 숨기고 나타냄이 시류에 순응하므로 세상에 나가 도를 행함과 물러나서 숨는 일을 추측할 수 없습니다. 나타날 때에는 진여眞如를 타고 오며, 숨을 때에는 훌륭하게 가는〔善逝〕[28] 것입니다. 그러므로 말 그대로 그 의미를 구해 본다면, 어찌 부처님의 10호에 맞지 않는다 하겠습니까?

부처님께서 숨어 있을 때라도 남아 있는 빛으로 비추는 것으로도 말세의 세상을 비추기에 충분합니다. 신자信者들이 어찌 반딧불 빛 때문에 의혹을 더할 것이며, 바로 다음날 아침 해를 대하여서 어깨를 나란히 하여 흑백을 비교할 수가 있겠습니까? 탑塔・상像・경經・서書가 세계에 가득 차 있는데, 배우는 사람들이 어찌 증거가 없다고 하여 스스로 후회하겠습니까? 또한 인용한 7경經에는 그 의미가 미래를 겸하고 있어 "선을 쌓은 집안에는 반드시 넉넉한 경사가 있고, 악을 쌓은 집안에는 반드시 많은 재앙이 있다"고 하였습니다. 찰나찰나 새롭게 생멸하고 팔을 서로 걸고 교대로 생겼다가 소멸하지만 선악의 업은 과보를 받지 않을 수 없습니다. 이는 3세에 대해 확실하게 밝혀 준 것이며, 7경經에서는 더욱더 분명합니다. 문헌을 증거로 하여 사실을 확인하면 말씀대로 따르겠습니다. 그런데 앞의 논論에서 "오제五帝와 삼왕三王, 주공과 공자의 가르침은 다만 현세에 해당될 뿐이고, 내생의 일은 그냥 두고 논의하지 않았습니다. 따라서 자취의 숨김과 나타남, 교화의 쇠퇴와 흥성함, 방편과 진실을 변론하는 일이 없었습니다"라고 했으니, 아무래도 모순된 것 같습니다. 도대체 어느 쪽의 해석을 따라야 마땅하겠습니까? 인仁에 대해서는 양보하지 않는다[29]고 하

---

28 선서善逝는 여래십호如來十號 중의 하나로서 범어 sugata의 한역이다.

니, 심원한 생각을 듣고 싶습니다. 앞의 소疎에서 지극한 성인이 때로는 숨고 때로는 나타나는 것을 대략 서술했지만, 그 논거도 아직 분명하지 않으며, 설명은 더욱 확실치 않습니다. 삼가 좀더 자세히 구명하여 함께 최상의 도를 넓힐까 합니다.

뭇 중생들은 욕계 · 색계 · 무색계의 3유有의 세계 안에서 길고 긴 잠을 자고 있고, 중생의 식識은 색 · 성 · 향 · 미 · 촉 · 법의 6진塵 속에서 깊이 헤매고 있습니다. 그것들은 은밀히 변이變移하여 지옥 · 아귀 · 축생 등의 세계에서 서로 해치고 잡아먹는 주체가 되고, 차례차례 계속 이어가며 회전하는 바퀴가 됩니다. 몸은 손님을 맞이하는 집에 해당되고, 정신은 지나가다 잠깐 쉬어 가는 손님에 해당됩니다. 3악도惡道를 왕래하면서 고통을 맛보고, 8난難을 거치면서 신맛과 매운맛을 봅니다. 흔쾌한 즐거움은 잠깐의 오락일 뿐이며, 근심과 두려움은 영겁을 갑니다. 이 한 몸이 죽어 괴멸되면 다시 다른 몸을 받는 것입니다.

세간의 지혜로 총명하여 모든 서적을 배에 가득 차도록 읽어 백가百家의 문을 환히 깨달아 알고, 구류九流의 모든 가르침을 통달하였으며, 사死와 생生은 명命에 달려 있고 부富와 귀貴는 하늘에 달려 있다[30]는 것을 알며, 귀신조차도 마음대로 요구할 수가 없고, 성인聖人과 철인哲人들도 참가하여 관여할 수 없는 사람들일지라도 또한 그릇된 견해에 따라 마음을 흐리게 하고 분명하지 않은 말에 의하여 바른 사려思慮를 어지럽히며, 무당이나 정령精靈에 마음을 의존하고 부적이나 주문에 정성을 바치고 사견邪見에 집착하

29 『논어』「위령공衛靈公」.
30 『논어』「안연顔淵」.

면서도 정도正道를 기대하고, 허위를 그대로 보존하면서도 진실을 기대하며, 두 마음에 이리저리 방황하며 두 갈래 길에서 주저하고 있으니, 부처님께서 광명을 놓고 대지大地를 진동시키는 것을 어찌 볼 수가 있겠습니까?

그렇기 때문에 현묘한 전적〔佛典〕이 넓게 세상에 유포되고 통발(방편)을 벌여 놓아 중생의 근기根機에 대비對備하고, 근기가 움직이면 반드시 감통感通할 것이고, 감통한 후에 부처님의 영묘한 변화가 응應하는 것입니다. 뜻을 현묘한 경지에 깃들어 살게 하고, 생각을 유원幽遠한 경지에 내려놓고, 일생이 아침이슬과 같다는 것을 더욱 명확하게 밝히고, 3세世가 허무하지 않다는 것을 알며, 청정하고 진실한 대도大道에서는 고삐를 놓아두고, 혼탁하고 거짓된 길에서는 고삐를 당겨 멈추며, 덕德의 풀을 심고 사견邪見의 풀을 뽑아 버려 덕의 풀을 무성하게 자라게 하고, 복福을 심고 정도正道의 물을 뿌려 주어 사방으로 가지가 뻗치게 하며, 굳게 절개를 지키는 데 촌음寸陰을 다투어 시간을 아끼고 노력하고, 자신을 청결하게 하는 데 세월이 흘러감을 저녁노을이 지는 것과 다투어 힘쓰고, 정성을 가지고 원하는 것을 품고 느껴서 드디어 통한다면, 어찌 몸소 빛나는 빛을 비추고, 그 부처님의 영묘하게 변현變現하는 모습을 보지 못하겠습니까?

만약 귀나 눈으로 자명하게 알 수 있는 일이나 혹은 꿈을 통해 본 곳을 말한다면 다음과 같습니다. 후한後漢의 명제明帝는 꿈으로 인因하여 성인을 느꼈고, 불법은 이로 인하여 전래되었습니다. 제왕帝王은 정성을 기울여서 그 덕에 귀의하였고, 영웅호걸은 옷깃을 여미고 교화에 따랐으며, 사문沙門은 왕공王公과 어깨를 나란히 하였고, 승니는 천자에 대하여 몸을 똑바로 하고 예경을 하지 않았습니다. 불교 이외의 아흔여섯 종류의 이교도에서 어느 것이 그와 같이 존중받았겠습니까?

송宋의 무황제武皇帝가 막 제위에 올랐을 즈음에 꿈에 한 도인이 발우를 들고 와서 걸식을 하면서 황제에게 말하기를, "그대는 전세前世에 유위불維衛佛에게 한 발우의 밥을 보시하였기 때문에 그 자리를 얻은 것입니다"라고 하였습니다. 황제는 사자를 보내어 엄공嚴公에게 그것이 거짓인가 사실인가를 물었습니다. 엄공은 즉시 『칠불경七佛經』을 보내어 바치고 대답하였습니다.[31]

오주吳主 손권孫權은 처음에는 불법에는 영험이 없다고 의심하여 금지시키고 폐지해야 한다고 하다가 드디어 사리를 얻었습니다. 그 광명은 궁중을 비추고 금이나 철로도 깰 수가 없었으며, 쇠붙이를 녹이는 풀무로도 녹일 수 없었습니다. 현재 국도國都에 있는 건초사建初寺가 그때에 세워진 것입니다.

오군吳郡에서는 석불石佛이 바닷물에 떠 있었던 적이 있었습니다. 도사道士나 무사巫師 및 따르는 사람의 다수가 부장符章을 갖고 큰 북을 치면서 춤을 추었지만 조금도 움직이게 할 수가 없었습니다. 흑의黑衣의 승려 5, 6인, 주朱씨와 장張씨의 사람 여럿이 가까이 가서 공손히 맞이하자 그것이 떠서 들어왔으며, 마침내 모두 들어 올릴 수가 있었습니다. 그것이 지금 현재 오군吳郡의 북사北寺에 있는 석불상입니다. 순박한 정성이 미치면 감응하지 않는 일이 없습니다. 주씨와 장씨가 대대로 부처님을 받들어 온 것은 이러한 영험을 보았기 때문입니다.

31 유위불維衛佛은 과거칠불過去七佛의 제일불第一佛이며, 엄공嚴公은 『고승전高僧傳』 7권에 전기傳記가 있는 혜엄慧嚴으로 보인다.

곽문거郭文擧는 삼보를 공경하고 받들었고, 바른 신심이 굳고 확실하였습니다. 손으로 호랑이의 목에 박힌 뼈를 꺼내어 준 적이 있고, 생명의 안전함과 위험함을 잘 알고 있었습니다.

난蘭 법사[32]는 맹수들의 등에 쌓여 있는 눈을 털어 준 일이 있습니다.

호공護公[33]은 마른 샘을 감응시켜 물이 넘쳐 흐르도록 한 일이 있습니다.

이들은 모두 훌륭한 행을 한 사람으로서 중인을 뛰어넘으며, 이들 모두의 고매高邁한 행行은 많은 사람보다 훌륭하며, 청정한 마음은 세속에서 뛰어나 모두 이적異迹이 있고, 세상 사람들은 이러한 이적들을 모두 기록하여 전하고 있습니다. 이 밖에도 이루 다 말할 수 없을 만큼 많이 있습니다. 빈도는 젊을 때부터 게을리 하다가 백발이 되기에 이르렀습니다. 고루하고 견문은 적지만 나 자신의 진실한 마음을 드러내었습니다. 솔직하고 꾸밈이 없는 말이라 반드시 채택할 만한 것이 없으니, 참으로 온당하지 못한 점이 있을까 염려되는 바입니다. 삼가 부끄럽고 두렵습니다. 삼가 올립니다.

이하 "형주荊州의 종거사宗居士가 「명불론」을 지었다. 백익伯益은 『산해경山海經』에 '천독(天毒 : 인도)이라는 나라는…….' 진나라 때에는 강남에서 융성하였다"고 기재되어 있는데, 이 책 제2권 「명불론明佛論」에 있는 내용이므로 생략한다.

---

32 『양고승전』 4권 「우법란전于法蘭傳」.

33 『양고승전』 1권 「축법호전」.

32. 문선왕서여중승공치규석의혹文宣王書與中丞孔稚珪釋疑惑〔답서 첨부〕

1) 문선왕 소자량蕭子良[34]의 편지

당신의 편지를 낱낱이 살펴보았습니다. 언제나 근거 없는 말이 올바른 도를 막고 격렬함이 순화純化를 해치고 있음을 근심한 지도 벌써 오래되었습니다. 맹자는 "군왕께서는 소지小智를 좋아해서는 안 됩니다. 군왕께서는 소용小勇을 좋아해서도 안 됩니다. 소용小勇과 소지小智가 정도를 지나치면 환화患禍를 낳게 되니, 따라야 할 바는 바로 마땅히 인의를 근본으로 삼는 것입니다"[35]라고 말하고 있습니다.

저는 지금 불교〔釋訓〕를 닦은 것으로 인하여 비로소 이러한 맹자의 행行이 나오게 된 근원을 보았습니다. 맹세코 이행履行할 것을 염원하여 비천한 사람이나 고귀한 사람이나 모두가 그 미덕을 같이하기를 바랍니다. 또 『유마경』의 비유〔解脫之喩〕를 들면, "얻을 것도 없고 잃을 것도 없으며, 작은 것에 큰 것이 들어 있다〔不得不小失存其大至於形外之間〕"[36]고 합니다. 모습 밖의 세간〔形外之間〕에 이르러서는 저절로 언급할 것도 없습니다.

---

34 자는 운영雲英이고, 호는 정주자淨住子이다. 남제南齊 무왕(440~493)의 둘째 아들이다.

35 『맹자』에 이와 동일한 구절은 없다. 다만 「양혜왕梁惠王」 상에 소용小勇을 언급한 것이 있을 뿐이다.

36 『유마경』에는 이 구절은 없고, 다만 「견아촉불국품見阿閦佛國品」에 '일체무득무실一切無得無失'이 있어 이에 의거해 본문의 '소小'와 '실失'을 바꾸어 '부득불실不得不失'로 해석하였다. 또 '소존기대小存其大'는 「부사의품不思議品」의 '수미산이 겨자씨 안에 들어간다'는 것을 나타낸 것이라고 보았다.

세속을 뛰어넘는 불교[眞]도 세속의 가르침인 유교[俗]도 그 극치는 하나일 뿐입니다. 그것을 취取하는 이들이 아직 통달하지 못했기 때문에 제멋대로 같다거나 다르다거나 하는 시비를 일으키고 있는 것입니다. 당신은 "선업善業을 쌓아 신실信實한 세계에 깃들여 산다"고 말하였는데, 그렇다면 말과 행동이 어긋나게 됩니다. 어떻게 부모를 모시는데 한쪽에서는 험담하고, 한쪽에서는 공경하는 것을 대효大孝라고 말할 수 있겠습니까? 그런 말은 지금까지 들어본 적이 없습니다.

어진 사람의 품행品行은 잔인하게 해치는 것으로 그 미덕을 더하지 않으며, 청렴한 사람의 지조는 탐하여 훔치는 것에 의지해서 그 덕을 이루지 않습니다. 이와 같다면 3귀歸와 5계戒를 어찌 한 생각이라도 버릴 수 있겠으며, 10선계善戒와 8정도正道를 버릴 수 있겠습니까? 지금까지 그 근본을 가볍게 여기고서 그 지말을 소중하게 여길 수 있음을 본 적이 없습니다. 말하자면 "뿌리가 이미 기울어진 뒤에 지엽枝葉이 이를 따른다"[37]고 하는 것입니다. 지금 "두 길이 떨어져 다른데 어찌 서로 따를 수 있겠는가?"라고 말합니다. 이 말은 참으로 얄팍한 이야기로 보일 뿐입니다. 당신은 경經과 율律의 불전에서 말한 것을 보지 않은 것도 아닌데, 어찌하여 뜻을 한쪽으로만 치우쳐서 유불儒佛의 공통 통로를 매몰시키려 합니까?

원래 선비란 세속을 여의고서 가르침을 베풀지 않는 법이니, 세속에 근거한 가르침은 알 수 있는 것입니다. 만약 이 불법佛法이란 헛되이 거짓됨만 이루어 다시 의혹을 증가시키는 것이라고 말한다면 마땅히 소멸되어야 할 것입니다. 그 원인에 대하여 말해 보

37 『좌전』「민공閔公」원년.

기로 하겠습니다. 가정에서 부모에게 효도하고 손윗사람을 잘 섬기는 이가 마을과 고을을 합쳐서 결국 몇 사람이나 있겠습니까? 이제 그 많지 않은 것을 가르침의 탓으로 돌려 경서經書나 사서史書, 잠계箴誡를 모두 분서焚書해서야 되겠습니까? 지금 당신은 불교〔內敎〕에 대해 의심하여 망설이고 있지만 또한 이것과 무슨 차이가 있습니까?

그러므로 훌륭한 법(불법)에 귀의하는 사람은 본래 예경을 그 마음에 내세워 과시하지 않고, 삼가 우러러 따르는 사람은 자기의 이익만을 위하여 타인을 잊어버리지는 않습니다. 오늘날 자기의 사욕私欲을 이기는 것에 애쓰는 사람은 바로 당신들뿐입니다. 서로 교만함을 버리고 오만함을 없애며, 정욕을 조절하고 탐욕을 억제하여 예양禮讓을 닦고 겸손을 배우며, 인의仁義를 받들고 효제孝悌를 돈독히 하며, 널리 보시하기를 힘쓰고 두루 사랑함을 넓히며, 영특하고 어진 이를 찬탄하고 준수하고 뛰어난 이를 뽑아 올리니, 또한 귀신에게 무슨 부끄러워할 것이 있겠습니까? 부지런히 채찍질하여 힘써야 진실로 여기에 있는 것입니다. 비록 다 따라할 수는 없다 해도 또한 생각에 두고 그것을 잊지 않습니다. 지금 아직 야광夜光의 구슬이 던져지지도 않았는데 벌써 칼자루를 만지며 일어서고 있으니,[38] 도덕에 가까이 있고자 하나 어찌 부끄러운 일이 많지 않을 수 있겠습니까? 아직 이 사정을 알지 못하기 때문에 항상 믿어서 마음에 기약하고 있을 뿐입니다. 제 마음에 있어서는 그렇지는 않고 항상 미치지 못하는 것을 걱정하고 있습니다.

사도司徒의 관청은 원래 5교敎[39]를 권장하여 참으로 함께 이러

38 『사기』 83권 「추양전鄒陽傳」.

한 아름다운 행을 돈독하게 하여 아랫사람들을 이끌어서 속이고, 아첨하는 사람들로 하여금 사도司徒의 문門을 바라보는 것만으로도 자신을 새롭게 하고, 진실되지 못하고 방탕한 사람들도 사도司徒의 뜰을 밟는 것만으로도 행실을 바꾸게 하여 저 마음을 쉬는 객사〔息心之館〕와 같게 하고, 무욕의 누각〔無慾之臺〕과 같게 하니, 또한 훌륭한 일이 아닙니까? 첫째로는 천자(天子 : 武帝)의 천하에 두루 미치는 자애를 우러러 따르고, 둘째로는 황태자(문혜 태자)가 자애를 베푼 선행을 공경하여 받드는 것입니다. 조석으로 경계되고 두려워하는 것은 참으로 이 마음에 이룸이 없을까 걱정하는 것뿐입니다.

세간의 종잡을 수 없이 많은 말들은 스스로 많은 말거리를 즐겨 만들면서 그 말들을 만들어 내는 이들은 선善을 바라기 때문에 말한다고 하니, 아직까지 교화를 해치는 것의 중대함을 모르고 있는 것입니다. 가령 속임수를 충효忠孝라 하고, 아첨하여 기쁘게 하는 것을 인의仁義라 하며, 거짓된 행실을 예양禮讓이라 하고, 굽은 것을 가장하여 곧고 반듯하다 할지라도, 공자의 말처럼 비록 하루만이라도 자기의 사욕을 이긴다면 천하가 모두 인仁으로 돌아간다 하니, 하물며 10일이나 반 달 남짓 하면 바라는 것 이상이 될 것입니다.

평소 제가 마음을 열어 말씀드렸다면 틀림없이 이처럼 잘못된 것이 많지 않았을 것이고, 아마도 이와 같이 번거로움이 많지 않았을 것이므로 저의 부족하고 천박함을 깊이 슬퍼합니다. 당신은 참으로 마땅히 그 어긋남을 충고하고 통달하지 못한 것을 개발하

---

39 부의父義·모자母慈·형우兄友·제공弟共·자효子孝 또는 부자유친父子有親·군신유의君臣有義·부부유별夫婦有別·장유유서長幼有序·붕우유신朋友有信을 말한다.

게 해야 할 것입니다. 그렇게 하지 아니하고 어떻게 불교가 효孝의 근본을 상하게 한다고 하며, 의의 기초를 해친다고 말할 수 있겠습니까? 개탄하는 것만이 제가 바라는 것이 아닙니다. 만일에 제가 말한 일이 폐기할 만한 것이라면 기꺼이 다른 좋은 말을 듣겠습니다.

또 당신은 사람들에게 반드시 지계持戒를 권장하지 않고 선을 아래부터 자발적으로 행하게 해야 할 것이라고 말하였습니다. 반드시 이렇게 하여 교화를 넓힌다면, 요임금〔放勛〕은 사흉四凶이 고쳐지는 것을 기다린 후에야 훌륭한 인격〔聖〕이 열렸으며, 우虞·순舜 임금도 상균商均이 어질어지는 것을 기다린 후에 덕이 밝아졌을 것이니, 이와 같이 하여서 미덕을 이루는 것을 바랄 수 있겠습니까? 당신의 이러한 의견은 마땅히 널리 꺾이는 바가 있는 것이니, 곧 마땅히 요堯의 집 입구의 흙 계단이 삼단밖에 안 되었다는 검약함을 힐난하고, 이궁離宮의 화려함을 가상히 여겨야 하고, 우禹가 띠로 지붕을 이은 누추함을 깎아내리고[40] 아방궁의 부귀를 숭상해야 하며, 한漢의 급암汲黯[41]의 청정한 정치를 한 바른 모습을 부끄러워하고 축타祝陁의 아첨을 명예롭다 여겨야 할 것입니다. 그 밖의 절의節義나 정신貞信, 겸공謙恭의 덕은 모두 마땅히 길을 바꿔 반대로 해야 할 것이니, 다시 무슨 닦아야 할 행行이 있겠습니까?

말을 들으면 반드시 그 사람의 행을 살피고, 그 행을 보고서 반드시 이치에 맞는지를 묻는 것입니다. 만약 이치에 어긋나지 않고

---

40 『사기』 130권 「태사공자서太史公自序」 참조. '띠로 지붕을 이은 누추함〔茅茨之陋〕'은 『사기』 3권 「하본기夏本紀」에 나온다. 우禹의 모자茅茨에 대한 것은 여기에 없다.

41 무제武帝를 섬겼다.

행실이 벗어나지 않았다면 다른 길로 나가지 않도록 하여 주십시오. 또 길은 달라도 돌아가는 곳은 같다는 말도 있으니, 반드시 한 편으로만 꽉 막혀 일관하지 않는 것이 좋겠습니다.

요사이 또 당신의 의견과 같은 사람이 많습니다. 지금 저의 말을 이 편지에 전했으니, 마음이 오로지 한결같지 못한 사람은 마음에 의심을 두고 있는 사람이므로 국군國君께서 그들에게 널리 알리십시오. 간략하게 제 생각을 말하였습니다만 확실하게 보여드린 것이 없고, 더욱이 편지로는 번거롭게 되기가 쉬워서 끝내 충분히 뜻을 다하지 못하였습니다. 가까운 시일 안에 당신을 뵙고 따로 다시 상세하게 말씀드리겠습니다.

사람의 마음이 같지 않은 것은 마치 그 용모가 각각인 것과 같으니, 어찌 그 모습을 하나같이 하고, 더욱이 그 지혜를 같게 할 수 있겠습니까? 그러므로 육체[有待]에 차별이 있다는 것을 보면 그것만으로 마음[情靈]도 서로 다르다는 것을 알 수 있습니다. 일단 그 뜻을 얻기만 하면 말로써 다할 필요도 없지만은 일단 의견이 등지게 되면 어찌 의론으로 상대의 마음을 바꿀 수 있겠습니까? 당신을 만났을 때 말로는 아주 자세히 나눴으면서도 그와 같이 일치점에 이르지 못한 것도 진실로 두 사람의 견해가 이미 달랐었기 때문입니다. 서로가 그 방식의 차이를 다시 넓히지 않고 유지할 수 있다면 다행이라 할 수 있으며, 헛되이 시비를 다투어 마음대로 비방하는 의론을 일으킬 필요는 없을 것입니다. 마음을 쉬어 신실信實한 세계에 들어가는 일은 지난날의 현인에게도 없었던 것은 아닙니다. 지금 저는 선善을 본받음으로써 즐거움을 삼고 있기 때문에 스스로의 교만함을 꺾고 타인을 대하려고 합니다. 만일 당신의 덕이 옛 현인보다 우월하고, 성스러움이 선인先人보다 나으며, 지혜가 많은 사람들보다 뛰어나고, 지위가 사람의 존귀함에서 극치에 도달했다고 생각한다면, 저절로 허망한 세상의 밖에서 자적自適하여 당신의 가르침으로 사람들을 교화하고, 당신의 신념을 고상하게 하고, 구함이 없이 스스로 만족하여 물러나 선현先賢을 본받으려 하여도, 아마 당신보다 현격히 뛰어난 사람은 없을 것인데, 헛되이 두 길(불교와 유교)을 걸치고 있어 뛰어난 법(불교)과 달리하고 있습니다. 만일 당신이 도와 거리가 먼 이라고 믿었다면 처음부터 말씀드리지 않았을 것입니다. 그러나 만나뵙고 싶은 생각이 적지 않기 때문에 다시 뵐 것을 마음에 기약할 뿐입니다. 가까운 시일에 만나 따로 자세히 말씀드리겠습니다. 최근 보잘것없는『석체釋滯』두 권을 지었습니다. 어디에선가 벌써 보셨을 거라고 생각됩니다만 지금 보내드리니 보십시오. 만약 벌써 보셨다면 되돌려 보내시어 당신의 눈을 수고롭게 함이 없기를 바랍니다. 만일 아직 보지 않으셨다면 한 번 두루 유념해 읽어 주시기 바랍니다. 본래 다른 사람의 생각을 바꾸려는 의도는 아니었고, 단지 나의 의문이나 막혀 있는 것을 풀기 위하여 쓴 것입니다. 그러나 당신이 이것을 보면 틀림없이 손뼉을 치며 기뻐하리라 생각됩니다. 소자량蕭子良이 소疏를 올립니다.

2) 공치규서孔稚珪書와 답

공치규의 편지

치규稚珪가 말씀드립니다. 저는 일찍부터 공公께서 이끌어 주시는 인덕人德을 받들어 섬기고, 큰 자비로 널리 인도引導하시는 깊은 가르침을 받고 있습니다. 공公의 은덕과 장려에 이끌려 천명天

命으로부터 부여받은 나의 성품性品을 반드시 다하는 것입니다. 그래서 감히 저의 마음속을 들어내어 보이겠다는 청을 하고 있는 것입니다. 저희 집안은 대대로 도교를 받들고 있기 때문에 마음을 비워 고요하게 하는 것〔沖靜〕으로써 마음을 다스리고, 꾸밈없고 겸손하게 하는 것〔素退〕으로써 행行을 이루었으며, 행적行迹은 온갖 선용善用이 모여 있는 심연深淵을 밟으며, 마음은 지극한 순리順理가 깃들여 있는 집에 살고자 기약해 왔습니다. 저도 선조의 모범을 우러러 받들어 털끝만한 번뇌도 스스로 끊어 버려 근본 마음이 향하는 곳을 아직 잃지 않고 있습니다.

대각(大覺 : 佛)의 밝은 가르침과 반야의 바른 근원은 제가 평소부터 숭상해 온 바이며, 처음부터 어기지 않았습니다. 항상 지극한 이치를 추구해 나가면 그 이치의 끝 간 곳에서는 결국 하나로 돌아갑니다. 그것을 지극한 근본에 둔다 해도 근본의 극치에서는 둘이 용납되지 않습니다. 스스로 우러러 공公의 교화를 접하고 있습니다. 저를 정승正乘으로 인도하시고 통계通戒로 이끄시어 저로 하여금 6체滯를 단박에 벗어 버리고, 안眼·이耳·비鼻·설舌·신身의 5정情을 비로소 밝게 하도록 해 주셨으니, 마음을 돌려 정례頂禮하고, 합장하여 받들어 간직하고 있습니다.

저는 삼가 공손히 귀의하여 일찍부터 항상 청정하게 신앙하고 있습니다. 무거운 율律이든 가벼운 조條든 평소부터 이미 절반은 지키고 있습니다. 아직 의발(衣鉢 : 불교)로 바꾸지 않고 황로(黃老 : 도교)를 마음에 두고 있는 이유는, 실은 일문一門의 가업家業이 근본을 두고 있는 곳이라 차마 하루라도 그것을 버릴 수가 없기 때문입니다. 사람들의 마음에는 대대로 이어온 근원이 있어 하루아침에 뉘우쳐 고치려 하지 않습니다. 이미 불교와 도교가 본이 대체로 같기 때문에 마음을 돌려 불교로 향하는 것을 감히 아쉬워하는 것은 아니지만, 실은 단지 선업先業을 칭송하는 말을 마음에 새기고, 집안 대대로의 뜻을 차마 버리지 못하고 있을 뿐입니다. 제가 어찌 방광(方廣 : 대승)의 가르침을 생각하지 아니하고 1승의 교설을 간절히 마음에 새겨 두지 않을 수가 있겠습니까? 더구나 공公에 의지하여 예를 같게 하고 덕을 이끌며, 더하여 반드시 공의 청정한 믿음을 봉송해야 함은 말할 것이 있겠습니까?

공公께서 『정주자淨住子』의 서문을 지으신 데에 이르러서는 만문門이 심오한 진리를 밝히고 있고, 억 품品이 현지玄旨를 널리 알리고 있습니다. 말은 비록 반대의 뜻을 표현하기를 원했으나 마음은 나도 모르는 사이에 취해 버렸고, 게다가 공의 훌륭하신 지도력의 오묘함이 일단 이와 같은 곳까지 이른 것을 미처 예측하지 못하였습니다. 넓음과 간결함이 서로 뒤섞여서 밝은 빛을 비추어 내고 있어 그만두려고 해도 오히려 마음대로 할 수 없고, 등지려고 해도 무엇으로써 따름을 면할 수 있겠습니까? 지금까지 저는 진실로 영민하지 못하였지만 지금부터는 이러한 말씀을 따라 전념하겠습니다. 저의 어리석은 마음은 단지 일문一門의 규범에 사로잡혀 있을 뿐이며, 인정상 불교와 도교에 대해 감히 구별하지 못하고 있었습니다. 새삼스럽게 집안일을 살펴보니, 예부터 일찍이 불교와 도교가 서로 같은 뜻임을 알았습니다. 제가 전에 이 일을 장융張融에게 가르쳤는데, 장융은 『통원론通源論』을 쓰고 자신의 이름을 소자少子라 하였습니다. 그 소자가 밝힌 것은 도교와 불교를 회통시킨 것이었습니다. 장융의 이러한 깨달음은 저의 가문家門으로부터 나온 것으로서 저의 가문의 견해가 이미 그러한데 저에게 다시 무슨 걸릴 것이 있겠습니까? 처음에는 망설이며 자취에 집착하였으나 지금은 마음에 둘 다 겸하여 공경하여 한쪽에서는 헛되이 황로를 버리지도 않고 다른 한쪽에서는 정각(正覺 : 불교)에 귀의하고 있습니다. 하루아침에 갑자기 크게 깨닫는 것을 기대하고 있지 않으며 저를 깨달음으로 인도하는 것은 모두 공公으로부터일 것입니다. 참으로 기쁘기 한량없습니다. 삼가 아뢰옵니다.

편지를 드립니다. 다시 제가 도교가 불교와 다른 점을 연구해보니, 단지 극점極點을 논함에 있어 미진未盡한 데 있을 뿐이라고 생각합니다. 도가의 구극究極에 대하여 논한다면 그 궁극이 되는 것이 제천諸天에 있다고 하는데, 불교에서는 이것이 삼계를 뛰어넘는 것이 아니라고 하여 멸시하고 있습니다. 이것은 말하자면 정밀함과 거칢, 심원함과 천박함의 차이로서 이 점만을 놓고 본다면 도가는 불교에 비해 수치스러워할 만한 점이 있긴 합니다. 그렇지만 잘 살펴보면 도가의 가르침은 방편을 세운 것이니, 그것은 마치 공자가 외전外典에서 구극究極은 오직 하늘과 땅뿐이라고 했던 것과 같은 것입니다. 그것은 백성들이 볼 수 있는 경계가 천지의 이의二儀뿐인 데에 기인한 것입니다. 가르침이라고 하는 것은 본래 마음을 연유하여 만물을 취하여 이해하도록 하는 것이기 때문에 사람들의 눈에 보이는 바에 따라서 맞추어 나가는 것입니다. 그에 따르는 지점에 직면해서는 도교도 불교도 다 함께 현묘한 존재에 최선을 다하고 있습니다. 그러므로 노자가 말한 탁약橐籥[42]도, 유마가 말한 무아無我[43]도 그 덕은 천지의 덕에 합치하는 것입

42 『노자』 5장 참조.
43 『유마경』 「문질품問疾品」.

니다. 또 역가易家에서 태극太極을 말하고 있는 것[44]은 사람이 하늘을 숭상하는 것에 기인하여 다시 극묘極妙한 것을 숭상하도록 하는 것이 구극에 도달하는 지점地點이 있다면 그 깊이는 하늘보다 더할 것입니다.

노자는 또 말하기를, "일물一物이 있어 혼연混然히 성립하여 천지가 열리기 이전에 생겼다"[45]고 하였으니, 벌써 도道가 하늘 밖에 있다는 것입니다. 작은 하늘로써 도道를 삼지 않았다는 것입니다. 불가佛家의 아라한阿羅漢이 궁극인 제4과第四果를 지시하는 것이지만 『승만경』에 이르러서는 그것이 유여지도有餘地道임을 스스로 알게 되는 것과 무엇이 다르겠습니까? 도가에서 천극天極을 숭배하는 것은 불가佛家에 아라한이 있는 것과 같은 것입니다. 불교에서도 단지 아라한에서 머물지 않고, 도교에서도 하늘에서 그치지는 않습니다.

도교에서 도라고 하는 것이 결정코 불도와 근원이 통한다는 것을 비로소 확신합니다. 지금 제 마음이 귀의하는 곳은 바로 공公이 귀의하는 곳과 같은 방향입니다. 도가에서 선善을 지켜 나가라는 것은 본래 불가와 같은 것일 뿐입니다. 양 교〔二敎〕가 동일한 경우에는 저는 진실로 도교를 버릴 수가 없습니다. 도교가 다르다면 유순하게 공公의 대승大乘에 따를 것입니다. 부디 오늘날에는 다시 양 교의 같고 다름을 자리매김하지 않기를 바랍니다. 마음을 겸허히 하여 삼가 저의 진실을 말씀드렸습니다. 아무쪼록 제가 아직 바꾸지 않은 점을 잘 받아들여 주시고 제가 태어나서부터 도교를

44 『주역』「계사繫辭」상.
45 『노자』25장.

믿어 왔던 점을 양해하여 주시기 바랍니다. 저 스스로도 지금까지의 일을 반성토록 하겠습니다. 조심스럽고 두렵습니다. 삼가 아뢥니다. 11월 29일 주민州民 어사중승御史中丞 공치규가 아룁니다.

규가 말씀드립니다. 편지를 받고 자세히 생각하여 보니, 참으로 기쁘기 한이 없습니다. 이치에는 본래 둘이 있을 수 없는 것인데, 이것저것을 취사하여 논쟁을 일으킨다고 하신 점은 저도 항상 개탄하고 있던 바입니다. 다만 비로소 도를 통한 이에게 있어서는 마땅한 일이겠지만 가르침을 받고 배우는 사람은 아직 그렇게까지 되지 못합니다. 당신이라면 널리 여러 경전을 찾아 읽었기 때문에 이러한 행적에 빠질까 염려하지 않습니다. 가까운 시일 안에 찾아뵙고 자세히 말씀드리겠습니다.

3) 소공의 답장

당신의 편지는 매우 훌륭합니다. 깨닫지 못한 사람들에게 널리 보여 주시면 좋겠습니다.

33. 도항도표이법사답위진주요략[46]권파도서道恒道標二法師答僞秦主姚略勸罷道書〔요주서姚主書 첨부〕

1) 요주서姚主書와 항恒·표標 두 공公

경卿들은 도를 좋아하고 한적함을 몸소 체득하여 법문에 귀의하

46 『진서晉書』 117권 「요흥재기姚興載記」, 자字는 자략子略이고, 장萇의 장자長子

였으니, 그 청렴결백한 지조는 진실로 칭찬할 만하다. 다만 내가 천하에 군림하여 다스리는 데 있어 반드시 인재가 필요하기 때문에 이제 은둔하고 있는 선비를 산림으로부터 불러내며 파묻힌 인물을 푸줏간 속에서 찾아내기를 바라고 있다. 더구나 경卿들이 두루 독실히 활동하는 모습은 오래전부터 내가 알고 있던 바이다. 모두 각각 시대를 떠맡아 처리할 능력을 갖추고 있고, 더욱이 홀로 자신을 잘 다스리는 경지를 감추고 있다. 이것은 아마 내가 현인賢人을 구하려고 하는 지극한 뜻과 경들이 불교를 크게 홍포하려고 하는 깊은 뜻의 발현일 것이다. 옛사람이 "나라에 명마가 있으면서 타지 않고 이제 막 당황해 하면서 다시 찾아다닌다"[47]고 한 말이 있는 것은 바로 이를 두고 말한 것일 것이다.

지금 상서령尙書令 요현姚顯에게 조칙을 내려 경들의 2승乘의 복심福心을 취해 오고, 경들의 청명淸名한 신통력을 쓴다면 시대를 돕는 일 또한 어찌 크지 않겠는가? 진실로 마음에 불도의 의미를 보존하고 있다면 어찌 흑백(黑白 : 재가·출가)에 얽매일 것이 있겠는가?

이 마음을 잘 알아서 '절조를 지킨다'고 하는 말로써 사양하지 말기를 바란다.

2) 진주秦主에게 답함

지난 달 28일에 조칙詔勅을 받았습니다. 상서령尙書令에게 칙령

로서 구마라집의 설법을 듣고 역경 사업을 융성케 하여 불교 홍륭에 힘썼다. 『양고승전』에는 나집·승조 등 요홍의 영향 하에 있었던 고승 스무 명을 들고 있다.

47 『초사楚辭』「구변九辯」.

을 내려 도항·도표 등의 법복을 강제로 벗기라 하셨다는 명을 받고, 너무나 슬프고 두려워 마음이 어지럽고 위를 올려다봐도, 아래를 내려다봐도 부끄럽고 당혹하여 몸 둘 곳이 없습니다. 항恒 등은 진실로 재질이 부족하고 어리석은 사람으로 불법에 귀의한 지는 아직 얼마 되지 않았지만 마음에 늘 간직해 보존하고 있음이 이미 지중하고 또 불법을 늘 그리워하는 마음이 깊습니다.

외람되게도 훌륭한 가르침을 받았고 과분한 칭찬을 받았습니다. 깨우쳐 주고 격려해 주신 말씀과 이치는 자세하고 극진하였지만 다만 마음을 편안히 할 곳을 얻지 못하였습니다. 법복을 입고 신명身命을 다하리라 서원하였고, 더욱이 어릴 때부터 불법만을 배웠으므로 세간의 일을 익힐 여가가 없었습니다. 그저 특별히 훌륭하게 여겨 등용하신다 하더라도 끝내 별다른 공적이 없을 것입니다. 비록 빼어나게 유능하다는 명성은 있어도 시대를 도울 유용함이 없어 털끝만한 도움도 되지 못하여 장차 산과 같은 손실이 생길 것이니, 폐하를 위하여 취하지 않으셔야 한다고 생각합니다.

후한의 광무제光武帝조차도 엄릉嚴陵[48]의 은일하고자 하는 마음을 내버려 두었으며, 위문제魏文帝는 관녕管寧[49]의 절조節操를 온전히 하도록 하였습니다. 이 모두가 지존至尊의 높은 뜻을 누르고 필부匹夫들의 작은 뜻을 이루게 한 것이니, 많은 백성들을 자재自在하게 묵인해 주어 자신을 다하지 아니함이 없도록 해 주셨던 것입니다. 더구나 폐하께서는 도로써 백성을 다스리고 겸하여 삼보를

---

48 자는 자릉子陵이며, 광무제와 동학同學이다. 광무제가 왕위에 즉위한 뒤 불러서 간의대부諫議大夫를 제수했으나 사양하고 부춘산富春山에서 농사를 지었다.

49 위나라 문제文帝 때 독행獨行의 군자로서 거론되었으나 고사하여 받지 않았다. 그 덕행은 짝할 이가 없다고 칭송되었다.

넓히시며, 천하의 불교학자〔義學之士〕들을 도성에 모아서 신이新異한 경전을 멀고 가까운 곳에 따라 유포하셨습니다. 불법의 흥륭은 여기에서부터 성대하게 되었던 것입니다.

이제 비로소 크나큰 교화를 천양하시고 광명을 도와 밝은 빛을 일으켜 비추어 기원정사의 유향遺鄕을 이어 영취산의 여풍餘風을 일으키고 천 년의 모범을 세워 후세의 중생을 위한 나루길을 놓으시면서 항恒 등만은 어찌하여 유독 이 태평한 시대에 우리의 뜻과 바람을 펼 수 없게 하십니까? 부디 우리들의 마음을 밝게 살피시어 특별히 광대하고 통달한 처리를 내려 주시고 아울러 밝은 조칙을 내리시어 우리들의 작은 뜻을 이루게 허락하여 주시면 구천에 가서도 은혜를 잊지 않고 영원히 덕을 기릴 것입니다. 두려움에 떨림을 견딜 수 없어 삼가 상주의 말씀을 올립니다.

3) 항과 표 두 공에게 내린 조칙

상주上奏한 것을 보고 뜻을 잘 알았다. 지금 그대들이 뜻을 굽혀야 하는 이유는 시대가 필요로 하기 때문이다. 다시 본마음을 미루어 이에 대해 언급하지 말라. 다시 한번 깊이 생각하여 넓은 도량으로 잘 처리하라. 나의 취지趣旨는 경들이 평소부터 잘 알고 있을 것이라 생각하므로 다시 번거롭게 말하지 않겠다. 곧 이 시대의 명을 받들어 이어서 보살의 발자취를 따르기를 힘쓰면 될 것이다.

4) 두 번째 진주秦主에게 답함

도항 등은 얼마 전 심중心中을 말씀드려 폐하의 밝은 식견에 깨닫게 해 드리는 것이 있기를 바랐습니다만 거듭 내리신 조칙을 받고도 용서를 얻지 못했습니다. 받들어 읽고 보니 슬프고 당혹하여 마음을 걷잡을 수가 없습니다. 폐하의 인덕은 천지와 같이 넓어 백성들로 하여금 각자의 본성을 기뻐하도록 해 주십니다. 항 등은 어려서부터 불법의 교화를 익혀 어리석은 마음의 바람은 맹세코 하찮은 목숨을 법복과 더불어 함께 다하고 싶다는 것입니다. 그러나 과분한 은혜를 내려 주시고 급기야 저희들의 부족한 것도 잊으시고 보살의 자타를 겸하게 제도하는 도를 넓히라고 말씀하시나 지력志力에 한계가 있어 실로 감당할 수 있는 것이 못 됩니다. 단지 여생을 자신을 구제하는 데 힘쓰기를 바랄 뿐 아니라, 또한 어리석은 마음에 늘 간직해 두고 있는 바를 반드시 지키겠다고 사사로이 생각할 뿐입니다. 제발 오직 한 길을 가려는 성심誠心을 너그럽게 봐 주시고 치우쳐 고집하는 허물을 꾸짖지 말아 주시기를 바랍니다. 은혜로운 성지聖旨를 특별히 내리시어 작은 뜻을 이룰 수 있도록 허락하여 주십시오. 거듭 조칙을 지연시켜 송구스러울 따름입니다. 저희들의 지극한 충정을 견딜 수 없어 삼가 거듭 상주하여 말씀을 올립니다.

5) 항과 표 두 공에게 내린 조칙

거듭하여 상주를 받고 낱낱이 자세하게 모두 잘 헤아렸다. 사정은 앞의 조칙에서 자세히 말한 그대로이니, 오로지 마땅히 마음을 열어서 시대의 명에 따르고 다시 빈번히 거듭하여 번거롭게 함이 없게 하라.

6) 다시 진주秦主에게 답함

도항 등의 어리석은 뜻으로 고집하고 있는 것은 앞의 상표上表

에서 상세하게 말씀드린 것과 같습니다. 우리들의 정성이 작아서 폐하의 마음을 감동시켜 깨닫게 해 드릴 수 없었습니다. 거듭 되돌아온 조칙만을 받았고, 자비로운 관용을 얻지는 못하였습니다. 위를 올려봐도 아래를 내려다봐도 슬프고 두려워 다시 마음 둘 곳이 없습니다.

폐하의 본연의 마음은 자기를 비우고 사람을 받아들여 백성을 기르는 데 끝이 없습니다. 부디 천지와 같은 은혜를 베푸시어 저희들의 작은 뜻을 이루게 해 주시기를 바랍니다. 어리석은 마음에 지키고자 하는 진실은 생명이 다할 때까지 죄 없기를 바라는 것이니, 신하의 신분으로서 조칙을 어겼다는 책망을 받더라도 달게 받아 원망함이 없을 것입니다. 여러 번 반복해서 귀를 더럽혀 드리고 나서 돌이켜 생각해 보니 대단히 송구스럽습니다. 한없는 심정을 견딜 수 없어 삼가 상주하여 말씀 올립니다.

34. 승략[50]승천[51]구마기바[52]삼법사답요주서정항표주僧䂮僧遷鳩摩耆婆三法師答姚主書停恒標奏〔요주서姚主書 첨부〕

1) 요주姚主가 구마기바鳩摩耆婆에게 주는 편지

헤어진 지 벌써 수십 일, 돌이키니 그리운 생각이 듭니다. 점점

---

50 『고승전』 6권, 성은 부씨傅氏로 장안대사長安大寺에 들어가 홍각弘覺의 제자가 된다. 후에 나집에게 사사하였고, 요흥姚興 밑에서 국내승정國內僧正이 되었고, 사문통沙門統의 직분에 있었기 때문에 약통䂮統이라 불리게 되었다.

51 구마라집에게 사사하고 후에 열중悅衆이 되고 후급厚給이 있었다고 「승략전僧䂮傳」에 전한다.

52 구마라기바鳩摩羅耆婆의 준말로 구마라집鳩摩羅什을 말한다.

따뜻해지고 있는 요즘 어떠하십니까? 소로小虜가 멀리서 일을 벌여 놓고서 다시 처리한 것이 없어 단지 마음만 어지러울 뿐입니다. 온갖 일들이 많아져 재사才士를 등용하여 그것을 처리하도록 하여야 되겠습니다. 일전에 도항 등에게 조칙을 내려 아라한의 옷을 벗어 버리고 보살의 발자취를 따르라고 하였습니다만 생각에 망설이고 내켜 하지 않고 있습니다. 도는 어디에나 있지 않은 곳이 없으므로 법사께서 그들에게 권장해 나오도록 해 주십시오. 만약에 구도求道의 마음을 버리도록 하려 했다면 어찌 이와 같은 일을 할 필요가 있었겠습니까? 승천僧遷 어른께도 저의 뜻을 전하여 주십시오. 헤어진 후 어떻게 지내십니까? 약통(䂮統 : 승략)도 어떻게 지내시는지 모르겠습니다. 많은 일을 낱낱이 편지로 쓸 수 없습니다. 도항 등이 또한 여러 어른들을 번거롭게 하는 일이 되더라도 그들이 보살행에 이르도록 권해 주십시오.

2) 요주姚主가 승천僧遷 등에게 주는 편지

소疎에서 언급한 것을 살펴보고 낱낱이 상세하게 모두 잘 헤아렸습니다. 짐은 자신만을 선善하게 하는 미덕은 자타를 겸하여 구제하는 공덕만 못하고, 자신만을 지키는 절개는 중생을 구제하는 큰일만 못하다고 생각합니다. 비록 자릉子陵은 광무제光武帝에게 굽히지 않았고, 엄군평嚴君平[53]은 촉사蜀肆에서 스스로를 높였으며, 주당周黨[54]은 한조漢朝의 녹을 사양했고, 두미杜微[55]는 제갈공

---

53 촉나라 사람으로 성도成都에서 점치는 것을 업으로 하였으며, 양웅揚雄이 이것을 배웠다. 90여 세에 죽었다.

54 태원太原 사람으로 건무建武 연간에 부름을 받고 의랑議郎이 되었으나 병으로 직책을 떠나 처자를 거느리고 승지澠池에서 살았다. 후에 다시 부름을 받았으

명에게 귀머거리라 말했지만, 이들은 모두 치우치게 절조를 숭상했던 사람들일 뿐입니다. 어찌 침묵하거나 말을 하거나 하는 요처를 통달하여 높고 훌륭한 뜻을 이해할 수가 있겠습니까? 지금 천하가 아직 다스려지지 않아 백성들은 매우 고통스러워하고 있습니다. 짐은 덕망은 적지만 오직 그 피폐에 맞서서 여러 인재를 얻어서 함께 훌륭한 정치를 구가하려고 생각하고 있습니다. 법사들은 비록 불법 문중에 마음을 숨기고는 있으나 또한 동시에 세상을 도와서 가르침을 펴려고 하고 있습니다. 비록 중생들을 이끌어 시세時勢를 교화하고 사람들을 격려하여 정치를 하게 할 수는 없다 하여도 멀리는 세상을 사양하고 은둔한 허유許由를 찬미하고, 가깝게는 머리를 풀어 헤치고 은거한 사부謝敷[56]를 존경하고 있으니, 만일 구하九河가 넘쳐 흘러 사람들이 모두 물고기가 되어 버린다면 법사들이 비록 세상을 돕고 가르침을 펼치려 하여도 또한 어디에다 베풀 수 있겠습니까? 또 도항 등이 불법의 가르침에 귀의한지 오랜 날이 지났으나 그 재능은 세상의 일을 이루는 데 충분합니다. 그러므로 굽히게 하여 그들의 뜻을 빼앗아 나의 어두운 정치를 도와주기를 바라는 것입니다. 만일 선한 행에는 행복의 과보와 같은 명백한 효험이 있고 부처님께서 허황된 말을 하지 않으셨다면 세상을 위급한 병에서 구제하는 공적이나 시대를 구제하여 정치를 안정시키는 공훈은 아마도 복이 여기에 있을 것이며, 저쪽

나 끝내 녹을 받지 않았다.

55 유비가 촉을 평정했을 때 항상 귀머거리라 하고, 문을 닫고 출사하지 않았다.

56 자는 경서慶緖. 회계會稽 사람으로 성품이 청정하고 욕심이 적은 사람이었으며, 태평산太平山에 들어가 10여 년에 이른다. 그 후 어머니가 늙었으므로 남약야산南若耶山으로 돌아갔다고 한다.

에 있는 것은 아닐 것입니다. 그러니 그들을 가르치고 깨우쳐 시대의 소망에 부응하도록 해 주십시오.

3) 도항道恒・도표道標의 승僧 파척罷斥에 대해 승략僧䂮・승천僧遷・구마기바鳩摩耆婆 등이 중지해 줄 것을 요구하는 상서

들으니, 태상太上은 도로써 백성들을 길러 백성들은 스스로가 옳다고 여기는 것이고, 그 다음은 덕 있는 사람에 의하여 천하가 다스려지는 것입니다. 그렇기 때문에 옛날의 현명한 임금은 성품을 거스르면 다스리기 어렵다는 것을 알았고, 백성들에게 맡기면 따르게 하기 쉽다는 것을 깨달았던 것입니다. 그러므로 요임금은 허유許由를 기산箕山에서 은둔하도록 놓아두었고, 능(陵 : 文侯)은 간목刊木이 위국魏國에서 세상을 사양하도록 해 주었고, 한漢 고조高祖는 사호四皓[57]를 종남산終南山에 은둔하도록 놓아두었고, 숙도(叔度 : 黃憲)는 포륜蒲輪으로 부름을 받았으나 사양하였으며, 진晉의 대규戴逵[58]는 섬현剡縣에서 갈포褐布를 둘렀고, 사부謝敷는 약야산若耶山에서 머리를 풀어 헤치고 은둔했던 것입니다. 대개 현자의 성품에 맞게 하는 것으로써 현자를 얻는다고 여겼기 때문입니다. 그러므로 위로는 현명한 군주가 있고, 아래로는 위대韋帶를 두른 사람이 있어 은둔해 사는 사람들의 풍토는 오늘날에까지 교훈을

57 진말秦末의 동원공東園公・각리선생角理先生・기전리綺田里・하황공夏黃公의 네 노인을 말하며, 상산사호商山四皓라고 한다.

58 자字는 안도安道. 무릉왕희武陵王晞가 그가 거문고를 잘 연주한다는 것을 듣고 사람을 보냈으나 "재안도載安道는 왕문王門의 영인伶人답지 않다"고 하고, 거문고를 부수고, 후에 섬현剡縣으로 거처를 옮겼다는 고사故事.

전하고 있는 것입니다.

지금 도표와 도항 등은 덕이 원만하게 통달해 있는 것은 아니지만, 오직 한 길을 가려는 그 본분만은 절조節條를 지키는 데 있습니다. 또한 어려서부터 현묘한 가르침을 익히고 불도를 받들어 믿어 오직 한 길을 가려는 그들의 성심誠心은 멍석을 말듯이 마음을 바꾸지 않으므로 뜻을 굳게 지킬 것입니다.[59] 현묘한 경전을 부연하여 깊고 미묘한 것을 연구하는 데 이르러서는 어린아이들까지도 끌어 깨닫게 하여 교화를 돕는 공덕이 충분하니, 중생들로 하여금 죄와 복을 알게 한다면 고통 받는 중생을 구제하는 이익이 있을 것입니다. 진실로 부처님께서 허황된 말씀을 하시지 않았다면 표標 등은 비야리성毘耶離城에 있어서의 유마維摩의 가르침과 같은 넓힘이 있을 것입니다.

가만히 듣자 하니, 오래전에 외람되게도 과분한 조칙을 내려 법복을 벗으라 하였다 하니, 긴 꼬리깃털을 가진 물총새를 겨울의 마른 나뭇가지 위에 올려놓고, 연꽃을 두터운 얼음 밑에서 비치게 하려고 하는 것입니다. 진실로 폐하의 인애仁愛가 장대長大하고 화락和樂하여 세상에 드문 은혜를 관대하게 베푸신 것입니다만, 약䂮 등은 항상 잊지 못하고 은밀히 품고 있는 어리석은 마음이 있습니다. 생각해 보면 폐하는 도덕의 그물을 펼쳐서 천하를 잡아매고 아홉 개의 덕의 그물을 넓혀서 사해四海를 낚으시려고 현묘한 바람을 천 년의 앞에까지 크게 일으키고, 인의仁義를 만세萬世의 후대까지 펼쳐 넓히셨습니다. 우주 밖에서도 그 순일한 인덕을 느껴 너그럽게 하고, 구주九州 안에도 현묘한 나루를 놓아 마음대로 거

59 『시경』「패풍邶風」.

닐게 하여 필부에게는 도랑과 골짜기에 버려져 굶어 죽는 원한이 없고, 과부에게는 직물을 멈추어야만 하는 탄식이 없습니다. 이것이야말로 진실로 교화를 베풀어 주신 까닭이며, 온 나라의 사람들이 우러러 의지하고 있는 까닭입니다.

생각하면 도항과 도표가 비록 변변치 못한 작은 인물이라 하여도 자기의 생각을 지킨다는 점에서는 조금 다릅니다. 그러나 진실로 폐하의 통치 안에 있는 이들로서 폐하의 도로써 교화시킨 한 신하일 뿐입니다.

옛날 패孛는 12년 간이나 정치를 도왔지만 법의를 벗어 버리고 모습을 세간의 규정에 따랐다고 하는 것은 들어본 적이 없습니다. 진실로 시세에 도움이 되는 일이 있다면 가사를 입고도 또한 널리 세간을 유익하게 할 수 있는데, 어째서 법의를 벗게 할 필요가 있겠습니까? 승과 속은 그 적성適性을 달리하고 있는 것입니다. 옛날 소보巢父와 허유許由는 절개를 굳게 지켜 요堯와 허유許由가 함께 숭상되었고, 사호四皓라고 하여 천시하지 않아 상하가 함께 이름을 가렸던 것입니다. 이것은 고금의 한결같은 법도이며, 백대百代의 하나 같은 풍습입니다. 또 덕德이 관중管仲 정도가 아니라면 당부堂阜의 촌락에다 훌륭한 수레를 대어 두기에 부족했을 것이며, 지혜가 제갈공명 정도가 아니었다면 어찌 유비가 기꺼이 세 번씩이나 초가집을 찾아갔겠습니까?

원컨대 폐하께서는 지금까지의 은혜를 내려놓으시고 도항 등의 작은 뜻을 따라 주시어 윗사람은 과분한 은혜를 내리지 않고, 아랫사람은 그 본분을 잊지 않도록 해 주신다면 요〔皇唐〕의 교화가 여기에서 재현되고, 허유와 같은 빈객賓客을 오늘날 다시 볼 수 있을 것입니다. 약略 등은 부족하고 평범하여 우직愚直한 말씀을 올리고 나서 돌이켜 보니, 폐하의 위광威光에 저촉될까 대단히 두렵습니다. 승략僧䂮 등이 말씀 올립니다.

35. 여산혜원법사답환현권파도서廬山慧遠法師答桓玄勸罷道書〔환현서桓玄書 첨부〕[60]

1) 환현서桓玄書

지극한 도는 아득히 멀어서 불교의 이법理法은 유현幽玄하고 심원深遠하다. 어찌 세간의 평범한 사람들이 배워서 구할 수 있는 것이겠는가? 원래 사문들은 육친六親의 따뜻한 정을 버리고 그 육체를 상하게 하며 맛있는 것을 먹지 않고 갈포褐布를 입고 끈으로 띠를 두르고 산에 살며 돌을 베개 삼아 영구히 세속의 의무를 버리고 백대百代의 긴 세월에 한 번이라도 법열 속에서 부처님의 모습을 눈으로 보는 것에 방불髣髴하는 시간이 있기를 바라는 것이다. 그런데 지금 세간의 도사(사문)들은 외형으로는 세간 사람들의 몸가짐을 헐어 없애고 있으나 마음속은 명리名利에 사로잡혀 있는 것이 속인俗人보다 더하다. 그들이 도道니 속俗이니 하고 말하는 것의 정도는 『장자』에서 말한 조趙의 수도인 한단邯鄲에서 걸음걸이를 배우려고 하다가 예전의 걸음걸이마저 잊어버리고 기어서

60 환현(369~403)은 원흥元興 원년(402) 정월에 사마원현司馬元顯을 치기 위하여 강릉江陵을 출발하고 고숙姑孰에 이르렀고, 그 해 3월에는 건강建康에 들어가 정권을 장악하고 태위太尉가 되어 찬탈의 야망을 실현하였다. 혜원에게 환속을 권한 것은 정치 고문으로서 그의 명망을 이용하기 위해서라 생각된다. 환현은 다음해 12월 제위를 찬탈했다가 궐기한 의병들에게 패하여 참수당했다. 그때 그는 36세였고, 혜원은 71세였다.

고향에 돌아올 수밖에 없었던 사람[61]과 같은 것이라 말할 수 있다. 옛날의 성인도 "아직 삶을 모르는데 어떻게 죽음을 알겠는가?"[62]라고 말하였다. 그런데 이 일생 동안을 먼저 살아 보지도 아니하고 몸과 마음을 고통스럽게 하고 확실치도 않은 저승의 행복을 구하려 하는 것은 모두 좁은 소견所見이며, 또 큰 변화의 이법을 체득하지 못한 것이다. 도道를 찾지 못하고 헤매다가 정신이 들어 돌아올 줄 안다면 바른 도로부터 떨어진 거리도 멀지 않을 것이니, 거듭거듭 생각하지 않아서야 되겠느냐? 천지의 운행은 사람을 멈추어 두지 않아서 어느덧 늙어 버릴 것이니, 다시 되돌릴 수 있겠는가? 부족하나마 지당한 말을 보내니, 받아들일 수 있기를 바란다.

2) 원遠 법사 답

대도大道는 아득히 깊어서 그 이법理法은 유현幽玄하고 심원深遠하다는 말씀은, 높은 뜻을 머금고 있어 실로 말씀대로라고 생각합니다. 그러나 빈도는 출가한 방외方外의 빈객賓客으로서 비록 아직 옛 현인의 덕을 실천하지는 못하고 있지만 오직 한 길을 가려는 뜻을 취하여 세속의 복식服飾을 치워 버리고 명리를 버리고 실질을 구하고 있습니다. 만일 유명幽冥의 세계가 존재하는 것이라면 그 이법理法을 궁구窮究하는 것에 있어서는 진실로 속인보다 뒤떨어지지 않을 것입니다. 겉으로 보면 충분하지 못한 것 같지만 마음속은 쇠붙이라도 끊을 만큼 굳은 뜻을 갖고 있습니다. 당신이 사문을 무익한 존재라고 말하는 것은 외형만을 보고 그 속에 있는

61 『장자』「추수秋水」.
62 『논어』「선진先進」.

도리에는 미치지 못하는 것이라 할 수 있으니, 참으로 슬픈 일이라 하겠습니다.

당신은, 사문을 노끈을 띠로 두르고 돌을 베개로 한다고 말하지만 노끈을 띠로 두르고 돌을 베개로 하는 것은 단순한 은둔자일 뿐이어서 그들은 타인의 눈만을 장식하고 실질을 따르지 않는 사람이며, 좁은 소견을 가진 사람들로서 부러워할 바가 못 됩니다. 그들은 비록 또한 산림에서 근본 바탕을 기르고 있다고는 하지만 수목과 무슨 차이가 있겠습니까? 도는 마음속에 있는데 그들은 몸을 단련하는 것[63]으로써 참다운 도라고 여기고 있는 것입니다. 변화卞和가 형산荊山에서 서럽게 목 놓아 울었던 것도 사람들이 옥과 돌을 구별하지 못하는 것을 근심했기 때문입니다.[64] 옛날에 그 이름으로만 들었던 변화卞和를 지금 눈앞에서 그 사람을 보고 있는 것입니다. 그러므로 장주莊周는 "사람이 이 천지 사이에 살아 있는 것은 마치 준마駿馬가 벽의 틈새를 언뜻 지나가는 것과 같은 것이다"[65]라고 하여 인생의 허무함을 슬퍼하고 개탄했던 것이니, 이 말로써 생각해 봐도 누가 늙지 않고 살 수 있겠습니까? 장래를 위하여 자량(資量 : 선근)을 쌓는 일을 하지 않아서야 되겠습니까?

당신은 또 한단에서 걸음걸이를 배우던 이가 새로운 걸음걸이는 효능效能이 없고 본래의 걸음걸이마저 잊어버렸기 때문에 한단에 있던 사람으로 하여금 기어서 고향으로 돌아가도록 했다는 것과 또 참된 깨달음을 얻은 사람은 백대百代 안에 한 번의 법열 속

---

63 신선술의 일종으로 호흡조정법이나 선약仙藥 등을 사용하여 육체를 불로장생不老長生케 하는 것을 말한다.

64 『한비자韓非子』「화씨편和氏篇」.

65 『장자』「지북유知北遊」.

에서 부처님의 모습을 보는 시간이 있기를 바란다는 것을 말하였는데, 어찌 함께 뒤섞어 논할 수 있는 일이겠습니까?

빈도貧道는 이미 세속의 일을 떠났지만 이 몸을 임시로 세속에다 두고 있는 것은 이 세속에 있어서 아직 부처님의 교화를 받지 못한 사람들을 교화하고자 하기 때문입니다. 비록 군주의 은혜를 입고 오만한 태도를 취하더라도 마음에 의혹이나 번뇌가 생기는 것은 어찌할 수가 없습니다. 한 세대의 영화도 번개와 같이 잠깐입니다. 모이면 흩어지는 것인데 무슨 탐할 만한 것이 있겠습니까? 그러나 식견이 얕은 무리들은 이러한 도리에 미혹되어 있는 것이니, 노자가 말한 "근기가 낮은 이는 도道를 들으면 크게 웃는다"[66]는 것이라 할 만합니다. 이야말로 참으로 도에 미혹하여 올바른 도에 돌아갈 줄 모르는 사람이라 말할 수 있을 것입니다. 빈도는 몸이 남들보다 뛰어난 것도 아니고 재주가 세상에 응할 만하지도 못합니다. 그러므로 이 비천한 몸을 훼손시켜 가사를 입고 있는 것입니다. 이치理致는 아직 마음을 현화玄化와 명합冥合하게 할 수 없습니다만 부처님께서 제정하신 계율은 길이 보존하고 싶습니다. 어찌하여 본마음을 버리고 당신의 말씀에 따를 수가 있겠습니까?

빈도는 나이가 들어 시간과 더불어 쇠약해지고 병환이 아직 다 낫지 않았습니다. 그런데 다시 극진한 병문안을 받고 고마움과 기쁨이 오가고 있습니다. 단월檀越께서는 신심이 깊어서 크나큰 불법을 기탁할 만한 분인데 어찌 조금이라도 불법의 근본을 훼손시키는 일을 하셨습니까? 아마도 저 파순波旬이 저의 뜻을 시험하고

66 『노자』 41장.

어지럽히려고 하는 말은 아닐까 생각하고 있습니다. 문사가 졸렬하고 학식도 빈약하지만 힘써 높으신 명命에 답했습니다. 뜻에 거슬리지 않기를 바라는 마음뿐입니다.

36. 승암법사사청주자사유선명거기수재서僧巖法師辭青州刺史劉善明擧其秀才書〔유선명劉善明의 답 첨부〕

빈도는 어린 나이에 출가하여 일찍이 세속의 일을 멀리하여 마음을 불교에다 두고 뜻은 공자의 가르침에 등을 돌리고 살아왔습니다. 비록 깨달음의 도량과는 아직 그대로 하나가 되지 못하고 있습니다만 진실로 공자의 가르침과는 아득히 멉니다. 바야흐로 장차 이 몸을 주린 짐승에게 맡기고 9겁劫의 공덕을 넘어서고 몸을 찢어서 새를 먹여 기르고,[67] 마음을 구름을 부려 타는 마부에 두기를 바라고 있습니다. 그런데 어떻게 날개를 밭 가운데 드리워 족적을 농반籠樊으로 돌리고, 진흙 구덩이에서 쾌적함을 버리고 묘당廟堂의 번거로움을 지니겠습니까? 더욱이 저 관리는 기량에 따르고, 벼슬은 반드시 재능에 따르는 것입니다. 외람되이 분에 넘치는 천거를 받고 끝까지 그 영화를 보존할 수 있는 일은 아직 없습니다. 지금 여기에 명령을 삼가 돌려보내니 과분한 은혜를 거두어 주시기 바랍니다. 그리고 이 일로써 또다시 편지를 받고 조공曹公이 거듭 탄식한 것이나 왕주王舟가 두 번 부끄럽게 여겼던 것과 같은 일이 없도록 하여 주십시오. 보수補秀의 부르심은 제가

67 『대지도론』 4.

감당할 수 있을 만한 일이 아닙니다. 석승암釋僧巖이 삼가 올립니다.

1) 답승암도인答僧巖道人

『장자』에는 젊어서 고향을 잃고 돌아갈 길을 잃었다[68]는 미혹이 설해져 있고, 불전佛典에는 궁자窮子가 아버지 곁에 돌아갈 줄 몰랐다[69]는 어리석음이 설해져 있습니다. 저는 그 글을 읽을 때마다 깊이 개탄합니다. 경건하게 머리털과 피부를 삼가하여 후세의 역사에 이름을 드날리며 우러러 선조의 이름을 드러나게 하는 것도 중대한 일이며, 굽어 가문의 이름을 넓히는 것도 위대한 일입니다. 멀리 성언聖言을 찾아보면 이러한 가르침이 가장 잘 되어 있으나 가까이 몸에서 취해 보면 실로 감정이나 도리로나 미혹되어 있습니다. 구담瞿曇도 이것을 보신다면 마땅히 마음에 거슬리지 않으실 것입니다. 더구나 당신의 변재辯才는 아주 미세한 것까지도 논파하고, 지식은 고금을 통찰하고 계십니다. 그런데 관면冠冕을 찢어도 의심하지 않고 근본을 뽑아 버려도 깨닫지 못한다면 저승의 사람들도 놀라고 원근에 있는 사람들도 놀랄 것입니다.

옛날 여상呂尙은 80세에 낚싯대를 드리우고 있었으나 낚시에 뜻을 둔 것은 시절을 아직 만나지 못했기 때문입니다.[70] 당신은 아직 침륜沈淪하는 곳까지는 이르지 않았으니, 당신다운 미덕을 갖출 수 있기를 바랄 뿐입니다. 만약 그렇지 못하다면 어찌 슬프지 않겠습니까? 저는 과분하게도 고향에 임관되었기 때문에 음지에 있

68 『장자』「제물론齊物論」.
69 『법화경』「신해품」.
70 『사기』32, 태공망太公望 여상의 고사.

는 사람들을 자세히 살펴 천자에게 보내어 반드시 훌륭한 재능을 다하게 할 것을 바라고 있습니다. 그러므로 지금까지 통하지 않았던 것을 통하게 하고, 아직까지 뜻을 굽히지 않았던 이를 굽히게 하려는 것입니다. 편지에 쓰인 여러 가지 일과 같은 것은 참다운 말과 어긋나 있습니다. 진실로 허황된 말을 했다면 어찌 제가 기대하는 바이겠습니까? 옛날 왕상王祥[71]은 진실로 임기臨沂에서 땔나무를 베다가 60세가 되어 비로소 주州의 명에 응하였으며, 공손홍公孫弘[72]은 바닷가에서 돼지를 치고 있다가 백발이 되어 비로소 향거鄕擧에 응했습니다. 그리고 끝내는 지위가 재상에까지 이를 수 있어 하루아침에 천지를 변화시켰으니, 그 도는 당대에 널리 펼쳐졌고, 그 명성은 만 년까지 전해지고 있습니다. 당신의 생각은 어떻습니까? 공경하여 진심을 말씀드리는 것이니, 생각을 다시 한 번 헤아려 주십시오. 유군이 답변을 드립니다.

2) 승암 중답重答

과분한 답신을 받아 보고 훌륭한 취지를 이해했습니다. 장자를 증거로 하고 불전을 인용한 당신의 이론적인 근거는 명백합니다. 단지 저는 장자나 불전의 뜻에 따르고 심정을 말하려고 해도 방법이 없습니다. 비록 높은 뜻은 형상으로 그려내지고 미묘한 말은 마음에 들어오기는 하지만 저의 어리석은 생각에 고수하고 있는 것도 혹 알아주실지 모르겠습니다. 왜냐하면 타인을 알아주는 것은 철哲이라 하며, 자신을 살피는 것은 명明이라 하는데, 자기의

71 『진서』 33권.
72 『한서』 28 「공손홍전」.

분한分限을 잊고 벼슬을 탐하는 것은 참으로 편치 않은 처신이기 때문입니다. 옛날 위직威直은 명命에 응하였으나 마침내 명예를 훼손하는 부끄러움만 얻었고, 준조遵祖는 그 재능이 등용되었지만 결국에는 양곡揚鵠의 수치만을 불러들였습니다. 만일 제가 분수를 잊고 그들을 본받고자 하여 왕상王祥이나 여상呂尙의 뒤를 좇는다면 아마도 잉어가 아가미를 위로 솟구쳐 용문龍門에 오르려다가 이마만 다치고 떨어지게 되는 것과 같은 일이 거의 대부분일 것입니다. 도둑질한 물건을 훔치면 도둑과 죄가 같고, 사람을 천거할 때에 재능이 없는 사람을 천거하면 천거한 사람과 천거된 사람이 다 함께 천박한 사람이 되는 것이니 삼가야 되지 않겠습니까?

또 예禮라고 하지만 옥백玉帛만을 가리키는 것은 아니듯[73] 효孝라 하지만 어찌 피부만을 보존하는 것에 그치는 것이겠습니까? 그러므로 살을 베었어도 전대前代에 비방하는 이가 없고, 단발을 하였어도 선대先代에 받아들여진 이들도 있는 것입니다. 이것은 비록 손을 잘라서 몸을 온전히 가진다면 보존하는 것이 큰 것이 되니, 어찌 괴이한 일이라 하겠습니까? 부디 이 어리석은 고집을 관대하게 대해서 비천한 생각을 이루도록 하여 주십시오. 석승암이 삼가 올립니다.

3) 석승암정釋僧巖呈

거듭 보내 온 편지를 받고 비로소 깊은 뜻을 알았습니다. 당신의 확실한 깨우침이야말로 마음이 통해서 서로 바라보고 웃을 수 있는 친구라고 할 만합니다. 당신의 식견은 많은 가르침을 두루

73 『논어』「양화陽貨」.

살필 만하고 지혜는 도리의 깊은 밑바닥까지 모두 꿰뚫을 수 있을 만하여서 매번 감응의 근원을 살펴 돌을 가려내듯 언설言說을 끝까지 찾아내니, 어찌 일찍이 구절구절마다 표적을 척파하여 의종義宗을 두루 통찰하지 못한 적이 있었겠습니까? 그런데도 진실로 자신의 빛을 낮춘다면 어진 이를 대우하기 위해 자리를 비껴 앉는다는 뜻과 어긋나게 되고, 뒤집힌 수레의 뒤를 좇아 자기의 수레가 부서져도 후회하지 않는 것과 같습니다. 이것을 아는 것이 힘든 것이 아니고 이것을 행하는 것이 어렵습니다.

나라를 떠난 지 3년이 되면 가족과 닮은 사람만 보아도 즐거워하는 법입니다.[74] 고향을 떠나 떠돈 지 오랜 세월이 흐르면 어찌 마음이 슬프지 않겠습니까? 이제 부디 출가라고 하는 무거운 짐을 벗어 버려 세속에 편히 앉고 여로를 버리고 집으로 돌아간다면 형제의 그리움을 만나게 되고 친족과의 교류를 돈독하게 하여 가문이 모두 크게 기뻐하고 참으로 즐겁기 그지없을 것입니다. 더구나 오늘날 문명 세상에서 주공과 소공召公이 정치에 협력하여 현자를 생각하고 도를 찬양하느라 해가 져도 저녁 끼니를 잊어버릴 정도입니다. 당신의 재능으로써 당신의 덕을 넓히고 옥띠를 두르고 조정에 소리가 울리게 하고 비단옷을 입고 덕을 멀리까지 떨치면 세간에서 계획하는 일에 공훈을 세우고 사후까지도 명성을 드날리게 될 것입니다. 머리를 깎음으로써 받는 치욕이나 홀로 살아야 되는 고통 따위와 어찌 때를 같이하여 말할 수 있습니까? 우리들은 서로 굳게 맹세하여 오랫동안 깊은 뜻을 단련할 것을 다짐해 왔습니다. 만일 전금展禽과 같은 어진 이를 추천하지 않고 숨겨 두

74 『장자』「서무귀徐無鬼」에 나오는 말.

면 아마도 저는 장문중臧文仲의 불충과 같은 책망을 듣게 될 것입니다.[75] 그러므로 애써서 이 일을 마음에 새겨 거듭 편지를 드립니다. 몸은 만년이 되고 때는 기다려 주지 않습니다. 어찌할 수 없는 뒤늦은 후회를 남기지 않도록 노력하여 주십시오. 유군劉君이 답변 드립니다.

4) 승암 중서重書

전일의 일은 한담으로 여겼으면 하고 생각하고 있었습니다. 그런데 수차례에 걸쳐 과분한 뜻과 훌륭한 말씀이 담긴 편지를 받고 애써 일깨워 주려는 후덕한 마음이 참으로 여기에까지 이르렀으리라고는 생각지도 못하였습니다. 삼가 읽기를 끝내기 전부터 식은땀이 흘러내렸습니다. 그러나 변변하지 못한 저의 뜻에 대해서는 구구하게 이미 앞의 편지에서도 썼으며, 또 제가 젊었을 때조차도 남들보다 뒤떨어져 있었는데, 지금은 이미 늙었으니, 어찌 쓸모 있는 일을 할 수 있겠습니까? 노령에 이른 사람이 지휘하여 일을 이루어지게 할 수 있는 것은 창령蒼靈의 특별한 도움으로부터 수인首人의 공을 빌려 영웅이 흥기하는 것을 도와서 왕통을 바꾸려는 임금을 보좌하는 일일 것입니다. 지금 동묘東畝의 농부나 서원西園의 야인野人을 거느리고서 그 그림자를 전대前代의 광영 옆에 놓고, 그 자취를 옛날 사람들의 대열에 끼게 하려는 것은 아둔한 말의 다리에 매질을 하여 화류驊騮[76]와 같게 하고, 들꿩을 잡아다가 백조나 봉황과 쌍벽을 이루게 하려는 것과 다름이 없습니

75 『논어』「위령공衛靈公」.
76 하루에 천 리를 달린다는 주나라 목왕穆王의 여덟 명마 가운데 하나.

다. 이것들이 같은 무리가 아닌 것은 깊이 생각할 필요가 있겠습니까?

옛날 자태子泰는 유우(劉虞 : 曹操)의 명에 복종하여 공손찬公孫瓚에게 절개를 지켰고, 예양豫讓은 자기를 깊이 알아주는 이를 위하여 보복을 하고[77] 목숨을 잃더라도 후회하지 않았습니다. 지금의 과분한 칭찬과 덕은 두 현자와 같게 하신 것이지만 다만 한스럽게도 나이는 이미 엄자산崦嵫山보다 더 많고, 수명은 큰 물진 물가의 강물보다 급히 흘러가 있습니다. 재를 삼키거나 창을 거꾸로 하는 것과 같은 일 등은 제가 바라는 바와 거리가 멉니다. 편지를 쓰는 데 이르러 측은하고 슬퍼 분별없이 말씀드렸습니다. 제발 과분한 은혜를 거두어 주시고 다시 답장하시지 않기를 바랍니다. 석승암이 올립니다.

5) 번복석승암정飜覆釋僧巖呈

당신이 천지에 대해 말하면 깊은 마음은 거울과 같고, 붓을 들고 서한書翰을 쓰면 지혜의 활동은 심오합니다. 그러나 어려서 도리의 근원을 잃고 헤매다가 백발이 되었으니, 당신의 재능을 아깝게 여겨 항상 탄식하였습니다. 당신은 비록 마음은 구름 위에 있다고 하지만 몸은 지하에 있어 이미 황작黃雀과 더불어 무리를 짓고 있으니, 아마도 봉황의 아름다움은 잃고 말 것입니다. 그래서 일부러 활과 비단을 갖추어 부르는 의례에 따라 다시 주종의 사이가 되는 천거에 응하도록 하려 했던 것입니다. 편지를 세 번이나 받고 저도 두 번 답하였습니다. 진실로 자신을 낮추어 노령을 핑

---

77 『사기』「자객열전刺客列傳」.

계로 한사코 사양하였어도 당신의 덕은 참으로 형통하며 대길할 것입니다. 또 뜻을 굽힐 수 없다면 바로 마땅히 하늘을 날아다니면서 나무를 택하여 오동나무에 앉고 대나무 열매를 먹게 되기를 바랄 뿐입니다. 비천한 명령과 가벼운 소명召命에 어찌 내려올 필요가 있겠습니까? 삼가 청풍淸風을 헤아려 숭상하는 바를 따르도록 하겠습니다. 본래부터 의도하는 것이 이미 어긋나 있었으니, 다만 역시 슬플 뿐입니다. 유군이 답변을 드립니다.

홍명집 제 12 권

내가 찬술한 『홍명집弘明集』은 호법론護法論을 모두 모은 것이다. 더욱이 여기에 서신과 표表를 수록한 것은 일이 중대하기 때문이었다.

살펴보니 사문은 세속의 작록爵祿을 사양하고 그것에 얽매이는 일이 없었다. 한漢・위魏 이래로 역대의 영성(英聖 : 군주)들은 모두 사문에게 예를 다하였고, 사문이 군주에게 배례하는 것을 요구하지 않았다. 그러나 유량庾亮은 위엄을 오로지 하여 함부로 이단異端을 일으켰고, 환현桓玄도 의심과 거짓으로써 계속해서 진실성 없는 의론을 이었던 것이다. 만일 하충何充이, 사문은 마땅히 왕에게 예경을 하지 않아야 한다는 것을 말하지 않았다면, 법상法相은 오래도록 침체하고 말았을 것이며, 혜원慧遠 화상이 반론反論을 하지 않았더라면 승사僧事는 단번에 없어졌을 것이다. 옛일을 바라보매 개탄스러우니, 어찌 사문의 왕에 대한 예경 문제를 거론한 서신이나 표를 편록編錄하지 않을 수 있었겠는가?

『주역』의 고효蠱爻에는 "왕후王侯를 섬기지 않는다"고 하였고,

「예기」의 「유행儒行」에는 "천자에게 신하가 되지 않는다"고 하였다. 세속에 있는 백성들조차 오히려 왕에게 굽히지 않는 일이 있는데, 하물며 세속을 버리고 불도佛道를 따르는 사람에게 어찌하여 신하로서의 예를 요구하는가? 이러한 문제들은 그렇기 때문에 덕이 빛나고 있을 때에는 일어나지 않고, 말세의 시운이 되면 빈번하게 일어나는 것이다. 도항道恒과 도표道標가 요략姚略의 권유를 사양하고, 혜원慧遠이 환현桓玄의 권유를 거절했던 것에 이르러서는, 비록 자신을 온전히 하려 했던 것이지 결코 기이한 것을 나타내려 한 것은 아니었다 하여도, 또한 불법을 돈독히 하고 장려하기에는 충분한 것이었다. 「봉법요奉法要」라든가 「일촉日觸」 등의 논도 세속의 것을 깨우치는 의론이고, 나도 「삼격三檄」을 지었는데,[1] 이 역시 사견邪見을 논파하는 설이기 때문에 여기에 함께 실었다.

37. 여석도안서與釋道安書〔습착치習鑿齒[2]〕

흥녕興寧 3년(365) 4월 5일 습착치, 계수하여 합장합니다.

전해 듣자니 응진(應眞 : 아라한)은 올바른 도를 이행하여 밝은 지

---

1 14권의 「삼격문三檄文」이 승우 자신의 작품인 것을 고백한 것일 것이다.

2 양양襄陽 사람. 박학다문한 문필가로 유명하다. 환온桓溫에게 등용되고 후에 영양 태수가 되었는데, 환온이 제위를 엿보는 것을 알고, 『한진춘추漢晉春秋』 40권을 만들어 대의명분을 설명하고 그 그릇됨을 간언했다. 후에 양양으로 돌아갔는데 전진왕 부견苻堅이 남침해 양양을 함락시키고 그를 후하게 예우했다. 4백여 명의 교단인과 함께 어려움을 피해서 남양南陽에 있던 도안에게 편지를 보내 장안에서 그를 영접하려고 한 것이다.

혜가 마음속에 원융圓融하고 자비의 가르침이 내외를 평등하게 비추어 출가出家와 재가在家를 모두 하나같이 감싸 덮어 주며, 허虛를 숭배하는 사람은 무상無常의 의미를 깨닫고, 유有를 중요시하는 사람은 세속의 방편만을 깨닫는다고 합니다. 청량한 교풍(敎風 : 불교)은 중국을 맑게 씻어 주고, 난새〔鸞〕의 아름다운 소리는 팔명八冥에 울려 퍼지니, 심오한 맛과 원대한 계획은 어떠한 공로가 이에 비교되겠습니까?

제자弟子가 들으니, 아침 한나절의 잠깐 사이에 천하에 비를 내리게 하는 것은 하늘에 가득 찬 구름이며, 원천의 물을 넓혀서 팔방八方의 끝까지 적시는 것은 네 개의 대하大河의 흐름이라고 합니다. 전자는 진실로 무위無爲하게 비가 내린 것이나 만물이 그 혜택을 받고, 후자는 본래 무심無心하게 물이 흐른 것이나 높고 낮은 곳 모두 그 윤택함을 입었던 것입니다. 더욱이 부처님께서는 세간을 불쌍히 여겨 사바세계로 강림하여 일곱 걸음을 걸으셨고, 시세時世를 불쌍히 여겨 사바세계에 태어나셨습니다. 바탕이 주어지고 생명 활동이 시작된 처음은 중생을 제도하는 것에 이어졌고, 도를 밝힌 것은 세속을 연마시키는 데에 있습니다.

지칠 줄 모르는 수레를 타시고 한없이 먼 길을 두루 다니시며 육신肉身의 수레를 준비하여 시방의 요구에 응하십니다. 그런데 옥玉이 한 산에서만 윤이 나게 하고, 맑은 얼음이 한 골짜기에서만 얼게 할 수 있을 것이며, 낭풍閬風[3]의 산을 바라보고서 거동을 그쪽으로 돌리지 않아 이 세상의 일부만을 가르쳐 제도할 수 있겠습니까?

---

3 신선이 있는 산을 말한다. 곤륜산의 마루턱에 있다.

또한 저 큰 가르침(불교)이 동쪽(중국)으로 흘러 들어온 지 4백여 년이 됩니다. 비록 번왕蕃王이나 거사들 가운데에도 때로는 불교를 신봉하는 이가 있었지만, 중국의 예부터의 가르침이 그에 앞서 예로부터 행해져 왔으므로 불도가 행해지고 시대가 바뀌어도 세간 사람들 모두가 불교를 아직 다 이해한 것은 아니고, 큰 파도의 법열을 기뻐하는 사람들은 다만 신분이 낮은 이들뿐이었습니다. 오직 동진의 숙조肅祖 명황제明皇帝[4]만은 참으로 하늘이 내리신 현자로서 처음으로 그 도(불교)를 흠모하시어 손으로는 여래의 모습을 그리고, 입으로는 삼매의 뜻을 음미하셨습니다. 계행은 암혈巖穴에 사는 은자隱者보다도 엄하였고, 훌륭하신 선조先祖께서는 무생無生을 통달하셨습니다. 대지大地는 이미 노래 부르고 온갖 구멍들이 세차게 울리는 것처럼[5] 현철賢哲·군자도 귀의하지 않는 사람이 없었습니다. 일월〔佛〕이 비록 멀리 떨어져 있어도 그 빛은 더욱 광채를 더하여 불도佛道의 융성함이 지금보다 더 성했던 적은 없었습니다. 아마도 이것이 "월광 동자가 입적入寂하여 장차 중국 땅에 태어날 것이다"라고 말한 것과 "영묘한 부처님의 발우가 동쪽으로 옮겨져 홀연히 이 땅에서 증험證驗될 것이다"[6]라고 말한 것이 아니겠습니까?

또 3천 명의 득도자가 모두 남양南陽에 나타나며, 학문을 환히 밝힌 보살〔道安〕이 진실한 말을 널리 설하면서 교화를 하고 있다는 말을 들었습니다. 위로 성인의 가르침을 헤아려 보고 아래로 도가

4 여기서는 명제明帝의 불도를 가리킨다.

5 『장자』「제물론齊物論」.

6 『잡아함경』 25에 세존께서 반열반하신 후에 정수리뼈와 어금니와 발우는 동방에 안치한다는 내용이 나온다.

행해진 증험을 헤아려 보니, 심오한 경전이 모든 이에게 이르게 하는 것은 당신이 아니면 누구이겠습니까? 도를 품고 가르침에 힘쓰는 것도 이 사람(도안)을 제외하면 누가 월광 동자처럼 이 땅에 내려오겠습니까? 그러므로 이곳(중국)의 많은 승려들은 모두 생각을 기울여 눈으로는 금색의 빛나는 상서祥瑞를 보고 즐거워하고, 귀로는 위없는 가르침 듣기를 기다리고 있습니다. 늙은 사람도 어린 사람도 다 같이 바라고 있고, 출가出家나 재가在家 모두 마음에 품고 있는 것으로서 깊이 영탄詠嘆하는 마음은 평범한 말로는 표현할 수 없습니다. 만일 상서로운 구름이 동쪽으로 흘러가고 마니보주가 두루 빛나고, 한 번 7보의 보좌에 올라 잠시라도 밝은 지혜의 등불을 보여 주고, 감로의 비를 무성한 풀에 내려 주고 전단나무를 강기畺에다 심는다면, 여래의 가르침이 오늘날 다시 숭상될 것이고, 현묘한 파도의 훌륭한 소리는 이 세상을 더욱 맑게 씻어 낼 것입니다.

미루어 머뭇거리고 있을 수 없어 편지를 써서 저의 심중을 전하지만 의중에 쌓여 있는 것들을 어떻게 다 펼칠 수 있겠습니까? 제자 양양의 습착치, 머리 숙여 합장합니다.〔유천庾闡의 낙현당송樂賢堂頌의 서序에서도 또한 숙조肅祖 명황제明皇帝는 원래부터 불도佛道를 좋아하여 손수 영상靈像을 본떠 만들었다고 말하고 있다.〕

38. 초왕서론공석譙王書論孔釋〔장신안張新安 답 첨부〕

1) 공자와 석가에 대해 글로 논함

불교에서는 죄와 복이라든가, 인因이나 과果를 그림자나 메아리와 같은 것이라 생각하고 있습니다. 성인의 말씀은 분명하고 자세하여 사람으로 하여금 두려워하게 합니다. 그렇듯이 중국에서는 옛날의 제왕帝王·문왕文王·무왕武王·주공周公·공자孔子 이래로 전모典謨·훈고訓詁가 두루 갖추어지지 않음이 없긴 하나 분명하게 과거·현재·미래의 3세를 말하여 확실하게 보응을 드러내 서술한 이는 아직 없습니다. 많은 성인들은 모두 도리를 궁구窮究하여 사람의 성품을 다 알고 만물의 인연을 확실하게 깨닫고 있는데, 어찌하여 고통에 빠져 있는 사람을 기꺼이 잡아당겨 건지려 하지 않고, 일찍이 한마디도 그 나루길을 말해 보임이 없을 수 있습니까?

게다가 공자는 한 개의 낚싯대로 낚시질은 하였어도 그물을 치는 일은 하지 않았고, 날고 있는 새에게 활을 쏘기는 하였지만 둥지에 있는 새를 쏘는 일은 하지 않았습니다.[7] 그렇지만 살찐 소나 양, 큰 돼지는 상제께서 그 희생을 흠향하셨습니다. 이것으로써 살펴보면, 삼세인과의 이치는 아무래도 이해하기가 어렵습니다. 몇몇이서 요점을 모아서 설명하고 확실하게 증거를 들어서 이 의혹을 제거해 주길 것을 바랍니다.

2) 장신안張新安 답

우러러 깊은 취지가 담긴 편지를 다시 받아 보니 가려운 곳에 손이 닿는 듯한 가르침입니다. 엎드려 생각하니 아직 스스로 미숙하긴 하여도 삼가 공손히 대답하겠습니다. 제가 생각하기에 도에 통달한다고 하는 것은 감응을 의지하여 되는 것이며, 깨달음에 이

7 『논어』「술이述而」.

른다고 하는 것은 인연에 의지하여 되는 것입니다. 그러므로 진실로 좋은 인연이 없으면 은하수와 같이 미혹이 불어날 것입니다.

그런 까닭에 물음을 기다려 사람을 가르치는 것은 종을 치는 것에 비유하였고, 사람을 계발하는 것은 우선 상대가 번민하는 것을 기다린다고 하였습니다. 묘각(妙覺 : 부처님)은 도리를 궁구한 이로서 그대로 성인이며, 신神이어서 그 빛은 팔방을 비추고 한 번 바라보매 천하를 보는 것입니다. 그러나 지금의 시운은 노령의 쇠퇴한 세상이어서 깨달음은 멀리 만겁의 세월 저편에 있으니, 아직 좋은 인연을 만나지 못했기 때문에 개혁의 시기가 자라지 않은 것은 아닐까요? 그러므로 유교의 성인은 자취를 남기지 않고 그들이 깨달은 도를 기재하지 않았습니다. 그런 까닭에 왕이 증거로서 바라고 있는 것 같은 도리의 귀추를 명확하게 증명하거나 종치宗致를 지적할 수는 없고, 다만 미세하게 드러난 것으로 완곡하게 이루어 은밀히 아득히 먼 곳에 이를 뿐입니다. 유교에서 '삶을 소중히 여긴다'[8] 한 것은 삼세인과의 교의 근원을 계도한 것이고, '선을 쌓는다'[9] 한 것은 인과응보의 자취를 가르친 것이며, 그물질이나 둥지에 있는 새를 쏘지 않는 것에서는 인仁을 가르치고, 새끼 밴 짐승을 피해 봄·여름에 사냥했던 것에서는 믿음을 넓히려고 한 것입니다. 그리하여 유교가 점점 스며들어 익숙하게 되어 탐욕과 어리석음이 나날이 없어졌습니다. 그러한 후에 성도[道]가 한조漢朝에 널리 번창하여 그 가르침이 영평永平의 시대에 행하여지게 되었습니다. 사람들 모두가 의심하는 일이 없이 이것에 따랐던 것입니

8 『서경』「대우모大禹謨」.
9 『주역』「곤괘」.

다. 그러므로 왕이 지적한 점에서는, 요〔放勳〕·순〔重華〕의 시대에는 아직 불교에 대해 어두웠고, 공자〔文宣〕의 시대에도 아직 밝아지지 않았던 것은 불교와 유교는 뜻이 다르기 때문에 길을 달리한 것이 아니고, 진실로 도리는 같은데 서로 제자리걸음을 하고 있었다는 것은 알 수 있습니다.

현묘하고 심원한 것을 억지로 이치에 맞추어 말씀드렸으나 어찌 소략하게 말하려 했겠습니까? 그릇되게 틀린 것을 말씀드렸을 수도 있으니, 이는 경솔하게 뜻만 크고 실행이 부족했기 때문입니다.

39. 여선사서론거식與禪師書論踞食[10]〔정도자鄭道子〕

성인의 가르침이란 근본을 닦아 지말을 없애고 마음에 근거하여 교를 세우고 일에 따라서 작용을 이루는 것이니, 심성을 거역하고 육체를 거슬려 큰 교화를 돈독히 한 사람은 없습니다.

비록 또 형상이 속인과 다르고 일은 고원하여 세간을 초월하고 있다 하여도, 공경하여 절을 하는 예절이나 겸손하게 합장하는 예의 등은 진심에서 나오는 것으로서 사문과 속인이 다르지 않습니다. 그러므로 재강齋講하고 업業을 익히는 데 있어서는 곧 그 법복을 갖추어야 하고, 예배에 순서가 있고, 선후의 질서가 있어야 안으로는 공경하는 마음이 충만하고, 밖으로는 모습이 숙연한 것입

10 무릎을 세워 쭈그리고 앉아 식사하는 인도의 식사법으로 거식에 관한 일련一連의 논쟁이 있었다.

니다.

그러나 머리를 땅에까지 숙여 절하는 유교의 예는 무릎을 세워 쭈그리는〔企踞〕 사문의 예를 용납하지 않습니다. 유교에서 옷깃을 바로 여미고 배례하는 데에는 불교에서 편좌偏坐를 하는 것과 관계가 없는데도 사문이 거식踞食하는 것을 마음의 작용이라 하고, 위의를 버리는 것을 세속을 구제하는 것이라 하니 사리에 맞지 않으며, 이치에도 통하지 않습니다.

유위有爲의 가르침에는 각각의 바른 뜻이 있어 반주삼매般舟三昧의 경우에는 몸을 괴롭혀서 불도를 온전히 하고, 도를 가까이하고 형상을 소홀히 합니다. 이것을 행함에도 도리가 있고 그것을 씀에도 근본이 있습니다. 그러나 거식踞食의 가르침은 뜻에 있어서 넓힐 바가 없으니, 나아가서는 육체를 괴롭게 함도 없고 물러나서 태만怠慢만을 후세에 남길 뿐입니다. 거식의 모습만을 보고 도에 이르지 못하는 사람은 공경하고 겸손한 마음을 잃고 놀라 경멸하는 말을 하게 될 것이니, 아마도 성인께서 일에 따라 교를 세우고 장보章甫의 관冠이 월越나라에 맞지 않는다[11]고 한 도리에 어긋나지 않겠습니까? 편좌의 시원始原을 따져 보면 이국의 특성에서 나온 것이거나 혹은 잘못된 것을 바로잡는 중에 구제하려 했던 뜻이 있었는지도 모릅니다. 가령 병이 위급하면 약을 응급처방하나 장기간 복용할 처방은 아닌 것과 같습니다.

불교는 형식과 가르침이 서로 균형이 맞고 일과 뜻에 질서가 있어 이미 3의衣를 제정하여 예배를 행하며, 법고法鼓로써 절도 있게

---

11 『장자』 「소요유逍遙遊」에 나오는 말로 송나라 사람이 장보관이라는 갓을 팔려고 월나라에 갔더니 모두 단발을 하고 있어서 소용이 없었다는 내용이다.

하고, 차례로써 열을 짓는데, 어찌 그 사이에서 정돈됨과 태만함이 서로 등을 돌리게 합니까? 옛날에는 알맞은 것이어서 곧 일에 따라서 이루어진 것이었지만 하루치의 응급용이 영원한 모범이 될 수는 없음을 이치상으로 알 수 있을 것입니다. 그러므로 인仁을 묻는 사람은 많았으나 예에 돌아가는 것을 인仁의 근본으로 삼았습니다.[12]

지금 사문이 선념禪念하여 마음을 변화시키면서 그 행적을 고수하여 모습을 바꾸지 않는 것은 이치에 있어서도 이미 보잘것이 없고, 작용에 있어서도 또한 변변치 못하다고 생각합니다. 진실로 아직 이해하지 못한 것이 있어 감히 생각을 말씀드리지 않을 수 없었습니다.

40. 여왕사도[13]제인서론도인거식與王司徒諸人書論道人踞食 〔범백륜范伯倫〕[14]

범태范泰, 삼가 공경제현公卿諸賢께 말씀드립니다. 오늘날 사문에게는 두 개의 좌법坐法[15]이 있으나 옛날 기원정사에서는 마땅히

12 『논어』「안연顔淵」.

13 왕홍(王弘, 379~432)을 말하며, 자는 체원體元이다. 낭야瑯琊 임기臨沂 사람. 그가 사도의 요직에 있던 것은 원가元嘉 3년(426)부터 6년(429)까지이다.

14 범태(范泰, 355~428). 남양南陽 순양順陽 사람. 『송서』 60, 『남사南史』 33, 『후한서』의 찬자 범화范曄의 아버지다. 부처님을 섬김이 매우 진실하였고, 만년에는 집 서쪽에다 기원정사를 세웠다고 한다.

15 방좌方坐와 편좌偏坐를 말한다. 방좌는 양 무릎을 땅에 붙이고 그 발을 반대로 하여 앉는 중국 고래의 정좌正坐를 말하며, 편좌는 인도풍의 무릎을 세워 쭈그려 앉는 좌법이다.

그렇지 않았던 것 같습니다.

오늘날에 의거해 봐도 외국의 언어는 같지 않고 채택해 쓰느냐, 버리느냐 하는 기준도 또한 다릅니다. 성인은 풍속에 따라 법을 제정하고 지역에 따라 가르침을 넓혔어도 오히려 그 말을 바꾸지 않았는데, 무엇 때문에 애써서 그 제도를 같게 할 필요가 있겠습니까? 진실로 한 나라에 두 가지 법도가 있는 것은 마땅하지 않으니, 한 집에 다른 법도가 있어서 되겠습니까? 그런데도 오늘날은 각각 편견을 믿고서 자신은 옳고 남은 그르다 하고 제도가 만들어진 의도는 찾아보지도 않고 오로지 부화뇌동附和雷同하는 것을 좋다고 여기고 있습니다. 가려낼 주관이 없기 때문에 드디어는 여기에까지 이르게 되었습니다. 허심탄회하게 남의 의견을 받아들이지는 않고 기필코 고집하는 것만을 유용하다 하니, 물고기나 토끼의 실체는 구하지 않고 물고기나 토끼를 잡는 통발과 올가미의 말단만을 다투어 연구하고 있는 격입니다. 이 풍조가 고쳐지지 않는 한 도를 얻기는 어려울 것입니다.

수왕(樹王 : 석가모니불)은 6년 만에 정각을 이루어 비로소 현묘한 종풍宗風을 밝히시고, 스스로 고좌高座에 좌구坐具를 널리 펴셨는데, 모두가 결가부좌를 하고 앉았으며, 치우쳐 거좌踞坐했던 것은 아닙니다. 좌선은 선정에 드는 것을 목적으로 하니, 무릎을 세우고 쭈그리고 앉아 사람을 기다리는 것과 같은 것을 의미하는 것은 아닙니다. 거식의 장점은 먹는 데에 있어서 포식을 구하지 않는 데 있습니다. 이것들은 모두 한 국가만의 편파적인 법이며, 천하에 통하는 제도는 아닙니다. 또 추운 곳에서는 갈포 옷을 입는 예법이 없고, 더운 곳에서는 털옷을 입는 규정이 없다 하여 대우大禹가 옷을 벗고 나국裸國에 들어간 그 시초만 보고 곧 장보(章甫 : 유생)들이 썼던 관이 없다고는 할 수 없습니다. 각기 양쪽의 입장을 버리고 군자에게 절충하도록 맡기기를 바랍니다.

범태范泰는 보잘것없는 사람으로 오늘날 법집法集에 있어서의 식사작법食事作法이 동일하게 이루어지기를 바랄 뿐입니다. 그 이상의 것은 아직 잘 모릅니다.

중국의 예禮는 조화調和를 귀중히 여기고, 승법僧法도 중국의 예법과 동일한 것을 숭상합니다. 지금 재당齋堂에 올라 성승聖僧의 상像을 대하면 마치 신神이 상像 안에 있는 것처럼 대합니다. 사쌍팔배(四雙八輩 : 아라한의 四向, 四果)의 성자들에게도 이치상 달리 말할 것이 없으니, 스스로 힘쓰는 마음을 어찌 잠시라도 시행하지 않을 수 있겠습니까? 석공釋公[16]이 옛날에 양양에 계실 때 거식의 편법偏法이 이미 전래하고 있었지만 생각하여 바꾸지 않았으니, 마땅히 그 취지가 있었을 것입니다. 따라서 석장을 버리고 천자의 수레를 탄 것도 그 뜻이 대중의 의견과 같이하려는 것에 있었습니다. 또 근래 불타발타라佛馱跋陀羅 선사의 도량사道場寺에서의 집회集會에서도 역시 그 좌법을 방좌(方坐 : 正坐)로 하였습니다. 아마도 대大를 보존하고 소小를 생략한 것이리니, 도리상 두 개를 일시에 겸하여 거행할 수는 없었기 때문이 아니겠습니까? 방좌方坐는 때가 없지만 치우친 거좌踞坐는 특정한 때가 있으니, 항상 하는 것으로 달라지는 것에 맞추기는 어렵지만 일찍이 변화하는 것으로 같은 것을 취하기는 쉽다고 생각합니다.

또 주인이 자기를 낮추어 손님을 공경하는 것은 유래하는 바가 있는 것으로 다시 의공(義公 : 慧義)에게 물어보았지만 확실한 회답

16 도안을 가리킨다. 도안이 양양襄陽에 있었던 것은 365~375년이다.

이 없었습니다. 그래서 삼가 식당작법과 좌법을 하나로 통일하자는 의견을 말씀드려 그 정답을 구하려 하니, 바라건대 기침만 남아 있는 가련한 사람에게 은혜를 베풀어 겁약한 마음을 없애 주십시오.

41. 석혜의[17]답범백륜서釋慧義答范伯倫書

기원사祈洹寺 석혜의釋慧義 등 50인이 삼가 여러 단월檀越들에게 말씀드립니다.

사문의 법은 다만 마땅히 부지런히 경전과 계율을 지키고 믿고 따르는 것으로써 근본을 삼아야 하는 것입니다. 만일 경전을 어기고 계율을 거역하고 자신의 마음을 스승으로 삼아 스스로 옳다고 한다면, 이는 위대한 불법의 깊은 우환거리이고, 불도를 더럽히는 첫째가는 것입니다. 여래께서 제정하신 계율에는 개開와 폐閉의 두 경우가 있는데, 개開의 경우에는 행해도 걸릴 것이 없지만 폐閉의 경우에는 감히 범犯해서는 안 됩니다. 계戒에서는 사문을 단속하여 몸과 손으로 여인을 만진다든가, 가깝게 하지 못하게 합니다. 일반적으로 계를 지키는 이들은 육친이 깊은 물에 빠져 표류하는 것을 보고도 그 죽어가는 것을 바라볼 뿐 감히 구하려는 이가 없었습니다. 그래서 세상 사람들은 '사문은 자비가 없는 사람들이다. 여기에 무슨 도라 할 것이 있겠는가?'라고 생각합니다. 이리하여 여래께서는 세간의 비방을 받기 때문에 이 일계一戒를 열어

17 성은 양梁씨이고, 북지北地 사람이며, 송 무제의 신임을 얻었다.

서 위난이 있으면 구해도 좋다고 허락하셨습니다. 그러나 여래께서 세우신 계는 획일된 제도로서 바로 경건하게 지켜 실행해 나가야 할 것이니, 어찌 뜻에 따라 마음대로 번번이 개작함이 허용되겠습니까? 속세의 유가에서도 오히려 춘추春秋에 하오夏五라 된 것을 경건히 묵수墨守하고 월月의 한 글자를 보태지 않은 것은 천착穿鑿한 무리들을 깊이 경계하고, 새로운 설說을 좋아하고 기이한 설을 즐기는 무리들을 두절시키려 한 것입니다. 하물며 여래께서 정하신 계를 어찌 감히 함부로 신축성 있게 통함과 막음을 둘 수 있겠습니까?

범단월范檀越께서는 이 승중僧衆으로 하여금 편좌偏坐를 고쳐 방좌方坐에 따르게 하여 통일의 조화를 구하려 하고 있습니다. 비록 조화의 미덕을 탐한다 하여도 조화로움을 도로써 행하지 않는다면 그것은 통일을 구하는 것이지 조화를 구하는 것은 아닙니다.

기원사에 승중이 살게 된 후로부터 지금까지의 법집法集에 이르기까지 일찍이 방좌와 편좌의 두 무리들이 있지 않았던 적은 없었습니다. 이미 경전이나 율에 증거될 것이 없는데, 갑자기 부처님의 법을 바꾸려고 하니, 이는 작은 일이 아닙니다. 실로 감히 찬동하지 않습니다.

이 절이 승기율僧祇律을 수지한 지 세월이 이미 오래되었고, 또 율에 명문이 있어 편좌거식의 법에 대하여 팔의八議가 설해져 있습니다. 만일 원래부터 편좌거식의 제도가 없었다면 비구의 250계도 성립될 수 없었을 것입니다. "먹을 것을 평상 위에 놓아서는 안 된다, 버리는 음식은 오른쪽 발 옆에 두어라"라고 하였고, "다리를 늘어뜨려 정강이를 겹쳐서는 안 된다"고 말하였으니, 이것이 어찌 편좌거식의 명확한 증거가 아니겠습니까?

계율은 사문의 비법秘法이어서 국왕군주國王君主가 아니라면 관여해 들을 수 있는 것이 아닙니다.

지금 단월께서 방좌·편좌에 대한 의혹을 품어서 한쪽을 일으켜 한쪽을 폐지하려 하고 있습니다. 빈도貧道는 그 경중을 저울질하여 대략 몇 가지 조문을 들어서 그 근거가 있음을 제시하였으나 계율에 대하여 말한 죄를 달게 받지 않을 수 없습니다. 불법이 번창하느냐, 막히느냐는 단월에게 달려 있습니다. 번창하면 모두 호법의 공명功名을 얻을 것이고, 막히면 반드시 모두 멸법의 죄를 받게 되니, 부디 깊이 생각하여서 유계幽界·현계顯界에 모두 원망함이 없도록 하여 주시기 바랍니다.

답의공答義公

답변을 드립니다. 앞의 의론義論에서 이미 이번 편지의 내용을 다 말씀드렸습니다. 상인(上人 : 慧義)의 뜻이 강하고 기개가 용맹하여 찾아보지 않았던 것뿐입니다.

계율은 그것으로 허물을 막는 것이니, 허물이 없다면 무엇을 경계하겠습니까? 그러므로 어리석은 제가 의혹을 품는 것입니다. 계라는 것은 풍속에 따라 규율을 바꿉니다. 중국에는 본래부터 편좌기거偏坐企踞하지 않았기 때문에 골절骨節을 모아 정강이를 교차시킴〔聚骨交脛〕에 관한 율은 처음부터 생략해도 좋았을 것입니다. 손으로 식사食事하는 것에 관한 계〔手食之戒〕에는 수저나 젓가락을 쓰라는 문장이 없으니, 어찌하여 편좌는 중시하고 수식手食은 경시합니까? 율에서는 손을 여인에게 가까이해서는 안 된다 하고, 이내 또 육친이 물에 빠졌을 때에는 구해 줘도 좋다고 허락하고 있으니, 이것이 범부가 미혹하게 되는 곳입니다. 과연 성인의 율을 바꾸어도 괜찮다고 하면, 덧붙여 250계가 자연의 고정된 법이 아니라는 것을 알 수 있습니다. 이와 같다면 고수固守하는 것도 온전하다 할 수 없으며, 내 마음을 스승으로 하는 것도 그다지 괴이한 것은 아닙니다. 하오夏五는 궐문闕文이기 때문에 고수하여도 미혹될 것이 없습니다. 명확하고 신중한 소견所見이 있어서 진실로 납득해 갈 수 있다면 어찌 많은 사람을 둘러보고서 기가 눌려 마음이 동요되겠습니까?

기거企踞의 기企의 의의義意는 나아가기에 좋다고 하는 점에 있습니다. 급히 하려고 하면 일이 잘 되지 않습니다. 단좌端坐하면 오래 앉아 있기에 불편하므로 때로는 거오倨傲하는 사람도 있지만 원래 예법에 허락된 것은 아닙니다. 한 집에 두 가지 제도가 있음에 대해 상인上人의 견해와 일치하는 무리들은 확실하여 거역할 수 없지만 제자의 견해와 조화되는 무리는 확연히 나 혼자뿐입니다. 어찌 50인이 되는 대진大陣을 감당하겠습니까? 그러므로 적이 두려워서 침묵하고 있으면서 최상의 원군援軍을 기다리고 있습니다.

42. 범백륜여생관이법사서范伯倫與生觀二法師書

외국의 풍속은 나름대로 각자 같지 않습니다. 승가제바僧伽提婆가 왔던 당초當初에 혜의慧義·혜관慧觀의 무리는 모두 목욕재개하고 우러러 찬탄하지 않는 이가 없었습니다. 그것은 소승의 법뿐이었는데도 도리의 궁극이라고 여겼고, 무생無生에 대해 설한 방등(方等 : 대승경전)을 모두 마서魔書라고 말했습니다.

제바가 만년에 경전을 설할 때는 곧 고좌高坐에 올라 설법하지 못했습니다. 법현法顯이 후에 돌아와서 『니원경泥洹經』이 처음으로 창도唱導되어 곧 상주常住의 말이며, 모든 이치의 최고의 것이어서 반야의 종극宗極이 모두 그 밑에서 나온 것이라 말하였습니다.

이런 점으로 미루어 보면, 이것은 마음에 주체성이 없어서 새로운 말을 들으면 곧 바꾸는 것이니, 활쏘기에 비유하면, 뒤에 적중시켜 앞에 적중시킨 것의 득점得點을 뺏으려고 하는 것과 같습니다. 즉, 외국의 율律도 고정불변의 법이 아님을 알 수 있습니다.

편좌偏坐를 하는 사람은 정좌正坐를 한 때가 없으며, 고좌高座에서 설법할 때에도 기좌企坐·거좌踞坐를 합니다. 외국의 식사에서는 흔히 손을 사용하기 때문에 계에 숟가락이나 젓가락의 말이 없습니다.

혜의慧義의 무리는 그 일을 알면서도 바꾸지 않으면서 편좌에 이르러서는 동조同調하는 것을 절대로 부끄러워하지 않습니다. 스스로 모순이 되니, 그 누가 이해할 수 있겠습니까?

제자(범백륜)는 마음속으로 항상 타인과 실패를 함께하는 것이 자신을 자랑하는 것보다 현명한 처사라고 생각했는데, 미루어 동조하기를 그것은 마음으로부터 같아지는 것을 바라서 함부로 시비를 가리는 것을 허락하지 않았기 때문입니다.

지금의 불법을 숭배하는 세인들은 결코 외국의 옷을 만들지 않습니다. 그런데 사문만이 어찌하여 기필코 편좌의 법을 고수하려고 애쓰십니까?

43. 논거식표論據食表〔범백륜〕

신臣은 아뢰옵니다. 폐하[18]께서는 불법의 이치를 체득體得하시어 장차 그 극치를 궁구窮究하려 하십니다. 원대한 마음은 먼 것을 기약하고 정치精緻한 연구는 미묘한 곳까지 이르고 있습니다. 단지 유감스럽게도 신을 계발啓發시켜 주시는 것이 옛날과 같지 않고, 군명君命에 따라 그 뜻을 선양宣揚하는 것도 쉽지가 않습니다. 신도 조금은 불법을 믿고 선성善性을 익혀 두어 약간은 불성에 대한 몇몇 의론을 듣고 현묘한 종지를 닮아가고 있습니다. 전에는 곁에서 모시고 과분하게도 특별한 가르침을 받았지만, 생각이 조잡하고 말도 어눌하여 신의 생각을 충분히 소통시킬 수 없었습니다. 이 한스러움은 세상을 마치도록 끝이 없을 것입니다.

신은 최근에 혜의의 거식에 대해 힐난했습니다만 이는 동일하게 함을 즐거워하는 변변치 않은 뜻일 뿐, 감히 남들보다 뛰어남을 구하는 것은 아닙니다. 별로 중요하지 않은 아랫사람들의 소식에도 귀를 기울이시어 이미 폐하의 귀에까지 알려졌기에 신이 청하는 것이지만 이 일은 일국의 편법偏法으로 보편적인 영구한 제도는 아닙니다. 외국의 풍속은 같지 않고 언어도 또한 다릅니다. 성인도 그 말을 바꾸지 않았는데, 무엇 때문에 유독 풍속의 일만을 애써서 바꾸려 합니까? 말이란 뜻을 표현하는 것으로 뜻이 통하면 말은 잊어버리며, 예의는 공경을 보존하게 하는 것으로 공경

18 유송劉宋의 제3대 왕 문제文帝를 가리키며, 태조太祖 또는 문황文皇이라고도 한다. 원가의 치세〔元嘉之治世〕로 알려져 있다. 후에 유소劉劭 등에게 살해됐다. 담무참·강량야사·구나발타라를 비롯하여 축도생·혜의·혜관·혜엄 등 거식 논쟁에 관여한 승려들과 교섭이 깊었다.

이 이루어지면 형식은 폐지됩니다. 그러므로 성인은 현실의 일에 따라 계율을 제정하고 풍속에 따라 법도를 바꾸는 것입니다. 도에 통달한다면 계율은 없어도 될 것입니다. 생각이 많을수록 그 방지책도 더욱 번잡해지니, 취하고 버림은 때에 따르고 통하게 하고, 막음은 오직 이치에 따르는 것입니다. 교주膠柱나 수주守株와 같은 한 가지 일만을 고수하는 것은 어리석은 일이 아니겠습니까?

오늘날의 사문들은 훌륭한 지도자의 입장이면서도 도에 뛰어난 점은 하나도 보이지 않습니다. 각자가 자기의 소견만 믿어 겸허하게 받아들이는 이가 드물고 한 집안에서 차이를 다투고 태평한 시대에 조화하지 못하니, 신도 은근히 이를 부끄러워하는데, 신보다 더한 이들은 어떻겠습니까? 사도(司徒 : 王弘)는 넓게 통달하였고, 깨친 것이 이치에 맞기 때문에 신의 말을 그르다 하지 않았습니다. 오늘날의 명망 있는 사람들은 도를 믿는 것이 아직 돈독하지 못하여 생각에도 앞선 정견定見이 없기 때문에 양쪽을 모두 따르는 것을 미덕으로 여기고, 한쪽을 단정하지 않는 것을 훌륭하다고 생각하고 있으니, 이러한 것으로 결정이 나기를 기다리는 것은 황하가 맑아지기를 기다리는 것만큼 오랜 시간이 걸릴 것입니다.

혜엄慧嚴이나 도생道生도 본래부터 기좌企坐를 하지 않았습니다. 혜관慧觀은 처음의 입장을 후회하고 있는 것 같습니다. 엎드려 헤아리건대 성심聖心에는 이미 정하신 것이 있을 것입니다. 지금의 조칙詔勅이 신 혼자에게만 보내 주실 것으로는 바라지 않습니다. 폐하의 뜻이 대략 재상에게 통달되기만 한다면 아래 사람들은 보고 감화될 것이니, 누가 마땅하지 않다고 하겠습니까? 황풍皇風은 바야흐로 저 멀리까지 펼쳐질 것이며, 문물제도文物制度는 장차 크게 하나로 될 것입니다. 작은 차이가 비록 미세하긴 하지만 점점 자라게 해서는 안 됩니다. 아직 푸릇푸릇한 어린 초목이라도 베지 않으면 장차 도끼자루를 찾게 될 것입니다. 그러므로 마땅히 가까운 것에서부터 멀리에 미치기까지 사모하여 복종하지 않는 이가 없도록 하여 주십시오.

동진東晉의 초엽, 고좌 법사(高座法師 : 帛尸梨密多羅)가 내조來朝하였으나 중국을 애락愛樂하여 이 거식 제도에 대해서는 말하지 않았습니다. 석공(釋公 : 도안)도 불도를 믿는 마음이 매우 돈독했지만 그 법제에 대해서 고심하지 않았습니다. 생각하고서도 고치지 않았다면, 반드시 그 이유가 있었을 것입니다. 나집羅什 법사는 월등하게 뛰어난 인물로 묶이지도 않았고 헤아릴 수도 없습니다만, 체발剃髮은 했어도 편좌거식은 하지 않았습니다. 만일 더 찾아본다면 선사〔佛馱跋陀羅〕도 장안에 처음 왔을 때에 궁중에 나아가 통과시켜 주기를 요구하고 고상故床을 가지고 들어가 거좌하려고 하였으나 도리를 깨우쳐 줄 수 없었기 때문에 들어가는 것을 허락받지 못했습니다. 그 후부터 동안사東安寺의 중승衆僧들은 결국 편좌거식을 하지 않았습니다.

이러한 일은 선왕조先王朝의 선례先例이고, 신이 친히 들은 바입니다. 삼가 아룁니다.

신은 아룁니다. 폐하께서 근래 기원사에 오셨을 때 신은 간절히 비찬碑讚을 청하였고, 기억에 비슷하게 허락하심이 있었던 것 같습니다. 수레가 돌아가고 난 후 신은 즉시 우러러 비석에 「황제찬皇帝讚」이라는 바로 이 세 글자만을 비碑 위에 새겨 두었습니다. 제멋대로 행동한 죄는 신이 달게 받으리라 생각합니다만, 복을 명중冥中에 기도드림에 대해서는 이루어지는 것인지는 아직 모르겠습니다.

만일 신필神筆의 숫자를 받으셨다면, 신은 죽어도 썩지 않을 것이며, 이것으로써 널리 불법의 풍취風趣를 도울 것이니, 오히려 유익한 것이고, 손해되는 일은 없습니다. 정사政事에서 벗어나 성지聖旨로 스스로 붓을 잡으실 여가가 없으시다면 좌사시위左史侍衛인 신이 어찌 자기의 정성을 바칠 마음이 없겠습니까? 비심裨諶과 세숙世叔[19]이 어찌 멀리 있는 것이겠습니까? 폐하의 마음을 번거롭게 하지 않는 것도 또한 신하된 자의 마음입니다. 신은 세사로부터 오래 떨어져 있었었고, 또 살날도 얼마 남지 않았습니다. 변변치 않은 저의 마음에 간직하고 있는 것은 그저 내세의 일뿐입니다. 신은 은혜를 받음이 매우 크고 녹사祿賜도 충분히 받고 있지만 스스로 헤아려 봐도 끝내 폐하의 치세에 보답하는 일이 없을 뿐입니다. 삼가 결초結草의 마음뿐이니, 원컨대 폐하께서 불쌍히 여기시어 신이 드리는 말씀을 책망하지 말아 주십시오.

조칙을 내린다. 그대가 혜의와 거식에 대해 논한 것은 알고 있다. 근래 대강의 의견은 들었으나, 그대가 아뢰어 온 주지主旨와 다르지 않은 것 같다. 다만 나는 불전을 읽지 못하였기 때문에 거식에 대하여 나의 소견을 결정할 연고가 없다. 혜엄이 무어라 말했는지는 모르겠고, 도생道生은 좋다고 동조했을까? 혜관도 후회하고 있는 것 같지 않다. 스스로 여러 도인道人과 더불어 비교하여 그 올바른 결론을 구하는 것이 좋을 것이다.

기원사의 비찬에 대해서 허락한 기억은 없다. 문장을 쓰는 것과 같은 그러한 일은 이미 익힌 바도 없고 더욱이 여가도 없다. 그대

19 『논어』「헌문憲問」.

의 뜻을 들어주지 못하는 것이 매우 유감이다.

중표重表

신이 말씀드립니다. 받들어 명조明詔를 받고 송구스러운 마음뿐입니다. 좁은 편견으로 말씀드리기에 부족하지만, 다만 일을 이미 아뢰어 올렸기 때문에 편안히 침묵하고 있을 수가 없었습니다. 지금 조칙에서 또다시 그 맞는 답을 구하라 하시니, 사리도 제대로 분별하지 못하지만 다시 한번 본심을 말씀드리겠습니다. 신은 이치가 있는 바를 글로써 진의眞意를 상하게 하는 일이 없기를 바라고 있습니다.

오제五帝는 전대前代의 예제禮制를 답습하지 않았고, 삼왕三王은 그 전대의 음악音樂을 그대로 따르지 않았습니다. 혁명革命을 하여 시류時流에 따르는 그 의미는 또한 중대합니다. 장주莊周는 지금과 옛날을 배와 수레에 비유하였고,[20] 맹가孟軻는 오로지 서적만 믿는 것은 서적이 없는 것만 못하다[21]고 하였습니다. 그렇기 때문에 아비가 양을 훔친 것에 대해 관가에 고하여 스스로 증인이 된 것 같은 경우는 정직함이 아니라고 하였습니다.[22] 이 오제五帝와 삼왕三王 양자는 대도大道가 행하여지게 함으로써 천하를 일가一家로 하려는 것이지만 신은 단지 일당一堂을 같게 하려는 데 지나지 않습니다. 더구나 외국의 풍속이나 그 치우친 제도는 원래 중용의 가르침이 아닙니다. 혜의·도생·혜관은 관대한 대접을 받고 있으므로 성지聖旨로써 혹 하문下問하심이 있으시면 도리에 따라 답해

20 『장자』「천운天運」.
21 『맹자』「진심盡心」 하.
22 『논어』「자로子路」.

올릴 것이며, 감히 다수로써 자신을 도와서 남보다 우월함을 취하지 않으리라 기대됩니다. 혜관이 신에게 답한 것은 모두 이론적 근거가 없고 다만 과분한 말로 신을 칭찬하며, 그릇된 것으로 신을 깎아내리고 있을 뿐입니다. 이를 미루어 보면 혜관은 의심컨대 반드시 후회하고 있을 것이나 아직 선한 입장으로 돌아가 따르겠다는 말을 하려 하지 않는 것 같습니다. 신 홍弘 또한 찬성해 주었고, 혜의의 넓은 진영陣營도 이미 무너져 달아나 숨으려 해도 길이 끊어져 버렸습니다. 그러므로 저들을 믿고 구원을 구한다 하더라도 스스로 피해 달아나기 어려울 것입니다. 하물며 더욱이 이 일의 승패를 결정할 분이 위에 계시니, 말을 피하려 하여도 궁지에 몰리게 될 것입니다. 신이 근래 혜관과 논란을 한 것은 지금까지 말씀드린 대로입니다.

신은 어리석고 미천하며 장차 지혜도 혼몽하려 하니, 어찌 오직 말만이 맞지 않겠습니까? 저의 혼미함을 느끼지 못한 것도 깊이 두려워할 뿐입니다. 시위侍衛 측근의 신은 일세一世의 명사名士인데 이미 신의 이런 마음을 능히 불쌍히 여겨 주시지도 않으며, 더욱이 또 신이 미치지 못하는 것을 능히 가르쳐 주시지도 않으시니, 이것은 모두 신이 자초한 스스로의 허물일 뿐입니다. 엎드려 바라옵건대 폐하께서 나의 지난날의 지극한 마음을 읽어 주셔서 지식의 졸렬함을 벌하지 말아 주십시오. 다시 무례하게 멋대로 더러움만 두텁게 했으니, 넌지시 고전에서 말한 형벌을 가하지 않는 나이를 믿을 뿐입니다.

44. 상서령하충주사문불응진경尚書令何充奏沙門不應盡敬

진나라 함강咸康 6년(340)에 성제成帝가 어려 유빙庾氷이 정치를 도왔다. 때에 "사문은 마땅히 왕에게 예경을 다하지 않으면 안 된다"고 하였다. 그런데 상서령尚書令 하충何充 등은 "예경하지 않는 것이 좋다"고 의론하고, 예관禮官에게 자세하게 이 일의 시비를 논의하라 명하였다. 박사의 의견은 하충과 같았으나 문하는 유빙의 의견에 따라서 반박하였다. 상서령 하충과 복야僕射 저익褚翌·제갈회諸葛恢·상서尚書 풍회馮懷·사광謝廣 등은, 사문은 공경을 다하지 않는 것이 좋다고 아뢰었다.

1) 상주문上奏文

상서령관군무군도향후尚書令冠軍撫軍都鄕侯 신 충充과 산기상시좌복야장평백散騎常侍左僕射長平伯 신 익翌과 산기상시우복야건안백散騎常侍右僕射建安伯 신 회恢와 상서관중후尚書關中侯 신 회懷와 수상서창안자守尚書昌安子 신 광廣 등은 말씀드립니다.

세조 무황제는 성명盛明의 덕으로써 혁명하여 진실晉室을 일으켰고, 숙조 명황제는 총명하고 모든 것을 깊이 꿰뚫어 보았으니, 당시의 사문들을 무릎 꿇게 하는 것은 쉬울 일이 아니었겠습니까? 그러나 도리어 두 황제는 왕에게 예경하지 않는다는 사문들의 수선修善 방법을 바꾸지 않음으로써 천하의 사람들의 각각의 뜻을 통하게 하는 원인이 되었던 것입니다. 마땅히 선제先帝의 옛 일을 따라 받아들여야 할 것이며, 도리로서 훌륭하다고 생각합니다.

2) 사문은 왕에게 공경해야 한다는 조칙을 유빙庾氷이 거듭 간하고 진晋 성제成帝를 위해 조칙을 짓다

많은 나라가 각각 풍속을 달리한다거나 신묘한 도를 분명하게 알기 어려운 것은 스스로 유래하는 바가 있을 것이다. 달관하여 지말까지 통달한다면 진실로 마땅히 기괴한 일은 없어지게 될 것이다. 하물며 무릎을 꿇고 절하는 예禮는 무엇인가 반드시 숭상할 만한 것이 있었을 터이니, 마땅히 다시 선왕께서 그것을 숭상한 의도를 찾아야 한다. 어찌 다만 이렇게 몸을 굽히게 하고, 자신은 앉아서 반벽槃辟[23]의 예를 받는 것을 좋아한 것이었겠는가? 진실로 그렇지는 않다. 부자의 공경을 인하여 군신의 서열을 세우고 법도를 제정하여 예질禮秩을 숭상한 것이니, 어찌 부질없이 그렇게 했겠는가? 진실로 까닭이 있는 것이다. 이미 이유가 있었다면 무엇 때문에 바꾸겠는가? 그렇다면 명교名敎·예제禮制가 만들어졌을 때에 어찌 그럴 만한 사정이 없었겠는가? 또 지금 과연 부처가 있다는 것이냐, 아니면 없다는 것이냐? 부처가 있다면 그 도는 진실로 넓을 것이나 부처가 없다면 궤배跪拜하는 뜻을 장차 무엇으로써 취할 것인가? 그 믿을 만한 쪽을 계승하더라도 다만 그것은 세속 밖의 일일 뿐이니, 세속 밖의 일을 어떻게 세속 안에서 체득할 수가 있겠는가? 그러나 사문은 육체를 고쳐서 일상의 일(생활)을 어기며, 예제禮制를 바꾸고 명교名敎를 버리는 것들은 내가 깊이 의혹을 품는 점이다.

명교라고 하는 것은 예로부터 유래가 있어 백대百代가 되더라도 폐기되는 것이 아니다. 왕조의 처음에는 명교가 크게 드러나도 후

23 빙글빙글 돈다는 의미.

세가 되면 역시 위태로워지니, 위태로운 것이 폐해가 되어 그 유래를 찾기가 어려운 것이다. 그리고 지금 멀리 모호한 것을 따르고 비슷하여 분간되지 않는 것에 의지하여 현재 우리나라의 예를 버리고 당세當世의 가르침을 버리며, 저 범류凡流의 무리들로 하여금 제멋대로 법도로부터 벗어나게 하는 것도 또한 내가 깊이 의혹을 품는 점이다.

가령 부처가 있음을 믿을 수 있고, 또 부처가 존재한다 하여서 내가 장차 신명神明을 통달한다 해도 가슴속에 터득할 뿐이다. 조정의 궤헌軌憲・굉모宏模라고 하는 것을 폐지하여서는 아니 될 것이다. 이러한 무리(사문)들도 모두 진나라의 국민이며, 그 재지才智에 대해 말한다면 또한 평범한 사람일 뿐이다. 그런데 그 깨닫기 어려운 불교에 설해진 것에 따라서 복식을 빌려 법도를 능멸하고, 외국의 특수한 풍속을 대등하게 행하여 예법을 무시하고, 만승萬乘의 천자 앞에서 몸을 곧바로 세우는 것은 이것 또한 내가 취할 수 없는 점이다.

제군諸君들은 모두 국가의 중요한 인물이다. 도리를 연구하는 데는, 즉 마땅히 유미幽微한 세계를 헤아려야 할 것이고, 정치를 논한다면 마땅히 나라의 규정을 중요시하여야 된다. 진실로 그렇지 않다면 내가 장차 무엇을 말하겠는가?

3) 상서령 하충何充・저익褚翌・제갈회諸葛恢・풍회馮懷・사광謝廣 등 중표重表

상서령관군무군도향후尙書令冠軍撫軍都鄕侯 신臣 충充, 산기상시좌복야장평백散騎常侍左僕射長平伯 신 익翌, 산기상시우복야건안백散騎常侍右僕射建安伯 신 회恢, 상서관중후尙書關中侯 신 회懷, 수상서

안창자守尙書安昌子 신 광廣 등은 말씀드립니다.

조서詔書는 이상과 같습니다. 신 등은 어리석고 재주가 부족한 이들로서 성지聖旨를 찬양하고 대의를 선창하기에는 부족합니다. 엎드려 명조明詔를 살펴보니 두렵고 떨려 불안할 뿐입니다. 바로 우리들이 함께 상세하게 찾아보았습니다. 불佛이 있는가, 불佛이 없는가는 진실로 신 등이 결정할 수 있는 바가 아닙니다. 그러나 그 유문(遺文 : 경전)을 찾아보고, 그 요지를 조사하여 보니, 불교의 오계의 금지는 실로 제왕의 정치를 돕는 것입니다. 세간적인 밝고 밝은 명예로운 행동을 친히 여기고, 출세간적인 어둡고 어두운 숨은 지조를 귀하게 여기며, 덕을 실천하는 것은 몸을 잊는 데에 있고, 하나〔道〕를 안아 지켜 마음이 청묘淸妙합니다.

또 한대로부터 흥기하여 오늘에 이르기까지 비록 법에 성쇠는 있었으나 요망妖妄한 폐해는 없었습니다. 신령한 도(불교)가 오랜 세월을 거친 것은 비교할 데가 없습니다. 저주하면 손해가 있고, 기도하면 반드시 이익이 있는 것입니다. 신들의 어리석은 마음은 진실로 티끌이나 이슬 같은 작은 기도가 숭산嵩山・태산泰山과 같이 폐하의 덕에 윤택을 더하고 보잘것없는 사문의 기도가 폐하의 치도(治道 : 皇極)를 더욱 보태게 되기만을 바랄 뿐입니다. 그러나 지금 한 번 사문에게 폐하에 대하여 예경하도록 한다면 드디어는 그 불법을 무너지게 하고, 사문들의 수선修善의 풍속을 성대聖代에서 폐지하게 할지니, 그러한 습속이 참으로 항상 하는 것으로 살아남는다면 반드시 근심스럽고 두려운 일이 될 것입니다. 이를 신들의 심중에 감추어 두고 있자 하니, 편치가 않습니다.

신들이 비록 어리석다 하여도 어찌 편견으로써 성청聖聽을 미혹하게 하겠습니까? 다만 생각건대 불교가 처음 중국에 전하여진 이래로 세상은 한·위·진의 3대를 거쳤고, 성명聖明의 천자도 차례차례 이어져 오고 있으니, 지금 새롭게 예경의 제도를 만들지 않아도 왕법을 이지러지게 함도 없을 것이고, 유명幽冥의 격식을 막음도 없을 것입니다. 이러한 이유로 다시 어리석은 마음을 개진하였으니, 부디 성찰을 내려 주시기를 빕니다. 삼가 말씀드립니다.

4) 성제成帝 중조重詔

그대들이 개진한 것을 살펴보고 그대들의 마음속의 취지를 이해했다. 불교에서 말하는 유매幽昧한 일은 우언寓言으로 다 설명할 수가 없다. 그러나 그 대략은 사람과 신의 상도常度를 과장하여 그것에 분열을 더한 것에 지나지 않는다.

대체로 여러 왕들이 예법을 만들 때 그 시대에 따라서 질박함과 화려함의 차이는 있었으나, 이국의 풍속을 정치에 섞고 매우 허망한 것을 교화에 섞는 사람은 아직까지는 없었다. 그것이 어찌 옛날의 성왕만큼 통달하지 못하고, 후세의 성왕만큼 널리 통하지 못해서였겠는가?

더욱이 5계戒라고 하는 작은 선행도 대체로 유교의 인륜과 흡사한 것인데도 다시 사문은 군주에 대하여 예경하는 것을 생략하려 하는가? 예는 귀중한 것이며, 공경하는 것도 중대한 것이다. 정치의 강령도 이를 극진히 한다. 만승萬乘의 군주라고 존경받음을 좋아하는 것도 아니고, 구역區域의 백성이라 하여 낮추어 겸손함을 좋아하는 것은 아니다. 그러나 존비尊卑를 두지 않으면 왕교王敎가 하나가 될 수 없으며, 둘이 된다면 만사가 어지러워진다. 이것이 옛날 성왕聖王이 예법(禮法 : 憲章)을 만들게 된 이유이니, 나라와 일체一體가 된 사람이 마땅히 미혹해서는 아니 된다.

사리에 밝고 재능 있는 사람은 널리 보고 들은 것을 모아 때로 불교의 일까지도 잘 이해하고 있어도 불교를 집에서 닦는 것은 좋지만 국가·조정에서 닦는 것은 좋지 않다 하니, 이 어찌 심원한 일이 아니겠는가? 진술한 것을 살펴봐도 과연 또한 아직 부처가 있는지 없는지 알 수가 없다. 비록 있다는 것을 안다 하더라도 정치에 참여하는 것은 안 된다고 생각하는데 하물며 부처가 전혀 있지도 않은데, 불교의 예가 중국의 예와 함께 두 개가 같이 행하여져서야 되겠는가?

5) 상서령 하충·복야僕射 저익褚翌 등 삼주불응경사三奏不應敬事

신 등은 비록 마음이 어리석어 심오한 도리에는 통하지 못하고 있지만, 심지어 이른 아침부터 늦은 밤까지 부지런히 왕법에 따를 것을 생각하고 있는데, 어찌 진실로 편견을 고수하고, 대륜大倫을 어지럽히겠습니까? 다만 한漢·위魏로부터 진晉에 이르기까지 사문의 불경不敬을 탓하는 것과 같은 이론異論을 들은 바가 없으며, 존비尊卑의 규율이 혹 잠시나마 손상되었다고 하는 일은 없었습니다.

지금 사문이 계를 삼가하여 오로지 예를 행한다고 하는 점은 중국의 사대부와 같습니다. 두렵게 계를 지키는 것을 돈독히 함에 이르러서는 몸을 버림도 아까워하지 않는데, 어찌 감히 몸을 구부리느냐 안 구부리느냐를 가지고 예경함을 소홀히 하겠습니까?

매번 사문들이 향을 사르고, 축원하는 것을 보면 반드시 국가를 우선으로 하여 복우福祐로써 번창해지기를 바라 그 마음에 끝이 없을 뿐이었습니다. 윗사람을 공경하고 수순함을 숭배하는 것은 자연스러운 마음에서 나온 것입니다. 왕자에 대한 예의를 간략하게 하는 것은 아마도 그들 자신의 법을 전일傳一하게 지키려고 하였던 것일 것이며, 그 때문에 옛날 성왕이 세상을 다스릴 때에도 그대로 버려두고 고치지 않았던 것입니다.

"하늘의 그물망은 넓고 넓어 성글어도 놓치지 않는다"[24]는 말이 있습니다. 신 등은 공손하게 생각건대 예경을 시키지 않아도 왕법에 어긋남이 없다고 봅니다. 그것은 각자 이익되는 바에 따라 은혜를 베풀어 현명한 이나 어리석은 이 모두 그 뜻을 들어주지 않음이 없게 한다면, 위로는 하늘이 덮어 주고 땅이 실어 주는 것 같은 시혜〔施〕가 있을 것이고, 아래로는 하나를 지키고 선을 닦는 사람이 있을 것입니다.

삼가 또다시 신 등의 천견을 개진하였사오니, 원하건대 성찰省察의 은혜를 입게 해 주십시오. 삼가 아룁니다.

때에 유빙庾氷의 예경해야 한다는 의견은 취소되었고, 드디어 사문의 왕자에 대한 예경을 실시하지 않았다.

45. 환현여팔좌[25]서론도인경사桓玄與八座書論道人敬事

현玄은 재배再拜하고 머리 숙여 말씀드립니다. 8일이 머지않아

---

24 『노자』 73장.

25 당시 국정의 최고기관이었던 이부吏部·사부祠部·오병五兵·좌민左民·도지度支의 다섯 상서尙書에 상서좌복야尙書左僕射·상서우복야尙書右僕射·상서령尙書令의 세 명을 보탠 여덟 명을 말한다.

오려 합니다.

옛날 사문들은 모두가 왕에게 예경하지 않았습니다. 하충이나 유빙이 이미 이 문제를 논의하였지만, 둘 다 견해만을 제기하였을 뿐이고, 아직 상대를 이론으로 굴복시킨 것은 아닙니다. 유빙의 뜻은 군주를 존경하는 것에 있으나 그 이론의 근거가 미진하고, 하충은 치우친 신앙에 근거를 두고 있어서 드디어는 충充이라는 이름의 본모습을 흐트리고 말았습니다.

원래 부처님의 가르침은 비록 광대하여 보고 들을 수 있는 범위의 밖까지 넓혀져 있지만, 그러나 공경으로써 근본을 삼는다는 점은 중국의 가르침과 다르지 않습니다. 대체로 양자가 기약하는 바는 다르지만 경敬·공恭을 마땅히 버려서는 안 되는 것입니다.

노자老子는 왕후를 3대大와 같게 보았는데 중요하게 여긴 바를 따져 보면 모두 만물의 바탕이 되어 만물을 내고 천지의 운행을 멈추게 하지 않는 자생통운資生通運에 있었던 것입니다. 어째서 단지 성인이 왕위에 있다는 것만으로 한 쌍으로 왕자를 천지와 비교하여 부를 수 있겠습니까? 아마도 천지의 대덕大德을 생生이라 하고 생을 통하여 만물을 다스리는 것은 왕에게 있는 것이기 때문에 왕의 지위를 존경하는 것이며, 왕을 대하는 예가 더욱 정중한 것입니다. 어찌 이유도 없이 왕을 숭배하고 소중하게 여겼겠습니까? 그 뜻은 군주로서 다스려 가는 것에 있었던 것뿐입니다.

사문이 세세생생을 의지해 살아가는 것도 또한 날마다 왕의 자생통운이라는 생명을 다스리는 덕을 입고 있기 때문입니다. 어찌하여 왕의 덕을 받으면서도 그 예경함은 내 버리고, 그 은혜를 받으면서도 그 공경을 없애려 합니까? 이치로도 용납되지 못하는 것이고, 또 감정으로도 편하지 못한 것입니다. 이러한 일대一代의 대사大事는 모두 그 타당한 결론을 얻어야 할 것입니다. 또 서로 함께 이 문제를 연구하여 오는 8일에는 확실한 결말을 얻었으면 합니다. 환현은 재배하고 머리 숙여 공경하여 말씀드립니다.

팔좌답八座答〔이 1수는 고사故事에 나옴〕

중군장군中軍將軍 상서령 의양개국후宜陽開國侯 환겸桓謙 등은 황공하게도 죽을죄를 지었습니다. 사문이 왕에게 예경하는 일에 대한 가르침을 받았습니다. 이 일에 대하여서는 하충이나 유빙도 논하였지만 아직 결론이 나지 않았습니다. 이와 같이 일대사는 타당한 결론을 얻어야 한다는 의견은 실로 말씀하신 것 그대로입니다.

그러나 불법이 요堯나 공자와 취지를 달리한다 함은 예교禮教와 참으로 어긋나 있는 것입니다. 사람은 부모로부터 물려받은 머리털과 피부〔髮膚〕를 소중히 여기나 사문은 머리를 깎고도 아무렇지 않게 여기고 있으며, 출가하여 어버이를 버리고, 봉양奉養하는 것을 효라고 여기지 않습니다. 육체를 흙구덩이나 나무토막처럼 하고서 욕망을 끊고 다툼을 그치며 일생을 기약하는 것이 아니고 복을 만겁의 저편에서 구하려는 것입니다. 세간에서 귀하게 여기는 것들은 이미 다 물리치고, 예교禮教에서 소중히 여기는 것들도 마음에서 모두 버려 버렸습니다. 예교에서는 "부모를 섬기는 것을 기준으로 하여 임금을 섬긴다"고 하는 것처럼 육친은 지중한 것인데도, 오히려 사문은 그 친애의 정을 끊어 버리는데, 어찌 만승萬乘의 천자에게 예를 다하겠습니까? 그 형세로 보아 당연히 예를 없애고 말 것입니다. 한·위·진의 3대를 거치는 사이 계속 불교를 내버려 둔 것은 신명神明은 방소方所가 없는 것이기 때문에 규제를 가하지 않았던 것일 터이고, 감각을 넘어선 세계에는 혹 다른 도리가 있을 것이라 보았기 때문일 것입니다. 지금 즉시로 예를 하도록 시킨다면 고쳐야 할 일들이 많아서 오직 배기(拜起 : 몸을 굽혀 예배하고 일어서는 것)만으로 끝나지 않을 것입니다.

또 현실적으로 왕이 불법을 받드는 것도 불법을 공경하는 마음에서 나온 것인데, 불교의 이치를 믿으면서 그 의례儀禮를 바꾸라고 하는 것도 또한 이 마음에 이해가 되지 않는 점입니다. 현상 그대로 이것을 용인하는 것이라야 곧 제왕의 위대한 있는 그대로 방임해 두는 것[26]이라 할 수 있습니다. 왕령(王令 : 中書令王謐)은 이미 따로 답을 하였고, 공국장창孔國張敞은 저쪽에 있기 때문에 대면하고 나서 마음에 품고 있는 생각을 서로 물었을 것이라 생각합니다. 도보道寶 등 여러 도인도 언젠가는 모두 고지高旨에 답할 것입니다. 우리〔下官〕들은 불법의 이치를 알지 못하여 생각나는 대로 말씀드렸기에 보아 주실 만한 것이 못 됨을 부끄럽게 생각하고 있습니다. 겸謙 등은 황공하게도 죽을죄를 지었습니다.

46. 환현여왕령서론도인응경왕사桓玄與王令書論道人應敬王事

사문이 지존(至尊 : 천자)에게 대등한 예로 대하는 것은 참으로 스스로 마음이 편치 않습니다. 이 일은 일대의 대사大事이기 때문에 마땅히 함께 논하여 결론을 내려야 할 것입니다. 지금 팔좌八座들의 편지는 이미 먼저 도성으로 보냈습니다. 지금 이 편지를 보냅니다. 당신이야말로 이 문제를 처리할 수 있는 적임자입니다. 답

---

26 『장자』「재유在宥」 참조.

장을 기다립니다.

1) 왕령답환서王令答桓書

영군장군領軍將軍 이부강서 중서령 무강남武剛男 왕밀王謐은 황공하게도 죽을죄를 지었습니다.

환현의 가르침과 도인(사문)이 지존至尊에게 대등한 예로 대한다는 것과 아울러 팔좌에게 보낸 편지를 보고 모두 상세히 고지高旨를 이해했습니다. 사문이 왕에게 예경해야 한다는 훌륭한 가르침은 말이나 이치 모두가 지극한 것입니다. 요사이에는 또 만인이 따라야 할 도〔公道〕까지도 대강 듣고는 있지만, 아직 모두 궁구窮究하지는 못했습니다.

하충·유빙 두 사람의 취지도 또한 의론을 다하고 있지 못하여 유감스럽습니다. 이 두 사람의 의론은 편견으로 흐르고 있어 확실하게 만족할 만한 곳이 없는 것은 참으로 지적한 것과 같습니다.

불법의 흥기興起는 천축天竺으로부터이며, 그 근원은 심원深遠하여 말로써는 나타내기 어렵습니다. 단지 이미 교설로 되어 있는 부분이 있기 때문에 대략 말할 수 있을 뿐입니다.

생각건대 나라가 다르면 풍속도 달라 백성이 편안하게 여기는 것은 언제나 다르지만 군왕君王이 나라를 다스리는 도리에 있어서는 반드시 같지 않을 수 없습니다.

지금 사문이 비록 마음으로는 깊이 공경하고 있으나 몸을 굽히는 것만을 예라고 생각지 않고 있습니다. 육체는 천하에 두고 있지만 그 뜻은 세간을 뛰어넘고 있는 것입니다. 그러므로 외국의 군왕은 사문에게 자신을 낮추어 예를 취하지 않은 이가 없었습니다. 참으로 도가 있는 것을 귀하게 여긴 것이며, 사람으로써 기준을 삼고 경중을 말하려고 한 것이 아니었기 때문입니다.

생각건대 불법이 널리 유포되면서부터 참으로 오랜 세월이 흘러 해로는 4백 년이 넘고, 대代를 거친 것이 한・위・진의 3대에 이릅니다. 비록 풍속도 바뀌고 정치도 바뀌었지만, 불교가 넓혀졌다는 점은 변하지 않았습니다. 아마도 고고孤高한 교화로 나날이 점점 더 교화되었고, 불교의 청정하고 검약하는 가르침이 융평隆平한 세상을 해롭게 함이 없었기 때문이 아니었겠습니까? 그러므로 군왕은 스스로를 삼가며 승려가 되어 호구戶口가 줄어드는 것을 한탄하지 않았고, 사문은 참다움을 가지고 있으니 세상일에 소홀히 한다고 하는 의심을 갖지 않았던 것입니다. "만물의 바탕이 되어 태어나게 하고 만물을 다스리는 것은 왕에게 있다"는 말은 이러한 이치의 귀결을 생각하면 실로 말씀 그대로이어서 몇 번이고 편지를 되풀이하여 읽고도 놓을 수가 없었습니다. 답장을 올리려고 생각하여도 말을 붙일 곳이 없었습니다. 또한 공이 높은 사람은 상을 받지 않고 은혜가 깊은 사람은 사례를 받지 않는다고 생각하였습니다. 한 번 굽혔다 한 번 일으켜 세우는 예를 하여도 어찌 귀공貴公이 살도록 구제해 준 덕에 보답하기에 충분한 것이겠습니까?

공께서는 은혜롭게도 나를 버리지 않으시고 외람되게도 질문을 내리셨기 때문에 곧바로 저의 어리석은 소견을 생각나는 대로 말하여 편지를 내려 주신 마음에 기꺼이 따르려 했습니다. 원컨대 사람(왕밀)으로 인하여 이 편지의 취지를 버리지 말아 주시기를 바랍니다. 참으로 두려울 뿐입니다. 밀謐은 황공하게도 죽을죄를 지었습니다.

2) 환난桓難

편지에 "사문은 마음으로는 깊이 공경하고 있으나 몸을 굽히는 것만을 예라고 생각하지 않습니다"라고 하였습니다.

難 사문들은 공경함에 있어서 어찌 몸으로는 간략하게 하고, 마음으로는 존중한다 합니까? 참회나 예배 등을 보아도 몸으로 하는 일에 대해서 독실하게 하고 있는 것이 아닙니까? 예경에 대하여서는 스승으로부터 상좌上座에 이르기까지 세인世人의 읍궤揖跪의 예와 그 규정이 약간 다를 뿐입니다. 저쪽에서는 이미 몸을 잊을 수가 없는데, 어째서 이쪽에서만 의례를 소홀하게 할 수 있겠습니까?

또 불교에서는 스승이 스승 되는 이치는 깨달음을 도와주는 것으로 덕을 삼기 때문이며, 군주의 도道는 천지의 생성화육生成化育을 멈추지 않게 하는 것이기 때문에 그 도리가 보다 근본적이라 할 수 있습니다. 그러므로 중국의 재삼在三[27]의 뜻이 그 속에 스승·군주를 포함하기 때문에 어찌 정리情理의 지극함이 아니라 하겠습니까?

편지에 "외국의 군주는 사문에게 자신을 낮춰 예를 하지 않는 이가 없었습니다. 참으로 도가 있는 곳을 귀하게 여긴 것이며, 사람으로서 기준을 삼고 경중을 말하려고 한 것이 아니기 때문입니다"라고 하였습니다.

難 외국의 군주는 비유로서 적합하지 않습니다. 불교가 시작된 곳에서도 또한 그 뜻을 알 수가 있습니다. 육이六夷는 교만하고 강하여 평범한 가르침으로는 교화시킬 수 없기 때문에 크게 신령하

27 부모·스승·임금의 셋을 무엇보다 중하다고 하는 것.

고 기묘한 방편을 내어서 육이六夷가 두려워 복종하게 한 것이 아니었겠습니까? 이미 두려워 복종하게 하고 나서 그런 후에 궤범에 따르게 한 것은 바로 결국 크게 귀신들의 복보(福報 : 인과응보)를 두려워한 일이니, 어째서 이것이 현묘한 도를 숭상한 것이 되겠습니까? 도가 있어 귀하다고 하여도 말의 의미대로는 안 될 것입니다. 어찌 불교의 법복을 입었다 하여 그대로 도가 그 속에 있다고 하겠습니까? 만약에 도가 있은 연후에 귀하다 한 것이 당신의 말씀 그대로라면 성인의 도는 도의 궁극일 것입니다. 군신의 공경은 의례로써 더욱 돈독해지는 것입니다. 이와 같다면 사문이 예경하지 않는 것을 어찌 당신 말대로 "도가 있기 때문에 귀하다"라고 할 수 있겠습니까?

편지에 "햇수로는 4백 년을 넘고 대를 거친 것이 한·위·진의 3대였어도 불교가 넓혀진 점은 변하지 않았습니다. 아마도 고고孤高한 교화로 나날이 점점 더 교화되었고, 불교의 청정하고 검약하는 가르침이 융평隆平한 세상을 해롭게 함이 없었기 때문이 아니었겠습니까?"라고 하였습니다.

[難] 3대를 거쳤어도 바뀌지 않았다는 말은 증거가 되지 않습니다. 지난날 중국인들은 대다수가 불교를 신봉하지 않았으며, 사문의 무리들도 모두 호인胡人이었으며, 또 왕은 그들과 접촉하지도 않았습니다. 그러므로 그들 지방의 풍속에 맡겨 두고 구속하지 않은 것뿐이었습니다. 그러나 지금 주상主上은 불교를 신봉하여 친히 법사法事를 접하고 있어 사정이 옛날과 달라졌으니, 어찌 그 예禮를 규준規準으로 다스리지 않을 수 있겠습니까? 일용日用이나 청약淸約 등이 교화에 도움이 된다는 것은 모두 당신의 말대로일 것입니다. 그러나 이것은 대체로 불법의 공적이지, 사문의 오만 방

자함이 유익하게 한 것은 아닙니다. 지금 독실하게 사문을 공경하면 아마 교화의 도움을 더 깊어지게 하지 못할 것입니다.

편지에 "공이 높은 사람은 상을 받지 않고 은혜가 깊은 사람은 사례를 받지 않으니, 비록 다시 한 번 굽혔다 한 번 일으켜 세웠더라도 어찌 당신이 살도록 구제해 준 덕에 보답하기에 충분한 것이겠습니까?"라고 하였습니다.

難 지극한 도리에 보답할 수 없다고 한 것은 편지 그대로입니다. 그러나 마음이 망극한 데 있다면 공경이 스스로 따르는 것입니다. 이것이 성인께서 인정에 따라 예법을 만들어 사람들의 생각을 각각 통하게 해 주었던 까닭이었습니다. 만일 공이 깊고 은혜가 무거운데도 반드시 사례하는 것을 생략한다고 하면, 석가의 덕은 깊은 것입니까, 얕은 것입니까? 만일 얕은 것이라면 그러한 불교라는 작은 도道로써 인간의 대륜大倫을 어지럽혀서는 안 되며, 만일 깊은 것이라면 어찌 불교에 대해서는 공경하기를 정중하게 하면서 천자에게는 공경함을 소홀히 할 수 있겠습니까?

3) 공중답公重答

難 사문들은 공경함에 있어서 어찌하여 몸으로는 간략하게 하고 마음으로는 존중한다 합니까? 참회나 예배 등을 보아도 몸으로 하는 일에 대해서 독실하게 하고 있는 것이 아닙니까?

答 사문의 도란 그 자체가 공경을 주로 하고 있습니다. 단지 깨달음에 이르는 나루길이 이미 다르기 때문에 뜻에 몸을 굽히는 일이 없는 것입니다. 따라서 육친의 지중한 관계에 있어서도 몸으로 하는 예는 문제시되지 않습니다. 사문이 스승과 윗사람을 숭배하고 공경하여 스스로 서로 존중하는 까닭은 진실로 이미 종치宗致

가 같다면, 장유長幼의 질서가 정해지기 때문입니다. 바탕하여 나아가는 길이 같으면 행위와 마음은 일치합니다.

불법은 원래 광대무변하지만, 작은 선善도 버리지는 않습니다. 조그마한 공덕에도 과보는 따르는 것이니, "먼지도 쌓이면 산이 된다"고 하는 뜻이 이로 분명해집니다.

難 군주의 도는 천지의 생성화육生成化育을 멈추지 않게 하는 것이기 때문에 그 도리가 보다 근본적이라 할 수 있습니다. 그러므로 중국의 재삼在三의 뜻이 그 속에 스승·군주를 포함하기 때문에 어찌 정리情理의 지극함이 아니라 하겠습니까?

答 군주의 도가 천지의 생성화육을 통하게 한다는 것은 이치가 조화造化와 같은 것입니다. 조화가 도자기를 굽거나 쇠를 녹이듯 두루 기氣를 넓힐 때 그 공이 큰 것입니다. 지금까지 존재存在를 받은 것에 대하여 그 은혜를 고맙게 생각한 적이 없고, 이치의 근본 조화에 대하여 감사의 마음을 가진 적이 없었던 것은 무엇 때문이었을까요? 진실로 명명심오冥冥深奧한 근본은 심원하고 초월하여 있는 것이어서 만물의 형상으로 나타낼 수 없으며, 천지를 멈추지 않고 운행시키는 일은 이치가 영묘한 것이니, 어찌 신체적인 행위로 은혜에 보답할 수 있겠습니까? 그러므로 공자는 말하기를, "백성은 도리道理에 따르게 할 수는 있어도 그 원리原理를 알게 할 수는 없다"[28]고 한 말은 바로 이를 말한 것입니다.

難 외국의 군주는 비유로서 적합하지 않습니다. 불교가 시작된 곳에서도 또한 그 뜻을 알 수가 있습니다. 육이六夷는 교만하고 강하여 보통의 가르침으로는 교화시킬 수 없기 때문에 크게 신령하

28 『논어』「태백泰伯」.

고 기묘한 방편을 가지고 육이가 두려워 복종하게 한 것이 아니었겠습니까?

答 성인은 신묘한 도로 가르침을 베푸셨으니, 그것은 말로써 분별하기 어려운 것입니다. 제가 생각하기에는 크게 신령하고 기묘한 방편을 세워 인과응보를 보이셨으니, 이것이야말로 그림자나 메아리가 소리에 응하는 것처럼 인과응보가 있다는 실질적인 이치이며, 불교의 근본 요목要目인 것입니다. 지금 만일 3세는 허황된 거짓이라 여기고, 선악의 업으로서의 죄복罪福은 두렵고 무서운 것이라 생각한다면 석존의 가르침은 아마도 설 자리가 없게 될 것입니다. 평소에 주공・공자의 가르침은 그들의 피폐한 세상을 구하는 것이었기 때문에 설해진 교설〔言迹〕이 그 일생으로 한정이 되어 있고, 만겁에 이르는 인과응보의 길을 열어 놓지 않은 것이라 생각했습니다. 그러나 멀리 취지를 찾아보면 또한 가끔 불교적인 가르침에 다다를 수도 있습니다. 효제孝悌라든가 인의仁義라든가 하는 가르침은 중국의 교教를 도모하지 않고 스스로 불교의 가르침과 같다는 것을 분명히 하고 있으며, 사계四季 각각에 있어서 동물의 살림과 죽임의 시기가 정해져 있는 것에는 자비의 마음이 나타나 있습니다. 또 가끔 공자가 죽음이나 귀신에 대하여 자로〔仲由〕의 물음을 꾸짖고 제재하고 있는 것[29]도 깊은 의미가 있는 것 같습니다. 다만 교체教體가 불교의 교체와 다르기 때문에 이와 같은 곳이 항상 확실하지 않을 뿐입니다. 조용히 추구하여 보면 아마 그렇지 않겠습니까?

難 군신의 공경은 의례로써 더욱 돈독해지는 것입니다. 이와 같

29 『논어』「선진先進」.

다면 사문이 예경하지 않은 것을 어찌 당신 말대로 "도道가 있기 때문에 귀하다"라고 할 수 있겠습니까?

答 거듭 훌륭한 논지를 검토하여 보니, 군주의 도는 천지의 생성화육을 통하게 하고, 그 이치는 3대大와 같다고 생각됩니다. 그 일에 대해서는 이미 전조前條에서 대략 말씀드렸습니다. 생각건대 인군人君의 도는 당신의 훌륭한 논지와 같다고 여겨지지만 군신의 예경은 그 이치가 모두 명교(名教 : 유교)의 범주 안에 있는 것입니다. 지금 사문은 이미 왕후의 신하가 아니기 때문에 사문의 공경도 그에 따라서 폐지하는 것입니다.

難 3대를 거쳤어도 바뀌지 않았다는 말은 증거가 되지 않습니다. 지난날 중국인들은 대다수가 불교를 신봉하지 않았으며, 사문의 무리들도 모두 호인胡人이었으며, 왕은 그들과 접촉을 하지 않았습니다. 그러므로 그들 지방의 풍속에 맡겨 두고 구속하지 않은 것뿐이었습니다.

答 먼저의 편지에서 연대를 거쳐 왔다고 한 것은 다만 군왕이 불교를 받아들여 양성한 도리에는 반드시 그럴 만한 이유가 있었기 때문입니다. 이미 인정된 일로서 고칠 만한 이유가 없다고 여겼던 것은 아닙니다. 이는 말하던 기세로 그렇게 말씀드린 것이지 완고하게 거론했던 것은 아닙니다. 호인胡人이 왕을 접촉하지 않았다는 것도 역시 말씀대로입니다. 전대前代에 사문의 예경에 대한 의론이 없던 것도 어쩌면 여기에 원인이 있었던 것인지도 모르겠습니다.

難 이것은 대체로 불법의 공적이지, 사문의 오만방자함이 유익하게 한 것은 아닐 것입니다. 지금 독실하게 사문을 공경하면 아마 교화의 도움을 더 깊어지게 하지 못할 것입니다.

答 삼가 편지의 의론을 살펴보니 불교의 가르침을 비방하고 있지는 않습니다. 다만 오만방자한 행동이 위대한 교화를 상하게 한다는 것은 참으로 말씀하신 대로입니다. 제 생각으로는 사문의 도가 다르다고 말할 수는 있어도 오만방자한 것은 아닙니다. 이제 부처님께서 입멸하고부터 천 년이 지난 말세에 순박한 풍속은 점점 쇠퇴하여지고, 제멋대로 옷을 걸친 무리는 대부분 거기에 걸맞지 않는 사람들뿐입니다. 그렇다면 어찌 감히 부끄럽게 생각하지 않겠습니까? 지금은 다만 스스로를 다스려 묵묵히 있고, 사람에 대해서는 버려두고 잠깐 도에 대하여 말할 뿐입니다. 앞의 답서에서 "사람으로써 기준으로 삼고 경중을 말하지 않는다"고 한 그 의미가 여기에 있는 것입니다.

難 만일 공이 깊고 은혜가 무거운데도 반드시 사례하는 것을 생략한다고 하면, 석가의 덕은 깊은 것입니까, 얕은 것입니까? 만일 얕은 것이라면 그러한 불교는 작은 도道로써 인간의 대륜大輪을 어지럽혀서는 안 되며, 만일 깊은 것이라면 어찌 불교에 대해서는 공경하기를 정중하게 하면서 천자에게는 공경함을 소홀히 할 수 있겠습니까?

答 생각하건대 석가의 도는 깊기는 참으로 깊은 것입니다. 그리고 우러러 받드는 무리들이 더욱 독실하게 예경하는 것은, 아마도 도를 얻는 사람들이 반드시 공덕을 행함을 통하여 되는 것이며, 그 공덕을 행한 수승한 이는 그보다 더 숭상할 사람이 없기 때문일 것입니다. 이와 같이 쌓인 공덕행의 인연은 내세로 가는 관건이 됩니다. 스승이나 윗사람에게 경의를 나타내는 그 공功조차도 억제하기 어려운 일인데, 하물며 마음을 궁극에 향하고 있는 사람들로서 예배를 그만둘 수가 있겠습니까? 그러므로 영겁을 예배하

더라도 은혜를 갚는 것은 아닙니다.

4) 환중난桓重難

편지 보았으나 아직도 의문이 풀리지 않습니다. 보내온 편지에 따라 다시 대략 논박論駁해 보겠습니다.

마음과 공경의 이치가 어찌 둘일 수 있겠습니까? 모두 다 안으로부터 밖으로 이어져 가는 것이니, 이미 유정有情의 경계에 들어갔다면 공경이 없을 수 없는 것입니다.

만일 편지의 내용처럼, "왕의 교화는 조물주의 조화와 같은 것이어서 조화에 대해서 은혜를 고맙게 생각한 적이 없고, 그 이치의 근본에 대하여 감사의 마음을 내어 본 적이 없습니다"라고 한다면, 그 공의 현묘함과 이치의 심오함이 이보다 위대한 것은 없습니다. 그렇다면 부처님의 교화가 어찌 그보다 더 낫다 하겠습니까? 편지에 "깨달음에 이르는 나루길이 이미 다르기 때문에 뜻에 몸을 굽히는 일이 없는 것입니다. 종치宗致가 이미 같으면 장유의 질서가 정해지기 때문입니다. 바탕하여 나아가는 길이 같으면 행위와 마음은 일치합니다"라고 말하고 있습니다. 만일 왕의 이치가 근본에 있고 그 덕이 깊어 궁극에까지 이르러 있다고 한다면 어찌 깨달음에 이르는 나루길이 다르다는 등, 몸을 굽힌다는 등의 말을 할 수 있겠습니까?

종치宗致란 무엇이라고 생각하십니까? 만일 학업學業을 종치라고 한다면, 학업이란 배우는 것이기 때문에 자연의 성품으로부터 발현된 것에 지나지 않습니다. 진실로 자연自然의 존재를 말미암아 만물이 존재함을 받는 것이라면 자연이 근본이라는 것을 쉽게 알 수 있습니다. 만물의 생성화육을 도와 운행시키는 깨달음은 다시 그 말末을 닦는 것뿐입니다. "행위는 마음에 상응한다"고 한 이것이 어째서 한쪽에만 있고, 다른 쪽에는 존재하지 않을 수가 있겠습니까?

또 "주공·공자의 가르침은 그들의 피폐한 세상을 구하는 것이었기 때문에 그래서 그 일생으로 한정되어 있고, 만겁에 이르는 인과응보의 길을 열어 놓지 않았습니다"라고 하였습니다.

원래 신령하고 기묘한 것으로써 교화하면 그 가르침은 행해지기가 쉬운 것이며, 인仁과 의義로 독려하여 사람으로서 해야 할 일을 다하는 것과는 다릅니다. 그러므로 황건黃巾의 요혹妖惑한 무리가 모두 구름과 같이 몰려들 것입니다. 만일 이것이 진실한 이치이고, 실행하기 쉬운 것이었다면 성인이 무슨 연유로 행하기 쉬운 확실한 도를 버리고 행하기 어려운 지엽적인 일을 행했겠습니까? 분명 그렇지 않았을 것입니다. 풍속이 다른 사람을 교화하려고 하면, 그 도리는 방편으로 구제하지 않을 수 없었으니, 허황된 말이라도 그 취지는 알 수 있는 것입니다.

또 "군신의 예경은 그 이치가 모두 명교(名教 : 유교)를 다하는 것입니다. 지금 사문은 이미 왕후의 신하가 아니기 때문에 사문의 공경도 그것에 따라서 폐지하는 것입니다"라고 하였습니다.

어찌 그렇게 말할 수 있습니까? 공경의 이치에 대해서는 앞의 편지에서 자세하게 말하였습니다. 군신의 공경은 모두 자연에서 생긴 것으로 원리는 마음의 근본을 돈독히 하는 것입니다. 어찌 이것이 명교名教의 일이겠습니까? 앞의 의론에서 이미 "천지의 대덕을 생生이라 하며, 생성화육을 통하여 만물을 다스리는 것은 왕에게 있는 것이다"라고 말했습니다. 진실로 통하는 바가 여기에 있다면 어찌 자연의 소중한 것이 아니라 할 수 있겠습니까?

또 "도를 얻은 사람은 반드시 공덕을 행함을 통하여 되는 것이며, 그 쌓인 공덕행의 인연은 내세로 가는 관건이 됩니다. 마음을 궁극에 향하고 있는 사람들로서 그 예배를 그만둘 수 있겠습니까? 영겁을 예배하더라도 은혜를 갚는 것은 아닙니다"라고 하였습니다.

이 점에 대해서 다시 편지 그대로 그것을 근거로 하여 논박해 보기 바랍니다. 편지에 의하면 공경은 행의 으뜸이라 하였고 ,정중하게 예경하는 것은 중요한 일이라고 하였습니다. 공덕을 행한다고 하는 것은 마땅히 공덕을 행한 노고를 헤아려야 할 것입니다. 그런데 어찌 다만 석가를 숭배하여 우러러보는 것만으로 이보다 더 숭상할 것이 없어서라고 할 수 있겠습니까? 은혜를 갚을 수 없다고 한 것은 달인達人이 의심하지 않는 점입니다. 다만 이치의 뿌리가 깊은 곳까지 내려져 있다면 마음과 공경이 없을 수 없는 것입니다. 신하가 군왕에게 예경을 하는 것이 어찌 은혜를 갚는 것이겠습니까?

5) 공중답公重答

말씀과 아울러 논박한 글을 받고서 삼가 훌륭한 뜻을 이해하였습니다. 이 문제는 미묘하면서도 또한 심원하여 의논하기 매우 힘든 것입니다. 또한 오늘날의 중대사이기 때문에 지금 상세하게 모두 다 말해야 할 것입니다. 그러나 저는 재주가 뛰어난 사람이 아닌지라 갈고 닦는 노력으로 지탱하고 있을 뿐입니다. 더욱이 이러한 현묘한 논란은 정묘하고 깊은 경지에 이른 것이라 저는 곤혹스러움만 더할 뿐입니다. 그러나 이미 편지를 받고서 감히 침묵하고 있을 수 없어 다시 나의 얕은 견식見識을 가지고 외람되이 답장을 보냅니다. 편지의 답장만으로 귀공의 생각을 열어 확실하게 할 방법이 없어서 단지 근심스럽고 마음이 편치 못합니다. 원컨대 이것을 다시 여러 도인이나 사리에 밝고 재능 있는 이들에게 보이셔서 미치지 못하는 점을 제거해 주시기 바랍니다.

귀공은 "종치宗致란 무엇이라 생각하십니까? 만일 학업을 종치라고 한다면 학업이란 배우는 것이기 때문에 자연의 성품으로부터 발현된 것에 지나지 않습니다. 진실로 자연의 존재를 말미암아 만물이 존재함을 받은 것이라면 자연이 근본이라는 것을 쉽게 알 수 있습니다"라고 말하였습니다.

이제 제가 생각하기에 종치宗致라는 것은 향하려 하는 바의 궁극의 도이며, 학업이란 날마다 쓰이는 전제(筌蹄 : 수단)일 뿐입니다. 지금 장차 궁극으로 나아가려고 한다면 전제筌蹄를 빌려 스스로 나아가지 않으면 안 될 것입니다. 그러므로 빌려 온 수단의 힘이 아직 궁극의 자리가 아님을 알 수 있을 것입니다. 원래 학문을 쌓아서 도의 극치로 나아가려는 이는 반드시 정교하지 않은 단계를 밟고 나서 미묘한 경지까지 이르는 것입니다. 고기를 잡으면 통발을 버리는 그 이치가 여기에서도 분명합니다.

공께서는 "신령함과 기묘함으로써 하는 교화는 쉽고 인과 의로써 하는 일은 어렵습니다. 성인이 무슨 연유로 행하기 쉬운 확실한 도를 버리고 행하기 어려운 지엽적인 일을 행했겠습니까?"라고 말씀하셨습니다.

제가 생각하기에 부처님의 가르침은 중국의 성인의 가르침과는 길이 다른 것입니다. 이미 다른 도리라고 한다면 병립竝立할 수 없습니다. 지금 불교의 도리를 논의하는 것이므로 당연히 그 근원을 의지하여 논지를 세워야 합니다. 그렇게 한 후에야 비로소 통하고 막히는 점이 상세해지는 것입니다.

앞 답변에서 유교의 인선仁善의 행이나 불살不殺의 뜻에 대해서 말씀드린 까닭은 그것들이 불교에서 말하는 것과 같다고 생각하였기 때문에 인용하여 여기에 둔 것뿐입니다. 논박하여 말씀하신 계율에서 가르치는 귀추에 대해서는 진실로 유불을 일치시키기는 어려운 일입니다.

그러나 저의 소견所見으로는 아무래도 불교 쪽이 어려울 것 같습니다. 왜냐하면 이제 중국의 성인이 확실하게 밝힌 바로는, "그 말한 것이 선하면 그림자나 메아리의 반향과 같이 반드시 그것에 따른 좋은 일이 나타나고, 만일 그 말이 선하지 않으면 천 리나 떨어져 있어도 그것에 따른 좋지 못한 일이 생긴다"[30] 고 하고 있습니다. 만일 그렇다면 선악의 행위는 순식간에 결과를 낳고, 그 결과인 화복禍福이 바로 눈앞에 나타나는 것입니다. 더욱이 공자의 가르침에도 있는 것처럼 인을 베푸는 것은 자신을 말미암는 것이니, 그것을 넓히는 것이 옳을 터인데도 오히려 올바른 행위를 버리고 사악한 행동을 가까이하고 바른 길을 등지고 욕망에 따르는 사람이 있습니다. 하물며 불교는 일생一生을 손가락을 튀길 정도의 짧은 시간에 비유하고, 참된 종국終局을 구하는 것은 영겁에 기약하고 있으며, 또 영묘하고 신이한 것은 위치가 없는 것이라 말하고, 과보가 따르는 것은 아직 모양도 없는 내세에 설정하고 있으니, 이런 불교를 받아들여서 믿는다는 것은 매우 어려운 일이 아니겠습니까? 이러한 이유로 불교의 교화가 중국에 미쳤어도 깨달은 사람은 적은 것입니다. 그러므로 『본기경本起經』에도 "바른 말은 진

30 『주역』「계사繫辭」 상.

실에 반대되는 것같이 들린다"[31]고 한 것도 이를 말한 것입니다.

공께서는 "공덕을 행한다고 하는 것은 마땅히 공이 행한 노고를 헤아려야 할 것입니다. 그런데 어찌 다만 석가를 숭배하여 우러러보는 것만으로써 이보다 더 숭상할 것이 없어서라고 할 수 있겠습니까?"라고 하였습니다.

반론을 해 보라 하니 말씀드리면, 나는 불도는 넓고 광대하며 그 일의 가짓수는 더욱 번다하기 때문에 정신을 단련하여 도를 이루는 방법도 오직 한 가지만이 아니라고 생각합니다. 마음에 게으름이 없이 일에 대해 노력한다고 하는 점에 있어서는 종극宗極을 숭배하여 우러러보는 것도 공功을 행하는 것 중의 하나일 뿐입니다. 앞의 답서에서 "이보다 더 숭배할 것은 없다"고 말씀드린 까닭은, 마음을 궁극에의 길로 향하게 하는 데 있어서 그 이치가 이보다 더 숭상할 것이 없다고 한 것이지, 예경의 일을 취할 것이 없다고 말한 것은 아닙니다. 다만 종극에 이르지 못한 미진한 경지에 있다면 구극에 다다르기를 바라는 마음이 없을 수 없는 것이니, 비록 어떤 한 부분의 작은 것일지라도 반드시 종극을 기약하는 데 필수적인 것입니다.

공께서는 "군신의 공경은 모두 자연에서 생긴 것으로 원리는 마음의 근본을 돈독히 하는 것입니다. 어찌 이것이 명교名教의 일이겠습니까?"라고 하였습니다. 삼가 당신의 논박을 받아들이고 비방하려는 것이 아니니, 그러므로 저번 답서에서 "군인君人의 도는 당신의 훌륭한 편지와 같다고 여긴다"고 말씀드린 뜻이 여기에 있었던 것입니다.

31 『태자서응본기경太子瑞應本起經』 하, 『노자』 제78장.

또 군신간의 예경은, 일이 모두 유교의 읍揖하고 절하는 범주 안에 있는 것이기 때문에 내가 앞의 답서에서 이것을 명교名教라고 말했던 것뿐이요, 군신의 관계가 형식과 자취에서 끝나는 것이라고 말한 것은 아닙니다.

청컨대 다시 나의 작은 생각을 말씀드릴까 합니다. 태고적太古的에는 임금과 신하가 이미 제각각의 위치에 있으면서 자연스럽게 진정으로 소중히 여겼으니, 그 뜻이 군君의 무위無爲의 화육化育의 근본에 잘 나타나 있습니다. 그러한 시대에 있어서 육체로 행한 예경 등에 대해서는 아무도 들은 이가 없습니다. 임금의 도는 자연 속에서 운행되었기 때문에 서로의 존재를 잊고 살아가는 태평한 세상이었습니다. 신하의 도는 보이지 않는 가운데에서 교화를 받았기 때문에 어떤 일에 대해서도 만족할 줄 알 뿐이었습니다. 이런 점으로 미루어본다면 몸으로 하는 공경은 마음에 영향을 끼치지 않는다는 것이 아마도 분명해질 것입니다. 후세 사람들에게 군신 간에 친애의 정과 예찬의 마음이 생기고 나서야 이런 예법이 일어나게 된 것이니, 아마도 후세의 성인이 제정하신 일이 시대에 부응한 것이 아니겠습니까?

이 문제는 심원하여서 설명하기가 참으로 곤란합니다. 만일 틀린 점이 있다면 청컨대 훌륭한 답변을 기다립니다.

6) 환중서桓重書

반론의 답서는 매우 훌륭했고 특히 아름다워 의문 나는 곳을 풀 수 있으리라 여겨졌으나 그와 달리 거기까지는 이르지 못하였고, 드디어는 서로 논쟁을 하였어도 아직 그 끝을 보지 못했습니다. 지금 다시 한 번 생각을 정리하여 군君·사師·부父를 소중히 여기는 재삼在三의 이치를 분명히 하여서 군왕과 부처의 경중을 분별한다면 예경을 할 것인가 아닌가의 이치도 알 수 있을 것입니다. 자세하게 밝히는 공은 반드시 간절하게 노력하는 데 있다고 생각합니다.

이미 8일이 되었으니, 이제 우복야右僕射에게 서간을 보내어 군주를 예경하여 섬길 것을 시행하도록 하고, 천하의 사람에게도 왕에게 예경하지 않는 사람이 없도록 할 것입니다. 비록 불도는 더할 수 없이 존귀한 것이지만, 어찌 선善을 다하지 않을 수 있겠습니까?

이 일이 이미 시행되고 나서도 의론하는 것은 상관이 없으니 연구를 해도 좋습니다. 여러 사람 가운데 더욱더 정밀한 분석을 하는 이도 있을 것이라 생각되니, 그 성과를 중문仲文[32]에게 보이는 것이 좋을 것입니다.

7) 중난重難

근래에 편지와 여러 사람이 의론한 것을 받아 보았으나 모두 나의 의문점을 풀어 준 것은 없었습니다. 하나하나 들어서 논한다면 아마도 거기에 끌려 다니느라 끝이 없을 것입니다. 지금 내가 전에 말한 뜻을 다시 말하여 확실하고 상세하게 해 두고자 합니다. 그렇게 함으로써 백마白馬의 고삐를 당겨 시비가 가려짐이 있음을 충분히 알 수 있을 것입니다.

원래 불교에서 중요시 하는 것은 오로지 정신을 귀하게 여기는

32 환현과 친한 시절에 환현의 누이를 처로 삼았으며, 환현의 반란에 가담하여 시중侍中이 되었다. 환현이 패하여 죽은 후 조정으로 돌아가서 동양東陽 태수가 되었으나 유유劉裕에게 주살誅殺되었다.

것이니, 이러한 이유로 스승과 제자가 서로 존중하는 것은 정신뿐이고, 그와 맞먹는 것은 없습니다. 대체로 정신의 밝음과 어둠은 각각의 본분이 있는 것이고, 그 분分에 의하여 생겨나는 것은 근본으로부터 받은 것입니다. 스승의 공은 열어서 깨닫게 하는 점에 있으니, 예를 들면 마치 형산荊山의 옥 덩어리가 있는데 그것을 닦아 빛나게 하는 것과 같은 일입니다. 만일 그 본바탕이 훌륭한 옥〔美玉〕이 아니었다면 갈았다고 해서 무슨 이익이 있겠습니까? 말하자면 본바탕의 아름다움과 추함은 날 때부터 존재하고, 훌륭한 덕은 생을 받기 시작할 때부터 갖추어져 있는 것입니다. 그것을 닦고 빛나게 하는 공은 참으로 하찮은 수단입니다.

우선 옥과 같은 훌륭한 자질을 자신 속에 품고 그 위에 세공해서 그릇을 만듭니다. 임금의 도道가 아니면 그 생명을 다 마치게 하고, 그 도를 닦을 방법이 없을 것입니다. 이러한 이유로 재삼(在三 : 君·師·父)의 소중함 안에서도 스승〔師〕이 말단입니다.

무슨 이유로 그렇게 말할 수 있겠습니까? 임금의 도는 스승을 겸하지만 스승은 임금을 겸할 수 없기 때문입니다. 가르침에 의해서 도를 넓히고 법에 의해서 백성을 구제하는 것이 임금의 도입니다. 어찌 그렇지 않겠습니까? 이치상 가벼운 스승의 도를 가지고 마땅히 존경해야 하는 임금에 대한 공경을 빼앗아서야 되겠습니까? 이러한 이치를 되풀이하여 생각해 보고 더욱더 당신들의 의견에 의심을 가지고 놀랄 뿐입니다.

성인이 예를 만드신 본뜻은 군주에게 있었던 것이며, 스승에게 있었던 것은 아니었을 것입니다. 잘못 사용한다면 폐해가 더한층 심해질 것입니다. 당신들도 또 성인이 예를 만드신 취지를 깨달아서 그 왕에게 예경하는 일을 존귀하게 여겨야 함을, 저 장주莊周처럼 언설言說[33]을 벗어난 곳〔濠上〕에서 터득할 것이라 생각합니다.

8) 공중답公重答

거듭 가르침을 주셔서 고맙습니다. 불교의 가르침은 정신을 귀하게 여기며, 그 정신의 밝고 어두움은 각각 본분이 있어 스승의 이치는 사람을 열어 깨닫게 하는 데 있지만, 임금의 도道에 이르러서는 그 생명을 다 마치게 하고, 그 도를 닦도록 해 주는 것이라 하였습니다. 그리고 스승에게는 모두 겸하여 통하는 미덕美德이 없으나 임금에게는 스승을 겸하는 미덕이 있다고 하셨습니다. 이렇게 하여 군주를 숭상하는 큰 예禮를 넓히고, 재삼在三의 깊고 얕음을 정하셨으니, 참으로 말씀 그대로이며, 참으로 말씀 그대로입니다.

나의 근래의 천견淺見을 말씀드려 주고받는 데에 이르렀던 것은, 질문이 이미 쌓여 있었기 때문에 숨길 수 없었던 것입니다. 그래서 다시 별도로 한 가지 이치를 말했지만, 보통 곤혹스러운 일이 아니었습니다. 이미 거듭 미묘한 논지를 연구하고 나니, 귀공의 도리는 참으로 넓고도 요원하여 환하게 몽매함을 일깨워 준 것이 있었습니다. 듣기에 이미 유환庾桓에게 명하여 왕에게 예경하는 일을 시행토록 하였다 하니, 예경에 대한 일도 때를 맞춰 정해지게 되어 공적으로나 사적으로나 모두 다행스러운 일이라 생각합니다. 나를 깨우쳐 주신 논지論旨를 우러러보니, 그 뜻이 임금을 대하는 예절을 가르쳐 주려는 데 있는 것 같으나 호상濠上의 가르침에 이르러서는 내가 감당할 수 있는 말이 아닙니다.

---

33 『장자』「추수秋水」.

47. 여산혜원법사답환현서사문불응경왕자서廬山慧遠法師答桓玄書沙門不應敬王者書〔환현서桓玄書 두 수 첨부〕

1) 환현서여원법사桓玄書與遠法師

사문이 왕에게 예경을 하지 않는다는 것은 이미 마음으로도 납득이 되지 않을 뿐 아니라 이치에 있어서도 또한 이해가 되지 않는 것입니다. 이 문제는 일대의 중대사이기 때문에 체제를 알맞게 하지 않으면 안 됩니다. 요사이 팔좌八座에게 편지를 보내어 이 문제를 토의시켰는데, 지금 이것을 당신에게 보이니, 당신은 사문이 왕자에게 예경을 하지 않는 까닭의 취지를 설명해 주기 바랍니다. 이 문제는 당연히 실행되어야 할 일이지만 차례차례 자세하게 써서 보냅니다. 당신은 반드시 의문을 풀어 줄 수 있을 것입니다. 왕령군王領軍[34]도 크게 이 문제를 맡아 보려는 뜻을 갖고 있어 요사이 또 함께 사중謝中[35]을 찾아가서 눈앞에서 논의했으나 근거하는 바의 도리가 달라서 여전히 의문을 풀지 못했습니다. 지금 곽강주郭江州[36]에게 명하여 당신의 답서를 받게 하였으니, 당신의 의견을 그에게 전하기 바랍니다.

2) 원법사답遠法師答

별도로 동봉해 주신 고시告示와 팔좌八座에게 보낸 편지를 자세

34 왕밀(王謐, 360~407)을 가리킨다. 자는 치원稚遠이고, 왕도王導의 손자이며, 환현보다는 아홉 살 연장이다. 불교신자이며, 그 옹호자로서 혜원과 혜엄에 깊이 귀의하고 있었다.

35 누구인지 확실하지 않고 혹 지명地名인지도 모른다.

36 처음에는 예장豫章 태수였으나 나중에 환현을 따라 강주江州 자사刺史에 임명되었다.

히 보았습니다. 당신은 사문이 왕에게 예경을 하지 않는 까닭의 의의를 묻고 있지만, 이 질문의 의도는 군주를 높여 숭상하는 데 있고, 나아가서는 명분과 체제를 보존하려는 데에 있습니다. 노자를 논거로써 끌어들여 왕후를 천天·지地·도道의 3대大[37]와 같은 것이라고 하며, 제왕의 도는 만물의 바탕이 되어 만물을 내고, 천지의 운행을 멈추게 하지 않는 도道이기 때문에 제왕의 위치를 중하게 여겨야 한다고 했습니다. 또 만일 일체 존재의 근본을 추측하여 그 근원을 물어 찾아간다면, 만물은 모두 음양의 기를 천지에서 받고,[38] 그 몸을 부모로부터 받은 것이기 때문에 만물이 생성화육하는 천지운행의 이법은 넓고 원대하며, 그 이법에 근본을 두고 나날의 생활을 영위해 나가는 도리는 광대하니, 따라서 왕의 공덕을 받으면서도 왕에게 예경하지 않으며, 왕의 은혜를 입고 있으면서도 왕에게 존경을 행하지 않는 것은 있을 수 없다고 했습니다. 이상이 당신께서 주장하는 근거이고, 빈도貧道 또한 당신의 생각과 별로 다르지 않습니다. 다만 이 문제를 불교의 입장에서 생각하여 사문의 도리를 찾아보면 그렇지가 않습니다. 왜냐하면 불교의 경전에 밝혀져 있는 바로는 불교를 받드는 사람들은 대개 두 종류가 있기 때문입니다. 그 하나는 세속에 있으면서 가르침을 넓히는 사람이며, 그 둘은 출가하여 도를 닦는 사람입니다. 세속에 사는 사람의 경우라면 군주를 모시는 예와 부모를 높이는 예, 충효의 의에 대해서는 불교 경전에서도 나타나며, 임금·부모·스승을 중하게 하는 가르침도 불전 속에 확실하게 드러나 있으니,

37 『노자』 25장.
38 『장자』 「추수」.

이것은 중국의 왕에 대한 예제禮制와 같은 가르침으로서 마치 부절符節을 합한 것과 같습니다. 그리고 이 첫 번째 경우는 바로 당신이 분명히 밝힌 대로이며, 도리상 이론이 있을 수 없습니다.

그러나 출가한 사람의 경우는 세간을 벗어난 세계에서 노니는 사람들로서 세속에서 자취를 끊은 사람들입니다. 이 출가한 사람들의 교教는 인간의 고통이 육체로부터 생기는 것을 깨달아 그 육체를 편히 보존하는 일을 하지 않음으로써 고통을 없애고, 또 세세생생에 살아가는 것이 천지조화天地造化에서 받는 것에 연유한다는 것을 알고, 그 조화에 따르지 않음으로써 도를 구하고 있습니다. 도를 추구하는 것은 천지조화에 순응하는 것으로는 얻을 수 없기 때문에 천지의 화육化育을 이끄는 군주의 정치적인 도움을 중히 여기지 않는 것이며, 고통을 없애는 것은 몸을 편히 보존하는 것으로는 얻지 못하기 때문에 백성의 생활을 돈독하게 하는 은혜는 귀하게 여기지 않는 것입니다. 이러한 이치는 세속적인 것과는 서로 어긋나며 도道와 속俗은 서로 반대되는 것입니다. 그러므로 대개 출가한 사람은 모두 세간으로부터 은거하면서 자기의 뜻을 추구하고 세속과 다른 생활을 하면서 자기의 도를 실현해 나갑니다. 세속과 다른 생활을 하기 때문에 그 복장제도服章制度가 세속의 예전禮典과도 같지 않으며, 세간으로부터 은거하기 때문에 그 행동을 고상高尙하게 해야 합니다. 그래야만이 미혹에 빠져 있는 중생을 깊이 유전流轉하고 있는 데에서 구제하고 아득히 먼 과거세로부터의 눈에 안 보이는 업근業根을 제거시키며, 멀리 3승乘에 의한 구제의 도를 통하여 널리 인간이나 천상계에서 태어나는 길을 열 수가 있는 것입니다.

이러한 이유로 해서 안으로 육친의 지중한 은혜를 거역하여도 그 효를 어기는 것이 아니고, 밖으로 군왕을 받들어 공경하는 예를 빠뜨리더라도 그 공경함을 잃는 것이 아닙니다. 이와 같은 출가인出家人은 자신의 서원을 삭발하는 데에서 시작하여 세운 뜻을 만년晩年에 이루게 되는 것입니다. 만일 한 사람이라도 출가자로서의 덕을 완전히 닦으면 그 도道는 일족의 사람들을 윤택하게 해주고, 그 은택恩澤은 세계 전체에까지 미치는 것입니다. 비록 왕후의 지위에 처해 있지는 않을지라도 출가의 도는 처음부터 이미 제왕이 천하를 다스리는 근본의 도〔皇極〕와 일치하여 크게 일체 중생을 감싸 도와주고 있는 것입니다. 이와 같다면 출가인이 어찌 앉아서 그 은덕만을 받고, 부질없이 그 은혜만을 입어서 일 없이 녹祿만 축내고 있는 현자賢者처럼, 하는 일 없이 놀고먹는 것을 함께 하는 것이겠습니까?

당신은 요사이 출가의 옷을 걸치고 있는 사람은 많지만 출가의 도를 행하고 있는 사람은 없다고 여겼기 때문에 출가자의 문란함을 깨끗이 씻고 가려내어 진실한 사문을 용인해 주고 거짓 사문과 섞이지 않게 하였으니〔肅淸淘汰〕, 이 명령이 선포되면서부터 모든 출가자는 더욱 정성을 돈독히 하고, 불도를 이루는 것이 더욱 깊어져 말로써 도저히 표현할 수 없을 정도입니다. 만일 다시 출가자와 재가자의 본연의 자세를 열어 주어 출가인의 도를 넓혀 주신다면 마음을 비워 도를 구하는 사람은 부처님의 유풍遺風을 우러러보고, 법의 흐름에 입가심하려는 사람은 불법이 남긴 진액에 목을 축이게 될 것입니다. 만일 숙청도태를 한 후에도 여전히 뜻대로 되지 않고, 그 중에 진위眞僞가 뒤섞여서 경수涇水나 위수渭水의 청탁淸濁이 구별되지 않으면, 그때는 도로써 사람을 폐하는 것은 가능하지만 진실로 사람으로써 도를 없애는 것과 같은 일은 해서는 안 됩니다. 도로써 사람을 폐할 때에는 악덕사문의 복장을 폐지하는 것은 당연하지만 사람으로써 도를 폐하는 것이라면 불교의 예제는 보존되어야 합니다. 예제가 남아 있으면 불교를 제정한 취지를 찾을 수 있지만, 자취(예제)마저 없애 버리고 만다면, 뜻을 이룬다는 기쁨을 얻을 곳이 없어집니다. 어떻게 이런 말을 할 수 있는가 하면, 사문의 복장제도나 정해진 기물은 육대六代의 예전禮典과 달라서 그것은 본래 도를 닦는 사람의 특수한 제도이며, 세속을 초월한 세계의 명기(名器 : 體制)입니다. 이 명기名器가 세속의 것과 뒤섞이면 일이 그 근본에 어긋나고, 일이 그 근본에 어긋나면 예제는 그 작용을 잃고 맙니다. 그러므로 그 예를 아끼는 사람은 반드시 그 명기를 잃지 않도록 하는 것이며, 한 번 얻은 명기를 잃어서는 안 된다고 하는 말도 예부터 전해 내려옵니다. 멀리 고대의 예전禮典을 따르는 사람(공자)의 경우에도 고삭告朔에 바치는 희생양을 그대로 보존하고 있습니다.[39] 희생의 양조차도 오히려 선왕의 예를 보존하는 것이 된다고 하면, 여래의 법복이 불교의 예제를 보존할 수 있는 것은 말할 여지가 없습니다. 이 점을 미루어 말한다면 비록 도는 행하여지지 않더라도 그 예제만은 반드시 보존해야 할 것입니다. 예제가 보존되면 불법을 넓힐 수 있고, 불법이 넓혀지면 불도를 찾을 수 있습니다. 이것은 예나 지금이나 같은 이치이고, 바꿀 수 없는 크나큰 진리입니다.

---

39 『논어』「팔일八佾」. 고삭告朔은 제후가 해마다 섣달에 천자에게서 다음 해의 달력을 받아서 이것을 사당에 간직하고, 매월 초하룻날에 희생〔羊〕을 바치고, 그 달의 달력을 받아서 이를 사용하게 하는 것이다. 여기서의 뜻은 비록 허례虛禮에 가깝더라도 해가 없는 것은 보존하여 훗날 쓰임을 기다린다는 것을 비유한 것이다.

또 가사袈裟는 천자에게 알현謁見하기 위한 복장이 아니고, 발우는 조정에서 사용하는 그릇이 아닙니다. 군사에 관한 복장과 정사에 관한 복장은 차이가 있어야 되고, 오랑캐의 풍속과 중화中華의 풍속도 구별되는 것으로서 오랑캐의 풍속으로 삭발하여 형상을 해친 사문이 갑자기 중화의 예제가 행해지는 조정에 섞이면 이것은 종류가 다른 것이 뒤섞이는 모양이니, 이 점도 또한 불안한 점이 있다고 생각합니다.

당신의 그 비범한 인품은 젊을 때부터 뛰어났고, 우아한 품격은 말세末世를 훨씬 초월하고 있으며, 더욱이 그 위에 당세當世의 현자들에게 가르침을 청하여 올바른 도리를 구하고 있습니다. 이 점으로 미루어 보면 반드시 사람 때문에 말을 폐지하지 않으리라고 생각합니다. 빈도의 나이는 서녘의 태양처럼 기울어져 있어 얼마 남지 않은 일월을 빌려 죽음을 기다리고 있는 사람입니다. 마음에 아쉽게 생각하는 것이 어찌 단순히 나 개인만의 일이겠습니까? 자기의 주장을 고집하여 양보하지 않는 것은 다만 훌륭한 사람이 세상에 나타났을 때 다시 크게 일으켜서 부처님의 밝은 덕을 오랜 후세까지 향기를 내도록 하려고 생각했기 때문입니다. 만일 당신이 사문으로 하여금 왕을 공경하도록 하려는 이 생각이 일단 실시된다면, 불교는 오래도록 쇠퇴하여 여래의 대법大法은 이 때문에 없어지고 말 것이며, 천인天人들도 다 함께 개탄하고, 출가자도 재가자도 마음을 바꾸고 말 것입니다. 빈도가 조용히 진심으로 바라고 있는 불교 재흥再興의 일도 또한 장차 어디를 의탁하겠습니까? 당신이 나에게 보내 주신 따뜻한 예우에 기대어서 나의 생각을 마음먹은 대로 말해 보았습니다. 이 편지를 쓰면서 슬픔과 분노로 나도 모르게 눈물이 흘러내립니다.

3) 환태위답桓太尉答〔조정사문경사詔停沙門敬事 첨부〕

편지에 의하면 세간 밖에서 몸을 잊기 때문에 생명을 길러 주는 이익을 귀하게 여기지 않고, 궁극의 도를 구하는 것은 천지조화에 순응하는 것으로는 얻을 수 없기 때문에 천지天地의 화육化育을 이끄는 군주의 정치적인 도움은 중하게 여기지 않는다고 하였습니다. 또 출가자는 안으로 육친의 지중한 은혜를 거역하더라도 그 효를 어기는 것이 아니고, 밖으로 군왕을 받들어 공경하는 예를 빠뜨리더라도 공경함을 잃는 것이 아니라고 하였습니다. 만일 말씀대로라면 친자식의 도리가 본래 지중하지 않다면 효도를 할 마음을 가질 연유가 없으며, 사문의 일이 제왕이 만물을 내어 운행하도록 하는 것과 관계가 없다면 이것 또한 왕을 마땅히 예경한 뜻이 있을 리 없습니다. 당신이 말한 것처럼 임금과 어버이에 대한 정이 아직 다하지 않았음을 인정한다면, 그 마음이 의지하는 예경을 어찌하여 끊어 버리는 것입니까?

원래 근심거리란 마음의 미혹함에 있는 것이고, 몸으로 하는 예경에 의하는 것이 아닙니다. 몸으로 하는 예경이란 생각하여 보면 마음의 작용일 뿐이니, 그렇다고 보면 그 근본 마음이 있으면서 예경을 제멋대로 한다면, 이것 또한 나에게는 이해가 되지 않는 점입니다.

또 말하기를, "불교는 두 가지로 넓혀지니, 속세에 있어서는 가르침이 있고, 혹 출가의 경우라면 은택恩澤이 세계 전체에 미치고, 도道는 일족의 사람들을 윤택하게 해 주어 진실로 제왕이 천하를 다스리는 근본의 도와 일치하여 부질없이 군주의 은혜만 입고 있는 것은 아니다"라고 하였습니다.

원래 불교는 실천하는 데 있어 각각의 일에 따라 응하여 가고,

인연에는 그 근본이 되는 것이 있어 반드시 틀림없는 결과에 도달하는 것입니다.

이와 같다면 도를 닦는 사람이 또한 어떻게 도리를 어길 수가 있겠습니까? 그러므로 석가釋迦의 도는 아버지인 백정왕白淨王으로 하여금 깨달음의 다리를 건너게 하지 못하였습니다. 백정왕은 수타須陀의 경지[40]를 얻지 못했지만, 본래 이것은 나라의 사람이 받은 것과 같은 것이었습니다. 말씀과 같이 여기에는 스스로의 도가 있습니다. 심오한 덕의 공功은 진실로 오늘날 이른바 마땅히 가르쳐야 할 사람들과 헤아려 의논할 수 있는 것이 아닙니다. 편지에서는 아직 함께 이 문제의 도리를 탐구할 수가 없어 그것이 나를 크게 낙담시켰습니다. 본래부터 나로서는 아직 당신의 의견에 납득이 가지 않지만, 당신도 머뭇거려 지체하다가 인정과 도리의 작용을 어기는 일이 없기를 바랍니다.

48. 환초허도인불치례조桓楚許道人不致禮詔

문하門下에 알린다. 불법은 끝없이 넓어 내가 분명하게 알 수 있는 것이 아니다. 당신들의 위없는 부처님에 대한 독실한 마음을 미루어 헤아렸기 때문에 오히려 당신들이 부처님께 예경하는 것을 허락하는 것이다.

지금 이 일은 나에게 달려 있다. 진실로 나로서는 분명히 알 수

40 수다원과를 말한다. 사문 수행의 단계에서 초과의 성자로 견혹을 다한 것으로 예류預流·역류逆流라고 번역한다.

없는 것이므로 우선 마땅히 왕에 대한 예경에 대해서는 그 처리를 잠시 그대로 두겠다. 그들에게 이제 왕에게 예경하도록 시키지 말라. 그리고 모두에게도 이 일을 알려라.

1) 답환공조答桓公詔

원시 원년 12월 3일, 시중侍中 변사지卞嗣之·급사황문시중給事黃門侍中 신臣 원각지袁恪之는 말씀드립니다. 조서는 위와 같습니다. 신령한 도道는 아득하고 훌륭하신 조서詔書는 심원합니다. 폐하께서 넓히신 은혜는 크기 때문에 부처님을 받드는 도인에게까지 미치고 있습니다. 그러나 이 천하天下의 백성들은 왕의 신하가 아닌 사람은 없습니다. 그런데도 먼저 법복으로 모양을 바꾸는 것만으로 곧 만승萬乘의 주인이신 군주에게 대등한 예를 행하고 있으니, 이래서는 우리들의 마음이 편치 않습니다. 배기拜起의 예에 있어 어찌 군주에게 예경하는 도를 뺄 수 있겠습니까? 존귀하고 천함의 큰 도리는 마땅히 조금이라도 폐지하여서는 안 됩니다. 명교名敎의 밖의 것을 허락하여 그 배경拜敬의 의례儀禮를 빠뜨린다면, 청컨대 반드시 사문들이 배알하는 것을 없애 주시기 바랍니다. 이 일은 기억해 주시기 바랍니다. 삼가 아뢰옵니다.

2) 답환현조答桓玄詔

(문) 무슨 까닭으로 그러느냐? 곧 나의 조서를 받들도록 하라.

태형太亨 2년 12월 4일 문하통사령사門下通事令史 신臣 마범馬範.

(답) 시중侍中 신臣 사지嗣之는 말씀드립니다. 말씀드린 글에 대하여 다시 삼가 조서를 받았습니다. 참으로 넓고 넓은 마음의 극치를 더욱 높이시고, 빛나는 겸양謙讓의 도를 이행하고 계십니다. 그

러나 저의 마음은 이런저런 생각으로 편치 않은 것이 있습니다.

정치의 도는 비록 달라도 이치의 도달점은 돌아가는 곳이 같습니다. 군왕을 존경하고 부모를 존경하는 것은 불교에서도 틀리지 않고, 또 노자가 말하는 도道・천天・지地・왕王의 4대大에서도 그 존중함이 모두 같습니다.

사문들이 행하는 방법은 정치政治의 도나 노자老子의 가르침과는 다르지만 그 자취는 이 세상을 초월할 수 없는데, 어째서 그들만이 하늘로부터 생명을 받은 이 지상의 백성과 같지 않을 수 있겠습니까?

폐하께서는 진실로 어버이를 존경하고 군주를 존경하는 도를 위로 넓히려 하나 군신 간 예는 세상을 다스리는 법규입니다. 저는 폐하께서 마땅히 굽어 살펴 민심을 따르셔서 사문이 예경하는 것을 깊이 장래의 법식으로 만들어야 한다고 생각합니다. 부디 제가 앞에서 말씀드린 것처럼 해 주십시오. 삼가 아룁니다.

㊀문 이를 내버려 두어서 사람들 각자의 방법에 따르게 하도록 하라. 또한 이것이 구류九流를 모두 사랑하여서 각자가 자기의 도를 이루도록 하는 것이다.

답 시중좨주侍中祭酒 신 사지는 말씀드립니다. 또다시 삼가 조서를 받음이 위와 같습니다.

폐하의 지극하신 덕은 한없이 넓고 넓어 모두를 각자의 방법에 따르도록 하셨습니다. 구류九流는 각자의 미덕에 따라 도리道理에 밝은 것이나 어두운 것이나 다 함께 자기의 극치를 다하고 있습니다. 폐하의 영묘한 은혜가 그윽히 흘러 누구 한 사람도 그 은혜를 생각하여 그리워하지 않는 이가 없습니다. 이야말로 천하 만민의 바탕이 되어 만물을 내고 운행시키는 일이 되는 이유이며, 하늘과 사람이 서로 화락和樂할 수 있는 이유입니다.

신이 들으니, 불교는 깨달음〔神慧〕을 근본으로 하고, 다음에 만물을 인도하여 운행시키는 것을 공功으로 삼고 있습니다. 이 이외의 것은 대개 거친 마음을 다스리는 것일 뿐입니다.

신묘한 이치는 심원하여 형상을 초월한 곳에서 구하는 것이기 때문에 몸을 경건히 하여 절을 하여도 불교의 계율을 어기는 것은 아닙니다. 만일 불도를 행하여도 왕에 대한 공경을 잃지 않고 군왕과 불법이 같이 온 천하에 공경을 받는다면 불도와 왕법이 함께 융성하게 되어 내외(불교와 유교)를 모두 얻을 수 있을 것입니다.

신은 앞서 외지外地의 직임職任을 받았으므로 폐하의 말씀을 듣는 것이 드물고 부족하여 작년 봄에 이미 이 문제에 대한 폐하의 명론明論이 있었던 것을 알지 못했습니다.

근래에 직접 조서를 받고서 저의 어리석은 마음을 다하여 말씀드려 황공하게도 폐하의 마음에 들었으면 하고 생각하였습니다. 도리어 이 일에 몇 번 신필神筆을 얻었지만 그 속에 포함된 궁극의 이치는 아득히 멀고, 논리적인 분석은 심원하여서 신과 같은 어리석은 사람이 극구 찬탄할 수 있는 일이 아닙니다.

사문이 왕에게 대등한 예를 취하는 것은 이미 전대前代에도 행해지고 있었습니다. 그러나 지금은 밝은 덕을 가지신 폐하께서 왕위에 올라 도덕과 교화가 미치지 않는 곳이 없으니, 이때를 맞이하여 나라를 다스리는 큰 도리에 빠지는 곳이 있어서는 안 될 것입니다. 청컨대 제가 먼저 말씀드린 것처럼 명교 밖의 사람도 포함하여 시행하도록 해 주십시오. 삼가 아룁니다.

문 유교와 불교의 구별 없이 안팎을 겸하여 넓히는 것에 어찌하여 전대前代의 이치를 쓰겠는가? 경卿이 자질구레하게 이 일을 애석해 하는 것은 군왕의 도를 찬탄하는 일이 아니다.

답 시중좨주侍中祭酒 신 사지가 말씀드립니다. 거듭 조서를 받았지만, 안팎을 겸하여 넓히는 것은 폐하의 뜻이 깊이 고루 미치는 것이어서 폐하의 도는 많은 군왕 중에 으뜸이 됩니다. 삼가 읽으면서 우러러 찬탄스러워 어리석고 미천한 제가 미칠 바가 아닙니다.

군주를 존경하고 정법을 공경하는 것은 신하의 절개이기 때문에 늘 마음에 간직하고 몇 번씩이나 지켜야 할 바를 고집하고 있습니다. 그러나 이번의 조서는 뛰어나게 넓고 넓으며, 원대한 지략智略은 항상하여 어디에도 치우지지 않는 것입니다. 신은 어리석고 지혜가 부족하여 폐하의 마음을 깨닫지 못하고 지금에 와서야 뒤늦게 부끄럽고 송구스러워 곧 조서를 받들어 외국外局에 건네주고 받들어 따르겠습니다. 원시 원년 12월 24일 삼가 아룁니다.

49. 여산혜원법사여환현론요간[41]사문서廬山慧遠法師與桓玄論料簡沙門書〔환현의 가르침 첨부〕

1) 여러 승려들을 사태沙汰하기 위해 관료들에게 주는 교령

신령한 도道의 세계는 아득하고 어슴푸레하여 성인께서도 설명하지 않은 것이다. 그러나 성인께서 교敎를 제작한 광대한 의도를 미루어 보면 성인께서 종교의 세계를 어떻게 생각하고 있었는가

41 요간料簡은 선택하는 것으로 여기서는 사문의 자격을 심사하여 부적격자를 환속시키는 것을 말한다.

를 알 수 있다.

부처님께서 귀중하게 여기신 것은 무위無爲이며, 그 간절하게 설명하고 있는 것은 욕심을 끊는 것이다. 그런데 요사이는 불교도 차츰 쇠퇴하여 가르침의 근본인 무위절욕無爲絶欲을 드디어는 잃어버려 경도(京都 : 健康)의 불교계에서는 다투어 사치스러워져 훌륭한 당탑가람堂塔伽藍이 조정이나 시가지에 가득 들어섰으니, 조정의 재정은 이로 인하여 궁핍하게 되었고, 국가의 예제禮制는 그 때문에 문란해지고 혼탁해졌다. 또 국가의 부역을 피하는 무리는 어느 현縣에나 모여 있고, 도망자는 어느 사묘寺廟에든 넘쳐나서 이에 한 현에 수천 인이 모여 제멋대로 마을을 이루어 어느 마을에도 놀고먹는 무리가 모여 있고, 어느 토지에도 국법을 무시하는 무리가 쌓여 있다. 그리고 국가의 정치를 해치고 불교를 더럽히는 그들의 행위는 진실로 오래전부터 국가와 불교를 다 함께 피폐시켜 참으로 풍교규범風敎規範을 더럽히고 있으니, 지금 다음의 건을 엄중하게 하달下達한다. 각지各地의 사문 중에 경전의 가르침을 설명해 표현할 수 있고 불교의 교의를 말로 설명할 수 있는 사람, 혹은 정해진 행을 바르게 행하고 계율을 어김이 없고 항상 청정한 지역[阿練][42]에 살고 있는 사람, 혹은 산림에 살면서 자기의 뜻을 기르고 세속의 일을 꾀하지 않는 사람, 이들은 모두 큰 교화를 맡겨서 넓힐 수 있는 사람들이고, 또 그 때문에 천하의 사람들에게 도란 무엇인가를 제시하며 가르침을 넓혀서 세상의 모범이 되고, 다행히도 내內인 불도와 외外인 제왕의 교화를 겸하는 사람들이다. 만일 이것에 해당되지 않는 사문이 있으면 모두 다 추방하고,

42 아련야阿練若를 말한다. 범어 araṇya의 음역. 비구가 수행하는 조용한 장소.

각자의 소속지에 있어서 호적을 관리하여 엄중하게 통제를 해야 할 것이다. 이 건은 속히 하달하고, 동시에 그 처리를 조서條書로 만들어 올리도록 하라. 다만 여산廬山만은 유덕한 사문이 살고 있으므로 이 교령의 적용에서 빼고 숙청을 하지 않도록 하라.

2) 환태위桓太尉에게 사문을 요간料簡할 것을 논하는 글

불교가 점차 쇠퇴해 더럽혀지고 혼탁해진 지도 벌써 오랜 세월이 흘러 매번 일단 이 일에 생각이 미칠 때마다 마음은 분노와 개탄으로 꽉 찹니다. 항상 불교가 뜻밖에 나쁜 세상을 만나서 정사正邪가 뒤섞여 다 함께 쇠퇴하여 없어질까 염려되어 이 때문에 아침 일찍부터 저녁 늦게까지 탄식하고 두려워 침식寢食을 잊을 정도입니다. 이런 와중에서 당신이 사문들을 숙청한다는 교령敎令을 보니, 참으로 나의 본마음과 일치하는 것입니다. 경수涇水와 위수渭水가 나뉘면 청탁淸濁이 달리 흐르고,[43] 굽은 것이 곧은 것에 의해 바르게 되면 어질지 못한 사람들은 스스로 멀어질 것입니다. 이 점을 미루어 말한다면 사문숙청의 교령敎令이 행해지고 나면 반드시 청탁淸濁·정사正邪가 확실하게 나뉠 것입니다. 이리하여 거짓으로 꾸며 사문의 음모를 취하는 자들은 저절로 거짓으로 통하는 길이 끊어지게 될 것이며, 도를 믿고 진실을 품는 사람들은 다시 세속을 등진다는 의심을 받는 일이 없어지게 될 것입니다. 이와 같다면 도와 세상이 서로서로 일어나, 불·법·승 삼보도 다시 여기에서 융성해질 것입니다. 빈도貧道가 강남(여산)에 몸을 의지하고 사는 것도 덕 있는 사람들에 의탁하여 불교 중흥의 지대한 업

43 물이 맑은 경수涇水와 탁한 위수渭水가 구별된다는 뜻.

을 실현하고자 했기 때문이지만, 이 대업의 융성과 쇠퇴는 참으로 사람에게 달려 있습니다. 당신이 치세하고 있을 때를 만나게 된 것은 빈도가 불교를 중흥시킬 수 있는 절호의 기회이니, 당신에게 기대하는 이 그윽한 마음도 전세에서부터 인연이 맺어져 있었을 것입니다. 그렇기 때문에 전후 몇 번인가 보내 드린 나의 편지도 오로지 당신의 협조를 바라는 것을 우선으로 하였고, 친절한 편지를 보고는 보살펴 꿈을 간직하고 잊지 못하고 있습니다. 그리고 나는 나의 수명이 때를 맞추지 못해 단월이 크게 융성하는 치세를 최후까지 볼 수 없을까 염려될 뿐입니다. 지금 그렇기 때문에 별지別紙와 같은 몇 개의 조條를 말씀드려 두겠습니다.

경전의 가르침에 설해진 바로는 불자에는 대체로 다음의 세 종류가 있습니다. 첫째는 좌선을 공부하여 미묘한 경지로 들어가는 사람, 둘째는 부처님께서 남기신 경전을 외워 음미하는 사람, 셋째는 복업을 일으키는 사람입니다. 이 세 종류가 진실로 구별되어 있는 것 같으나 모두 계율에 따른 실천을 근본으로 하고 있습니다. 당신이 근래에 제정한 교령도 흡사 이것과 거의 같은 것이고, 이 점은 이상에서 말한 세 종류의 불교에 관해서는 의문시될 것이 없습니다. 그런데 혹 복업을 일으키는 사람 안에도 마음으로는 계율을 지키면서 청정한 지역〔阿練若〕에 살지 않는 사람도 있고, 혹은 많은 경전을 암송하여 끊임없이 경문을 입으로 외우면서도 교의를 설명해 표현하지 못하는 사람도 있고, 혹은 또 이미 나이가 든 연장자로 비록 세 종류에는 해당이 안 되지만 타고난 성품이 곧고 정직하여 큰 잘못을 범하지 않는 사람도 있어 대개 이러한 무리들은 모두 구별되지가 않습니다. 이제 당신의 추방령의 적용 범위를 찾아 나감에 있어 이러한 사람들을 문책하지 않을 것이라 생각하지만, 세간에서는 이번의 숙청에 당황하고 의혹의 마음을 품어 스스로 안정된 생활을 못하고 불안해하고 있으므로 따로 말씀드리는 것입니다.

형상과 자취가 드러난 것은 쉽게 알 수 있으나 진위眞僞를 구분하기가 참으로 어렵고, 원대한 식견을 가진 사람이 아니면 그것을 명확하게 하기가 진실로 곤란합니다. 만일 도읍都邑의 사문으로 당신이 직접 보고 들은 경우는 진실로 의심할 것이 없지만, 만약 변방의 멀리 떨어진 관리가 식견이 멀리까지 미치지 못하여 교령의 취지를 깨닫지 못하고서 혹 명령에 편승하여 지나치게 선량한 사람에게까지 추방령을 미치게 하지는 않을까 하는 것이 가장 깊이 우려되는 점입니다. 만일 각 소재지의 집행관에게 의미가 확실하게 해석되지 않고, 또 때마침 명망 있는 사문으로 바른 판정을 할 만한 이가 따로이 없을 때에는 서류를 조정에 송부하여 직접 눈으로 보도록 한다면 이치를 널리 펼 수 있으리라 생각합니다. 당신도 신묘하게 사려 깊은 이로 이미 이를 마음으로 알고 있으리라 생각합니다만, 다만 이것이 빈도가 늘 지니고 있는 심정이었으므로 말씀드리지 않을 수 없었습니다.

또 만일 호족대성豪族大姓의 자제로서 본래 부역의 의무가 면제된 집안의 사람이 혹 대대로 불법을 신봉했든가, 아니면 어릴 때나 태어날 때부터 총명하여서 세속을 버리고 불문에 들어가 사문이 되고자 뜻한 경우에 이 교령의 취지로부터 추리하여 나가면 그 청정한 길을 막지는 않으리라 생각합니다만, 그러나 반드시 확실하게 결정하여 마음을 닦아 불법의 맛을 보고자 지향하는 이에게 다시 스스로 의심하는 마음이 생기지 않도록 하여 주시기 바랍니다. 옛날 외국의 많은 왕들은 대부분 불전에 마음을 두었고, 그 중에는 또한 때에 따라 국가의 큰 교화를 돕고 넓혀 국가의 위난과 피폐를 도와 구한 이도 있었으니, 진실로 전해져 내려오는 일입니다. 당신은 항상 마음을 옛사람과 같이하기를 기약하고 있는 사람이므로 다시 대략 내가 들은 것을 서술하였습니다.

50. 지도림법사여환현론주부구사문명적서支道林法師與桓玄論州符求沙門名籍書

융안隆安 3년(399) 4월 5일 경읍京邑의 사문은 머리 숙여 말씀드립니다.

궁극을 표시하는 근원이 있다면 이를 추앙하는 사람이 이르고, 이치가 신명神冥에 계합하면 혜택을 입음이 점점 깊어지는 것입니다. 그러므로 공자가 집을 비어 있게 하였고,[44] 안연이 유련流連[45] 하여 돌아오지 않았던 것은 아마도 두 사람 모두 도덕이 융성하여 다만 여러 곳을 유력하면서 돌아오는 것을 잊었기 때문이었을 것입니다. 빈도들은 비록 사람됨이 평범하고 행동이 천박한 무리이지만, 삼보를 공경해 수행하고 있으며, 부처님의 도를 사랑하는 마음은 천성적인 것이어서 신심을 배울 필요도 없습니다. 단지 날로 줄이는[46] 일에 대해서는 가슴을 치고 슬퍼하며 탄식을 더할 뿐

44 공자가 70년의 생애를 여러 나라에 다니면서 유세하여 언제나 집이 비어 있던 것을 말하는 것인 듯하다.

45 물 따라 배를 타고 내려가 돌아오기를 잊는 것이 유流이고, 배를 타고 올라가면서 돌아가기를 잊는 것이 연連이다. 『맹자』「양혜왕梁惠王」하 참조.

46 『노자』 제48장.

입니다만, 덕 높은 임금과 지혜로운 임금의 힘에 의지하여 다시 불도를 넓힐 수 있습니다. 군왕의 덕택으로 우리들 사문은 산중에 사는 사람도 업에 전념하고, 성城 곁에 거주하는 사람도 불도를 익혀 통달하고 있습니다. 폐하의 광대무변한 은택 덕분에 마른 나뭇가지에 꽃이 피는 것입니다. 그렇지만 사문이 세간에 대하여는 마치 빈 배가 큰 골짜기에 기대는 것과 같아서 올 때에도 무심히 오고 갈 때에도 한가하게 타고 가는 것으로서 사해 안에는 결국 스스로 집으로 삼을 것이 없습니다. 나라가 어지러우면 석장을 흔들면서 홀로 행각을 하고, 불도가 고루 미치면 흔쾌히 모두 모여드는 것입니다. 따라서 사문이 멀리서 오는 것은 진실로 이유가 있는 것입니다. 폐하는 크나큰 가르침을 말세에 선양하고 성심誠心을 백대 후에까지 펼치려 하시나 요사이 자주 주부州符로부터 통지를 받고 사문의 명적名籍을 구하려 하고 있어 매우 절박하나 아직 폐하의 높은 뜻을 깨닫지 못하고 있습니다. 야인野人은 쉽게 두려워하여 근심스러워함이 실로 깊으니, 드디어는 선정을 닦는 사람들까지 고요한 마음을 잃고 근행勤行하는 이들은 행업行業을 폐하게 되어 정기를 잃어 아침이 되도록 잠 못 이루고 비탄에 젖어서 어떻게 하여야 안심이 될지 모르는 상태입니다. 엎드려 원하옵건대 명공明公께서 위로는 크나큰 교화의 바람을 불러일으키시고, 아래로는 백족(白足 : 사문)을 우대하여 불도를 흠모하는 이로 하여금 구제를 얻게 하고, 불도에 뜻을 둔 이로 하여금 모두 온전하게 뜻을 이루도록 하여 주신다면, 이 몸이 다하여 이에 명을 마치게 되어도 좋을 것입니다. 폐하께서 듣게 되기까지는 매우 요원하기 때문에 어쩌다가 아직까지 편지를 쓰지 못했습니다. 삼가 말씀을 올리고 엎드려 송구스러워할 뿐입니다.

51. 천보사석도성계제무황제론검시승사天保寺釋道盛啓齊武皇帝論檢試僧事[47]

천보사天保寺의 석도성釋道盛은 말씀드립니다.

옛날 공자의 제자 3천 명 중에 천문학을 배우는 사람은 둥근 관을 썼고, 지리를 배우는 사람은 네모난 신을 신었습니다. 초나라 장주莊周는 노나라 애공哀公을 찾아가 말하기를, "듣건대 이 나라에는 천문이나 지리를 알고 있는 사람이 적지 않다고 하니, 청컨대 시험해 보십시오"라고 하였습니다. 애공은 즉각 국내에 명령을 내려 천문에 밝은 사람은 둥근 관을 쓰고, 지리에 밝은 사람은 네모난 신을 신고 오도록 명하였는데, 오직 공자 한 사람만이 찾아와서 애공의 질문에 모두 대답하였습니다. 그러므로 다른 사람들은 모두 제멋대로 옷을 입고 있었다는 것을 알 수 있습니다.

석가께서 이 세상에 나타나셔서 4제諦와 6도度를 설법하시고, 많은 계율과 위의를 제정하시어 사리불 등은 모두 아라한과를 얻었습니다. 때문에 불법은 근본이 없는 것을 위하는 것이 아님을 알 수 있습니다.

다만 부처님 재세시부터 오늘날까지 인간의 근기가 점점 둔해져 불도로부터 현격히 멀어져서 번뇌가 마음을 얽어매고 있어 만일 의욕意欲을 떨어 버릴 수만 있다면 계율에 합치되고 깨달음을 얻을 수 있지만, 그렇지 않으면 모두 제멋대로 사문의 복장만 취하고 있는 사람들뿐입니다. 부디 바라옵건대 폐하의 밝은 빛으로

47 남제南齊의 제2대 무제(武帝, 440~493)가 조세징수와 관련하여 호적 등록의 역행에 힘쓴 것은 알려져 있다. 매년 호적 검사를 실시하여 백성의 원망을 샀다고 한다. 천보사天保寺의 도성道盛을 승주僧主로 삼았다.

깊이 이 도리를 헤아리시어 범부를 대상으로 하여 성인의 도를 구하지 마십시오.

옛날 정鄭나라 자산子産은 위대한 현인이라고 일컬어지면서도 능히 과실을 거두어들이지 못하고 신도가申徒嘉로부터 조롱을 받았습니다.[48] 하물며 지금과 같은 말법 비구들이 어찌 능히 과실을 거두어들일 수 있겠습니까? 그러나 만일 과실을 잡지 못한다면 반드시 나쁜 마음을 일으킬 것입니다. 그렇게 되면 사원의 삼관三官[49]은 어떻게 명命을 다 해낼 수 있겠습니까? 나라에는 형법이 있으니, 원컨대 소재所在에 칙령을 내리시어 죄에 따라 처벌하게 하시어 성청聖聽을 어지럽히는 일이 없기를 바랍니다. 제가 비록 늙고 병든 몸일지라도 멀리 요·순 시대처럼 아랫사람의 마음을 깊이 살피는 정치를 사모하고 있어 감히 말씀드렸습니다. 편지에 엎드려 식은땀을 흘리고 있습니다. 삼가 아룁니다.

---

48 『장자』「덕충부德充符」. 재상 자산은 세속적인 가치를, 형여자刑餘者인 신도가申徒嘉는 세속적 무가치를 각각 상징하고 있는 것으로써 이 설화가 성립되어 있다.

49 사원 관리자인 사주寺主·열중悅衆·도유나都維那의 삼강三綱을 말하나, 그 이름에 대해서는 약간의 차이가 있다.

홍명집 제13권

52. 봉법요奉法要[1]〔치중서郗中書[2]〕

1) 삼보에의 귀의

삼자귀三自歸[3]라는 것은 부처님께 귀의하고, 12부경部經에 귀의하고, 비구승에게 귀의하는 것이다. 과거·현재·미래의 3세에 걸친 시방의 제불과 3세에 걸친 시방의 경법經法과 3세에 걸친 시방의 승가에 대하여 항상 예배하고 참회하며, 이 모두에 마땅히 지극한 마음으로 귀의하여야 한다는 것과 아울러 일체 중생을 불쌍히 여겨 그들로 하여금 해탈하도록 발원하여야 한다.

범어로 나무namas라고 말하는 것은 중국어로 귀명歸命이라 하며, 범어의 불Buddha이란 중국어로 각覺이라 하고, 승saṃgha이란 중국어로 대중大衆이라 한다.

---

1 불교를 신앙하기 위한 요의라는 의미이다.

2 치초(336~377)를 말하며, 자는 경흥景興, 또는 가빈嘉賓이다.

3 삼귀 또는 삼귀의tri-śara-nagamana에 대한 중국에서의 고역古譯.

2) 오계五戒

5계란, 첫째는 죽이지 않는 것이다. 타인으로 하여금 죽이게 해서도 안 된다. 항상 이 계를 수명이 다할 때까지 굳게 지켜야 한다. 둘째는 도둑질하지 않는 것이다. 타인으로 하여금 도둑질을 하게 해서도 안 된다. 항상 이 계를 수명이 다할 때까지 굳게 지켜야 한다. 셋째는 간음하지 않는 것이다. 타인으로 하여금 간음하게 해서도 안 된다. 항상 이 계를 수명이 다할 때까지 굳게 지켜야 한다. 넷째는 속이지 않는 것이다. 타인으로 하여금 속이게 해서도 안 된다. 항상 이 계를 수명이 다할 때까지 굳게 지켜야 한다. 다섯째는 술을 마시지 않는 것이다. 술을 타인에게 주어서도 안 된다. 항상 수명이 다할 때까지 굳게 지켜야 한다. 만약에 술을 약으로 쓸 때는 마땅히 경중輕重을 헤아려 반드시 술에 취하지 않도록 해야 한다. 술에 취하게 되면 서른여섯 가지의 과실이 있어 경교에서는 깊이 경계해야 할 것으로 여기고 있다. 죽이지 않는다면 장수하게 되고, 도적질을 하지 않으면 항상 편안하다. 간음을 하지 않으면 청정해지며, 속이지 않으면 남들이 항상 존경하고 신뢰할 것이며, 술에 취하지 않으면 정신이 맑아서 밝게 주위를 보살필 것이다.

3) 연年의 삼재와 월月의 육재

이미 5계를 행하고 나서는 곧 매년 3회의 재와 매달 6회의 재를 행한다.

연삼재年三齋란 매년 정월 1일부터 15일까지, 5월 1일부터 15일까지, 9월 1일부터 15일까지이고, 월육재月六齋란 매달 8일, 14일, 15일, 23일, 29일, 30일이다. 모든 재일齋日에는 모두 마땅히 생선이나 고기를 먹으면 안 되며, 오전 중에 식사를 하고, 정오가 지난 후에는 냄새 좋고 맛좋은 음식 등을 일체 먹어서는 안 된다. 사심邪心을 씻어 버리고 불도만을 생각하여 삼존(三尊 : 불·법·승의 삼보)에 귀의하고, 잘못을 참회하여 자신을 경책하고, 4등심(等心 : 慈·悲·喜·捨의 四無量心)을 실천하며, 규방으로부터 멀리 떨어져 6근根의 욕망에 집착하지 않고, 타인을 채찍질하거나 매도하며 우마차에 타거나 혹은 무기를 휴대해서는 안 된다. 부녀자는 거기에 겸하여 향이나 꽃, 연지나 분 등의 치장을 멀리하며, 마음을 단정히 하고 생각을 바르게 하여 유순한 마음가짐을 보존하도록 힘써야 한다.

재齋란 널리 이미 돌아가신 분과 현재 생존하고 있는 지우知友나 친척, 그리고 일체 중생들을 위하여 행하는 것이니, 모두가 이 지극한 정성으로 인하여 각자가 서로 보리심을 내는 것이다. 보리심을 느껴 일으키고 나면 마침내 죄고罪苦를 면하게 된다. 그러므로 충신·효자들은 노력하여 더욱더 재에 힘쓰는 것이니, 진실로 모두를 구제하기 위함이요, 단지 나 하나만을 위한 일은 아닌 까닭이다.

4) 육종사념六種四念

재일齋日에는 다만 현묘한 관찰을 행하는 것을 전적으로 하고, 경전의 말씀을 외워야 한다. 만일 공空을 실천할 수 없을 때에는 마땅히 여섯 종류의 4념念을 익혀야 할 것이다.

여섯 종류의 4념이란, 부처님을 생각하고, 경經을 생각하고, 스님을 생각하고, 보시를 생각하고, 계를 생각하고, 천天을 생각하는 것이다. 천天을 생각한다는 것은 무엇을 말함인가? 10선善과 4등等

으로 마땅히 천상계에 태어나기 위한 수행을 하는 것이요, 또 마땅히 각자의 능력이 미치는 바에 맞추어서 중생을 구제하도록 노력하는 것을 말한다.

5) 십선十善

10선善이란 몸으로는 살생과 도둑질과 음행을 범하지 않고, 마음으로는 질투하고 성내고 어리석은 일을 하지 않고, 입으로는 망언妄言과 교묘하게 꾸민 말〔綺語〕, 이간질 하는 말〔兩舌〕과 나쁜 말〔惡口〕을 하지 않는 것이다. 살생을 행하지 않는다는 것은 어떠한 것을 말하는가? 항상 마땅히 모든 살아 움직이는 생명들을 불쌍히 여겨 비록 곤급困急할 때에 있어도 절대로 그들을 해치지 않는 것을 말한다. 또 모든 중생이 재앙을 받고 있을 때에는 모두 마땅히 정성을 다하여 구해 주고, 수륙의 구별에 따라 각각 그들이 살 장소에 돌려보내야 한다. 그리고 자기 때문에 죽었다는 의심이 들면 모두 마땅히 그 시여를 받아서는 안 된다. 도둑질이란 무엇인가? 대개 자기의 소유가 아닌 물건을 취하는 것으로 물품의 크고 작음에 관계가 없고, 더 나아가서는 관리가 되어 청렴하지 않은 것도 모두 도盜라고 말한다. 음婬이란 무엇인가? 일체 여러 가지에 집착하는 것을 보통 음婬이라 부른다. 색욕色欲으로 음婬을 말할 경우, 정식의 배우자가 아니면 모두 범해서는 안 되는 것이다. 또 그것은 사적으로 몰래 행하여 숨김없이 드러내는 것이 아니기 때문에 또한 도둑질의 죄를 겸하는 것이 된다. 질투라는 것은 투기妬忌하는 것이다. 타인의 선행을 보거나 타인이 덕 있음을 보면 모두 마땅히 그들의 입장이 되어 기뻐해야 하며, 경쟁심이나 미워하는 마음을 가져서는 안 된다. 성낸다는 것은 마음에 분노를 품고 번뇌를 마음속에 품는 것이다. 어리석다는 것은 불법을 믿지 아니하고 경전의 가르침에 의혹을 가지는 것이다. 망언妄言이란 무엇인가? 없는 것을 있다고 말하거나 허황된 것을 날조하여 진실이 없는 것이다. 교묘하게 꾸민 말〔綺語〕이란 무엇인가? 교묘한 말로써 화려하게 장식하여 겉만 훌륭하고 내실이 없는 것이다. 이간질 하는 말〔兩舌〕이란 무엇을 말하는가? 얼굴을 마주할 때와 마주하지 않을 때 말을 다르게 하고, 이것에 대하여 저것을 말하는 것이다. 나쁜 말〔惡口〕이란 무엇인가? 상대를 비방하고 욕하는 것이다. 어떤 사람은 말하기를, "입으로 좋지 않은 일을 말하며, 사람들로 하여금 뒤따라 죄를 짓게 하는 것도 또한 나쁜 말이 된다"고 한다. 대개 이 열 가지 일 모두를 잠시라도 마음속에 일으켜서는 안 된다.

이것이 10선이며, 또 10계라고도 한다. 5계는 몸을 단속하고, 10선은 마음을 지킨다. 일에는 성글고 조밀함이 있기 때문에 보응에도 가볍고 무거움이 있는 것이다.

6) 삼계三界와 오도五道

대개 만물이 윤회전생輪廻轉生하는 일정한 처소가 있는 경계를 통틀어서 삼계라 부른다. 삼계 안에는 대개 다섯 개의 길〔五道〕이 있다. 첫째는 천天, 둘째는 인人, 셋째는 축생畜生, 넷째는 아귀餓鬼, 다섯째는 지옥地獄이다. 5계를 온전히 하면 사람의 형상이 갖추어지고, 10선을 갖추면 천당天堂에 태어난다. 일계一戒만을 온전히 한 자도 또한 사람이 될 수가 있다. 인간에게는 신분의 고귀함과 비천함이 있고, 혹은 장수와 요절의 차이가 있으니, 모두 계戒를 가진 것의 많고 적음에 연유한 것이다. 10선에 반대되는 것을 10악惡이라 부른다. 10악을 전부 범하면 지옥에 떨어진다. 저돌적이고 강하고 사나워 남의 충고를 받아들이지 않는 사람, 내지는 3독毒의 마음이 안에 왕성하여 사욕을 따라 타인을 속여 위태롭게 하는 사람은 모두 축생 속에 떨어지고, 혹 뱀이나 독사로도 태어난다. 아끼고 탐하여 자기의 이익만을 꾀하고 항상 부족함을 원망하는 사람은 아귀도에 떨어진다. 죄가 비록 가볍더라도 사사로이 숨김이 많고, 심정心情이 공정하고 밝지 않은 사람은 모두 귀신에 떨어져서 비록 미미한 복은 받더라도 고통을 면하지 못한다. 이것들도 지옥・아귀・축생을 3도塗라 하고, 또는 3악도惡道라고도 말한다.

7) 오음五陰

색色・통양(痛痒 : 受)・사상(思想 : 想)・생사(生死 : 行)・식識을 일러 5음陰이라 한다. 대개 모든 외부의 사물로서 형체가 있어 볼 수 있는 것을 색色이라 한다. 이 색色을 잃고 우뇌優惱하는 것이 통痛이며, 이 색을 얻고 환희하는 것이 양痒이다. 미래의 일을 미리 생각하는 것이 사思이고, 과거의 일을 추억하는 것이 상想이다. 마음의 생각이 처음 일어나는 것이 생生이고, 생각이 지나가고 의식이 소멸하는 것이 사死이다. 일찍이 마음으로 관계를 맺고 거두어들여 잊지 않는 것은 식識이다. 식識이라는 것은 몇 겁劫을 거쳐도 의연하게 흉중에 심어져 있어 비록 그 유래는 분명하지 않으나 마음 바닥에 뿌리를 내려 은밀하게 엉겨서 처음에는 털끝만한 것으로부터 마침내는 못이나 산처럼 거대한 것이 된다. 그러므로 불도를 배우는 사람들은 나날의 생활에 힘써 신중히 해야 한다.

8) 오개五蓋

5개蓋[4]란, 첫째 탐음貪婬, 둘째 진에瞋恚, 셋째 우치愚癡, 넷째 사견邪見, 다섯째 조희調戱이다. 구별하여 말한다면 물건을 탐하여 구하는 것이 탐貪이고, 탐닉하여 물건에 집착하는 것이 음婬이다. 분노가 밖으로 드러나는 것이 진瞋이며, 안으로 맺혀 있는 것이 에恚이다. 속박과 집착에 묶여서 모든 도리에 어긋나고 미혹한 것이 우치愚癡이다. 생사의 인연은 우치가 근본이 되고, 모든 집착은 모두 우치로부터 시작된다. 또 지옥고地獄苦는 대개 에恚에서 연유한다. 경전에서는 "갑작스러운 다툼으로 사람을 죽인 죄는 오히려 가벼우나 원독怨毒을 품고 음모를 쓰면 그 죄는 몇 겁劫 동안에 더욱 매듭이 해탈을 기약할 수 없다"[5]고 말하고 있는 것이다.

9) 육정六情

6정情이란 일명一名 6쇠衰라 하고, 또 6욕欲이라고도 한다. 눈은 색을 받아들이고, 귀는 소리를 받아들이며, 코는 냄새를 받아들이고, 혀는 맛을 받아들이며, 몸은 섬세하고 매끄러운 것을 받아들이고, 마음은 식을 받아들임을 말한다. 식이란 위에서 말한 5음 중의 식음識陰인 것이다. 5음과 6욕은 대개 생사윤회의 본원이고, 죄와 괴로움의 원인이다. 이것들을 소멸하고 제어하는 방법은 모두 많은 경전 속에 갖추어 실려 있다.

---

4 탐욕개貪欲蓋·진에개瞋恚蓋·혼침수면개惛沈睡眠蓋·도거악작개掉擧惡作蓋·의개疑蓋로서 선정을 수행하고 있는 사람에게 방해가 되는 다섯 가지 마음의 상태이다.

5 『불설패경초佛說孛經抄』.

10) 인과응보의 근본을 이루는 마음의 움직임을 삼가할 것

경에 이르기를, "마음이 하늘을 만들고, 마음이 사람을 만들고, 마음이 지옥을 만들고, 마음이 축생을 만들며, 또는 나아가 도를 깨달아 얻는 것도 역시 마음이다"라고 하였다. 대개 사려思慮가 마음에서 작동하면 모두 찰나 찰나에 과보를 받는다. 비록 일(행위)이 아직 모습으로 미치지는 못하였지만 눈에 안 보이는 곳에서 과보가 형성되어 간다.

정념情念은 원만하고 빨라서 순식간에 나타나고 끊어짐이 없다. 기(機 : 과거의 업)의 움직임이 털끝만 해도 드디어는 우주에 충만하다. 응보로서의 재앙과 중생들이 받는 모습과 도정道程은 정념의 움직임을 말미암지 않는 것이 없고, 길吉과 흉凶, 뉘우침과 한탄함이 잠깐 사이에 정해지는 것이다. 그러므로 도를 닦는 사람은 반드시 혼자 있을 때의 마음가짐을 삼가하여 마음에서 미세한 사려思慮를 막고 지극한 진리를 성지城池로 삼아 항상 근본을 다스려 지말을 막으며, 일의 형상이 아직 드러나지 않았다 하여 가볍게 마음에 생각을 일으키지 않도록 해야 할 것이다. 어찌 다만 군자가 집에서 말을 하매 선한 말이면 천 리 밖에서도 응한다는 것[6]과 은밀한 곳에서는 드러나지 않으니 삼가할 바는 몸에 있다[7]고 한 말에 그칠 뿐이겠는가?

11) 허물을 숨기지 말 것

이역異譯의 『십이문경十二門經』[8]에, "사람은 선행이 있으면 항상

6 『주역』「계사繫辭」 상.

7 『중용』.

8 『이출십이문경異出十二門經』.

마땅히 덮어 감추고, 악행이 있으면 마땅히 밖으로 드러나게 해야 된다"고 말하고 있다. 군자의 마음은 오로지 주장하는 일도 없고, 그렇게 하지 않는다는 일도 없으니,[9] 허물이 있는데도 참회함이 없으면 마음은 마땅히 편함을 얻지 못할 것이다. 그러므로 마땅히 스스로의 출처진퇴出處進退를 숙연宿緣에 맡겨야 할 것이니, 어찌 자기의 행위가 세간에 감춰짐과 드러남에 마음을 쓸 필요가 있겠는가? 그렇다면 교敎가 시행되는 것은 아마도 일상의 비근한 마음가짐에 있다고 할 수 있을 것이다.

저 자연의 이법[天理]을 죄와 복의 관계에서 물어보면 자기의 악행을 밖으로 누설하면 그 죄는 더욱 가볍고, 안으로 결집하여 두면 그 죄는 더욱 무거워진다. 이미 행적行蹟이 인간만사에 드러나면 눈에 안 보이는 응보도 반드시 경감이 있을 것이다.

또한 자신의 선행을 자랑하고 공로를 과시하는 것[10]은 인간에게 두루 있는 마음이며, 나쁜 일을 숨기고 허물을 꾸미는 것은 만인에게 공통되는 것이다. 선행이 드러나면 자취가 세상에 나타나고, 자취가 세상에 나타나면 명성이 모인다. 진실로 마음은 악을 그치고 선을 권장하는 데 이어져 있다 하여도, 명성이 밖으로부터 모이게 되면 그것을 품어 아끼는 마음이 반드시 가슴속에 찰 것이다. 또한 인간 사회의 군자는 오히려 절대적인 진리의 세계에서는 소인과 같은데, 하물며 인덕이 아직 성숙하지 못하고 명성이 실제와 떨어져 있을 때에는 눈에 보이지 않는 세계에서 죄를 받는 것은 진실로 반드시 당연한 것이다.

9 『논어』「이인里仁」.
10 『논어』「공야장公冶長」.

진실로 덕을 갖춘 이가 아니면 반드시 두루 미치지 못함이 있는 것이니, 그때 거리낌 없이 잘못을 공개하면 죄는 사적事跡과 함께 흩어진다. 만일 도리를 저버린 마음으로 잘못을 가슴에 품어 새겨두고 밖으로 감정과 모습을 꾸며서 타인의 책망을 면하고 세간의 명성을 긁어모아 크게 천리天理를 속이면 자연의 죄과(보응의 죄)가 더욱 무거워지지 않을 수 있겠는가? 그러므로 장생莊生도 "사람들이 볼 수 없는 곳에서 나쁜 짓을 행하면 귀신이 그를 주륙誅戮할 수 있다"[11]고 말하였다.

더욱이 인간의 마음은 도리에 대하여는 부끄러워하지 않으면서도 세간에 대해서는 부끄러워한다. 허물이 세간에 드러나면 비난을 받고 비난을 받으면 부끄러운 마음이 생긴다. 마음을 돌이키는 데 가까이 두면 병폐가 쌓이는 데까지 이르지 않을 것이나 자기의 잘못이 세간에 드러나지 않는 것을 믿으면 끝내 잘못을 뉘우쳐 고치는 일이 없다. 게다가 자연의 문책(업보)이 안에 가득하면서 그것이 밖으로 드러나는 것을 두려워하여 곧 은밀하게 온갖 방법으로 신경을 써서 교묘하게 방지하여 더욱 감추어 살아 있는 동안 마음에 두는 것은 오직 이 일뿐이니, 하늘의 재앙과 사람의 재화가 마침내 반드시 단번에 몰려들 것이다. 대개 나쁜 일이 시작되는 싹을 막지 못함을 말미암아 잘못을 숨기고 선량함을 과시했기 때문이다.

12) 타인의 선을 칭양할 것

『정재경正齋經』에는 "다만 타인의 백 가지 선은 말하여도 타인의

11 『장자』「경상초庚桑楚」.

한 가지 악惡에 대해서는 말해서는 안 된다"고 말하고 있다. 타인의 선을 말하면 문득 선심이 생기고, 타인의 잘못을 말하면 문득 화나는 마음이 일어나니, 그 생각이 처음에는 비록 작아도 점점 서로 의지하여 쌓여 가는 것이다. 그러므로 한 가지 선이 거억만巨億萬의 선을 낳고 한 가지 악이 거억만의 악을 낳는 것이다.

13) 업보의 주체는 개인

고인古人은 "무장武將의 가문이 번영하는 것은 3대에 지나지 않는다"[12]고 하였고, 진평陳平도 "나는 음모를 많이 썼기 때문에 자손이 번창하지 않을 것이다"[13]라고 말하고 있다. 이 말을 인용하여 교훈으로 삼으면 진실로 충분히 중국인에게 불교를 넓힐 수 있을 것이다. 그런데 제나라 왕실이나 초나라 왕실은 악한 일을 행했는데도 불구하고 수대에 걸쳐 자손이 이어짐을 누렸고, 안회顔回나 염백우冉伯牛는 어진 이들이었는데도 자손은 좋은 과보를 받지 못하였다. 그 일은 이미 일의 증험에서 드러난 것이기 때문에 이치를 추구한 후에 밝혀짐을 기다릴 필요가 없는 것이다. 곤鯀은 처형되었지만 그의 아들 우禹는 번영하였고,[14] 서鱮와 부鮒는 닮았지만 몸은 달랐다. 네 사람의 죄를 벌하여[15] 그 죄를 다른 육친에게 미치지 않도록 하는 것은 백대百代에 통하는 규범이다. 성왕聖王이 세상을 다스릴 때에도 오히려 부정하게 멋대로 형벌을 행함이 없

12 『후한서』 49권 「경개전耿介傳」.

13 『사기』 56권.

14 『상서尙書』 「홍범洪範」.

15 『상서尙書』 「순전舜典」, 요堯가 공공共工・환도驩兜・삼묘三苗・곤鯀의 네 사람의 죄를 벌한 것을 말한다.

었는데, 하물며 자연의 현묘한 보응의 이법이 조금의 감정도 쓰지 않는 것에 대해서는 말할 것도 없다. 그럼에도 불구하고 죄와 복을 섞어서 받고 선악이 밝게 구별됨이 없다고 하는 것은 도리를 무시하여 업신여기는 일로 그 무시하는 정도가 아주 심한 것이다.

더욱이 진秦의 시황제始皇帝가 친속까지 잡아 가두는 형법제도를 만들었어도[16] 그때도 오히려 범죄자를 제일로 하여 주범을 벌하고 난 후에 다른 사람들에게 미쳐 문책하였다. 만일 죄가 그 몸에 마땅치 않는데 화가 친족에게까지 미치고 더욱이 그것을 법으로 제정하려 한다면 성인의 규정〔聖典〕으로 용납되지 않을 뿐만 아니라 또한 신불해申不害나 한비자韓非子와 같은 이들도 반드시 없애 버렸을 것이다. 그러므로 『니원경』에도 "부모가 좋지 않은 일을 행했어도 그 자식이 대신 재앙을 받지 않으며, 자식이 좋지 않은 일을 행했어도 부모가 또한 재앙을 받지 않는다. 선을 행하면 스스로 복을 받고 악을 행하면 스스로 재앙을 받는다"[17]고 말하고 있는 것이다. 이러한 말은 참으로 지당하여 마음에도 납득이 가고 도리에도 맞는다.

14) 인과응보를 조상과 자손의 사이로 생각할 수 있는 것은 성인의 방편교方便敎이다

저 조상이 선악의 행위를 하면 그 자손이 복이나 화의 과보를 받는다 하는 세속의 가르침이 일어난 까닭을 살펴보면 아마도 인정상 보응을 받는 소재所在가 자기만으로 그치는 것이 아니라 여

16 『사기』 5권, 10권.

17 『반니원경般泥洹經』 상권.

겼기 때문이 아니겠는가? 보응이 미치는 곳이 넓으면 넓을수록 삼가하고 두려워하는 마음이 더욱 깊어진다. 그러므로 세속의 가르침을 만든 성인은 진실한 도리를 마치 미옥을 함 속에 넣어 감추는 것과 같이 깊이 숨기고, 항상 평범한 도리를 설명하여 대중을 교화하여 가는 것이다. 그리고 이렇게 하면 악을 징계하고 선을 권하는 데에도 결함이 없고 사람들마다의 마땅한 성품에 알맞은 것이다. 불교를 생각하는 사람들은 마땅히 일을 간략히 하여 성인이 터득하신 심원한 의도를 깨달아야 할 것이다. 만일 경전의 글귀만을 고수하여 그 변용을 이해하지 못하고 그 가르침만 따르고, 가르침의 진의를 알지 못하면서 이와 같은 것으로써 자신의 마음을 다스려 도리를 따라가려 한다면, 그것이야말로 멀리 빗나가는 일이 아니겠는가?

15) 인과응보의 도리가 삼세에 통해야 하는 필연성

죄와 복의 역술의 관계에 대해서는 진실로 필연적인 응보여서 차질이 없다. 만일 이 도리에 어두우면 사邪와 정正은 제자리가 없어지게 되어 마음이 의지할 곳이 없어진다. 그 진리를 현세에서만 생각하면 신뢰성이 흐트러지고 징험이 빈약하여 도리로서는 허물이 없는데도 사실이 항상 드러나지 않으니, 어찌 그것을 전세의 여러 인연으로 돌아가게 하고, 내세로 미루어 넓히지 않을 수 있겠는가? 그러므로 보응의 도리에 마음을 두는 사람은 그림자나 메아리는 속이기 어려움을 살펴서 일로써 증거함을 버리고 눈에 보이지 않는 세계에 의지할 것이며, 하늘의 그물이 크고 넓은 줄 알기 때문에 새어나감이 없는 공평함을 믿고, 일월日月의 운행이 끊임이 없는 것을 깨달아 한없는 세월을 하루아침과 같이 보고, 3세를 일괄하여 구극究極에는 같다고 하고, 최종적인 귀결을 필연적으로 이르는 것(인과응보)의 도리에서 구한다면, 어찌 눈에 보임과 보이지 않음에 따라 마음을 바꾸고 보응의 더딤과 빠름에 따라 생각을 바꾸겠는가? 이것이야말로 불법을 처음으로 믿는 사람에게 가장 중요한 일이며, 업심業心을 갖는 사람이 깊이 믿는 것이다.

16) 일상생활에서의 불법의 실천

『십이문경』에서는 "때로 자신을 헤아려 올바르고 훌륭하다 생각되면 곧 마땅히 스스로 자신의 몸속에는 있는 것이 없고, 다만 간·장·위·폐·뼈·피·똥·오줌만이 있을 뿐이며, 어느 것도 훌륭한 것은 없다고 생각해야 된다"고 하였다. 또 타인의 몸속의 부정한 것도 모두 이와 같은 것이라고 보라. 만일 아끼고 탐하는 마음이 일어나면 반드시 재물이나 진귀한 보물은 태어날 때 가지고 온 것도 아니고, 죽을 때 함께 가지고 가는 것도 아니며, 인간의 생명도 변천하고 변화하는 것이어서 아침저녁 사이도 보장하기 어렵다고 생각해야 한다. 또 이 육체는 오랫동안 살 수 없으며, 물건에는 영구불변한 주인이 없는 것이라고 생각해야 한다. 마땅히 살아 있는 동안 은덕을 베풀고 은혜를 행하여서 궁핍한 이들은 재물을 주어 도와주고 병든 사람들은 약을 주어 구제하여 하루 종일 즐거운 마음으로 힘써 타인을 구제하는 것에 마음을 두어야 한다. 또 만일에 화나는 생각이 일어나면 마땅히 깊이 평등한 마음을 일으키며 겸하여 10계를 지켜야 할 것이다.

『차마갈경差摩竭經』에는, "보살이 행하는 것 중에는 인욕忍辱이 무엇보다 위대하다. 만일 욕설을 들으면 침묵하고 보복하지 말며,

만약 매로 치면 받아들이고 복수하지 말고, 성내고 노여워하면 자비로운 마음으로 상대를 향하며, 비방하고 헐뜯으면 상대의 악을 생각하지 않는다"[18] 하였다.

『법구경法句經』에는 다시, "치욕을 당하였을 때에는 마음을 대지와 같이 하고, 인욕을 행할 때에는 문지방처럼 하라"[19]라고 말하였다. 대지나 문지방이 대개 더러운 것을 받아들여 쌓아 두고 진흙투성이가 되어 하루 종일 밟히고 있음을 취하여 비유한 것이다.

『성구경成具經』에는, "타인이 자기에게 4과過를 가해 오면 자기는 그것에 의해 입의 허물을 깨달아 알아서 좋은 말, 온화한 말로써 대답하고 지극한 정성으로 겉으로 꾸미지 않도록 한다"[20]고 하였다. 4과過라는 것은 위에서 말한 이간질 하는 말〔兩舌〕·나쁜 말〔惡口〕·망언妄言·교묘하게 꾸민 말〔綺語〕이다. 타인이 나쁜 말로써 나에게 향해 올 때 나는 그것에 좋은 말로써 응답하는 것이니, 진실로 마음은 목석이 아니므로 이치상 마음을 움직이지 않을 수 없겠지만, 다만 그것에 대처함을 늘 변함없이 하지 못하면 그 선행을 넓혀 쌓지 못하는 것을 근심할 뿐이다. 그리고 만일 어떤 일에나 참을 것을 생각하고 있으면 이 세상에서 후회하고 애석해 하는 일이 없어지고, 행복한 과보가 장래에 확실히 나타날 것이다.

17) 사등四等

『현자덕경賢者德經』에는 "마음이 편안하지 않은 것을 항상 다른 사람에게 미치게 해서는 안 된다"고 하였다. 이것은 가까이 일상

18 『보살생지경菩薩生地經』.

19 『법구경』 하권.

20 『성구광명정의경成具光明定意經』.

윤리의 면에서 말하면 유교의 충서忠恕의 도이며, 미루어 멀리 극한까지 나아가면 불교의 4등等의 뜻이 된다.

그러면 4등이란 무엇인가? 자慈·비悲·희喜·호護이다. 무엇을 일러 자慈라 하는가? 중생을 불쌍히 여기고 나와 만물을 동일하게 보아 자신의 마음을 미루어 타인을 용서하는 마음을 가지며, 모두가 안락하게 되기를 바라 곤충에 이르기까지 애정을 갖되, 마음에 차별이 없는 것이다. 무엇을 일러 비悲라 하는가? 널리 사랑하고 중생을 모두 구제하며 비처럼 내리는 자비의 눈물과 측은한 마음을 갖는 것이다. 이때 반드시 실제의 효과가 남몰래 나타나도록 해야 하고, 단지 마음만 갖고 마는 것이 아니다. 무엇을 일러 희喜라고 하는가? 언제나 기쁘고 즐거우며 유연하여 타인에게 베풀면서도 후회가 없는 것이다. 무엇을 일러 애호愛護라 하는가? 그때그때의 적절한 방편에 따라 부딪치는 모든 생명체들을 훌륭하게 구제하며, 모든 중생을 구제하는 수단을 종횡으로 막힘없이 사용하여 힘써 일체 중생을 널리 제도해 나가는 것이다. 이 4등等을 실천할 수 있으면 삼계三界에서 가장 존귀해지지만, 단지 마음을 무조無兆에 명합冥合할 수 없다면, 그 운명은 한계가 있어 반드시 끝이 나고 마는 것이다.

그러므로 『본기경本起經』[21]에는 "모든 천상계에 사는 사람들이라도 즐거움과 복덕이 다하면 또한 그것들을 잃는다. 부귀가 극에 이르면 천도도 지옥도地獄道와 서로 마주 대할 만한 곳이 된다"고 하였고, 『성구경成具經』에는 다시 "복이라는 것에는 고통이 있고 다함이 있으며, 번거롭고 수고로움이 있고, 가고 돌아옴이 있다"

---

21 『태자서응본기경』.

고 말하고 있는 것이다. 또 『니원경泥洹經』에서도 "5도道에는 참다운 안락은 없고 오직 무(無 : 열반)만이 참다운 안락이다"[22]라고 말하고 있다.

18) 열반의 길로서의 무심無心

경經에는 "불도를 수행하는 이들은 먼저 마땅히 세간의 8사事를 버려야 하니, 이利·쇠衰·훼毁·예譽·칭稱·기譏·고苦·낙樂이 그것이다. 불도를 수행하는 이들은 선을 들어도 좋아하지 않으며, 악을 들어도 두려워하지 않는다"[23]고 하였다. 신심信心은 천성적으로 견고하여 상별로 그의 뜻을 움직일 수 없으며, 6근을 마음속에 묻어 외부의 대상으로 그의 생각을 어지럽힐 수 없는 것이다. 더욱이 현세에서 만나는 것은 반드시 전세의 인연에 기인하는 것이니, 숙연의 현묘한 운행은 진실로 춘하추동의 사계四季의 운행과도 같아서 그것이 오는 것을 막을 수도 없으며, 가는 것을 멈추게 할 수도 없다. 오로지 그것을 따라 마음을 편안하게 하고, 기꺼이 그것을 다 마쳐야만 한다. 부지런히 불도수행을 증가시켜 무심無心이 되어 육체로 받는 과보를 면하게 되고 나서야 크나큰 안온함을 얻는 것이다.

이치는 마음에 근본하고 과보는 일에 모습을 드러낸다고 하는 도리는 마치 사물의 형상이 바르면 그림자도 바르고, 소리가 온화하면 그 울림도 온화한 것과 같은 것이다. 이는 자연스럽게 행하여지는 현묘한 보응이니, 어찌 누군가 그것을 인위적으로 하는 것

22 『반니원경』 하권.
23 『태자서응본기경』 상권.

이겠는가?

그렇다면 불도를 수행하는 사람은 마음을 신도(神道 : 3세 윤회, 인연업보의 가르침)에 계합契合하여 진실로 마땅히 자신의 행위가 진리에 통하기를 기약하며, 원대한 마음을 갖도록 노력해야만 한다. 그리고 마음을 비우고 자신의 행동을 바르게 하여 밖으로부터의 도움을 바라지 않고, 비겁하고 어지러운 것들을 가까이하여 밖의 대상에 사로잡힌 마음으로 구하기를 바라서는 안 된다. 이상 말한 것들은 불도를 수행하는 이들이 마음을 두어야 할 가장 중요한 부분이며, 불도를 배우는 이들이 마땅히 잘 생각해야 할 점이다.

19) 가르침의 필요성

어떤 사람이 말하기를, "마음의 생각은 반드시 과보를 받고 인과응보의 도리가 그림자나 메아리와 같이 필연적인 것이라고 한다면, 다만 마땅히 자신에게서 구하면 충분할 것이니, 진실로 유명幽冥의 저 세상에서의 일은 필요가 없다"고 하였다.

경전의 가르침이 만들어진 사정을 찾아보면, 그 취지는 자신에게서 구하는 것을 깨닫게 하는 것이다. 그러나 자신에게서 구하는 방법은 가르침이 아니면 깨달을 수가 없다. 깨달음이 가르침에 기인한 것이라고 한다면 자기에게서 구하는 일도 신도神道를 말미암는 것이다. 법열의 감정이 일단 마음속에 발생하게 되면, 그 감정은 반드시 구체적인 일로 모습을 나타내니, 마치 시가詩歌의 표현으로써 부족하면 너무 기쁜 나머지 저절로 이어서 손이 춤을 추게 되는 것과 같다고 하겠다. 그렇다면 경전의 가르침을 받들고 존경하는 것은 이치로서 반드시 필요한 것은 아니지만 마음으로서는 버릴 수가 없는 것이다. 그러므로 마땅히 자신을 비워서 깊이 가르침의 취지를 체득하여 마음을 잊고 불교를 흠모하는 것이다. 장차 자신으로써 중생을 인도하고 스스로 중생과 같은 입장에 서도록 하여야 할 것이니, 그렇게 함으로써 진실로 새로 불교를 믿는 이들의 의지를 견고하게 하여 그들의 마음을 불교에 붙여 의지하는 바가 있도록 해 주려 했던 것이다.

20) 모든 괴로움의 극복

경經에서는 "생生의 괴로움, 노老의 괴로움, 병病의 괴로움, 사死의 괴로움, 원망스럽고 미운 사람들과 만나는 괴로움, 은혜롭고 사랑하는 사람과 이별하는 괴로움, 구하는데 얻어지지 않는 괴로움"에 대해 말하고 있다. 이러한 여러 가지 괴로움을 만나면 깊이 인연의 대응對應인 것을 생각하고, 겸하여 그것들이 마귀의 속임임을 깨달아 달관으로써 미혹함을 열고 4등심等心으로써 공덕을 넓혀 나가야 한다. 또한 보잘것없는 인간의 일생은 문틈을 지나가는 빛과 같이 허무하고,[24] 서로 만나는 경우는 비록 각각 다르지만 끝내는 죽어 썩게 될 몸인 것이다. 득실의 다소 등은 진실로 헤아릴 수 없는 것이며, 위에서 말한 몇 개의 방법을 겸해서 쓴다면 이러한 마음은 저절로 그치게 될 것이다. 또 만일 불도에 들어가지 않으면 기쁨과 슬픔이 번갈아 작용하고, 모이고 흩어짐, 가고 옴은 현명한 이나 어리석은 이가 모두 같은 것이다. 그러므로 경經에도 "편안하면 위태로움이 있고 얻으면 잃음이 있으며, 만나면 이별이 있고 태어나면 죽음이 있다"[25]고 말하고 있다. 그것은 자연의

24 『장자』「지북유知北遊」.
25 『태자서응본기경』 상권.

변함없는 흐름이며 반드시 찾아오는 확정된 기약이니, 이 도리를 미루어 마음을 편안하게 하면 어떠한 경우에 있어서도 마음이 편안하지 않음이 없을 것이다.

『유마힐경維摩詰經』에는 "일체 모든 법은 생각을 따라 생겨나는 것이다"[26]라고 말하고 있다. 그렇다면 마음이 움직이는 조짐은 처음에서 움직이고, 결과로서의 일은 끝에서 응대하는 것이니, 생각이 일어나면 그 과보로서 일이 있는 것이고, 사려思慮가 멈추면 없는 것이다. 따라서 마음이 안정되면 접촉하는 모든 경우마다 편안할 수가 있으나, 마음에 거리끼는 것이 있으면 어디를 가도 막히지 않음이 없다. 이 점을 가지고 말한다면 깨달음과 미혹의 원류는 나에게 있는 것이지, 밖의 대상 경계에 있는 것이 아니다. 이리하여 마음에 두려움이 생기면 재화가 밖에서부터 들어오고, 밖으로부터 재화가 이미 들어오고 나면 안의 마음의 두려움이 더욱 다져지는 것이다. 그리고 만일 밖의 대상 경계에 집작하여 잃는 것을 걱정한다면 못하는 것이 없게 되는 것이다.[27] 그러므로 경에도, "장부丈夫라도 두려울 때에는 비인非人이 파고들 틈을 갖는다"[28]고 말하는 것이다. 만일 마음을 불법의 이치에 머무르게 하고, 천연의 방비로 마음을 견고하게 한다면, 타인이나 인귀人鬼가 파고들 틈이 없고, 인연이 만드는 죄보罪報도 스스로 그치게 되어 어떠한 것도 마음을 어지럽힐 수가 없고, 여러 가지 부정不正한 기운들도 침입할 수가 없는 것이다.

26 『유마힐경』 상권.
27 『논어』 「양화陽貨」.
28 『유마힐경』 상권.

21) 사비상四非常

4비상非常이란, 첫째 무상無常, 둘째 고苦, 셋째 공空, 넷째 비신非身을 말한다. 아이와 어른은 몸이 달라지고, 구릉과 계곡이 처소가 바뀌는 것을 무상無常이라 한다. 성쇠가 서로 이어지고, 기쁨이 극에 이르면 반드시 슬픔이 되는 것을 고苦라고 한다. 모든 만물이 마침내는 무無로 돌아가는 것을 공空이라 한다. 정신이 일정한 육체에 상주하지 아니하고 유전윤회流轉輪廻하며 멈추는 일이 없는 것을 비신非身이라 한다. 경經에서는 "미혹되는 쾌락의 세계에 몸을 두면 반드시 고통스럽다고 하는 보응의 진리를 깨달을 것이다"라고 말하고 있다.

대사代謝를 왕복往復에서 미루어 보아 즐거움이 지나면 슬픔이 오는 무상의 이치를 밝게 알기 때문에 편안한 곳에 있어도 위험을 생각하고, 저녁에 몸의 영화를 두려워하게 되는 것이다. 고苦에 대해서 깊이 응시하는 것을 견제見諦, 즉 진리를 본다고 말한다. 즉, 마음에 움직임이 있으면 미혹이 생기고, 미혹이 생기면 고苦가 존재하는 것을 깨닫는 것이다. 존귀함이 인간세계나 천상세계의 극치에 도달해 있고, 그 지위는 숭고한 지위를 겸하여 갖고 있다 하여도 그 입장이 중요하면 할수록 교만한 마음이 나타나는 것도 점점 깊어지게 되어 마음에 느끼는 쾌락은 보응의 진리에서는 점점 고통이 늘어나는 것이다. 그러므로 경에서도 "삼계三界는 모두 고통의 세계로 즐거워할 만한 것은 없다"[29] 하고, 또 "지옥·아귀·축생·인·천의 5도道 중생은 모두 하나의 큰 뇌옥牢獄의 속에 있다"고 하고 있는 것이다.

29 『태자서응본기경』 상권.

만일 마음이 유有의 세계에 이어져 있으면 죄와 복은 서로 함께 이어져 있는 것이다. 그러므로 삼계를 총칭하여 하나의 큰 감옥이라 하는 것이다.

어느 날 부처님께서 여러 제자들에게 물으셨다.[30]

"무상이란 무엇을 말하는가?"

한 제자가 답하였다.

"하루 사이에도 생명을 보장할 수 없는 것을 무상이라 합니다."

부처님께서 말씀하셨다.

"그대는 나의 제자가 아니다."

다음에 또 한 제자가 답하였다.

"식사를 하는 짧은 시간도 생명을 보장할 수 없는 것이 무상입니다."

부처님께서 말씀하셨다.

"그대는 나의 제자가 아니다."

최후에 다른 한 사람이 답하였다

"내쉰 숨이 돌아오지 않으면 곧바로 후세後世로 나아가는 것을 무상이라 합니다."

부처님께서 답하셨다.

"참으로 나의 제자이다."

무상의 드러난 증거가 날마다 눈앞에서 펼쳐지고 있는데도 어느 세계에도 나아가는 바를 하나로 하여 그것을 깨달은 사람은 결국 없다. 잠시 동안의 편안함도 없는데 멀리 후세의 계획을 의뢰하고, 두려움이 눈앞에 없으면 만사에 게을러지고 만다. 이러한

30 『사십이장경四十二章經』.

일로 덕을 진전시키려고 해도 한 삼태기의 흙만큼의 효과도 오르지 않으며, 이런 것으로 마음을 다스리려고 하면 자기의 수업修業을 게을리 하게 되고 만다. 그러므로 도가 있는 훌륭한 사람은 짧은 시간도 마음을 두어 그것이 지나가는 것을 아쉬워하고 항상 스스로 자기의 부족한 점을 채찍질하여 노력하고 시간을 다투어 수업에 열중하여 오직 날이 부족할 뿐이니, 이렇게 하게 되면 망념이 기인해 생겨날 곳이 없고, 인연에 따르는 과보도 연유해 일어남이 없을 것이다.

22) 육도六度

6도(度 : 波羅蜜)란, 첫째는 보시, 둘째는 지계, 셋째는 인욕, 넷째는 정진, 다섯째는 일심一心, 여섯째는 지혜를 말한다. 재물을 모아서 남에게 나누어 줄 수 있고, 모든 중생에게 은택을 베풀어 구제해 가는 것이 시施이다. 10선을 삼가하여 지키고, 진심眞心으로 사심邪心을 막는 것이 계戒이다. 자신에게 잘못을 범하여도 따지지 아니하고, 항상 잘 자기를 낮추는 것이 인욕忍辱이다. 배운 것을 부지런히 실천하여 이른 아침부터 깊은 밤까지 게을리 함이 없는 것이 정진精進이다. 마음을 오직 하나로 하여 생각을 막아 지켜서 검약함으로써 많은 것을 거두어들이는 것이 일심(一心 : 선정)이다. 이 다섯 가지 일은 분별지分別知의 입장〔有心〕으로 행한다면 세속적인 구원의 길〔俗度〕이라 부르고, 일체를 아울러 잊어버리는 무심無心의 입장〔兼忘〕으로 터득할 수 있다면 진실한 지혜〔道慧〕라 부른다.

23) 죄복의 응보와 열반

『본기경本起經』에서는 "아흔여섯 종류의 도술이 있어 각각 일삼는 것을 믿고 모두가 편안한 생을 얻는 것을 즐거워하고 있으니, 어느 누가 자신의 미혹을 알 수 있으랴?"라고 말하고 있다. 얻는 것을 기뻐하고 잃는 것을 싫어하며, 살기를 좋아하고 죽음을 슬퍼하는 것은 대개 헤매는 사람들에게는 항상 하는 미혹이며, 중생이 다 같이 느끼는 생각이다.

그러나 눈에 안 보이는 변화의 이법理法이 은밀히 움직이면 애써 연연해하여 없어져 가는 것을 끌어당겨 머물게 할 수는 없으며, 인연에 따른 업〔對〕이 이루어지면 그 응보를 받으니, 어찌 지혜의 작용으로 제어할 수 있는 것이겠는가? 그러므로 불도를 배우는 자는 반드시 마음을 변화의 세계의 근원에 있는 진리에 귀일시켜 현묘한 진리를 깨달아야 하는 것이다. 그 근원의 도를 맛보고 진귀하게 여겨 가면 여러 가지 망심은 스스로 소멸되고, 소멸하면 무심의 경지에 들고, 무심의 경지에 들면 인연 과보는 끊어진다. 인연 과보가 끊어지고 나면 비로소 무생(태어나는 일이 없는 열반의 세계)에 들어 이미 생을 받는 일이 없으므로 죽지 않을 수 있는 것이다

그러므로 『보요경普耀經』에도 "일체 만물은 어디로부터도 생긴 바가 없으나 생기지 않는 곳이 없고, 모든 생긴 바에 대해서도 어디에서도 생긴 바가 없는 것이다"[31]라 하였고, 『니원경泥洹經』에서는 "심식心識이 고요히 쉬면 죽음도 없고 삶도 없다"[32]고 말하였다.

31 『보요경普耀經』 4권.
32 『반니원경般泥洹經』 상권.

마음은 종자種子이고, 행위는 그 대지大地이며, 과보는 결실이 되니, 마치 각각의 종자를 심어 때가 이르면 싹이 트고 그것을 막을 수 없는 것과 같은 것이다. 10선계의 씨앗을 심으면 생을 받는 과보에 대하여 위의 장章에서 상술하였다. 다시 선禪 등의 4공空을 심으면 천계天界에서 가장 귀한 지위가 된다. 4공과 선에 대해서는 『수경數經』에 그 뜻이 상세하게 실려 있다. 제1천第一天으로부터 제28천第二十八天까지는 그 사람이 일을 행한 것에 따라 복은 점점 늘어 보태진다. 비상非常의 선제禪諦를 심어 유有의 세계를 등지고 무無의 세계에서 머물면 나한羅漢의 열반에 들어갈 수 있다. 유위有爲를 꺼리지 않고, 공관空觀에 얽매이지 않으며, 모든 진리와 하나가 되어 어떠한 것에도 집착하는 일이 없고 의존하는 일이 없으면 종자를 심는 바가 없게 된다. 이미 종자를 심는 바가 없기 때문에 과보를 받지 않으며, 어디에도 걸림이 없이 현묘한 무심의 경지에 들어갈 수 있으니, 그것이 곧 부처님의 열반인 것이다.

니원(泥洹, nirvāna)은 중국어로 무위無爲라고 하고, 또 멸도滅度라고도 번역한다. 그런데 『유마경』에는 “저 육사외도六師外道는 기괴한 것을 설하여 도라고 한다. 이러한 외도의 사師를 따르는 사람들은 여러 가지 사견邪見에 사로잡혀 극단에 치우친 경지에 떨어지게 되고, 8난難에 떨어지게 되어 생사의 도를 여읠 수가 없다”고 말하고 있다. 비록 깨달음의 심경〔玄心〕을 되풀이하여 익혔다 하더라도, 조금이라도 마음이 움직인다면 역시 저 육사외도와 같아서 함께 하나의 유한한 존재로서 머물게 되고 마니, 하물며 생生을 탐하고 생각을 사악하게 하며, 자아自我에 집착하여 변화의 이법을 거슬리는 사람은 어떠하겠는가? 비록 복이 산하山河보다도 크고

귀함이 삼계에서 최고일지라도 인연의 기복으로 돌고 돌다가 결국은 죄고罪苦에 떨어지게 될 것이니, 어찌 마음을 크나큰 자연의 이법에 편안하게 하여 고요하게 현묘한 마음의 평안을 얻을 수 있겠는가?

24) 공空과 실천實踐

살아 있는 사람이 반드시 감정을 가지는 것은 자연의 법칙으로서 모두 당연한 것이며, 그 감정이 선에 고정되어 있지 않으면 반드시 악에 머물러 있는 것이다. 그러므로 처음으로 불도를 수행하는 사람은 반드시 마음이 의지할 곳이 있어야 한다. 의지할 곳이 기인하는 바는 반드시 유(존재하는 것)를 원인으로 하여 얻어진다. 유가 의뢰하고 있는 바는 반드시 번쇄煩瑣한 것을 따라 의지하고 있다. 그러므로 경經에서도 "공중에 궁전을 세우려고 하면 끝내 이룰 수가 없다. 그와 같이 불국토를 실현하려고 하는 것도 공만을 깨달아서는 성취되지 않는다"고 말하고 있는 것이다. 그렇다면 유의 세계의 규정이기는 하지만 불국토의 실현에는 불가결한 5도道, 4등等도 결코 폐지해서는 안 되며, 다만 마땅히 일에 따라 적용하여 사심邪心을 없애 나가야 한다.

불佛에 귀의하면 불佛을 해탈할 일이 없고, 계戒에 귀의하면 계에 공덕이 없다. 이러하다면 선제禪諦와 5음陰이 함께 명합하고, 지말인 계戒의 효용과 근본인 관법觀法이 함께 힘을 다하여 비록 여러 가지 실천이 병행하여 행하여져도 그것은 진실로 공空 속에서 공空을 실천하고 있는 것이다. 그런데 어떤 사람은 '공하다면 실천할 것이 없고, 실천한다면 공이 아니다. 이미 실천이 있다면 아마 공空을 상실하는 것이 아닌가?'라고 생각한다. 공이란 자기의 마음을 잊는다는 것의 명칭이며, 관청이나 주택과 같은 장소를 말하는 것이 아니다. 무無는 진실로 무無인 것이어서 무를 존재화시키면 유한세계에 걸려 막히고 만다. 유有는 진실로 유有인 것이니, 유무를 둘 다 잊어야 비로소 현묘한 깨달음이 얻어지는 것이다. 그렇다면 유有라든가, 무無라든가 하는 것은 마음[分別知]에서 연유하는 것이며, 바깥 대상 세계와는 무관한 것이다. 모든 형상을 갖는 것[有]이 비록 일상사의 작용에 펼쳐져 있으나 마음의 움직임이 끊어지면 이치[無]와 명합冥合하는 것이니, 어찌 유를 소멸한 후에 무가 되고 차차로 줄여 가면 아무것도 없는 데 이른다고 하는 것과 같은 것이겠는가? 이 점으로 말하자면 유有는 본래 미혹이 아니나 유에 집착하기 때문에 도에 위배되는 것이다. 지말의 흐름을 돌려 근원으로 보내어 근본에 맡기면 자유롭게 통달하게 될 것이다.

그러므로 보살[開士]의 심오한 실천행은 미혹과 깨달음을 모두 하나로 관통하여 일체 만상이 항상 명합하는 것을 깨달아 머무르는 바에 따라서 깊은 진리를 이해하고, 눈앞에 다가오는 일체의 사리事理가 본래 공인 것을 알아 항상 그것들을 근원적인 동일성에 두고서 이해하고, 사색四色이 본래 무형인 것을 깨닫고 궁극적인 이법[本諦]에 따라 모든 것을 버리는 것이다. 눈에 보이는 만상의 자연自然을 알기 때문에 여러 가지 실천을 행하여도 자취를 남기지 않는 것이며, 대승의 심원한 경전은 항상 3세世를 일체로 보아 눈앞에 나타나 있는 것을 유(존재하는 것)라고 여기지 않는 것이다. 즉, 공 속에서 공을 실천한다고 하는 취지가 여기에서 나타나는 것이다.

53. 정고이장庭誥二章[33]〔안연지顔延之〕

같은 선善을 달견達見하고 이과異果를 통변通辯하는 것에 첫째는 도道로 말하는 방법과, 둘째는 사람의 마음으로 말하는 방법과, 셋째는 일의 도리로 생각하는 방법이 있다. 도에 의하여 말하는 것은 천天에 근본을 두고 말하는 것이고, 마음에 의해 논하는 것은 사람에다 중심을 두고 논의하는 것이며, 도리에 의해 생각하는 것은 물物에서 대상을 취하는 것이다. 각각의 방법에 따라 유儒・불佛・도道를 구별하여 방도에 따라 여러 가지로 전하였지만 요점을 정리하여 보면 말하려 하는 것은 결국은 일치한다.

저 현고하고 신령한 불경, 궁명窮明한 불설과 같은 것은, 세 가지의 의의 意義의 단서를 겸하여 갖추어 가장 뛰어난 극치에까지 이르고 있다. 다만 그 언어가 오랑캐 쪽에서 나온다는 것 때문에 세상의 학자 모두가 싫어하고, 그 일이 다른 나라 사람들에게서 일어났다는 것 때문에 우리의 관습에 맞지 않는다고 하고 있다. 그러나 하늘이 도道를 부여하는 데 있어서 이민족〔胡〕과 중국인〔華〕에 차등을 두지 않았을 것이며, 사람이 영靈을 받는 데 있어서 어찌 중국의 밖과 안의 한계를 지을 수 있겠는가? 만일 이 일을 고려하면 제멋대로 판단을 할 수 없을 것이다. 도를 닦는 사람은 대개 그 흐름이 선법仙法에서 나온 것이기 때문에 몸을 단련하는 것을 최상으로 하며, 부처님을 숭상하는 사람은 그 근본이 마음의 가르침〔神教〕에 있기 때문에 마음을 다스리는 것을 제일로 한다.

---

33 정고庭誥는 가훈을 뜻하고, 이장二章은 연형練形과 치심治心을 주로 하는 것이다.

몸을 단련하는 사람들은 반드시 깊고 넓은 곳으로 나아가 비령飛靈을 지주로 하고 단석丹石을 마른 식량으로 하고 지정芝精을 입식粒食한다. 그러므로 나이를 되돌려 늙음을 물리쳐 젊어지고, 아름다움을 연장하여 광채를 오래 가지며, 몸을 분홍 노을에 합치시켜 자취를 하늘에 두루 미치게 하고자 하니, 이러한 것은 장점이 된다. 그러나 바른 도를 행하지 않는 이가 이것을 행함에 이르러서는 재앙을 두려워하고 조잡한 바람을 부과시켜 사녀士女를 구별하지 않고 요妖와 정正을 어지럽히고 있으니, 이러한 것은 크게 좀먹는 해독이라 할 수 있겠다.

마음을 다스리는 방법은 반드시 육친과 배우자를 떠나서 몸과 심성을 지키고, 정각淨覺을 스승으로 삼아 인연과 명(命 : 인과응보)을 믿는다. 그러므로 한결같이 무생無生으로 돌아가 성스러운 업을 훌륭히 이루니, 지혜는 해와 달보다 더 밝고 뜻은 항겁恒劫도 좁힐 수 있으니, 이러한 것은 귀하게 여겨야 할 점이다. 그러나 정도正道를 벗어난 이가 이것을 행하면 머리를 깎은 것을 빙자하여 훌륭한 이들까지 머리 달린 속인이라 하여 업신여기고, 빛나는 명성에 의지하여 사리私利를 도모하는 사람이 나오니, 이것은 커다란 속임수인 것이다.

그러나 만물萬物에는 옳지 못한 것도 있으며, 일에도 폐해가 없지 않다. 예를 들어 저울로 매일 재어 보아도 역시 차이가 있는 것이 염려가 되는데, 더구나 신도神道는 모양으로는 나타나지 않지만 진실로 모든 일의 실마리는 신도神道에게서 빌리는 것이다. 아직 마음을 체득하지 못하고서 마음이 없는 것은 아닌가 하고 의심하지 않는 것은, 영성靈性은 은밀하고 미묘하기 때문에 이치를 쌓아 알 수가 있으며, 큰 변화도 갑자기 일어나기 때문에 확실하게 보이지 않지만 대순大順의 작용을 기다려서 알 수가 있다고 여겨서이다. 비치는 것이 거울같이 맑은 하늘과 같고 고요함이 두루 비추는 연못과 같아서, 이치에 순응하는 것을 사람으로 여길 수 있는 사람이라면 마음은 있다고 말할 수 있을 것이다. 만약 진실을 없다고 하여 그 폐해를 책망하는 무리들은 아직 심조心照를 하지 못하는 사람들인 것이다.

54. 일촉日燭〔왕해王該〕

구극근원의 도〔至道〕를 설명한 경전을 찾아보니, 생사의 근원을 설명해 드러내고 선악의 응보를 나타내 보여 즉시 현세를 건너가는 가르침의 나루를 열고 있다. 그 훈계는 명백하여 상세하게 나열하여 설명을 갖추고 있다. 그러나 진실한 말은 아름답지 않으며,[34] 경전의 문장은 번잡하고 언사는 광대하다. 겹치는 심오한 사리事理는 매우 어둡고 깊은 미혹의 연못은 파도가 있어서 멀리 떨어져 있기 때문에 불교를 배우는 사람은 아직 그 문門을 찾지 못하거나 혹은 아직 마음에 담지 못하고 있다. 조금이라도 함지咸池[35]의 유원幽遠한 음악을 찾아 들으면 때마침 마을의 비근卑近한 곡조가 되고, 작은 것을 빌려다 큰 것에 통하게 하면 우연히 세속에 접근할 수 있는 것과 같다. 하늘을 도와서 빛을 발하게 하는 것을 이름하여 일촉(日燭 : 해와 같이 비춤.)이라 한다.

---

34 『노자』 81장. 신의 있는 말은 아름답지 않고 아름다운 말에는 신의가 없다는 내용.

35 『장자』 「천운天運」에 나오는 말로 황제黃帝가 작곡했다는 음악.

선각자(先覺者 : 佛)의 원대한 가르침을 익혀 현관(玄管 : 깨달음)을 영부(靈府 : 마음)의 입구에서 열면 광대한 허공을 두루 유유자적하게 바라보아 망탕莽蕩[36]을 다하여 한량이 없다. 지세地勢를 일정한 장소에서 밟고 둥근 하늘을 엎어 놓은 동이에 씌우는 것처럼 있는 그대로 맡기고 삼계의 넓고 넓은 경계를 아득히 생각하여 음양의 이기二氣가 화和하여 융성하게 일어나는 모습을 만나 크나큰 천지 자연의 눈에 보이지 않는 근원을 찾아 천지 화육化育의 유현幽玄한 근본을 헤아려 보면, 모습(육체)은 4대(지・수・화・풍)가 임시로 성립된 것으로 거품이 되어 흩어지고, 정신(영혼)은 만물 중에서도 영묘한 것으로 항상 존재한다. 저 선량한 백성은 그 분(分 : 본래)의 것을 통달했기 때문에 생生을 슬프게 여기고 영혼이 항상 있음을 기뻐하는 것이다.

모든 기운을 머금은 무리들은 그 정신(영혼)이 정해진 방향이 없고, 움직이는 무리들은 그 형체가 항상 하지 않는다. 생生을 맡기면 물의 형세와 같고, 생을 의탁하면 불빛과 같다. 가는 데 따라 연연해 여의지 못하며, 번갈아 가며 시들거나 생생하게 피어나서 왕래往來하고 출몰出沒함이 언제까지나 끝이 없다. 생사의 넓은 바다는 돌아 흐르고 자연의 변화는 윤회하여 파도를 타고 멀리 표류한다면, 그 생사의 대해를 건너오는 데 어떠한 계단이 있겠는가? 3악도의 속에 빠져들어서 8난難의 경계에 침체하고 그곳을 뚫고 나아가려고 기약함이 없는 것을 불쌍히 여긴다. 객작(客作 : 천한 사람)[37]이 3악도로 돌아가는 것을 서러워하여 덕을 숭상하는 것은 빨

36 광대한 모습을 말한다.

37 『법화경』「신해품」. 객작客作은 고용당하여 일을 하는 사람. 또 사람을 천시하여 꾸짖는 말로 쓰기도 한다.

리 되어야 한다고 바라보고, 재앙이 모이는 것은 마땅히 더디어야 한다고 생각한다. 이는 일을 성취하는 데에서 보기 쉬운 것이며, 장래의 일을 예지하는 마음의 움직임은 작은 것이 아니다. 오복五福은 바른 것을 실천하는 일에서부터 일어나고, 여섯 가지 불행〔六極〕[38]은 그른 것을 실행하는 일에서부터 만들어지는 것이다. 이치를 느끼는 것은 자연히 그렇게 되는 것이며, 아득하고 그윽한 가운데 대응하고 있어 현묘하게 응고되어 있다. 복福은 누가 만드는 것일까? 화禍는 누가 일으키는 것일까?

물의 흐름은 낮은 곳에서 모이는 것처럼 인도人道는 자랑하는 것을 미워하게 되는 것이다. 죄는 여유가 있음을 원인으로 하여 쌓이고, 행복은 겸손함을 인연으로 하여 번성하는 것이니, 비록 아이라도 바른 행동을 하면 귀신이 물러가고 어른이라도 사악한 행동을 하면 요괴가 침범하는 것이다.

형체와 소리의 짝을 이루는 그림자와 메아리를 보거나 행복과 재앙의 두 징표를 고찰해 보면, 그 이치는 생각을 해 보아도 꼭 들어맞고, 그 자취는 눈으로 보더라도 상응하고 있어, 마치 둥근 수레바퀴가 그림쇠(콤파스)를 품고 있는 것과 같으며, 곧은 서까래가 먹줄을 달고 있는 것과도 같다. 창견蒼犬은 제부帝父로부터 나왔으며, 황웅黃熊은 성인(우임금)의 치수를 도왔다[39]고 하니, 이에 변화를 징험하여 바로잡지 못하고 어찌 천속天屬[40]을 믿고 의지한다 말하겠는가? 참으로 복을 구하는 것은 자기 자신에게 있으며,

---

38 『서경』「홍범洪範」에서 말하는 여섯 가지 큰 불행으로 흉단절凶短折·질疾·우憂·탐貪·악惡·약弱을 말한다.

39 『사기』 9권 「여후본기呂后本紀」와 『좌전』「소공昭公」 7년 참조.

40 『장자』「산목山木」에 나오는 말로 천륜으로 맺어진 사이를 말한다.

진실로 사람이 되는 것도 자기에게 있는 것이다. 아아, 숨 쉬는 사람에게 있어서 항상 한다는 것은 있을 수가 없다. 홀연히 어디론가 가 버리면 그것이 어디에 멈출지 알겠는가? 그 인연은 사람이 집적集積할 수 있는 것이 아니라면 도대체 기氣가 시작되는 곳은 없는 것인가? 젊고 아름다운 이가 요절해 죽은 것을 슬퍼하지만 오히려 그 혼이 가축으로 생生을 의탁하고 있을 수 있다. 그러나 옛날에는 길러 키우고 품에 보듬던 자식이면서도 지금은 변하여 가축이 되어 있을지도 모르는 가축을 잡아 가죽을 벗겨 제사의 예를 행하기도 한다. 또 정신은 오묘하게 있어서 나에게 항상 존재하고 있으나 몸은 변화를 수용하여 이체異體로 바뀌어 눈 깜짝할 새도 되지 않는 사이에 잊혀지고 마니, 참으로 길게 한탄하여 눈물 흘리며 울 만할 일이다.

도리에 어두운 사람들〔闇愚〕은 모두가 다 그러하며, 그러한 사람만이 홀로 그런 것은 아니다. 훌륭한 생명체에게는 새끼를 잉태함이 적은 도리를 살피고, 벌레와 같은 것들에게는 새끼의 생산이 번창하고 있는 것을 생각해 보면, 그것은 마치 그치지 않고 내리는 장맛비라도 보는 데 따라서는 오히려 적다고 하는 것과 같다. 자루를 뒤집어 쌀을 밖으로 쏟는 것처럼 날마다 많은 것들을 낳고 있으나 누가 숨어서 무엇을 원인으로 하여 이러한 일이 일어나고 있는지 알 수 있겠는가? 내 마음으로는 헤아릴 수가 없다. 확실하지는 않지만 다음과 같이 이해하고 있다.

그 본말을 전도하고 있는 무리나 몽매한 무리로 태어난 사람들과 같은 이들은 전쟁의 풍파가 닥쳐오면 홀연히 숨어 어디론가 가 버린다. 정신의 도〔神道〕는 비록 확실히 보이지 않지만 귀신의 법은 더욱 분명하다. 그러므로 죽어서 다시 태어날 때까지의 중음中

陰의 사이에서 배회하고 저 지옥의 철성鐵城으로 가는데, 하늘에는 달〔望舒〕이 비추지 않고 낮에도 해〔曜靈〕가 없고, 몸은 밧줄로 묶여 갇히고 발은 숯불이 타고 있는 마당을 밟고 있다. 칼산은 서릿발과 같이 날카로운 칼날을 쌓아 놓고 있고, 칼 숲은 칼끝을 세워 매우 날카로우며, 동銅을 녹인 것이 넓고 넓어 바다처럼 용솟음 치고 거대한 가마는 파도처럼 끓어 천둥소리를 낸다. 그리고 염왕閻王은 죽은 이를 통솔하여 검열하고 옥졸獄卒이 곁에서 비녀를 손에 잡고 있어 삼륵三扐을 한 번 떨치면 백 천 가지가 겹쳐서 나열된다. 그것은 독을 가지고 있는 날카로운 부리이든가, 아니면 붉게 타오르는 불수레이든가, 날카로운 못이나 창과 같고, 교활한 개가 이를 드러내고 오는 것과 같다. 음란한 무리들은 환주幻柱에 그을리고, 굶주린 수인囚人은 진사塵沙에서 말라 야위어 간다. 그리고 가볍고 교묘한 영질(靈質 : 죽은 자의 몸)을 취해 가져 점점 통륙痛戮을 가加하기 쉬워지며, 길이 고통을 당하여 무수한 겁劫을 거치니, 어디에 이 혹독함보다 더한 것이 있을 것인가? 십팔지옥十八地獄의 엄한 형법을 되풀이하여 말할 수 없으며, 천 가지 조목의 다른 가혹함과 만 갈래의 고통을 숨차게 지나지 않으면 안 된다. 갑자기 이 지옥에 와서부터는 몸도 세상도 없어지고 만다. 내가 이 지옥에 대해 대략 한 번 말한 것만으로도 장차 일생을 끝낼 때까지 떨치고 마음이 아플 것이다.

그러나 5덕(德 : 戒)을 갖추어 흠이 없고, 10숙(淑 : 善)의 도를 온전히 하여 저녁 해처럼 가고 경사스럽게 구천에 오를 수가 있다면, 거기에는 보배 궁전이 밝게 빛나고 있고, 높은 건물이 허공에 걸려 있으며, 주방이 몇 백 개나 있고, 아름다운 문은 천千에 가깝다. 또 금문金門은 수정의 밝고 맑은 빛으로 빛나고 있고, 옥으로 된 통로

〔玉巷〕가 유리의 선명함으로 빛나고 있다. 보배 나무가 길옆에 서 있고, 난새와 봉황새가 나뭇가지 사이에서 울고 있다. 향기로운 꽃이 신비하고 특이하여 찬란하게 아름답고, 향기로운 바람이 신령하게 나부껴 연기를 날린다. 그리고 아름답고 신성한 옷을 입고 싶다고 생각만 해도 몸에 입혀지며, 향기로운 음식을 먹고 싶다고 생각하면 눈앞에 가득히 차려지는 것이다. 저 태양도 오래도록 지지 않아 하루를 이 세상의 만 년의 길이로 하며, 일이 행해지는 것이 본성을 어김이 없어 항상 자연에 안온하게 조화되어 있다. 그리고 찬란한 꽃순의 빛나는 모습을 비추고, 가볍게 올라가는 것이 경쾌하게 나는 모습을 보며, 오묘한 음조의 지극히 아름다운 음악을 모두 듣고, 생명을 멀리 연장하여 끝까지 다하며, 비루한 이 세상을 버리고 위로 올라가 훌륭한 무리와 짝하여 높게 옮겨 가는 것이다.

그러나 이 옛 덕德을 받아 먹음은 날마다 옥식玉食을 쓰고 있는 것이고, 이 흙은 불모의 땅이라 농사를 지을 수도 없으니, 비록 쌓아 축적한 것이 많다 하더라도 어찌 고갈되지 않을 수 있겠는가? 또 수명을 오래 누리는 행복을 얻었다고 하더라도 그것도 끝내는 멸망하고 마는 것이다. 또 궁전과 집들도 삼재三災[41]가 일어나면 훌륭한 궁전이나 집들도 흩어져 버리고, 칠증七證이 이르면 천인天人의 복록福祿도 없어진다. 대추大秋를 만나 천수를 마치고 조락凋落해 버리면, 명이 짧은 조균朝菌이나 장수를 하는 대춘大椿[42]도 구

41 화재·수재·풍재를 말한다. 또 도병재(刀兵災 : 전쟁)·질역재(疾疫災 : 돌림병)·기근재(饑饉災 : 기근)를 말할 때도 있다.

42 『장자』「소요유逍遙遊」. 조균朝菌은 아침나절밖에 살지 못하는 생명이 짧은 버섯이고, 대춘大椿은 8천 년을 봄으로 하고 8천 년을 가을로 하는 긴 생명을 가진 나무이다.

별이 없어진다.

그러므로 여래대성如來大聖께서는 3달(達 : 천안 · 숙명 · 누진)로 환히 관조觀照하시어 중생들의 무지몽매함을 불쌍히 여겨 도道의 요체를 밝게 하셨고, 선교방편으로 중생들의 번뇌를 씻어 내어 혹은 추麤하게, 혹은 묘妙하게 마치 광대한 바다가 흐름을 운행하는 것과 같이, 태양이 빛을 드리우는 것과 같이 이끌어 주신다. 그것에 의해 상사上士는 마음을 비워 말을 잊어버리고, 중재中才의 사람은 뜻을 굳게 하여 가르침을 지키려고 한다.

여래의 가르침에는 일정한 방법이 없고 중생이 말미암는 바에 따라 설해지니, 육지에서 수레를 타고 물에서 배를 사용하라는 등의 이런저런 방편을 부설敷設하여 폭넓게 말하고 있다. 경駉[43]에 대해서는 삼백으로써 모든 것을 노래하고 마는 것은 아니겠고, 그 요지要指는 하나의 유幽에 있는 것이다. 현묘玄妙한 강령綱領을 잡아 쥐고서 모목毛目을 창구鬯裘에서 좇아 광대한 큰 가르침을 싸서 간직하고 나의 지혜의 본래 몫을 펼쳐 나간다. 다스려짐에는 균등하지 않음이 없으나 자질에는 영리하고 둔함이 있다. 그렇다고 하더라도 빈 마음으로 갔던 이가 가득 채워 돌아와[44] 각자의 마음에 만족을 얻을 수 있을 것이다. 그리고 어리석은 사람도, 현명한 사람도 함께 유도誘導되어 용도 귀신도 다 함께 교화되는 것이다. 만 갈래 길을 모아 하나로 돌아가게 할 수 있는 것은 오로지 반야般若를 말미암는 것이다. 비유해 보자면 바다를 건너는 데에 배가 아니면 건너갈 수 없음과 같은 것이다. 그러므로 중생들을 도량道場

43 『시경』 「노송魯頌」. 참으로 장하고 씩씩하게 달리는 말이라는 뜻.
44 『장자』 「덕충부德充符」.

으로 몰아가게 한다면, 모든 반야의 지혜를 얻어서 마침내는 무위無爲하여 멍에를 벗고 쉴 수 있는 것이다.

본래 3승乘의 시초는 다 같이 일무一無로 돌아가는 것이지만 재조才照가 각각 다름에 따라 작용을 이룸도 각각 다르게 되는 것이다. 응진(應眞 : 아라한)은 유有를 잊고 공空을 구하여 드디어 공空에 빠져서 고요히 즐긴다. 연각緣覺은 미미한 것을 아는 곳〔知微〕[45]에서 번뇌〔累〕를 밝게 알아 현묘한 곳으로 옮겨 한 곳에 머무르지 않는다. 그리고 현묘한 형적形迹이 다시 없어져도 오히려 자취가 남아 허무虛無한 것이 아니고 사람들에게 사모하는 마음을 갖게 한다. 개사(開士 : 보살)는 속박하고 있는 만물에서 모두 해탈하여 보존함이 없는데 무엇을 제거하겠는가? 깨달음은 조감하는 처음까지 활짝 열렸고, 체득體得함은 생각이 일어나는 처음까지 명합冥合하고 있다. 이 보살의 이치는 진중하고 깊어서 말이 끊어지는데, 누가 잘 살펴서 일체를 업業으로 삼겠는가?

예전부터 옛날 사람들은 당당하게 덮어 비추어 주는 부처님을 만나 몸소 성인의 가르침을 받았고, 윗사람의 덕을 사모하는 만백성들은 이목耳目을 기울이기도 했고 우러러보기도 하였다. 어떤 사람은 한 번의 기침에 의해 몽매함을 깨우쳤으며, 또 어떤 사람은 한 번 먹음에 의해 복종하였다.[46] 이러한 일들은 모두 말을 의지한 후에 교화된 것이고, 어떤 사람이라도 제도하지 않음이 없었다.

선서(善逝 : 불교)는 오늘날에는 도운道運이 점점 쇠퇴하여 가고 있다. 큰 가르침이 비록 존속하고 있다 해도 그 가르침을 맛보는

45 『주역』「계사繫辭」 하.

46 『주역』「혁괘革卦」.

사람은 드물다. 전단栴檀나무를 요소蓼蘇 풀의 향기와 똑같이 여기고 달빛을 반딧불〔燿燿〕[47]의 광채와 같다고 여기고 있다.

우씨〔于法蘭〕는 세간을 뛰어넘어 현묘한 뜻을 모두 체득하여 산택山澤에 은거하였으며, 그 인덕仁德은 호랑이를 감화시킬 정도였다. 호궁〔竺法護〕은 적정寂靜을 깨달아 도덕은 깊고 훌륭하였으며, 깊은 골짜기의 물이 말라 버리자 다른 곳으로 옮겨야겠다는 작은 혼잣말에 말라 버린 수원水源에서 점점 물이 흘렀다고 할 정도였다. 궐수〔厥公則〕는 하늘에 올랐고, 위도〔衛士度〕는 궐공칙의 본보기를 이어받아 모두 무생無生하여 욕심이 적고 꾸밈이 없었으며, 모두 몸을 벗어 버리고도 죽지 않았다. 지금은 지자〔支遁〕가 특히 훌륭하여 현표玄標를 깨달아 잡아 쥐고 있다. 그의 위대한 일은 깊고 순수하며, 그 훌륭한 심성은 맑고 고요하다. 그가 한마디 하면 사람들의 마음에 쌓여 막힌 것을 풀어 주고, 세 번 접하면 두터운 마음의 어둠도 밝아질 정도이다. 또 그를 보면 그것만으로 인색한 마음을 씻어 내기에 충분하고, 그 가르침을 들으면 교만한 마음도 충분히 떨어 버릴 수 있다. 그는 탁류를 피하여 은일隱逸하였고, 초지初志를 이루려고 동산東山에 들어가 시를 읊고 지냈으니, 어떤 깊은 맛이 있어 검소한 곳에서 살고 대보大寶를 털끝보다 더 가볍게 여기는 것인가? 도풍道風이 널리 날리는 것이고, 깊은 깨달음이 소요逍遙하게 하는 것이니, 재능 있는 이가 힐책하지 않으면 현자賢者도 귀하게 되지 않고, 어리석은 이가 웃지 않으면[48] 성인도 높여지지 않는 것이다. 유원幽遠한 소리는 천박한 이의 귀에는 품

47 『시경』「유풍幽風」.
48 『노자』 제41장.

격이 낮은 소리로 취급당하는 것인데, 누가 소악韶樂을 듣고 고기의 맛을 잊을 수 있겠는가?[49] 어디에 가더라도 도 없는 곳이 있겠으며,[50] 어디에 가더라도 신神 없는 곳이 있겠는가? 그러나 도리道理에는 정미로움과 거칢이 있고, 사람에는 속됨과 참됨의 구별이 있어서 크게는 세군(細君 : 諸侯)이 되고, 작게는 훌륭한 신하가 된다. 혹은 날개를 가진 새들도 금시金翅에 예속되고, 갑라甲羅를 갖는 것은 수륜(須倫 : 아수라)에 속하는 것이다. 또 양의兩儀는 태극에 근본을 두고,[51] 뭇 별들은 북극성〔北辰〕에 매여 있다.[52]

그럼에도 불구하고 아흔여섯 종류의 외도들은 근본을 잊어버리고 말단의 가지를 무성하게 치고 있어 중요한 근본을 가볍게 버리고, 정왕(靜王 : 불교)을 떠들면서 버려 버리고 모두 성스러운 것에 따르고 있다고 말하면서 각각 한쪽 세계에서 멋대로 맹동하고 있다.

그들 중에 어떤 사람은 산을 옮겨 흐름을 막고, 또는 존망存亡에 마음을 조급하게 하고 있다.[53] 그리고 천의天衣의 광채 찬란한 사람에게 명령을 한다든가, 영묘한 주방의 좋은 향기가 나는 곳에서 큰소리를 내고 있다. 또 흉포한 무리들도 우禹의 개선凱旋을 장식하며,[54] 자갈을 임랑(琳琅 : 美玉)으로 변화시키며, 변환變幻의 한도를 다하여 사람들의 눈길을 끌고, 현상계의 일들이 영원성을 갖지 않는 것을 애석해 한다. 그러나 이것들은 모두 한계가 있는 세계

49 『논어』「술이述而」.
50 『장자』「거협胠篋」.
51 『주역』「계사」 상.
52 『논어』「위정爲政」.
53 『장자』「응제왕應帝王」.
54 『서경』「대우모大禹謨」.

안에서의 달고 진한 술이며, 지극한 도道에서는 술찌꺼기만도 못한 것이다.

선仙에 열거되는 사람들이나 몸을 단련하는 사람들에 이르러서는 곰이 나뭇가지에 매달리듯, 새가 목을 길게 늘이듯 몸을 단련하거나,[55] 태일(太一 : 玄氣)을 호흡하거나, 저녁에는 느릅나무 그늘과 밝은 달의 정기를 먹고, 아침에는 아침놀이나 붉은 때의 정기를 잡는다. 그러므로 적부赤斧[56]는 단丹을 먹음에 의해 장생하였고, 연자涓子는 삽주〔朮〕[57]를 먹음에 의해 천공을 날 수 있었다. 또 안기安期[58]는 송호松毫를 먹고 오래 살았으며, 풍인豐人은 백柏나무 열매를 먹고 가볍게 하늘로 올라갈 수가 있었던 것이다.

그들은 단순히 온화한 영액靈液에 물들어 수명을 보존하고 형질形質을 멈출 수 있게 했다는 것뿐이었다. 마음속은 편안하지 않아서 외형에 의존하고 있었다. 다만 구름에 올랐다 떨어져 죽었을 뿐이니, 모두 주머니에 싸서 동여매고 그것으로 알을 견고하게 했다고 하는 것과 같은 것이다. 도를 구한다고 하는 의미로는 같은 문에서 함께 출발했다고 하더라도 이치로는 아직 안회顔回의 당堂에도 오르지 못하는 것인데, 멀리 크게 공자의 방을 바라고 있는 것이다.[59]

날 수 있는 것을 귀하게 여긴다면 나방이나 나비도 높이 날 수

---

55 『장자』「각의刻意」. 곰이 나뭇가지에 매달리듯, 새가 목을 길게 늘이는 것 같은 모습을 하여 오로지 수명을 길게 늘리려는 것. 불로장생을 위한 도인술導引術의 일종이다.

56 『사기』「봉선서열선전封禪書列仙傳」.

57 『사기』「봉선서열선전」. 다년초로서 약용식물의 일종이다.

58 『홍명집』 제2권 주 80 참조.

59 『논어』「선진先進」.

있다. 늙음을 피하는 것을 진기하게 여긴다면 거북이나 뱀도 긴 수명을 갖추고 있다. 이 임시로 머무는 객사客舍와 같은 세상의 떠도는 기운에서는 오직 마음만이 보배라 할 수 있다. 몸을 보존하는 것만을 원하는 사람과는 함께 마음을 논할 수 없으며, 세속과 가까이 친근한 사람과는 함께 도를 말할 수 없다. 도道를 어찌 말로 표현할 수 있겠는가? 물어볼 수도 대답할 수도 없으니 물어보는 사람이 궁극에까지 이르면 이를수록 응답하는 사람은 더욱 안으로 들어가고 만다. 도에 대해서는 침묵하는 것이 통하는 것이 되는 것이어서, 말하기 시작하면 그것은 다해 버리는 것이다. 현주(玄珠 : 道)의 본체와 도를 설명하는 것을 짝으로 한다면, 나는 망상罔象과 무위無謂가 된다고 여긴다. 마음을 집중하여 움직이지 않고 고요히 있으면 그곳에 교차되는 현묘한 응수應酬 속에 훈계訓誡함이 있는 것이다. 울림을 오로지 연구해 보아도 깊고 아득한 소리 깊은 가르침은 깨달을 수 없다. 도를 바라면 더욱 잘못되어 버리고, 찾아 구하면 한층 더 깊이 가라앉고 만다. 영郢 땅의 사람이 죽어 버렸으니, 누가 석공〔匠石〕이 도끼질〔椹質〕할 때 밑에 괴는 받침이 되겠는가?[60] 통발과 올가미〔筌蹄〕[61]를 연못이나 초목이 무성한 곳에 설치하여 고기나 토끼가 걸리는 것을 강이나 숲에서 기다리고 있어도, 만일 언외言外의 뜻을 깨달았다면 그와 함께 보는 즉시 마음을 버려야 할 것이다.

잠깐 동안도 움직이지 않고서 갔다가 돌아오는 것처럼, 인립忍

60 말할 상대가 없어졌다는 말. 『장자』 「서무귀徐無鬼」 참조.

61 『장자』 「외물外物」에 나오는 유명한 말. 물고기를 잡는 통발과 토끼를 잡는 올가미로 목적을 이루기 위한 방편을 말하는데, 여기서는 언어나 문자에 사로잡히는 어리석음을 말한다.

立[62]의 현자賢者들은 홀연히 머물던 곳을 건너왔다. 그리고 지금까지 여러 스승들이 이 나라에서 교화를 행하여 왔지만, 지금 처음으로 일육一六[63]의 한계를 넘을 수가 있었던 것이다. 자씨(慈氏 : 미륵보살)가 지금 마침 융성하여져서 우리들은 우러러 그 인육仁育을 기대하고 있는 것이다. 누가 실정과 거리가 먼 가르침이라 말하겠는가? 한 번 보고 즉시 눈을 놀라게 할 것임에 틀림없다.

신령한 고삐는 비록 빠르지만 인연의 문은 끝이 없다. 연추(緣樞 : 불교)에는 안의 근본이나 겉의 표면이 없지만, 인간에게는 처음과 끝이 있다. 그러므로 순식간에 번쩍 타 버리는 번갯불 같은 이 세상에 임시로 발걸음을 옮기고, 석화石火처럼 빠른 폭풍 같은 세상에 숨을 의지하고 있다. 길의 험난함을 두려워하고 도둑을 만나 놀라게 될 줄은 아나, 진욕塵欲의 세상이 융(戎 : 불교)을 불러들이는 것에는 미혹해 있다.

그러나 심오하고 수승한 것을 버리고 천근賤近한 것을 탐하며, 사치함과 검소함을 풍부함의 표리가 교차되어 나타남이라 생각하여 아직 폭풍이 불지 않을 적에 시들어지는 것을 막지 않고, 이미 거센 바람에 떨어지고 나서 망루에 돌아와서 다시 한번 꽃 피우려고 생각해 보지만 온갖 후회만이 맺히니, 어찌 원하는 것을 충족시킬 수 있겠는가?

그러한 이유로서 큰 서원을 한 불교의 무리들은 손가락을 태우거나 돌을 뚫어서 불감佛龕을 만든다든지 하여 드러내지, 마음에 기약하고 기다려 바라는 것을 밖으로 나타내지 않는다. 뜻과 마음

62 인토忍土, 즉 사바세계로 보인다.

63 음양의 수이다.

에 선행을 쌓고 지력智力의 구덩이를 깊게 하고, 혜심慧心의 벽을 높이고 율律의 칼을 빼어 들고, 계戒의 참을 휘둘러 망상이 막 싹트려 하면 즉시 베어 없애고, 욕정이 조짐을 보이면 즉시 잘라 끊어 버린다. 이렇게 하여 6적(賊 : 塵)을 가슴속에서 쓸어 내고 5도道의 기나긴 노역勞役을 쉬게 하려고 한다.

이렇게 하여 스스로 내치內治를 가지고 법인法忍을 총지하면 3세(과거 · 현재 · 미래)의 미혹이 모두 적멸寂滅하여 일심一心이 활짝 열려 모든 번뇌가 없어진다. 그렇게 되면 귀를 분명하지 않은 것〔無明〕에 붙이고, 눈을 견줄 수 없는 것에 붙여 오진汚塵은 각각에 따라 공허하게 떨어져 버리며, 더러운 것도 함께 허무하게 떨어져 버린다. 넓고 넓은 영묘한 깨달음은 여러 가지 방편을 기인하여 참됨을 이루어 사람들을 두루 편안하게 제도하여 가는 것이다. 그 대비大悲를 누가 근심하겠는가? 그리고 몸은 거려(蘧廬 : 旅舍)에 맡기고 세상과 함께 빛을 동화하여 살고 언제나 여기저기 유거遊居하며 자기의 행적을 남기지 않고 하늘이 행하는 대로 맡겨 만물과 함께 변화하여 가니, 비록 위험한 급류의 물을 헤엄쳐도 근심이 없는 것[64]과 같다.

그러한 묘변신기妙變神奇한 이치는 부사의不思議하여 대천세계를 손바닥에 올려놓거나 겨자씨가 수미산을 머금는다거나 사해四海가 털구멍에 들어 앉아 있거나 7보寶가 겁이劫移에서도 영원하거나 하는 것 같은 것은 다만 믿을 수는 있어도 물어 밝혀 낼 수는 없으며, 따를 수는 있으나 알 수는 없는 것이다. 담론談論이나 가

64 『장자』 「달생達生」. 물을 헤엄쳐 갈 때 물을 잘 알고 물이 갖는 법칙대로 따르고 사심을 없이 하고 물 그대로에 맡겨 헤엄치면 죽을 염려가 없다는 뜻.

영歌詠으로 펼칠 수 있는 것은 아니니, 어찌 종이나 붓으로 열어 볼 수 있는 것이겠는가?

이 얼마나 훌륭한가? 우타優陀의 말[65]은 저 지자智者를 천하에 가득 차게 하고, 그 사람에게는 백 개의 머리가 있고, 머리마다 백 개의 혀가 있고, 그 혀는 백 가지 의미를 알아 변재辯才가 예리하고 뛰어나, 이에 사람을 만나 이 도道를 찬탄하여도 오히려 아직 만분의 일도 되지 않을 정도이다. 오직 깨달은 사람들만이 탄식할 뿐이어서 거기에는 불법의 진리가 넓게 퍼지고 다 드러나게 되는 것이다. 하물며 이 우매하고 고루하여 나의 한계도 모르고, 광간狂簡에 의탁하여 우러러 서술하고, 반딧불 빛으로써 밝디 밝은 빛에 항거하여 빛을 더하여 태양을 도우려고 하는 사람이겠는가.

아아, 방외方外의 영장靈藏은 너무나 멀고 진실로 방대하며, 모든 영묘한 것의 깊은 근원은 그 심오함을 헤아릴 수 없다. 작은 일을 성취한 이도 그 도를 실천할 수는 없으며, 훌륭한 말을 하는 이도 다만 이제는 자유자재로 설명하던 말을 잊어버릴 뿐이다.

땅의 덕은 두터우니, 거기에 무엇인들 실려 있지 않겠는가? 그리고 우리들은 거기에 큰 골짜기가 있는 것을 듣고는 놀라고 높은 언덕을 눈으로 보고 놀라는 것이다. 하(夏 : 중국)의 전적은 그것들을 손에 쥔 것처럼 기재하고 있으며, 황복(荒服 : 이민족)의 경전은 그것들을 호유戶牖와 같이 열거해 기록하고 있다. 장주莊周는 이미 통달하였으나 그래도 아직 다하지 못해 제해齊諧[66]의 보잘것없고 괴이한 말을 믿어서 봉鵬과 곤鯤을 보고 큰 것의 대표라고 하고 있

65 『보요경普曜經』 8권 「우타야품優陀耶品」(竺法護 역).
66 『장자』 「소요유逍遙遊」.

으나 조왕鳥王과 어모魚母[67]를 보지 못하고 있는 것이다.

아아, 아아. 기이하고 걸출한 일들은 아득히 넓으니, 어찌 다 드러내 기록할 수 있겠는가? 저 황람皇覽의 글은 여러 가지를 널리 모아 유원幽遠한 것을 찾거나 기이한 것을 이해하기에 충분하다. 어찌 거기에 수록되어 있는 옥을 자른 칼에 대한 말을 쉽게 의심하고, 또 화직(火織 : 火浣布)[68]에 대한 말을 크게 속이는 것이라 할 수가 있겠는가? 더구나 성인의 가르침을 실천하기 위해 요제堯帝나 공자의 여러 가지의 훌륭한 방편의 이익을 향하여 항상 오로지 몸을 지키고 단속하며, 자신이 헤아린 것보다 초월해 밟아 나가는 것을 두려워하여 모두가 도리를 다하여 말을 증명하고 유사한 것으로써 의미를 취하지 않는다. 부질없이 넓기만 하고 번잡하게 얽히면 다시 의심을 더하여 경계를 불러오고, 교묘하게 꾸민 재지才智는 사람들을 놀라게 한다는 것을 깨닫는 것이다. 그러므로 붓을 거두고 생각을 멈추어 일우一隅[69]를 경지(梗指 : 槪要)에 붙여 밝은 식견을 가진 이에게 확실한 이해를 바라고 있는 나 같은 사람이야 어떻겠는가?

---

67 조왕은 불전에서 말하는 금시조金翅鳥로 너비가 360리로서 용을 잡아먹는다고 한다. 어모魚母는 마갈어摩竭魚로서 바다의 대어大魚이다. 몸 길이가 3백 유순에서 7백 유순이고, 눈은 일월과 같고 코는 태산과 같으며 입은 적곡赤谷과 같다고 한다.

68 『열자列子』「탕문湯問」.

69 『논어』「술이述而」.

홍명집 제14권

55. 축도상격태산문竺道爽檄太山文〔축도상竺道爽〕

사문 축도상竺道爽은 삼가 태산太山인 동악東嶽의 신부神府와 도록사자都錄使者에게 말씀드린다.[1]

현묘한 근원이 구별區別을 낳고 천지(天地 : 二儀)가 갈라진 그 처음에 위로는 선기璇璣의 사성四星[2]을 두고 일日·월月·성星의 삼광三光으로 하여금 그것을 돕게 하였다. 밑으로는 토지의 신을 두고 오악五岳으로 하여금 그것을 다스리게 하였다. 음과 양이 모든 곳에서 화육化育의 활동을 하게 하니, 만물이 그 안에서 탄생하게 되었다.

이리하여 태산은 동방인 청룡青龍의 지역에 있고, 형산衡山·곽

1 태산太山은 오악五嶽의 하나. 중국 고대부터 숭배되었는데, 특히 태산은 사람의 생사生死를 관장하고 있는 것으로 알려져 있다.

2 북두칠성의 첫 번째 별에서 네 번째 별까지를 선기라 하고, 다섯 번째부터 일곱 번째까지를 옥형玉衡이라 한다.

산霍山은 남방인 태양의 자리에 있으며, 화양華陽의 산은 서방인 영반零班[3] 지경地境에 모습을 보이고, 항산恒山・대악岱岳은 북방인 심오한 현무玄武의 방면에 늘어서 있고, 숭산嵩山은 황천(皇川 : 大川)의 중앙에 우뚝 서 있어서 강江・회淮・하河・제濟의 사대천四大川을 누르는 제방이 되는 곳이다. 이들 오산五山은 모두 우주의 근원으로부터 기를 받고 진실한 일을 두루 펴고 있어 부정한 것에 의한 더러움이 없으니, 신도神道 그것이며, 자연의 묘 그것이어서 훌륭하고 바르며 거짓이 없다. 하늘의 덮어 줌을 따르고 땅의 실어 줌을 순응하여 자연 그대로의 꾸밈이 없고 그대로 반듯하고 곧아서 고요하게 현묘하고도 맑다. 나아가서는 음양사시陰陽四時를 운행하게 하는 시초를 행하며, 물러서서는 오교五教[4]의 정수를 밟아 나간다. 안으로는 깊은 진리를 깨달은 자성資性을 숨기고, 밖으로는 성인의 도와 덕의 빛을 환히 밝히고 있으며, 위로는 허무의 경지를 깨닫고, 아래로는 백성을 기르고 있다. 오상五常의 덕을 품고 있으면서 사람에게 알려지는 일이 없고, 아무리 먼 곳이라도 미치지 못하는 곳이 없다. 천지의 끝에까지 유보遊步하고 북방인 현궐玄闕의 산에까지 높이 난다. 따라서 태초로부터 있는 것이기 때문에 형상이 언제부터 비롯되었는지 헤아려 알 수 없고, 음양을 호흡하며 건곤乾坤을 손안에 잡고서 세계 어느 곳이나 두루 다닐 수 있다.

동악은 동방〔龍〕과 봄의 출발점이며 청양淸陽의 기운이다. 길러 주고 움직이게 하며 싹트게 하고 낳게 하는 것이다. 왕부王父의 지

3 태양이 지는 서쪽 경계.

4 부父의 의義, 모母의 자慈, 형兄의 우友, 제弟의 공恭, 자子의 효孝.

위에 있으며 남기南箕·북두北斗이고, 구천九天에 중성中星인 곳, 동왕공東王公·서왕모西王母이며, 끝이 없는 근원이다. 기氣를 타고 봉황처럼 날아다니고, 그 유현幽玄한 데로 간다면 태소太素[5]보다도 맑으며, 인간과는 관계가 없는 곳이다. 여러 가지 더러움을 깨끗이 씻어 버려 그 도는 자연의 묘妙 그대로이다. 그럼에도 불구하고 어찌하여 요妖·상祥의 귀신이나 망량魍魎의 정령들을 동악의 도道라 속이고, 산에 있는 영靈을 빙자하여 핑계를 대고, 정처 없이 떠도는 허황된 유혼游魂에 따라서 세간 사람들의 어리석은 마음을 미혹시키는 것인가? 이 신神의 성전聖典을 꾸며 낸다든가, 신神의 신상神像을 인위적으로 세운다든가 하는 등은 본래 근거가 없는 일이어서 그 결과의 실마리를 찾아 다스릴 곳이 없다.

밖으로는 살생을 함으로 인하여 독기가 쌓이고, 안으로는 백귀百鬼가 널리 퍼져 있다. 낮에는 곡穀과 반飯이 성대하게 바쳐지고, 밤이 되면 일체 모든 사귀邪鬼가 그 경내境內에서 노닐고 있다. 이들 사귀邪鬼는 모두 여우나 뱀의 귀신들이며, 올빼미나 구렁이가 헛소리를 하고 있는 것으로서 삼황三皇이 세계의 기초를 닦은 이후로 전傳하여 지금에 이르기까지 역대로 존숭하여 온 사람들 중에서 아직 이러한 가르침을 본 적이 없다. 그러므로 『영정기零征記』에서 말하기를, "신神은 올바르다면 빛을 유매幽昧 속으로 숨기고, 위로는 고상高象에까지 오르고, 아래로는 북방 현궐玄闕의 산에까지 훙겹게 간다. 구름 그림자 사이에서 소요하고 사방팔방의 끝까지 용처럼 날아오른다. 그로 인하여 바람이 일고 비가 베풀어져서

5 『열자列子』「천서天瑞」에 나오는 말로 성질이 갖추어지기 시작한 때를 태소太素라 한다.

화육化育은 뇌전雷電과 같고, 음식 만드는 곳을 만들지 않아도 백미百味는 모든 곳에 자연 그대로 갖추어져 있으며, 자비로움을 머금고 태소太素를 품고 있기 때문에 백성을 윤택하게 한다. 그 은혜는 부모의 은혜를 넘고 혜택은 태양과도 같다. 하늘 그대로 음식을 먹어 간다면 뭇 생명을 해치는 일은 없다"고 하였다.

그렇다면 그것은 영묘靈妙하게 비상飛翔하는 현묘한 법도이며, 청허淸虛한 정신精神의 도道인 것이다. 만일 신이 올바르지 않다면 모든 살아 있는 것들에게 해를 줄 것이다. 때를 타고 소리에 의탁하여 사람을 미혹시키는 일을 세속 사람들의 귀에 전하여 재앙을 만들고, 소박함을 흩어 버려 사람의 마음을 어지럽힌다. 재물을 축내어 살생의 극極[6]을 이루며, 뭇 생명들을 죽이고 어린 생명을 무자비하게 살해하여 그 뼈나 고기를 도마에 얹고 제사를 지내고 있다. 그렇게 되면 정신은 흩어지고 말며, 근원의 기〔元氣〕를 해치고 다치게 될 것이다. 동악東嶽의 신神이 어찌하여 이러한 신이겠는가? 그러므로 침중계枕中誡에서 말하기를, "살아 있는 모든 것은 기를 품고 꿈틀거리고 있다. 백충百蟲은 해쳐서 안 되며 새알도 먹으면 안 된다. 그 속에는 신령神靈이 머물고 있다. 살아 있는 모든 것은 하늘의 근원〔天元〕으로부터 생명을 받고 땅에서 몸을 만든 것이다. 이와 같이 그 시초에 있어서 천지 두 개의 법도를 받고 있는데 어찌 생명을 해칠 수가 있겠는가?"라고 하였다. 이러한 일들은 모두 도리에 어긋난 것이며, 도의 본래의 원칙에서 벗어나 있는 것이다. 모든 백성은 인자한 마음을 품고 있으며 하늘의 가르침에 따라 살생을 하지 않는데, 더구나 돼지나 양을 죽여서 그 피를 마시

6 재물을 들여 희생을 죽여 제사지내는 것을 말한다.

는 것과 같은 일을 하겠는가? 이런 것으로 미루어 보면 그들이 말하는 것은 올바른 신이 아니다.

또 오악진신五岳眞神은 곧 정精의 징조이다. 위로는 선기琁璣의 사성四星의 법칙에 따르고, 아래로는 건곤으로부터 작용을 받는다. 정허精虛한 현재의 모습에서 도를 받는 것이기 때문에 소리도 없고 울림을 내는 것도 없다. 그 신을 공경한다고 하여 그 은혜를 기뻐할 것도 아니며, 그 신에의 공경을 게을리 한다고 하여 그 재앙을 근심할 것도 아니다. 수없이 칭찬하고 또 욕을 한다고 해도 그 신에게는 아무런 증감增減도 없다. 그럼에도 불구하고 당신은, "오악의 신은 살아 있는 인간의 모습을 가탁假託하여 허황된 것으로 기운을 움직여 말에 따라서 살해하고, 그것에 따르면 은혜가 주어지고 그것에 배반하면 화가 있다"고 제멋대로 말하고 있다. 그러므로 『황라자경黃羅子經』의 「현중기玄中記」에서 말하기를, "스스로를 산악의 신이라고 일컫는 자는 구렁이나 뱀임에 틀림이 없다. 스스로 강이나 바다의 신이라 말하는 자는 큰 자라·악어·고기·작은 자라임에 틀림이 없다. 스스로 천지부모신天地父母神이라고 말하는 자는 고양이·살쾡이 등의 야수野獸임에 틀림이 없다. 자신을 장군신將軍神이라고 말하는 자는 곰·큰곰·호랑이·표범임에 틀림이 없다. 자기를 사인신仕人神이라 말하는 자는 큰 원숭이·작은 원숭이임에 틀림이 없다. 스스로를 택사宅舍의 신이라 말하는 자는 개·양·돼지·송아지임에 틀림이 없다"고 하였다. 문門·지게문〔戶〕·우물·움집〔窖〕이나 쓰레기를 버리는 곳 같은 곳에는 귀신이나 요괴가 모습을 빌려 모두가 신이라고 하고 있으나, 사람들을 놀라게 하고 겁을 주는 나쁜 귀신의 기氣임에 지나지 않는다. 이러한 것들은 모두 경經에 기재되어 있고, 전傳에 명백한 증거가 있다.

당신이 요(妖 : 禍)와 상(祥 : 福)을 나타내기로 한 이래로 어느덧 6년이 지나려 하고 있다. 사방의 먼 곳으로부터 사람을 불러 모으고 소문이 메아리치지 않는 곳이 없다. 그러나 질병을 내쫓으려고 동악으로 가는 사람들이 작은 강이 바다에 흘러 들어가는 것과 같은데, 드디어 죽게 되어 돌아가는 사람이 슬피 우는 소리가 길에 가득 차 있는 상태이다. 가령 병이 무거운 사람이 바로 죽고 말면 곧 수명이 다 되었다고 말하고, 병이 가벼운 사람이 쉽게 병마病魔를 물리치면 스스로 그 사람에게 복을 주었다고 말한다.

만일 중증重症의 병자病者를 구제하기 어렵다고 한다면 당신에게는 은혜가 없다는 것이 된다. 중간 정도의 병도 당신이 구할 수 있는 것은 아니다. 이러한 두 가지에 효험이 없다고 한다면 어떻게 봉사할 수 있겠는가? 그렇다면 군민群民으로 하여금 당신에게 마음으로부터 귀명歸命시킬 수 있겠는가? 훌륭한 의사와 좋은 약이 없으면 산발散髮 한 도사道士라도 병마病魔를 물리치게 할 수 없는 것이다. 열흘이 지나고 한 달이 지나도 결코 당신의 은택의 보답이 나타나는 일은 없다. 이런 일로 미루어 생각하면 무슨 증험이 있겠는가?

또 나라의 시초에 환왕桓王이 봉하여졌을 때 육국六國간에 아름다운 연계를 갖고, 삼태三台의 별에 비교되는 삼공三公의 정치적인 보좌補佐에 절도節度를 주어 황가皇家의 훌륭한 덕을 드러내니, 백성은 그 지혜로움에 기뻐하였다. 그럼에도 불구하고 하늘이 내리는 화가 잘못 쏟아져서 그의 몸에 가벼운 병이 걸렸다. 그때 당신이, 신神이 영묘한 덕이 있다고 생각하였기 때문에 당신의 덕을 선포하고 당신의 명을 믿었다. 그리고 당신의 신전神殿으로 가서

소·양·돼지의 세 종류의 희생을 바치고 그에 더하여 진이珍異한 물건을 선물로 올렸다. 만일 당신이 성스러운 도이며 하늘에 통하는 지극히 묘한 작용을 가져오는 존재였더라면, 어찌 위로 하늘인 구황九皇의 신들에게 말씀을 올리고, 아래로 땅의 후토신后土神에게 상담하고, 백령신百靈神을 모이게 하고 영묘한 술법術法을 확실하게 드러내어 국가의 훌륭한 대신大臣으로 하여금 병을 소멸시키고 평안을 얻게 하지 않았겠는가? 이미 아무런 반향反響도 없이 곧 갑자기 서거逝去해 버리고 말았다. 이러한 헛되고 어이없는 일에 비추어 보면 어떻게 당신을 받드는 것이 마땅한 일이라 하겠는가?

또 옛날 태산은 돌이 서고 사社가 움직이는 일이 있었고, 신령이 징조를 내려 명성이 멀리 만대에 미치고 있었다. 이는 곧 천지가 감동한 바가 있어 그때 그때의 서상瑞祥으로 확실하게 나타난 것이다. 그러나 당신은 그 성스러운 신의 이름을 빌려 제멋대로 부르고 있으나, 구름을 일으키고 비를 오게 하고, 그것에 따라 신의 덕을 표명할 수는 없는 것이다. 요사한 것을 꾀하여 참다운 도를 해치고 있다. 가령 당신이 반상盤上에 따라 수저를 움직이고 잔을 들어 술을 마시게 하는 것은, 또한 귀신·허깨비가 하는 것이지 진정眞正한 신神이 한 것은 아니다. 하물며 아무런 징증徵證도 없는데, 무슨 신이 있겠는가?

또 태산이란, 말하자면 염라왕閻羅王의 계통으로 그의 국토는 유매幽昧한 곳에 있어 이 세간과는 달리 영묘靈妙하다. 게다가 도록사자都錄使者는 길흉의 징조를 내리는 것이 신神의 행위와 같다. 큰 기록〔皇記〕에 의거하여 수명을 정하고, 도적都籍을 하늘의 관청에서 감독하고 있다. 모든 악은 아무리 미세한 것이라도 버려 기록하지 아니하는 일이 없고, 작은 선은 설사 작은 것이라 할지라도 빠뜨리는 일이 없이 모든 혼령을 총집總集하고 있다. 살아 있는 인간의 관청에 해당하는 것은 아니니다. 그럼에도 불구하고 어떠한 악귀가 이상과 같은 것을 사칭詐稱하여 인간 세상에서 제멋대로 방자하게 움직여 모든 것을 속이고 위태롭게 하는 것일까? 무성한 숲 속의 수목 사이에서 새나 까치가 사는 들판의 원근遠近 여기저기에서 때로는 조용히 있으면서 때로는 움직이고 있으며, 사전祠典을 나열하여 남자와 여자를 많이 모아 세속의 마음을 심고 있다. 주변에 희생의 피를 발라 기를 더럽히고 부엉이 소리가 멀리까지 이르며, 해독이 왕의 영토 안에 모이고 있으니, 참으로 해를 끼치는 일이 매우 크다고 하겠다.

구름과 안개가 하늘을 덮고 모든 사악함이 바른 것을 가리고 있다. 당신의 요사스러운 이변에 따라 상해를 입는 사람이 많을 것이다. 나는 비록 말류末流에 지나지 않지만 삼복三服을 갖춘 위치에까지 올라 있다. 매번 중국의 경經이나 전傳을 읽으면 이와 같은 재앙을 볼 수 있다. 과거 일을 미루어 현재를 증험證驗해 보면 사악한 것은 올바른 곳에 있을 수는 없다. 나는 지금부터 더러움을 씻어 버리고 성스러운 도를 환히 빛내고 싶다. 경고하건대 요괴의 무리들에게 무서운 갈고리를 보내게 될 것이니, 총묘塚墓로 돌아가는 것이 좋을 것이다. 올려진 음식을 먹고 샘물을 마시면 살 길은 충분할 것이다. 그렇게 하면 모든 백성에게는 재산을 탕진하게 하는 곤고困苦함을 없애고, 새나 짐승에게는 그물에 걸려 죽는 일이 없도록 하는 것이다. 그럼에도 불구하고 만일 아직도 마음에 두고 잊지 못하여 먹을 것을 생각하고 떠나지 않는 자가 있다면, 내가 장차 비사신왕毘沙神王[7]이나 화라자和羅子 등에게 널리 알려서 불러 모아 금강金剛을 주고 참다운 신의 군대를 주둔시킬 것이다. 그 군대는 무용武勇이 서릿발같이 당당하게 삼천세계를 압도하고 있으니, 위엄과 용맹을 대적하기 어려울 것이다. 빛나는 창과 번쩍거리는 검은 싸울 준비만 하여도 산을 꺾고, 용을 내려오게 하여 마군魔軍을 항복시키니, 엎드려서 예배하고 따르지 않는 이가 없다. 당신은 보잘것없는 귀신이다. 만일 해·달·별의 삼광三光에 접하게 된다면 고니의 털이 숯불에 들어가고 물고기가 팔팔 끓는 가마솥에서 헤엄치며, 큰 강의 물을 끼얹어서 불을 끄고 아침 이슬이 햇살을 받아 없어지는 것과 같이 될 것이다. 나는 인자한 마음으로 당신이 이미 저지른 일을 불쌍히 여겨 이러한 위험이 있다는 것을 미리 알려 주니, 이 일을 생각하면 마음이 아프다. 빨리 내 앞으로 와서 당신 본래의 모습을 회복하여 멀리 만 리를 돌아가 청정한 해변으로 가라. 다시 머물러서는 안 된다. 지혜롭게 순응하여 받들어 행하라.

56. 격마문檄魔文〔석지정釋智靜〕

석지정釋智靜은 명장군明將軍 윤하輪下[8]에 머리를 조아립니다. 당신과 나는 서로 현묘한 길에 각각 나아가는 나루(방법)를 달리하고 있지만 사람과 하늘은 하나의 법칙으로 통일되어 있으며, 종사宗師는 비록 다르지만 삼계 속에 있는 것은 근본적으로 같다. 언

7 사천왕의 하나이며, 12천의 하나이다. 수미산 북변에 있으며, 염부제의 북방을 수호하고 재보를 관리하고, 또 불법을 호지하는 선신善神이다.

8 명장군明將軍은 마장군魔將軍이며, 윤하輪下는 각하閣下, 족하足下와 같은 뜻이다.

제나 좋은 만남을 꾀하고 쌓이고 쌓인 것을 소통시켰으면 하고 생각하지만 서로 간에 표방하는 것이 아직 분명하지 않기 때문에 간격이 생기고 있다. 지금 법왕이 세상을 다스리고 있어 시방十方의 사람들은 따르려고 생각하고 있으며, 영묘한 구제의 그물이 드디어 펼쳐져 큰 그물이 넓게 둘러쳐져 있어 깨달음이 나타날 시기가 됐고 숭고한 모임도 드디어 가까워졌다. 나는 간절히 기다리는 흠모하는 마음에 견딜 수 없어 편지를 써서 나의 뜻을 알린다.

원래 시운時運이라는 것은 막히면 통하는 것이니, 막힘이 끝나면 통하는 것이다. 이것은 천성千聖이 서로 이어져 군사群師가 교대로 이어져 가기 때문이다.

옛날 우리 황조본원천왕皇祖本原天王[9]께서는 변화작용을 체득하시고 부명符命에 따라 초역初域에 용비龍飛하여[10] 방편의 모습에 의지하여 만방을 종속시키고, 지혜의 가지를 활짝 펴서 우주〔六合〕를 덮어 위엄 있게 4사邪를 씻어 버리고 3유有[11]를 쓸어 깨끗하게 하셨다. 이제 비로소 세계〔八區〕에 넓은 그물을 들어 올리고 우주에 영묘한 그물을 쳐서 칠황七荒을 안정시키고 구토(九土 : 九州)를 편안하게 한 것이다. 그러면서 명종冥宗을 위로하지 않아 하늘은 구원의 손을 펼치지 않고, 황조皇朝의 진용眞容은 고요한 정적靜寂이 있어 일월도 빛을 멈추고 빈 배는 파도에 뒤집히고 말았다. 이리하여 개미처럼 무리를 짓는 사악한 생각이 차차로 일어나고 올빼미와 같은 사견邪見이 갑자기 일어나 진실한 길을 막아 오염시

9 불타를 말한다.

10 왕조발상지王朝發祥地에 천자天子가 되는 것을 말한다.

11 4사邪는 아치我癡・아견我見・아만我慢・아애我愛이고, 3유有는 욕계欲界・색계色界・무색계無色界의 존재를 말한다.

키고 깨끗한 사람들을 더럽히고 미혹시킨다. 잔학함이 백성들 사이에 모이고 독은 만겁에까지 흘러간다. 도를 품는 마음에도 속정俗情이 있고, 마음은 다르지만 노여움을 갖는 것은 같다.

우리 법왕(法王 : 佛)께서는 천운天運을 받고 위급존망危急存亡의 이 시기에 따라 어지러움을 다스려 위로는 높은 가계家系를 잇고, 아래로는 중생의 마음에 맡기는 것이다. 천기天旗의 별을 잡아 삼천세계를 가두고, 성도聖圖를 잡고서 대업을 융성하게 한다. 구름은 사궁四宮에 피어오르고 난새가 천축天竺을 날아다닌다. 그때 부처님께서는 마음을 가유(迦維 : 迦毗羅城)에 내려 이 세상에 태어나 법성法城의 참호를 만들고 백성을 편안하게 하고 경사(卿士 : 집정자)를 편안하게 하였으며, 많은 사람의 마음을 인도하고 병 있는 사람을 위로하고 깨닫게 하였다. 가슴에는 지혜의 도끼자루를 장엄하고 몸에는 신묘한 갑옷을 입고 열여덟 명의 무고無辜한 사람을 불쌍히 여기고, 공空·무상無相·무원無願의 3공空의 길이 끊어진 것을 가엾게 여기어 대황大荒을 구하려는 뜻을 두고 많은 곤란困難을 평정하였으니, 모든 지역과 모든 나라가 다 풍화風化에 우러러 복종하였다.

듣자 하니, 당신은 첩첩이 쌓인 미혹이 자신을 덮고 있는 것도 두려워하지 않고 어리석은 생각에 깊이 사로잡혀서 거짓된 견해를 일부러 고수하고 이리처럼 욕천欲天에 살며, 올빼미처럼 신궐神闕에서 울고 강장疆場에서 등을 돌려 흩어지고 영묘한 법도를 거절하고 거기에다 대위大位에 오를 수가 있으며, 원대한 법도 고칠 수가 있다고 생각하고 있다고 한다. 이 두세 가지에 대하여 생각해보면 결국 탄식할 일일 뿐이다.

그 옛날 대통〔大通智勝佛〕께서 세상을 다스리고 있을 때, 제방諸

方 나라들은 그림자가 모습에 붙는 것처럼 붙어 있었다. 그런데 거짓되고 어리석은 천마天魔가 있어 바른 법도를 따르지 않고 성덕聖德을 거역하여 신마神魔를 점점 교란시킨 것이다. 병졸들을 거느려 허공에 가득 채우고 임시방편의 모습으로 천변만화千變萬化하였다. 훌륭한 갑옷이 햇빛에 비추어 빛나고 날카로운 창날이 주위를 지키고 있었다. 영고靈鼓가 다투어 울려 퍼지자, 그 소리는 방외方外의 세계에까지 울려 퍼졌고, 날쌘 걸음으로 마음대로 제멋대로 날뛰며 스스로 강성하다고 생각하고 있었다.

그러나 법왕의 군대가 한 번 분기하자 모든 사마邪魔는 하나도 남김없이 멸망하였다. 미혹된 중생도 사심邪心을 고치고 높은 덕망을 사모하여 그림자처럼 우러러 복종하였다. 하물며 그대〔魔王〕는 외로운 군장軍將으로서 혼자 분발하고 있는 것에 지나지 않는다. 갑사甲士라 해도 일정한 규율이 없이 불러 모아 군대를 만들 수 없다. 그럼에도 불구하고 법왕에 위배하고자 하여 화도華都[12]를 교란시켜서 영권靈權을 찬탈簒奪하고 최승불最勝佛을 멀리 뛰어넘음으로써 진실을 더럽히려고 생각하니, 그릇된 일이 아니라 할 수 있겠는가?

현재는 석가불이 세상을 다스리고 있지만 그 불도佛道는 겁초劫初부터 융성하였다. 현묘한 가르침은 막힘이 없이 크고 넓어 신비한 그물은 지금의 세상에까지 미치고 있으며, 지혜 있는 사람은 부드럽고 완화하며, 그 수數도 구름과 같아서 온 세상을 덮고 있다. 부처님을 수호하는 용사勇士는 용과 같이 뛰어오르고 활을 쏘는 병사는 만대萬隊나 있다. 응진(應眞 : 아라한)은 마음을 합하여 전

12 아사세왕, 아육왕이 도읍했던 화씨성(華氏城, Pāṭaliputra)인 듯하다.

략을 짰고, 그 기모奇謀는 월등하게 뛰어나다. 따라서 장군들에게 명령한다.

사지절전봉대장군염부도독귀의후使持節前鋒大將軍閻浮都督歸義侯 살타薩陀는, 천부적인 훌륭한 재능이 있어 독보적이며 현묘한 빛으로 속세에 나타났다. 수미산보다도 높은 정신과 세계를 완전히 감싸는 용맹한 기운을 갖추고 있으며, 무武를 잘하고 문文을 다스려 충절이 법왕의 궁중에 널리 알려져 있다. 살타여, 40만억의 무리를 거느리고 말 재갈을 들어 먼저 출진出陣하라.

사지절위원대장군사천도독도리공도사使持節威遠大將軍四天都督忉利公導師는, 무용武勇은 빼어난 무리보다 더 훌륭하며, 문재文才는 광대한 지모智謀가 있는 이보다 더 뛰어나다. 현묘한 사려는 속진俗塵을 끊고, 마음은 꿈 같은 이 세상 밖에 살고 있다. 그러나 시세時世를 근심하여 내 몸까지 잊고 기필코 세상을 바로잡으리라 뜻하는 바가 있다. 도사여, 백만억의 무리를 거느리고 사통팔달四通八達의 큰 길로 난새와 같이 날아라.

사지절정마대장군육천도독도솔왕使持節征魔大將軍六天都督兜率王 해탈월解脫月은, 현묘한 사려는 조금의 사심도 없고 심오하여 뛰어나게 높아서 속진俗塵 밖을 걸어가고, 그 책략은 동진주童眞住 보살[13]과 같고, 그 공功은 9지地 보살과도 같다. 3도塗의 중생을 가엾고 불쌍히 여기고, 분노하면 해침을 자유자재하게 하는 것 같으며, 검을 끌어당겨서 강개慷慨하고 용처럼 돌아서 분발할 것을 생각한다. 해탈월이여, 4백만억의 무리를 거느리고 구름처럼 천문天門을 돌아라.

---

13 10주住 보살 가운데 제8주 자리의 보살.

사지절통미대장군칠천도독사선왕使持節通微大將軍七天都督四禪王 금강장金剛藏은, 환한 몸은 빛이 나고 금빛 얼굴은 멀리까지 빛나고 있으며, 그 은혜가 구석九錫보다도 크고 힘은 산과 바다를 기울게 한다. 오른쪽을 보면 해가 지는 곳인 몽범濛氾으로부터 포말이 날리고, 왼쪽을 돌아다보면 해가 돋는 동쪽 바다에 있는 나무인 부상扶桑도 빛을 떨구며, 인덕仁德의 빛이 비추지 않는 곳이 없고 위력에 굴복하지 않는 사람이 없다. 금강장이여, 7백만억의 무리를 거느리고 호랑이와 같이 수미산에서 노려보고 있어라.

사지절진역대장군구천도독팔주왕使持節鎭域大將軍九天都督八住王 대유마힐大維摩詰은, 기묘한 계책은 불가사의하며 법法의 도끼자루는 멀리까지 떨치고 있다. 몸은 신령한 자태를 머금고 있고, 임시방편의 모습은 천변만화千變萬化보다도 많으며, 숨을 쉴 때마다 천하가 구름처럼 따라오고 크게 꾸짖으면 시방의 사람들이 바람에 쏠리듯 복종해 온다. 저 하민下民이 잘못이 없으면서도 고통을 받고 있는 것을 슬퍼한다. 대유마힐이여, 9백만억의 무리를 이끌고 허진虛津에서 말에게 물을 먹여라.

사지절감후대장군십삼천도독소천제군사구주왕使持節贕後大將軍十三天都督小千諸軍事九住王 대문수大文殊는, 먼 근원을 이어받은 자손이며, 그 모습은 삼계에 빛나고 있고, 천제의 자궁紫宮으로부터 나온 후예이며, 마음도 거룩하고 숭고하며, 몸도 훌륭하다. 중생에 응하여 중생에게 가는 데 천 가지 길이 있고, 현묘한 계획은 만萬을 헤아린다. 일체 모든 움직임을 몸속에 느끼고, 많은 생각을 한 생각 속에 고요히 가라앉히고 있으며, 자비스러운 마음을 깊이 품고, 마음은 4섭攝[14]을 겸해 갖추고 있다. 대문수여, 미진수의 무리를 거느리고 이 땅에서 높이 날아올라라.

사지절광교대장군록마제군사군사교위중천왕使持節匡教大將軍錄魔諸軍事群邪校尉中千王 관세음觀世音은, 지략智略은 연못처럼 깊고 지혜의 도끼자루는 멀리까지 떨치고 있다. 사통四通에 밝게 통달하고 삼고(三固 : 번뇌)를 환히 비추어 보아 때로는 사악한 무리 사이에 몸의 종적蹤迹을 의탁하여 응현하고 훌륭하고 신묘한 모습을 곳곳에서 일으키고, 때로는 방편으로 18계界 속에 모습을 나타내어 도탄에 빠진 저들의 고통을 없애 준다. 손을 휘두르면 철위산鐵圍山의 바위가 부서지고, 숨을 내쉬면 뜬구름이 벼랑으로 흘러가 흩어져 버리며, 능히 모든 사람들을 위하여 불청不請[15]의 친구가 되어 준다. 관세음이여, 헤아릴 수 없이 많은 무리를 거느리고 무기를 들고 범처럼 용맹하게 울어라.

사지절포화대장군삼계도독보처왕使持節布化大將軍三界都督補處王 대자씨大慈氏는 현묘한 몸으로 그 자취를 망목網目에 남기고 있으며, 그 타고난 모습은 남들보다 빼어나게 훌륭하다. 몸은 금강보다 뛰어나고 마음은 세속 밖의 세계를 감싸고 있다. 용맹한 기운은 구름을 뚫고, 지혜의 도끼자루는 멀리까지 떨쳐지고 있다. 무생법인無生法忍을 가슴속에 굴리며 권지權智로 사외事外에 응한다. 뜻하여 꾀하는 바가 있으면 어디를 가나 성취되지 않음이 없고, 위엄과 은혜를 둘 다 아울러 행하고, 진眞과 속俗을 함께 아울러 시설施設한다. 대자씨여, 8만 4천의 무리를 이끌고 엄하게 경계하면서 명령을 기다려라.

---

14 보시布施・애어愛語・이행移行・동사同事의 네 가지로 이에 의해 보살은 중생을 섭수하여 불도에 이끌어 들인다고 한다.

15 중생으로부터의 청함이 없어도 자비심을 가지고 친구가 되어 이익되게 해 주는 것을 말한다.

이렇게 하여 용출勇出한 무리는 삼천대천세계三千大千世界에 넘쳐흐르고, 금강金剛의 병사가 8극極에 가득 차 있으면서 모두 다 이 정벌에 협조하여 육합六合을 석권하려는 생각을 하고 있다. 6바라밀의 보배 수레를 타고 8정도正道를 지키며, 6신통의 영마靈馬에 올라타고 허종虛宗[16]의 신묘한 고삐를 잡아당기며, 4선禪의 굳센 활을 한껏 잡아당겨 권견權見의 날카로운 화살을 발사시킨다. 울부짖는 준마는 강하고, 가벼운 발걸음은 용맹스러워 조정朝廷의 명령을 받들어 완수하며 일찍이 빠트린 적이 없다.

당신네 나라[魔界]의 도사는 불과 승자勝者 5백뿐이니, 천명天命을 깊이 성찰해 보고 돌아와서 우리 왕화王化에 투항投降하라. 그렇게 하면 성상(聖上 : 大通智勝佛)은 가슴을 열고 당신들의 귀순歸順한 마음을 느껴서 각각에게 명호와 작위를 주고 많은 나라를 봉상封賞해 줄 것이다. 그 공은 구신舊臣과 평등하고 명성은 세계를 덮을 것이다. 그러나 당신은 어떤 마음을 가지고 있는가? 멋대로 다른 계책을 내어 변경邊境에서 교만하게 뽐내어 상위(常位 : 불변)의 지위를 도모하고 견고하게 하려는 것인가? 그렇게 하여서는 해독이 백성에게 심하게 가해져서 재화가 영겁永劫토록 흘러갈 것이니, 불쌍한 일이 아니겠는가? 잘못된 일이 아니겠는가?

당신은 옛날 수행修行을 할 때 외물外物에 미혹되어 당신의 마음은 미쳐 헤메며 위태로운 데 맡겨 밖으로 달아나 버렸다. 현달賢達한 사람이라도 백행百行에 하나의 허물만 있어도 그 떳떳함을 잃는 것이다. 나는 당신이 깨달아 알아서 어리석음을 되돌려 죄를 경성京城의 문(門 : 象魏)에 귀순하여 복종하고, 몸을 단속하여 비녀

16 현허玄虛의 근원.

를 뽑아내어 삭발하여 수많은 훌륭한 사람들과 함께 교유交遊하고, 도를 행함에 따라 스스로 환희하여 영광된 명예가 언제까지나 이어질 것이라고 말해 왔다.

그런데 당신은 어찌하여 어리석게도 잘못된 것을 고수하여 사위邪位의 일시적인 안일을 탐내는가? 어리석음의 산〔癡山〕에 몸을 맡겨 스스로를 높다 하고 관념의 숲에 마음을 의지하여 안주安住하고, 6욕欲의 예진穢塵을 탐닉하여 사미邪迷를 즐겨 나쁜 품성을 기쁘게 하며, 교만의 고당高幢을 세우고 무명無明의 흉진兇陣을 쳐서 허황된 길을 활보하고 신기神器를 가볍게 희롱하고 천궁天宮을 훔쳐 빼앗아 일월과 대등하게 하려고 하지만 아마도 그러한 결과가 되지는 않을 것이다.

손을 들어 해・달・별의 삼광三光을 역으로 비추고, 흙을 가져다가 대해大海를 메꾸는 것은 마음에 그리려 해도 허사이며, 사상事象의 위에 나타내기도 어려움이 있다. 그러나 장군이여, 당신은 깨달음으로 가는 현묘한 나루에 복덕을 심었고, 그 시원을 계승한 것은 더욱 멀기 때문에 당신의 화려하고 빛나는 용모는 많은 사람들이 자세히 눈여겨보고 있다. 망책望責의 터는 오르기 쉽고, 당신에 의하여 이제껏 모아 온 공덕을 무無로 돌리고 마는 것은 아까운 것이 아닌가? 과거를 반성하고 미래를 닦아서 뒤집어 우리에게 귀순하여 지난날의 허물을 주문(朱門 : 佛門)에 사죄해야 할 것이다. 도를 가져 다 같이 좋아하면 가정도 국가도 함께 존속하며, 임금도 신하도 다 같이 이름을 높이 드날리게 되어 내 몸도 명성도 안락함을 얻을 것이니, 밝은 눈으로 모든 것을 두루 내다보며, 권속眷屬이 편안하게 되니, 참으로 좋은 일이 아니겠는가?

지금은 법왕의 군사가 출동出動한 시기로 시방에서 군마의 고삐가 위를 향해 있다. 손에는 법라法羅를 잡고 많은 성인聖人이 일제히 춤을 추고 있으며, 도道의 도끼자루가 선두를 달리는 부대에서 빛나고 있고, 영고靈鼓가 후속의 부대에까지 울리고 있다. 신종神鐘을 한 번 치면 시방세계가 기울어 뒤집히고, 바다의 물결은 파도를 일으키고, 대륙의 평원은 물 끓듯 흔들린다. 이러한 때에는 『유마경』에서 말한 것처럼 수미산須彌山이 한 티끌 안에 갇히고, 천지天地가 한 좁쌀 안에서 돌아다닌다. 무동불국(無動佛國 : 阿閦佛國)은 왼쪽의 옷깃에 안치安置했고, 묘락국토妙樂國土는 오른쪽 손에 빛나고 있다. 부처님의 불가사의한 힘이 이와 같으니, 어찌 당신들이 대항할 수 있겠는가?

우리 법왕法王께서는 도를 체득하시어 인자하시므로 차마 곧바로 당신들의 진영을 습격하지 않으시고 임시로 일단 모든 군대를 멈추게 하고, 잠시 고삐를 누르고 출진出陣의 길에 임臨하여 편지를 보내서 당신들이 미혹의 가마를 돌리기를 바라고 있다. 당신들은 대책을 세워 어떻게 하는 것이 좋을지를 빨리 결정하고 두 손을 묶어 항복하여 법왕의 뜨락에 생명을 맡겨 현묘한 경지를 소요하는 것이 좋을 것이다. 그렇게 한다면 융성한 명성을 안으로 빛나게 하고 자유자재한 몸을 밖으로 맡기게 할 것이니, 좋은 지위에 즉위하는 것은 당신들 말고 또 누가 있겠는가?

지혜란 기미를 확실하게 아는 것을 숭상하는 것이고, 현명함이란 화禍를 피함을 귀하게 여기는 것이다. 끝까지 가면 돌아올 줄 아는 것이 군자의 미덕인 것이다. 지금이야말로 화禍를 바꿀 좋은 계절이며, 공을 취할 좋은 시절이다. 옛날 하夏의 걸왕桀王이 극악무도하자 은殷의 탕왕湯王이 정벌하였고, 상商의 주왕紂王이 솔선하여 난을 일으키자 주周의 무왕武王이 군사를 일으켰다. 이 일이야말로 고금을 통하여 점칠 때 사용하는 시귀蓍龜처럼 분명한 것이며, 장군이 항상 살펴야 할 훌륭한 경계이다. 당신과 나는 서로 한 친구였으므로 비록 현재는 어긋나 있지만 그 풍류(風流 : 지향하는 바)를 도미(道味 : 佛道)로 돌려야 할 것이다. 사람도 하늘도 험하고 가파르지만 어찌 도에 있어서 간격이 벌어지게 할 수 있겠는가? 생각해 보면 합당할 것이다.

지금 편지(격문)와 함께 나의 명령을 전한다. 내가 이와 같이 그 말을 준엄하게 하고 자세하게 편지를 보내는 이유는 방란芳蘭과 같은 당신이 여름 안에 시들어 버리거나 긴 가지가 부러져 버리지 않도록 바라기 때문이다. 깊이 생각하여 말을 스스로 잘 헤아려 당신의 몸이 지옥·아귀·축생의 3취趣에 기울어 빠지지 않도록 하고, 6욕천欲天에 돌피와 쭉정이처럼 쓸모없는 사람을 키우게 하지 말라. 힐끗 곁눈질로 본 것만으로도 두려운 생각이 더해진다. 지금 출진出陣의 길에 임하여 편지를 보내지만 여러 가지 생각이 어지러워 말로는 뜻을 다 적기가 어렵다.

57. 파마로포문破魔露布文[17]〔석보림釋寶林[18]〕

현겁대천미진년賢劫大千微塵年 오탁정비삭五濁鼎沸朔 현수백령일現壽百齡日 사지절使持節 도독항사세계제군사都督恒沙世界諸軍事 정마대장군征魔大將軍 정주淨州 자사刺史 십지왕十地王 신臣 금강장金

17 노포문露布文은 격문檄文과 같다.
18 송나라 용광사龍光寺의 보림寶林으로서 『명승전名僧傳』 14에 수록되어 있다.

剛藏 및 사지절使持節 도독팔만바라밀제군사都督八萬波羅蜜諸軍事 파결장군破結將軍 영마만교위領魔蠻校尉 대사마大司馬 범주梵州 자사刺史 팔지공八地公 신臣 해탈월解脫月 등은 머리 숙여 합장하여 성조상서聖朝尙書에게 글을 올린다.

삼가 생각하여 보면 육합六合은 태양의 비춤을 같이하고 있고, 많은 흐름은 모든 골짜기의 왕[19]에게로 돌아가며, 일체의 변화는 공현空玄과 같게 하고, 많은 기묘한 것도 하나의 절대지絶對智를 근본으로 한다. 이것은 대개 진리에는, 구극究極에는 통일하는 것이 있고, 현상적인 것에는 뜻을 달리하여 모이는 것이 없기 때문이다.

그러므로 여래께서는 극심한 미혹의 어둠을 넘어서 홀로 흥기하시고, 과거의 긴 시간을 거쳐 부지런히 노력하여 공덕을 많이 쌓아 지옥·아귀·축생의 3악도惡道에 숭고한 빛을 비추시고, 무시로부터 지금까지 큰 어리석음을 뽑아내시고 성스러운 덕의 가장 심오한 데까지를 다하시고, 무생無生의 공리空理를 궁구窮究하시어 만물이 변화하는 모습의 중요한 것을 보아 굉대宏大한 덕을 다스리는 큰 끈을 파악하셨다. 그 훌륭한 자태는 특출하게 빼어나 있어서 신광神光이 크게 빛나고 있는 것과 같은 데 미쳐서는, 비록 다시 천 가지 빛이 모두 아울러서 비춘다 하더라도 진실로 이미 여래의 빛에 미치게 할 수는 없는 것이다.

여래의 몸은 여러 가지로 형상을 달리하고 있으나 많은 것은 아니며, 본체는 지극히 묘한 것에 합치해 있으나 하나의 것은 아니

19 『노자』 66장에 하천이나 바다는 낮기 때문에 모든 골짜기의 왕이 된다고 한다.

다. 5도道에 응현하여 출현해도 생겨난 것은 아니고, 입멸을 시현하여도 멸해 없어진 것은 아니다. 희이希夷[20]로서 황홀하여 이름붙일 것도 없고, 모습도 없는 것이어서 그 깊이를 헤아리지도 못하고, 그 너비를 알 수도 없다. 많은 사람에게 감응하면서도 마음을 수고롭히지 않고, 만물의 움직임을 두루 미치게 하면서도 항상 조용하다. 항사겁恒沙劫만큼의 긴 시간을 한순간에 뛰어넘고, 팔황八荒의 넓은 지옥을 잠깐 동안에 어루만져 은혜를 베푼다. 양의(兩儀 : 天地)가 무너지고 내려앉아도 다치지 않고, 힘이 센 사람이 짊어지고 몰래 옮긴다고 하여 무상無常함이 있어 변하지 않는다. 큰 불에 빨려 들어가도 타지 않고, 큰 흐름에 둘러싸여도 물에 빠지지 않는다. 천지라 할지라도 여래의 덕을 말하기에는 부족하고, 현묘한 문장으로도 여래의 도를 밝히기에는 부족하다.

크기가 육합六合을 싼다고 하는 것으로써도 여래의 큼을 말할 수가 없고, 오묘하게 틈이 없는 데에 들어간다고 하는 것으로써도 여래의 작음을 말할 수는 없는 것이다.[21] 그러므로 백성을 길러 자라게 하는 화육化育은 유명有名·무명無名의 시모始母[22]를 겸하고 있는 것이다. 무욕무위無欲無爲하여 하지 않음이 없고, 응변應變의 길을 멀리 다니며 유무의 대립을 초월한 세계에 소요하고 있다. 많은 성인들의 선단先端에 있어 특출하게 빼어나 열반의 경지에서 편안하고 고요하다. 성문·연각의 2승乘은 거듭 잊는 공공空空의 이치에 생각을 감추며, 10주住의 보살은 동정動靜이 일어나는 때

20 『노자』 14장에 보면 보아도 보이지 않는 것을 이夷, 들어도 들리지 않는 것을 희希라 한다는 문구가 있다.

21 『유마힐소설경』「아촉불국품阿閦佛國品」

22 『노자』 11장.

에 생각을 쉰다. 범천梵天은 여래의 덕을 찬탄하여 덕에 귀의하며, 제석천도 여래의 덕에 복종하고 간직하여 그 제석천왕의 지위에 있는 것을 싫어한다. 여래의 성스러움은 또한 이미 극치를 이룬다고 할 수 있다.

여기에 이르러 정광불定光佛의 수기受記[23]에 응하여 대통지승불大通智勝佛[24]의 도록圖錄을 증험한 것이다. 5도道를 초출超出하여 용처럼 흥기하고, 황제를 뛰어넘어 세상에 명성이 높다. 그 깨달음은 욕계·색계·무색계의 삼계를 지배하고, 그 덕은 시방을 덮어 항하의 모래같이 많은 세계를 자신의 지배지로 하고, 삼천대천세계를 도읍으로 하여 9선정禪定의 한적한 방에서 쉬며 7각지覺之의 구름에 잠겨 있는 누각에 오른다. 8해탈의 맑은 연못에서 씻고 총지(總持 : 다라니)의 넓은 정원에서 노닌다. 그 후에는 자비의 궁전에 머물고 공空의 자리에 있으면서 80종호種好를 곤룡포로 삼아 입고, 정계상頂髻相을 천관天冠을 삼아 쓰고, 미륵의 무리를 좌대신左大臣으로 삼고, 문수의 무리를 우대신으로 하고, 앞에는 대승경전의 훌륭한 게송을 노래하고, 뒤에는 보시布施·애어愛語·이행移行·동사同事의 4섭攝의 난불鑾拂을 춤추고, 8주住의 정定을 체득한 대사大士로서 호위하게 하고, 4과果를 얻는 데 특히 걸림이

23 『태자서응본기경』 상권. 정광불定光佛의 재세시在世時에 유동儒童이라 불렸던 석존이 꽃을 받들어 공양하자, 정광불은 이 유동이 91겁을 거쳐 부처가 되고, 석가문이라 불릴 것이라는 수기를 준 것을 말한다. 도록圖錄은 『시경』「대아大雅」의 응도수록應圖受錄으로 예언의 뜻이고, 불교에서 말하는 수기를 의미한다.

24 『법화경』「화성유품」에는 대통지승불의 재세중에 열여섯 명의 왕자가 출가하여 사미가 되고, 『법화경』을 듣고 부처님 입적 후 대중을 위하여 『법화경』을 다시 강의했는데, 그 중 제16의 사미가 후에 성불하여 지금의 석가여래가 되었다고 한다.

없는 신통력이 있는 선인仙人으로써 시봉侍奉하게 하고 있다. 중대中臺・외대外臺・헌대憲臺의 삼대三臺에는 오직 성인들뿐이고, 사토司土・사목司木・사수司水・사초司草・사기司器・사화司貨의 육부六府에는 오직 현인들뿐이다. 그러므로 가르침을 펴는 것은 주공・공자로 하고, 중국을 맡아 다스려 지키는 것은 요・순으로 하고, 위덕威德을 드날리는 것은 탕왕湯王・무왕武王으로 하며, 주목州牧은 삼황三皇으로 하는 것이다. 그 교화를 펴자, 8정도의 평평한 길을 평탄하게 하여 사방팔방으로 통하는 3승의 나루를 열며, 무위無爲의 묘택妙宅을 늘어 세워 크나큰 괴로움을 고달픈 속진俗塵으로부터 제도하고, 3악도惡道의 간사한 길을 막아 환락歡樂을 천인天人에게 열어 주며, 수행으로써 얻은 과위로써 벼슬을 주고, 감로의 음식으로써 녹을 주며, 공덕이 큰 사람에게는 정토에 태어나는 것으로써 상을 주고, 공훈이 작은 사람에게는 화성化城의 안온함으로써 가리켜 보인 것이다. 이는 곧 백왕百王의 대업이고, 태평의 지극한 정치를 초월하는 것이다.

5취(趣 : 道)야말로 관리의 몸으로서의 청명한 조정이며, 4생生이야말로 사위士位로서의 구극究極인 것이다. 그러나 미혹한 중생은 곤란을 만나 진실을 등진 지 오랜 시간이 흘렀고, 샘물이 말라 고기들이 땅 위에서 서로 물거품으로 적셔 주는 것과 같은 가까이 있는 만족을 기뻐하여 구극적究極的인 강과 호수와 같은 원대하고 온전한 세계의 만족을 잃고 있다.[25]

그러므로 마왕 파순은 어리석음의 뿌리를 한량없이 먼 과거의 시초부터 심어서 미혹한 마음을 허망한 경계에 쌓아 올리고, 탐

25 『장자』「대종사大宗師」.

욕・진에・우치의 3염染의 큰 파도에 이리저리 떠다니고, 사견邪見의 밀림에 들어가는 것이다. 은밀히 신기神器를 희롱하며 거짓을 가장하여 진실을 모독하는 데 이르러서는 청궁의 왕이 되고 악토(嶽土 : 국토)를 신하들에게 배분하고, 6욕천欲天에 명령을 내려서 치우친 권위를 제멋대로 부리고 있다. 안으로는 삼공三公에게 3독毒을 주고 경상卿相에게는 9결結[26]을 주며, 밖으로는 육사六師[27]를 장군으로 하고, 사병四兵[28]을 병졸兵卒로 하고 있다. 안으로 권세를 농락하여 제멋대로 행동하고 큰 법칙〔佛〕을 삼가지 않고, 자신의 반딧불과 같은 빛으로 태양의 빛과 광휘를 다투고 있다. 그러므로 요사이는 신위(神威佛의 권위)에 대항하여 도수(道樹 : 불교)에 대해 군사를 일으켜 천둥 번개와 같은 큰 소리를 내고 산을 쥚어지고 불을 뿜어 내는 무리들이 줄지어 있다.

또 지세持世보살은 고요한 방에서 마왕 파순에게 미혹되고, 살타파륜薩陀波崙보살은 큰 도성都城의 시장에서 큰소리로 외치고 슬피 울었던 것이다. 이것들은 모두 광폭한 마귀魔鬼가 멋대로 성절聖節을 이지러뜨린 것이니, 이와 같이 중국을 어지럽힌 것이 오래되었다.

성황(聖皇 : 佛)께서는 혼미한 세간 사람들이 정법에 대하여 귀머거리, 장님과 같은 것을 슬퍼하시고, 또 젊어서 고향(불국토)을 떠나 떠도는 사람이 고향에 대한 그리움만 더하는 것을 가엾이 여

26 애愛・에恚・만慢・무명無明・견見・취取・의疑・질嫉・간慳의 아홉 가지 번뇌〔九煩惱〕를 말한다.

27 간탐慳貪・파계破戒・진에瞋恚・인념憐念・산란散亂・우치愚癡의 6폐蔽를 가리키는 것으로 보인다.

28 아치我癡・아만我慢・아견我見・아애我愛를 말한다.

기시어 모든 사마邪魔를 통솔하여 바른 견해와 같아지게 하고, 구류九流의 이설異說을 모아서 견해를 하나로 하려 하셨다.

이에 대세불大勢佛의 무리 중에서 장군을 명하고 금강역사의 무리에서 병졸을 고른 것이니, 금을 먹고 철을 씹는 장정이나 얼음을 뚫고 나오고 불을 밟는 사졸士卒도 있다. 용맹한 병졸이 진사塵沙처럼 많고, 굳세고 용감한 이가 억만이나 되며, 별처럼 흐르고 바람처럼 일어나 마군魔軍의 경계에서 용이 날아오르는 것 같은 기세를 보인다. 아군의 군세를 만반의 대책을 갖추어 배치하고, 마군을 필사必死의 들판까지 몰아 위협해 간 것이다.

그러나 마적魔賊은 겁을 내어 삼가지 않고, 감히 남방의 무지몽매로 오랑캐를 거느리고 종宗이나 회膾와 같은 미개한 소국에 맞서 일어나며, 스스로 오만한 위세를 부리고 있는 땅에 군기를 세우고, 어두운 구름 같은 미혹의 험한 곳에 견고한 요새를 다져 아주 널리 중복되게 줄줄이 이어져 늘어서 있다. 또한 그 형세를 말한다면 우치愚癡의 산이 험하게 우뚝 솟아 있어 그 앞을 굳게 지키고 있고, 애욕의 강물이 넓고 넓게 뒤에 펼쳐져 있으며, 사견邪見의 숲이 무성하게 우거져 그 왼쪽을 덮고 있고, 우치의 산골짜기에는 깊은 물이 그 오른쪽을 두르고 있다. 번뇌의 사졸들이 번갈아 가며 경계境界를 승냥이처럼 살피고 있으며, 육사六師의 장군은 기나긴 대로를 호랑이처럼 걸어 다니고 있다. 바라보면 구름이 일어나 하늘을 뒤덮고 안개가 육합六合을 가려 막고 있는 것 같다. 그 마군의 세력이 이처럼 왕성한 것은 개벽 이래로 거의 드문 일이다.

신臣들은 이에 대해 성조(聖朝 : 佛)의 큰 위광威光을 이어 걸출한 계획의 비범한 책략을 내놓은 것이다. 훌륭한 지혜의 울타리를 치고 현묘한 방책의 울타리를 두루 치며, 정예 기병騎兵 천중千重과 보졸步卒 만중萬重으로 마군을 둘러싸고 있다. 유행遊行하는 군세軍勢는 들판을 덮고 요해지要害地의 변방에 주둔하고 있다. 전방의 장군 단나(檀那 : 보시)는 간탐慳貪의 기旗를 향하여 직진하고, 후방의 장군 비야(毘耶 : 정진)는 마군의 해태한 병졸들을 그 뒤에서 쫓고 있다. 선나(禪那 : 선정)는 산란散亂의 기병騎兵을 그 왼쪽에서 공략攻略하고, 시라(尸羅 : 계)는 간악姦惡한 무리를 그 오른쪽에서 막는다. 외군外軍인 구화(漚和 : 방편)는 기병대騎兵隊를 평원 위에서 움직여 창이나 칼처럼 짧은 병기를 가진 적병을 막다른 곳까지 도주하게 하며, 용맹한 군대를 줄지어 세워 사기를 높이고, 빠른 석궁(石弓 : 危機)을 안 보이는 곳에 매복시켜 설치해 놓았다. 중군中軍 반야(지혜)는 현묘한 근원(지혜)의 오묘한 거울을 쥐고 승리의 훌륭한 방술方術을 가져 억조만큼의 뛰어나고 용맹한 장수를 끌어당기고, 진사塵沙만큼 수많은 강병强兵을 거느리고 있다.

이에 전군全軍이 호응하여 일어나고 수많은 길로 다투어 나아가며, 육합을 감동시키고 함성이 천지를 흔들며, 용감한 사람은 위세를 떨쳐 파도처럼 힘차게 달리고, 시퍼런 칼날의 빛은 햇빛과 같은 광휘를 떨치고 있으며, 법고의 소리는 뇌진보다도 심하다. 재빠른 말은 달려 뛰어 오르고, 아주 빠른 코끼리도 날듯이 높이 뛰어올라 질주하고 있다. 선정의 활은 연기가 오르고 구름이 이는 것 같으며, 지혜의 화살은 빗물을 뿌리듯 허공에 날아다닌다. 가명假名의 채찍으로 채찍질하며, 무유(無有 : 空)의 평원平原으로 힘껏 달려 들어간다. 사자후(부처님의 설법)로써 갈고 닦고, 고공苦空의 가르침으로써 마군을 찌르며 명검을 휘둘러 마구 베고 창을 힘차게 놀려 승리를 다툰다.

번뇌의 유해遺骸가 가득 차서 들판을 덮고 그 피가 긴 강에 흐르며, 우치愚癡의 산의 높고 험준함을 무너뜨리고, 애욕의 강물의 큰 흐름을 고갈시키며, 모든 사견邪見의 굴속에서 제멋대로의 방자함을 추궁하고, 7만慢[29]의 둥지 속에서 교만의 기세를 꺾는 것이다.

여기에 이르러 마적魔賊은 앞으로 나아가 대적할 능력도 없고, 뒤로 물러나 피하려 해도 숨을 곳이 없다. 생각이 끊어지고 길이 막혀 황급히 돌아가려 해도 의지할 곳이 없다. 마왕은 자신의 군기軍旗가 있는 뜰에 두 손을 묶어 항복하고, 많은 장군은 군문軍門에 생명을 맡기게 되었다. 제천諸天은 번개처럼 빨리 거두어들여 가르침에 귀의하고, 미혹한 무리들은 초휘(初暉 : 불교)에 바람같이 달려왔다. 황제〔佛〕의 위광威光이 적을 소탕하는 것은 태양이 아침의 서리를 녹이는 것 같은 것이며, 큰 강물을 부어서 불을 끄는 것과 같다. 그러므로 만세萬世에 걸쳐 달아나고 있던 적을 잠깐 사이에 흙처럼 무너뜨리고, 중화의 옛날부터의 난적難敵을 잠깐 사이에 숙청해 버렸다.

이것은 참으로 성황(聖皇 : 佛)의 신묘한 깨달음의 부사의不思議한 공덕이며, 세상에 드물고 훌륭한 아름다운 공훈功勳이다.

비록 옛날 은殷의 탕왕湯王이 하夏의 걸왕桀王을 치고 구름과 같이 훌륭한 공을 하夏의 교외에 세우고, 주周의 무왕武王이 은殷의 주왕紂王을 치고 맑은 전조前兆로 은殷의 목야牧野를 깨끗하게 하였다 해도 이것은 먼 옛날의 훌륭하고 기묘한 일이었을 뿐이다. 어찌 그러한 것으로써 성(聖 : 佛)의 공훈功勳과 같다고 할 수 있겠

29 만慢 · 과만過慢 · 만과만慢過慢 · 아만我慢 · 증상만增上慢 · 비만卑慢 · 사만邪慢을 말한다.

는가?

신臣은 즉시 황유(皇猷 : 佛)의 계획을 삼가 말하여 처음에 붙여서 말했던 것을 안심시키고 위로하여 공동空同의 집으로써 안주하고, 8해탈解脫의 강물로써 채우고, 계선戒善의 예禮로써 악을 막고, 6바라밀의 풍속으로써 배우게 하였다. 늙은 사람은 지금까지 추구해 온 진리를 새로운 노래에서 깨닫고, 젊은 사람은 처음으로 불佛에 귀의하는 소리를 들은 것이다.

원래 천명에 응應하여 벌을 받는다는 것은 춘추의 도이며, 공을 세워 난亂을 안정시킨다는 것은 선왕先王이 찬미하는 것이다. 대악인大惡人도 성스러운 가르침에 진심으로 삼가 복종하여 육합이 다 같이 밝아지고 이 세상이 크게 맑아졌다. 현묘한 바람이 멀리서 불어와 온 나라가 기쁨에 싸여 있다. 조정에는 강재康哉의 노래가 있고, 민간에는 악교樂郊의 노래가 있다.

부처님의 공덕은 높고 도는 위대하여 문자로써 표현할 수 있는 것이 아니며, 부처님의 사려思慮는 심원深深하여 말로 펼칠 수가 없어 대략이나마 황위皇威의 기묘한 방책方策을 조목별로 열거하고, 또 우리 군중軍衆의 용이 날아오르는 것과 같은 왕성한 기세를 나열하였다. 번개와 같이 빠른 역마驛馬를 별똥이 떨어지듯 빨리 달리게 하여 삼가 노포문(露布文 : 檄文)을 말씀드린다. 신들은 진심으로 황공해하며 기뻐하고 있다.

나는 강경講經의 여가에 잠시 다시 한가한 날이 있어 언설言說과 사례事例를 빌려 대도大道를 밝히려고 생각하여 그릇된 길을 좋아하는 무리들이 멀리 가지 않고 돌아오기를 바랐다. 경에서 말하기를, "열반은 남도 없고 나지 않음도 없으며, 지극한 지혜는 비춤도 없고 비추지 아니함도 없으니, 그것은 오직 여래뿐이다"라고 하였다. 싸움에 이기는 데는 무기의 공훈으로써 하지 않으며, 적지를 공략하는 데는 군사가 천하에 강한 것으로써 하지 않는다. 천자라도 유일하게 존귀한 존재는 아니고, 패신霸臣이라도 제齊의 환공桓公, 진晉의 문공文公만이 존귀한 존재는 아니다. 공자나 주공단周公旦의 가르침은 이에 비교해 멀리 떨어져 있고, 노담老聃이나 장주莊周의 말은 비슷하지만 맞지가 않다. 그러므로 대본大本은 세속의 식견을 초월한 곳에 있으며, 지존至尊은 진실한 깨달음 중에서의 왕이다. 중근기의 사람은 무無와 유有의 사이에서 주저하고, 하근기의 어리석은 이는 영원히 미혹의 경지에 있으면서 도道를 들으면 크게 비웃는다. 지금 이것을 보는 이는 하백河伯이 가을 물이 때가 되어 황하로 밀려오는 것[30]을 보고 스스로 많다고 여겼던 생각을 버리고, 멀리 해신海神이 있는 심오한 문門에서 자적自適하며, 마음을 천박한 가르침에 묶지 말고 정신을 황당한 말로 놀라지 않게 하기를 바란다.

58. 홍명론후서弘明論後序〔석승우釋僧祐〕

내가 편집編輯한 『홍명집弘明集』은 불법을 위하여 외도의 업신여김을 방어하기 위한 것으로서, 도리에 밝은 사람들의 훌륭한 의론과 뛰어난 인사人士들의 미묘한 의견, 그리고 사악邪惡을 꺾고 미혹을 격파하는 요충지와 불도를 넓히고 불법을 수호하는 참호 등도 또한 이미 갖추고 있다. 그렇지만 지혜로운 이는 미혹되지

30 『장자』「추수秋水」.

않고, 미혹한 이는 지혜와 괴리되기 마련이니, 만일 깊은 이법理法으로 인도한다 하더라도 결국 납득하게 하지 못할 것이다. 그렇기 때문에 다시금 세속에서의 전적典籍을 취해다가 예를 들어 사실을 가리켜 보여 증거를 취하려 한다. 말을 화려하게 꾸미지는 않았지만, 도리道理는 진실하다고 생각한다. 도에 미혹한 사람들이 불법으로부터 아주 멀리 가지 않고 돌아와 다시 불법에 대한 여러 가지의 의혹을 총괄적으로 해결하기를 바라는 바이기 때문에 이 소론小論을 홍명론弘明論이라고 이름한다.

진제眞諦와 속제俗諦의 2제諦는 차별이 있어 출세간적인 도道와 세간적인 속俗으로 나뉜다. 출세간적인 불교는 공적空寂하여서 삼계를 두루 포괄하여 평등하게 관觀하지만, 세속의 가르침은 경계가 막혀 한정된 마음으로써 한 나라[一國]의 일만을 담당하고 있다. 마음을 한 나라에 한정시킨다면 귀로 듣고 눈으로 보는 것 외에는 모두 의혹을 품을 것이며, 삼계를 평등하게 관한다면 부사의不思議한 화육化育의 2법法은 언제나 빛이 날 것이다. 의혹에 사로잡혀서 이러한 광휘光輝를 보지 못하는 것이니, 이것이 바로 중생들이 영원히 삼계三界에 침륜沈淪하는 까닭이다.

세속의 가르침을 상세하게 검토해 보면 그 모든 것이 5경經을 본받아 밝히는 것으로, 존경하는 것은 오직 하늘뿐이며, 모범으로 삼는 것은 오직 성인뿐이다. 그러나 하늘의 형상을 헤아릴 수 없고 성인의 마음을 엿볼 수 없다. 비록 공경하고 믿는다고는 하지만, 분명하게 이해하고 있지는 않은 것이다. 더구나 부처님은 하늘보다도 높고, 불법은 성인보다도 현묘한 것이어서 그 화육化育은 세계를 초월하고, 그 이법理法은 언어와 형상이 끊겨 있다. 견오肩吾조차 천상의 은하수에 놀라고 두려워했다고 한다.[31] 세속의 인간이 부처님의 깨달음의 바다를 의심하고 놀라지 않을 수 있겠는가? 이미 깨달음의 바다에 경악한다면, 그것은 천상의 은하수에 대한 놀람과 같을 정도로 큰 것이다.

첫째, 불전佛典의 교설敎說은 우원迂遠한 것으로서 허황되고 과장되어 징험이 없다고 의심한다. 둘째, 사람이 죽으면 정신도 없어지는 것이어서 3세 같은 것은 있을 리가 없다고 의심한다. 셋째, 참된 불신佛身을 볼 수 없고 나라의 정치에 유익한 것이 없다고 의심한다. 넷째, 상고上古 시대에는 불교가 없었고, 가까이 한대漢代에 이르러서 출현出現한 것이라고 의심한다. 다섯째, 불교는 융戎 지역의 이민족의 것이고, 그 교화의 방법이 중국 풍속에 맞지 않는다고 의심한다. 여섯째, 한漢·위魏의 시대에는 불법이 미미한 것이었고, 진대晉代에 이르러 비로소 성하게 되었다고 의심한다.

이러한 여섯 가지의 의심 때문에 신심信心이 세워지지 않는다. 장차 빠질 것 같은 사람은 마땅히 구해 주어야 하기 때문에 이 여섯 가지 의심을 비교 검토하여 논해 보고자 한다.

만일 불전佛典의 교설敎說이 우원迂遠한 것으로서 허황되고 과장되어 징험이 없다고 의심한다면, 그것은 대개 불전佛典에서 말하는 겹겹이 쌓인 겁劫에 걸친 시간이 한없이 길고, 그 세계가 끝없이 넓기 때문일 것이다. 지금 세상의 사람들은 모두 백 년의 연월年月이 넘어가면 반드시 만 년에 이른다는 것은 알고 있지만, 그 만 년이 쌓여 가면 곧 변화하여 광겁曠劫에 이른다는 것은 믿지 않는다. 이것은 작게만 한정된 마음으로 만물의 생성조화를 헤아리

31 『장자』「소요유逍遙遊」. 견오肩吾가 접여接輿로부터 들은 말을 평하여 "그의 말에 몹시 놀라고 두렵기가 마치 천상의 은하수처럼 끝이 없었다. 세상과는 너무도 차이가 있어서 우리들의 생각과는 너무도 거리가 멀다"고 하였다.

기 때문이다. 또 모두가 적현(赤縣 : 중국) 밖에 멀리 사방四方의 극지極地가 있다는 것은 알고 있으나, 그 극지極地가 다시 겹쳐진 먼 곳에 다시 세계가 있다는 것은 믿지 않는다. 이것은 망집妄執의 편견偏見으로써 태허太虛의 공간을 판단하기 때문이다.

옛날 은殷나라 탕왕湯王이 하혁夏革에게 "상하팔방上下八方에 끝이 있는가?" 하고 물었다. 혁은 "끝이 없는〔無極〕 바깥에 또다시 끝이 없음은 없고, 다함이 없는〔無盡〕 가운데 또다시 다함이 없음은 없습니다. 저는 이로써 그것이 끝이 없고 다함이 없는 것인 줄 압니다"라고 말했다고 한다.[32] 상고上古의 대현인大賢人은 도리에 의거하여 성인을 가르쳤지만 그것은 천 년을 지나서도 정확하게 부합符合하고, 아득히 먼 시간이 흘러갔어도 불교 경전의 내용과 합치한다. 우물 안 개구리와 같은 식견識見을 가진 이들이 어떠한 지견知見으로 이견異見을 세울 수 있겠는가? 사방 한 치의 좁은 마음으로는 자기 자신에 대해 계획하여도 오류를 범하고, 직경直經 일분一分의 눈동자로는 담장에 가려져 있으면 보지를 못한다. 그런데도 존귀한 불경佛經을 모독하고 성인의 말씀에 등을 돌려 겹겹이 쌓인 겁劫의 시간 개념을 비방하고 세계라는 공간 개념을 부정하고 있다. 이것이 슬프다고 할 만한 첫 번째 점이다.

만일 사람이 죽으면 정신은 없어지는 것이어서 3세 같은 것은 있을 리가 없다고 의심한다면, 그것은 스스로 자신의 영혼을 무시하고 조묘祖廟를 업신여기는 것이 된다. 그러나 주공과 공자는 경전을 제정하고 귀신에 대하여 많은 말을 하였다. 『역경』에 이르기

32 『열자列子』「탕문湯問」. 은나라의 탕왕이 어진 신하인 하혁夏革과 이 세계의 시초, 크기, 만물의 대소, 장단, 동이同異 등에 대하여 문답을 한 고사故事이다.

를, "정기精氣가 모여 만물이 되고, 천지 사이에 떠도는 영혼이 변화를 이루기 때문에 귀신의 정상情狀을 알 수 있다"[33]고 하였다. 이미 정情이 있다 하고 상狀이 있다고 하였는데, 모습〔形〕이 없는 것일까? 『시경』에 이르기를, "삼후三后께서는 하늘에 계시고, 왕王은 서울에서 그 뜻을 따른다"[34]고 하였다. 영혼이 하늘에 오른다면 어찌 멸滅한다고 말할 수 있겠는가? 『예기』에 이르기를, "하夏나라에서는 정교政教의 명령을 존중하고 귀鬼를 섬기고 신神을 공경한다"[35]고 하였다. 대우大禹가 섬긴 것이 어찌 허황된 것이었겠는가. 『서경書經』에 이르기를, "주공은 병이 든 무왕의 목숨을 대신하려고 자신이 귀신을 잘 섬길 수 있다고 말하였다"[36]고 하였다. 주공단이 조상에게 기도한 것을 허망한 것이라고 할 수 있겠는가? 진실로 사람이 죽은 후에도 영혼이 있다면 3세世의 존재는 거울에 비춘 것처럼 명백할 것이니, 변화하면서 윤회하는 것을 누가 그 끝을 알 수 있겠는가? 세속의 사람들은 예교禮教에 집착하여 5경經의 가르침을 등지고 있으니, 다만 부처님을 비난하는 것뿐만 아니라 중국의 성인도 모욕하는 것이 된다. 만일 5경經에 나오는 귀신은 믿으면서 불설佛說에서의 정신을 의심한다면 이는 진실로 귀머거리, 장님과 같은 무리여서 논의할 가치도 없는 일이니, 이것이 슬프다고 할 만한 두 번째 점이다.

만일 참된 불신佛身을 볼 수 없고 나라의 정치에 유익한 것이 없

33 『주역』「계사」 상.

34 『시경』「대아大雅」. 삼후三后는 대왕大王·왕계王季·문왕文王을 말하고, 왕王은 무왕武王을 말한다.

35 『예기』「표기表記」.

36 『서경』「금등金縢」.

다고 의심한다면 천신天神에 제사지내는 것도, 산천의 신에 제사지내는 것도 또한 마땅히 폐지해야 할 것이다. 왜냐하면 푸르디푸르며 층층이 겹쳐진 천공天空에서 어느 누가 상제上帝의 모습을 보았으며, 넓고 넓은 대지에서 후직后稷의 모습을 어디에서 인식할 수 있었을까? 백성이 스스로 몸소 농사를 짓는 것인데 토지의 신이 무슨 힘이 될 것이며, 인간이 못(도랑)을 만들고 농막을 짓는 것인데 사귀蜡鬼[37]가 무슨 공적이 있겠는가? 그런데도 오히려 희생犧牲에 막대한 비용을 들이고 매년 계절 제사를 성대하게 행하는 것은, 유계幽界의 영혼은 마땅히 존경해야 하고, 백성들에게 그 은혜에 보답하는 것은 훌륭한 일이라 가르치고 있기 때문이 아닐까? 하물며 부처님의 지혜는 허공계虛空界에 두루 퍼져 있고, 그 정신은 오로지 세간을 넘어선 저편에 응집凝集하여 있음에랴? 상제上帝가 하늘을 형성하는 것도 그 창조의 자비에 연유해서이고, 성왕聖王이 백성을 다스리는 것도 그 화육化育의 계율戒律에 의지하여서 행하는 것이다. 불법을 숭상하면 육천六天이 모두 환희하고, 불도佛道를 없애면 만신萬神이 진노震怒할 것이다. 오늘날의 사람들은 천제天帝의 모습을 본 적도 없으면서 천지의 신에게 제사를 지내면 복을 얻는다 하고, 부처님의 모습은 보이지 않으므로 공경하여 섬겨도 응보應報가 없다고 한다. 근본을 경시하고 지말을 중시하는 것으로서 이것이 두렵다고 할 만한 세 번째 점이다.

만일 상고上古 시대에는 불교가 없었고, 가까이 한대漢代에 이르러 출현한 것이라고 의심한다면, 불佛의 신묘한 변화는 숨기도 하고 나타나기도 하는 것인데, 누가 그 시종始終을 헤아릴 수 있겠는

37 백성의 생활에 도움이 되는 만물萬物의 신神들을 사蜡라고 하였다.

가? 생각해 보면 복희伏羲의 시대는 아득히 먼 옛날이어서 그 치적治績도 오히려 깊숙이 묻혀 있는데, 그러한 시대에 불교가 있었는지에 대해서 또한 어찌 전해 들을 수 있겠는가?

옛날 불도징佛圖澄은 임치臨淄의 땅속에 묻혀 있는 돌 밑에서 오래된 불상佛像과 승로반承路盤이 있는 것을 알고 있었으며, 건타륵揵陀勒[38]은 반치산盤鵄山의 산중山中에 고사古寺의 초석이 있는 것을 알고 있었다. 사람들이 파 보니, 모두가 참으로 말한 그대로였다. 이것은 오랜 옛날부터 남겨져 온 증거로 진대에 이르러 명백하게 증험된 것인데, 어느 누가 상고 시대에는 중국에 반드시 불교가 존재하지 않았다고 판단할 수 있겠는가?

『열자列子』에서 다음과 같이 말하고 있다.

"주周나라 목왕穆王 때에 서쪽 끝에 있는 나라에서 조화를 부리는 사람〔化人〕이 왔다. 물이나 불에도 들어가고 쇠나 돌을 뚫으며 산천山川을 뒤바꿔 놓고 성읍도 옮겨 놓으며, 허공에 떠 있어도 떨어지지 않고 실물實物에 부딪쳐도 걸림이 없으며 천변만화千變萬化하여 그 끝을 알 수 없었다. 이미 사람의 모습을 바꿀 수 있을 뿐 아니라, 사람의 생각까지도 바꿀 수가 있었다. 목왕은 그를 신神처럼 공경하고 임금처럼 섬겼다."[39]

그 신령神靈한 사적事跡을 보면 바로 보살〔開士〕의 신통한 변화인 것이다. 위대한 불법이 움트는 조짐은 이미 주周나라의 초기에 나타나 있는 것으로서, 감응의 징조가 한대漢代에 이르러서 일어난 것은 아니다. 그런데도 사람들은 한대漢代라고 하는 한 시대에 한

38 서역西域으로부터 낙양洛陽에 온 신이神異의 승僧이다.
39 『열자』「주목왕周穆王」.

정해서 고집하고 있으니, 한탄스럽다고 할 만한 네 번째 점이다.

만일 불교가 융戎 지역의 것이고, 교화의 방법이 중국 풍속에 맞지 않는다고 의심한다면, 그것은 서로 옛날의 성인이 일정 지역에 집착하여 교敎를 창설創設하여 풍속을 바꾸려 하지 않았다는 것이 된다. 옛날 삼황三皇 때에는 무위無爲로써 나라를 다스렸고, 오제五帝 때에는 덕德으로써 교화하였고, 삼왕三王 때에는 예禮와 형벌刑罰을 가르쳤고, 전국戰國 시대의 칠국七國에서는 권세를 중요시하였다. 그 지역들은 모두 다 중국 땅에서의 일이었는데, 세상의 가르침은 아홉 번이나 변화[40]했던 것이다.

이제 지극한 도의 근원으로 돌아가서 대지혜〔佛智〕의 가르침에 따라 비추어 보면 감응하여서 드디어 두루 통하는 것이니, 어디에 간들 교화가 미치지 않는 곳이 있겠는가? 우왕禹王은 서강西羌 출신이고, 순왕舜王은 동이東夷에서 태어났지만, 그 출신지가 천하다고 하여 거기에서 태어난 성인을 버릴 사람이 누가 있겠는가? 공자는 이국夷國에서 살기를 원하였고, 노자는 서융西戎으로 갔으니, 도가 있는 곳에 어찌 지역을 가리겠는가? 세속에 있었던 성인조차 교화를 베푸는 데 중화中華와 이적夷狄의 차이에 구애받지 않는다. 그런데 하물며 출세간의 부처님은 삼천대천세계三千大千世界를 다스리는데, 어찌 그 교화가 서역에만 한정될 리가 있겠는가? 『예기』「왕제王制」에 "사해四海로 빙 둘러싸인 천하는 3천 리 사방"이라고 한 것을 살펴본다면, 중하中夏가 의지해 살고 있는 곳도 또한 그리 넓지는 않는 것이다. 이수伊水나 낙수洛水의 지역은 원래 중하中夏의 토지였으나 침략을 받고 융戎의 폐허로 되어 버렸고, 오나라·

40 『장자』「천도天道」.

초나라 땅은 본래 이민족의 주거지에 속했으나 바뀌어서 중국의 토지가 되었다. 도道에는 운행과 천류함이 있고, 일정한 토지에 언제나 같은 교화가 존재할 수는 없다. 더욱이 대지는 끝없이 넓고, 세계는 각각으로 통치의 차이가 있다. 중국에서는 북극성은 서북 방향에 있기 때문에 천축天竺이 세계의 중앙에 위치하는 것을 알 수 있다. 지금 보잘것없이 좁은 중국을 중화中華라고 칭하고서 불교를 가로막고 있다. 차단해 막으려 하여도 그 부사의한 교화는 항상 유통되고 있는 것이다. 이것이 슬프다고 할 만한 다섯 번째 점이다.

만일 한漢・위魏의 시대에는 불법은 미미한 것이었고 진대에 이르러 비로소 융성하게 되었다고 의심한다면, 그것은 도운道運의 교세敎勢에는 성쇠盛衰가 있고 따져 밝힐 수 있는 것이 아니어서이다. 생각해 보면 사문이 석교釋敎를 실천하기 위해 애쓰는 것은 공자가 요堯・순舜의 가르침을 조술祖述했던 것과 무슨 차이가 있겠는가? 공자는 5경經의 실천에 힘써 백대百代의 왕에게 모범을 남겼다. 그러나 춘추 시대의 제후는 그 가르침을 좇아 쓰려고 하지 않았고, 전국 시대에 이르러서는 무시되어 땅에 떨어지고 말았으며, 이윽고 진秦나라 시황제始皇帝에 이르러서는 더욱이 경서를 버리기까지 하였다. 이것이 어찌 공자가 어리석은 자이며, 『시경』이나 『서경』이 천박한 것임을 의미하는 것이겠는가? 그 후 한漢나라 무제武帝의 시대에 미쳐 비로소 유교가 현창顯彰되어 경서에 밝은 재상을 기용起用하고 공자를 비롯한 유교의 성인들의 가르침을 숭상한 것이다. 전국 시대의 칠국七國에서 경시되었다고 하여서 드디어는 후대에 있어서 폐기될 것이라고 말할 수가 있겠는가?

생각건대 한漢나라 원제元帝의 시대에 유향劉向은 「열선전列仙傳」

의 서序에서 "74인이 불경佛經에 출현하고 있다"고 하였다. 그렇기 때문에 불경이 중국에 흘러들어온 지 이미 오랜 세월이 되었음을 알 수 있는 것이다.

후한後漢 명제明帝가 꿈에 금인金人을 보았는데, 부의傅毅는 그것을 부처라고 말하였다. 그래서 진경秦景 등이 동방으로부터의 사신이 되고 섭마등攝摩騰이 서방으로부터 온 것이다. 그리고 낙양洛陽 개양문開陽門의 누대樓臺에 불佛의 도상圖像이 그려지고, 난대蘭臺의 석실에는 경전이 간직되었다. 그러나 심원深遠한 경문經文이 강설되는 일도 없고, 심오한 교의를 알지도 못했다. 그러므로 초왕楚王 영英은 불교의 인자仁慈와 청결淸潔한 사당을 세웠고, 환제桓帝는 비단 일산[華蓋]을 설치하여 부처님께 제사를 지냈지만 불법의 있는 그대로의 모습은 아직 녹아들지 못하였고, 다만 신神으로서 부처님을 제사지내는 것뿐이었다.

위魏나라 무제武帝의 걸출한 견해로 그 현묘한 화육化育이 쓰였고, 오나라 손권孫權의 웅대한 지략智略으로 불탑佛塔과 사원寺院이 세워졌다. 진晉나라 무제武帝의 초기에 들어서 기연機緣이 차차 깊어졌고, 기역耆域은 신통력 있는 신이神異한 행적을 보였으며, 축법호는 법보의 삼장三藏을 모았다. 이렇게 하여 백관百官이나 사대부들은 마음을 씻어 맑게 하여 덕에 힘쓰고, 모든 나라의 현인賢人들은 애를 써서 선을 향해 옮겨 가는 것이다.

총명한 진晉나라 명제明帝는 마음을 하나로 하여 정신을 고요한 데 머물게 하였고, 손수 부처님의 모습을 그려 낙람당樂覽堂을 장엄莊嚴하였다. 곧이어 도안道安 화상은 산동山東 지방에 불경을 홍포弘布하였고, 나집羅什 법사가 관서關西 지역에 불법을 선양하자 불법의 정치精緻한 뜻이 알려지게 되었으며, 실상實相이 점점 밝게 드러나 영재英才·석학碩學들이 모두 불교의 진리를 증험證驗하고서 불교에 귀의하였다.

따라서 불법佛法의 구름은 잔돌이 부딪치는 것 같은 곳에서 일어나고, 지혜의 강물은 잔을 띄울 만한 극히 작은 물에서 비롯된 것임을 알 수 있다. 가르침에 반드시 점차적인 순서가 있는 것은 신묘神妙한 화육化育의 규정이며, 감응은 때의 흐름에 따라 일어나므로 연緣이 아니면 어쩔 수 없는 것이다. 그러므로 유교의 가르침이 진대秦代에는 어리석고 한대漢代에는 지혜로웠던 것이 아니고, 유교가 쓰였는가 쓰이지 않았는가 하는 차이인 것이다. 불법이 한대漢代에는 천박했고 진대에는 심원했던 것이 아니고, 불법을 이해했는가 이해하지 못했는가 하는 차이인 것이다. 따라서 5경經이 항상 변함없는 선善이기는 하지만 그 성쇠는 운세運勢에 따르는 것이고, 불교의 교화가 항상 치성하기는 하여도 그것이 유통流通하느냐 못 하느냐는 연緣에 달려 있는 것임을 알 수 있다 하겠다. 한 번 이러한 점을 생각해 본다면 마땅히 깊은 의혹이 일지 않을 것인데 의심에 집착되어 깨닫지를 못하고 있으니, 이것이 애통하다고 할 만한 여섯 번째 점이다.

믿고 따르는 것은 복福의 기초이며, 미혹되고 비방하는 것은 화禍의 시초이다. 어리석은 무리는 대부분 자기의 능력을 돌아보지 않고 자기가 알지 못한다고 하여서 선각先覺의 광대한 지혜를 무시하고 자기가 보지 못한다고 하여서 지인至人의 밝은 식견識見을 없다고 부정하며, 3세는 환히 내다보고 알 수 있는 것을 도리어 사악하고 편벽된 것이라고 하고 눈앞의 일에만 얽매여 있는 것을 스스로 밝은 지혜가 있는 것이라 생각한다.

이렇게 하여 미혹과 의심이 쌓여 가슴을 막고 비방과 중상中傷

이 입에 넘치고, 그 경솔한 의론에 의해 막중한 고통을 사고, 노골적인 비방에 의해 유계幽界에서의 벌을 사들이는 것이다. 그러한 말들은 조금치의 효과도 없고, 그러한 생각들은 털끝만큼의 유익함도 없다. 흘러가는 강물의 흐름은 날듯이 빠르고, 아무리 든든하게 산을 못 안에 숨겨도 한밤중에 어떤 힘센 이가 번개같이 빠르게 걸머지고 가버리는 덧없는 것이다.[41] 한 번 호흡이 멈춰 돌아오지 않으면 문득 이 세상을 뒤로하게 하니, 응보應報가 그림자처럼 이르고 난 뒤에 후회한들 돌이킬 수 있겠는가? 영묘靈妙한 화육化育은 망망하여 취할 곳이 없고, 유계幽界와 현계顯界를 번갈아 가며 돌고, 5도道를 윤회하면서 모습을 바꾸는 것은 질릴 정도로 맛보게 된다. 천궁天宮이 있다고 하는 확실한 응험應驗은 조간자趙簡子[42]나 진秦나라 목공穆公[43]이 받은 복이 바로 그것이고, 귀도鬼道로부터 반드시 과보가 있다고 하는 것은 두백杜伯이나 팽생彭生이 변화하여 나타난 것이 바로 그것이다. 덕德을 닦으면 복福이 응하는 것은 은무殷戊[44]나 송경宋景[45]의 예가 바로 그것이고, 많이 죽이면 화가 미치는 것은 백기白起[46]나 정보程普[47]의 증거가 바로 그것이다. 현세의 부사의한 일은 전적典籍에 충분히 상세하게 기록되어 있으며, 내생의 응보應報에 대해서는 불경에 널리 설說해져 있지만 다만 감응의 도리는 심오하고 인과의 뜻은 미묘하다. 미묘한

41 『장자』 「대종사大宗師」.
42 『사기』 43 「조세가趙世家」.
43 『묵자墨子』 「명귀明鬼」.
44 『사기』 3 「은본기殷本紀」.
45 『사기』 38 「송미자세가宋微子世家」.
46 『사기』 73 「백기전白起傳」.
47 『삼국지』 「오지吳志」.

것은 이해하기가 어렵기 때문에 지금은 생략하고 진술陳述하지 않는다. 선현이 밝힌 것에 이러한 요점이 이미 바르게 서술되어 있는데 경솔하게도 나의 천견淺見을 적어서 권말에 덧붙였다. 비록 문장이 훌륭하지는 못하지만 내용은 충분하다고 믿는다. 마음이 관대한 군자君子들이여, 스스로 많은 행복을 구하기를 기원한다.

계환(戒環) 스님

현재 동국대학교 불교학과 교수로 후학을 지도하며, 원교사 주지로 계시다. 운문사 불교 전문강원 대교과 졸업 후 일본 화원(花園)대학 불교학과를 졸업하였다. 경도(京都)불교대학 대학원 석사 · 박사 과정을 수료하고, 문학박사학위를 취득하였다.

역서 및 저서: 『중국불교사』(우리출판사), 『화엄사상사』(보림사), 『중국화엄사상사연구』(불광출판사), 『경전산책』(민족사), 『대승불교의 세계』(운주사), 『상식으로 만나는 불교』(정우서적), 『백팔고개 넘어 부처되기』(시공사) 등이 있다.

홍명집

2008년 2월 20일 개정판 1쇄 발행

역　　주　계환스님
발 행 인　김 성 구
발 행 처　동국대학교 부설
　　　　　동국역경원
등　　록　1964. 10. 제2-159호

서울특별시 중구 필동 3가 26
전　　화　02) 2260-3891~3
팩　　스　02) 2267-8578
홈페이지　www.tripitaka.or.kr

ISBN 89-5590-447-9

값 30,000원